六壬註解
上

六壬註解

육임주해

天文易學

上

大風 趙泰雲 編著

畢法賦(필법부) 완전해설

동도서기(東道西器)라고 했는데, 동양에서는 이미 수 천년 전부터 인간은 자연과 더불어 살며, 그 변화의 이치를 따라 [illegible] 인문을 두고 역학이 발전되어 왔다. 하지만 근대이후부터 역학은 식민사관(植民史觀)에 눌려 미신(迷信)으로 매도되어 [illegible] 다른 이유에는 자신의 정체성과 소임을 망각하며 혹세무민(惑世誣民)을 일삼던 얄팍한 술가(術家)들의 무책임도 한 몫을 더했다고 본다.

이제야 비로소 역학이 제도권에 바로 설 수 있는 기회가 되었다는 것은 분명 기뻐해야할 일이다. 하지만 그 [illegible] 발전으로 현대인들의 척박한 심상(心想)에 단비를 내리는 계기를 만들어야 하고, 선인들의 연구노력과 경험치로 축적된 역학을 현대인들이 실생활에 활용할 수 있도록 진일보시켜야 하는 막중한 책임을 안게 음양오행을 연구하는 학자들이 각자의 소임으로 체인(體認)해야 하며, 또한 [illegible] 역학을 제도권에서 [illegible] 발전 시켜야 하는 [illegible] 것을 알아야 할 것이다.

역학의 종류는 어림잡아도 수십여 가지가 넘으며, 그것들은 각기 다른 장점과 단점을 가지고 있다.

육임의 장점은 기밀성과 신속함, 그리고 한계가 없이 넓은 적용범위가 있기 때문에 육임이야말로 복잡한 현대사회가 가장 필요로 하는 예측학이며, 실학(實學)이라는 것에 더 이상 의심의 여지가 없다. 중국의 사주명인인 〈위천리〉, 〈원수산〉도 전부 육임의 대가였고, 또한 일본의 〈아부태산〉도 그의 저서 『아부태산전집』의 끝부분에 "명리가는 반드시 육임을 공부하여야 한다." 라고 하였다. 육임의 논리가 생소하기 때문에 습득하기에는 다소 시간이 필요하며 난해한 점도 있지만 부지런히 근학(勤學)하여 숙능생교(熟能生巧)를 이루면 그리 먼 것도 아니라고 본다.

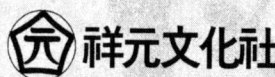

祥元文化社

서 문

우리나라는 유가(儒家)적인 사고(思考) 안에서 단순한 농경시대를 이루던 근대사회로부터 불과 60여년 만에 IT강국으로서 눈부신 과학의 발전으로 현대사회를 이루게 되었고, 사회구조는 분야별로 세밀하게 전문화가 이루어지는 등 그야말로 복잡한 세상이 되었다. 이에 따라 물질과 문명이 발전되었던 것은 현대사회의 이로운 점이지만, 그만큼 인간의 가치를 존중하는 철학과 사상 등이 함께 발전되지 못한 부분은 현대사회의 또 다른 문제점이 되었다. 급기야는 안타깝게도 대학에서 사학(史學)이나 인문학(人文學) 등은 비인기학문이 되어 이미 사장(死藏)되어가고 있는 것이 현실이 되었다. 물질이 풍족해 졌다고 해서 인간이 더 행복해 졌다고 볼 수 없는 것은 인간의 궁극적인 욕구를 단순한 물질만으로는 전부 충족시킬 수 없기 때문이다. 아무리 과학이 발달하여도 인간의 감성은 디지털이 아니기 때문에 오히려 과학이 발달하면 할수록 상대적으로 인간성은 더 공허해 질 수밖에 없다고 본다. 이렇게 급변하는 상황 속에서 시시각각 다가오는 결정의 순간들은 매번 인간들을 더욱 곤혹스럽게 만들고 있으며, 또한 불확실한 미래는 현대인들을 점점 더 불안하게 만들어 가고 있다.

동도서기(東道西器)라고 했는데, 동양에서는 이미 수 천년 전부터 인간은 자연과 더불어 살며, 그 변화의 이치를 따라 길흉도 바뀌어 간다는 데에 근본을 두고 역학이 발전되어 왔다. 하지만 근대이후부터 역학은 식민사관(植民史觀)에 눌려 미신(迷信)으로 매도되어 왔고, 역학의 수난기가 되었던 또 다른 이유에는 자신의 정체성과 소임을 망각하며 혹세무민(惑世誣民)을 일삼던 얄팍한 술가(術家)들의 무책임도 한 몫을 더했다고 본다. 이제야 비로소 역학이 제도권에 바로 설 수 있는 기회가 되었다는 것은 분명 기뻐해야할 일이다. 하지만 그보다도 더 시급한 것은 동양학의 발전으로 현대인들의 척박한 심상(心想)에 단비를 내리는 계기를 만들어야 하고, 선인들의 연구노력과 경험치로 축적된 역학을 현대인들이 삶의 지혜로 활용할 수 있도록 진일보시켜야 하는 막중한 책임을 현재 음양오행을 연구하는 학자들이 각자의 소임으로 각인(刻認)해야 하며, 또한 지금이야말로 역학을 제도권에서 중흥기로 발전 시켜야 하는 절대적인 시기라는 것을 알아야 할 것이다.

역학의 종류는 어림잡아도 수십여 가지가 넘으며, 그것들은 각기 다른 장점과 단점을 가지고 있다. 육임의 장점은 기민성과 적중률, 그리고 경계가 없이 넓은 적용범위가 있기 때문에 육임이야말로 복잡한 현대사회가 가장 필요로 하는 예측학이며, 실학(實學)이라는 것에 더 이상 의심의 여지가 없다. 중국의 사주명인인 〈위천리〉, 〈원수산〉도 전부 육임의 대가였고, 또한 일본의 〈아부태산〉도 그의 저서 『아부태산전집』의 끝부분에 "명학가는 반드시 육임을 공부하여야 한다." 라고 하였다. 육임의 논리가 생소하기 때문에 수득하기에는 다소 시간이 필요하며 난해한 점도 있지만 부지런히 근학(勤學)하며 숙능생교(熟能生巧)를 이루면 그리 어려운 것도 아니라고 본다.

아직은 부족한 부분이 많지만 이 책을 출간하며, 육임을 처음으로 TV에서 접하게 해 주셨고, 동방대학원대학교에서 석사기간 내내 열정을 다해서 지도해 주셨던 효사교수님께 감사드리고, 박사과정에서 원전을 다룰 수 있도록 지도해 주신 이 시대의 진정한 동양철학자인 장태상교수님께 또한 감사드리며, 이 두 분을 뵐 수 있었던 것이 내 인생에 있어서 가장 큰 행운이었다고 생각된다. 동방대학원대학교에서 5년 동안 늘 큰 형님처럼 격려해 주셨던 이내각 선생님, 누님처럼 돌보아주시는 이선지 선생님, 교정을 보시느라 진땀을 흘려주신 고수절 선생님, 그리고 항상 곁에서 음양으로 도움을 주는 죽마고우(竹馬故友) 김재경 사장 등 이 책이 출간되기까지 직 · 간접적으로 도와주셨던 모든 분들께 감사드린다. 사랑하는 우리가족들, 특히 팔순의 노구에도 자식 잘 되기만 바라시는 아버님, 어머님 사랑합니다!

己丑年 立秋 (大風) 趙泰雲

推薦辭

시절의 運이었을 것이다.

동방대학원대학교에서 薄學淺識한 나를 招聘했을 때 "얼씨구나!" 하고 달려간 것은 오직 하나, 수 천 년 되는 六壬史 이래 처음으로 이 땅에서 육임학 석 · 박사를 배출시킬 수 있는 대 경사가 났기 때문이었다.

철딱서니 없는 나를 만나 석사기간 내내 고3반인지 대학원인지 모르겠다고 할 정도로 방학도 없는 공부를 했었는데, 거기 한 가운데 趙君이 떡 버티고 있으면서 和和作用을 해내고 있는 것을 눈 여겨 봤었다.

사람 모이는 곳이면 어디나 있는 表裏不同한 人士들이 우리를 꽤나 힘들게 했지만 육임학에 대한 우리의 열정은 흔들림 없이 꾸준했었다.

2년차 봄 학기였을 것이다.

우리에 대한 거르고 가야할 모략사가 있어 대책모임이 약속되었으나 어찌된 영문인지 와해되 趙君혼자 덜렁 머리띠 두르는 황당한 상황이 벌어졌을 때 그는 오히려 그것을 다행으로 여기며 총장의 오해를 정중하게 풀어냈었다.

나는 그 때 육임학이 제도권에 서게 된 것은 결과적으로 총장과 나와 趙君의 조우인연 때문이 아닐까 하는 생각을 했었다.

또 한번, SBS-TV에서 학교에 대한 誤報를 했을 때 趙君은 교직원보다 앞서 달려가 그 어렵다는 정정 보도를 이끌어 냄으로서 자칫 왜곡될 뻔했던 학교의 위신을 되찾아 내고야 마는 것도 보았었다. 그의 정의로움과 진정성을 알 수 있는 이 두 가지의 사례를 통해 나는 그가 학문을 머리로서만이 아닌 가슴으로 연구하는 학자가 될 것임을 믿게 되었다.

그는 과묵하고 심찰력이 있으며 대개파악에 익숙하다. 석사기간동안 질문을 가장 많이 해 온 학도이기도 했었다. 나는 매학기 그의 학점에 A^+를 놓기에 주저하지 않았었고 기뻤었다. 마치 큰 산에 한 바작의 흙을 져다 부려주는 것 같았기 때문이었다.

내가 女難의 벼락을 맞고 감옥에 태연히 앉아 밖에서는 도저히 못 할 것들을 쓰고 있을 때 趙君은 꼬박 四時를 타고 오고가더니 올 여름에 또 와서

"책을 썼습니다. 추천사를 부탁드립니다."

"아-니, 이사람 내가 나서면 자네의 長道에 지장이 있을 텐데?"

"싫지만 않으시면 받고 싶습니다."

(어허, 쓰러지는 담 밑에 서지 말라! 했거늘…….)

趙君은 수 천 년에 걸쳐 전승되어온 육임술이 이 시대에 이르러 학문의 반열이 되게 할 主役일뿐더러 그의 금번 이 연구 성과물은 육임술의 정확도, 신속도, 효과성들을 학문적으로 접근시켜냄으로서 육임을 만인에게 더욱 인정받을 수 있게 했음은 물론 육임사적 의미를 매우 크게 한 바 되었다. 어찌 그의 螢雪之功이 아니겠는가?

나는 밤 세워 쓴 이 精誠의 글로 趙君의 力作『六壬註解』를 操心하여 추천한다.

靑出於藍 - 참 살 썼나!

下元 己丑 鼓卜子 曉 史

推薦辭

本人이 六壬에 관심을 두기 시작한 해는 1967년부터 였는데, 父親의 덕으로 어렸을 때 漢文을 조금 배운 덕에 「六壬大全」, 「六壬類聚」, 「六壬指南」, 「六壬粹言」 등 몇 종의 육임서를 探入해 본 즉 古人들의 말씀에 "人事에는 六壬이 최상이다!"라는 말이 虛言이 아니라는 뜻을 깊게 깨달았다. 그러나 가을철의 밤(栗)이 완숙되어 익으면 자연적으로 분리되어 떨어지는 법칙처럼, 마음속으로는 깊게 깨닫지 못해 앙앙불락하다가 그해 겨울 누님 집의 방을 하나 얻어 「六壬大全」을 첫 장부터 끝까지 완전히 6개월간에 걸쳐 번역을 끝내고 나니 마치 "밀림 속을 헤메이던 암측천지에서 헬리콥터를 타고 자신이 헤메이던 그 밀림을 내려다보는 것" 같은 喜悅을 맛 본적도 있었다. 하지만 내 八字를 河落理數로 보면 紛若吉(어지러운 듯 헤메이나 終乃는 吉하다.)이라는 천부적으로 타고 난 진중치 못한 성질과, 經書, 緯書 모두를 꿰뚤어 보겠다는 학자의 모양세로는 권장하지 못할 정신적 자세를 천부적으로 타고나 그 후로는 주역과 풍수지리 두 학문에 매달려 다른 학문은 쳐다보지도 않은지 어언 40년이란 세월이 흘러갔다. 나의 책「六壬精義」가 脫稿 된지 올해로 40년째가 됐으니, "無精歲月若流波"라더니 그야말로 무정한 세월은 물결 흐르듯 순식간에 지나가 버리고 말았다.

다행이 曉史라는 六壬學者가 나와 東方大學院大學校에서 육임을 熱講하였었으나, 有故가 생겨 교수직을 그만두게 되었는데, 시체말로 "꿩 대신 닭"이라고 六壬을 조금이라도 알고 있는 교수는 나 밖에 없어서 風水와 六壬 두 과목을 맡아서 현재까지 가르치게 되었다. 다시 말해 六壬이라는 차원높은 術書를 세상에 널리 펴지게 한 功勞者로는 曉史만한 인물이 없을 것이고, 自他 모두 그것을 부정할 사람은 없을 것이다. 이 책의 著者 趙君은 원래 曉史弟子로 曉史의 門徒였으나 曉史先生이 퇴교한 이후부터 3년간 나의 가르침을 받아왔다.

한국의 큰 문제점은 凶地인 서울의 터를 잘못 정한 誤錯으로 "李朝 五百年동안 대다수 백성들은 굶주림 속에 살았었고, 또한 暴政에 시달려 왔었다."는 사실을 역사서를 읽은 사람이라면 모르는 사람이 없을 것인데. 앞으로도 더욱 큰 문제는 서울에 수도를 정하고 있는 한 모든 정책은 국민들의 의사와는 반대방향으로 나가게 될 것이라는 것이라고 생각하니 더욱 큰 걱정이다. 5천년 이상을 사용하던 文字를 헌신짝 버리듯 하며, 한글로 바꾼 나라는 전 세계에서 한국밖에 없을 것이다. 漢文이란 象形을 통해 자신이 갖고 있는 의사전달을 하는 表意文字이나, 한글은 한문상에서 갖고 있는 의미를 좀 더 쉽게 전달하는 表音文字에 불과한 것이다. 큰 바다를 일생동안 구경해보지 못한 사람은 호수를 보면 마치 그것이 바다인냥 착각할 수 있다. 현재 한국의 문교행정은 부끄러운 줄도 모르고 려측지행(蠡測之行), 즉 "바닷물이 몇 표주박이나 되는지를 알아보려고 퍼보고 있었다"는 옛날 어리석은 행동을 하고 있다. 바다같이 넓은 인류전체의 정보의 바다를 버리고 동내어귀의 연못을 바라보며 넓다고 찬탄하는 행동이나 무엇이 다르겠는가. 수박을 평생 맛보지 못한 이가 있었다면, 그는 수박 속도 푸를 것이라고 생각하는 것이 人之常情일 것이다. 四書三經이나 術數의 대표文獻이라는 奇乙壬 三數 역시도 모두 한글 일변도로 적어놓고 그를 공부하고 있으니 그야말로 수박 겉 핥기로 학문의 眞諦를 어떻게 깨달을 수가 있겠는가. 그렇기 때문에 나는 風水와 六壬을 지도하기 시작한 이후로 무조건 원전강의가 아니면 강의를 하지 않았었고, 그때 한문을 보고서 바로 도망가 버렸던 비겁자 몇 사람들을 제외하고, 나에게 3년 이상 강의를 꾸준히 들은 사람들은 이제서야 이구동성으로 다 같이 스스로 長足의 발전을 했다고 자탄들을 하고 있다.

본시 學術이란 새가 양 날개를 구비해야 자유로이 飛翔할 수가 있듯이 절대로 學과 術은 떨어질 수 없는 것이 이치이고, 學問이란 끊임없이 연구하며 스승에게 學과 術을 물어본다는 뜻이다. 그런데 우리나라는 朝鮮時代부터 과거합격을 해야만이 家門의 榮光이 이어졌기 때문에 오직 과거합격만이 지상의 목표가 되었었고, 그러한 맹신적인 신조로 학문이 이어져 오늘날 역시 반드시 일류대를 가야만 된다는 고식적인 사유가 계속되고 있는 실정이다. 그리고 儒學者들의 아주 잘못된 정신세계는 經書만을 인정하고 연구를 하였으며, 緯書는 스스로 터득하기가 대단히 어려웠음으로 인하여 術家 쪽에 해당되며 妖言이나 미래의 길흉화복을 점치는 참위서(讖緯書), 아니면 도참설(圖讖說) 등으로 매도해 후학들의 연구하고자 하는 길을 끊어 놓았다는데 큰 염려를 금할 길이 없다. 그러나 絶學은 復蘇되어 이어지게 되는 것이 세상의 진리이기 때문에 아무리 絶學이였다 하더라도 절대로 끊어지는 법은 없다. 趙君은 學究熱이 남달라서 풍수지리학상 摘要가 되는 「撼龍經」,「疑龍經」,「山洋指迷」 같은 명서는 물론이고 東洋天文學의 天, 日, 月 三數의 眞數를 깨달아 上通天文하고, 下達地理할 것이며 中察人事하는 韓國의 大學이 될 날이 멀지 않았으리라고 본다. 이번에 지난 3년간 준비해온 여러 원전들에서 좋은 자료만을 뽑아서 특히 課經과 畢法 등의 주석을 정확히 달았으며, 四課三傳 早見表를 붙여놓아 초학자라도 쉽게 찾아 볼 수 있는 良書를 발간한다하니 기쁜 마음으로 추천사를 쓴다.

己丑年 仲秋佳節 於五松草家

耳山 張泰相 書

六壬 註解(上) 目次

1 동양철학의발달

1) 중국(中國)의 역사 — 17
2) 복서(卜筮)의 유래 — 17
3) 동양오술(東洋五術)의 발달 — 20
4) 음양오행(陰陽五行)의 변천 — 21

2 육임의 기원

1) 기을임(奇乙壬) 삼식(三式)과 육임의 역사 — 25
2) 육임(六壬)의 자의(字意) — 29
3) 육임(六壬)과 천문학(天文學)의 연관성 — 29

3 시공(時空)에 의한 필연성

1) 공간성(空間性) — 35
2) 시간성(時間性) — 36
3) 조우성(遭遇性) — 36

4 기초연구

1) 음양오행의 기원 — 38
2) 음양오행(陰陽五行)과 상생 · 상극 — 40
3) 점시(占時) — 42
4) 명암(明暗) — 46
5) 합(合) · 충(食) · 형(刑) · 해(害) · 파(破) — 47
6) 왕(旺) · 상(相) · 휴(休) · 수(囚) · 사(死) — 57
7) 공망(空亡) — 58
8) 12신살론(十二神殺論) — 60
9) 십이운성(十二運星) — 61

5 선봉문(先鋒門)

1) 용시(用時) — 66
2) 부분별 통변 — 67
3) 종합통변(綜合通辯) — 70
4) 선봉문(先鋒門) 예제 — 71

6 월장론(月將論) — 74

7 천지반(天地盤)의 구성 — 82

8 두강지법(斗罡指法), 지두법(指斗法) — 84

9 천장유신(天將類神)

1) 천장유신(天將類神)의 종류 — 94
2) 천장접지(天將接支) — 119
3) 귀인(貴人)의 순역(順逆) — 120
4) 둔간(遁干) — 122

10 일지상신(日支上神)의 활용 — 125

11 천시(天時), 지리(地利), 인화(人和), 변수(變數) — 127

12 음신(陰神) — 130

13 년명(年命) — 132

14 태세(太歲) — 136

15 행년(行年) — 138

16 월건(月建) — 142

17 택일법(擇日法)

1) 귀(貴) · 록(祿) · 마(馬)법 144
2) 신장살몰법(神藏殺沒法) 145

18 육소구처(六所九處) 146

19 구종 십과체(九宗 十課體) 148

1) 적극법(賊剋法) 149
2) 비용법(比用法) 152
3) 섭해법(涉害法) 153
4) 요극법(遙剋法) 155
5) 묘성법(昴星法) 157
6) 비용법(比用法) 159
7) 팔전법(八專法) 161
8) 복음법(伏吟法) 164
9) 반음법(返吟法) 166
10) 課體 요약 168

20 일진(日辰)의 분석(分析) 170

21 흉절(凶絕)의 판단 174

22 유신(類神) 176

23 육십사 과경(六十四 課經) 180

(1) 원수과(元首課) 181
(2) 중심과(重審課) 184
(3) 지일과(知一課) 186
(4) 섭해과(涉害課) 188
(5) 요극과(遙剋課) 192
(6) 묘성과(昴星課) 194
(7) 별책과(別責課) 197
(8) 팔전과(八專課) 199
(9) 복음과(伏吟課) 202
(10) 반음과(返吟課) 207
(11) 삼광과(三光課) 209
(12) 삼양과(三陽課) 211
(13) 삼기과(三奇課) 212
(14) 육의과(六儀課) 214
(15) 시태과(時泰課) 215
(16) 용덕과(龍德課) 216
(17) 관작과(官爵課) 217
(18) 부귀과(富貴課) 218

(19) 헌개과(軒蓋課) 220
(20) 주인과(鑄印課) 222
(21) 착륜과(斲輪課) 224
(22) 인종과(引從課) 226
(23) 형통과(亨通課) 230
(24) 번창과(繁昌課) 233
(25) 영화과(榮華課) 235
(26) 덕경과(德慶課) 238
(27) 합환과(合歡課) 240
(28) 화미과(和美課) 242
(29) 참관과(斬關課) 246
(30) 폐구과(閉口課) 248
(31) 유자과(游子課) 250
(32) 삼교과(三交課) 251
(33) 난수과(亂首課) 253
(34) 췌서과(贅婿課) 254
(35) 충파과(冲破課) 257
(36) 음일과(淫泆課) 258
(37) 무음과(蕪淫課) 260
(38) 해리과(解離課) 262
(39) 고과과(孤寡課) 263
(40) 도액과(度厄課) 265
(41) 무록절사과(無祿絶嗣課) 267
(42) 둔복과(迍福課) 268
(43) 침해과(侵害課) 270
(44) 형상과(刑傷課) 272
(45) 이번과(二煩課) 273
(46) 천화과(天禍課) 278
(47) 천옥과(天獄課) 279
(48) 천구과(天寇課) 281
(49) 천망과(天網課) 283
(50) 백화과(魄化課) 285
(51) 삼음과(三陰課) 286
(52) 용전과(龍戰課) 288
(53) 사기과(死奇課) 290
(54) 재액과(災厄課) 291
(55) 앙구과(殃咎課) 293
(56) 구추과(九醜課) 295
(57) 귀묘과(鬼墓課) 296
(58) 여덕과(勵德課) 299
(59) 반주과(盤珠課) 301
(60) 전국과(全局課) 303
(61) 현태과(玄胎課) 311
(62) 연주과(連珠課) 312
(63) 간전과(間傳課) 313
(64) 육순과(六純課) 319
(65) 잡상과(雜狀課) 321

24 팔문(八門)의 점단(占斷)방법

1) 선봉문(先鋒門, 占時, 用時) 323
2) 직사문(直事門) 326
3) 외사문(外事門) 326
4) 내사문(內事門) 327
5) 발단문(發端門)(初傳) 329
6) 이역문(移易門)(中傳) 331
7) 귀계문(歸計門) (末傳) 332
8) 변체문(變體門)(年命) 334

25 정마(丁馬) 336

26 초전(初傳)의 활용 — 339
1) 초전의 통변 — 342
2) 초전(初傳)의 둔간(遁干) — 342
3) 초전의 공망 — 343
4) 초전의 의한 내정분석 — 343

27 구보팔살(九寶八殺)
1) 구보적(九寶的) 의의(意義) — 346
2) 팔살적 의의(八殺的 意義) — 359

28 응기(應期)
1) 초전에 의한 응기(應期) — 370
2) 길흉사의 추정법(推定法) — 375
3) 길흉사 추정(推定)의 일(日)과 (月) — 377

29 육임판단의 예제 — 379

30 오요권형(五要權衡) — 382

31 신살(神煞) — 399

• [부록] 720 과전(課傳) — 405

1. 동양철학의 발달

1) 중국(中國)의 역사

2000	1500	1046	770	221	202	AD 220	581	618	960	1271	1368	1636
夏	殷	周	春秋戰國	秦	漢	魏晉南北朝	隋	唐	宋	元	明	淸

	AD	660	668	918	936	1392
聯盟王國	三國時代	百濟滅亡	高句麗滅亡	高麗建國	後三國統一	朝鮮建國

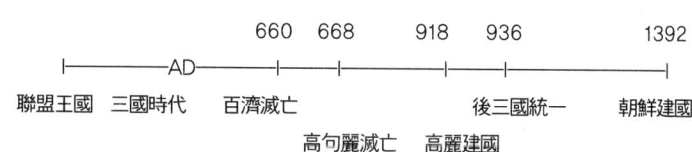

2) 복서(卜筮)의 유래

우리가 사용하고 있는 현대의 역학은 세계4대 강유역의 문명발생지 중에 하나인 중국의 황하강 유역으로부터 시작되었다. 황하는 강바닥이 인근의 땅보다 높아 비만 오면 범람하였기 때문에 통치자(統治者)는 치수(治水)를 잘 하기 위하여 제사(祭祀)를 지냈고, 또 언제쯤 재난(災難)이 닥칠 것인지에 대하여 점을 쳤는데, 그 과정에 객관성을 두기위하여 괘(卦)가 그려진 산가지를 뽑아 그 내용대로 통치했다는 설도 있다.

고대시대에 점복(占卜)은 두 가지 방식이 있어 거북이 껍질 혹은 짐승 뼈를 이용하는 것을 "복(卜)"이라 부르고 시초(蓍草)를 이용하는 것을 "서(筮)"라고 하여 다시 합하여"복서(卜筮)"라고 일컬었다. "은(殷-또는 商)나라는 기원전 1562년에서 1066년 사이에 통일된 군주국가로 존재했던 나라다. 그때 그들은 이미 문자(文字)를 갖고 있었고 산대(竹算-蓍草)로 모든 계산을 할 수 있었으며 영(零)의 개념을 알아 실용할 줄 알았고 구판(龜板)이나 시초(蓍草)로 점을 치는 방법도 알고 있었다."[1] 라고 했다. 그러므로 주(周)나라 때 완전한 주역(周易)의 사상체계가 만들어지기 훨씬 전(前)부터 이미 점(占)을 쳐서 활용하고 있었다는 말이 되는데, 그 당시는 음양오행이 현재처럼 철학적으로 체계화가 되지 못했던 점을 고려해 볼 때 지금처럼 깊게 사유(思惟)되기에는 어려웠겠지만, 역학이 이미 주나라 이전의 고대사회의 생활에도 많이 사용되고 있었음을 은허복사(殷墟卜辭)를 통해 알 수 있다.

동양철학(東洋哲學)의 관점은 의리역(義理易)과 상수역(象數易)의 두 가지 부류로 나눌 수가 있는데, 의리역(義理易)은 인간의 의지(意志), 도리(道理), 본성(本性) 등과 마음의 수양(修養)을 다루는 학문으로 맹자(孟子)의 성선설(性善說)과 순자(荀子)의 성악설(性惡說), 주자학(朱子學), 성리학(性理學) 등이 있었으며 인간의 본성에 대한 수양과 도덕적 의미 등에 관점을 두었다. 이러한 의리역의 대표적인 학자로는 《도덕경》에 주석을 단 왕필(王弼)과 정이천(伊川)등이 있었다. 또 다른 하나인 상수역(象數易)은 주체를 인간의 삶은 자연과 항상 유기적(有機的)인 관계를 유지하며 늘 변화하는 기운(氣運) 속에 나타난 형상(形象)과 수(數)로서 길흉화복(吉凶禍福)을 예견(豫見)할 수 있다는 쪽으로 발전하였는데, 명학(命學), 풍수(風水) 매화역수, 육효(六爻), 육임(六壬), 기문둔갑(奇門遁甲), 태을신수(太乙神數)등의 술수(術數)학이 있었으며 대학자로는 소강절(邵康節)과 주희 등이 있었다. 이를 두고 춘추전국시대에 얼마나 많은 학자(學者)와 문파(門派)들이 생겨났으며, 또한 수많은 논쟁 속에서 발전되어 왔다고 보는데, 그 과정은 제자백가(諸子百家)[2]를 보아도 잘 알 수 있다. 하지만 성악설을 주장하던 순자도 모든 공부를 마친, 50이 넘

1) 『기문둔갑예측학』장태상, 전통문화사, 2001, p.26.

은 나이에 직하학당에 다시 입학하여 음양오행학을 공부한 이후에나 보다 폭넓은 세계관을 형성할 수 있었다는 것은 "의리역과 상수역이 절대로 서로 떨어질 수 없다"는 부분이기도 하다.

이렇듯 고대 사회에서는 정치 제사 천문(天文) 지리(地理) 역상(曆象) 수학(數學) 음율(音律) 농업(農業) 목축(牧畜) 군사 (軍事)등 모든 대경(大經) 대법(大法)에 역에서 발전된 술수학(術數學)들의 법칙과 수(數)가 적용되었고, 진한(秦漢) 이래 중국학술사상의 전체 조류와 사회정치체제의 제반 구조에 가장 영향을 많이 끼쳐온 사상으로서 빼놓을 수 없는 것 가운데 하나는 음양오행 사상이기 때문에 동양문화와 철학을 깊이 깨닫고자 한다면 학문의 근본 원류인 술수학을 깨우치지 않으면 안 된다고 본다.

상수역에 대하여, 『좌전(左傳)』에서 이르기를 "구(龜)는 상(象)이고 서(筮)는 수(數)이다."로 단언한바와 같이 상수란(象數)란 보이는 상(象)을 그리는 측상(測象)과 수리를 이용하여 보이지 않는 분야를 밝히는 추수(推數)를 합친 말이다. 육임(六壬)은 황도12궁에 임하는 태양의 위치에 따라 우리지구상에 나타나는 현상과 기운을 음양오행적 표현으로 논리적으로 설명하는 학문이다. 여기서 수리를 이용하여 추수한 결과를 표시하는 양식을 육임에서는 식반이라 하고, 이를 줄여서 식(式)이라고 한다. 즉 보이지 않는 분야를 추수하여 표시한 식(式)이 곧 육임에서는 과식(課式)이라고 한다. 상수역에서 발전된 술수학(術數學)들은 예측학(豫測學)으로 변하면서 오술(五術), 즉 다섯 가지의 술법(術法)체계로 발전되었는데 보다 정확히 말한다면 동양오술(東洋五術)이라고 해야 할 것이다. 오술(五術)은 명(命)·복(卜)·상(相)·산(山)·의(醫)등을 말하는데 이 오술(五術)은 인간이 행복해지기 위해 미래를 설계해 나가기 위하여 점차적으로 발전되어 왔으며, 오술(五術)은 상호간에 관계성를 가지고 끈임 없이 서로의 기운을 교류하고 있다. 그러나 독특한

2) 중국철학의 명사. 주(周)가 동으로 천도한 후 부터는 종주권(宗主權)이 쇠약해짐에 따라 제후들이 방자하게 되어 약육강식이 있달아 일어나 천하가 소란하게 되었다. 이시기를 춘추전국시대 라 부르고 이새대의 사상가들을 제자(諸子)라 하며, 그 학파들을 백가(百家)라 부른다. 사마담(?~B.C.110)은 제자백가의 분류를 음양가 유가 묵가 명가 법가 도덕가 등 6가로 나누었는데 그의 아들 사마천은 사기의 종장(終章)에서 자기부친이 쓴 6가의 요지를 인용하고 있다. 유흠은 유가 도가 음양가 법가 명가 묵가 종횡가 잡가 농가 소설가 등 10가로 나누어 설명하였다. 김승동 『儒敎·中國思想辭典』, 부산대학교 출판부 .,2003, p.2285.

각자의 특색과 특질을 갖고 있으므로 각각의 뜻이 서로 다 다르다. 외형적인 면으로 관찰해 보면 오술(五術)은 모두 독립적 독특한 성질의 구성 법칙을 가지고 있지만 내면을 따라 관찰해 보면 오술(五術)은 그것들끼리 서로 미묘하게 횡적 연계성을 가지고 있음을 알 수가 있다.

다섯 가지로 분류되는 오술(五術)의 구성 체계는 다음과 같다.

3) 동양오술(東洋五術)의 발달

● 명(命) : 사람은 출생한 시간을 기준으로 하여 정해진 운명적인 삶을 영위하게 된다는 이론으로 일생(一生)적인 판단을 하는데 장점이 있고 사주명리(四柱命理), 기문둔갑(奇門遁甲), 하락리수(河洛理數), 철판신수(鐵板神數), 오성학(五星學), 당사주(唐四柱) 토정비결(土亭秘訣), 등이 있는데, 자미두수(紫微斗數)만은 씰크로드를 통하여 서양에서 발달한 점성술(占星術)과 동양 12궁이 상보되어 생성된 운명론이라고 본다.

● 복(卜) : 천기(天機)는 윤전(輪轉)하는 것이므로 고정적(固定的)인 것이 아니고 유동적(流動的)이어서, 구체적인 사건과 상황에 따라서 그 길흉과 진퇴가 달라진다는 논리로서 이를 구체적으로 미리 예측할 수 있어서 어떤 일이든 한 가지 사안, 즉 일건(一件)적인 판단에 길흉을 예견할 수 있다는 장점이 있다. 대표적인 것으로 주역(周易), 육효(六爻), 육임(六壬), 태을(太乙), 기문둔갑(奇門遁甲) 구성학(九星學) 매화역수(梅花易數) 대정수(大定數) 등이 이에 해당되며 서양(西洋)에서는 "reading"이라해서 손금이나 "horoscope" 또는 "astrology"라는 점성술 및 타로카드, 집시카드, 투시 등도 있다.

● 상(相) : 모든 사물(事物)은 겉으로 드러난 구체적인 모습을 통하여 사물에 내재된 본질(本質)과 변화(變化)하는 이치(理致)를 나타내기 때문에 상

(象)을 탐구하여 그 길흉을 판단하는 분야로 관상학(觀相學), 풍수지리(風水地理), 성명학(性命學), 측자(測字) 등이 포함된다.

● 산(山) : 氣 또는 형이상계와도 관련되어 있으며, 심신(心身)의 수련을 통하여 영(靈)의 발전을 꾀하며 인간을 보다 낳은 완성의 단계에 도달하게 하는 방법으로 요가, 명상, 각종수련, 권법(拳法), 부작(符作), 등이 이에 포함된다.

● 의(醫) : 인간의 무병장수(無病長壽)를 위하여 전통의학적인 방법으로 연구되었던 약재연구, 침(針), 구(灸)를 비롯한 동양의 방제와 자연치유등이 이에 포함되며 보다 건강한 삶으로 개선(改選)하려는 것인데, 양생서(養生書)의 대표작으로는 명(明)나라때 고염(高廉)이 지은 준생팔전(遵生八牋)을 수작(秀作)으로 친다.

4) 음양오행(陰陽五行)의 변천

음양(陰陽)과 오행(五行)은 처음부터 결합된 형태로 특정한 사상내역을 함축한 범주로 구체화 된 것은 아니었다. 음(陰)과 양(陽)은 본래는 서로 전혀 상관없는 별개의 명사(名辭)였다. 음양(陰陽)이란 용어(用語)는《시경(詩經)》,《서경(書經)》,《역경(易經)》에서 자연현상, 특히 태양과 관련된 현상의 표현으로 사용되었으며 처음에는 음과 양이 서로 독립된 의미로 사용되었으나 춘추전국 시대말 이후로 진한대(漢代)를 거치며 오행설과 결합되어 음양오행속의 조직화된 개념으로 만물의 생장소멸을 설명하는 기본법칙의 수단으로 이용되다가 궁극적인 우주진리(眞理)의 개념으로 의미가 발전되었다.

오행이라는 글자가 가장 먼저 나타나는 문헌은《서경(書經)》[3]의 『감서(甘誓)』와 『우공(禹貢)』, 『육부공수(六府孔修)』또는 『홍범(洪範)』, 『좌전(佐傳)』등에 나타나기 시작한 이래 춘추전국시대 초기의 인간생활의 필요적 다섯 가지의 실용자재로 인식 되었다가 그 말기와 한대(漢代) 대초에 상생상극(相生相剋) 관념으로 정립되면서 제(齊)나라 직하학당 음양가들에 의해 이미 보편화되어 있는 음양설과 결합되면서 활성화되기 시작 했으며, 특히 추연(騶衍)은 음양과 오행을 결합하여 오행상극(五行相剋)에 의한 오덕종시설(五德終始說)을 만들었고 이 설(說)은 이후 왕조변천의 이론적 근거로 활용되었다. 추연의 뒤를 이어 음양오행설을 획기적으로 발전시킨 사람은 동중서(董仲舒)이다. 동중서는 천인감응설(天人感應說)을 천인상응설(天人相應說)로 우주론적 세계관을 제공했으며, 동중서에 의해 체계화된 음양오행설은 다시 유향(劉向), 유흠(劉歆:B.C46~A.D23)부자에 의해 완성된다. 유향은 상생설(相生說)을 『유향별록(劉向別錄)』으로 정리 했으며, 아들 유흠은 오행전(五行傳)을 지어 한대의 음양오행설을 완성한다. 특히 한대(漢代)초기 회남왕 유안(劉安)이 「방술지객(方術之客) 수천인(數千人)을 모아 황백도인(黃白道人)을 주축으로 해서 내외서(內外書) 이십만자구(二十萬字口)를 지어 한(漢) 무제(武帝)에게 받쳤더니 무제가 기뻐하며 비장(秘藏)하였다.」는 《회남자(淮南子)》의 기록으로 볼 때 음양오행의 결합과 완성을 통한 성숙 발전의 단계로 가고 있었음을 알 수 있다.

음양오행의 이론이 심층적으로 정립이 되면서 지리적인 관점에서 최초로 체계화한 것이 한대(漢代)의 《청오경(青烏經)》 이다. 이후 진(晉)나라사람 곽박(郭璞, 276~324)이 펴낸 《금낭경錦囊經》은 초기 풍수학의 핵심이론이라 할 수 있는 동기감응(同氣感應) 설명하는 등, 《청오경》과 함께 풍수지리학의 최고고전(古典)이 되었다. 《금낭경錦囊經》은 장설(張說), 일행(一行), 홍사(泓師) 등 셋이서 주를 달았다. 그런데 우리는 곽박에 대해서 잠시 주목을 할 필요가 있다. 곽박은 진나라 사마예(司馬睿)가 황제가 되었을 때 복지(卜地)와 점택(占宅)을 담당한 고위관리였었다. 곽박은 금낭경 이외에도 이 무렵 사주(四柱)라는 용어를 문헌상 최초로 발견할 수 있는 《옥조신응진경(玉照神應眞經)》을 저술하였을 뿐더러, 공간성만 있고 시간성이 결여되었던 풍수지리에 시간성을 가미하여 더욱 기묘하게 되는 현공학

3) 《대학(大學)》 《논어(論語)》 《맹자(孟子)》 《중용(中庸)》 등의 사서(四書)와 함께 유교의 기본 경전으로서 한국의 사대부 사이에서 널리 애독되었다. 과거시험의 문제들이 주로 사서 · 삼경에서 출제되었기 때문에 이 책의 독자는 더욱 광범위하게 되었다. 《시경》은 공자가 편찬하였고, 《서경》은 하(夏) · 은(殷) · 주(周) 등 이른바 3대 사관(史官)의 기록을 수집한 것이라는 설이 있고 《역경(주역)》은 주(周)나라의 문왕(文王) · 주공(周公), 그리고 공자 등이 편찬한 책이다.

에 대한 이치를 최초로 세상에 제출한 사람이었으니, 곽박이야말로 천문 지리 인사에 모두 달통한 사람이었던가 보다.

당(唐)나라 시대 풍수의 대가(大家)로서는 일행선사(一行AD.683-727)과 현공학 계통으로는 광록대부에 오른 양균송(楊筠松)선사, 증공안(曾公安)등이 있었는데 이중 양균송의 저서로 청랑오어와 천옥경(天玉經)을 지어 현공대괘(玄空大卦)인 애성법(埃星法)을 밝혔으나 현공학(玄空學)의 핵심비결만은 은밀하게 천 여 년을 밀전(密傳)으로 공개되지 않았다. 송대(宋代)의 진단(陳槫), 오극성(吳克誠),『현공비지(玄空秘旨)』『천기부(天機賦)』등을 지은 오경란(吳景鸞)이 있었지만 역시 비전만은 감추었고, 명(明)나라 말엽(末葉)의 『지리변정(地理辨正)』의 장대홍(蔣大鴻) 역시 지나칠 정도로 문호(門戶)를 폐쇄하여 진결(眞訣)을 극비(極秘)로 한 덕에 당시 유공중(劉公中) 같은 형기(形氣)파 거두들에게 혹평을 들었다. 하지만 장대홍의 학설은 청(淸)나라 초기부터 퍼져 나가기 시작하다가 비로소 심소훈(沈紹勳 1849~1907)이『심씨현공학(沈氏玄空學)』과『지리변정쾌요(地理辨正快要)』를 세상에 내 놓아 현공학(玄空學)이 빛을 보게 되었고[4], 현재 중국 대만 홍콩등지에서는 95%가 지리에서는 현공학을 인정하는 추세이나, 우리나라에는 처음으로 집필되어 소개된 저서가 「풍수총론(風水總論)」(2000년)이니 중국에 비하여 많이 뒤떨어진 것도 사실이다.

서자평(徐子平)은 오대(五代) 또는 송(宋)나라 초 때의 사람으로 그 때까지의 고법사주개념을 일탈하여 일간위주의 자평학(子平學)을 창시하였다.

또한 서사평은『명통부(明通賦)』를 저술하였고, 곽박(郭璞)의《옥조신응진경(玉照神應眞經)》및 낙녹자(珞碌子)가 저술한 『낙녹자부(珞碌子賦)』를 주석하여『낙녹자삼명소식부주(珞碌子三命消息賦註)』를 저술하였는데 이 저서들은 신법사주학 이론의 초석(礎石)이 되었다.

경기대학교 석사 이용준은 논문에서 「서자평(徐子平)이 일간위주의 자평학(子平學)을 창안함에 있어서 곽박의 영향을 많이 받았음을 알 수가 있다.」라고 했는데

4) 『風水總論』, 장태상, 2000

그것은 『옥조신응진경(玉照神應眞經)』에는 이미 일간(日干)을 중심으로 분석하는 육임학이 구체화 되어 있었고, 이후 당(唐)대에는 육임(六壬)이 세인들에게까지 널리 퍼져 유행했었기 때문이다.

서자평의 신법사주인 자평학은 고려시대때 우리나라에 전파되어 조선시대에는 명리신과(命理神科)라 하여 등과과목 중의 한가지로서 인재를 발굴하여 등용하였고 현재까지 이어져 명리학(命理學)부분의 중심역학으로 자리 잡아 연구되고 있다.

2. 육임의 기원

1) 기을임삼식(奇乙壬三式)과 육임의 역사

육임은 고대 천문학에 음양오행이 합체되면서 만들어져서 약 오천여 년의 역사를 이루었지만 그 양(量)이 방대하고 난해하여 세인들이 터득(攄得)하기에 너무 어려운 점이 있었다.

육임학의 유래에 관하여 『황제용수경(皇帝龍首經)』에 이르기를

「황제가 세 아들을 불러 대면하고 이르기를 지난날 현녀(玄女)가 짐에게 육임신과를 주었나. 그 중 입으로 전하여진 육임 12경과 36용법(用法)이 있어 지금 너희들에게 전하고자 한다. 스스로 닦음에 이용하는 외에 선정(善政)에 올바르게 이용해 백성을 다스려야 한다. 만약 현명한 사람이 아니면 비밀로 하고 새어나가게 할 수 없다. 만약 이 수득(修得)히지 못할 경우에는 명산산천(名山山川) 아래에 붇어버려야 한다. 그렇지 아니하고 타인에게 누설(漏泄)하여서는 않된다.」 고 하였다.

『대육임정해(大六壬精解)』 전언(前言)에 이르기를

「철학사상으로 말하자면 육임과(六壬課)의 조직형식과 구체적인 내용은 〈주역〉

과는 같지 않으나 이치의 근거는 도리어 〈주역〉과 서로 통한다.」라고 하였다.

옛날부터 천시(天時)를 아는 데는 태을(太乙)이요, 지리(地理)에는 기문(奇門)이요, 인사(人事)에는 육임(六壬)이라 하였고 이를 합하여 기을임삼식(奇乙壬三式)이라 칭하였다. 이중 특히 육임은 인사신시(人事神示)라 불리면서 세인들의 많은 관심을 불러일으켜 왔지만 공부하기가 너무 어렵고 난해하여 예로부터 왕실과 당대 최고의 술사들에게만 은밀하게 전해 내려오던 비술이었다. "태을 · 기문 · 육임 등 삼식은 칠정점성학, 자평팔자, 자미두수, 육효역괘, 매화역수, 측자 등 술수가 성행하기 전에 이미 삼식이 도가(道家)나 음양가(陰陽家)들에 의하여 전해졌다."[5]

"육임은 특히 병법가(兵法家)에게는 필수 과목이었다. 주문왕(周文王)을 보좌한 강태공(姜太公), 오왕(吳王)을 보좌한 오자서(伍子胥), 구천(勾踐)을 보좌한 범려(范蠡), 유방(劉邦)을 보좌한 장량(張良), 유비(劉備)를 보좌한 제갈량(諸葛亮), 당태종을 보좌한 이정(李靖), 원실(元室)을 보좌한 야율순(耶律純), 주홍무(朱洪武)를 보좌한 유백온(劉伯溫)에 이르기 까지 역사상 난세(亂世)를 평정한 저명한 군사인물(軍師人物)들이 전부 이 삼식에 통달해 있었다."고 전한다. 다만 양이 방대하고 난해하여서 수득하기가 어려워 겉으로 들어나지 않고 겨우 일부 지식인들 사이에 명맥만 유전(流傳)되어 왔다. 육임에 관한 내용은 『오월춘추(吳越春秋)』,『월절서(越絶書)』와 『사기 · 귀책열전(史記 · 龜策列傳)』중 여러 부분에서 이와 관계된 것을 볼 수가 있으며『사기 · 일자열전(史記 · 一者列傳)』에서도 발견된다. "책을 나누어 괘를 정하고 식을 돌려 기를 바르게 한다." 라는 부분의 식(式)은 육임식을 말한다.

육임의 유래에 관하여 사고전서제요(四庫全書提要)에서 이르기를,

"육임은 둔갑, 태을과 더불어 세간에서 삼식(三式)이라고 이르는 책으로서 혹자는 황제(皇帝)가 구천현녀(九天玄女)에게 전수받은 학문이라 전하나 그 진위를 확

5) 『大六壬豫測學』秦瑞生, 武陸出版有限公司, 1996, pp.68~69.

인할 수 없으며, 그 술법(術法)은 후세의 술사들이 능히 창안할 수 있는 학문이 아니다." 라고 하고 있다.

육임학의 전래에 대하여 『고금도서집성예술전(古今圖書集成藝術典)』에서 논하기를

「황제때 승상인 풍후(風后)가 모든 태을법(太乙法)을 취하여 지남거(指南車)를 만들었고, 대효씨(大撓氏)가 60갑자(甲子)를 지어서 기문에 연포(演佈)하였다. 그 후 여망(呂望)이 불필요한 부분을 빼고 더한 것을, 장량에 의하여 정밀히 보완해졌으며 육임이란 이름은 처음으로 『수서경적지(隨書經籍志)』에 나타나는데 실로 그 권위가 더불어 영주구(伶州鳩)의 칠률(七律)에 대할 수 있고, 아래로는 춘추시대에 이르러 자서(子胥)와 소백(少伯)이 모두 술가로 이름을 날렸으니 유래(由來)가 오래되어 더 상세히 살필 수가 없다」고 하였다.

춘추전국시대에 육임의 고법인 『금궤옥형경(金匱玉衡經)』이 출현하였고, 삼국시대에는 제갈공명이 저술한 『육임유원(六壬類苑)』, 수(隨)대에는 『수서경적지(隨書經籍志)』에 처음으로 육임의 명칭이 언급되었으며, 『황제용수경(皇帝龍首經)』과 『현녀식경요법(玄女式經要法)』, 『감여금궤(堪輿金匱)』등이 있다.

당(唐)나라 때에는 당시 유명한 천문학자와 승려 일행(一行)이 지은 『육임명감연주가(六壬明鑒連珠歌)』,『육임수경(六壬髓徑)』, 서도부(徐道符)가 『六壬心鏡』을 저술하여 육임학의 중요한 자료로서 『사고전서(四庫全書)』의 『육임대전(六壬大全)』에 실려 있고, 또한 송(宋)나라 시절에는 육임이 크게 유행하였으며, 묘공달(苗公達)이 『묘공귀촬각(苗公鬼撮脚)』을 저술 하였으며, 소언화(邵彦和)가 『육임구감(六壬口鑑)』을, 이후 능복지(凌福之)가 『필법부(畢法賦)』를 서술함으로서 육임을 익히는 사람들의 필독서가 되었다.

금(金)나라 때에는 육임(六壬)과 삼명(三命) 등의 술수학이 사천대(司天臺)의 시험과목으로 되었다는 기록이 전해지고 있다.

명대(明代)에 이르러 곽재래(郭載騋)는 역대의 육임서를 모아 『육임대전(六壬大全)』을 펴냈다. 또한 조선시대에는 토정 이지함의 『입수법(入手法)』필사본이 전

해 졌는데, 이후 청대(清代)의 『사고전서(四庫全書)[6]가 조성될 때 곽재래의 『육임대전(六壬大全)』과 함께 수록되었다.

한국의 점복(占卜)의 역사적 기원은 문헌기록은 남아 있지 않지만 멀리 선사시대로 까지 올라가며, 아마도 당시에도 다양한 형태의 점복이 존재하였을 것이다. 국가적 차원에서 점복을 연구하고 교육하는 기관은 삼국시대에서부터 기록에 나타난다. 신라시대에는 누각전(漏刻典)에 천문박사를 두어 천문을 관상하고 측후(測候)했고, 고려시대에는 초기부터 천문과 복점(卜占)을 담당하는 관청을 분리하여 태복감(太卜監)과 태사국(太史局)을 두어 이들 업무를 관장하게 했고."[7]《고려사》에도 육임에 관한 문헌으로,

「임진(壬辰)에 유사에게 명하여 송(宋)에서 귀화한 사람인 장완의 소업인 둔갑삼기법과 육임점법(六壬占法)을 시험하고 태사감후의 벼슬을 주었다.」[8]등이 있다.

조선시대에는 관상감(觀象監)을 두고 천문, 지리, 역수(易數), 측후(測候), 각누(刻漏)를 관장하게 했다. 관리로는 삼국시대에는 일과, 상지자, 복서로, 고려시대에는 복정, 복박사가 있었다. 조선시대에는 명과학(命科學)의 교수(教授, 종6품), 훈도(訓導, 종9품)가 점복을 관장했다. 이런 국가의 일을 대상으로 하는 공적인 점(占)복자(卜者) 외에도 개인적인 일을 대상으로 하는 점 복자가 있다. 사적인 점 복자는 주로 보수를 받고 개인을 대상으로 하는 점장이등을 말하다." 그런데 우리나라에는 역사적으로 많은 문헌들이 병화(兵禍)로 소실(消失)되고 정치적으로 술수전적(術數典籍)이 금지되고 소실되어진 적이 있어 역사(歷史) 서(書)에 육임을 이용하던 사례들은 있으나, 토정 이지함의 '입수법(入手法)' 이외에는 애석하게도 육임의 자료를

6) 중국에서는 유서(類書)의 편집이 성행하였는데, 청나라 때에도 《고금도서집성(古今圖書集成)》이 있으나, 유서는 원문을 모두 싣는 것이 아니기 때문에, 이에 미흡한 느낌을 가졌던 건륭제(乾隆帝)가 1741년에 천하의 서(書)를 수집한다는 소(詔)를 내려 1772년에 편찬소(編纂所)인 사고전서관이 개설되었고, 1781년에는 《사고전서》의 첫 한 벌이 완성되었다. 그 후 궁정에 4벌(熱河의 文津閣, 北京圓明園에 文源閣, 紫禁城 안에 文淵閣, 奉天의 文溯閣), 민간에 열람시키는 3벌 등 7벌이 만들어졌다. 수록된 책은 3,458종, 7만 9582권(각 벌의 서적 수는 동일하지 않음)에 이르렀으며, 경(經) · 사(史) · 자(子) · 집(集)의 4부로 분류 편집되었다.

7) 『六壬大全』卷一 飜譯 研究』, 李炫圭, 圓光大學校 東洋學大學院 碩士論文, 2004, p.59.

8) "壬辰命有司試宋投化人張琬所業遁甲三奇法六壬占授太史監候." 高麗史8卷-世家8-文宗2-11-22-1057

찾아보기 어렵다.

2) 육임(六壬)의 자의(字意)

육임의 자의(字義): 도가(道家)의 학설에 따르면 "道生一, 一生二, 二生三, 三生萬物"이라 하여 임(壬)을 양수(陽水)로 삼아 생(生)을 주관한다.

수(水)는 오행(五行)의 시작이고, 위치는 건곤(乾坤), 팔괘(八卦)의 시작이므로, 역(易)으로서는 건(乾)이 으뜸이고, 식(式)으로서는 임(壬)이 그 이름이다.

육임이라는 글자는 북방의 수(水)로써 하도낙서(河圖洛書) 중에서 그 시작을 찾을 수 있는데, "天一生水, 地六成之"라는 법리(法理)대로, 이는 수(水)는 만물의 혈맥이자 근원(根源)으로, 그것의 생수(生數)는 1이며, 土는 5인데, 만물의 근기(根基)로서 생육(生育)의 본원(本源)이 되므로 1에 5를 더해 6이 되어야 성수(成水)로서 완성됨을 뜻하기 때문에, 만물은 1로부터 비롯되어 탄생하며 생성되고 6에 이르러서야 비로소 완성이 된다는 뜻이고, 壬은 양수(陽數)의 극처(極處)라는 의미인데, 주역에서 음양의 대표부호를 9와 6으로 표시했다면 육임에서도 역시 9와 6 즉, 극처의 뜻으로 육임(六壬)이라 칭하게 된 것이다.

육임(六壬), 태을(太乙), 기문(奇門)의 기을임 삼식(奇乙壬 三式) 가운데 태을은 구궁(九宮)을 위주로 삼고, 기문도 팔괘(八卦)의 구궁을 이용하는 반면에, 육임은 곧 천지반(天地盤)을 이용하여 보이지 않는 형이상(形而上)계의 기운까지도 설명하기 때문에 예로부터 인사신시(人事神示)라 하였다.

3) 육임(六壬)과 천문학(天文學)의 연관성

육임은 점성학과 함께 발전된 고대의 천문역법에 동양사상의 본류라 할 수 있는 음양오행 이론이 합체되면서 만들어진 인사(人事)예측 학문이다. 인간은 세상에 태어나면서부터 우주(宇宙)라는 공간(空間)속에서 시간(時間)을 지닌 채 살아갈 수밖에 없다. 현대과학에 있어서도 "물체는 시공간의 구조에 영향을 끼치고 반대로 영향을 받은 시공간은 물체의 운동을 결정한다."라는 정설로 되어있다. 인간들은 시간과 공간속에서 의지라고 하는 인연에 의하여 활동하면서 우주 천체와 중대한 상관관계를 갖게 되고 그 기운이 운화되어 심지어 머릿속의 생각까지도 다른 생명체와 간섭관계를 갖게 되는 것이고 우주의 모든 존재들은 독립된 개체로서만 존립하는 것이 아니고 아주 작은 물질로부터 아주 큰 물체까지 한 조직체로 연결된 구성인자인데, 다만 차원과 형질(形質)과 상황을 달리하고 있을 뿐이지, 보이지는 않지만 서로의 기운(氣運)들에 의해 교류되고 크게 영향을 받는다. 지구상의 인간들이 늘 잊고 사는 일 중에는 이 무한의 우주와 비교한다면 가히 티끌만도 못하다고 볼 수 있으나, 지구의 행성인 달이 지구의 주위를 자전하면서 형성되는 인력 때문에 지구에 미쳐지는 영향으로, 지구표면의 3분의2를 차지하는 엄청난 양의 바닷물(1.4×10^{18}TON)을 움직여 조수간만의 차를 만들어 내고 있다는 사실이고, 이렇게 작은 달의 자전으로 인한 인력에 의하여 지구상에 파급되는 효과는 실로 대단하다.

태양(太陽)계를 구성하고 있는 것은 태양과 행성(行星)들과 소행성, 혜성, 유성 그 외 얼음덩어리 위성 등 인데 그 태양계 전체 행성의 총질량의 합에서 태양이 차지하는 질량의 비율은 태양계 전체의 약 98%이기 때문에 태양계에서 지구가 다른 행성으로부터 받는 기운 중 가장 큰 영향이라고 한다면 단연 태양일 것이고, 장동순 박사는 "태양의 흑점활동이 같은 10년 주기의 시간에 따른 천기(天氣)를 지배하여 질병의 발생, 동식물의 성쇠에 영향을 미친다."[9] 라고 하였는데 그 태양에 의하여 지구에 미쳐지는 영향은 실로 엄청나지만 현재로서는 누구도 정확히 예측 할 수 없는 일이다.

육임은 태양의 위치에 따라 월장(月將)을 적용하여 천반과 지반으로 구분하여 천반의 보이지 않는 기운의 세계 또는 태양의 기운에 의하여 지반에 나타날 수 있

9) 張同淳, 「陰陽五行의 科學的 照明」, 『한국정신과학 학술대회 논문집』, 忠南大學校 環境工學科, 1999.

는 현상을 음양오행으로 표현하는 매우 차원높은 역법(曆法)의 일종이다.

대개 지구의 남과 북을 가로로 이등분하는 "적도(赤道)"와 23.5°로 교차되며 진행하는 태양의 궤도를 "황도(黃道)"[10]라 하고, 태양이 적도의 가장 북쪽을 지날 때, 하지가 되며, 그것의 반대쪽이 동지가 되고 황도와 적도의 교차점이 춘분과 추분이 되는데 춘분점을 황경(黃經)0°로 시작해, 매일 약 1°씩 진행하면, 30일에 30°가 되고, 황경 360°를 30°로 나누면 12가 된다. 12월장(月將)은 이상과 같이 태양이 지나는 12개의 구간을 말하는 것[11]이다.

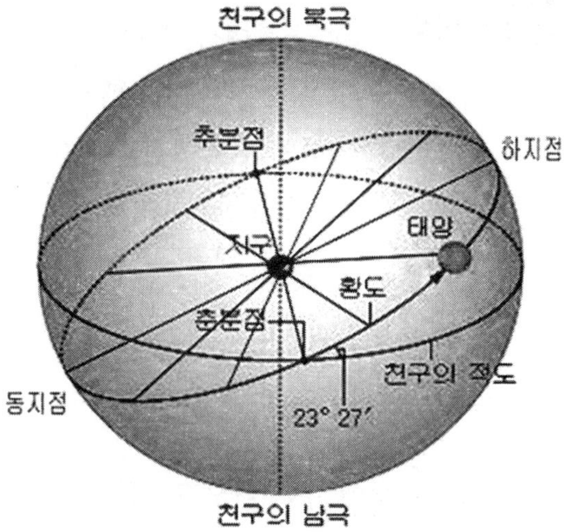

| 그림 1 | 황도와 적도[12]

월장은 현대점성학으로 표시한다면 황도12궁과 춘분, 추분, 동지, 하지점의 위치관계로서 운행궁위(運行宮位)와 도수(度數), 그리고 양력일기(陽曆日期)를 알 수 있다. 이십사절기(二十四節氣)의 일기(日期)는 태양이 황경을 따라 15° 간격으

10) 천구 위의 태양은 고정된 것이 아니고 늘 조금씩 이동하는 연주 운동의 경로를 황도라 한다. 양철문, 『지구과학개론』,교학연구사, 1998, p.26.

11) 박재현, 『대육임진결필법부』, 도서출판 신지평, 1988, p.8.

12) 네이버 백과사전 이미지 참조

로 매 일절기(一節氣)가 된다. 육임에서 월장이 주(主)가 되는데 역법원리(曆法原理)에서 일 년 동안을 구분하는 365일을 황도상의 태양의 위치에 따라 이십사 등분하여 이십사절기로 나눠서 12중기(中氣)가 월장이 된다. 지구는 우전(右轉)하고 태양은 좌시(左施)하여 역행하므로 육합이 된다.

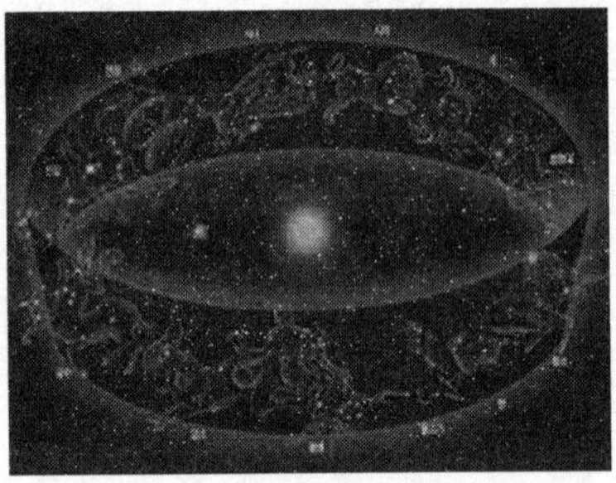

| 그림 2 | 황도 12궁[13]

고대 서양에서도 이 별자리를 연구하기위하여 태양이 임했던 자리의 별자리에 동물의 이름을 붙여서 황도12궁을 만들며 발달한 것이 서양의 점성술(占星術, astrology)이고 육임에서는 12궁의 자리에 육십갑자의 간지(干支)를 붙여서 그 체계가 성립되었는데 이처럼 수천 년 전에 이미 태양과 별들의 움직임을 관찰하여 만들어진 역법(曆法)을 근거로 하여 발전된 육임의 체계는 현대 천문학적 이론을 적용하여도 과학적인 논리에 위배됨이 없다.

천반과 지반을 운용하는 육임법칙에 대하여 『육임신과총론(六壬神課總論)』에 논하기를

"연월일시(年月日時)는 모두 하늘로부터 나오고, 하늘은 위에서 땅을 덮고, 땅은 아 래에서 하늘을 받들고 있다. 하늘의 기(氣)에는 길흉이 있고, 땅에는 화복(禍福)이 있다. 하늘과 땅은 상접상교(相接相交)하고 하늘과 떨어지지 않는다. 하늘과 땅의 상접을 엿보아 길흉의 기미를 예측하는 이것이 곧 육임신과의 커다란 법칙이다. 이에 성인(聖人)은 천지교접(天地交接)의 이법(理法)을 엿보아 우리들 일상생활을 가르켜 주고, 육임과학(六壬課學)을 창시하셨다. 천체(天體)는 쉬지 않고 돌고, 한 시간마다 한 궁(宮)을 지나 30도(度)를 돌고 이것을 신(神)과 살(殺)이 모두 쫓는다. 천체가 도는 것을 알고자 하면 항상 태양을 근거로 하여야 한다. 태양 매 월(月) 궁(宮)에 도달하는바 이것이 곧 월장(月將)이다. 이 때문에 태양 궁, 즉

13) http://cafe.naver.com/cashin17/945

월장을 차례가 돌아오는 순서에 의해 시(時)위에 가(加)해서 오늘의 길흉(吉凶), 신살(神殺), 천장(天將), 녹(祿), 마(馬)가 하늘의 어디에 있는지를 구해내고, 또한 하늘이 도는 것이 어느 방향으로, 어느 위치에서 돌아서 합치는 가로 하늘의 지시(指示)를 엿보아 알 수가 있다. 사람의 길흉, 화복(禍福), 생사(生死), 천수(天壽) 모두 하늘에서 내려주고 하늘의 지배를 받는다. 천체는 가히 수레바퀴와 같아 동(東)으로부터 서(西)를 향해 정연(整然)히 회전운행을 하고 신살(神殺)은 공히 이에 따른다. 그러므로 이에 따르는 것을 예측하여 만사(萬事)를 엿보아 알 수 있어 백번운용하면 백번 응답한다." 라고 하였다.

음양오행의 이론은 木 · 火 · 土 · 金 · 水 오행의 기본적인 성질을 나타내는 오행의 기본속성과, 그에 따른 우주의 모든 삼라만상과 자연의 다양한 현상과 사물에 대한 오행분류, 또한, 음양오행의 상생상극의 순환체계에 대한 과학성 등이 있다. 음양오행이론의 과학적인 접근은 무엇보다도 오행속성의 정의에 기초한 일반화된 이론들이다. 현대의 학자들은 음양오행의 기운적 현상을 서양적 의미에서의 물질로 파악하려는 경향이 있으므로 이는 오행에 대한 대단히 잘못된 접근방법이 아닐 수 없다. 오행은 '성질' 을 통하여 표현되며, 맛으로 느낄 수 있는 것으로, 그 본질은 '행(行) '에 있다. ' 행 '은 곧 유행한다, 변화한다는 뜻이다. 육임(六壬)의 천지반(天地盤)에는 태양의 위치에 따라 지반에 사는 사람들의 인사(人事)에 나타날 수 있는 현상을 음양오행으로 표출하기 때문에 이러한 천반오행의 기운을 잘 살피어 맛과 색(色) 방위(方位) 숫자 등 유추하여 감지할 수 있게 되며 그에 따른 음양오행의 상생상극에 따른 대응방안도 강구할 수 있다.

구체적으로 오행의 木은 "따뜻하고", 火는 "뜨거우며, 폭발적으로 확산되는 기질이고", 土는 "끈끈하여 결합하고", 金은 "긴장하며 결정과 축소를 뜻하고" 水는 "차고 미끄러우며 유연한 성질" 등으로 정의"하고 이것을 기초로 하여 보이지 않는 기운의 현상들이 나타나는 것이다.

| 표 1 | 오행 배당표

行 五 區分	木	火	土	金	水
天 干	甲 乙	丙 丁	戊 己	庚 辛	壬 癸
十二地支	寅 卯	午 巳	辰戌丑未	申 酉	子 亥
季 節	春	夏	四季節	秋	冬
方 位	東	南	中央	西	北
五 常	仁	禮	信	義	智
五 色	靑	赤	黃	白	黑
五 味	酸	苦	甘	辛	鹹
五 志	笑	喜	思	憂	恐
五 意	喜	樂	心	恕	哀
五 邪	風	熱	操濕	冷	寒
五 精	魂	神	意	鬼	精
五 情	仁慈	明朗	重厚	勇斷	憂愁
五 聲	呼	言	歌	哭	呻今
五 音	角	徵	宮	商	羽
五 體	心(筋)	溫(血)	肉	息(皮)	血
五 臟	肝	心(心包)	脾	肺	腎
六 腑	膽	小腸(三焦)	胃	大腸	膀胱
數 理	3 · 8	2 · 7	5 · 10	4 · 9	1 · 6
音	ㄱ·ㅋ	ㄴ·ㄷ·ㄹ·ㅌ	ㅇ·ㅎ	ㅅ·ㅈ·ㅊ	ㅁ·ㅂ·ㅍ

우주와 천지만물은 이 오행에서 시작되었고, 오행의 기본은 木,火,土,金,水등 다섯 가지이며 오생도 음양과 마찬가지로 형질에 우선하여 기(氣)부터 생겼으니 사실상의 작용은 형질이 아니라 오행의 기(氣)와 정(精)이다. 우리가 쉽게 오행을 이해하려면 감각으로 알 수 없는 기(氣)를 논하기보다는 위의 표에서 분류 하듯이 유형(有形)적 실례를 들어 살피는 것이 좋을 듯하다.

3. 시공(時空)에 의한 필연성

1) 공간성(空間性)

천하(天下)를 우주(宇宙)라고 하는데, 여기에서 우(宇)는 위치, 장소를 나타내는 개체적 존재를 말한다. 우주안의 모든 물상(物象)들은 태어나면서 또는 생성(生成)되면서 일정한 공간(空間)을 차지해야만 그 존재가 가능하게 된다. 우주 안에는 태양계(太陽系)가 있고, 태양계 안에는 지구가, 대한민국이, 서울에, 사람들도 역시 현재의 위치에 존재하기 위해서는 일정한 공간을 품수해야만 존재가 가능하도록 되어있다. 그것은 인간들도 역시 존재하기 위해서는 우주 안에서 부피를 가지는 물상으로서 존재한다는 것은 일정부분의 공간을 확보해야만 하기 때문에 절대로 공간성을 피할 수 없게 된다. 이 우주의 공간성은 무한(無限)하고 끝이 없이 펼쳐져 있다고 보는데 그렇기 때문에 보는 관점의 차이겠지만 나를 중심으로 우주를 본다면 우주는 나로부터 시작되어 펼쳐져 있고 내가 우주의 중심이 되며 나 또한 곧 우주가 된다.

2) 시간성(時間性)

우주(宇宙)에서의 주(宙)는 고금(古今)을 나타내는 말인데, 즉 시간성(時間性)을 말하는 것이다. 사람이 태어나는 순간 개체존재가 되어 공간성(空間性)을 지니게 됨과 동시에 어쩔 수 없이 우주와 자연현상의 법칙대로 생장(生長)과 소멸(消滅)의 한계성(限界性)을 지니게 되고, 도저히 탈피(脫皮)할 수 없는 시간성(時間性을 안게 된다.

그러므로 이를 합해 우주(宇宙)라고 하는 것인데, 이 시간이란 것은 흘러가는 것이 아니고 시작부터 끝까지 일정불변하게 이어지는 것임을 물리과학(物理科學)에서는 일찍이 밝혀 놓고 있지만 사람들은 생활의 편이(便易)를 위해 구분해 놓은 시간표의 착각 속에 있어서 세월(歲月)이 간다, 시간이 흐른다, 하고 있지만 사실은 작은 틈도 없이 계속해서 이어지는 현재를 계속해서 미래(未來)로 만들어 가고 있는 것이다. 이 같은 시간은 작년(昨年)이 있으면 내년(來年)이 있게 되고 지난달이 있으면 이달이 있고 어제가 있어서 내일로 이어진다. 그러므로 사람 역시 태어나고 자라고 힘쓰다가 늙어가고 결국 죽게 되는 것이다. 공간성(空間性)을 안고 시간성(時間性)을 지닌 채 그렇게 살고 죽고 하는 것이 이 자연계(自然界)의 법칙(法則)이고, 이것이 우주의 시작이고 끝이며, 우리사람을 포함한 우주(宇宙) 만물(萬物)의 한계성(限界性)인 것이다.

3) 조우성(遭遇性)

공간(空間)은 기운이고 시간(時間)은 현상이다. 이 둘은 항상 불가분한 관계로서 다만 우주의 운행질서에 순응되어지고 그 운동법칙에 의해 살아가게 되어 있다. 이 가운데 만남이라는 형식이 있다. 우주의 기운(氣運)과 물상(物象)은 바로 이 만남에 의해서 관계되어지고 희비애락(喜悲哀樂)을 겪게 된다. 우리가 흔히들 만남이라는 것은 인간의 의지대로 만들어지고 의도했던 대로 이루어지는 것이라고 생각하기 쉬우나 이러한 만남, 즉 조우(遭遇)라는 것이 우연히 인간의 의지대로만 되어지는 것은 아니다. 미리 필요로 해서 의도적으로 만남을 약속하고 약속장소로 가던 도중 갑자기 더 급한 일, 예를 들어 아이가 갑자기 아프다 던지 해서 애초에 계획했던 만남을 이루지 못하고 되돌아오는 경우도 많이 있고, 반대로 우연히 외출을 하던 도중에 생각지도 않았던 옛 친구를 만나게 되어 시간이 지체되고 일과의 계획대로 되지 않는 등 어쩌면 만남, 즉 조우에는 우연(偶然)처럼 등장하는 필연(必然)성이 내포되어 있는지도 모른다. 우주의 공간성에 존재하는 모든 물상들은 생물이고 무생물이고 간에 그 크기와 내재되어있는 파동의 규모에 따라 눈에 보이지 않는 기운을 만들어내고 그것들에 시간성이 가미되며 우주적 자연 질서를 만들어 내게 되는데 현대과학의 정설에 있어서 "물체는 시공간의 구조에 영향을 끼치고 반대로 영향을 받은 시공간은 물체의 운동을 결정한다."라고 되어 있다. 그러니까 각 물체의 활동은 아무리 작은 것이라도 우주천체와 중대한 상관관계를 갖게 되고 그 기운이 운화되며 심지어 머릿속의 생각까지도 다른 생명체와 간섭관계를 갖게 된다는 것이다. 즉 우주안의 모든 물체들은 독립된 개체로만 존재하는 것이 아니고 아주 작은 물질이거나 혹은 아주 큰 물체 까지 한 조직체로 연결된 구성인자인데 다만 차원과 형질과 상황을 달리하고 있을 뿐이라는 것 이다. 사람들의 조우라는 것, 또한 인간들의 자유의지 보다는 이러한 대 질서의 일응적(一應的) 차원에서 이루어지는 현상으로 볼 수 있다.

4. 기초연구

육임학은 간지(干支)를 사용하는 다른 오행학과 마찬가지로 음양오행의 기본적인 법칙과 성질을 파악해야 한다. 육임학 역시 음양오행학적 원리는 여타 오행학과 비슷하지만 육임에만 사용되는 월장(月將), 기궁(寄宮)이라든지 합·충·형·해·파의 세부적 의미라든지 하는 독특한 부분이 있는데 도표로 정리하였다.

1) 음양오행의 기원

천간(天干)과 지지(地支)를 합하여 간지(干支)가 이루어 졌는데, 본시 하늘과 땅, 또는 나무와 줄기라는 의미가 내포되어있고, 그 연원(淵源)은 『통감외기』『협기변방서』등의 문헌에 나타나며, 『고금도서집성예술전』에 말하기를「황제때 승상인 풍후(風后)가 모든 태을법(太乙法)을 취하여 지남거(指南車)를 만들었고, 대효씨(大憢氏)가 60갑자(甲子)를 지어서 기문에 연포(演佈)하였다.」라고 하였다.

중국의 고대인 은나라 이전부터 이미 간지(干支)가 사용되고 있었음이 갑골문에 의하여 밝혀졌고, 다만 은(殷)대에는 간지가 날짜의 표기에만 사용되었고, 년의 표기에 간지가 사용된 것은 B.C 2세기경의 한(漢)대 때부터 였을 것으로 추론된다.

| 표 2 | 육십 갑자표

■육십갑자(六十甲子)와 기원

甲子	乙丑	丙寅	丁卯	戊辰	己巳
庚午	辛未	壬申	癸酉	甲戌	乙亥
丙子	丁丑	戊寅	己卯	庚辰	辛巳
壬午	癸未	甲申	乙酉	丙戌	丁亥
戊子	己丑	庚寅	辛卯	壬辰	癸巳
甲午	乙未	丙申	丁酉	戊戌	己亥
庚子	辛丑	壬寅	癸卯	甲辰	乙巳
丙午	丁未	戊申	己酉	庚戌	辛亥
壬子	癸丑	甲寅	乙卯	丙辰	丁巳
戊午	己未	庚申	辛酉	壬戌	癸亥
戌亥空亡	**申酉空亡**	**午未空亡**	**辰巳空亡**	**寅卯空亡**	**子丑空亡**

문헌상의 기록에 의하면 B.C 104년에 만들어진 삼통력이라는 책력에서 년대를 간지로 표기한 것이 처음으로 나타나는데, 이는 간지(干支)와 음양오행의 원리가 구체화된 법칙으로서 일진을 나타내는 도구로서 활용되었으며, 연월일시의 주기성을 표현한 것이라 할 수 있다.[14]

오행실은 음양설과는 별도로 출발했으나, 추연(鄒衍)과 제(齊)나라 직하음양가(稷下陰陽家)들에 의해 이미 보편화 되어있었던 음양설과 결합되면서 활성화되기 시작했으며 여불위의 『여씨춘추』에 의하여 일차적으로 정리되었다. 특히 추연은 음양과 오행을 결합하였고, 오행상극에 의한 《오덕종시설(五德終始說)》을 만들었으며, 이는 이후 왕조변천의 이론적 근거로 활용되었다.[15]

---

14) 『干支와 陰陽五行의 融合 및 適用에 관한 考察』. 2007. 전경찬석사논문. p31.
15) 『五行學說에 대한 硏究』 박정용. P32.

2) 음양오행(陰陽五行)과 상생 · 상극

(1) 간지(干支)의 음양오행적 분류

| 표 3 | 음양오행 분류표

	木		火		土		金		水	
천간	甲	乙	丙	丁	戊	己	庚	辛	壬	癸
지지	寅	卯	午	巳	辰戌	丑未	申	酉	子	亥
음양	+	−	+	−	+	−	+	−	+	−
오행	木	木	火	火	土	土	金	金	水	水

(2) 육친(六親)분류

육임에서는 일간이 항상 모든 판단의 기준이 되므로, 일단 일간이 정해지면 각각의 간지를 오행법칙에 의하여 가족이나 명예, 직업, 재물 등의 관계로 분류하여 앞으로 벌어질 미래사를 유추(類推)해 나간다.

> 我(日干)를 생하여 주는 오행은 부모(生我者父母)라 하며 인수(印綬)가 되고,
> 我(日干)가 생하여 주는 오행은 자식(我生者子孫)이고 식상(食傷)이 되며,
> 我(日干)가 극하는 오행은 妻와 재물(我剋者妻財)이 되어 재성(財性)이 되고,
> 我(日干)를 극하는 오행은 관귀(剋我者官鬼)가 되며 귀살(鬼殺)이 되고,
> 我(日干)와 같은 오행은 형제(我同類者兄第)라 하여 비겁(比劫)이 된다.

관살(官殺)	양지(陽支) : 조부
⇩	음지(陰支) : 조모
인수(印綬)	양지(陽支) : 부
⇩	음지(陰支) : 모

나(我)

⇩

식상(食傷)　　양지(陽支) : 자(子)

⇩　　음지(陰支) : 식(息)

재성(財星)　　양지(陽支) : 손자, 증조부

처　첩　　음지(陰支) : 손녀, 증조모

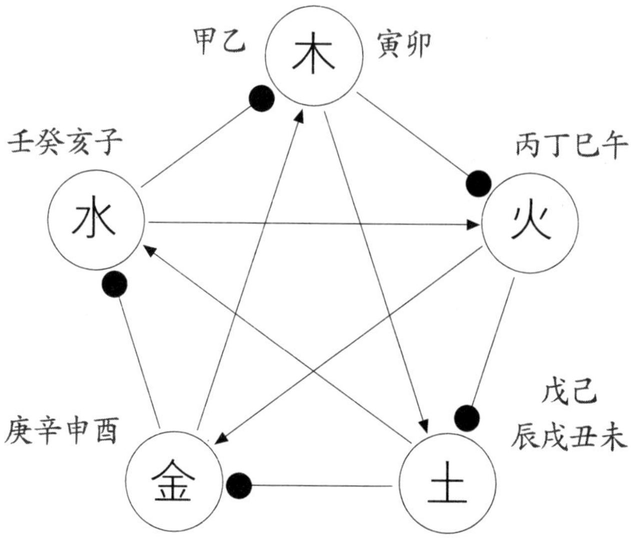

木生火, 火生土, 土生金, 金生水, 水生木.

木剋土, 土剋水, 水剋火, 火剋金, 金剋木.

| 그림 3 | 오행의 상생 · 상극도

※생극(生剋)의 활용

육임은 일간을 위주로 모든 사안을 판단하기 때문에 육임판단에서의 모든 주체는 일간이 된다. 가장 기본적인 간이법(簡易法)적인 단식 판단의 방법으로 생극법이 있는데 그 날의 일간을 묻는 시간이 생(生), 비(比), 재(財)하는가? 또는 극(剋), 설(泄), 공망(空亡)하는가? 를 보고 길흉(吉凶)을 예측하는 방법이다.

3) 점시(占時)

육임정단에서는 육임은 점시(占時)를 가장 중요한 것으로 한다. 먼저 정단을 청하는 사람이 왔거나 전화 등이 걸려 왔을때 그 시각(時刻)을 사용한다. 동일(同一) 시각에 여러 건, 또는 타사관점(他事觀占)을 할 때에는 조시(造時)라 하여 시각을 새로 정하는 것인데 이것을 가리켜 차객법(次客法) 이라고 한다.

모든 육임법에서 그러하듯이 최초의 조우된 시간을 접기(接氣)라고 해서 가장 중요한 판단의 기준이 된다. 만약 점시를 채출하는데 혼돈이 생기면 시보법은 물론이거니와 사과삼전(四課三傳)의 조식(造式)도 제대로 할 수가 없게 된다. 그래서 육임은 절대로 함부로 시간을 허비해서도 않 되고 농단(弄斷)을 해서도 않된다. 그런데 육임정단을 하다가 보면 한 시간대에 한 건(件)만을 정단한다면 문제가 없겠지만 한 시간대에 두 사람, 세 사람, 혹 무더기로 사람들이 한꺼번에 들이 닥치는 경우가 많이 있다. 그러한 경우에 활용할 수 있도록 여러 가지의 차객법(次客法)이 있다.

(1) 시간의 구분

지구는 1일 24시간에 360도를 회전하므로 경도가 15도 차이 날 때마다 시간은 1시간씩 달라지게 된다. 이에 따라 세계 각국은 15도 단위로 구분되는 경도선을 자기나라의 자오 표준시로 채택하여 세계표준시와 정수의 시간차이가 나도록 정해서 사용한다. 우리나라도 1908년 4월 1일부터 표준시 자오선을 정하여 표준시를 사용하기 시작했는데, 동경 135도를 표준자오선으로 정하여 세계표준시보다 9시간이 빠른 한국표준시간을 사용하고 있다. 하지만 동경(東京)과 서울과는 경도상 7도이상 차이가 나기 때문에 현실적인 시간과는 약 30분정도의 괴리(乖離)가 있다. 시간을 정확하게 따져야 하는 육임의 특성상 다음과 같이 지역별 시간의 구분을 정리하였다.

| 표 4 | 육임시간 구분표[16]

자오선	동경 126.5도	동경 127도	동경 127.5도	동경 128도	동경 128.5도	동경 129도	동경 129.5도
지역 시간	인천 김포 당진 서산 대천 서천 군산 영광 목포 제주 서귀포	서울 과천 안양 수원 송탄 평택 천안 온양 공주 강경 전주 이리 광주 화순	가평 양평 증평 여주 이천 청주 대전 진안 장수 남원 구례 순천	춘천 홍천 횡성 원주 충주 점촌 상주 김천 진주 삼천포	속초 양양 정선 영월 영주 군위 대구 마산 창원 진해 거제	강릉 동해 삼척 태백 청송 영청 경주 김해 부산	울진 영덕 포항 울산
자(子)	23:34~ 01:34	23:32~ 01:32	23:30~ 01:30	23:28~ 01:28	23:26~ 01:26	23:24~ 01:24	23:22~ 01:22
축(丑)	01:34~ 03:34	01:32~ 03:32	01:30~ 03:30	01:28~ 03:28	01:26~ 03:26	01:24~ 03:24	01:22~ 03:24
인(寅)	03:34~ 05:34	03:32~ 05:32	03:30~ 05:30	03:28~ 05:28	03:26~ 05:26	03:24~ 05:24	03:22~ 05:22
묘(卯)	05:34~ 07:34	05:32~ 07:32	05:30~ 07:30	05:28~ 07:28	05:26~ 07:26	05:24~ 07:24	05:22~ 07:22
진(辰)	07:34~ 09:34	07:32~ 09:32	07:30~ 09:30	07:28~ 09:28	07:26~ 09:26	07:24~ 09:24	07:22~ 09:22
사(巳)	09:34~ 11:34	09:32~ 11:32	09:30~ 11:30	09:28~ 11:28	09:26~ 11:26	09:24~ 11:24	09:22~ 11:22
오(午)	11:34~ 13:34	11:32~ 13:32	11:30~ 13:30	11:28~ 13:28	11:26~ 13:26	11:24~ 13:24	11:22~ 13:22
미(未)	13:34~ 15:34	13:32~ 15:32	13:30~ 15:30	13:28~ 15:28	13:26~ 15:26	13:24~ 15:24	13:22~ 15:22
신(申)	15:34~ 17:34	15:32~ 17:32	15:30~ 17:30	15:28~ 17:28	15:26~ 17:26	15:24~ 17:24	15:22~ 17:22
유(酉)	17:34~ 19:34	17:32~ 19:32	17:30~ 19:30	17:28~ 19:28	17:26~ 19:26	17:24~ 19:24	17:22~ 19:22
술(戌)	19:34~ 21:34	19:32~ 21:32	19:30~ 21:30	19:28~ 21:28	19:26~ 21:26	19:24~ 21:24	19:22~ 21:22
해(亥)	21:34~ 23:34	21:32~ 23:32	21:30~ 23:30	21:28~ 23:28	21:26~ 23:26	21:24~ 23:24	21:22~ 23:22

(2) 정시(正時)

육임정단을 하기위하여 시간을 정하는 방법으로 하루는 24시간인데 오행지지 일각은 보통 2시간씩이 된다. 이 시간에 처음으로 만나거나 전화가 걸려온 사람에 대하여 육임정단을 할 때는 본래의 지지시간을 그대로를 쓴다.

(3) 차객(次客)[17]

양전사위(陽前四位), 음후육위(陰後六位)

| 표 5 | 차객 정단시간 구분표

점시 \ 차객	첫째人	음양	차객방법	둘째人	세째人	네째人	다섯째人
시간	자(子)	+	前四位支	卯	戌	丑	申
시간	축(丑)	_	後六位支	申	亥	午	酉
시간	인(寅)	+	前四位支	巳	子	卯	戌
시간	묘(卯)	_	後六位支	戌	丑	申	亥
시간	진(辰)	+	前四位支	未	寅	巳	子
시간	사(巳)	_	後六位支	子	卯	戌	丑
시간	오(午)	+	前四位支	酉	辰	未	寅
시간	미(未)	_	後六位支	寅	巳	子	卯
시간	신(申)	+	前四位支	亥	午	酉	辰
시간	유(酉)	_	後六位支	辰	未	寅	巳
시간	술(戌)	+	前四位支	丑	申	亥	午
시간	해(亥)	_	後六位支	午	酉	辰	未

16) 曉史, 『육임강의록』, 육임나라, 2005, 一卷 p.111.
17) 曉史, 『육임강의록』, 육임나라, 2005, 一卷 p.99참조.

정시(正時)에 처음 만난 사람에 대하여 정시를 시간으로 사용한 후, 두 번째로 사람을 만날 때 부터는 차객법을 사용한다. 차객법은 정시를 기준으로 양(陽)일때는 4위지(位支)를 전(前)으로 가고 음(陰)일때는 6위지를 후퇴하는 양전사위 음후육위를 사용한다.

(4) 구두보시(口頭報時)[18]

구두보시란 점자로 하여금 내키는데로 시간 또는 숫자를 말하게 하는 방법으로, 예를 들어 "오후 4시" 라고 말하면 신시(申時)를 점시(占時)로 적용하는 것이고, 임의의 숫자를 "55"라고 말하면 12의 배수인 48을 제하고 나머지 7 즉, 子에서부터 일곱 번째에 해당되는 午를 점시로 활용하는 방법이다. 이외에도 방문자의 사는 곳을 방위로서 점시로 활용하는 방위법(方位法)과, 방문자의 년명, 즉 띠를 물어서 점시로 활용하는 연명법(年命法) 등이 있다.

(5) 좌석법(坐席法)

좌석이든 방석이든 사람의 앉는 자리에 임의 숫자나 지지를 미리 정하여 놓은 후 래방자가 스스로 자율적으로 선택하여 앉는 자리를 보아 처음 정하였던 숫자나 지지를 해당 래방자의 점시로 채출하는 방법인데, 대체적으로 소육임에서 많이 사용한다.

(6) 산대이용법

열두 지지(地支)를 기입한 열 두개의 산대를 통속에 넣어 정신을 집중한 후에 한 개를 지출(持出)하여 이것으로서 시각지지(時刻地支)를 정한다.

18) 阿部泰山全集 第10卷 p126 참조

※ 일사일점(一事一占)

육임은 일건적(一件的) 문제를 하나의 시간으로 판단하기 때문에 육임에서의 시간의 중요성이란 몇 번을 강조해도 아깝지 않다. 하나의 시간을 써버린 경우 다른 시간을 써야 하기 때문에 시간을 함부로 써서도 않 되고 함부로 정단을 해서도 않 된다. 사람의 지혜로 추측이 가능한 것 까지 농단(弄斷)해서 시간을 써버리면 막상 중요한 일에 임하였을 경우 낭패를 볼 수 있기 때문이다.

4) 명암(明暗)

명암이란 하루 중의 낮시간과 밤시간을 구분하여, 방문자나 전화온 사람의 길흉을 판단하는 방법으로, 적용용도에 따라 긴요하게 사용할 수 있으며, 특히 래방자가 많은 경우에 절반이상을 추려내는 일 등에 매우 유용하다.

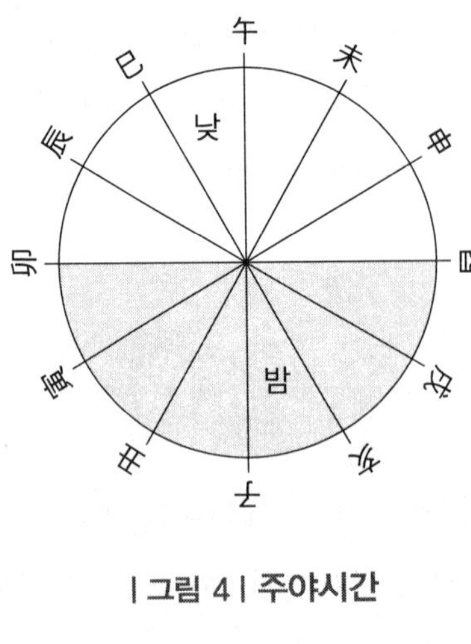

| 그림 4 | 주야시간

낮의 점에 차객(次客)을 이용하여 밤 시간에 해당이 되면, 그 묻는 목적사는 모든 일이 어둡고 암울해지며, 병(病)은 위중하고, 송사(訟事)는 더욱 흉하게 된다. 그러나 밤의 점에 낮 시간을 얻게 되면, 낮에는 찬란한 광명을 얻을 수 있듯이 그 묻는 목적사는 매우 좋게 전개된다고 판단을 한다.

5) 합(合) · 충(冲) · 형(刑) · 해(害) · 파(破)

(1) 합(合)

"합(合)은 화합(和合)과 순리의 신(神)이다. 일(日)에 임(臨)하고 삼전(三傳)에 입전(入傳)하여, 주로 화합과 성취의 기쁨의 뜻이 있고, 음양(陰陽)의 (配合)이 서로 만나고 교차하여 범사(凡事)은 전부 성립된다."

① 간합(干合)

일간(日干)의 합은 즉 오합(五合)이라 하는데, 甲과己는 중정지합(中正之合), 乙 · 庚은 인의지합(仁義之合), 丙 · 辛은 권위지합(威權之合), 丁 · 壬은 음일지합(淫泆之合), 戊 · 癸합은 무정합(無情合)이다.

| 표 6 | 干合

갑(甲) · 기(己)合 土	중정합(中正合)이고 바르고 정당한 합이다.
을(乙) · 경(庚)合 金	인의합(仁義合)으로 인정 있는 인애의 합이다.
병(丙) · 신(辛)合 水	권위(權威)의 합이고 엄하고 타협 될 수 없는 합이다.
정(丁) · 임(壬)合 木	음일(淫庇)의 합으로 연정(戀情)관계의 합이다.
무(戊) · 계(癸)合 火	무정(無情)의합으로 정의(情宜)가 부족한 합이다.

② 지합(支合, 六合)

일지(日支) 합(合)은 즉 육합(六合)이라 한다. 子 · 丑합, 寅 · 亥합, 卯 · 戌합, 辰 · 酉합, 巳 · 申합, 午 · 未가 합이다.

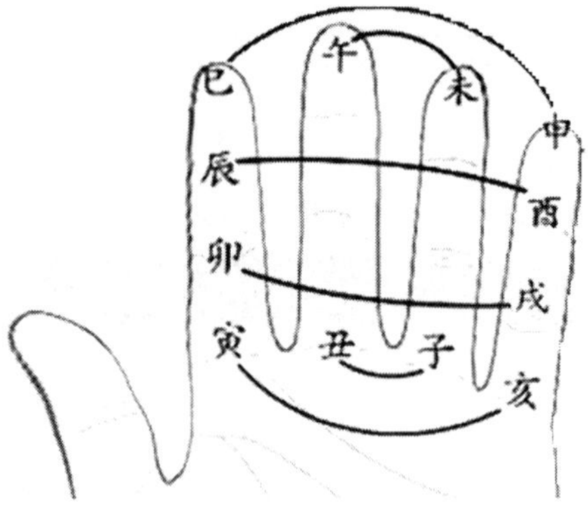

| 그림 5 | 지합(支合, 六合)

| 표 7 | 지합(支合, 六合)

子 · 丑合 土	규방(閨房)부부(夫婦)의 합
寅 · 亥合 木	부자(父子)의 합이고 골육간 존상과의 합
卯 · 戌合 火	형제의 의합이고 골육간 형제와의 합
辰 · 酉合 金	붕우(朋友)의 의합이고 친구 동료 간의 합
巳 · 申合 水	승도(僧道)의 합이고 신앙적 종교가의 합
午未合 불변	군신(君臣)의 의합이고 일월의 合으로 불변, 공직사, 상관(上官)과의 의리적 합

육합(六合)이란 길일(吉日)과 양신(陽神)을 확정하는 6종의 형식이다. 子와 丑이 합하고, 寅과 亥가 합하고, 卯와 戌이 합하고, 辰과 酉가 합하고, 巳와 申이 합하고, 午와 未가 합한다. 예를 들어 월건(月建)이 寅을 이루고 일진(日辰)이 亥를 이룬다면, 寅은 木이고 亥는 水이므로, 木은 水를 얻어야 生하니, 길일(吉日)을 이룬다. 월건(月建)이 辰을 이루고, 일진(日辰)이 酉를 이룬다면, 辰은 土이고 酉는 金이므로, 土중에서 金이 나오므로 역시 길일(吉日)이다. 월건(月建)이 子를 이루고, 일진(日辰)이 丑을 이룬다면, 子는 水이고 丑은 土이므로 土는 水를 막을 수 있으며, 水가 왕성하면 土를 터지게 하므로, 또한 길일(吉日)을 이룬다.

육합(六合)은 이미 오행설(五行說)에 근원을 두었기 때문에 자연스럽게 이해할 수 있지만, 특이한 것은 육임에서는 육합이 그 지지에 따라 각 각의 구체성을 가지고 있고, 그 의미는 통변에 늘 사용되고 있다. 사주명리학(四柱命理學)의 경우 육합은 '묶인다, 작용정지다' 등의 의미로 '길신(吉神)이 육합이 되면 흉(凶)하고, 흉신(凶神)이 육합(六合)이 되면 오히려 길(吉)하다' 라는 의미가 내재되지만 육임 선봉문(先鋒門)의 경우, 합(合)이 되면 무조건 좋은 쪽으로 분석을 하고, 그 보다도 해당 육합이 내포하는 구체적인 의미에 더 중점을 두고 해석을 해야 한다.

③ 삼합(三合)

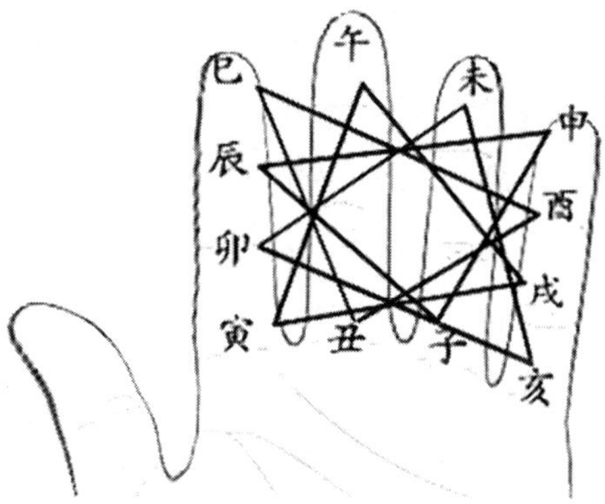

| 그림 6 | 삼합(三合)

"삼행(三行)의 합(合)이라 하는 것은, 즉 삼합(三合)이라 한다. 亥 · 卯 · 未 는 木으로 합하고, 번잡하며 번거로움이 섞이는 것이고, 寅 · 午 · 戌은 火로 합(合)하여, 무리가 짝을 이루어 부정(不正)하는 것이고, 巳 · 酉 · 丑 金으로 합(合)이 되어, 전과 다르게 혁신적으로 바로 잡으려는 것이고, 申 · 子 · 辰 水의 합(合)은 흐름과 움직임이 그치지 않는 것을 말한다."

| 표 8 | 三合

寅·午·戌·火	염상(炎上)으로 흩어지며 뭉쳐질 수 없는 合
巳·酉·丑·金	종혁(從革)으로 현재의 상태를 고쳐 나가고자 하는 合
申·子·辰·水	윤하(潤下)로 좋거나 나쁜 것이 중단되지 않고 계속 되는 合
亥·卯·未·木	곡직(曲直)으로 번잡한 것으로 자기주장을 관철시키는 合
辰·戌·丑·未	가색(稼穡)으로 전지(田地)나 토지에 관련한 일이다.

(2) 충(冲)

충(冲)은 동요(動搖)의 신(神)으로 불안(不安)을 야기하고 원수 맺는 일이 생긴다. 지합(支合)과 마찬가지로 육임에서는 충(冲)도 각각의 구체적 의미를 가지고 있기 때문에 해당 충(冲)이 내포하고 있는 구체적 의미로부터 발생한 동요(動搖), 불안(不安)으로 해석한다. 『六壬大全』에서는 다음과 같다.

"충(冲)은 동(動)이고 격(格)이다. 그 법은 십이지(十二支)를 써 고리처럼 둥글게 배열하고 음양(陰陽) 각 서로 대칭하는 것이 충(冲), 즉 반음(返吟)과 같은 예이다. 일간(日干)를 충(冲) 하면 몸을 주의하고 건강도 위태롭다. 일지(日支)을 충(冲)하면 집을 주의하고 이동(移動)이 있다. 충(冲)은 주로 이동(移動)이 있고, 반복해서 편안하지 못한다. 子 · 午의 상충(相冲)이 가(加)하면, 도로에서 몰고 쫓는 남녀 쟁투가 있고, 도모하는 것은 변동(變動)이 있어서 어긋나고 실수한다. 卯 · 酉의 상충(相冲)이 가(加)하면, 분리(分離)되고 실수한 것이 탄로 나며, 다시 문호(門戶)를 고치고, 음이 승하고 음일합이 임하면 사사로이 간사함을 범한다. 寅 · 申 상충(相冲)이 가(加)하면 간사(奸邪)한 귀신(鬼神)이 작용하여, 숭고(崇高)한 부부에게 서로 다른 마음을 갖게 하고, 巳 · 亥의 상충(相冲)이 가(加)하면 순리대로 갈 것이 거꾸로 오고, 무거운 것을 구하는데 가벼운 것이 얻어지며, 丑 · 未 상충(相冲)이 가(加)하면 형제가 두 마음이며 계획하여 바라던 것을 이루지 못한다. 辰 · 戌이 상충(相冲)이면 기쁨과 슬픔이 분명하지 않고 노비가 도망친다." 라고 하였다.

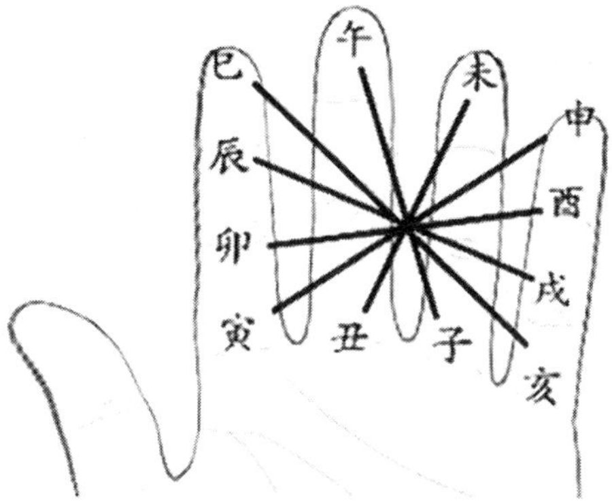

| 그림 7 | 충(冲)

| 표 9 | 冲

子 · 午 남녀상쟁	남녀 간의 다툼으로 인하여 마음이 요동(搖動)친다.
卯 · 酉 문호개변	문호(門戶)및 가정이 새롭게 변하고 움직이려하여 불안하다.
寅 · 申 부부이심	부부가 각기 다른 마음을 먹고있어 동요(動搖)되고 불안하다.
巳冲亥 조상불경	조상을 공경하지 않아서 동요(動搖)불안하고 원수 맺게 된다.
辰冲戌 하극상	하극상(下剋上)하는 일로 동요(動搖)되고 불안하다.
丑冲未 골육상배	골육간의 이견(異見)으로, 동요, 불안하고 원수 맺게 된다.

(3) 형(刑)

형(刑)은 상(傷)하고 흉(凶)이 남는다. 그 법은 십이지(十二支)를 써서 고리처럼 배열하고 순행(順行)의 아래를 사위지(四位支) 간격으로 시작하는 것며, 즉 삼형(三刑)이다. 충(冲) 중간의 자형(自刑) 마지막의 교류함으로 이형(二刑)이고 충(冲)의 머리 자(字)와 자형(自刑)이므로 丑刑戌, 戌刑未, 未刑辰, 辰은 戌과 충(冲)

이므로 자형(自刑)이고, 寅刑巳, 巳刑申, 申刑亥, 亥는 巳와 충(冲)이므로 자형(自刑)이다. 子刑卯이고, 卯刑午, 午도 子와 충(冲)이므로 자형(自刑)이고, 卯刑子, 子刑酉, 酉는 卯와 충(冲)이므로 자형(自刑)이 옳다. 이로써 辰 亥 午 酉를 자형(自刑), 子卯, 卯子를 호형(互刑), 丑戌未, 寅巳申을 붕형(朋刑)이므로 말하기를 삼형(三刑)은 붕형(朋刑)으로 생각하고, 丑은 능히 戌을 형(刑)하고, 戌은 능히 未를 형(刑)하지만, 未는 戌을 형(刑)하는 것이 불가능하고, 戌은 丑을 형(刑)하는 것이 불가능하다고 생각된다.

寅은 능히 巳를 형(刑)하고, 巳는 능히 申을 형(刑)하며, 申은 巳를 형(刑) 하는 것이 불가능하고, 巳도 寅을 형(刑)하는 것이 불가능하므로 세상의 근본이 있다. 이로써 未가 戌을 형(刑)하는 것과, 申이 寅을 형(刑)하는 것은 않되고, 未가 충(冲)의 머리와 자형(自刑)이라고 생각함으로 말미암아 잘못됨이 있어 형(刑)을 충(冲)이라 한다.

형(刑)이 삼전(三傳)에 들거나 일(日)에 임(臨)하면, 반드시 상잔(傷殘)과 사나움이 잔류함에 주의하고, 자형(自刑)은 주로 스스로 경거망동을 만들어, 무너지고 패(敗)하는 일에 이르며, 순리의 성공이 아니고, 죽음이 아니면 정명(正命)이다.

호형(互刑)은 주로 무례(無禮)와 의(義)가 없어, 크게는 흔들리고 작게 음란하며, 子刑卯는 죽음과 敗 함이 서로 형(刑)이고, 집안이 부정하고 집안사람들과 화목하지 못하며, 卯刑子는 밝음이 들어오고 어두움이 나가며, 자식이 규율을 지키지 않고, 물과 땅이 통하지 않는다. 붕형(朋刑)은 주로 정(精)이 없고 은혜가 없으며, 위엄이 능하여 세력에 끼고, 寅刑巳는 형중해(刑中害)가 있어, 움직임에 어렵고 재화(災禍)나 송사(訟事)가 나란히 이른다.

丑刑戌은 형중(刑中) 鬼神이 있고 귀(貴)함과 천(賤)함이 서로 업신여기고, 질병과 옥살이가 교차한다.

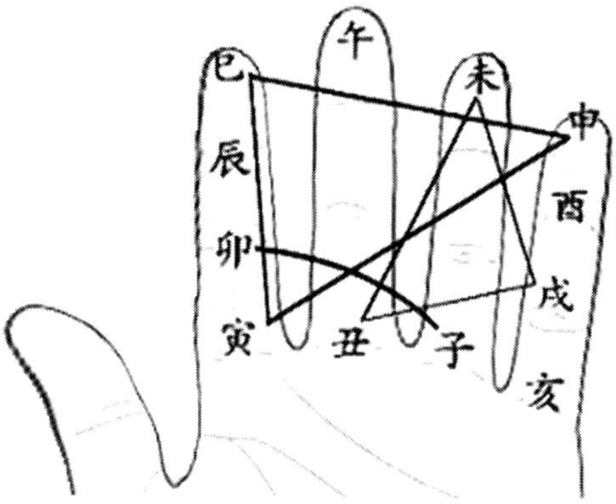

| 그림 8 | 형(刑)

| 표 10 | 刑

寅刑巳	형(刑)중에 해(害)가 있고, 재난과 송사(訟事)가 같이온다.
巳刑申	은혜를 배신하고, 위 아래가 화합하지 못한다.
未刑戌	상하가 불화하고, 집의 기운이 쇠락(衰落)한다.
戌刑丑	귀천(貴賤)이 서로 바뀌고, 병옥(病獄)이 떠나지 않는다.
子刑卯, 卯刑子	집안이 음란(淫亂)하고, 상하(上下)가 불화(不和)하며, 자식을 키우지 못하고, 수륙(水陸)불통
辰, 午, 酉, 亥(自刑)	자신을 스스로 형하여 스스로 패(敗)한다.

(4) 해(害)

해(害)는 험하고 투쟁(鬪爭)이 있다. 그 법은 십이지(十二支)를 써서 辰과 戌을 양분하여, 戌에서 卯에 이르러 가로로 열서하여, 아래로 酉에서 辰에 가로로 가(加)하여 그 위와 위아래가 서로 교류하는 즉 육해(六害)다. 子에 未를 가(加)하면 주로 일은 시작과 끝이 없고, 직업은 구설(口舌)이 있고, 未에 子를 가(加)하면, 주로 계획하여 경영함에 험하고, 지체가 되고 어두움 속에 재난이 일어난다. 丑에 午를 가(加)하면, 주로 여러 송사가 불리하고, 남편과 아내가 불화하고, 午에 丑이 가(加)하면, 주로 일이 불분명하고, 끝에 성공을 이루기 어렵다. 寅에 巳를 가(加)하면 주로 출행(出行)의 움직임에 개동(改動)이 있고, 후퇴함이 이롭고 나아가는 것이 험하다. 巳에 寅이 가(加)하면 주로 꾀하는 일이 험하고 어렵고 구설의 우환과 의혹이 있다. 卯에 辰이 가(加)하면, 주로 빌리는 일에 쟁투가 있고 좋은 중 투쟁이 생기고 辰에 卯가 가(加)하면, 주로 구하고 꾀함에 많은 어려움이 있고 일이 끝이 없다. 酉에 戌이 가(加)하면 주로 문호(門戶)가 손상(損傷)되고, 작은 질병이 있으며, 戌에 酉가 가(加)하면, 주로 암중에 불리하고, 노비가 간사(奸邪)함을 꾀한다. 申에 亥를 가(加)하면, 주로 먼저는 험하고 후(後)에는 득(得)이 있고, 일은 반드시 종말이 있으며, 亥에 申을 가(加)하면, 주로 계획을 이루지 못하고, 일은 반드시 시작이 없다. 해(害)는 반드시 기(氣)를 화합함이 없고, 단지 마땅히 옛것을 지키고 기다려야지, 움직이면 즉 실(失)함이 있다.

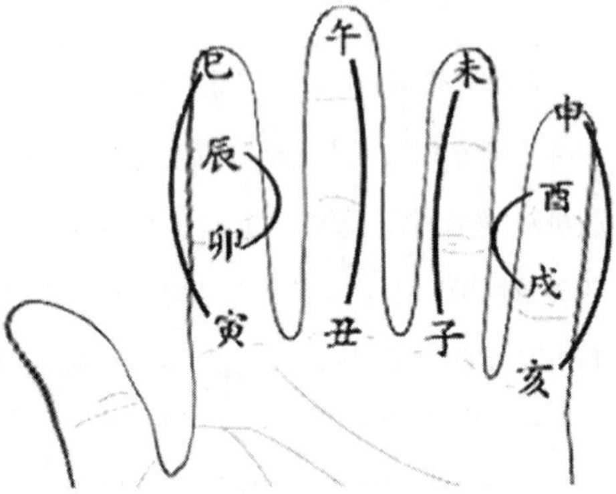

| 그림 9 | 해(害)

| 표 11 | 害

子加未, 未加子	시작은 있으나 끝이 없고, 관사가 아니면 구설이다. 도모, 경영하는 것은 지체되고, 암(暗)중 재난이 발생한다.
丑加午, 午加丑	송사(訟事)는 불리하고 부처(夫妻)가 불화(不和)한다. 일은 불분명하고, 마지막에 어렵게 성취(成就)한다.
寅加巳, 巳加寅	출행하는 것은 고처야하며 지체되는 것은 이익이 있다. 도모(圖謀)하는 것은 어렵고, 구설로 근심이 있다.
卯加辰, 辰加卯	헛된일로 다투며, 일이 뒤집어 진다. 구하는 것은 많이 조체(阻滯)되며, 일은 끝이 없다.

酉加戌, 戌加酉	문호가 손상되고, 작은 아이는 질병이 있다. 암(暗)중에 불미스런일이 있고, 노비가 간사한 일을 꾸민다.
申加亥, 亥加申	처음은 잃지만 나중에 득(得)이있고, 일은 마무리가 된다. 도모(圖謀)하는 일은 않되고, 일은 시작이 않된다.

(5) 파(破)

파(破)는 흩어지고 이동(移動)이다. 그 법은 십이지(十二支)를 써서 둥글게 배열하고, 양일(陽日) 파(破)는 이후 네 번째 이고, 음일(陰日) 파(破)는 이전 네 번째이다. 일에 파(破)가 임(臨)하거나, 삼전(三傳)에 들면 마땅히 흩어지고 흉하며 또한 일이 성공하거나 길하지 않다.

파(破)가 과전(課傳)에 많으면 중간에 한번 그치거나 고쳐지고, 다시 하는 일이 있으며, 주로 불완전하다. 卯 · 午의 파(破)는 문호(門戶)가 파괴 되거나 패(敗)하고, 丑 · 辰의 파(破)는 묘(墓), 담장이 무너지는 일이 있고, 子 · 酉의 파(破)는 작은 재난에 뉘우침이 있고, 未 · 戌 파(破)는 사람의 형(刑)이나 상(傷)함이 있고, 寅 · 亥파(破), 巳 · 申 파(破) 등은 패(敗)중에 합(合)이 있어, 다시 성공하고 전부 그러하다. 사맹(四孟)이 酉를 보거나, 사중(四仲)이 巳를 보거나, 사계(四季)가 丑을 보면 파쇄살(破碎煞)이라 하여 주로 물건이 파쇄(破碎)되어 손해를 보고 불완전하다.

파충(破冲)은 주로 인정이 어두운 중 불순하고, 혼인은 비록 강하게 성립이 되도 오래되면 어렵고, 출산과 잉태는 움직임이 어렵고 희신과 길신등이 승하면 어렵게 테어니고, 일은 이렵게 이루고 공밍 등을 만나면 소리는 있으나 형상(形狀)이 없다."

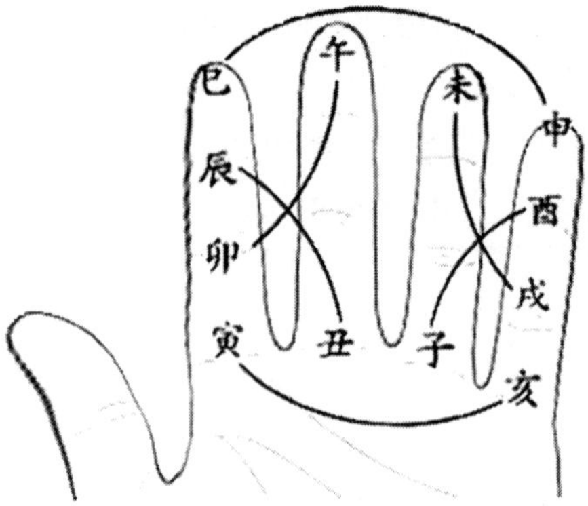

| 그림 10 | 파(破)

| 표 12 | 파(破)

子 · 酉	여자나 아랫사람의 재해(災害)가 있다.
丑 · 辰	원문 · 묘(垣門 · 墓)등이 폐퇴(廢頹)한다.
寅 · 亥	패후(敗後)에 합이 있어 재성(再成)한다.
卯 · 午	가정을 파(破)하게 된다.
巳 · 申	패후(敗後)에 합이 있어 재성(再成)한다.
未 · 戌	형상(刑傷)의사(事)가 일어난다.

육임에서는 위의 합(合) · 충(冲) · 형(刑) · 해(害) · 파(破)에서 갖는 각각의 의미가 매우 중요한데, 이러한 합(合) · 충(冲) · 형(刑) · 해(害) · 파(破)가 한가지씩만 해당이 되는 것이 아니고 여러 가지가 복합적으로 작용하는 경우가 많이 있다.

- 충합(冲合) : 처음은 화합하지만 나중에 분리된다.
- 형합(刑合) : 화합중(和合中) 서로 다툼이 있다.
- 해합(害合) : 합의 후(合議後)에 암중(暗中) 저해(沮害)가 있다.
- 파합(破合) : 교섭 중 다툼이 있다. 원망스러움 등을 감추고 있고 모든 일은 반대로 되며 웃음 속에 칼날이 숨어있다.
- 공망합(空亡合) : 선길후흉(先吉後凶)한다. 초성(初成)하나, 말불성(末不成)한다.[19]

19) 曉史, 『육임강의록』, 육임나라, 2005, 一卷 p.76.

6) 왕(旺) · 상(相) · 휴(休) · 수(囚) · 사(死)

| 표 14 | 왕상휴수사표

역량 / 계절	旺	相	休	囚	死
木	木 림목(林木)	火 시초(柴草)	水 후목(朽木)	金 량동(梁棟)	土 관곽(棺槨)
火	火 로야(爐冶)	土 등촉(燈燭)	木 연(煙)	水 회탄(灰炭)	金 불씨(光)
土	土 산악(山嶽)	金 구부(丘阜)	火 지기(地基)	木 사니(沙泥)	水 총묘(塚墓)
金	金 옥보(玉寶)	水 동철(銅鐵)	土 침(針)	火 연석(鉛錫)	木 과부(鍋釜)
水	水 강하(江河)	木 천(泉)	金 습지(濕地)	土 구거(溝渠)	火 지갱(地坑)

육임에서 왕상휴수(旺相休囚)는 대요(大要)로서, 길흉의 역량을 예견할 때나, 응기(應期)에 있어 언제 묻는 일이 되느냐를 볼 때, 그 일이 날(日)로 될지, 월(月)로 되는지를 계량하는 기준이 되기 때문에 매우 중요한 것이다. 왕(旺) · 상(相) · 휴(休) · 수(囚) · 사(死)는 오행 각자의 힘을 보는 것으로서 특히 선봉문(先鋒門)에서는 일간(日干)과 시간(時間)을 나타내는 오행(五行)이 힘이 있는 왕(旺) · 상(相)한 오행인지 혹은 휴(休) · 수(囚)한 오행(五行)인지를 판단하고, 귀인(貴人)인지 천인(賤人)인지, 부자인지 가난한 사람인지, 묻는 일의 규모가 큰지, 하찮은 작은일 인지를 미리 예측해 볼 수 있다. 년명(年命), 행년(行年), 신수(身數) 등 모든 육임의 판단에 왕(旺) · 상(相) · 휴(休) · 수(囚) · 사(死)의 판단은 끝까지 중요한 부분을 차지하므로 항상 정단시 반드시 눈 여겨 보아야 한다.

7) 공망(空亡)

천간은 甲 乙 丙 丁 戊 己 庚 辛 壬 癸 로 10간(干)이라고 하고, 지지는 子 丑 寅 卯 辰 巳 午 未 申 酉 戌 亥 이므로 12지가 되는데 이 천간과 지지가 음양으로 나뉘어 짝을 맞추다 보면 지지는 2개가 짝이 없어 공망이 된다.

모든 일에 상(象)은 있지만 기(氣)없는 격으로, 일진(日辰)의 공망이면 허위사(虛僞事)아니면 사기(詐欺)를 조심해야 된다. 비록 과전(課傳)에 합(合)되고 다시 길장을 대(帶)하여도 성공하기는 어렵다. 그러나 병송(病訟)에서는 시간(時間)이 오히려 공망 되는 것이 길(吉)한데 신병(新病)은 공망이 되면 고칠 수 있고 구병(久病)은 공망되면 고치지 못한다.

공망을 보면 순(旬)이 지나야 이루어지는데 사람을 방문해도 만나지 못하고 부탁해도 효과가 없다. 모든 점에서 그 유신(類神)이 공망이 되면 매사 바라는 바는 이루기 힘들다. 귀살(鬼殺)이 공망되면 귀살의 기운이 무력(無力)하므로 구적(仇敵)이 있어도 두렵지 않다.

| 표 13 | 십악대패일(十惡大敗日)

甲子旬	乙丑	丙寅	丁卯	戊辰	己巳	庚午	辛未	壬申	癸酉	戌: 孤鴻空 亥: 旬, 祿, 孤鴻空
甲戌旬	乙亥	丙子	丁丑	戊寅	己卯	庚辰	辛巳	壬午	癸未	申: 旬, 祿, 孤鴻空 酉: 旬, 祿空
甲申旬	乙酉	丙戌	丁亥	戊子	己丑	庚寅	辛卯	壬辰	癸巳	午: 祿空 未: 暗祿, 孤鴻空
甲午旬	乙未	丙申	丁酉	戊戌	己亥	庚子	辛丑	壬寅	癸卯	辰: 孤鴻空 巳: 旬, 祿, 孤鴻空
甲辰旬	乙巳	丙午	丁未	戊申	己酉	庚戌	辛亥	壬子	癸丑	寅: 旬, 祿, 孤鴻空 卯: 祿空
甲寅旬	乙卯	丙辰	丁巳	戊午	己未	庚申	辛酉	壬戌	癸亥	子: 祿空 丑: 孤鴻空

천반(天盤)과 지반(地盤)이 전부 공망이 된것을"개공(皆空)"하며, 상하가 전부 기(氣)가 없고, 천반(天盤)이 공망이 되면 "부천공망(浮天空亡), 유행공망(遊行空亡)" 이라하며, 약 70%정도가 비었다라고 보며, 과숙(寡宿)이다.

지반(地盤)의 공망을 "지저공망(地底空亡), 낙저공망(落底空亡)" 이라고 하며 100%의 기운이 없는 것으로 보며, 고진(孤辰)이 되며, 점시가 공망된것을 허성공(虛聲空)이라하며, 모든 일은 이루어지지 않는다. 일간상신의 공망을 무의공(無依空)이라 하며, 설사 일이 이루어져도 이익이 없으며, 일지상신의 공망을 무가공(無家空)이라 하며, 집 또는 상대는 무력하고, 기궁(寄宮)의 공망을 고홍공(孤鴻空)이라 하며, 무자본이며, 의지처가 없는 사람이다. 공망은 필요한 경우도 있고, 그렇지 않은 경우도 있어서 반드시 한가지로만 논 할 수 없다.

※무록지일(無祿之日), 십악대패일(十惡大敗日)

甲辰, 乙巳, 丙申, 丁亥, 戊戌, 己丑, 庚辰, 辛巳, 壬申, 癸亥

※ 각 계절의 귀인(貴人)

- **춘절(春節) 목왕(木旺)** : 甲, 乙日날 寅, 卯 時에 오거나 만나게 된 사람
  문교, 교육계 대 학자.
- **하절(夏節) 화왕(火旺)** : 丙, 丁日날 巳, 午 時에 오거나 만나게 된 사람
  문화계에 이름을 떨침.
- **추절(秋節) 금왕(金旺)** : 庚, 辛日날 申, 酉 時에 오거나 만나게 된 사람
  군인, 무관(武官)으로 출세
- **동절(冬節) 수왕(水旺)** : 壬, 癸日날 亥, 子 時에 오거나 만나게 된 사람
  철학자, 사상가로 크게 발전할 사람

8) 12신살론(十二神殺論)

■ **겁살(劫殺)** : 겁살은 도난(盜難), 강탈(强奪), 상해(傷害), 손실(損失)을 당하고 매사에 장애가 많이 발생한다.

■ **재살(災殺)** : 갑작스러운 재난(災難), 감금, 관재구설, 납치, 포로, 등의 흉함이 있고 특히 손재(損財)도 많이 본다.

■ **천살(天殺)** : 선천적인 신체의 장애, 천재지변, 돌발사고, 언어의 장애, 불치병 등이 이에 해당된다.

■ **지살(地殺)** : 갑작스런 환경의 변화, 동분서주(東奔西走), 이사, 직장의 변동 등이고 손실이 발생한다.

■ **연살(年殺)** : 도화살, 또는 함지살이라고 하며 호색, 색정 등으로 인한 외도로 문제가 발생한다.

■ **월살(月殺)** : 재난, 고갈, 소아마비 등 기능의 마비, 육친의 덕이 박약하고 여인의 음해 등으로 손해를 본다.

■ **망신살(亡神殺)** : 숨기던 일의 탄로로 인한 망신, 실수로 인하여 실물(失物) 등 손재(損財), 육친의 생사이별(生死離別) 등이다.

■ **장성살(將星殺)** : 불굴의 의지에 의한 극복(克復), 성취(成就), 문장(文章), 무관(武官), 문무(文武)의 겸전(兼全).

■ **반안살(攀鞍殺)** : 금안준마(金鞍駿馬)에 의한 출세와 승천(昇遷), 권위(權 威), 총명, 문장(文章), 신분의 상승.

■ **역마(驛馬)** : 상업, 무역, 관광(觀光)등의 사업이 활발, 해외출입(海外出入), 육임에서는 활동성을 뜻하는 매우 길(吉)한 신(神)이다.

■ **육해(六害)** : 육친과의 불화로 인연이 박(剝)하고, 다성다패(多成多敗), 화재, 관재구설 등 재화(災禍)가 많다.

■ **화개(華蓋)** : 총명하고 낭만적 기질, 문화, 예술, 종교, 풍류(風流)를 좋아하는 도화성 등이 이에 해당된다.

| 표 18 | 십이신살(神殺)종합

神殺 / 日	(同)			(冲)			(前)			(後)		
	地殺	將星	華蓋	驛馬	災殺	月殺	天殺	亡神	育害	年殺	攀鞍	劫殺
寅·午·戌	寅	午	戌	申	子	辰	丑	巳	酉	卯	未	亥
申·子·辰	申	子	辰	寅	午	戌	未	亥	卯	酉	丑	巳
巳·酉·丑	巳	酉	丑	亥	卯	未	辰	申	子	午	戌	寅
亥·卯·未	亥	卯	未	巳	酉	丑	戌	寅	午	子	辰	申

■ 점시(占時)가 함지(咸池)에 해당되면, 남녀불문(男女不問)하고 색정사(色情事)에 관련되어 있다.

■ 점시(占時)가 겁살(劫煞)이 되면, 도난(盜難), 손모(損耗), 파재(破財), 상해건(傷害件)이 있거나, 모든 일이 급속(急速)히 진행(進行)되고, 급히 처리해야 할 일이 있는 사람이다.

■ 점시(占時)가 역마(驛馬)에 해당되면, 원행(遠行), 이동사(移動事)이다.

■ 점시(占時)가 망신살이면 실수에 의해 실물(失物)되거나, 탄로에 의한 망신이다.

■ 점시(占時)가 녹(祿)에 해당되면, 직위(職位)나 녹위(祿位)를 구(求)하는 일이거나 , 입신사(立身事)에 관련된 일로 온 것입니다.

■ 점시(占時)가 묘(墓)에 해당되면, 모든 일이 암매(暗昧), 지체(遲滯)하고, 전토(田土),분묘(墳墓), 불사(佛事)에 관련되고 왕상(旺相)은 전토, 휴수(休囚)는 묘사(墓事)가 많다.

9) 십이운성(十二運星)의 두 가지 견해

(1) 동생동시설(同生同死說)

생 · 왕 · 묘 · 절(生 · 旺 · 墓 · 絶)이란 오행(五行)의 생왕묘절이지 십천간(十天干)의 생왕묘절은 아니다. 십천간의 명칭은 오행의 음양(陰陽)을 대표하는 것으로 오행이 비록 음과 양으로 나누어져 있지만 사실은 하나인 것이다. 甲과 乙은 하나의 木일 뿐 결코 둘이 아니다. 寅, 申, 巳, 亥는 오행이 장생(長生), 임관(臨官)하는 지지(地支)이고 子午卯酉는 오행(五行)이 왕(旺)하는 지지(地支)이며 辰戌丑未는 오행(五行)의 묘지(墓地)가 된다. 음간(陰干)이 양간(陽干) 별도로 장생(長生), 녹(祿), 왕(旺), 묘(墓)가 따로 있는 것이 아니다. 왜냐하면 장생(長生), 임관(臨官), 제왕(帝旺), 묘(墓)는 지지(地支)속의 인원에 의거하는 이론이기 때문이다. 이치대로 말해서 모든 사물은 이미 음양(陰陽)을 지니고 있으며, 양이 극에 이르면 음이 생기게 된다. 가장 기(氣)가 왕성한 곳은 바로 중심이 된, 이곳이 곧 녹왕(祿旺)하는 곳이 된다. 쓰임새를 가지고 말한다면 생 · 왕 · 묘 · 절(生 · 旺 · 墓 · 絶)은 오행(五行)으로 구분하면 충분하고 음양(陰陽)으로 나눌 필요는 없다. 종래의 술서(術書)를 보면 오양(五陽)의 장생(長生)을 말했을 뿐 오음(五陰)의 장생(長生)은 말하지 않았다, 또한 양인(陽刃)에 대해서는 말했지만 음인(陰刃)에 대해서는 말한바가 없다.[20]

| 표 19 | 동생동사설의 십이운성표

	長生	沐浴	冠帶	建祿	帝旺	衰	病	死	墓	絕	胎	養
甲 乙	亥	子	丑	寅	卯	辰	巳	午	未	申	酉	戌
丙 丁	寅	卯	辰	巳	午	未	申	酉	戌	亥	子	丑
戊 己	寅	卯	辰	巳	午	未	申	酉	戌	亥	子	丑
庚 辛	巳	午	未	申	酉	戌	亥	子	丑	寅	卯	辰
壬 癸	申	酉	戌	亥	子	丑	寅	卯	辰	巳	午	未

(2) 양생음사설(陽生陰死說)

양(陽)은 모여서 앞으로 나아가는 속성이 있으므로 주로 순행(順行)하고, 음(陰)은 흩어져 뒤로 물러나는 속성이 있으므로 주로 역행(逆行)하게 된다. 사계절(四季節)을 운행하면서 이미 공을 이룬 오행(五行)은 물러가고 장차 쓰이려고 대기하고 있는 오행(五行)은 앞으로 나오게 된다. 그러므로 각각의 천간은 12지지(地支)의

20) 박영창 번역, 『자평진전평부』, 도서출판 신지평 p.199.

월(月)을 운행하면서 생왕묘절(生旺墓絶)을 순환하게 되는 것이다. 양(陽)이 출생하는 곳에서 음(陰)이 사망하고 음양(陰陽)이 서로 교환되는 적은 자연의 이치인 것이다. 甲과 乙을 가지고 논해 보면, 甲은 木의 가운데의 양(陽)이므로 하늘의 생기(生氣)가 되는데 만목에서 그 기(氣)가 흐르는 것이다. 그러므로 亥에서 생(生)하고 午에서 사(死)한다. 乙은 木가운데의 음(陰)이므로 木의 지엽(枝葉)이 되는데 하늘의 생기(生氣)를 받아들인 것이다. 그러므로 午에서 생(生)하고 亥에서 사(死)하게 된다.[21)]

육임필법(六壬畢法)을 비롯하여 대부분의 육임법칙에서 동생동사설(同生同死說)을 따르고 있으므로 본서(本書)역시 동생동사설을 기준으로 적용하였다.

| 표 19 | 양생음사설의 십이운성표

	長生	沐浴	冠帶	建祿	帝旺	衰	病	死	墓	絕	胎	養
甲	亥	子	丑	寅	卯	辰	巳	午	未	申	酉	戌
乙	午	巳	辰	卯	寅	丑	子	亥	戌	酉	申	未
丙	寅	卯	辰	巳	午	未	申	酉	戌	亥	子	丑
丁	酉	申	未	午	巳	辰	卯	寅	丑	子	亥	戌
戊	寅	卯	辰	巳	午	未	申	酉	戌	亥	子	丑
己	酉	申	未	午	巳	辰	卯	寅	丑	子	亥	戌
庚	巳	午	未	申	酉	戌	亥	子	丑	寅	卯	辰
辛	子	亥	戌	酉	申	未	午	巳	辰	卯	寅	丑
壬	申	酉	戌	亥	子	丑	寅	卯	辰	巳	午	未
癸	卯	寅	丑	子	亥	戌	酉	申	未	午	巳	辰

21) 박영창 번역,『자평진전평부』, 도서출판 신지평 p.199.

5. 선봉문(先鋒門)

앞서 논하였던 것과 같이 육임학이란 태양의 위치를 응용하여 공간성(空間性)과 시간성(時間性)을 포함한 조우(遭遇)된 시간에 월장을 가시(加時)하여, 천반(天盤)과 지반(地盤)을 조성한 후, 조상(照常)에 의하여 사과(四課)를 만들고, 다시 적극(賊剋)으로 삼전(三傳)을 조식하여 천반으로서는 길흉(吉凶)을 판단하고 지반으로서는 화복(禍福)과 오행으로 나타난 방위, 맛, 숫자, 색, 시기 등을 판단하는 천문역법이다.

"육임정단에 대해서는 일정불변의 법칙이 있으니 그것은 이미 태산전집 육임학 책 중에 항상 불변하는 정단8문(門)의 해설이 있다. 학술의 출입이 이 문(門)이라고 하고 이 문에 들면 학문의 심오한 곳에 도달 할 수가 있다고 한다. 정단8문은 정단하고자하는 정시(正時)를 관점시(觀占時)라 하고 이것을 점시(占時)로서 선봉문(先鋒門)이라 부르고, 모종의 일을 만나면 월장(月將)을 정시에 가(加)해 천반(天盤)과 지반(地盤)을 조성하고 만든 것을 직사문(直事門) 이라고 부르고, 일간(日干)의 제1과(課)와 제2과로써 외부로 말미암아 발생하여 안으로 접하여 받아들이게 만든 것을 외사문(外事門)이라고 부르고, 일지(日支)는 나의 집이고 내부(內部) 즉 집안으로부터 발생하여 일체를 가지는 것을 내사문(內事門)이라 부른다. 태어나서 살며 길흉의 동기가 사건을 발생, 시작시키는 연유로 하며 만든 것을 발단문(發

端門) 이라고 한다. 중전에 어떤 일이 임하여 모두 아래 전을 향해 이동하는 것을 만들어 이역문(移易門)이라고 부른다. 또한 길흉과 기타 일체로 말미암아 말전에 붙여 정단하는 것을 귀계문(歸計門)이라 만들어 부른다. 사과삼전(四課三傳)을 구성하고 그 형태의 특색 또 생년상신(生年上神)을 다시 변하게 하는 것을 변체문(變體門)이라고 만들어 부른다. 이상 팔문은 관점의 순서를 표시하고 또한 이 8문을 머릿속에 기억하면 정단할 때에 질서 정연한 예측을 할 수가 있다. 정단과 내정은 이러한 법칙을 초월하여 나올 수가 없는 것이다."[22]고 하였다.

선봉문(先鋒門)이란 세밀한 판단인 사과삼전을 조식하기 이전에 일단의 조우된 상태, 즉 상대방이 방문이 방문을 해 왔거나, 또는 내가 상대를 찾아가 방문을 하여 만남이 이루어진 상황이거나, 혹은 상대방으로부터 전화가 걸려온 시간을 육십갑자(六十甲子)중의 그날의 간지(干支)를 이용하여 분석하며 현재 상대가 어떠한 문제에 직면해 있는지를 상대방이 말하기 이전인 서로 마주치는 첫 순간에 미리 파악해 내는 매우 고등한 방법으로 이 선봉문(先鋒門)을 다른 말로 시보법(時報法), 점시(占時) 또는 용시(用時)라고도 부른다.

장태상 교수는『육임정의』에서 "선봉문이란 점시를 말하는 것으로 사과나 삼전을 세우기 전에 먼저 일간(日干)과 일지(日支)의 형(刑)·충(冲)·파(破)·해(害)·공망(空亡) 등을 미리 살펴 길흉을 선정(先定)하기 때문에 선봉문이라고 한다. 점시를 설명하기 전에 먼저 알아야 될 것은 일간과 동일(同一) 할 때는 형제(兄弟)라고 한다. 일간이 생(生)하는 신(神)을 자손(子孫)이라고 한다. 일간이 극(剋)하는 신을 처재(妻財)라고 한다. 일간을 극하는 신을 관귀(官鬼)라고 한다. 일간을 생하는 것을 부모(父母)라고 한다. 즉 비아자(比我者)는 형제요, 아생자(我生者)는 자손이며, 아극자(我剋者)는 처재요, 극아자(剋我者)는 관귀며, 생아자(生我者)는 인수(印綬) 즉 부모이다."[23] 라고 하였고,

22) "對於正斷壬學,有一定不變的原則,那就是己經在泰山全集六壬學書中,時常解說的正斷八門. 學術的出入謂之門,入門可以達堂奧. 所謂正斷八門,就是想要觀占時的占時,叫作先鋒門., 遇見某種事,造成天地盤,對月將加正時,叫作直事門.,以日干的第一課第二課,由外面發生而我接受,叫作外事門.,日支是我家,一切由內發生,叫作內事門.,産生吉凶的動機,而開始發生事故,叫作發端門. 因爲中傳任何事,都向下傳移,叫作移易門, 由此將吉凶和其他一切 依?末全傳決斷,叫作歸計門., 構成四課三傳改變型態的角色,將生年上神叫作變體門. 以上八門,表示觀占的順序,將此八門記入腦中,正斷時,就可以作秩序整然的預測. 正斷和來情,不會超?此項法則"『阿部泰山全集』京都書院 [1978].

『大六壬豫測學』에서는 선봉문에 대하여 논(論)하기를,

「선봉이라는 것은 시간을 사용한다. 신(神)의 기운은 수없이 움직이며 길흉화복은 전부 한 글자를 좇아 생하는 연유로 선봉(先鋒)이라 칭한다. 점시는 신의 변화이고, 천기는 삶의 기운을 뿌리는 연유로 점시에는 예리한 실마리가 이미 나타나게 되고, 매화역수(梅花易數)에서 느끼는 형식의 관념과 일치하므로, 많은 해 동안 보지 못했던 친구의 방문을 맞이할 때 그는 어떠한가? 이시간은 어찌하여 도망가야 하는 편안하지 않은 만남 인가? 어찌하여 이 시간은 새가 길게 우는 괴이한 일이 있는가? 등을 보며 알아차리는 것과 같고, 점복에 늘 민감한 사람이 능히 살피고 깨달아 그 예리함을, 진력시킴으로 말미암아 점단 시작 전에 예측하여 사물의 목적을 알고 발전시켰다. 육임술 가운데, 점시(占時) 혹은 촉기시(觸機時)(통칭 용시(用時)는 일간과 더불어 생극(生剋), 상관(相關), 신살관계(神煞關係) 등을 살펴 찾아온 뜻을 판단하는 일종이다.」라고 하였다.

1) 용시(用時)[24]

■ **용시(用時)가 일간의 재효(財爻)** : 여인으로 인하여 혹은 재물의 일이다. (이런 경우엔) 점시위에 어떤 천장이 올랐는가를 다시 본다. 천후, 태음 등은 여인과의 관계에 저해가 많고, 청룡이 승하면 재물의 문제이며, 현무가 승하면 재물의 잃음에 두려운 부분이고, 구진이 승하면 재물로 곤란하거나 혹 여인의 쟁송 건이다.

■ **용시(用時)가 일간의 관귀(官鬼)** : 공무원이 직무의 변동과 관계, 일반인은 재화 혹은 질병의 일이다. 용시인 관귀(官鬼)가 재발용 되면 죽거나, 재화(災禍)가 회복되지 못하고, 말전 혹 년명위에 구신(救神)이 있으면 해결이 가능하다.

■ **용시(用時)가 일간을 설기하면(脫洩)** : 허비가 많아 재물이 줄고, 혹 강도를 부를까 두렵다.

■ **용시(用時)가 일간을 생(生)** : 타인의 은혜를 받는다.

23) 장태상, 『육임정의』, 명문당, 1976, p 111.
24) 대육임예측학, 진서생, 용시편 참조

■ **용시(用時)가 일간과 비화(比和)** : 형제, 또는 동료의 일이거나 혹 빚으로 여러번 연달아 곤란함을 만난다.

■ **용시(用時)가 일간의 장생(長生)** : 타인으로부터 은혜를 받거나 혹 새로운 창조의 기쁜일이다.

■ **용시(用時)가 일간의 패(敗), 목욕(沐浴)** : 색정사가 있어 어지러운 내분의 일로 두려움이 있고, 육합, 태음, 천후, 현무 등의 음사와 같은 천장이 재차 승하면 그 뜻은 다시 더해진다.

■ **용시(用時)가 일간의 록(祿)** : 명예, 직업, 사업의 일.

■ **용시(用時)가 일간의 병(病), 사(死)** : 운세가 쇠하고 패절한다.

■ **용시(用時)가 일간의 묘(墓)** : 묘지나 토지 혹 죽은 사람의 일이다.

■ **용시(用時)가 일지와 충(冲)** : 동요되고 불안, 어지러운 분쟁에 얽히거나, 쟁투의 일.

■ **용시(用時)가 일지와 역마(驛馬)** : 여행, 천거, 추천 등의 일이다.

■ **용시(用時)가 일간지의 공망(空亡)** : 유실, 바라는 희망사항이 이루어지지 않는 일.

■ **용시(用時)가 일지와 형(刑)** : 관송사의 일이다.

■ **용시(用時)가 일지의 해(害)** : 손실, 정신불안의 일.

■ **용시(用時)가 일지의 겁살(劫殺)** : 도난의 일.

■ **용시(用時)가 일간의 귀인(貴人), 일덕(日德)** : 귀인을 쉽게 만나거나, 혹은 명예사이다.

■ **용시(用時)가 일간과 간합(干合)** : 바깥의 일로 화합사가 있고,

■ **용시가 일지와 육합(六合)** : 집안의 일로 화합사.

2) 부분별 통변

(1) 일간통변사상(日干通辯思想)

■ 점시(占時)가 인수(印綬)이면, 부모(父母), 또는 존장(尊長)과 관련된 일이거나, 사업(事業), 후원(後援) 또는 진로(進路) 등의 문제이다.

■ 점시(占時)가 재성(財星)이면, 구재(求財)나 처첩(妻妾)문제, 또는 상업(商業)과 관련된 일이다.

■ 점시(占時)가 식상(食傷)이면, 자손(子孫)의 문제 또는 박관(剝官), 실직사(失職事)이거나,

불명예스러운 일로 왔다.

■ 점시(占時)가 비겁(比劫)이면, 모든 일이 막히거나, 사물(事物)이 지체(遲滯)되고, 타인(他人)으로 인하여 금전(金錢)의 암손(暗損), 또는 여인(女人)과의 관계된 일이며, 또 재병사(災病事)인 경우도 많다.

■ 점시(占時)가 귀(鬼)이면, 재병(災病)의 일, 또는 실탈(失脫)의 건(件)이거나, 귀적(鬼賊), 적(敵)의 침범(侵犯)이 있고 직업 또는 남편의 일이다.

■ 점시(占時)가 살(殺)이면, 병재(病災)나 관재건(官災件), 또는 적(賊), 적침(敵侵)의 일로서 불길(不吉)하다. 서로 원수가 되는 경우가 많고 직업 또는 남편의 일이다.

(2) 기궁변수(奇宮變數)

기궁(寄宮)은 일간의 분신(分身)으로서 아신(我身)의 변수(變數)를 표시한다. 일간이 기운의 성격을 가진 반면에, 기궁은 물리적 역할을 수행하기 때문에 단순한 생·극 작용에는 크게 관련되지 않고, 충·형·해·파와 같은 강렬한 충돌현상에 의한 변수 작용을 우선적으로 보고 다음 표에 정리 하였다.[25)]

| 표 21 | 기궁

일간	甲	乙	丙	丁	戊	己	庚	辛	壬	癸
기궁지	寅	辰	巳	未	巳	未	申	戌	亥	丑

점시(占時)가 기궁 충(寄宮冲)이면, 그 자신의 이별사(離別事)가 있다.

(3) 일지변수(日支變數)

■ 점시(占時)가 일지와 합(合)이면, 결혼(結婚)등 골육(骨肉)간 화합(和合)하는 일이 있거나, 외부(外部)의 구재(求財), 시행(施行),또는 통신의 즐거움이 있는 사람이다.

■ 점시(占時)가 일지가 충(冲)이면, 재병(災病)의 문제이거나 놀래고 불안하며, 또는 적(賊), 적(敵)의 침범사(侵犯事)이고, 유리전폐사(流離顚廢事)가 있다.

25) 「甲課寅兮乙課辰丙戊課巳不須論丁己課未庚申土辛戌壬亥是其癸課原來丑宮坐分明不用四正神.」六壬大全」p.6.

■ 점시(占時)가 일지와 형(刑)이면, 관(官)의 근심이 있거나, 급속사(急速事)가 있다.

■ 점시(占時)가 일지와 해(害)이면, 재병사(災病事), 또는 금전의 손해건(損害件)이 있거나, 뜻밖의 방해(妨害)가 있는 일이다.

■ 점시(占時)가 일지와 파(破)이면, 파재(破財), 또는 실주(失走), 실종사(失踪事)가 있다.

(4) 천간(天干)의 합 · 충(合 · 冲)과 기타

「태양이 황도12궁의 어떤 궁에 들어있나, 즉 어떤 장인가를 보고 하나의 월장이 정해진다. 태양이 황도12궁의 띠 대에 있고, 운행하는 24절기 전부에 있어 중기를 교차하고 지난 궁, 그런 연유로 월장이라 하고 중기의 교환함을 만나야 응한다. 태양이 황도12궁에 있어 운행하며 낳고 만들어지는 것이 절기이다.」[26]

■ 점시(占時)가 월장충(月將冲)이면, 재앙(災殃)이 초래되므로, 방비(防備)가 필요하다. 점시(占時)에 월장(月將)을 가(加)했을 때 충(冲)이되는 경우가 된다.

월장(月將)은 월의 중기부터 해당 월과 합(合)이 되는 지(支)가 된다.

| 표 22 | 월장표(月將表)

월	寅	卯	辰	巳	午	未	申	酉	戌	亥	子	丑
월장	亥	戌	酉	申	未	午	巳	辰	卯	寅	丑	子

■ 점시(占時)가 덕(德)이면, 윗 사람의 은상(恩賞)을 받는 일이거나, 타인(他人)의 추천이나 후원을 얻는 명예사(名譽事)에 관련있게 된다.

「덕(德)은 복(福)의 신(神)이다. 모든 일에 덕이 임하거나 삼선에 나타나면 능히 흉이 길로 바뀌고 그 이름이 네 개 있다. 네 개의 일덕이 삼전에 들어오면 전부 길하고 일덕이 생왕하면 더욱 길하고 휴수하면 그렇지 않다. 일덕이 삼전에 들어옴에 꺼리는 것은 공망이거나 낙공(落空)이 되는 것이고 또한 신장이 외전(外戰)되는

26) "是一月之將, 視太陽入黃道十二宮之何宮卽爲何將. 太陽在黃道帶十二宮之運行皆在二十四節氣之中氣交換過宮, 故月將也應逢中氣而交換 太陽在黃道十二宮之運行產生之節氣."秦瑞生,『大六壬預測學』, 武陸出版有限公司, 2005, p.57.

것이다. 덕이 干에 加하여 발용하면 귀(鬼)로 인한 작용을 덕이 끊으므로 鬼의 작용을 덮어 불가하게 만들며 능히 화(化)하여 吉하다.」[27]

| 표 23 | 일덕(日德)

일간	甲	乙	丙	丁	戊	己	庚	辛	壬	癸
덕(德)	寅	申	巳	亥	巳	寅	申	巳	亥	巳

■ 점시(占時)가 귀(貴)이면, 귀인사(貴人事)에 관여하거나, 윗사람으로부터의 발탁건(拔擢件), 또는 관직건(官職件)이고 , 스스로 사서 고생(苦生)하는 경우가 많다.

3) 종합통변(綜合通辯)

선봉문(先鋒門) 예제의 도표를 참조로 하여 종합적인 통변의 단계를 다음과 같이 정리 하였다.

1) 일간(日干)에서 시간을 보아 통변(通辯)을 부여한다.
2) 기궁(寄宮)에서 시간을 보아 충 · 형 · 해 · 파 관계를 살핀다.
3) 일지(日支)에서 시간을 보아 생(生)극(剋), 충 · 형 · 해 · 파를 살핀다.
4) 일간(日干)에서 시간을 보아 천간(天干)끼리의 합 · 충 관계를 살핀다.
5) 일간(日干)에서의 신살(神煞)과, 일지에서의 신살과의 관계를 살펴 무엇에 해당 되는가를 판단(判斷)한다.
6) 일간(日干)에서 시간이 12운성 중 무엇에 해당 되는가를 판단한다.
7) 순중(旬中) 공망(空亡)과 기궁의 공망 여부 및 또한 중요한 사상이 무엇인가 판단한다.
8) 해당국수에 대한 초전(初傳)사상이 무엇인가 살피고 초전과 시간통변을 대조 한다.
9) 계절에서 보아 시간의 왕(旺) · 상(相) · 휴(休) · 수(囚) · 사(死)를 본다.

27) "德者福祐之神也. 凡臨日入傳能轉凶爲吉其名有四. 凡四德入傳皆吉日德尤吉俱宜生旺不宜休因. 凡德入傳忌逢空落空及神將外戰. 凡德加干發用爲鬼仍作德斷不可作鬼斷盖德神能化鬼爲吉也."『六壬大全』p.29.

4) 선봉문(先鋒門) 예제

| 표 24 | 종합예제(甲子日)

甲 (寅)	子	2006. 07. 10	未	午
일간 (기궁)	일지	해당일 (음력)	월건	월장

항목 시간,차객	일간통변사상	기궁변수	일지변수	천간합충기타	신 살	12운성	특이사항 공망	초전사상	왕상휴수
子 卯	印綬			月將冲	將星	浴	사업후원 진로	寅(驛馬)	死
	事業,후원 부모,尊長事			災殃防備	성대	음란, 방탕	존친병재	원행,이동	분세
丑 申	財星		六合,剋我	貴人	攀安	冠帶	관직건	子(인성)	旺
	金錢,女子 南業事		和合事	윗사람	官件,직위	명예,진취	토지사		활발
寅 巳	比劫		我生	日德	驛馬	록	원행이동	辰(재성)	囚
	破財,損謀事			명예	원행,이동	봉록,장대	녹위, 영예		피고
卯 戌	比劫		일지변수		六害	旺	官급속사	申(관성)	囚
	피재,손모시		급속사 女손상		재병사	무성	혈광재앙	변화모색, 재병,직업	피고
辰 未	財星		三合,剋我	鬼	華蓋	衰	병재,실탈 적침범사	辰(재성)	旺
	금전,여자 상업사		衆人화합	병재	종교,예술	퇴보	衆人화합	금전,여자	활발
巳 子	食傷	刑		天干合	劫殺	病	자손, 박관	辰(재성)	休
	男:失職, 不名譽 女:子孫, 剝官事	급속사 男손상		和合可能	도난,손모	질병	급속사		휴식
五 酉	食傷	三合	子牛冲	天干冲	財殺	死	병재, 동요 불인건	寅(驛馬)	休
	男:실직, 불명예 女:자손, 박관사	화합사	男女相爭	和合不可	재난,질병	절명	동분서주	변화모색, 원행,이동	휴식

■ **子시** : 사업후원, 진로의 문제가 있고 어르신 병(病)문제 등으로 멀리 다녀올 일이 있지만, 그 자신의 품행으로 인한 재앙(災殃)을 방비(防備)해야한다.

■ **丑시** : 직위, 명예 등으로 인한 돈 문제와 부부의 화합사, 왕(旺) 하므로 토지에 관련된 일 등이 있다.

■ **寅시** : 록(祿) 시간이지만 수(囚)하므로 현재 가난하지는 않으나 더 나아지기위해, 또는 명예나 돈 문제로 멀리 다녀올 일이 있다.

■ **卯시** : 돈 또는 여자가 다쳐 피를 보거나 재병(災病)이고 관재구설이 있다.

■ **辰시** : 돈 여자문제가 크게 있고 여러 사람이 모이는 화합(和合)이 있지만 병재(病災)조심.

■ **巳시** : 급한 관재구설과 女는 자식과 남편문제이고, 남(男)은 직장, 불명예문제.

■ **午시** : 남녀의 다툼에 동요되나 화합이 어렵고, 자식, 남편, 직장문제 등.

| 표 25 | 종합예제(乙丑日)

乙 ㊅辰	丑	2006. 07. 11	未	午
일간 (기궁)	일지	해당일 (음력)	월건	월장

시간,차객 \ 항목	일간통변사상	기궁변수	일지변수	천간합충기타	신 살	12운성	특이사항 공망	초전사상	왕상휴수
巳 子	食傷		生我	天干沖	지살	욕	타인으로부터 은혜	寅(비겁)	休
	남:실직,불명예 여:남편 문제		害	화합불가	왕래	음란방탕	자손,발관실직사	변화모색	휴식
午 酉	食傷		일지변수		함지	생	남녀 색정	재성	休
	남:실직,불명예 여:남편 문제		손해실주사		색정사	출발	부부부정		휴식
未 寅	財星		일지변수		월살	양		子(병부)	旺
	금전,여자, 상업사		동요불안사		고갈	의지		재병사	활발
申 亥	官殺		我剋,귀인,일덕	寅人,日德	망신	태	귀인사		相
	남:직업 문제 여:남편 문제			윗사람,명예	실수,탄로	발단			진세
酉 辰	官殺	六合	三合		장성	절		丑(재성)	相
	남:직업 문제 여:남편 문제	화합사	화합사		성애	절연		금전, 여자	진세
戌 丑	財星	冲	刑		반안	묘		巳(식상)	旺
	금전,여자, 상업사	하극상	급속사 女손상		출세	토지묘지		변화모색	활발
亥 午	印星		我剋		역마	사	공망	印(비겁)	死
	男:실직, 불명예 女:자손, 박관사				원행이동	결명	공망		분세

■ **巳시** : 여(女)는 자식, 남편문제이고, 남(男)은 직장, 불명예문제, 타인의 도움 받음.

■ **午시** : 자식, 실직(失職)의 문제이고 부부간의 불화합으로 손해(損害)와 색정사(色情事)가 있다.

■ **未시** : 큰돈, 여자문제로 집안 또는 형제간의 분쟁(分爭)으로 놀라고 불안정하다.

■ **申시** : 직업(職業), 남편의문제이나 귀인(貴人)으로부터의 도움을 받고, 희망하는 일은 처음에는 불발(不發)이다.

■ **酉시** : 남편, 또는 직업문제가 있으나 집의 안, 밖으로 화합사가 있다.

■ **戌시** : 큰돈, 여자문제에다 급(急)한 관재구설과 손 아랫사람과의 분쟁(分爭)으로 놀라고 안정이 되질 않는다. 모망불성(謀望不成).

■ **亥시** : 사업, 후원, 진로(進路)문제가 있고, 모망불성

| 표 26 | 종합예제(丙寅日)

丙 ⓑ巳	寅	2006. 07. 12	未	午
일간 (기궁)	일지	해당일 (음력)	월건	월장

항목 / 시간,차객	일간통변사상	기궁변수	일지변수	천간합충기타	신 살	12운성	특이사항 공망	초전사상	왕상휴수
子 卯	官殺		生我	月將沖	재살	태	타인으로부터 은혜	寅(인성)	死
	男:직업운제 女:남편운제			재앙방비	재난,질병	발단	관직 직업 남편의 밀	변화모색	분세
丑 申	食傷		我剋		천살	양	박관 실직 불명예사	子(관성)	旺
	男:실직, 불명예 女:자손, 박관사				돌발	의지	남편 자손사		활발
寅 巳	印星	刑			지살	생	타인으로부터 피해	酉(재성)	囚
	사업후원 존장사	급속사 男손상			왕래	출발			피고
卯 戌	印星			天干合	함지	욕	진로 존장 사업사	申(재성)	囚
	사업후원 존장사			화합가능	색정사	음란,방탕	남녀불문 색정사	변화모색, 원행,이동	피고
辰 未	食傷		我剋	天干沖	월살	대	자손 박관사	辰(재성)	旺
	男:실직, 불명예 女:자손, 박관사			화합불가	고갈	명예,진취		실직명예 자손,박관	활발
巳 子	比劫		刑,害	日德	亡身	록	직위 녹위	辰(식상)	休
	파재,손모사		손해,급속사 女손상	명예	실수,실물, 탄로,망신	봉록,장대	상을 받는 명예사		휴식
午 酉	比劫		三合		장성	왕	극처 파재사	巳(비겁)	休
	파재,손모사		화합사		성대	무성		변화모색 파재,손모	휴식

- **子시** : 직업, 남편문제가 있고 타인의 은혜를 입지만, 재앙(災殃)을 방비(防해야한다.
- **丑시** : 여(女)는 자식, 남편문제이고, 남(男)은 직장, 불명예문제이나 왕(旺) 하다.
- **寅시** : 사업, 후원, 진로(進路)문제 등으로 새롭게 시작하려고 하나 급(急)한 관재구설이 있고 남자가 상(傷)한다.
- **卯시** : 사업, 후원, 진로문제 등이 있고 남녀 모두 음란(淫亂)하고 색정(色情)사가 있다.
- **辰시** : 女는 자식, 남편문제이고, 남(男)은 직장, 불명예문제이나 왕(旺) 하고 내가 타인을 미워하나 화합이 어렵다.
- **巳시** : 여자, 또는 손해(損害) 보는 일이 있고 급한 관재구설과 여자가 상(傷)한다.
- **午시** : 여자문제, 손해(損害) 보는 일 등이 있고 여러 사람이 모이는 화합(和合)사가 있다.

6. 월장론(月將論)

태양과 지구사이의 자전(自轉)과 공전(空轉)때문에 매년(每年) 춘하추동(春夏秋冬)과 같은 사계절(四季節)의 변화가 일어나게 되고, 또한 낮과 밤의 변화가 순환(循環)되어지고 있다. 태양은 지구를 포함한 전체 태양계 행성의 총 질량(質量)의 98%를 차지하고 있기 때문에 지구에 미쳐지는 태양의 영향력이란 가히 절대적이며 우리의 상상을 초월(超越)할 수 있다. 이러한 태양의 작용(作用)은 지구상의 모든 생물(生物)의 생장(生長)에 영향을 줄 뿐만이 아니라, 태어나서 성장하며 병(病)들고 죽음에 까지 관여하게 된다.

월장(月將)은 태양(太陽)이고 성군(星君)이며 명암(明暗)을 맡고 있으며, 동정(動靜)의 기(機)이고 화복(禍福)의 시작이며 복덕(福德)의 신(神)이다. 중기(中氣)가 지난이후에 이 궁성(宮星)에 이르러 갈리며, 재앙을 해구(解咎)하고 일(日)에 임(臨)하면 복(福)을 돕고 진(辰)에 임(臨)하여 청룡(靑龍)이면 덕(德)을 도우며, 발용(發用)이 되거나 년명(年命)에 임(臨)하면 전부 길(吉)하고, 일(日)의 신궁(身躬)에 임(臨)하면 병(病)은 낳게 되고, 진(辰)에 임(臨)하면 택사(宅舍)에 광휘(光輝)가 있다.

월장(月將)이 발용(光輝)하면 시작과 움직임의 의미이고, 월장(月將)에 현무(玄

武)가 임(臨)하면 도적(盜賊)은 반드시 패(敗)하고, 천공(天空) 혹 공망(空亡)에 승(乘)하면 광휘(光輝)의 상(象)이며 태성부원(台省部院)에 이른다. 월장(月將)이 천후(天后)를 대하면 사명(使命), 청룡(青龍)이 승(乘)하면 공향(公卿), 태상(太常)이 승하면 무직(武職), 백호(白虎)가 승하면 권력의 귀(貴)함이 있고, 구진(句陳)이 승하면 대장군(大將軍)이고, 주작(朱雀)이 승하면 우림군(羽林軍)이다.

우주의 모든 만물(萬物)의 길흉화복(吉凶禍福)과 흥망성쇠(興亡盛衰)및 인생사의 변동(變動)과 성패(成敗)는 월장(月將)과 월장을 기준으로 운행(運行)하는 성신(星辰)에서 비롯되는 것이고, 지구상의 일기(一機)를 비롯하여 사람의 마음의 변화까지도 전부 이러한 영향에서 벗어날 수 없다.

지구의 남,북극(南,北極)을 가로로 이등분하는 "적도(赤道)"와 23.5°로 교차되며 진행하는 태양의 궤도를 황도라 하고, 태양이 적도의 가장 북쪽을 지날 때 동지(冬至)가 되며, 그것의 반대쪽이 하지가 되고, 황도(黃道)와 적도의 교차점이 춘분(春分)과 추분(秋分)이 되는데, 춘분점을 황경(黃經) 0°로 시작해 매일 약 1°씩 진행하면 30日에 30°가 되고, 황경 360°를 30°로 나누면 12궁(宮)이 된다. 12월장이란 태양이 지나는 황도궁의 12개 구간을 말하는 것이다. 태양의 변화에 의하여 길성(吉星)과 흉성(凶星)도 따라 움직인다. 따라서 육임은 태양의 운행 법칙에 근본을 둔 천문역학이며 미래를 예측하는 학문이다. 이러한 육임정단에서는 월장(月將)이 주(主)가 되는데 역법(曆法)의 원리에서 일년, 365일을 황도상의 위치에 따라 24등분하여 24절기로 나눠서 12중기(中氣)에 이르러서야 월장이 변환되는 것은 역법(曆法)의 기본 출발점이 중기(中氣)에 주안점(主眼点)을 두기 때문이다.

우수 춘분 곡우 소만 하지 대서 처서 추분 상강 소설 동지 대한

(亥將) (戌將) (酉將) (申將) (未將) (午將) (巳將) (辰將) (卯將) (寅將) (丑將) (子將)

(寅月) (卯月) (辰月) (巳月) (午月) (未月) (申月) (酉月) (戌月) (亥月) (子月) (丑月)

입춘 경칩 청명 입하 망종 소서 입추 백로 한로 입동 대설 소한 입춘

| 그림 11 | 월장(月將)

만약 현재 未月이면서 대서가 이르러서야 午 장(將)이 되는 것이고, 이 午 월장(月將)은 申月로 바뀌어도 처서 전(前)까지는 계속해서 작용하게 된다.

원수산(袁樹珊)의『六壬探原』에서는 "월장을 직사문(値事門)이라 한다. 매월의 중기(中氣) 후에 태양이 지나는 자리이다. 태양이 임(臨)하는 곳에는 길(吉)함은 증가하고 흉(凶)은 흩어진다. 그 쓰임새는 천덕, 월덕과 같으며 만약 월장이 삼전에 나타나면 복이 대단히 크다. 월장이 길신(吉神)이면 더욱 길하고, 흉신(凶神)이면 흉은 감소되고, 공망에 해당하면 공망으로 보지 않고, 대체로 태양은 모든 별의 주인이 되어 삼순(三旬)동안의 일을 주관한다."라고 하였다. (월장은 공망을 논하지 아니한다.)

태을(太乙) 巳	승광(勝光) 午	소길(小吉) 未	전송(傳送) 申
천강(天罡) 辰			종괴(從魁) 酉
태충(太冲) 卯			하괴(河魁) 戌
공조(功曹) 寅	대길(大吉) 丑	신후(神后) 子	등명(登明) 亥

| 그림 12 | 月將의 분포

태양이 방사하는 에너지는 지구상의 만물을 생존시키고 번영시키는 존재이므로, 정단하는 시간에 따라 태양이 황도위에 자리하는 궁(宮)을 기준으로 삼는 것으로 이것은 천문의 이치에 부합되는 자연법칙이며, 또한 월장(月將)은 월의 중기(中氣)부터 해당 월지(月支)와 육합(六合)에 해당이 되는 것으로 각 장(將)마다 이름을 가지고 있다.

(1) 등명(登明 : 亥)

寅월의 중기(中氣)인 우수(雨水)부터 춘분(春分) 전(前)까지는 亥를 월장(月將)

으로 하며, 오행으로는 수신(水神)이다. 寅은 삼양(三陽)이 처음 싹이 터서 명(明)으로 오르는 모습으로 주로 정상(禎祥), 징소(徵召), 음화(陰和), 오예(汚穢) 등을 주사(主事)하고 흉장(凶將)이 승(乘)하면 쟁송(爭訟), 구속(拘束) 등의 일이 있고 巳酉丑月의 占은 실물(失物)이 있다. 유신(類神)은 우사(雨師), 뱃사공, 식모(食母) 등이고 음(音)은 각음(角音)이다. 등명(登明)은 모양이 길죽하고 색은 검은 주황이며, 맛은 짜고, 숫자는 4이다. 성궁(星宮)으로는 실(室), 벽(壁)이고, 방위는 북서(北西)이다.

(2) 하괴(河魁 : 戌)

卯월의 중기인 춘분(春分)부터 곡우(穀雨) 전(前)까지는 戌을 월장(月將)으로 하며, 토신(土神)이다. 주로 사기(詐欺)와 노비(奴婢)등의 도망(逃亡)간 일이고 만약 발용(發用)이 되면 오래된 일이 다시 재발(再發)한 것이고, 또 파재(破財)와 여럿이 모이는 일이다. 유신(類神)은 음(陰), 운(雲), 노(奴), 군인(軍人), 승도(僧道), 소동(小童) 등이다. 하괴(河魁)는 그 모양이 흉하고 음(音)은 상음(商音)이고, 숫자는 5이며, 색은 황(黃)색이고, 맛은 달다. 방위는 서북(西北)이며, 성궁(星宮)으로는 규(奎), 루(婁)에 해당된다.

(3) 종괴(從魁 : 酉)

辰월의 중기인 곡우(穀雨)부터 소만(小滿) 전(前)까지는 酉를 월장(月將)으로 하며, 금신(金神)이다. 주사(主事)는 음사(陰私), 해산(解散), 상(賞)을 주고 받는 등의 일이고 또한 금전(金錢), 노비(奴婢), 신식(信息)등의 일이다. 유신(類神)은 酉加子이면 장마비 이고, 酉加戌은 서리이며, 巳 午加酉이면 눈이다. 酉加巳는 바다이고 酉加子는 강이며, 酉에 현무(玄武)가 승(乘)하면 수변(水邊) 즉 물가를 뜻한다. 음(音)은 우성(羽聲)이고, 모양은 단정하고, 색은 희고, 맛은 맵다. 숫자는 6이며, 방위는 정서(正西)이고, 성궁(星宮)은 위(胃), 묘(昴), 필(畢)에 해당된다.

(4) 전송(傳送 : 申)

巳월의 중기인 소만(小滿)부터 하지(夏至) 전(前)까지는 申을 월장(月將)으로 하며, 금신(金神)이다. 주로 도로, 질병, 음모(音耗)사 등의 일이고 유신(類神)은 행인(行人), 공인(公人), 병졸(兵卒), 교통(交通), 의사(醫師), 무당(巫堂), 사냥꾼, 태상이 승(乘)하면 승도(僧道) 등이다. 음(音)은 치(徵)이고 모양은 목덜미가 짧고 눈 버릇이 있다. 색은 백색이고, 맛은 맵고, 숫자는 7이며, 방위는 서남(西南)이고, 성궁(星宮)은 자(觜), 삼(參)이다.

(5) 소길(小吉 : 未)

午월의 중기인 하지(夏至)부터 대서(大暑) 전(前)까지는 未를 월장(月將)으로 삼고 만물이 작게 이루어지는 의미가 있어 소길(小吉)이라 하며, 토신(土神)이다. 주사(主事)는 주식(酒食), 혼인(婚姻), 제사(祭祀) 등의 일이고, 유신(類神)은 풍백(風伯), 부모(父母), 누이, 과부(寡婦), 도사(道士), 빈객(賓客), 지식인 등이며 未加亥는 계부(季父), 未加酉는 계모(繼母), 未승(乘) 태음(太陰)은 이모(姨母) 또는 고모(姑母)이며, 未승(乘) 천후(天后)는 시어머니를 뜻한다. 未加未는 취인(醉人), 未加寅은 사위, 未加酉丑은 노인(老人)이다. 음(音)은 치(徵)이고 모양은 광택이 있고 색은 황(黃)색이며 맛은 달고 숫자는 8이고 방위는 남서(南西)이고 성궁(星宮)은 정(井), 귀(鬼)이다.

(6) 승광(勝光 : 午)

未월의 중기인 대서(大暑)부터 처서(處暑) 전(前)까지는 午를 월장(月將)으로 하며 염화(炎火)가 꺼지는 모양이라 승광(勝光)이라 하며, 화신(火神)이다. 주로 문서(文書)나 관사(官事)의 일이며, 유신(類神)은 노을, 청(晴) 부녀(婦女), 잠고(蠶姑) 즉 누에치는 여자, 여객(旅客), 군관(軍官), 기병(騎兵), 무녀(巫女), 대장장이, 반려(伴侶)즉 단짝 등 이다. 천후(天后)가 승(乘)하면 궁녀(宮女)이고, 청룡(青龍)이 승(乘)하면 사관(使官), 귀인(貴人)이 승(乘)하면 선인(善人), 구진(勾陳)이 승(乘)하면 정장(亭長), 태음(太陰)이 승(乘)하면 첩(妾)이다. 음(音)은 궁음(宮音)이고, 눈은 작으나 얼굴은 크며, 색은 붉고, 맛은 쓰고 숫자는 9이며, 방위는 정남(正南)쪽이고, 성궁(星宮)은 류(柳), 성(星), 장(張)이다.

(7) 태을(太乙 : 巳)

申월의 중기인 처서(處暑)부터 추분(秋分) 전(前)까지는 巳를 월장(月將)으로 쓰며, 화신(火神)이다. 만물이 성숙한다는 의미이고 太乙이라하며 대부분 쟁투(爭鬪), 구설(口舌), 경공(驚恐), 괴이(怪異) 등의 일이고, 유신(類神)으로는 무지개, 동지(冬至) 후(後)에는 눈, 장녀(長女), 붕우(朋友), 주부(主婦),화사(畵師), 술사(術士), 요리사, 기능공, 기마병(騎馬兵), 수예인(手藝人) 등 이고, 辛日 등사(螣蛇)가 승(乘)하면 조객(弔客)이고, 辰戌에 가(加)하면 죄수(罪囚)이다. 음(音)은 각음(角音)이고, 모양은 이마가 높고, 입이 크며 색은 붉은색 이고, 맛은 쓰며, 숫자는 4이고, 방위는 동남(東南)이며, 성궁(星宮)은 익(翼), 진(軫)이다.

(8) 천강(天罡 : 辰)

酉월의 중기인 추분(秋分)부터 상강(霜降) 전(前)까지는 辰을 월장(月將)으로 하며 숙살(肅殺)의 뜻이 있고 토신(土神)이다. 주로 쟁투(爭鬪), 사송(詞訟), 사상(死喪), 전택(田宅) 등이고 유신(類神)으로는 안개이나, 양지(陽支)에 가(加)하면 청(晴)하고, 음지(陰支)에 가(加)하면 비가 온다. 옥신(獄神)을 뜻하며, 군인(軍人), 흉한 무리, 노예, 어부 등을 나타낸다. 현무(玄武)가 승(乘)하여 子에 가(加)하면 강도(强盜)이고, 백호(白狐)가 승(乘)하면 죽일 사람이고, 巳午에 가(加)하면 노인(老人)이다. 음(音)은 상성(商聲)이며, 모양은 얼굴이 둥글고 귀밑 털이 있으며, 그 색(色)은 황색(黃色)이고, 맛은 달고, 숫자는 5이며, 방위는 동남(東南)이며, 성궁(星宮)은 각(角), 항(亢)이다.

(9) 태충(太食 : 卯)

戌월의 중기인 상강(霜降)부터 소설(小雪) 전(前)까지는 卯를 월장(月將)으로 하며, 목신(木神)이다. 주로 역우(驛郵), 주차(舟車), 임목(林木)등이며 유신(類神)은 뢰진(雷震), 巳日 청룡(靑龍)이 승(乘)하면 비(雨), 장자(長子), 경기인(經紀人), 도적(盜賊), 귀인(貴人)이 승(乘)하면 술사(術士)등을 의미하며, 未에 가(加)하면 형제, 巳午에 가(加)하면 장인(匠人)이다. 모양은 장신(長身)으로, 음(音)은 우성(羽聲)이고, 색은 청색(靑色), 맛은 시며, 숫자는 6이고, 방위는 동(東)쪽이고, 성궁(星宮)은 저(氐), 방(房)이다.

(10) 공조(功曹 : 寅)

亥월의 중기인 소설(小雪)부터 동지(冬至) 전(前)까지는 寅을 월장(月將)으로 하며, 목신(木神)이다. 주로 목기(木器), 문서(文書), 혼인(婚姻), 재백(財帛), 관사(官使)이며, 유신(類神)은 풍백(風伯), 백호(白虎)가 승(乘)하여 신(申)에 가(加)하면 대풍(大風)이다. 독우(督郵), 빈객(賓客), 가장(家長), 부서(夫壻) 등이며, 청룡(靑龍) 육합(六合)이 승하면 수재(秀才)이고, 申에 가(加)하면 도사(道士), 주작(朱雀)이 승(乘)하여 申戌에 가(加)하면 서사(胥史), 천후(天后)가 승(乘)하여 未에 가(加)하면 의사이다. 음(音)은 치성(徵聲)이고, 모양은 둥글고 몸이 크다. 색(色)은 청록색이고, 맛은 시며, 숫자는 7이며, 방위는 동북(東北)이고, 성궁(星宮)은 미(尾),기(箕)이다.

(11) 대길(大吉 : 丑)

子월의 중기인 동지(冬至)부터 대한(大寒) 전(前)까지는 丑을 월장(月將)으로 하며, 토신(土神)이다. 주된 일은 전택(田宅) 원포(園圃) 쟁투(爭鬪) 등의 일이며, 또 재백(財帛) 연회(宴會)등의 일이다. 유신(類神)으로는 우사(雨師)이고, 백호(白虎)가 승(乘)하면 풍백(風伯), 卯에 가(加)하면 선우후뢰(先雨後雷), 卯가 가(加)하면 선뢰후우(先雷後雨)이다. 음(音)은 치성(徵聲)으로 모양은 단신(短身)이고 추(醜)

하다. 색은 황색(黃色)이며, 맛은 달고, 숫자는 8이며, 방위는 동북(東北)이고, 성궁(星宮)은 두(斗), 우(牛)이다.

(12) 신후(神后 : 子)

丑월의 중기인 대한(大寒)부터 우수(雨水) 전(前)까지는 子를 월장(月將)으로 하며, 수신(水神)이다. 주로 음사(陰私), 암매(暗昧), 부녀(婦女)등의 일이고, 유신(類神)은 운(雲), 우수(雨水), 천하(天河)이다. 子日 청룡(靑龍)이나 현무(玄武)가 승(乘)하면 대우(大雨)를 뜻하고, 유에 가하면 천음이고, 동지 후에 사오에 가하면 설이다. 처(妻), 며느리, 여자, 어부(漁夫), 음녀(淫女), 유온(乳媼), 주자(舟子), 도축업자이다. 천후(天后)가 승(乘)하면 유녀(幼女), 亥에 가(加)하면 어린아이, 丑未에 가(加)하면 부부(夫婦), 일진(日辰)에 가(加)하면 시어머니, 태음(太陰)이 승(乘)하면 비첩(婢妾), 酉에 가(加)하면 과부(寡婦), 백호(白狐)가 승(乘)하여 辰에 가(加)하면 군부(軍婦), 현무(玄武)가 승(乘)하면 도적(盜賊), 태상(太常)이 승(乘)하면 창부(娼婦) 등이다. 음(音)은 궁성(宮聲)이고, 모양은 연미(姸媚)하며, 색은 검고, 맛은 짜고, 숫자는 9이며, 방위는 북(北)쪽이고 성궁(星宮)은 여(女), 허(虛), 위(危)이다.

7. 천반(天盤)과 지반(地盤)의 구성

육임은 지반(地盤)과 천반(天盤)으로 구성이 되어 있으며, 지반은 숫자이고 방위이고 맛과 색깔을 나타내는 등, 눈에 보이는 세상의 현상을 말하는 것이고, 천반은 하늘의 기운 측 지반위의 보이지 않고 무색의 무취이지만 현상에 영향을 미치는 기운을 말하는 것이다.

천반 : 기(氣), 귀(鬼), 체(体), 무색, 무미(無味), 기운적 작용

지반 : 상(象), 인(人), 용(用), 색깔, 맛, 숫자, 방위, 띠

이 천반(天盤)의 기운을 알아보기 위하여 조식(造式)을 하게 되는데 당월(當月)에 해당하는 월장(月將)을 시간위에 가(加)하는 것을 월장가시(月將加時)라고 한다. 예를 들어 현재 未月이고 월장(月將)이 午라고 가정하면 申시에 어떤 정단을 하기위해서는 지반(地盤) 申위에 월장(月將) 午를 加하는 것을 말한다.

									월장			
천반	戌	亥	子	丑	寅	卯	辰	巳	午	未	申	酉
지반(시간)	子	丑	寅	卯	辰	巳	午	未	申	酉	戌	亥
									시간			

월장을 현재의 시간에 가시(加時)한 후 순서에 맞게 나머지 천반을 순차적으로 배열하면 해당시간의 천반의 구성이 완성된다.

예제) 丙寅日 午時 申月將

							월장					
	寅	卯	辰	巳	午	未	申	酉	戌	亥	子	丑
지반(시간)	子	丑	寅	卯	辰	巳	午	未	申	酉	戌	亥

8. 두강지법(斗罡指法), 지두법(指斗法)

두강지법은 북두칠성(北斗七星)을 따라서 세워진 법으로, 먼 옛날 상고시대(上古時代)부터 이미 천체(天體)의 중심이 북극성과 북두(北斗)라는 것을 성인들이 깨우쳐 알고 있었다. 또한 관찰을 통하여 북두칠성의 자루가 가르키는 부분을 매월(每月)로 정하였는데, 예를 들어 戌月에는 戌방향을 가르키고, 卯月에는 卯방향을 가르키는 등이다. 북두칠성(北斗七星)은 28숙을 관장하며, 일(日), 월(月), 금(金), 목(木), 수(水), 화(火), 토(土)인 칠정(七政)의 축이고 음양(陰陽)의 본원(本源)이다. 옛날부터 이미 중국은 고대로부터 우주가 하나의 유기체라는 것과, 이러한 유기체는 태일(太一)이 중심이며, 별의 운동에 가장 중요한 근본임을 알고 있었다. 만약 태일(太一)이 상제(上帝)라면, 북두칠성은 신하로서 수족(手足)이 되는 셈이다. 창조된 우주에는 만물이 있고, 각 성구(星球)의 운동과 진화(進化)를 지배하는데, 고로 우주의 능력에는 근원이 있고, 중심이 있으며, 최고의 권력이 있고, 기체(機體)의 조직(組織)과 자연의 질서가 있다.[28] 이러한 모든 것들은 북두칠성을 보며 그 중요성을 알아야 한다. 육임에서도 길흉을 판단하는 방법에 북두(北斗)의 진술(辰戌)과 많은 관계가 있다.

28) 장태상, 『풍수총론』전통문화사 p227 참조

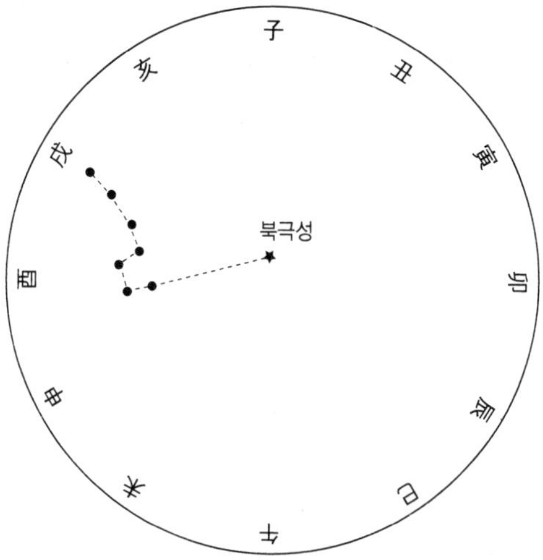

| 그림 13 | 북두칠성(北斗七星)

●북두칠성(北斗七星)

탐랑(貪狼) : 생명(生命)을 기원하며, 생기성(生氣星)이라 한다.

거문(巨門) : 음(陰)적인 일과 형벌(刑罰)을 주관하며 천선성(天璇星)이라 한다.

녹존(祿存) : 화(禍)와 해(害)를 주관하며 천기성(天機星)이라 한다.

문곡(文曲) : 벌성(伐星)이라하며, 하늘의 권력을 쥔 천권성(天權星)이다.

염정(廉貞) : 살성(殺星)이며, 죄있는 자를 죽이며 옥형성(玉衡星)이라 한다.

무곡(武曲) : 수명(壽命)을 연장하며, 양기(陽氣)를 열어준다하여 개양성(開陽星)이다.

파군(破軍) : 병사(兵使)에 관계되고, 천기(天氣)의 출입을 관장하는 요광성(搖光星)이다.

칠성(七星)은 북두칠성을 신격화한 것으로 칠성에 대한 신앙은 특히 중국의 도교에서 발달하여 이후 불교와 민간신앙에 많은 영향을 주었다. 도교에서는 음력 8월 3일, 음력 8월 27일을 북두 하강지일로 "도교절일"로 사용하고, 불교에서는 밀교 경전으로 「묘견보살 신주경」「묘견보살 다라니경」으로 작법하고 있다. 조선 숙종때 승려「월서도안」의 법손 상월세봉이 삼경에 반드시 북두칠성에 예배를 하고 심증실천(心證實踐)했다는 기록이 있어서 그 후부터, 서민 대중의 신앙이 되었으며, 한반도와 만주에 분포하는 고인돌에 종종 별자리가 그려지기도 하였는데, 그중 북두칠성이 많이 차지하고 있고, 또한 우리의 옛날, 신라시대의 김유신이 칠요(七曜)의 정기를 타고나 등에 칠성의 무늬가 있다는 기록이 있었으므로, 칠성신앙과의 연관은 분명하지 않다. 이후 고려시대에 태일제(太日祭)를 지낼 때 칠성님께 빌었다.

(1) 천강용법(天罡用法)

모든 일을 질문해 오는 시간, 즉 점시에 월장(月將)을 가(加)하여 천반 辰아래 지반(地盤)의 오행에 의하여 방위와 숫자 등을 처리하면 자신에게 유리하다. 만약 병(病)을 치료하기 위하여 약(藥)을 구하는 방향을 알고자 한다면 천반의 辰이 있는 지반(地盤)의 지지(地支)방향으로 가면 반드시 좋은 의사와 약(藥)을 구할 수 있으며 모든 생활의 전반사항, 즉 이사, 등산, 낚시 피신 등 천반의 진하지지(辰下地支) 방향을 찾으면 자신에게 유리한 작용을 하게 된다.

사안에 따라 다소 차이가 있지만 물어오는 점이 변화를 묻는 것인가?

4맹(孟) : 寅, 申, 巳, 亥 변화의 시작을 의미한다.

4중(仲) : 子, 午, 卯, 酉 변화의 중간단계를 의미

4계(季) : 辰, 戌, 丑, 未 변화의 완성적 의미

목적사가 음양(陰陽)의 구분에 의한 것인가? (청우, 태아성별...)

음(陰) : 丑, 卯, 巳, 未, 酉, 亥

양(陽) : 子, 寅, 辰, 午, 申, 戌

(2) 조격(阻隔)의 해설

천반의 진(辰)이 지반의 자오묘유(子午卯酉)위에 있다면 장애가 발생되는 것을 말한다. 예를 들어 천반의 진(辰)토(土)아래 지반이 자(子)인 것을 천관(天關)이라 하고, 지반이 묘(卯)인 것을 천격(天格)이라 하며, 지반이 오(午)인 것을 지관(地關)이라 하고, 지반이 유(酉)인 것을 지격(地格)이라고 하는데, 천관(天關)과 천격(天

格)은 자연재해로 인한 풍설(風雪), 우박(雨雹), 한설(寒暑)등으로 장애가 있는 것이고, 지관(地關)과 지격(地格)은 도로가 막히는 것으로 배, 자동차, 산천 등으로 인한 장애를 말한다. 또한 천관과 천격은 생각이외의 재난으로 수재(水災), 한재(旱災), 화재(火災), 지진(地震)등을 말하고, 지관과 지격의 장애는 다분히 인재가 있는 것을 말한다.

(3) 계획법(計劃法)

어떤 계획을 세우기 전에 천반의 진(辰)아래 지반에 있는 오행을 보고 계획에 관한 결정을 한다.

| 표 27 | 계획법

진하(辰下)지지	천기에 의한 의미	吉 · 凶
子	중도좌절, 정신불안발생	凶
丑	매사 추진대길, 목전사 길	吉
寅	매사 추진대길, 승부사 대길	吉
卯	내외폐한, 중지요구	凶
辰	폐한불통, 중지요구	凶
巳	천지개통, 대길	吉
午	신불기원, 근신	凶
未	매사 소길, 여행매매 대길	吉
申	타인압박, 쟁투발생, 중지요구	凶
酉	출행중지	凶
戊	계획변경, 하극싱주의	凶
亥	천지불통, 손모발생, 중지요구	凶

(4) 방문점(訪問占)

남의 집을 방문하여 상대를 뵙하고자 할 때 천반의 진하(辰下)지지가

■ **사맹(四孟)** : 만나려고 하는 사람은 집에 있다.

■ **사중(四仲)** : 혹 집에 없더라도, 조금만 기다리면 만나게 된다.

■ **사계(四季)** : 그 사람이 집에 없거나 집에 있어도 만나주지 않는다.

(5) 내방행인점(來訪行人占)

래방하기로 한 사람이 오지 않을 때는 진하(辰下)지지로

■ **사맹(四孟)** : 래방한다는 사람은 오히려 출발하지 않았다.

■ **사중(四仲)** : 지금 출발하려 한다.

■ **사계(四季)** : 이미 오는 중이므로, 곧 도착한다.

※복음과의 경우도 오지 않는다.

(6) 외출길흉점(外出吉凶占)

진하(辰下)지지가

■ **사맹(四孟)** : 길(吉)하다.

■ **사중(四仲)** : 재화(災禍)가 발생하여 두려움이 있다.

■ **사계(四季)** : 순조롭고, 평온하다.

※외출하는 방향은 진(辰)이 임하는 지반의 오행방향이 좋다.

(7) 미로주법(迷路走法)

가는 중에 혹 산림 등에서 길을 잃어 미로가 나타났을 때는 진하(辰下)지지가

■ **사맹(四孟)** : 좌(左)측으로 가면 된다.

■ **사중(四仲)** : 가운데로 곧게 가면 된다.

■ **사계(四季)** : 우(右)측으로 가면 된다.

※혹 辰이 임(臨)한 방향으로 백보(百步)를 가면 길을 발견할 수 있는데, 예를 들어 辰加申이면, 즉 서남(西南)방위로 가면 된다.

(8) 구재구물점(求財求物占)

진하(辰下)지지가,

- **사맹(四孟)** : 재물을 얻을 수 없다.
- **사중(四仲)** : 절반만 얻게 된다.
- **사계(四季)** : 원한만큼 얻을 수 있다.

(9) 매매점(賣買占)

매매사에 관한 점에는 진하(辰下)지지가,

- **사맹(四孟)** : 매매가 이루어지지 안는다.
- **사중(四仲)** : 매매가 이루어질 가능성이 있으므로 근신 소심(小心)
- **사계(四季)** : 매매가 이루어질 수 있으며 목적은 달성된다.

(10) 재액(災厄)이 있을 것인지 알고자 할 때는,

두강(斗罡) 辰이 일지의 전(前)에 있으면, 재액은 없고, 만약 辰이 일지의 후(後) 삼위지(三位支) 안에 있으면, 재액은 신속하게 발생하고, 예를 들어 일지가 卯일때 辰은 前이 되고 일지가 巳이면 辰은 後가 된다.

(11) 재앙(災殃)이 어떤사람에게 오는지 알고 싶으면,

진하(辰下)지지가,

- **사맹(四孟)** : 존친(尊親), 어른들에게 재앙이 온다.
- **사중(四仲)** : 나 자신이거나, 혹은 형제들에게 재앙이 오며,
- **사계(四季)** : 처첩이나 혹은 부속인, 사용인에게 재앙이 온다.

(12) 내외길흉점(內外吉凶占)

진하(辰下)지지가,

■ **사맹(四孟)** : 집안은 길하고 외부는 흉하며,

■ **사중(四仲)** : 가정은 길하고 자신은 흉하고,

■ **사계(四季)** : 집안은 흉하고 외부는 길하다.

(13) 분실점(紛失占)

도난인지, 실수로 물건을 잃었는지의 여부는 진하(辰下)지지가

■ **사맹(四孟)** : 도둑이 훔쳐간 것이 아니고, 기억을 못하는 것이다.

■ **사중(四仲)** : 분실한 것이며, 회수하는데 지체가 된며 동쪽에서 찾는다.

■ **사계(四季)** : 도둑이 훔쳐간 것이고, 회수가 어렵다.

(14) 출산점(出産占)

출산하기 전에 아이의 성별을 묻는 사안은, 진하(辰下)지지가,

■ **자오인신(子午寅申)** : 즉 양이면 남자아이이고,

■ **사해묘유(巳亥卯酉)** : 음이면 여자아이이며,

■ 진술(辰戌)은 남아이고, 축미(丑未)는 여아이나 난산(難産)이다.

(15) 질병점(疾病占)

질병의 경중(輕重)을 묻는 점에서는, 진하(辰下)지지가

■ **사맹(四孟)** : 병이 중(重)한 것이고,

■ **사중(四仲)** : 병이 가벼운 것이며,

■ **사계(四季)** : 병이 더디게 회복이 된다.

※만약 명운(命運)이 나쁘게 흐르면, 완치가 어렵다. 병(病)을 고치는 방위로는

귀인이 임한 방위도 매우 좋으며, 진하(辰下)지지의 방위 또한 약을 구하고, 의사를 만나는데 길하고, 이로움이 있다.

(16) 소문의 진위(眞僞)

소문의 진위여부는, 천반의 진하(辰下)지지로,

■ **사맹(四孟)** : 헛소문이고,

■ **사중(四仲)** : 반은 맞고 반은 틀리며,

■ **사계(四季)** : 들리는 소문은 맞는 말이다.

(17) 모임의 약속이 있을때, 모임이 득(得)이 될지 해(害)가 될지, 혹은 이미 떠났는지, 아직 떠나지 않았는지 등을 알아보려면,

① **타인점(他人占)** : 천반의 두강(斗罡) 辰을 보는데, 辰이 일진에 임(臨)하였으면 모임은 득(得)이 있고, 辰이 일간의 전(前)에 있으면, 이미 길을 떠났으며, 辰이 일간의 후(後)에 있으면 아직 떠나지 않았다.

② 동반해서 길을 떠났다가 헤어진 경우는, 승광(勝光) 午를 보는데,午가 일간의 귀인 전에 있으면, 먼저 앞서 가고있고, 午가 일간의 귀인 후에 있으면, 뒤에 있으며, 午가 일진에 임하면 다시 서로 만날 수 있다.

(18) 외출해서 밖에 있는데, 멀리서 사람이 만나고자 온다고 할 때, 혹 그 사람이 어떤 사람인가 의심스러운 마음이 들으면, 신후(神后) 子를 위주로 보는데, 즉 자하(子下)지지가,

■ **사맹(四孟)** : 착하고 어진사람이다.

■ **사중(四仲)** : 상인으로서 그 기세가 강왕(强旺)한 사람이다.

■ **사계(四季)** : 흉악한 사람이다.

※만약 느끼기에 위급한 상황이 되면, 천반의 진하(辰下)지지 방향으로 피신한다.

(19) 도망, 원근점(逃亡遠近占)

진하(辰下)지지가

- **사맹(四孟)** : 아직 먼 곳으로 도망을 가지 못 했고,
- **사중(四仲)** : 50리 내외(內外)에 있으며,
- **사계(四季)** : 먼 곳으로 도망을 갔다.

(20) 위탁의 성부

타인에게 부탁을 할 때 성사여부를 진하(辰下)지지가

- **사맹(四孟)** : 어른의 일은 어렵고,
- **사중(四仲)** : 동료사는 어렵고,
- **사계(四季)** : 아랫사람이나 아이건은 어렵다.

(21) 필승좌법(必勝坐席)

- **형형비법(亨亨秘法)** : 월장가시 후 천반 자하(子下)지지의 방향을 등지고 중요한 교섭 등을 하면 필승한다.
- **고허비법(孤虛秘法)** : 각 순(旬)중의 공망 방위를 등지고 승부사에 임한다.

(22) 청우점(淸雨占)

계획사에 있어 해당일에 비가 청우(淸,雨)관계에 대하여 월장가시를 하여 진하(辰下)지지가 양(陽)이면 맑고 음(陰)이면 비가 오는데, 이때 비가 오는 시간은 미하(未下)지지 시간이 된다.

(23) 충성 · 배신의 여부

진하(辰下)지지로

- **사맹(四孟)** : 충성할 사람이고,
- **사중(四仲)** : 회의심으로 자꾸 의심하며,
- **사계(四季)** : 결국 배신한다.

9. 천장유신(天將類神)

1) 천장유신(天將類神)의 종류

(1) 귀인(貴人) (己丑 土)

존장(尊長), 귀인(貴人), 수상(手上), 관작(官爵), 전토(田土), 불각(佛閣), 신불(神佛), 종묘(宗廟), 서원(書院), 고관(高官), 봉록(俸祿), 관록(官祿), 문장(文章), 귀중품(貴重品), 군자영전(君子榮轉), 하급인은 쟁송(爭訟), 미곡(米穀), 마(痲) 등 이고 병(病)은 한열두훈(寒熱頭暈)이고 색은 황색(黃色)이며 숫자는 8 이고, 형이상법(形而上法)으로는 신(神)의 부정, 신당(神堂)을 함부로 훼손하거나 기도(祈禱)에 성실치 못하여 부정(不正)을 타는 것이다.

- 천을귀인(天乙貴人)은 길장(吉將)이고, 십이천장(十二天將)의 수장(首將)으로 복(福)을 내리게 하고, 액운(厄運)을 해산(解散)하고 위급함을 억제한다.

- 귀인(貴人)이 순포(順布)되는 것은 길(吉)하고 역포(逆布)되는 것은 흉(凶)하며, 더불어 귀인(貴人)이 승(乘)하는 곳의 신(神)과 상생(相生)혹은 비화(比和)되는 것은 길(吉)하고 상극(相剋)되는 것은 흉(凶)하다.

• 귀인(貴人)이 순포(順布)되고 다시 일간과 더불어 상생(相生)하면, 비록 과전(課傳) 중에 등사(螣蛇)나 구진(勾陳)등의 흉장(凶將)이 보이더라도 그 해악(害惡)이 심하지 않다.

• 귀인(貴人)이 역포(逆布)되고 다시 일간을 극(剋)하면 비록 과전(課傳) 중에 육합(六合)이나 청룡(青龍) 등의 길장(吉將)이 보여도 많이 기쁘지 않다.

• 귀인(貴人)을 얻은 지(支)는 귀(貴)하고, 잃은 지(支)는 천(賤)하다. 고로 귀인(貴人)이 군자(君子)의 명(命)에 임(臨)하면 복(福)이 강림(降臨)하고, 소인(小人)의 명(命)에 임(臨)하면 반대로 재앙이 생긴다.

• 귀인(貴人)이 공망을 만나면 주로 우환(憂患)이 줄어들고, 기쁜 일도 기쁘지 않게 된다.

• 귀인(貴人)이 태세(太歲)에 승(乘)하면 반드시 입전(入傳)하지 않더라도 구조를 받을 수 있고, 모든 일에서 귀인(貴人)의 조력(助力)을 받을 수 있다. 단 병(病)은 구(求)하지 못한다.

• 귀인(貴人)이 발용(發用)되고, 만약 과체(課體)가 부귀과(富貴課), 용덕과(龍德課)가 되면 전부 주로 승천(陞遷)되고 꾀하는 것을 구(求)할 수 있으므로 도달하지 못하는 것이 없다.

• 귀인(貴人)이 일진(日辰) 전(前)에 있으면 동(動)하고, 일진(日辰) 후(後)에 있으면 편안히 안거(安居)한다.

• 귀인(貴人)이 낮 점(占)에서 밤 귀인(貴人)이 보이면 염막귀인(簾幕貴人)이라 하는데 염막(簾幕) 중에 숨어있다는 뜻으로 고시점(考試占)등에 얻어서 일간과 상생(相生)하면 반드시 고위(高位)로 합격한다. 또한 모사(謀事)에서 양귀인(兩貴人)이 동시에 입전(入傳)하여 하나는 일간상신(日干上神)에 있고, 하나는 진상신

(辰上神)에 있으면 반드시 귀인(貴人)의 도움을 얻어서 성취할 수 있게 된다.

- 주야(晝夜) 양귀인(兩貴人)이 卯 酉에 나누어 임(臨)하면 관(關)이라하고 나누어 子 午에 임(臨)하면 격(隔)이라한다. 오직 甲日, 戊日에만 있게 되는데 전부 주로 폐색불통(閉塞不通)이 된다.

- 귀인(貴人)이 子에 임(臨)하면 해식(解息)이라 하여 일절(一切)의 어지러움이 분산되며 전부 해산(解散)된다.

- 귀인(貴人)이 丑에 임(臨)하면 승당(升堂)이라하며, 꾀를 내어 글을 올리면 주로 귀인(貴人)을 접인(接引)하는 일이 있다.

- 귀인(貴人)이 寅에 임(臨)하면, 빙궤(憑几)라 하여 사적(私的)인 일로 청탁(請託)하고 알현(謁見)한다.

- 귀인(貴人)이 卯에 임(臨)하면, 등차(登車)라 하고, 酉에 임(臨)하면 입실(入室)이라 하는데, 괴로움으로 편안하지 못하고 관격(關隔)으로 불통(不通)하며, 가택(假宅)을 옮기거나 가족이 질병(疾病)을 앓는다.

- 귀인(貴人)이 巳, 午에 임(臨)하면 수상(受賞)이라 하여 귀인(貴人)의 천거함에 발탁(拔擢)되어 승천(陞遷)하는 기쁨이 있다.

- 귀인(貴人)이 辰 戌에 임(臨)하면 입옥(入獄)이라 하여 주로 번뇌(煩惱)가 있게 되는데, 귀인(貴人)에게 청탁(請託)하려 알현(謁見)하고자 할 때 이 입옥(入獄)을 만나면 반드시 조체(阻滯)됨이 있고 또한 귀인(貴人)을 찾아뵈어도 이로움이 부족하다.

- 귀인(貴人)이 申에 임(臨)하면 이도(移途)라 하여 알현코자 가는 도중에 길에서 뵐 수 있고, 귀인(貴人)이 未에 임(臨)하면 열석(列席)이라하여 주로 연회(宴會)

의 일이다.

- 귀인(貴人)이 亥에 임(臨)하면 환궁(還宮)이라 하고 또한 등천문(登天門)이라고도 하며 모든 살(煞)이 피제(被制)되어 이로움으로 진취(進取)된다.

- 귀인(貴人)이 丑에 임(臨)하면 십이장(十二將)이 각자 본가(本家)로 돌아가서 일을 다스리지 못하므로 효용(效用)을 전부 잃는다.

- 귀인(貴人) 승신(乘神)이 왕상(旺相)하고 상생(相生)하면 귀인(貴人)의 후원(後援)을 얻을 수 있고, 휴수(休囚)하고 형극(刑剋)하면 관(官)과 존장(尊長)의 노여움을 얻는다.

(2) 등사(螣蛇) (丁巳 火)

놀랠일, 괴상한 일, 화광(火光), 혈광(血光) 등으로 매우 흉(凶)하다. 경사(驚事), 문화(文化), 문자(文字), 경구(驚懼), 광부(狂婦), 금화정(金火精), 무연불(無緣佛), 두류(豆類). 뱀 등이며 병(病)으로는 수족(手足), 머리, 눈, 중풍, 부스럼증 또는 피를 보게 되며, 색은 자색(紫色), 숫자는 4이고, 형이상법(形而上法)으로는 도로귀(道路鬼), 뱀이나 장충귀(長蟲鬼)등을 의미한다.

- 등사(螣蛇)는 흉장(凶將)으로 주로 화광(火光)에 의한 놀램과 의혹이 있고, 또는 근심과 두려움으로 인한 괴이(怪異)한 일 등이다. 등사(螣蛇)가 승(乘)한 신(神)과 상생(相生)하거나 비화(比和)되면 길하고 반대이면 흉하고 공망은 길흉이 반감한다. 형살(刑煞)을 대(帶)하면 재병(災病)에 이른나.

- 등사(螣蛇)가 왕상(旺相)한 신(神)에 승(乘)하여 다시 상생(相生)하는 것은 주로 태산(胎産)과 혼인(婚姻)의 기쁨이다.

- 점(占)에서는 괴이(怪異)한 일이고, 등사(螣蛇)가 왕신(旺神)에 승(乘)하면 반드

시 생물(生物)이며, 사수(死囚)한 신(神)에 승(乘)하면 사물(死物)이며, 혹은 소리는 있으나 형태가 없다.

• 꿈을 점(占)하여도 괴이(怪異)한 사건이고, 먼저 등사(螣蛇)를 보고 그 음신(陰神)까지 살펴야하며, 일진(日辰), 삼전(三傳)도 이어서 살핀다.

• 등사(螣蛇)가 화신(火神)이나, 화향(火鄕) 즉 巳, 午에 임(臨)하여, 혹 점시(占時)에도 火가 보이면, 주로 화재(火災)가 있거나, 구설(口舌)로 인한 관사(官事)이다.

• 등사(螣蛇)가 승(乘)한 신(神)이 일간의 재(財)이고, 또 신장(神將)이 왕상(旺相)하고 상생(相生)하면 구재점(求財占)에는 대길(大吉)하지만, 그 반대의 경우는 놀라고 두려운 일이 있다.

• 등사(螣蛇)가 일진(日辰)에 임(臨)하면, 물건을 구(求)하는 점(占)에는 반드시 하천(下賤)한 물건이다.

• 등사(螣蛇)가 子에 임(臨)하면 엄목(掩目)이라 하여, 사람이 상(傷)하지 않는다.

• 등사(螣蛇)가 丑에 임(臨)하면 반구(盤龜)라 하며, 화(禍)가 소산(消散)되고 복(福)에 이른다.

• 등사(螣蛇)가 寅에 임(臨)하면 생각(生角)이라 하여, 왕(旺)한 때를 얻으면 교룡(蛟龍)이 이루어져 이로움이 진취(進取)되고, 쇠(衰)한 때를 얻으면 물러나 숨는 것이 마땅하다.

• 등사(螣蛇)가 酉에 임(臨)하면 로치(露齒)라 하여, 주로 집사람은 재난과 질병이 있고, 구설(口舌)로 괴이(怪異)하다.

• 등사(螣蛇)가 午에 임(臨)하면 승무(乘霧)라 하여, 주로 괴몽(怪夢)이 있고, 소송 점에는 크게 꺼린다.

• 등사(螣蛇)가 巳에 임(臨)하면 비공(飛空)이라 하여, 주로 어린아이가 밤중에 괴상하게 소리를 지르고, 일지(日支)를 극하면 난산(難産)이 된다.

• 등사(螣蛇)가 未에 임(臨)하면 입림(入林)이라 하여, 장차 장례(葬禮)를 치루는 일이 있거나, 혹 가내(家內) 제사 등 작숭(作祟)의 일이 있다.

• 등사(螣蛇)가 亥에 임(臨)하면 타수(墮水)라 하여 흉(凶)을 만나도 길(吉)로 변화한다.

• 등사(螣蛇)가 申에 임(臨)하면 함검(銜劍)이라하고, 卯에 임(臨)하면 당문(當門)이라 하는데 전부 재난(災難)으로 예측이 불가(不可)하다.

• 등사(螣蛇)가 辰에 임(臨)하면 상용(象龍)이라하고, 戌에 임(臨)하면 입총(入塚)이라 하여, 전부 주로 재난(災難)이 완전히 소산(消散)된다.

(3) 주작(朱雀) (丙午 火)

문서(文書), 구설(口舌), 통신, 과물(菓物), 저주(咀呪), 소송, 화재, 노루, 마(馬), 곡물(穀物), 우모(羽毛), 비조(飛鳥)류, 화경(火驚)류 이며, 병(病)으로는 흉복(胸腹), 음종(陰腫)즉 부스럼증, 색은 적색(赤色)이고, 숫자는 9이며, 형이상법(形而上法)으로는 변사귀(變死鬼), 객사귀(客死鬼)를 뜻한다.

• 주작(朱雀)은 흉장(凶將)이다. 주작(朱雀)이 득지(得地)에 승(乘)하면 길(吉)하며 주로 문장(文章), 인신(印信) 등의 일이고, 실지(失地)에 승(乘)하면 흉(凶)하여 주로 화재, 소송, 재물의 손실, 가축이 희생되고 재난으로 상(傷)하는 등의 일이다. 만약 주작(朱雀)이 승(乘)한 신(神)이 왕상(旺相)한데 형(刑)과 살(殺)을 대

하면 해(害)가 더욱 심하고, 반대이면 약하다.

• 공사점(公事占)에서 주작(朱雀)이 역포(逆布)되고, 또 일간을 형극(刑剋)하면 반드시 장관(長官)이 진노(震怒)하여 질책을 당하고, 그 반대이면 해악(害惡)이 없다.

• 고시점(考試占)에서는 모름지기 우선 주작(朱雀)을 봐야하며, 이 때 주작(朱雀)이 승(乘)한 신(神)이 세(歲), 월건(月建), 월장(月將)에 있거나, 또는 세(歲) 월(月) 일(日)과 상합(相合)을 이루거나, 또 록(祿) 마(馬) 일덕(日德)등을 만나거나, 생왕(生旺)의 신(神)에 임(臨)하면, 반드시 고위로 합격한다. 만약 형극(刑剋) 당하거나, 혹 공망이 되거나, 혹 사절(死絶)의 신(神)에 임(臨)하거나 하면 시험과 문서사(文書事)에는 불합격이다. 단 과체(課體)와 삼전(三傳)이 고르게 길(吉)한 것은 이 예에서 벗어난다.

• 주작(朱雀)이 화신(火神)에 승(乘)하거나, 화향(火鄕)에 임(臨)하며 점시(占時) 또한 화(火)를 만나면 반드시 주로 화재(火災)의 일이다. 만약 복음과(伏吟課) 같은 경우는 신살(神煞)이 엎드려 움직이지 않으므로 때로는 피면(避免)할 수 있다.

• 주작(朱雀)이 子에 임(臨)하면 손우(損羽)라고 하여 고시점(考試占)에는 주로 낙제(落第)하고 소송점(訴訟占)에는 무방하다.

• 주작(朱雀)이 丑에 임(臨)하면 엄목(掩目)이라하고 동정(動靜)이 함께 길(吉)하며 구설의 근심이 없게 되며, 단 고시(考試)에는 불리하다.

• 주작(朱雀)이 寅, 卯에 임(臨)하면 안소(安巢)라고 하며 주로 문서는 지체되고, 구설(口舌)을 점(占)하면 평안(平安)해 진다.

• 주작(朱雀)이 辰, 戌에 임(臨)하면 투망(投網)이라 하여 주로 문서는 잃어버린다.

• 주작(朱雀)이 申에 임(臨)하면 여취(勵嘴)라고 하고, 午에 임(臨)하면 함부(銜符)라 하여 전부 주로 괴이(怪異)하고, 또한 경영과 관직에 있어 송사(訟事)를 건너야 하나, 고시점(考試占)에는 길(吉)하다.

• 주작(朱雀)이 未에 임(臨)하면 임분(臨墳)이라하고, 亥에 임(臨)하면 입수(入水)라 하여 문서를 올리면 오히려 책망을 듣게 되니 불의(不宜)하고, 또한 실재(失財)가 있다.

• 주작(朱雀)이 酉에 임(臨)하면 야조(夜噪)라 하여, 주로 관재(官災)가 있고, 또 주로 질병이다.

• 주작(朱雀)이 巳에 임(臨)하면 주상(晝翔)이라 하여, 구설이나 소송점은 흉하나 문서(文書)와 음신(音信) 등은 길(吉)하다.

• 正月의 酉에 승(乘)하거나, 二月乘巳, 三月乘丑, 四月乘子, 五月乘申, 六月乘辰, 七月乘卯, 八月乘亥, 九月乘未, 十月乘午, 十一月乘寅, 十二月乘戌, 등은 주작함물(朱雀銜物)이라 하여 주로 혼인(婚姻)의 재물(財物)이다.

• 正月乘巳, 二月乘辰, 三月乘午, 四月乘未, 五月乘卯, 六月乘寅, 七月乘申, 八月乘酉, 九月乘丑, 十月乘子, 十一月乘戌, 十二月乘亥 등은 주작개구(朱雀開口)라하여 주로 쟁투(爭鬪), 구설(口舌)이다.

(4) 육합(六合) (乙卯 木)

자손(子孫), 매매(賣買), 화합(和合), 계약(契約), 중매인, 상매(商賣), 혼인(婚姻), 출입왕래, 붕우(朋友), 술사(術士), 교공(巧工), 음식(飮食), 죽(竹), 목(木), 토(兎) 등이고, 병(病)으로는 음양(陰陽)의 부조(不調), 심복허손(心腹虛損), 색으로는 청색(靑色)이고 숫자는 6이며, 형이상법(形而上法)으로는 자살한 원귀(冤鬼)에 의한 부정(不正)이 있다.

• 육합(六合)은 길장(吉將)으로, 득지(得地)하면 상합(相合)의 신(神)을 이루고, 주로 혼인(婚姻), 신식(信息), 교역(交易)등의 일이고, 실지(失地)하면 허위(虛僞)나 사기(詐欺) 등의 신(神)으로 작용하며, 주로 음사(陰私)나 암매(暗昧) 등의 일이 있다.

• 육합(六合)이 순포(順布)되고 왕상(旺相)한 신(神)에 발용(發用)이 되어 혹 입전(入傳)하면 주로 혼인(婚姻)이나 태산(胎産)의 기쁜 일로 단정한다. 만약 육합(六合)이 승신(乘神)이 수사(囚死)하거나 또는 일간을 형극(刑剋)하면 주로 재물로 인한 구설이거나, 혹은 음인(陰人)으로 일이 얽켜서 어지럽다.

• 육합(六合)이 酉, 戌에 승(乘)하면 주로 노복(奴僕)을 잃어버리거나 도망간다. 만약 도적점(盜賊占)에는 도망가서 포획(捕獲)하기 어렵다.

• 육합(六合)이 천후(天后)와 입전(入傳)하면 이를 교동일녀(狡童佚女)의 괘(卦)라 하여, 주로 간사부정(奸邪不正)의 일이며, 일절(一切)의 모든 일은 모름지기 근신(謹身)하며 방비(防備)해야 한다.

• 육합(六合)이 申, 酉에 승(乘)하면 내전(內戰)이 되어, 주로 음사부인(陰私婦人)의 일이고, 형제(兄弟)와 동료 간에 구설(口舌)이 있다.

• 육합(六合)이 辰, 戌, 丑, 未에 승(乘)하면 이는 외전(外戰)이 되어, 주로 일은 외부(外部)에서 발생하며 암구사도(暗求私禱)즉, 신불(神佛)에 기도하여야 한다.

• 육합(六合)이 子, 午, 卯, 酉에 승(乘)하면 불합(不合)이라 하여 음양(陰陽)이 상잡(相雜)하고, 음사(陰私)가 불명(不明)하여 이를 만나는 것은 흉(凶)하다.

• 육합(六合)이 亥에 승(乘)하는 것은 대명(待名)이라고 하며, 주로 일은 전부 길(吉)하다.

• 육합(六合)이 巳에 승(乘)하는 것은 불해(不諧)라고 하여, 일은 전부 흉(凶)하다.

• 육합(六合)이 子에 승(乘)하면 반목(反目)이라 하며, 주로 부처(夫妻)사이의 반목(反目)이다.

• 육합(六合)이 酉에 승(乘)하면 사찬(私竄)이라 하며, 주로 남녀의 음분(淫奔)이다.

• 육합(六合)이 寅에 임(臨)하면 승헌(乘軒)이라 하고, 申에 임(臨)하면 결발(結髮)이라 하여, 주로 혼인(婚姻)의 아름다움이 가득하다.

• 육합(六合)이 辰에 임(臨)하면 위예(違禮)라 하고, 戌에 임(臨)하면 망수(亡羞)라 하여 주로 모독(冒瀆)으로 죄(罪)를 얻는다.

• 육합(六合)이 午에 임(臨)하면 승당(升堂), 묘(卯)에 임(臨)하면 입실(入室)이라 하여 주로 일은 이미 성취되었다.

• 육합(六合)이 未에 임(臨)하면 납채(納采), 丑에 임(臨)하면 엄장(嚴妝)이라 하여 주로 일은 마땅히 성취된다.

(5) 구진(勾陳) (戊辰 土)

쟁투(爭鬪), 소송(訴訟), 쟁론(爭論), 경찰, 군인, 형사, 장군(將軍), 병졸(兵卒), 추부(醜婦), 옥리(獄吏), 빈박소인(貧薄小人), 전답(田畓), 부동산, 용(龍), 수충(水蟲) 등을 의미하고, 병(病)으로는 비허(脾虛), 색은 황색(黃色), 숫자는 5이고, 형이상법(形而上法)으로는 전쟁터에서 죽은 전사귀(戰死鬼)를 의미한다.

구진(勾陳)은 흉장(凶將)이며, 쟁송(爭訟)을 좋아하고, 두 마음을 감추는데, 전투(戰鬪)와 사송(詞訟) 등의 일이며, 구진(勾陳)은 가지와 마디를 횡(橫)으로 생(生)하듯, 일은 지체되며 머무르게 한다. 관직(官職)에 있는 사람은 구진(勾陳)을 인수

(印綬)로써 보는데, 왕(旺)하면 길(吉)하고, 쇠(衰)하면 흉(凶)하다.

• 송사점(訟事占)에서는 구진(勾陳)을 위주로 보는데, 구진(勾陳)이 일간을 극하면 그 뜻을 펴지 못하고, 일간이 구진(勾陳)을 극하면, 종국(終局)에는 송사(訟事)에서 억울함을 씻는 등 이롭다. 하지만 구진(勾陳)의 음신(陰神)에 등사(螣蛇), 주작(朱雀)등이 승하고 또 악살(惡煞)을 대하여 일간을 극하는 것은 더욱 흉(凶)하다. 만약 구진(勾陳)이 일간을 극하더라도, 구진(勾陳)의 음신(陰神)에 귀인(貴人), 또는 일간을 생하는 신(神) 등이 있으면 흉(凶)이 길(吉)로 변하며, 다만, 본인의 행년(行年)에 공망이 되지 않아야 한다.

• 포도점(捕盜占)에서 구진(勾陳)이 일간을 극하는 것을 만나면, 주로 포획(捕獲)할 수 있다. 구진(勾陳)이 승(乘)한 신(神)이 현무(玄武)가 승(乘)한 신(神)을 극제(剋制)하여도, 역시 잡을 수 있다. 구진(勾陳)이 임(臨)한 곳의 지지(地支)가 현무(玄武)가 임(臨)한 곳의 지지(地支)를 극제(剋制)하면 도적(盜賊)은 스스로 패(敗)하거나, 혹은 자수(自首)한다. 이와 같은 경우는 예를 들어 현무(玄武)가 申, 酉에 임(臨)하였는데, 구진(勾陳)이 巳, 午에 임(臨)하는 경우를 말한다.

• 택묘점(宅墓占)에서는 구진(勾陳)이 왕상(旺相)한 기운(氣運)에 승(乘)하면 주로 편안하고, 수사(囚死)기(氣)에 승(乘)하거나, 택묘(宅墓)와 함께 형극(刑剋)되는 것은 주로 편안하지 않게 된다.

• 구진(勾陳)이 辰 戌 丑 未에 승(乘)한 것을 교회(交會)라고 하며, 주로 화환(禍患)이 연달아 발생하고, 辰 戌에 승(乘)하면 더욱 흉하고, 정월(正月) 巳에 승(乘)하여 십이지(十二支)를 역행(逆行)하면 장검(仗劍)이라 하며, 주로 질병의 상잔(傷殘)이 남는다. 구진(勾陳)이 형살(刑煞)을 대(帶)하면 재화(災禍)가 임(臨)한다.

• 구진(勾陳)이 子에 임(臨)하면 침극(沉戟)이라 하고, 丑에 임(臨)하면 수월(受鉞)이라 하여 주로 능욕(凌辱)을 당하는 등, 암울함을 만나고 해악(害惡)에 빠진다.

• 구진(勾陳)이 寅에 임(臨)하면 조수(遭囚)라 하여, 상서(上書)를 올리면 책망을 듣게 된다.

• 구진(勾陳)이 巳에 임(臨)하면 봉(捧)인(印)이라고 하며, 관직(官職)에 있는 사람은 천탁(遷擢)되고, 일반인은 반대로 흉(凶)하다.

• 구진(勾陳)이 卯에 임(臨)하면 임문(臨門)혹은 입옥(入獄)이라고 하며 주로 가실이 불화(不和)한다.

• 구진(勾陳)이 酉에 임(臨)하면 피인(披刃)이라 하여, 주로 형책(刑責)이 있다.

• 구진(勾陳)이 辰에 임(臨)하면 승당(升堂)이라고 하여 감옥의 관리와 통해야 될 일이 있게 되고, 午에 임(臨)하면 반목(反目)이라 하여 주로 타인으로부터 묶임을 당한다.

• 구진(勾陳)이 未에 임(臨)하면 입역(入驛)이라 하고, 戌에 임(臨)하면 하옥(下獄)이라해서 전부 사송(詞訟)에 계류(稽留)된다.

구진(勾陳)이 申에 임(臨)하면 추호(趨戶)라하고, 亥에 임(臨)하면 건상(褰裳)이라 하여 전부 주로 구차한 일에 연결되어 반복된다.

(6) 청룡(靑龍) (甲寅 木)

재물(財物)을 대표하며 금전(金錢), 귀관(貴官), 부인(富人), 전주(田主), 남편(夫), 용(龍), 호랑이(虎), 표범(豹), 너구리(狸), 고양이(貓), 비(雨) 등이고, 병(病)은 간기(肝氣), 이질 등이며, 색(色)은 벽(碧)즉 푸르며, 숫자는 7이다. 형이상법(形而上法)으로는 가택신(家宅神)을 뜻한다.

• 청룡(靑龍)은 길장(吉將)으로, 청룡(靑龍)이 왕상(旺相)하면 부귀존영(富貴尊榮)

을 얻게 되고, 수사(囚死)하면 재물이 바깥으로 허비되며, 주로 재백(財帛), 미곡(米穀), 희경사(喜慶事)등의 일이 있다.

• 공사점(公事占)에는 청룡(靑龍)이 희신(喜神)이다. 그러나 만약 청룡(靑龍)의 승신(乘神)이 형살(刑煞)을 대하여 피극(披剋)되거나, 입전(入傳)하여 일간을 극(剋)하면 반대로 흉(凶)하다.

• 혼인점(婚姻占)에는 청룡(靑龍)이 지아비(夫)를 뜻하고 천후(天后)가 부(婦)를 뜻한다. 천후(天后)의 승신(乘神)이 청룡(靑龍)의 승신(乘神)을 극(剋)하면 주로 여자로부터 남자가 극(剋)을 받는다.

• 구재점(求財占)은 청룡(靑龍)을 위주로 보는데, 왕상(旺相)한 신(神)에 승(乘)하여 일진(日辰)과 더불어 상생(相生)되거나, 혹은 일진(日辰)과 삼합(三合), 육합(六合)을 이루는 것은 길하다. 단 비록 입전(入傳)하거나, 일진(日辰)에 임(臨)하여도 지리(地利)를 얻지 못하면 힘을 얻지 못한다. 혼인(婚姻). 태산(胎産) 등도 이와 같이 본다. 또한 청룡(靑龍)의 승신(乘神)이 본명(本命)을 생하면 주로 재물(財物)을 획득할 수 있지만, 반대로 본명(本命)을 극하면 재물을 얻기 힘들다.

• 포도점(捕盜占)에서는 청룡(靑龍)이 입전(入傳)하는 것을 최고로 꺼리는데, 청룡(靑龍)이 있으므로 인하여 머리(首)는 보지만 꼬리(尾)는 보지 못 하게 되는 상(象)이 되기 때문이다.

• 행인점(行人占)에서 청룡(靑龍)이 입전(入傳)하면 역시 다른 쪽으로 가버린다.

• 병점(病占)에 청룡(靑龍)이 입전(入傳)하여 보이면, 그 병(病)은 반드시 주식(酒食)으로 인하여 얻은 병(病)이거나, 혹은 방사(房事)로 인하여 얻었다.

• 관직점(官職占)에서 문관(文官)은 청룡(靑龍), 무관(武官)은 태상(太常)으로 보

는데, 일간과 상생상합(相生相合)되는 것은 길(吉)하고, 반대이면 흉(凶)하다. 청룡(青龍), 태상(太常)이 태세(太歲)에 승(乘)하여 입전(入傳)하면 반드시 천전(遷轉)된다. 청룡(青龍)과 더불어 흉살(凶殺)이 함께 있거나, 일진(日辰)에 가(加)하는 것은 주로 희경(喜慶)중에 쟁투(爭鬪)가 있다.

• 청룡(青龍)이 맹월(孟月)중의 寅, 중월(仲月)중의 酉, 계월(季月)중의 戌에 승(乘)하는 것을 청룡개안(青龍開眼)이라 하여 주로 재앙(災殃)이 흩어지고 복(福)이 강림(降臨)한다.

• 청룡(青龍)이 춘절(春節)丑, 하절(夏節)寅, 추절(秋節)辰, 동절(冬節)巳 에 승(乘)하는 것은 청룡안와(青龍安臥)라 하여, 주로 재화(災禍)가 따라다닌다.

• 청룡(青龍)이 酉에 임(臨)하는 것은 복룡(伏龍)이라 하여, 주로 퇴(退)하여 자리를 지키는 것이 마땅하고 진취(進取)하려하면 적절치 못하다.

• 청룡(青龍)이 丑에 임(臨)하는 것은 반니(蟠泥)라고 하여 주로 모망(謀望)은 미수(未遂)에 그치므로 이루지 못한다.

• 청룡(青龍)이 戌에 임(臨)하는 것은 등괴(登魁)라고 하여, 주로 소인(小人)이 재물로 인하여 다툼이 있고, 巳에 임(臨)하면 비천(飛天)이라 하며, 주로 희경(喜慶)이 중중(重重)히 있다.

• 청룡(青龍)이 寅에 임(臨)하는 것은 승룡(乘龍)이라 하며, 卯에 임(臨)하는 것은 구뢰(驅雷)라고 하여 전부 경영(經營)에 이롭다.

• 청룡(青龍)이 未에 임(臨)하면 무린(無麟)이라 하여 주로 신체를 다치는 일이 있다.

• 청룡(青龍)이 申에 임(臨)하면 절각(折角)이라 하여 주로 쟁송(爭訟)의 허물이

있다.

• 청룡(靑龍)이 午에 임(臨)하면 소신(燒身)이라 하고, 辰에 임(臨)하면 엄목(掩目)이라 하여 주로 우환을 예측하기 어렵다.

• 청룡(靑龍)이 子에 임(臨)하면 입해(入海)라고 하고, 亥에 임(臨)하면 유강(遊江)이라 하여 주로 상식적이지 않은 근심이 있다.

(7) 천공(天空) (戊戌 土)

노비(奴婢), 추부(醜婦), 입시합격(入試合格), 사기(詐欺), 허위(虛僞), 종업원, 소인배, 고위면접(高位面接), 이리(狼), 개(犬), 금철공허(金鐵空虛)의 물건, 날씨는 맑게 개임(晴), 병(病)은 기허(氣虛), 이질 등이고, 색으로는 황색(黃色)이고 숫자는 5이다. 형이상법(形而上法)으로는 원귀(寃鬼)즉, 원한이 깊은 귀신이다.

• 천공(天空)은 흉장(凶將)으로 천지(天地)의 잡기(雜氣)를 얻으면, 사람의 사이에 서로 속이고 거짓을 관장하는 신(神)이 되며, 동(動)즉 움직여도 이익이 없고, 정(靜)하여도 요망하게 해치는 기운이 있다. 천을귀인(天乙貴人)과 대충되는 방위에 있으며, 유명무실(有名無實)하게 되고, 공망과 비슷한 뜻의 유신(類神)이기도 하고, 주로 허위(虛僞)나 사교(詐巧)등의 일이다.

• 사송점(詞訟占)에 발용 혹은 말전(末傳)에 천공(天空)이 승(乘)하면 주로 송사(訟事)는 해결된다. 그러나 구재점(求財占)에는 크게 꺼린다.

• 혼인점(婚姻占)에서 천공(天空) 발용을 되어, 혹 일진에 임(臨)하면 그 집은 홀애비나 과부가 있거나, 아니면 주로 조업(祖業)이 시들고 있다.

• 노비점(奴婢占)에는 천공(天空)을 위주로 보는데, 만약 천공이 승한 신이 일간과 상생(相生) 상합(相合)되면 길(吉)하고, 그렇지 않으면 주로 도망간다.

천공(天空)이 승신(乘神)이 괴강(魁罡)이면 노비는 반드시 착하거나 어질지 못하다.

• 고시(考試)점(占)에 천공(天空) 발용을 만나면 길하다. 천공(天空)은 주서지신(奏書之神)이기 때문이다.

• 사람에게 부탁하여 꾀하는 일은 천공(天空) 발용을 만나거나 혹 입전(入傳)하면 허사(虛詐)를 방비해야 한다.

• 천공(天空)이 辰 戌 丑 未에 승(乘)하면 천공폐(天空閉)라 하여 작은 일은 이루어지나 큰 대사(大事)는 이룰 수 없다. 만약 귀인(貴人)이 순포(順布)하고, 승신(乘神)이 왕상(旺相)하면 주로 노비(奴婢)와 같은 마음이다. 천공(天空)의 승신(乘神)이 일간의 재(財)이고 다시 천희(天喜) 등을 만나면, 구재점(求財占)에는 주로 소인(小人)이나 승도(僧道)의 도움을 받게 된다. 또한 주로 재(財)를 획득하고자 함으로 인하여 허사(虛詐)가 다가온다.

• 천공(天空)에 壬, 癸가 승(乘)하면(甲子旬 申酉, 甲戌旬 午未 등) 천공하루(天空下淚)라고 하며 주로 사망사(死亡事)가 있다.

• 천공(天空)이 자에 임하면 복실(伏室)이라하고, 주로 모든 일에는 우환이 따른다. 戌에 인(臨)하면 거기(居家)라 하여 주로 백사(百事)가 함께 허실(虛失)이다.

• 천공(天空)이 丑에 임(臨)하면 시측(侍側)이라 하여, 관리는 주로 천관(遷官)되고 평민은 농언(弄言)의 흩어짐을 방비해야 된다. 未에 임(臨)하면 추진(趨進)이라하며 주로 사기(詐欺) 등으로 득재(得財)한다.

• 천공(天空)이 巳에 임(臨)하면 수욕(受辱)이라 하여, 주로 복통(腹痛)이나 이질(痢疾)에 걸리게 되는데, 꾀하는 일에는 길하다. 寅에 임(臨)하면 피제(被制)라고 하여 주로 공사(公私)에 구설(口舌)이 있다.

• 천공(天空)이 午에 임(臨)하면 식자(識字)라 하고, 申에 임(臨)하면 고설(鼓舌)이라 하여 전부 주로 뜻이 거짓이고 예측하기 어렵다.

• 천공(天空)이 辰에 임(臨)하면 사악(肆惡)이라 하고, 卯에 임(臨)하면 승모(乘侮)라고 하는데 주로 폭력적인 사람에게 업신여김을 당한다.

• 천공(天空)이 酉에 임(臨)하면 교설(巧說)이라하고, 亥에 임(臨)하면 무사(誣詞)라고 하여 전부 주로 간사한 사람의 속임수이다.

(8) 백호(白虎) (庚申 金)

병인(病人), 도로(道路), 호랑이(虎), 금동철기(金銅鐵器), 교통사고(交通事故), 살상(殺傷), 유혈(流血) 등이고 병(病)으로는 구혈(嘔血), 등이며, 색은 백색(白色)이고 숫자는 7이다. 형이상법(形而上法)으로는 전사귀(戰死鬼), 흉사귀(凶死鬼)를 뜻한다.

• 백호(白虎)는 흉장(凶將)으로, 득지(得地)하면 위엄(威嚴)있는 호랑이고, 실지(失地)하면 여우나 이리이다. 주로 도검(刀劍)이나 혈광(血光)의 일이고, 사망(死亡) 등의 일이며, 형살(刑殺)로 대하면 재화(災禍)를 만난다.

• 백호(白虎)는 위권지장(威權之將)으로 대공(大功)를 베풀며, 대사(大事)를 만들고, 최고로 기쁜 것은 백호(白虎)가 발용 되거나 입전(入傳)하는 것으로, 그 공로를 이루어지게 하고, 그 일을 이루어지게 한다.

• 관작점(官爵占)에 백호(白虎)는 역시 기쁘고, 형살(刑煞)을 대하면 더욱 아름답고, 소위 형(刑)이 아니면 발(發)하지도 않는다.

• 질병점(疾病占)에는 백호(白虎)를 최고로 꺼리며, 백호가 승신(神)이 일간을 극하거나, 혹 살(煞)을 대하여 일간을 극하거나, 혹 백호(白虎)가 두괴(斗魁)에 승

하여 일간 또는 행년(行年)을 극하거나, 혹 백호(白虎)의 음신(陰神)이 일진(日辰)이나 년명(年命)을 극하는 것은 전부 흉하다.

- 백호(白虎)가 공망에 임(臨)하거나 일덕(日德)에 승(乘)하면 흉(凶)이 길(吉)로 변화하며, 단 흉살(凶煞)이면 크게 중(重)하고, 역시 구제(救制)할 수 없다.

- 공사점(公事占)에서 최고로 꺼리는 것은 백호(白虎)나 등사(螣蛇)가 일간을 극하는 것인데, 이 두 가지는 전부 혈광지신(血光之神)이기 때문이다.

- 묘택점(墓宅占)에서는 백호(白虎)가 어떤 방위에 임(臨)하였는가를 보고, 그 방위에 암석(岩石)이나 신묘(神廟)가 있다고 단정한다.

- 행인점(行人占)에는 백호(白虎)로써 정하는데, 백호(白虎)가 초전(初傳)에 승(乘)하면 주로 금방 이르렀고, 중전(中傳)에 승(乘)하면 주로 가는 도중이며, 말전(末傳)에 승(乘)하면 주로 약속을 잊었으며 오지 않는다. 백호(白虎)가 상문(喪門), 조객(弔客)을 대하여 일지(日支)에 임(臨)하면 주로 집안에 상복(喪服)을 입을 일이 있거나, 밖에서 상복(喪服)을 입을 일이 집안으로 들어온다.

- 천시점(天時占)에서 백호(白虎)가 발용되면, 주로 대풍(大風)이다.

- 丁月승(乘)申, 二月乘寅, 三月乘巳, 四月乘亥, 능은 백호앙시(白虎仰視)라고 하며, 재앙과 허물이 크게 만들어지며, 巳 午에 승(乘)하면 백호조금(白虎遭擒)이라 하여 재화(災禍)가 잠장(潛藏)되고 소산(消散)된다.

- 백호(白虎)가 亥, 子에 임(臨)하면 익수(溺水)라고 하여, 음서(音書)의 조격(阻隔)이 있다.

- 백호(白虎)가 巳, 午에 임(臨)하면 분신(焚身)이라 하여, 주로 재앙과 화(禍)가 소멸된다.

- 백호(白虎)가 卯, 酉에 임(臨)하면 임문(臨門)이라 하여, 주로 사람이 다치거나 상(傷)한다.

- 백호(白虎)가 丑, 未에 임(臨)하면 재야(在野)라고 하며, 소나 양의 손실이 있다.

- 백호(白虎)가 寅에 임(臨)하면 등산(登山)이라 하여, 관직을 구하는 점에는 대길(大吉)하지만, 평민(平民)이 점(占)하면 대흉(大凶)하다.

- 백호(白虎)가 戌에 임(臨)하면 낙정(落穽)이라 하여, 주로 반대로 화(禍)가 복(福)으로 변한다.

- 백호(白虎)가 申에 임(臨)하면 함첩(銜牒) 이라 하여 주로 내외(內外) 아름다운 소리가 있다.

- 백호(白虎)가 辰에 임(臨)하면 질인(咥人)이라 하여, 주로 관재(官災)로 인한 형살(刑煞)이 있고, 흉에 이르는 상(象)이다.

(9) 태상(太常) (己未 土)

무관(武官), 주식(酒食), 의관(衣冠), 연회(宴會), 마(麻), 기러기, 양(羊) 등을 의미하며 병(病)으로는 사지두복(四肢頭腹)이 안녕(安寧)하지 못하며, 색은 황색(黃色)이고, 숫자는 8이다. 형이상법(形而上法)으로는 신불(神佛), 제사(祭祀)등의 부정(不正)이다.

- 태상(太常)은 길장(吉將)으로, 사계절(四季節)이 모두 희신(喜神)이며, 주로 연회(宴會), 주식(酒食), 의관(衣冠), 문장(文章) 등의 일이다. 관리(官吏)의 점에서 최고로 기쁜 것이 태상(太常)인데, 초(初) 중(中) 말(末)에 태상(太常)이 보이며, 또 천마(天馬), 역마(驛馬) 등이 함께하면, 반드시 구하는 것에 이를 수 있다. 삼전(三傳)에 하괴(河魁)와 태상(太常)이 보이면, 주로 양쪽의 중(重)한 인

수(印綬)가 있게 되는데, 하괴(河魁)는 인(印)이고, 태상(太常)은 수(綬)가 되기 때문이다.

• 태상(太常)이 발용하여, 또 일진(日辰)에 임(臨)하면 이는 인수(印綬)의 성동지상(星動之象)이라 하여, 주로 희경(喜慶)으로 정(定)한다. 만약 태상(太常)의 승신(乘神)이 왕상(旺相)하며, 상생(相生)을 이루면 관직(官職)을 구하는 점이라면 반드시 천관(遷官)되고, 평민(平民)은 주로 모망(謨望)을 이루거나, 혼인(婚姻)의 기쁨이 있다. 승신(乘神)이 휴수(休囚)하며, 일간과 상형(相刑), 상극(相剋)하면 주로 재백(財帛)이 불안하고, 화물(貨物)이 부족하다.

• 태상(太常)이 春乘辰, 夏乘酉, 秋乘卯, 冬乘巳 등은 태상피박(太常被剝)이라 하여, 모든 일이 막힌다.

• 태상(太常)이 子에 임(臨)하면 하항(荷項)이라 하며, 주로 주식(酒食)으로 인하여 벌(罰)을 받는다. 寅에 임(臨)하면 측목(側目)이라 하여, 주로 아첨으로 인하여 사이가 멀어지는 일이 있다.

• 태상(太常)이 卯에 임(臨)하면 유관(遺冠)이라 하여, 주로 재물의 손실이다. 戌에 임하면 역명(逆命)이라 하여 윗사람과 아랫사람이 화합하지 못한다.

• 태상(太常)이 申에 임(臨)하면 힘배(銜杯)라 하고, 丑에 임(臨)하면 수작(受爵)이라 하여 전부 주로 관직이 진작(進爵)되고 천관(遷官)된다.

• 태상(太常)이 巳에 임(臨)하면 주인(鑄印)이라 하고, 未에 임(臨)하면 봉상(捧觴)이라 하여, 주로 희경(喜慶)을 불러들인다.

• 태상(太常)이 午에 임(臨)하면 승헌(乘軒)이라 하며, 문서(文書)의 점(占)에서 원근(遠近)이 전부 길(吉)하다. 辰에 임(臨)하면 패인(佩印) 이라 하여 관직(官職)을 구하는 점에는 길하지만, 평민(平民)점에는 불리하다.

• 태상(太常)이 亥에 임(臨)하면 징소(徵召)라고 하여 주로 윗사람은 기쁨이 있고, 아랫사람은 미움을 받는다. 酉에 임(臨)하면 입권(入券)이라 하여, 주로 일이 지난 뒤에 쟁탈(爭奪)이 있다.

(10) 현무(玄武) (癸亥 水)

도적(盜賊), 간사소인(奸邪小人), 음난(淫亂), 불법(不法), 도난(盜難), 옥송(獄訟), 여자물(女子物), 두류(豆類), 차마(車馬), 파가(破家). 실주(失走), 수신(水神) 등이며, 병(病)은 신휴(腎虧), 혈붕(血崩) 등이며, 색은 갈색(褐色)이고, 숫자는 4이다. 형이상법(形而上法)으로는 우물, 샘터 등과 연관된 수귀(水鬼)를 의미한다.

• 현무(玄武)는 흉장(凶將)으로, 기(氣)는 마땅히 육갑지궁(六甲之窮)이고, 위치는 사시지진(四時之盡)으로 북방(北方)인 음(陰)의 사기(邪氣)에 이르러 주로 도적(盜賊)이 되며, 음사(陰私), 주망(走亡), 유실(遺失) 등의 일이다.

• 도적점(盜賊占)에는 현무(玄武)를 위주로 한다. 현무(玄武)의 음신(陰神)을 도신(盜神)이라고 하며, 만약 음신(陰神)의 상하(上下)가 비화(比和)되면 도적(盜賊)이 은닉(隱匿)한 곳이라고 단정한다. 만약 상하(上下)가 상극(相剋)하면 다시 도신(盜神)의 음신(陰神)을 보고 그 음신(陰神)이 도신(盜神)을 생하는 신(神)이 되면 장물(贓物)을 장닉(藏匿)한 곳이다.

• 현무(玄武)의 음양신(陰陽神)과 더불어 도신(盜神)의 음신(陰神)이 서로 상생(相生)되거나, 혹은 도신(盜神)에 길장(吉將)이 승(乘)하면 주로 포획이 어렵다. 만약 이 세 신(神)들이 서로 상극(相剋)하거나 흉장(凶將)이 승(乘)하면 주로 도적(盜賊)은 패로(敗露)한다.

• 현무(玄武)가 일진(日辰)에 임(臨)하면 모름지기 도적(盜賊)의 실탈(失脫)을 방비하여야 하며, 또한 주로 소인(小人)들의 암(暗)적인 모사(謀事)이다.

• 현무(玄武)가 일덕(日德)에 승(乘)하여 일진(日辰)에 임(臨)하면, 사람과 물건을 잃어버린 경우는 주로 찾거나 잡을 수 있고, 혹은 스스로 돌아온다.

• 묘성과(昴星課)에서 현무(玄武)가 寅, 卯에 임(臨)하면 필시 주로 실탈(失脫)이고, 수옥인(囚獄人)이 달아나서 잃어버리는 것을 방비(防備)해야 한다.

• 현무(玄武)가 辰, 戌, 丑, 未에 승(乘)하면 횡절(横截)이라 하며, 주로 도적(盜賊)의 침범을 당한다.

• 현무(玄武)가 子에 임(臨)하면 산발(散髮)이라고 하며, 주로 재물의 손실이 있다. 丑에 임(臨)하면 승당(升當)이라고 하며, 주로 거짓으로 속인 재물이다.

• 현무(玄武)가 寅에 임(臨)하면, 입임(入林)이라 하여, 주로 안거(安居)가 편안하고 즐거우며, 辰에 임(臨)하면 실로(失路)라고 하여 주로 입옥(入獄)되는 형(刑)을 만난다.

• 현무(玄武)가 卯에 임(臨)하면, 규호(窺戶)라고 하며, 주로 모든 일에 불리하고, 巳에 임(臨)하면 반고(反顧)라고 하여 주로 백사(百事)가 전부 비었다.

• 현무(玄武)가 亥에 임(臨)하면, 복장(伏藏)이라 하며, 주로 일에는 전기(轉機)가 있고 未에 임(臨)하면, 입성(入城)이라 하며, 주로 생활이 변칙적이라 예측하기 어렵다.

• 현무(玄武)가 午에 임(臨)하면 절로(截路)라고 하고, 酉에 임(臨)하면 발검(拔劍)이라 하여, 주로 적(賊)이 악의(惡意)를 품고 있으므로 반대로 공격하는 것은 불의(不宜)하다.

• 현무(玄武)가 申에 임(臨)하면 절족(折足)이라 하고, 현무(玄武)가 戌에 임(臨)하면 조수(遭囚)라고 하여, 전부 도적(盜賊)이 우두머리와 세력을 잃어서 포획(捕

獲)할 수 있다.

(11) 태음(太陰) (辛酉 金)

형제(兄弟), 자매(姊妹), 음사(陰私), 천녀(賤女), 부녀(婦女), 애인(愛人), 부실(不實), 보리(麥), 닭(鷄), 꿩 등 비조(飛鳥)류, 병(病)으로는 폐탄(肺癱) 즉 폐병이나 중풍, 노채(紘瘵)즉 폐결핵 등이고, 색은 백색(白色), 숫자는 6이다. 형이상법(形而上法)으로는 낙태령(落胎靈), 씨받이 등으로 억울하게 죽은 음귀(陰鬼)이다.

- 태음(太陰)은 길장(吉將)으로, 지리(地利)를 얻으면 바르고 곧으며 사사로움이 없으나, 실지(失地)하면 음란(淫亂)하여 수치스러움을 모른다. 주로 음사(陰私)를 덮고 감추며, 간사(奸邪) 암매(暗昧) 등의 일이다.

- 도적점(盜賊占)에서 태음(太陰)을 만나 입전(入傳)하고 일진(日辰)에 임(臨)하면 주로 잡기 어렵다고 정(定)한다.

- 묘택점(墓宅占)에 태음(太陰)을 만나 입전(入傳)하면, 그 태음(太陰)이 임(臨)한 방위에 불사(佛寺)나 혹 기미경물(奇美景物)이 있다.

- 혼인점(婚姻占)에서 태음(太陰)이 일진(日辰)에 임(臨)한 것을 만나고, 酉 亥 未 등에 승(乘)하여 발용하면 그 여자는 반드시 부정(不正)하다.

- 태음(太陰)이 장생(長生)에 임(壬)하며 일간을 극하면, 주로 음란(淫亂)하다.

- 형사점(刑事占)에 태음(太陰)을 만나 입전(入傳)하고, 일간과 더불어 상생(相生)하면 자수(自首)하는 것이 마땅하다.

- 태음(太陰)이 申酉에 승하면 발검(拔劍)이라 하여 주로 암(暗)한 가운데 해악(害惡)에 빠진다.

• 태음(太陰)이 子에 임(臨)하면 수염(垂簾)이라 하여, 주로 부인과 첩이 서로 깔보면 업신여김을 한다.

• 태음(太陰)이 丑에 임(臨)하면 수국(守局)이라 하여, 주로 윗사람과 아랫사람의 관계가 좋지 못하다.

• 태음(太陰)이 亥에 임(臨)하면 피찰(被察)이라 하여 주로 음인(陰人)이 은현 중에 손해를 입힌다.

• 태음(太陰)이 辰에 임(臨)하면 조둔(遭迍)이라 하여, 주로 쟁송(爭訟)이 연달아 일어난다.

• 태음(太陰)이 寅에 임(臨)하면 선족(跣足)이라 하고, 午에 임(臨)하면 탈건(脫巾)이라 하여, 주로 재물과 문서의 암적(暗的)인 움직임이 있다.

• 태음(太陰)이 亥에 임(臨)하면 라형(裸形)이라 하고, 巳에 임(臨)하면 휴침(休枕)이라 하여, 주로 도적과 구설로 인하여 놀라고 근심이 있다.

• 태음(太陰)이 酉에 임(臨)하면 폐호(閉戶)라고 하고, 未에 임(臨)하면 관서(觀書)라고 하여, 주로 가택이 안녕(安寧)하다.

• 태음(太陰)이 卯에 임(臨)하면 미행(微行)이라 하고, 申에 임(臨)하면 집정(執政)이라 하여 주로 기거(起居)를 아름답게 만난다.

(12) 천후(天后) (壬子 水)

귀부인(貴婦人), 처(妻), 귀녀(貴女), 벼(稻), 두(豆), 쥐(鼠), 박쥐 등이고, 병(病)은 설사, 이질, 요(腰)통(痛) 등이며, 색은 흑색(黑色)이고 숫자는 9이다. 형이상법(形而上法)으로는 여귀(女鬼)또는 할머니 귀신 등이다.

• 천후(天后)는 길장(吉將)으로, 득지(得地)하면 고귀(高貴), 존영(尊榮)하지만 실지(失地)하면 간사(奸邪)하고 음란(淫亂)하다. 주로 음사(陰私), 암매(暗昧), 폐닉(蔽匿) 등의 일이다.

• 천후(天后)가 태세(太歲)에 승(乘)하고, 일간에 임(臨)하면, 주로 대사(大赦)즉 크게 용서하며, 과체가 삼광(三光), 삼양(三陽)인 것은 더욱 확적(確的)하다.

• 천후(天后) 승신(乘神)을 아래에서 적(賊)하면, 주로 소인(小人)을 능욕(凌辱)하는 일이 있다.

• 혼인점(婚姻占)에는 천후(天后)를 위주로 판단하는데, 천후(天后)와 일간이 상생(相生)하거나, 혹 일간과 더불어 삼합(三合), 육합(六合) 등을 이루는 것은 성사되고, 반대이면 불성하다.

• 천후(天后) 승신(乘神)이 일간을 극하면 주로 여자는 남자를 원하지 않는 뜻이 있고, 일간이 천후(天后) 승신(乘神)을 극하면 주로 남자는 여자를 원하지 않는 뜻이 있다. 만약 과체(課體)가 길(吉)하면 주로 처음에는 막힘이 있으나 마지막에는 이루어진다.

• 천후(天后)가 역마(驛馬)를 만나고, 본명상(本命上)에 해신(解神)이 보이면 주로 이혼(離婚)이다.

• 천후(天后)의 음신(陰神)에 현무(玄武)가 승(乘)하면 주로 애매(曖昧) 불명(不明)하다. 천후(天后)의 음신(陰神)에 백호(白虎)가 승(乘)하면 주로 처첩이 위태롭다.

• 천후(天后)가 천강(天罡)에 승(乘)하고 행년(行年)에 임(臨)하면 주로 잉태된 아이가 유산된다.

• 천후(天后)가 음일(陰日) 申에 승(乘)하거나, 양일(陽日) 酉에 승(乘)하면 주로

음란(淫亂)하다.

• 천후(天后)가 子에 임(臨)하면 수규(守閨)라고 하여 정(靜)함이 옳고, 亥에 임(臨)하면 치사(治事)라고 하여, 동(動)함이 옳다.

• 천후(天后)가 卯에 임(臨)하면 임문(臨門)이라 하고, 酉에 임(臨)하면 의호(倚戶)라고 하여 주로 간음(奸淫)으로 도(度)가 무너졌다.

• 천후(天后)가 戌에 임(臨)하면 건위(褰幃)라고 하고, 午에 임(臨)하면 복침(伏枕)이라 하여 주로 탄식과 신음이 있다.

• 천후(天后)가 巳에 임(臨)하면 나체(裸體)라고 하고, 辰에 임(臨)하면 훼장(毁粧)이라 하여, 주로 슬픔의 곡(哭)소리와 수치스러운 욕됨이 있다.

• 천후(天后)가 寅에 임(臨)하면 리발(理髮)이라 하고, 申에 임(臨)하면 수용(修容)이라 하여, 주로 넉넉하고 한가로이 여유가 있다.

• 천후(天后)가 丑에 임(臨)하면 투규(偸窺)라고 하고, 未에 임(臨)하면 목욕(沐浴)이라 하여, 주로 놀래고 두려운 일이 있다.

2) 천장접지(天將接支)

천장은 귀인(貴人), 등사(螣蛇), 주작(朱雀), 육합(六合), 구진(勾陳), 청룡(青龍), 천공(天空), 백호(白虎), 태상(太常), 현무(玄武), 태음(太陰), 천후(天后) 등의 순서대로 접지를 하는데, 우선은 그날의 귀인을 먼저 찾아야 한다.

※ 귀인을 취(取)하는 방법에는 청대(清代)이전에 사용되던 천기대요법(天氣大要法)과 청대(清代) 강희(康熙)황제와 건륭(乾隆)황제 때 그때까지 주야귀가 뒤섞

여 혼란하던 것을 『협기변방서(協紀辯方書)』에 정리를 한 것 등의 두 가지가 있는데, 본서(本書)는 협기변방법(協紀辯方법)을 적용하였다.

| 표 28 | 천을귀인

	甲	乙	丙	丁	戊	己	庚	辛	壬	癸
낮귀인	未	申	酉	亥	丑	子	丑	寅	卯	巳
밤귀인	丑	子	亥	酉	未	申	未	午	巳	卯

예) 壬子日 未時 午月將

壬子日의 귀인(貴人)은 卯와 巳인데 未時는 낮시간 이므로 낮귀인인 卯에 해당한다.

우선 지반 未時에 월장 午를 加한 다음에 천지반을 완성하면 다음과 같고 낮 귀인은 천반 卯이다.

					貴			月將				
천반	亥	子	丑	寅	卯	辰	巳	午	未	申	酉	戌
지반(시간)	子	丑	寅	卯	辰	巳	午	未	申	酉	戌	亥
								시간				

3) 귀인(貴人)의 순역(順逆)

귀인을 찾아서 접지하고 나서 나머지 천장을 배열하는데 여기서 주의할 점이 있다. 지반 (亥 子 丑 寅 卯 辰) 의 위에 귀인이 있게 되면 순차적(순행)으로 나머지 천장을 붙여나가면 되지만, 귀인이 지반 (巳 午 未 申 酉 戌)위에 있게 되면 역차적으로(역행) 나머지 천장을 붙여나가야 된다.

예) 壬子日 未時 午月將 (晝 貴人: 卯)

귀인부터 순행 ➡

	常	玄	陰	后	**貴**	蛇	朱	合	勾	靑	空	白
천반	亥	子	丑	寅	卯	辰	巳	**午(월장)**	未	申	酉	戌
지반	子	丑	寅	卯	辰	巳	午	**未(시간)**	申	酉	戌	亥
	순 행					역 행						순행

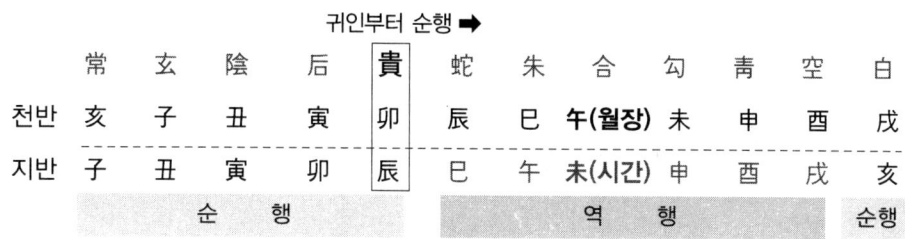

壬子日의 낮 귀인 卯는 지반(亥 子 丑 寅 卯 辰) 중 辰의 위에 있기 때문에 순행으로 나머지 천장(天將)을 순차적으로 붙여나가면 된다.

<table>
<tr><td>蛇辰
巳</td><td>朱巳
午</td><td>合午(월장)
未(시간)</td><td>勾未
申</td></tr>
<tr><td>貴卯
辰</td><td colspan="2" rowspan="2">未時 午月將</td><td>靑申
酉</td></tr>
<tr><td>后寅
卯</td><td>空酉
戌</td></tr>
<tr><td>陰丑
寅</td><td>玄子
丑</td><td>常亥
子</td><td>白戌
亥</td></tr>
</table>

⬆ 貴人順行

| 그림 14 | 월장의 순행

예) 乙亥日 辰時 午月將

⬅ 귀인부터역행

	空	靑	勾	合	朱	蛇	**貴**	后	陰	玄	常	白
천반	寅	卯	辰	巳	**午(월장)**	未	申	酉	戌	亥	子	丑
지반	子	丑	寅	卯	**辰(시간)**	巳	午	未	申	酉	戌	亥
	순 행 ⇨					⇦ 역 행						순행

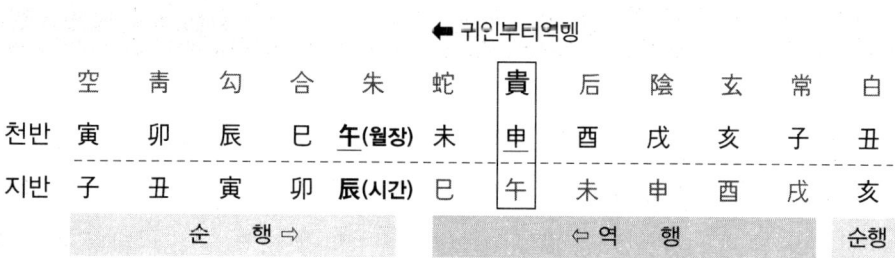

乙亥日 辰時는 낮 시간이므로 낮 귀인(貴人)은 천반 申이고 귀인은 지반(地盤) 午위에 있으므로 역행(逆行)이다.

낮시간의 점단에는 낮귀인을 천반(天盤)의 왼쪽에 붙이고 밤시간의 점단에서는 밤귀인(貴人)을 천반의 오른쪽에 붙인다.

아래의 예제의 경우 辰時이므로 乙의 낮귀인(貴人)인 申을 천반(天盤)에서 찾는데 귀인(貴人)申이 地盤 巳, 午, 未, 申, 酉, 戌 의 위에 임(臨)했으므로 역행(逆行)으로 등사(螣蛇) 주작(朱雀)..... 을 배열해 가야한다.

귀인의 역행

蛇未 巳	貴申 午	后酉 未	陰戌 申
朱午(월장) 辰(시간)	辰時 午月將		玄亥 酉
合巳 卯			常子 戌
勾辰 寅	青卯 丑	空寅 子	白丑 亥

| 그림 15 | 월장의 역행

4) 둔간(遁干)

둔간(遁干)이란 삼전지신(三傳支神)에 각각 천간(天干)을 붙이는 것을 말한다. 육임에서는 지지(地支)를 주로 하나 삼전(三傳)에서는 천간(天干)을 사용할 때가 많이 있으며 삼전의 천간을 둔간(遁干)이라 하며 암장(暗葬)되어 나타나지 않은 오행(五行)이지만 삼전의 천간으로 길흉(吉凶)을 판단할 때 매우 중요한 작용을 한다. 육임의 사과삼전(四課三傳)은 전부 지지(地支)의 신(神)으로 나타나며, 지지(地支)는 항상 고요하고 부동적(不動的)이다. 둔간은 항상 이러한 지지와 함께 움직이는데 변동이 없고 화복잠복(禍福潛伏)이 그 안에 있으며, 최고로 참고하며 보아야 한다. 예를 들어 발용은 비록 귀(鬼)이 아니더라도, 만약 그 둔간(遁干)이 일간을 극한다면, 귀(鬼)라고 논하는 것이고, 발용이 비록 재(財)는 아닐지라도, 만약 그 둔간이 일간으로부터 극을 받는다면, 역시 재(財)라고 논한다. 둔간(遁干)을 정하는 방법은 점단(占斷)할 당일(當日)의 간지를 육십갑자(六十甲子)의 어느 순(旬)중에서 사용하는 천간(天干)에 맞춰서 삼전에 옮기는 것이다. 즉 점단일이 壬午日이라면 壬午日은 甲戌旬에 해당하므로 甲戌서부터 순차적으로 乙亥 丙子 丁丑 戊寅 己卯 庚辰 辛巳 壬午 癸未순으로 됨으로, 삼전(三傳)이 "寅, 巳, 戌"이라면 寅은 戊寅이되고, 같은 방법으로 巳는 辛巳, 戌은 甲戌이 된다. 초전(初傳) 寅은 戊寅이 되고 중전(中傳)은 辛巳, 말전(末傳) 甲戌이 되어 둔간(遁干)은 戊, 辛, 丙이 된다.

(1) 둔간(遁干)의 例 : 癸巳日 午時課 子將(반음과)

	○	○	甲	乙	丙	丁	戊	己	庚	辛	壬	癸
천반	午	未	申	酉	戌	亥	子	丑	寅	卯	辰	巳
지반	子	丑	寅	卯	辰	巳	午	未	申	酉	戌	亥

癸巳日이라년 甲申旬 중이니까 乙酉 丙戌 丁亥 戊子 己丑 庚寅 辛卯 壬辰 癸巳에 午未는 공망(空亡)이므로, 초전(初傳) 巳는 癸巳가 되고, 중전(中傳)은 亥는 丁, 말전(末傳) 巳는 癸巳가 된다.

例 : 癸巳日 子將 午時課

丁 空亥 巳	戊 白子(월장) 午(시간)	己 常丑 未	庚 玄寅 申
丙 青戌 辰	癸巳日		辛 陰卯 酉
乙 勾酉 卯	子將 午時課		壬 后辰 戌
甲 合申 寅	○ 朱未 丑	○ 蛇午 子	癸 貴巳 亥

| 그림 16 | 천지반 구성의 예

삼전(三傳) 중에 정단유신(類神)이 없는 경우, 만약 둔간에 해당유신이 있을 때는 둔간의 오행을 활용(活用)한다. 예를 들어 삼전에 재(財)의 유신이 없는데 둔간에 일간으로부터 극(剋)을 당하는 재성(財星)이 보인다면 이것을 유신으로 하여 사건의 길흉(吉凶)을 정단한다. 사주명리학(四柱命理學)의 천간(天干)은 겉으로 들어난 것이라 하지만 육임에서는 천반(天盤)을 나타난 기운으로 보고 둔간은 숨어 있는 것으로 보아 정단(正斷)한다.

10. 일지상신(日支上神)의 활용

문점(問占) 시간에 월장가시를 하여 그날의 일지의 상신(上神)이 일간과 어떤 관계가 되는가를 분석한 후 성부(成否)를 결정하는 방법으로 일지상신(日支上神)이 그날의 일간을 생(生),비(比),재(財)하고 삼전에서 극하는 것이 없다면 그 묻는 목적사는 된다고 판단하고 일지상신이 일간에 대하여 극(剋), 설(泄), 공망(空亡)이 되면 그 일은 이루어지기 어렵다고 판단한다.

지반(地盤) 午時에 巳將을 加하여 천지반(天地盤)을 조식(造式)하면 일지(日支)인 申위에는 未가 있는데 일간 庚을 생(生)하므로 유리하다고 판단하고 삼전에서 일간을 극(剋)하는 것이 없다면 모망사(謀望事)는 이루어진다고 판단하며 일지상신이 왕상(旺相)하면 더욱 길(吉)하다.

| 표 29 | 日辰의 상관관계

	日干과 日支上神과의 관계	
	日干을 生 · 比 · 財	日干을 剋 · 泄 · 空亡
貴人	존장의 후원, 웃사람의 도움	존장으로부터의 질책
螣蛇	뜻하지 못하던 이로움	노이로제, 놀람과 두려움
朱雀	문서상의 기쁨, 좋은소문	문서상의 피해, 구설
六合	화합사, 교류	교류단절
勾陳	경찰, 토지의 기쁨	쟁투, 경찰등 官으로부터의 피해
靑龍	금전, 만사유여	금전의 피해
天空	종업원, 고위직의 도움	사기, 허위적인 일
白虎	도로사의 기쁨	질병, 사고, 혈광사
太常	연회, 회식의 즐거움	연회장에서의 쟁투, 음식먹고 탈
玄武	좋은소식, 편지	도난, 실물
太陰	애인과의 만남	애인과의 갈등
天后	부인, 어머니의 도움	가정불화

庚申日 午時 巳將의 例

						(월장)					
천반 亥	子	丑	寅	卯	辰	巳	午	未	申	酉	戌
지반 子	丑	寅	卯	辰	巳	午	未	申	酉	戌	亥
						(시간)					

(일간)庚 ⬅ 未 (일지상신)

申(일지)

11. 천시(天時), 지리(地利), 인화(人和), 변수(變數)

天時不如地利 요, 地利不如人和 니라.[29)]

맹자(孟子)가 왕도론(王道論)을 전개하면서 《맹자》〈공손추(公孫丑) 하(下)의 첫 문장에서 이르기를 나라가 부강해지는 3가지 요건으로 천시, 지리, 인화를 말하였는데 "하늘의 조건은 땅의 이로움만 못하고, 땅의 이로움은 사람들의 화합함만 못하다." 天時不如地利(천시불여지리) 하늘이 내려준 유리한 조건도 지형적 이로움에 이르지 못하다는 뜻으로, 예를 들어 전쟁에 작은 나라의 작은 성(城)하나를 대군을 이끌고 가도 함락하지 못하는 것은 완벽한 지형적 조건을 가지고 있는 난공불락(難攻不落)의 요새와 같은 곳에 있는 경우이고, 地利不如人和(지리불여인화) 상대적으로 유리한 지리적 조건이라 하더라도 구성원들의 인화단결(人和團結)에서 나오는 단합(團合)된 힘에는 못 미친다는 뜻으로, 구성원간의 강한 신뢰와 화합(和合)에서 나오는 단결된 힘을 가진 조직, 또는 사회, 국가는 어떠한 고난과 역경을 만나더라도 끝까지 살아남아 존재할 수 있다는 의미로 말해 졌는데, 이는 의리역(義理易)적인 관점에서논 논한 것이고 상수역(象數易)적인 관점은 이와 정반대이다. 즉, 천시가 가장 으뜸이고, 지리가 다음이며, 인화가 제일 마지막이다.

29) 『孟子(맹자)』〈公孫丑章句下〉

(1) 천시(天時)

계절(季節)의 강(强),왕(旺)에 따라 천기의 왕기의 기운이 어느 곳에 임(臨)하였는가를 알아보는데 최종판단에서의 응기부분도 이 천시(天時)를 기준으로 삼는 것이 많이 있다. 특히 인사부분에서의 왕한 기운이란 지리와 인화가 비슷한 조건을 전제로 하기 때문에 천시가 가장 큰 역할을 한다.

(2) 지리(地利)

육임에서의 지리란 천반과 지반과의 상하 합(合), 충(冲), 상생(相生), 상극(相剋) 관계 등을 말하며 아무리 좋은 천시(天時)를 얻었더라도 지리(地利)가 나쁘다면 왕(旺)한 천시의 기운은 반감할 수 밖에 없을 것이다.

寅	酉	卯	丑	寅
亥	丑	酉	卯	申
(合)	(生, 半合)	(冲)	(剋)	(絕)

(3) 인화(人和)

인화란 내부 구성원끼리의 관계를 말하듯이 천반과 지반, 천장 고유오행의 생극(生剋)관계를 말한다.

① 외극(外剋) : 천장(天將)의 고유오행이 천반을 극하는 것을 말한다.

(木)寅白(庚申金)
□

② 내극(內剋) : 천반이 천장(天將)의 고유오행을 극하는 것을 말한다.

(木)寅貴(己丑土
□

③ **삼자상생(三者相生), 통관(通貫) : 내극, 또는 외극이 될 때 지반의 오행에 의하여 극 관계가 소통이 되는 것을 말한다.**

(木)寅白(庚申金)
子

④ **협극(夾剋) : 지반과 천장(天將)의 고유오행이 천반을 전부 극하는 것을 말하며 인화 중에는 제일 않 좋은 경우가 된다.**

(金)申朱(火)
午

(4) 변수(變數)

육임은 일간이 주체이고, 일지가 가택, 또는 상대방, 목적사이다. 천시(天時), 지리(地理), 인화(人和)를 전부 살피고, 그 다음은 일간의 분신이라 할 수 있는 기궁(寄宮)과의 합, 충, 형, 해, 파 의 관계를 살펴야 한다. 아무리 천시에서 왕기를 얻고, 지리에서 생조관계를 얻으며, 인화를 이루어도, 변수적인 작용으로 인하여 충, 형, 해, 파를 당하여 피극을 당한다면, 좋은 유신(類神), 또는 오행이 온전할 수 없기 때문인데, 이러한 경우 일이 이루어지는 듯 하다가 결국은 깨져버리기 때문에, 그러한 변수적인 작용관계를 말하는 것이다. 예를 들어 초전에 왕상한 재(財)의 유신이 발용되었다 하더라도, 이 재의 유신이 일지상신과 충, 형을 이룬다면, 재물 때문에 집안에 동요가 일어나는 것이고, 또한 말전으로부터 충극을 당하면 재물이 구해지기도 어렵고, 구한다 하더라도 왕상한 기운이 온전하지 못하기 때문에 애초에 생각했던 만큼의 재물이 구해질 수 없게 된다. 육임의 과전을 상세하게 판단하기 위해서는 천시(天時), 지리(地理), 인화(人和), 변수(變數) 등을 확실히 이해하고 응용해야하며, 단식판단을 이용하여 여러 사람이 모인자리에서 즉시 현재의 운세를 알아 볼 수 있다.

12. 음신(陰神)

양신(陽神)은 겉으로 드러내며, 음신(陰神)은 뒤로 숨어있는데, 양신(陽神)이 있으면 반드시 음신(陰神)이 있는 것이고, 일이 마지막까지 어찌 돌아가는가를 알고자 한다면, 음신(陰神)을 겸해서 보아야 한다. 십이천장(十二天將)의 귀인은 주야(晝夜)가 서로 각자의 음신(陰神)인데, 주점(晝占)에는 야귀인(夜貴人)이 음신(陰神)이고, 야점(夜占)에는 주귀인(晝貴人)이 음신(陰神)이다. 그 외에 기타 다른 천장(天將)은 각자 승한 신(神)의 상신(上神)이 음신이다.

예를 들어 甲子日 丑時 酉將의 경우,

	(월장)			현무의 음신							
青	勾	合	朱	蛇	貴	后	陰	玄	常	白	空
申	酉	戌	亥	子	丑	寅	卯	辰	巳	午	未
子	丑	寅	卯	辰	巳	午	未	申	酉	戌	亥
	(시간)										

현무(玄武)가 辰加申이 되었을때 辰을 다시 지반으로 내린후 그 상신자(上神子)를 음신(陰神)이라고 한다.

乙卯日 子時 亥將의 경우는, 등사(螣蛇)는 丑加寅에 승하였으므로,

	陰神	螣蛇									
亥	子	丑	寅	卯	辰	巳	午	未	申	酉	戌
子	丑	寅	卯	辰	巳	午	未	申	酉	戌	亥

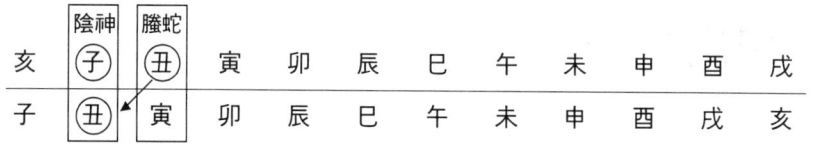

지반 丑의 상신(上神)인 子, 즉 子가 등사(螣蛇)의 음신(陰神)이 된다.

• 도적점에서는 현무(玄武)의 음신(陰神)을 보는데, 만약 상하(上下)가 비화(比和)되면 즉 그 곳이 도적이 은닉하는 곳이다.

• 질병점에서는 백호(白虎)의 음신(陰神)을 보는데, 만약 일진(日辰)이나 년명(年命)을 극하면 그 병은 구할 수가 없다.

• 송사점(訟詞占)에는 구진(勾陳)의 음신(陰神)을 보는데, 만약 흉장이 승하여 일간을 극하면 반드시 형사적 책임을 만난다.

• 놀래고, 괴이한 점에는 등사(螣蛇)의 음신을 보아야 하고, 소아(小兒)의 병(病)문제에도 반드시 참고하여야 한다.

• 혼인점에는 육합(六合)의 음신을 보아야 하고, 자손점에서도 역시 육합(六合)이다.

• 고시나, 신거의 점에서는 주작(朱雀)의 음신을 보아야 하고, 서신이나 문장(文章)의 등락에도 역시 그러하다.

• 구재점은 청룡(青龍)의 음신이고, 노복점(奴僕占)에는 천공(天空)의 음신(陰神)이다.

• 연회(延會)는 태상(太常)의 음신이고, 비첩(婢妾)은 태음(太陰)의 음신을 보아야 한다.

• 처(妻)를 구하는 점에는 천후(天后)의 음신(陰神)이고, 부인의 병문제 또한 그러하다.

13. 년명(年命)

• 년명(年命)이란 점자의 띠를 말한다. 년명은 사과삼전(四課三傳)의 길흉(吉凶)을 확실하게 검증(檢證)하거나 또는 길흉을 반전(反轉)시키는 능력을 갖고 있기 때문에 년명상신은 변화문(變化門)이라고 한다. 따라서 모든 정단시 마지막 판단의 순간에 반드시 확인해야 한다. 년명상신이란, 월장가시(月將加時) 후(後), 그 점자의 띠의 천반에 어떤 천기(天機)의 오행(五行)이 임(臨)했는가 또는 어떤 천장(天將)이 승(乘)했는가를 보고 그 길흉을 판단하는 방법이다. 현재 마주친 점자의 당면(當面)처지와 전체적인 운세(運勢)를 살필 수 있는 방법으로 모든 판단의 확정(確定)을 기 할 수 있는 요체이다. 여러 사람이 모여 있을 때 각자의 운세를 띠만을 가지고 금방 알아 볼 수 있으며 주요 인물을 감지 할 수 있다.

• 년명상신은 그해에 점자에게 어떤 기운이 있는가를 판단하는 것이다. 寅木의 년명위에 亥水가 임(臨)하여 년명을 生하거나 년명 巳위에 午가 임(臨)하면 년명과 비화되어 년명의 기운을 도와주는데, 년명위에 임하는 년명상신이 정단계절의 왕상한기운으로 년명을 생조하는 것이 가장 좋다고 보며 년명상신이 사절묘(死絶墓)등으로 기운이 휴수사(休囚死) 하면 흉하다고 본다.

• 만약 발용(發用)이 일간상신(日干上神)에 생비재(生比財)되어 왕상(旺相)하면

길하고, 년명상신까지 그 기운에 생(生), 합(合), 비화(比和)되면 더욱 길하게 되지만, 반대로 년명상신과 형, 충, 파, 해 가 되면 흉(凶)하게 된다.

• 발용이 비록 흉하더라도 만약 년명상신이 그것을 극제(剋制)하게 되면 흉이 변하여 길로 바뀐다.

• 구재점(求財占)에서 일간의 재(財)가 발용되었는데 년명상신이 관귀(官鬼)가 되면 초전의 재는 년명상신의 귀(鬼)를 생하므로 반대로 재(財)로 인하여 곤란함을 겪게된다.

• 일간의 관귀(官鬼)가 발용되면 질병 등의 재화(災禍)를 만나게 되는데, 만약 년명상신에 일간의 자손효(子孫爻)가 있으면 구신(救神)이 되어 화(禍)를 해소한다.

• 년명상신이 일간의 재성(財星)이 되면 구재점에 길하고, 관성(官星)이 보이면 관직(官職)이 구해지며, 월장(月將)이나 태세(太歲)가 승하면 최고로 길한데, 화(禍)를 소산(消散)하고 복(福)을 내리기 때문이다. 천마(天馬)와 역마(驛馬)가 보이면 주로 천관(遷官)되고, 원행(遠行)은 더욱 이롭다. 천희(天喜), 귀인(貴人) 등을 보면 일은 기쁘고 길하며 쉽게 귀인(貴人)을 만난다.

• 년명상신에 월염(月厭), 천기(天炁)등이 보이면 핍박을 당하여 원통한일이 생긴다. 년명상신에 혈지(血支), 혈기(血忌), 천갱(天坑), 천차(天車) 등을 보게 되면 차마(車馬)에 의한 놀라는 일이 생긴다.

• 년명상신에 전송(傳送) 申이 보이고 흉장이 승하면 질병이 생기고, 년명상신에 등명(登明) 亥에 흉장이 승하면 수액을 방비(防備)해야 하고, 년명상신에 등사(螣蛇)가 보이면 의혹과 놀랠 일이 있어 지체되고, 년명상신에 백호(白虎)가 보이며 천기(天炁)가 승하여 일간을 극하면, 도움을 받지 못하며 생명이 위태롭다.

• 년명상신은 왕상(旺相)하고 길장(吉將)이 승해야 길하고, 흉장(凶將)이 승하면

운세는 상승하나 현재는 곤궁하다.

※ 길장(吉將) : 貴人, 六合, 青龍, 太常, 天后, 太陰
흉장(凶將) : 螣蛇, 朱雀, 勾陳, 天空, 白虎, 玄武

• 년명상신은 천시(天時), 지리(地利), 인화(人和)를 얻고 일진(日辰)과 변수(變數)적인 작용이 없어야 하며, 공망이 되지 말아야 한다. 반대이면 현재는 운기가 없고 빈곤하며 병(病)으로 인한 재난 등, 기운이 약한 사람이다.

• 년명상신이 년명을 극(剋)하면 관(官)의 재난이 일어나고, 년명상신이 태세상신을 극형(剋刑)시켜도, 역시 관재(官災) 근심이 발생한다.

• 년명상신이 일간을 극(剋)하면 병재(病災)나 관사(官事)등이 일어나며, 년명상신이 辰, 戌, 등사(螣蛇), 백호(白虎) 가 타면 부정(不正)이 붙은 사람으로 기도, 부적 등의 술법으로 해소해야 하며, 년명상신에 辰이 되면 운명의 급변한다.

• 년명상신이 사기(死氣)가 되면 가내(家內)에 사망사가 있고, 년명상신이 휴수(休囚)하여 병부(病府)를 띠면 병재(病災)가 있으며, 년명상신이 상문(喪門), 조객(弔客)이 띠면 상복(喪服)을 입는다.

• 년명상신에 천희(天喜), 덕(德), 록(祿), 마(馬)를 대하면 공명은 달성(達成)되며, 년명상신과 행년상신, 일간이 상생 상합을 하면 그 해에 반드시 좋은 일이 있다.

• 년명상신(年命上神)이 귀(貴),록(祿),마(馬),와 합(合)이 되는 아래의 年,月,日에 가서 귀(貴),록(祿),마(馬),에 해당하는 좋은 일이 일어나게 된다. 또는 가족 중에 귀(貴),록(祿),마(馬),와 合이되는 천반의 아래 연명자(年命者)가 있다면 합(合)이 되는 그 年,月,日에 가서 해당 띠의 연명인(年命人)에게 그 월에 좋은 길사(吉事)가 일어나게 된다. 이때 모든 판단은 운기(運氣)가 좋은 연명인의 의견을 존중해야 한다.

이와 같은 예는 乙亥日 寅時 戌將의 경우

<table>
<tr><td>丁
青丑蛇</td><td>戊
空寅朱</td><td>己
白卯合</td><td>庚
常辰勾</td><td colspan="3" rowspan="2">癸
后未白
亥</td><td colspan="3" rowspan="2">己
白卯合
未</td><td colspan="3" rowspan="2">乙
合亥后
卯</td></tr>
<tr><td>丙
勾子貴</td><td colspan="2" rowspan="2">제5국</td><td>辛
玄巳青</td></tr>
<tr><td>乙
合亥后</td><td>壬
陰午空</td><td colspan="2">丙
勾子貴
乙</td><td colspan="2">0
貴申常
子</td><td colspan="3">癸
后未白
亥</td><td colspan="2">己
白卯合
未</td></tr>
<tr><td>甲
朱戌陰</td><td>0
蛇酉玄</td><td>0
貴申常</td><td>癸
后未白</td><td colspan="9">섭해과, 견기, 곡직</td></tr>
</table>

귀(貴)와 합이 되는 천반의 기운을 가진 년명자는 酉띠이고, 록(祿)과 合이 되는 천반의 기운을 가진 년명자는 寅띠이며, 마(馬)와 합이 되는 천반(天盤)의 기운을 가진 년명자(年命者)는 子띠이지만 공망이다.

14. 태세(太歲)

- 태세(太歲)란 즉 그 해(年)의 세지(歲支)를 말하며, 그 해 안에서는 오행의 으뜸이 되며, 세공(歲功)의 근본이 된다. 주된 일은 태세(太歲)에 귀인이 승(乘)하면 천정(天庭), 즉 조정에 까지 이르는 존귀(尊貴)의 신(神)이며, 과전(課傳)에 들지 않아도 역시 복(福)을 돕게 되고, 공송점(公訟占)에는 귀인의 힘을 더욱 더 얻을 수 있지만, 오직 구하지 못하는 것은 병점(病占)에서 태세가 일간의 귀살(鬼煞)이 되어 입전(入傳)하는 것으로 그 흉이 더욱 심하다.

- 태세(太歲)가 삼전(三傳)에 있으면 주로 일년의 길흉의 일이다. 이와 같은 경우는 예를 들어 금년이 亥年일때 삼전에 酉, 戌, 亥가 보이면 이는 해(年)을 사이에 두고 벌어진 옛일이다. 혹 삼전에 申, 酉, 戌이 보이면 즉 3, 4년 전(前)의 일이다. 태세(太歲) 다음으로는 월건(月建)이 길한데, 만약 위의 경우에 亥가 년(年)이 아니고 월건(月建)이라면 역시 3, 4개월 전(前)의 일이 된다.

- 행년상(行年上)에 태세(太歲)가 보이면 그 해의 일년동안은 매우 길한데, 만약 초전(初傳)에 태세가 보이고, 중말전(中末傳)에 월건(月建)이 보이거나, 혹 일진(日辰)에 보여도 멀지 않고 가까운 곳에서 취할 수 있으며, 느리던 것도 빨라진다.

• 태세(太歲)가 나(我)를 생하는 것이 최고로 길하고, 나와 합하는 것은 그 다음이며, 나(我)가 태세가 생하여도 역시 길하지만, 태세가 나를 극하면 최고로 흉하지만, 만약 구신(救神)이 있으면 오히려 흉을 면하여 복(福)이 되는 것이고, 오직 일간, 년명상신 등이 태세(太歲)를 극하면 나(我)가 태세를 극하는 것이 되어, 작은 일에도 반대로 크게 흉하다.

• 태세(太歲)에 귀인이 승(乘)하여 상생하면 길함과 경사스러움이 예사로운 일이 아니므로, 군자에게는 당연히 크게 길하여, 주로 관작(官爵)이 진작(進爵)을 더하지만, 평민은 반대로 놀램과 위난을 격게 된다.

• 태세(太歲)가 일간을 극하면 태세하당(太歲下堂)이라 하며, 군자(君子)와 평민(平民)이 모두 재앙을 방비(防備)해야 하며, 태세가 일지상(日支上)에 임(臨)하여 일지(日支)을 극하면 가장(家長)은 불안한데, 혹 세파(歲破), 월파(月破)가 가(加)하여도 길장(吉將)이 승하면 무방하지만, 흉장(凶將)이 승하면 반드시 흉하며, 이러한 세파(歲破), 월파(月破)가 일진(日辰)에 임(臨)하면, 파재손실(破財損失)이 따르며, 어지러운 일이 있으므로 근신해야 한다.

15. 행년(行年)[30]

행년(行年)이란 육임에만 있는 법으로 누구나 년령에 따른 별도의 행년을 가지고 있다. (행년표 참조)

- 일간상신(日干上神)과 년명상신(年命上神)과 행년상신(行年上神)이 서로 상생상합(相生相合)이 되면 그 해(年)에 반드시 기쁜 일이 있게 된다.

- 행년상신(行年上神)이 일간을 극(剋)하면 혈육 간에 손상이 있게 된다.

- 행년상신이 일지를 형(刑)하면 집안에서 사람이 다치거나 죽는다.

- 일간에서 행년상신을 극(剋)하고 유신(遊神,亡靈), 희신(戲神,弄言)을 띠고 다시 사기(死氣)가 加하면 죽는다. 유신(遊神), 희신(戲神)만 뜨고 사기가 안 보이면 죽는 것은 아니지만 재난(災難)은 피할 수 없다.

- 천지반을 조성한 후 지반에서 당년의 행년을 찾아 그 상신(上神)과의 관계를 살

---

30) 효사 육임강의록 上2 p119참조.

핀다.

① 일간과 상생상합(相生相合)을 이루면 길(吉)하지만 일간에서 행년을 극(剋)하면 매우 흉(凶)하고 극(剋), 충(冲), 공망이 되어도 흉(凶)하다.
② 기궁(寄宮)은 점자의 신(身)이므로 기궁과의 관계도 확인한다.
③ 일지(日支)와의 충, 형, 해, 파 관계를 확인한다. (가택의 불안판단)
④ 사기(死氣), 희신(戱神), 유신(遊神), 상문(喪門), 조객(弔客) 등을 대 하면 그 행년에 발생한다. (신살(神煞)관계)
⑤ 돌발사고와 질병 등은 백호(白虎)를 본다. 죽고 사는 것은 음신(陰神) 으로 확인한다.

귀(貴) · 록(祿) · 마(馬)가 임(臨)한 천반(天盤)과 지반(支盤)중의 합(合)하는 나이에 그 길사(吉事)가 발현된다.

행년표(行年表)

년명에 따라 각 간지가 해당된다											
男, 순행(順行)						女, 역행(逆行)					
1세	丙寅	21세	丙戌	41세	丙午	1세	壬申	21세	壬子	41세	壬辰
2세	丁卯	22세	丁亥	42세	丁未	2세	辛未	22세	辛亥	42세	辛卯
3세	戊辰	23세	戊子	43세	戊申	3세	庚午	23세	庚戌	43세	庚寅
4세	己巳	24세	己丑	44세	己酉	4세	己巳	24세	己酉	44세	己丑
5세	庚午	25세	庚寅	45세	庚戌	5세	戊辰	25세	戊申	45세	戊子
6세	辛未	26세	辛卯	46세	辛亥	6세	丁卯	26세	丁未	46세	丁亥
7세	壬申	27세	壬辰	47세	壬子	7세	丙寅	27세	丙午	47세	丙戌
8세	癸酉	28세	癸巳	48세	丑癸	8세	乙丑	28세	乙巳	48세	乙酉
9세	甲戌	29세	甲午	49세	甲寅	9세	甲子	29세	甲辰	49세	甲申
10세	乙亥	30세	乙未	50세	乙卯	10세	癸亥	30세	癸卯	50세	癸未
11세	丙子	31세	丙申	51세	丙辰	11세	壬戌	31세	壬寅	51세	壬午
12세	丁丑	32세	丁酉	52세	丁巳	12세	辛酉	32세	辛丑	52세	辛巳
13세	戊寅	33세	戊戌	53세	戊午	13세	庚申	33세	庚子	53세	庚辰
14세	己卯	34세	己亥	54세	己未	14세	己未	34세	己亥	54세	己卯
15세	庚辰	35세	庚子	55세	庚申	15세	戊午	35세	戊戌	55세	戊寅
16세	辛巳	36세	辛丑	56세	辛酉	16세	丁巳	36세	丁酉	56세	丁丑
17세	壬午	37세	壬寅	57세	壬戌	17세	丙辰	37세	丙申	57세	丙子
18세	癸未	38세	癸卯	58세	癸亥	18세	乙卯	38세	乙未	58세	乙亥
19세	甲申	39세	甲辰	59세	甲子	19세	甲寅	39세	甲午	59세	甲戌
20세	乙酉	40세	乙巳	60세	乙丑	20세	癸丑	40세	癸巳	60세	癸酉

| 표 30 | 년지신살(年支 神殺)

年支 神殺	子	丑	寅	卯	辰	巳	午	未	申	酉	戌	亥	의미
상문(喪門)	寅	卯	辰	巳	午	未	申	酉	戌	亥	子	丑	사망(死亡)
조객(弔客)	戌	亥	子	丑	寅	卯	辰	巳	午	未	申	酉	골육재난
병부(病付)	亥	子	丑	寅	卯	辰	巳	午	未	申	酉	戌	질병(疾病)
관부(官府)	辰	巳	午	未	申	酉	戌	亥	子	丑	寅	卯	관부송사
겁살(劫煞)	巳	寅	亥	申	巳	寅	亥	申	巳	寅	亥	申	파재손구
세파(歲破)	午	未	申	酉	戌	亥	子	丑	寅	卯	辰	巳	파재, 家長災亂

| 표 31 | 월지신살(月支 神殺)

月支 神殺	寅	卯	辰	巳	午	未	申	酉	戌	亥	子	丑	의미
사신(死神)	巳	午	未	申	酉	戌	亥	子	丑	寅	卯	辰	병흉(病凶)
사기(死氣)	午	未	申	酉	戌	亥	子	丑	寅	卯	辰	巳	사망(死亡)
유신(遊神)	丑	丑	丑	子	子	子	亥	亥	亥	戌	戌	戌	망령(亡靈)
천마(天馬)	午	申	戌	子	寅	辰	午	申	戌	子	寅	辰	遷動更改
천의(天醫)	辰	巳	午	未	申	酉	戌	亥	子	丑	寅	卯	병용(病用)
희신(戲神)	巳	巳	巳	子	子	子	酉	酉	酉	辰	辰	辰	弄言
월파(月破)	申	酉	戌	亥	子	丑	寅	卯	辰	巳	午	未	파괴 離散

16. 월건(月建)

월건(月建)은 월지(月支)를 말하는 것으로, 주로 한 달의 일을 주관하는데, 세파(歲破)가 가(加)하거나 월파(月破)가 되면, 길장(吉將)이 길장의 역할을 못하게 되고, 흉장(凶將)이면 더욱 흉하게 된다. 월건에 청룡, 태상 등이 승하면, 구명(求名)이나 직업을 고치는 일, 등 평민에게는 모든 일이 대길(大吉)하게 된다. 또한 월건(月建)에 천후가 승하면 주로 처첩(妻妾)이 아이를 잉태하게 되는 길사가 있다. 그러나 세파(歲破), 월파(月破) 등이 일진에 가하면 주로 재물이 흩어지거나 잃어버리고 도망가는 등의 일이 발생한다.

■월건상신의 응용 및 신수법(身數法)

貴 : 승진(陞進) 영전사등 귀인의 도움을 받는다.

祿 : 재산이 모이고, 문서를 잡는 등 록위(祿位)가 증가 된다.

馬 : 원행 이동 및 교류가 많아지고, 상업 사업 등이 번창한다.

점시(占時)에 월장(月將)을 가(加)하여 천지반을 조식한 후(後)에, 지반을 각 월(月)로 보고, 각 월건의 상신(上神)과 일진과의 관계 및 길흉장(吉凶將)의 여부에 따라 그 달의 길흉을 판단한다. 이때 귀 · 록 · 마는 매우 좋은 길신으로 작용하며,

월건상신에 귀 · 록 · 마의 지반과 같은 띠가 있다면, 가족 전체 중에 길사(吉事)가 있게 되며, 해당 띠의 가족이 없는 경우는 그 월에 가서 길사가 있다. 이와 같은 방법을 응용하여 한해의 신수(身數)를 판단할 수 있고, 육임은 점사로써, 지나간 일은 판단하지 않으며, 앞으로 다가올 일들만을 예측하며, 만약 점시가 분명치 않을 때는 월장을 년명에 가(加)하는 방법도 사용할 수 있다.

17. 택일법(擇日法)

1) 귀(貴) · 록(祿) · 마(馬)법

정단시간에 월장(月將)을 가시(加時)를 하여 천장접지(天將接支)까지를 한 후에, 천반의 천기(天氣) 중에서 그날 일진(日辰)의 귀인(貴人), 정록(正祿), 역마(驛馬)를 접지한다.

◎ 이사 길방위(吉方位)

① 귀,록,마(貴 · 祿 · 馬) 아래의 지반방위 (단, 공망이 아니고, 일간과 상생)
② 인성(印性)방위
③ 재성(財性)방위

귀, 록, 마(貴 · 祿 · 馬)의 아래 지반(地盤)과 육합(六合)이 되는 날로 택일을 하고, 시간은 택일날과 삼합되는 시간 중에 맞추며, 좋은 날로 택일하여 이사를 하면 만년(晩年)의 병(病), 재화(災禍)에서 벗어날 수 있고 개운법으로 활용된다.

2) 신장살몰법(神藏殺沒法)

空丑 巳	白寅 午	常卯 未	玄辰 申
靑子 辰			陰巳 酉
勾亥 卯			后午 戌
合戌 寅	朱酉 丑	蛇申 子	貴未 亥

空未 巳	白申 午	常酉 未	玄戌 申
靑午 辰			陰亥 酉
勾巳 卯			后子 戌
合辰 寅	朱卯 丑	蛇寅 子	貴丑 亥

| 그림 19 | 사과삼전 보는 법

甲, 戊, 庚 3일은 귀인이 전부 未와 丑이다. 귀인이 지반 亥에 임하는 것을 말하는데 귀인이 천문(天門)에 오른다고 하여 모든 凶神들이 숨기 때문에 신장살몰(神藏殺沒)이라 한다. 다른 날들은 신장(神藏)은 있어도 살몰(殺沒)이 없고, 살몰(殺沒)이 있어도 신장(神藏)은 안하기 때문에 신장살몰법은 甲戊庚 3일에만 해당된다.

지반(地盤) 子에 등사(螣蛇)가 임(臨)하면 水의 제지를 받으며 추수(墜水)라 하고,
지반(地盤) 丑에 주작(朱雀)이 임(臨)하면 丑의 장간 癸에 제지를 받아 투강(投江)이라 한다.
지반(地盤) 卯에 구진(勾陳)이 임(臨)하면 수제(受制)라 한다.
지빈(地盤) 巳에 천공(大空)이 임(臨)하면 투망(投網)이라 한다.
지반(地盤) 午에 백호(白虎)가 임(臨)하면 폭신(爆神)이라 한다.
지반(地盤) 申에 현무(玄武)가 임(臨)하면 형(形)의 출현이라는 절족(折足)이다.

이 살몰(殺沒) 시간을 이용하여 출행하거나, 피신하고 도망하며 은신을 하거나, 기도를 하고, 부적 쓰는 등의 일을 하면 모두 길(吉)하고, 비록 과격(課格)이 흉(凶)하더라도 그 흉이 해소된다.

18. 육소구처(六所九處)

조상법(照常法), 적극법(賊剋法)

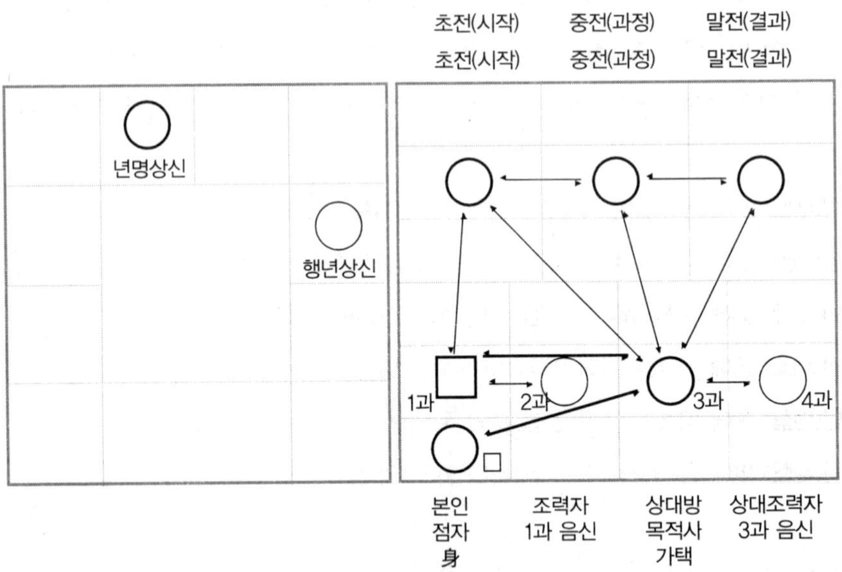

| 그림 20 | 사과삼전 보는 법

(1) 1과 일간, 일간상신 : 래방(來訪) 점자, 당사자로 보는데 타처로 부터의 극(剋) 설(泄) 등은 흉하다.

(2) 3과 일지, 일지상신 : 상대방 목적물, 모망사 일간을 생,비,재하면 길

(3) 2과, 1과의 음신(陰神) : 나의 조력자

(4) 4과, 3과의 음신(陰神) : 상대의 조력자 묘지 배우자

(5) 초전 : 일의 시작과 발단, 점자의 초년

(6) 중전 : 일의 중간과 과정, 점자의 중년

(7) 말전 : 일의 결과, 래방점자의 말년

(8) 년명상신 : 래방점자의 띠위의 천기기운(天機氣運)

(9) 행년상신 : 래방점자의 당년에 미쳐지는 천기의 영향

720課 국수(局數)열기

월장 점시	亥將	戌將	酉將	申將	未將	午將	巳將	辰將	卯將	寅將	丑將	子將
子時	2	3	4	5	6	7	8	9	10	11	12	1
丑時	3	4	5	6	7	8	9	10	11	12	1	2
寅時	4	5	6	7	8	9	10	11	12	1	2	3
卯時	5	6	7	8	9	10	11	12	1	2	3	4
辰時	6	7	8	9	10	11	12	1	2	3	4	5
巳時	7	8	9	10	11	12	1	2	3	4	5	6
午時	8	9	10	11	12	1	2	3	4	5	6	7
未時	9	10	11	12	1	2	3	4	5	6	7	8
申時	10	11	12	1	2	3	4	5	6	7	8	9
酉時	11	12	1	2	3	4	5	6	7	8	9	10
戌時	12	1	2	3	4	5	6	7	8	9	10	11
亥時	1	2	3	4	5	6	7	8	9	10	11	12

• 해당 월장(月將)과 점시(占時)가 교차되는 숫자를 찾아 사용하는데 예를 들어 甲子日 午時 未將의 점이라면 甲子日 12局에 해당이 된다.

19. 구종 십과체(九宗 十課體)

九宗法 十課式의 分類

十課式	課數
1) 元首課(원수과)	119 課
2) 重審課(중심과)	218 課
3) 知一課(지일과)	82 課
4) 涉害課(섭해과)	75 課
5) 遙剋課(요극과)	65 課
6) 昴星課(묘성과)	16 課
7) 別責課(별책과)	9 課
8) 八專課(팔전과)	16 課
9) 伏吟課(복음과)	60 課
10) 返吟課(반음과)	60 課
合 720課	

육임에서 조식(造式)되는 전체의 과식(課式)은 전부720개의 과가 되는데 육임점에서 길흉(吉凶)을 상세히 알기 위해서는 이 과체(課體)를 세밀하게 살필 수 있어야 한다. 그러기 위해서는 일단 사과삼전을 잘 조식할 수 있어야 하고 과(課)와 격

(格)에 대해서 충분한 이해가 있어야 한다. 과체(課體)를 잘 모르면서 六壬을 판단한다는 것은 어려운 일 이므로 천천히 하나씩 숙지해 나아가면 어느 순간 어렵지 않게 六壬의 사과삼전(四課三傳)을 조식하며 길흉을 판단할 수 있을 것이다. 『六壬直指』, 『大六壬立成大全鈴』, 『六壬一覽』 등과 같은 여러 육임관련 서적에는 720과가 기록되어 있지만 실제로는 그것 보다 훨씬 많고 다양한 과체를 만나게 된다. 왜냐하면 60甲子는 日을 기준으로 순환이 되고, 하루에 12지지의 시간이 있으니 이 둘을 곱하면 720이 되는데, 육임신과 720국수의 기본이 된다. 그리고 또한 각 시진(時辰)은 12개의 月將과 서로 배합되므로 720과에 12월장을 곱하면 8,640이 되는데 여기에 太歲 60年의 순환과 12年命의 변화, 4季의 旺相休囚의 변화, 男女구분, 行年의 변화 주야의 변화 등, 이루 다 열거하기가 어렵지만, 그 변화는 모두 기본 720과부터 시작한다.

※입수법(入手法)

甲課寅兮乙課辰 : 甲은 寅이며 乙은 辰에 감추어져있다.

丙戊課巳不須論 : 丙 · 戊는 巳임이 올바른 방법이다.

丁己課未庚申土 : 丁 · 己는 未이며 庚은 申이다.

辛戌壬亥是其眞 : 辛은 戌이며 壬은 亥가 됨이 참이다.

癸課原來丑官坐 : 癸는 원래 丑관 좌에서 온다.

分明不用四正神 : 四正神(子,午,卯,酉)은 사용하지 않음이 분명하다.

1) 적극법(賊剋法)

取課先從下賊呼 : 課를 取하는 것은 먼저 아래에서 위를 賊 하는 것을 좇는다.

如無下賊上剋初 : 아래에서 위를 賊 하는 것이 없을 때는 위에서 아래를 剋하는 것을 초전으로 한다.

初傳之上名中次 : 초전 地支 의 上神을 다음 중전이라 名한다.

中上加臨是末居 : 중전에 가하여 임한 천반의 지지를 다시 말전으로 한다.

三傳旣成天盤將 : 삼전은 전부 천반과 십이천장에 의해서 이루어졌고,

此是入式法第一 : 또 이것이 入式法의 제일이다.

(1) 원수과(元首課)

上剋一下, 統乾의 体, 원형이정(元亨利貞)의 象

하늘의 순리대로 임금이 신하를 극하고, 어른이 아이를 꾸짖는 것이므로, 웃사람이 아랫사람을 나무라는 것은 순리적이고 반상(反常)되지 않는다. 귀인이 순행(順行)을 하면 만사형통으로 바라는 바가 이루어지겠지만, 만약 귀인이 역행(逆行)을 하면 원하는 바를 이루기는 이루지만 약간의 순탄하지 않음을 겪어야 한다. 또한 매사에 적극적으로 임해야 좋고, 먼저 움직이는 것이 유리하다. 관 공직자, 직위가 높은 사람일수록 형통하지만, 하급자나 미천한 자는 이롭지 못하다. 원수과는 건(乾)괘이므로 남자에게 유리하다. 이과는 대체적으로 길하기는 하지만, 혹 흉신(凶神)과 흉장(凶將)을 얻거나, 삼전(三傳)이 불순하면, 반대로 아래(下)에서 상(上), 즉 윗사람을 따르지 않게 되기 때문에, 이로써 이 원수과 전체가 전부 길하다고 볼 수는 없다.

원수과(元首課)

<table>
<tr><td>壬
朱午空</td><td>癸
蛇未白</td><td>O
貴申常</td><td>O
后酉玄</td><td colspan="4">丁
白丑蛇
子</td><td colspan="4">戊
空寅朱
丑</td><td colspan="4">己
青卯合
寅</td></tr>
<tr><td>辛
合巳青</td><td colspan="2" rowspan="2">제12국</td><td>甲
陰戌陰</td><td colspan="3" rowspan="2">己
合巳青
乙</td><td colspan="3" rowspan="2">庚
朱午空
巳</td><td colspan="3" rowspan="2">丙
常子貴
亥</td><td colspan="3" rowspan="2">丁
白丑蛇
子</td></tr>
<tr><td>庚
勾辰勾</td><td>乙
玄亥后</td></tr>
<tr><td>己
青卯合</td><td>戊
空寅朱</td><td>丁
白丑蛇</td><td>丙
常子貴</td><td colspan="12">원수과, 삼기, 진여</td></tr>
</table>

혼인은 전부 화합하고, 모망(謀望)은 순리적이므로 이롭다. 군주가 점하면 어진 신하를 얻게 되고, 신하가 점하면 현명한 군주를 섬기게 되며, 국가를 점하면 편안

하게 태평성대를 이루는 상(象)이다. 평인이 점하면 만사가 순리적이고, 태잉(胎孕)은 남자아이이며, 용병(用兵)은 객(客)이 승리하고, 관직을 청탁하면 승천(陞遷)되고, 물품을 점하면 새것이며, 소송은 원고가 이기고, 상업의 경영함에 있어서는 크게 이익을 본다. 매매도 양호하고, 대인(大人)은 유리하고 소인(小人)은 불리하다.

(2) 중심과(重審課)

下剋一上 統坤의 体, 유순이정(柔順利貞)의 象

지반(地盤)에서 천반(天盤)을 극하는 것을 하적상(下賊上)이라고 하는데, 아래에서 위를 적(賊)하기 때문에 역상(逆常)의 괘이다. 아래에서 위를 극하므로 존장, 윗사람은 반드시 억울하고 역상적인 상황이 된다. 귀인이 순행(順行)하면 이내 좋아지겠지만, 만약 역행(逆行)한다면 반드시 고난과 역경을 딛고 나가야 하기 때문에 선동(先動)하면 않되고, 억울함을 참으며 때를 기다려야 한다. 초전이 묘(墓), 절(絶)인데 말전이 생(生), 왕(旺)하는 것은 길하고, 초전이 생(生), 왕(旺)인데 말전이 묘(墓), 절(絶)이 되면 흉하다.(생(生), 왕(旺), 묘(墓), 절(絶)은 전부 일간을 기준으로 하는 말이다.) 말전이 초전을 극하는 것은 길하고, 초전이 말전을 극하는 것은 흉하다. 말전에 천덕(天德), 월덕(月德) 등의 길신(吉神)이 임(臨)하면, 흉이 저절로 길로 변한다.

중심과(重審課)

<table>
<tr><td>辛
朱卯勾</td><td>壬
合辰合</td><td>癸
勾巳朱</td><td>○
青午蛇</td><td colspan="4">己
貴丑空
卯</td><td colspan="4">丁
陰亥常
丑</td><td colspan="4">乙
常酉陰
亥</td></tr>
<tr><td>庚
蛇寅青</td><td colspan="2" rowspan="2">제3국</td><td>○
空未貴</td><td colspan="3" rowspan="2">辛
朱卯勾
戌</td><td colspan="3" rowspan="2">己
貴丑空
卯</td><td colspan="3" rowspan="2">丙
玄戌玄
子</td><td colspan="3" rowspan="2">甲
白申后
戌</td></tr>
<tr><td>己
貴丑空</td><td>甲
白申后</td></tr>
<tr><td>戊
后子白</td><td>丁
陰亥常</td><td>丙
玄戌玄</td><td>乙
常酉陰</td><td colspan="12">중심과, 여덕(밤), 극음</td></tr>
</table>

이 과는 곤(坤) 괘와 비슷하므로 대체적으로 여자에게 길하고 아랫사람에게 유리하다. 어른과 윗사람에게 불리하기 때문에 노인의 병문제 등도 역시 불리하고, 일은 뒤에 일어나며, 화(禍)는 안에서 생겨난다. 용병(用兵)은 주(主)가 승리하고 태잉(胎孕)은 여자아이이다. 제반의 모든 모망(謀望)은 처음에는 어렵다가 뒤에 이루어지며, 소송과 승부는 방어자가 유리하다. 귀인이 순행(順行)하면 복(福)이 오고 반대로 역행(逆行)을 하면 모든 일이 어지럽게 된다.

2) 비용법(比用法)

下賊或三二四侵 : 下에서 賊하는 것이 두 서 너 곳이 되거나

若逢上剋亦同云 : 만약 上에서 下를 剋하는 것이 역시 같을 경우에는

常將天日比神用 : 항상 그 日辰에 같은 陰陽의 支로 初傳을 삼는다.

陽日用陽陰用陰 : 陽日일때는 陽支를 취하고 陰日일때는 陰支를 취한다.

若又俱備俱不備 : 만약 위와같이 구비가 되어있지 않을때는

立法別有涉害陳 : 涉害法이 別法으로 있다.

統比의 体, 거짓이 떠나고 어진것이 임하는 象

모든 일은 동류(同類)로써 일어나고, 화(禍)는 밖에서 찾아오며, 찾는 사람과 물건은 전부 가까운 곳에 있다. 병송(病訟)은 화해하는 것이 마땅하고, 의혹이 있으나 결론이 나지 않는다. 이 과는 대체로 집에서 가까운 쪽을 취한다. 집에서 트이고 친한 쪽을 취하는 것은 은혜를 입는 중에 해(害)가 있기 때문이다.

(1) 지일과(知一課)

천반에서 지반을 극하는 것을 지일이라 협의를 받고 있어 불안과 기로에 서 있는 상황이다.

지일과(知一課)(불안 기로사)

甲 青午蛇	乙 空未貴	丙 白申后	丁 常酉陰
O 勾巳朱	제12국		戊 玄戌玄
O 合辰合			己 陰亥常
癸 朱卯勾	壬 蛇寅青	辛 貴丑空	庚 后子白

壬 蛇寅青 丑	癸 朱卯勾 寅	O 合辰合 卯

丁 常酉陰 庚	戊 玄戌玄 酉	辛 貴丑空 子	壬 蛇寅青 丑

지일과, 원수, 진여

(2) 비용과(比用課)

지반에서 천반을 극하는 것은 질투와 의심을 하는 기로에 서 있는 상황이다.

비용과(比用課)(질투 의심사)

庚 合辰合	辛 勾巳朱	壬 青午蛇	癸 空未貴
己 朱卯勾	제2국		O 白申后
戊 蛇寅青			O 常酉陰
丁 貴丑空	丙 后子白	乙 陰亥常	甲 玄戌玄

丙 后子白 丑	乙 陰亥常 子	甲 玄戌玄 亥

庚 合辰合 戊	己 朱卯勾 辰	丁 貴丑空 寅	丙 后子白 丑

지일과, 퇴여

3) 섭해법(涉害法)

涉害行來本家止 : 섭해법이란 본가(本家)까지 돌아옴에,

路逢多剋爲用取 : 길에서 극을 많이 만난 것을 취용한다.

孟深仲淺季當休 : 사맹(四孟)은 깊고, 사중(四仲)은 얕으며, 사계(四季)는 당연히 休하다.

復等柔辰剛日宜 : 극의 수도 동일하고, 전부 같은 맹(孟), 중(仲), 계(季)의 신(神)이 극적(剋賊)을 이룰 때는 양일은 1과를, 음일이면 3과를 초전으로 발용(發用)한다.

※섭해과(涉害課)

統坎의 体, 고진감래(苦盡甘來)의 象

어려운 간난(艱難)함을 건너가야 하는데 풍파가 험악하다. 바라는 명리(名利)는 비용이 많이 들지만 어렵고, 혼인도 조해(阻害)가 있으며, 질병도 편안하지 못하다. 태잉(胎孕)은 지체되고 늦어지며, 행인은 돌아오지 않는다. 극을 심하게 받으면 재앙도 심하게 되어 해결이 어렵지만, 극을 약하게 받으면 재앙도 약하게 되어 쉽게 해결된다. 일은 비록 어려워지나, 마지막에는 작게 이룰 수 있다. 또한 상극하(上剋下)가 되면 근심이 약하지만 하적상(下賊上)이 되면 우환이 매우 깊다. 신장(神將)이 길하면 우환이 약하고 신장(神將)이 흉하면 근심이 무겁다.

섭해법(涉害法)

<table>
<tr><td>癸
勾卯朱</td><td>O
合辰合</td><td>O
朱巳勾</td><td>甲
蛇午青</td><td colspan="4">戊
玄戌玄
子</td><td colspan="4">丙
后申白
戌</td><td colspan="4">甲
蛇午青
申</td></tr>
<tr><td>壬
青寅蛇</td><td colspan="2" rowspan="2">제3국</td><td>乙
貴未空</td><td colspan="3" rowspan="2">庚
白子后
甲</td><td colspan="3" rowspan="2">戊
玄戌玄
子</td><td colspan="3" rowspan="2">O
合辰合
午</td><td colspan="3" rowspan="2">壬
青寅蛇
辰O</td></tr>
<tr><td>辛
空丑貴</td><td>丙
后申白</td></tr>
<tr><td>庚
白子后</td><td>己
常亥陰</td><td>戊
玄戌玄</td><td>丁
陰酉常</td><td colspan="12">섭해과, 여덕, 역간전</td></tr>
</table>

섭해과에는 3개의 격이 있는데,

- 견기격(見機格) : 바르게 있는 것이 길하고 대천(大川)을 건너야 이롭다. 종일동안 기다리지 말고, 견기(見機)하게 동작(動作)하여야 하며, 명리(名利)는 도달하기 어렵고, 태잉(胎孕)은 실체가 없으며, 의혹이 있는 일은 급히 고쳐야하고, 오히려 미리 있던 것은 잃음이 있다. 신장(神將)이 길하면 점단(占斷)도 길하고, 반대이면 흉하다. 만약 괴강(魁罡)이 일진에 가(加)하면 주로 관사가 일어난다.

- 찰미격(察微格) : 웃음 속에 칼이 있고, 꿀 속에 독이 있으므로 인정(人情)이 음

험(陰險)하여, 잘 살펴야 한다. 만약 괴강(魁罡)이 일진에 가(加)하면 주로 산모(産母)는 난산(難産)이 된다.

• 철하격(綴瑕格) : 두 영웅이 교쟁하는 상(象)으로, 여러사람에 이끌려 재난과 소모가 끊이지 않는다. 군자는 마땅히 친숙하게 지내지만, 소인은 멀리해야 하며, 태잉(胎孕)은 기한을 넘기고, 행인(行人)은 소식이 없다. 만약 월건(月建), 길신(吉神)이 입전(入傳)하고, 일진이 유기(有氣)하면, 일은 비록 지체되지만 성사될 가망이 있다.

4) 요극법(遙剋法)

四課無剋號爲遙 : 사과중에 극이 없으면 요극이라 한다.

日與神兮遞互招 : 일간과 상신들이 감추어져 서로 갈리면서 극하는데

先取神遙剋其日 : 먼저 천반의 신(神)이 그 일간을 요극(遙剋)하는 것을 취하고

如無方取日來遙 : 이와 같은 극이 없으면 일간이 가서 그 천반의 신(神)을 극하는 것을 취한다.

或有日剋乎兩神 : 만약에 일간이 극하는 신(神)이 두 세 개 있거나

復有兩神來剋日 : 다시 두 세 개의 신(神)이 와서 일간을 극하는 경우

擇與日干比者用 : 일간과 음양이 같은 신(神)을 택하여 취용한다.

陽日用陽陰用陰 : 양일(陽日)은 양신(陽神)을 음일(陰日)은 음신(陰神)을 발용한다.

※ 요극과(遙剋課)

統睽의 体, 호가호위(虎假狐威)의 象

• 호시격(蒿矢格) : 처음에는 두려움과 매우 놀라서 당황하는 등 흉한 기운(氣運)이 있으나, 호랑이의 탈을 쓴 여우 밖에 않 되기 때문에 시간이 지나면 점차적으로 소산(消散)된다. 근심과 기쁨은 전부 그 실체가 없고, 문서도 헛된 희망이다.

근심은 서남(西南)쪽에 있고 기쁨은 서북(西北)쪽에 있으며, 주(主)가 이롭고, 객(客)이 불리하며, 작은 것이 이롭고, 큰 것이 불리하다. 신장(神將)이 흉하고, 일진(日辰)이 기운이 없으면 주로 도적(盜賊)의 음모(陰謀)가 있고, 신장(神將)이 길하고 일진(日辰)이 유기(有氣)하면 기쁨과 귀(貴)함이 있다. 행인(行人)은 돌아오고 방문하여 만나려고 하는 사람은 만날 수 있다.

호시격(蒿矢格)

<table>
<tr><td>甲
青申蛇</td><td>乙
勾酉朱</td><td>丙
合戌合</td><td>丁
朱亥勾</td><td colspan="4" rowspan="2">辛
陰卯常
子</td><td colspan="4" rowspan="2">O
白午后
卯</td><td colspan="4" rowspan="2">乙
勾酉朱
午O</td></tr>
<tr><td rowspan="2">O
空未貴</td><td colspan="2" rowspan="3">제10국</td><td rowspan="2">戊
蛇子青</td></tr>
<tr><td colspan="3" rowspan="2">甲
青申蛇
戊</td><td colspan="3" rowspan="2">丁
朱亥勾
申</td><td colspan="3" rowspan="2">辛
陰卯常
子</td><td colspan="3" rowspan="2">O
白午后
卯</td></tr>
<tr><td>O
白午后</td><td>己
貴丑空</td></tr>
<tr><td>癸
常巳陰</td><td>壬
玄辰玄</td><td>辛
陰卯常</td><td>庚
后寅白</td><td colspan="12">요극과, 호시, 삼교</td></tr>
</table>

• 탄사격(彈射格): 이 과는 한 개의 화살로 두 마리의 사슴을 쏘는 것과 같아서 매사에 의도대로 적중하기 힘들다. 용병(用兵)은 객(客)에 이롭고, 일은 후(後)를 기약하는 것이 마땅하며, 방인(訪人)은 만날 수 없고, 행인(行人)은 돌아오지 않는다. 공망이 발용(發用)하면 동작(動作)이 더욱 허(虛)하다. 이와 같이 신장(神將)이 흉하고, 형해(刑害)를 만나거나, 귀인이 역행(逆行)하면 원구도적(寃仇盜賊)이 있다, 선동(先動)하는 것이 이롭고, 길장(吉將)과 덕(德), 합(合) 등과 함께 귀인이 순행(順行)하면 친구나 동료 등과 화합(和合)하며 기쁨이 있는 길한 상(象)이다.

탄사격(彈射格)

<table>
<tr><td>辛
勾卯空</td><td>壬
青辰白</td><td>癸
空巳常</td><td>O
白午玄</td><td colspan="4" rowspan="2">乙
陰酉貴
亥</td><td colspan="4" rowspan="2">O
常未陰
酉</td><td colspan="4" rowspan="2">癸
空巳常
未O</td></tr>
<tr><td rowspan="2">庚
合寅青</td><td colspan="2" rowspan="3">제3국</td><td rowspan="2">O
常未陰</td></tr>
<tr><td colspan="3" rowspan="2">癸
空巳常
丁O</td><td colspan="3" rowspan="2">辛
勾卯空
巳</td><td colspan="3" rowspan="2">乙
陰酉貴
亥</td><td colspan="3" rowspan="2">O
常未陰
酉</td></tr>
<tr><td>己
朱丑勾</td><td>甲
玄申后</td></tr>
<tr><td>戊
蛇子合</td><td>丁
貴亥朱</td><td>丙
后戌蛇</td><td>乙
陰酉貴</td><td colspan="12">요극과, 탄사, 회환, 육음</td></tr>
</table>

5) 묘성법(昴星法)

無遙無剋昴星窮 : 요극(遙剋)도 없고 극도 없는 것을 묘성궁(昴星窮)이라 한다.

陽仰陰俯酉位中 : 酉의 위치를 중심으로 양앙(陽仰), 즉 양일은 올려보고, 음부(陰俯), 즉 음일은 내려 보아 그 신(神)을 발용(發用)한다.

剛日先辰而後日 : 양일에는 먼저 중전으로 일지상신을, 말전으로 일간상신을 사용하며

柔日先日而後辰 : 음일에는 먼저 중전으로 일간상신을 쓰고, 말전으로 일지상신을 쓴다.

※ 묘성과(昴星課)

統履의 体, 뱀, 호랑이와 다투는 象

• 호시전봉격(虎視轉蓬格)

호시전봉격(虎視轉蓬格)은 반드시 놀라서 두려움이 있게 되고, 도로가 폐쇄되고, 강을 건너는 것도 계류(稽留)되며, 출행하면 얻지도 못하고, 집에도 못 돌아오게 된다. 화(禍)는 밖에서 좇아 일어나므로 집안에서 정수(靜守)함이 길하고 출동(出動)하면 불길하다. 만약 초전(初傳)이 흉하고, 수사(囚死)가 되거나 辰에 사기(死氣)가 승(乘)하고, 등사(螣蛇)나 백호(白虎)가 입전(入傳)하면 대흉(大凶)을 당하게 된다. 병자(病者)는 반드시 죽고, 송자(訟者)는 입옥(入獄)의 근심이 있게 되는데, 일진(日辰)이 왕상(旺相)하면 흉이 감소하게 된다. 과전(課傳)이 좋지 않은 호시전봉격(虎視轉蓬格)은 반드시 재앙이 있게 되므로, 여행을 떠나면 죽거나 크게 다치게 된다. 기다리는 사람은 오지 않고, 임신(姙娠)은 남아(男兒)이고 시험은 합격한다. 여행은 불길하므로 집에 머무르며 고요히 자리를 지키면 길하다. 묘성은 음란(淫亂)의 신(神)이므로 간사(奸邪)한 일이 일어난다.

호시전봉격(虎視轉逢格)

O 勾酉朱	甲 合戌合	乙 朱亥勾	丙 蛇子靑	丁 貴丑空 酉	壬 白午后 寅	O 勾酉朱 巳	
O 靑申蛇	제9국		丁 貴丑空				
癸 空未貴			戊 后寅白	O 勾酉朱 戊	丁 貴丑空 酉O	壬 白午后 寅	甲 合戌合 午
壬 白午后	辛 常巳陰	庚 玄辰玄	己 陰卯常	묘성과, 호시전봉, 삼기, 여덕(낮)			

• 동사엄목격(冬蛇掩目格)

음일(陰日) 묘성과는 진퇴양난(進退兩難)이며 의지할 거처가 없다. 모든 일은 암울하고 어두우며, 낙담(落膽)하고 있다. 방인(訪人)은 만나지 못하고, 바라는 일은 이루기가 어렵다. 행인(行人)은 지체되어 머무르게 되며, 도망간 사람은 형체를 숨긴다. 묘성(昴星)은 음란(淫亂)의 신(神)이기도 하여, 특히 여인은 박복한 상황이며, 이 과에 등사(螣蛇)가 입전(入傳)하면 괴몽(怪夢)등으로 근심이 많고, 혹 申加卯가 되면 교통사고가 일어나고, 삼전에 현무(玄武)를 보면 더욱 흉하지만, 오직 午加卯가 되면 午는 이명(離明)을 나타내고, 卯는 천사(天駟)가 되어 숙박하는 곳도 명당(明堂)이고, 만사가 창융(昌隆)하고, 뒤에 쇠패(衰敗) 신장(神將)을 만나면, 흉을 만나도 길로 변한다.

동사엄목격(冬蛇掩目格)

壬 蛇午合	癸 朱未勾	O 合申靑	O 勾酉空	O 合申靑 未	戊 玄寅后 丑	O 合申靑 未	
辛 貴巳朱	제12국		甲 靑戌白				
庚 后辰蛇			乙 空亥常	戊 玄寅后 癸	己 陰卯貴 寅	O 合申靑 未	O 勾酉空 申O
己 陰卯貴	戊 玄寅后	丁 常丑陰	丙 白子玄	묘성과, 동사엄목, 현태			

6) 별책법(別責法)

四課不全三課備 : 사과(四課)가 불완전하여 3개의 과만으로 구성되어
無遙無剋別責例 : 요극(遙剋)도 없고 극도 없으면 별책의 예이다.
剛日干合上頭神 : 양일은 일간과 간합(干合)하는 신(神)의 支를 취하고
柔日支前三合取 : 음일은 일지와 삼합(三合)하는 支의 앞의 것을 취하며
陰陽中末干中歸 : 음일, 양일 전부 중전과 말전은 일간상신으로 돌아간다.

※ 별책과(別責課)

괘체(卦體)가 불명하고, 뒷걸음이 되어 앞으로 나아갈 수 없는 象

사과(四課) 중에 천반과 지반의 상하극이 없고, 요극(遙剋)도 없으며, 사과가 불완전하여 삼과(三課)만으로 구성이 되어 있을 때 별책과라 한다. 별책은 만사가 두루 갖추어져 바르지 못하고 부족한 것을 나타내는 과로 혼인은 타처(他處)에 혼사(婚事)가 또 있거나 재혼(再婚)이고, 임신과 출산은 많이 지체되고 구재(求財)는 불리하다. 신장(神將)이 흉하고 일진과 발용이 휴수(休囚)하면 흉하고, 신장(神將)이 길하고 일진과 발용이 왕(旺)하면 길한 상이다.

• 양일 별책과

일진(日辰)의 일간과 간합(干合)하는 둔간(遁干)의 기궁(寄宮)의 천지반중의 지반에서 찾아 그 천지반을 발용하여 초전으로 한다

양일(陽ロ)	甲	丙	戊	庚	壬
합이되는 둔간(遁干)	己	辛	癸	乙	丁
합간(合干) 기궁(寄宮)	未	戌	丑	辰	未

戊午日은 양일이므로 戊와 간합(干合)이 되는 천간은 癸이다. 癸는 丑이 기궁(寄宮)으로 지반에서 丑을 찾고 이 丑 上의 천반인 寅을 초전으로 하고 간상신(干上

神)을 중, 말전으로 한다. 모망(謀望)은 흠이 있어 바르지 않고, 재물도 역시 불완전하며, 강을 건너고자 배를 찾는 격이다. 구혼(求婚)은 처와 헤어지며, 태잉(胎孕)은 많이 지연된다. 이 과는 주로 모든 일에 타인에게 의존하며 도움을 받아서 지나가며, 스스로의 힘으로는 길흉을 가름하지 못한다. 만약 가정을 점하면 주로 규방(閨房)이 음란(淫亂)하다.

양일 별책과

戊 青午蛇	己 空未貴	庚 白申后	辛 常酉陰
丁 勾巳朱	제12국		壬 玄戌玄
丙 合辰合			癸 陰亥常
乙 朱卯勾	甲 蛇寅青	O 貴丑空	O 后子白

甲 蛇寅青 丑	戊 青午蛇 巳	戊 青午蛇 巳

戊 青午蛇 戊	己 空未貴 午	己 空未貴 午	庚 白申后 未

별책과, 육의, 불비, 천망(寅時)

• 음일 별책과

일진의 지지(地支)와 삼합(三合)하는 전(前)1위지의 천반을 초전으로 발용한다. 이 때의 지지(地支)의 삼합(三合) 전(前)1위지란, 지지(地支) 만약 亥日이면 亥의 三合인 亥, 卯, 未중에서 亥의 전(前)1위는 卯가 되고 이 卯를 발용하는 것이다. 이것을 음일별책과 불비격(不費格)이라 한다.

음일 별책과

丙 空申朱	丁 白酉合	戊 常戌勾	己 玄亥青
乙 青未蛇	제10국		庚 陰子空
甲 勾午貴			辛 后丑白
O 合巳后	O 朱辰陰	癸 蛇卯玄	壬 貴寅常

O 合巳后 寅	辛 后丑白 戌	辛 后丑白 戌

辛 后丑白 辛	O 朱辰陰 丑	O 朱辰陰 丑	乙 青未蛇 辰

별책과, 여덕, 불비, 천망(巳時)

辛丑日은 음일로 지지(地支)는 丑이다. 삼합(三合) 전1위지는 巳, 酉, 丑 중 巳이므로 巳를 초전으로 발용하고 중, 말전은 일간상신을 사용한다.

불비격은 남녀가 삼각관계에 빠져있는 형국인데, 1남2녀, 혹은 2남1녀인가 를 확인하는 방법으로 과전의 4과중 천반 양(陽)이 같은 지지로 2개 과로 나타나고 다른 2개 과는 각각 다른 음지(陰支)로 나타나게 되면 음양(陰陽)에 따라 같은 양(陽)인 2개과를 한명의 남자으로 보고, 또 다른 2개의 과인 음(陰)을 2명의 여자로 판단하다.

女	男	男	女	女	女	男	男
丑	辰	辰	未	卯	卯	午	戌
	1男	2女			1女	2男	

완전하지 못하고 불완전한 상황을 불비(不備)라고 하는데 특히 남에게 의존하려하고 타인들과 연루가 되어있으며, 2대1의 삼각관계와 음란함이 복잡하게 얽혀 있다.

• 무음격(蕪淫格) : 무음격은 세 개의 과로 구성이 되어 있으나, 상하간에 극적이 있어, 그 극하는 신(神)을 발용하므로, 별책과는 아니지만 세 개의 과로 구성되어 있어서 별책과 그 내용이 비슷하다. 가정은 내외가 전부 각자의 음란지사(淫亂之事)를 있다.

7) 팔전법(八專法)

兩課無剋號八專 : 양과(兩課),즉 과가 두 개 밖에 없으며, 극도 없는 것을 팔 전(八專)이라 부른다.

陽日日陽順三行 : 양일이면 일간상신에서 순행(順行)으로 삼위지(三位支)이고, 즉 일간상신이 예를 들어 辰이라면, 辰巳午 즉 午가 삼위지에 해당된다.

陰日辰陰逆三爲 : 음일은 일지의 음신(陰神)즉, 사과(四課) 천반 支에서 역행(逆行)으로 삼위지를 초전으로 하며,

中末總向日上眠 : 중, 말전은 전부 일간상신으로 한다.

※ 팔전과(八專課)

統同人의 体, 협력동심(協力同心)의 象

팔전과는 두 사람이 같은 마음이고, 그 이익을 나누며, 장병(將兵)은 승리가 많고, 잃어버린 물건은 안에서 찾는다. 네 개의 과가 두개씩 동일하게 천반과 지반으로 나누어지므로 두 개의 과만 같은 것으로 네 개의 과를 이루고 있다. 그러나 이러한 네 개의 과중에서 어느 한곳이라도 천지반의 상하 극이 있으면 팔전(八專)에서 제외된다. 양일은 웃 사람이 아랫사람을 속이고 있고 모든 일은 급속히 이루어지며, 음일은 부인이 남편을 배반하고, 노비가 주인을 속이며, 주로 일은 퇴보되고 지체된다. 혼인과 출산은 구설만 있고 분리되어 헤어지며, 근심과 기쁨은 다 같이 중첩된다. 만약 팔전과에서 귀인, 청룡, 태상 등의 길장을 보고, 천덕, 월덕 등 이덕(二德)을 보면, 주로 동업자 끼리 협력이 이루어 지는 등 여러사람의 도움을 쉽게 만난다.

• 유박불수격(帷薄不修格)

팔전과 삼전중에 천후, 육합, 현무 등을 하나만 만나더라도 유박불수(惟薄不修)라고 하여 남녀가 혼잡하여 집안에 풍기(風紀)가 문란하여 음란하고, 예의가 없다.

양일 팔전과

<table>
<tr><td>庚
靑申蛇</td><td>辛
勾酉朱</td><td>壬
合戌合</td><td>癸
朱亥勾</td><td colspan="4" rowspan="2">O
貴丑空
戌</td><td colspan="4" rowspan="2">癸
朱亥勾
申</td><td colspan="4" rowspan="2">癸
朱亥勾
申</td></tr>
<tr><td>己
空未貴</td><td colspan="2" rowspan="2">제10국</td><td>O
蛇子靑</td></tr>
<tr><td>戊
白午后</td><td>O
貴丑空</td><td colspan="3">癸
朱亥勾
庚</td><td colspan="3">甲
后寅白
亥</td><td colspan="3">癸
朱亥勾
申</td><td colspan="3">甲
后寅白
亥</td></tr>
<tr><td>丁
常巳陰</td><td>丙
玄辰玄</td><td>乙
陰卯常</td><td>甲
后寅白</td><td colspan="12">팔전과, 원소근단</td></tr>
</table>

일간상신은 亥이고 순행3위지는 亥,子, 丑 즉 丑이므로 천지반중에서 천반 丑을 발용하여 초전으로 한다. 중, 말전은 간상신을 그대로 사용한다.

일진의 음신(陰神)(4과上神)의 역(逆) 삼위지를 천반에서 발용하여 초전으로 한다. 중 말전은 일간상신을 그대로 같이 사용한다.

음일 팔전과

O 合寅青	O 勾卯空	甲 青辰白	乙 空巳常
癸 朱丑勾	제4국		丙 白午玄
壬 蛇子合			丁 常未陰
辛 貴亥朱	庚 后戌蛇	己 陰酉貴	戊 玄申后

辛 貴亥朱 寅	甲 青辰白 未	甲 青辰白 未

甲 青辰白 丁	癸 朱丑勾 辰	甲 青辰白 未	癸 朱丑勾 辰

팔전과, 삼기, 천망(亥時)

3과의 음신(陰神)은 丑이고 역행 3위지(位支)는 丑 子 亥 이므로 천반 亥 를 초전으로 발용한다. 중, 말전은 간상신을 그대로 같이 쓴다. 두 사람이 힘을 합하는 격인데 협력이 않 되고 비용만 손실된다.

• 독족격(獨足格)

팔전과 중에 삼전이 동일하게 하나의 신(神)으로 이루어진 것을 독족(獨足)이라 하는데 720과 중에 오직 한 개 과로 로요역체(路遙驛遞)에 전송하는 사람이 없고 홀로 다리가 하나뿐인데 길을 떠난다는 것과 같아 독족과(獨足課)라고 한다. 己未日 干上酉 支上酉 삼전 酉酉酉가 독족격인데, 모든 일에 이동이 불가능하고 비용만 초래 될 뿐, 여행은 배로 가는 것만 관계가 없고 나머지는 절대로 不可하다.

己未日 독족격(獨足格)

己 青未蛇	庚 勾申貴	辛 合酉后	壬 朱戌陰
戊 空午朱	제11국		癸 蛇亥玄
丁 白巳合			O 貴子常
丙 常辰勾	乙 玄卯青	甲 陰寅空	O 后丑白

辛 合酉后 未	辛 合酉后 未	辛 合酉后 未

辛 合酉后 己	癸 蛇亥玄 酉	辛 合酉后 未	癸 蛇亥玄 酉

팔전과, 육음, 독족, 유박불수

8) 복음법(伏吟法)

伏吟有剋還爲用 : 복음에 극이 있으면 이를 우선적으로 초전으로 발용하고

無剋剛干柔取辰 : 극이 없을 때는 양일은 일간상신을, 음일은 일지상신을 초전으로 발용한다.

迤邐刑之作中末 : 이어지는 중, 말전은 초전의 刑을 취하는데

若也自刑爲發用 : 만약 발용이 자형으로 되었으면

次傳顚倒日辰併 : 다음 중전은 일지상신과 일간상신을 반대로 이용한다.

次傳更復自刑者 : 다음 말전을 세우는데 중전이 다시 자형(自刑)이 되면,

冲取末傳不用刑 : 말전으로는 冲을 취하지 刑을 사용하지 않는다.

※ 복음과(伏吟課)

統 艮의 体, 옛 것을 지키며 새로운 것을 기다리는 象

시험점에는 유리하고, 명리(名利)를 구하면 영화(榮華)가 돌아오나, 병점과 쟁송점은 불리하다. 여름과 겨울점은 재난(災難)이 약하지만, 여름과 가을은 그 흉세가 위난(危難)하다. 정도를 지키며 근신하고, 동작하면 불리하다. 점에는 주로 굴욕이 있어 뜻을 펴지 못하며, 고요한 중에 움직이고 싶어진다.

복음과는 사과 중 천지반이 모두 동일한 지지가 되었을 때 인데, 점시와 월장이 같은 경우에 해당되고, 매일의 1국이 된다. 상하극이 있으면 초전으로하고, 만약 극이 없을 때는 양일은 간상신을, 음일은 지상신을 발용한다. 예를 들어 일간 癸인데 그 상신으로부터 土剋水로 극이 되면, 이 丑을 초전으로 발용하며, 초전丑은 戌을 刑하기 때문에 중전은 戌을 사용하고, 戌은 未를 刑 하므로 말전은 未로 삼전이 구성된다.

• 양일 복음과(伏吟課), 자임격(自任格)

사과중 극이 없으면 일간의 음양에 따라 발용을 달리 하는데, 양일은 일간상신을 초전으로 발용하고, 중전은 초전과 刑을 이루는 신(神)을, 말전은 다시 중전을 刑하는 신(神)을 사용한다. 이를 자임격(自任格)이라한다.

양일 복음과

乙 勾巳朱	丙 青午蛇	丁 空未貴	戊 白申后
甲 合辰合	제1국		己 常酉陰
O 朱卯勾			庚 玄戌玄
O 蛇寅青	癸 貴丑空	壬 后子白	辛 陰亥常

乙 勾巳朱 巳	戊 白申后 申	O 蛇寅青 寅

乙 勾巳朱 戊	乙 勾巳朱 巳	戊 白申后 申	戊 白申后 申

복음과, 자신, 현태

양일 복음과는 그자신이 강폭하여 반드시 그 뜻을 이루어도 허물이 있다. 행인(行人)은 도착하고, 도망은 눈앞에 있으며, 태잉(胎孕)은 농아(聾啞)이고, 화환(禍患)이 연달아 일어난다. 만약 발용이 왕상(旺相)하고 삼전 중에 역마(驛馬)가 보이면, 주로 움직임의 때를 기다리는데, 혹 이미 움직여서 이루지 못한것은 역시 움직임 속에 이루어진다.

복음과는 중, 말전을 刑으로서 사용하지만, 만약 초전이 자형(自刑)지지로 되면, 자형(自刑)은 사용하지 않기 때문에, 중전은 일지상신이 되고, 말전은 중전의 형(刑)을 사용하지만, 이때 중전도 역시는 자형(自刑)이 되면, 말전은 중전과 충하는 신을 사용한다.

• 음일 복음과(伏吟課), 자신격(自信格)

사과중에 극이 없고 일간이 음일이면 일지상신을 발용하여 초전으로 하는데 이것을 자신격(自信格)이라고 한나.

음일 복음과

辛 青巳合	壬 空午朱	癸 白未蛇	O 常申貴
庚 勾辰勾	제1국		O 玄酉后
己 合卯青			甲 陰戌陰
戊 朱寅空	丁 蛇丑白	丙 貴子常	乙 后亥玄

己 合卯青 卯	丙 貴子常 子	壬 空午朱 午

癸 白未蛇 己	癸 白未蛇 未	己 合卯青 卯	己 合卯青 卯

복음과, 자신, 삼교, 용전

사과에 극이 없으므로 일지상신 卯를 초전으로 발용하고, 중전은 卯의 刑 인 子를 사용하였으며, 子卯刑을 다시 사용할 수 없으므로, 중전의 충이 되는 午를 말전으로 취하였다.

몸을 엎드려 숨어있는 상(象)이고, 신체(身體)가 부자유스럽다. 도망은 근처에 있고, 도적(盜賊)은 안에서 찾는다. 병자(病者)는 목이 잠기어 말을 못하고, 행인(行人)은 지체되어 머무른다.

• 두전격(杜傳格)

복음과에서 초전이 辰, 午, 酉, 亥 등 자형(自刑)으로 구성이 되면 삼전을 만들어 가는데 막힘이 많아, 즉 일이 진행되는데 어려움이 많아진다는 의미 이기도 하다. 머무르던 사람은 떠나려 하고, 화합이 되던 것은 떠나려하며, 일은 중도에 어긋나게 되므로, 급히 개선해야 한다. 삼전중에 역마(驛馬)가 보이면 정(靜)중에 동(動)하게 되며, 주로 멀리서 소식이 도착한다.

9) 반음법(返吟法)

返吟有剋亦爲用 : 반음도 극이 있을 때는 극하는 신(神)을 발용한다.
無剋別有井欄名 : 극이 없는 것은 정난(井欄)이라 이름한다.
丑日用亥未用巳 : 丑日에는 역마(驛馬)인 亥를 초전으로 하고 未日 에는 巳를 발용한다.
辰中日末容易尋 : 중전은 일지상신이 되고, 말전은 일간상신이 됨을 용이하게 알 수 있다.

※ 반음과(返吟課)

統震의 体, 놀라는 일이 겹친 象

반음(返吟)과는 월장(月將)과 점시(占時)가 冲이 되어 과전 전체가 상하 冲으로 이루어지는 과체인데 매일 7국의 한 개과씩이 반음과에 해당된다. 천지(天地)가 동요(動搖)되어 놀라고 두려움이 많은 과로, 믿었던 사안과 사람으로부터 배신과 관련이 깊다.

• 무의격(無依格)

반음과 무의격은 사과 상하간에 극적이 있을때, 극적하는 신(神)을 발용하는 것이므로, 지반에서 극을 받고 있는 巳를 발용하고, 중 말전은 沖으로 구성 되었다.

반음과 무의격

<table>
<tr><td>癸
貴亥朱</td><td>○
后子合</td><td>○
陰丑勾</td><td>甲
玄寅青</td><td colspan="4" rowspan="2">丁
空巳常
亥</td><td colspan="4" rowspan="2">癸
貴亥朱
巳</td><td colspan="4" rowspan="2">丁
空巳常
亥</td></tr>
<tr><td>壬
蛇戌蛇</td><td colspan="2" rowspan="2">제7국</td><td>乙
常卯空</td></tr>
<tr><td>辛
朱酉貴</td><td>丙
白辰白</td><td colspan="3">○
陰丑勾
丁</td><td colspan="3">己
勾未陰
丑○</td><td colspan="3">癸
貴亥朱
巳</td><td colspan="3">丁
空巳常
亥</td></tr>
<tr><td>庚
合申后</td><td>己
勾未陰</td><td>戊
青午玄</td><td>丁
空巳常</td><td colspan="12">반음과, 무의, 현태, 여덕, 육음</td></tr>
</table>

모든 일은 변하고 옮겨지기 때문에 일정하게 정하여 지지 않고, 성패(成敗)는 의지할 곳이 없어 어렵다. 이 과는 대체적으로 움직임이 있으려 하나, 도모하는 것의 득실이 일정하지 않고, 옛날 일들이 다시 반복해서 일어나는 상이다.

• 무친격(無親格), 정란격(井欄格)

반음과 무친격은 사과의 상하간에 극적이 없어, 일지의 역마를 발용하고, 중전은 일지상신으로, 말진은 일간상신으로 구성이 된다.

반음과 무친격

<table>
<tr><td>癸
蛇亥合</td><td>○
貴子勾</td><td>○
后丑青</td><td>甲
陰寅空</td><td colspan="4" rowspan="2">丁
白巳玄
亥</td><td colspan="4" rowspan="2">○
后丑青
未</td><td colspan="4" rowspan="2">○
后丑青
未</td></tr>
<tr><td>壬
朱戌朱</td><td colspan="2" rowspan="2">제7국</td><td>乙
玄卯白</td></tr>
<tr><td>辛
合酉蛇</td><td>丙
常辰常</td><td colspan="3">○
后丑青
己</td><td colspan="3">己
青未后
丑○</td><td colspan="3">○
后丑青
未</td><td colspan="3">己
青未后
丑○</td></tr>
<tr><td>庚
勾申貴</td><td>己
青未后</td><td>戊
空午陰</td><td>丁
白巳玄</td><td colspan="12">반음과, 무친, 육음</td></tr>
</table>

행인(行人)은 막힘이 많고, 도적(盜賊)은 서로 다투며, 내외에 괴상한 일이 많이 일어나고, 상하가 공손하지 못하다. 두루 구하는 일을 취하려면, 바르게 정도(正道)로 궁구(窮究)하여야 한다. 제반 모든 일은 주로 빠르게 이루어 지고 쉽게 파(破)한다.

10) 課體 요약

元首課	乾卦처럼 형통하다. 특히 고위급이나 관공직자는 더욱 길하다. 단, 하급자나 미천한자는 분수에 맞지 않는 일을 하기에 오히려 불길. 선동(先動)이 유리하므로 소송과 승부는 공격자가 길하다. 귀인순행이면 만사형통이고, 역행하면 일이 조금 늦어진다. 남자의 卦로 적극적으로 선수쳐라.
重審課	역상의 卦. 억울하지만 뒤에 움직이는 것이 길하므로 참고 기다려야 한다. 귀인순행이면 점차 낳아지나, 역행이면 역경을 지난 후에 소성한다. 적선적덕하고 매사에 순응하라. 소송과 승부는 방어자가 유리하다. 여자의 卦이고 노인의 질병 정단은 매우 흉하다.
知一課	반드시 선택의 기로에 서서 고민하는데 가깝고 친한 쪽으로 결정하고 소송은 화해가 길하다. • 지일격 : 상극하(上剋下) 발용으로 혐의의 징조가 있다. • 비용격 : 하적상(下賊上) 발용으로 질투, 불안의 건이 있다.
涉害課	물에 빠져 지푸라기라도 잡고 싶은 마음처럼 매우 어려움에 처해진 상. 고진감래로서 매사에 처음에는 어렵고 곤란하나 참고 견디면 후에 작게 소성한다. 일간상신 절(絕)이 지나야 한다. • 견기격(初四孟) : 모든 계획을 반대적으로 변경하면 처음에는 어렵지만 나중에 조금씩 나아진다. • 찰미격(初四仲) : 웃음속에 칼이 숨어있으니 매사에 꼼꼼히 점검하며 살펴 행해야 화를 면한다. • 철하격(初四季) : 매사에 어려움이 많으니 적선적덕으로 관용을 베풀어 상대를 감복시켜라.
遙剋課	경공(驚恐)의 심정이나 실제는 별일 아니므로 가만히 자리를 지키고 있으면 놀라는 일이 자연 소멸된다. 요극과는 길흉이 모두 경미하다. 서남에 근심이 있고 서북에 기쁨이 있다. 쟁송은 호시격은 뒤에 움직이는 자가 유리하고, 탄사격은 선동자가 유리하다. • 탄사격 : 놀라는 가슴에 한 개의 화살로 두 마리의 사슴을 쏘려하니 적중하지 않는다.

• 호시격 : 몹시 놀라고 있느나 쑥대화살이거나, 호랑이탈을 쓴 여우이므로 참고 기다리면 큰 害가 되지 않는다.

昴星課 호랑이와 뱀이 다투는 형국으로 어떠한 경우도 경공(驚恐)스러운 일이 발생한다. 子午卯酉일 정단에 묘성과가 나오면 반드시 재화(災禍)가 발생한다.

• 호시전봉격(양일) : 과전과 신장(神將)이 나쁘면 출행불귀(出行不歸)된다. 관재(官災)역시 불길하며 동하면 연이어 재액을 만나므로 집에서 조용히 근신하면 형화(刑禍)를 면할 수 있다.

• 동사엄목격(음일) : 초겨울 뱀이 집을 못 찾아 들어간 형국으로 의지처가 없으며 진퇴양난이다. 특히 여인은 대개 음란 박복하고 은익과 도망 등의 일이 발생한다.

別責課 무음격은 무슨 일이든 불완전하고 부족하며 바르지 못한 상황이다. 특히 남에게 의존하거나, 타인에 의해 연루되어 있다. 불비격의 남녀관계는 1남 2녀, 또는 2남 1녀의 삼각관계이고, 가정의 정단은 문란하여 부부 모두 바람나 있다.

八專課 여러사람의 협력사이나 일은 않되고 비용만 발생. 삼전에 길신 길장이 승하면 타인의 협력으로 달성한다. 양일은 윗사람이 아랫사람을 속이고, 음일은 부부가 각자 다른 마음이다.

• 유박불수격 : 삼전에 后, 玄, 合이 보이면 가내(家內)에 말 못하는 음란한 일이 있다.

• 독족격 : 모망불성, 상업사 불호, 여행은 중단.

伏吟課 정중동의(靜中動意) 뜻이다. 급히 서두르면 흉하고 신중하며 때를 기다려 움직이면 길하다. 일진이 왕상하고 초전이 길하면 동(動)하는 것이 좋다.

• 자임격(양일) : 스스로의 오만함, 망동으로 화(禍)를 초래한다. 좌중하며 유순하면 길하다.

• 자신격(음일) : 스스로 유약하여 행동이 자유롭지 못하며 가정은 불안하며 삼전의 刑은 관재

• 두전격 : 계획을 바꾸어 행하여야 한다. (초전辰午酉亥)

返吟課 천지(天地)가 요동치는 배반사로 마음이 동요(動搖)하고 불안한 상태이다.

• 정란격(무친) : 두마음으로 고민. 이변으로 심신의 갈등 동요. 측면을 활용하라.

• 무의격 : 상하(上下), 내외(內外)간에 협력이 않되며 어떠한 일도 오래가지 않음

20. 일진(日辰)의 분석(分析)[31]

• 일간상신이 일간을 생(生)하면 모든 일에 길하고, 낮 천장이 사람을 도우며 밤의 신장(神將)도 비호한다.

• 일간상신이 일간을 극하면 모든 일에 불리하며, 낮 천장이 사람을 해(害)하고 밤의 신장은 귀매(鬼魅)하다.

• 일간이 일간상신을 생하면, 만사에 비용이 허비되며, 일간이 일간상신을 극하면 매사에 억눌리고 막힘이 있다.

• 일간상신이 가서 일지를 생하고, 지상신이 와서 일을 생하면, 일진이 각 상신으

31) 日上生日百事吉, 晝將人助夜神庇 日上克日百不利, 晝將人害夜鬼魅° 日生上神百費出, 日克上神事抑塞° 日上之神去生辰, 辰上之神來生日, 日辰各受上神生, 兩家順利有生意° 日上之神去克辰, 辰上之神來克日, 日辰各受上神克, 兩家俱傷都不利° 日上脫辰我脫他, 辰上脫日他脫我, 日辰各受上神脫, 彼此防脫俱蹉跎° 日上之神見辰旺, 辰上之神見日旺, 日辰上各見旺神, 靜則為祿動遭網° 日往臨辰遭下克, 自取卑幼淩犯推, 辰來臨日又克日, 卑幼上門 肆侵欺° 二者皆名為亂首, 父子兄弟各離析° 日臨辰上去受生, 以尊從卑受包容° 辰臨日上來生日, 彼自上門來周濟 日臨辰上去生辰, 宅旺人衰虛耗頻 辰臨日上來脫日, 亦主虛耗錢財是° 日臨辰上去克辰, 事雖費力得財雲 辰來臨日受日克, 尊長得財卑幼悲° 二者皆名為贅媚, 日辰比和吉將吉° 日上祿馬主榮遷, 日見辰馬宅動言° (君子遷官, 小人宅動) 辰上日祿受屈抑, 權攝不正此為占° 日辰上各見德神, 再乘吉將進發真 若見六合和合事, 不宜解散憂病寢° 乘墓坐墓日辰同, 俱主昏迷雲霧中° (以上見鬼墓為暗鬼, 尤當防) 日辰逢敗人宅頹, 絕神結結舊事宜, 日辰互見害與刑, 賓主不投懷猜忌° 死氣死神宜休息, 若值空亡虛無實° 日課不足心意焦, 辰課不足家宅憂° 若見卯酉為阻隔, 鬼罡蛇虎有傷折°

로부터 생을 받으므로 양쪽이 순리적이고 생의(生意)가 있다.

- 일간상신이 가서 일지을 극하고, 지상신이 와서 일을 극하면, 일진이 각 상신으로 부터 극을 받으므로 양쪽이 함께 다치며 불리하다.

- 일간상신이 일지로부터 탈기(脫氣)가 되면, 내가 타인으로부터 탈기(脫氣)가 되고, 지상신이 일로부터 탈기가 되면, 타인을 내가 탈(脫)한다.

- 일진이 각자의 상신으로부터 탈기되면, 피차가 탈기를 방비해야하며 함께 시기를 놓치고 실패한다.

- 일간상신에 일지의 왕기(旺氣)를 보고, 일지상신에 일간의 왕기를 보면, 일진상에 각자 왕신을 보게 되므로, 고요히 정수하면 록(祿)을 보게 되나 동(動)하면 어려움을 만난다.

- 일간이 가서 일지에 임(臨)하며 아래를 극하면, 스스로 비유(卑幼)를 취하여 깔보며 범하고, 일지가 일간에 임(臨)하며 또한 일간을 극하면, 아랫사람이 상전의 문을 침범하고, 속이는 것이 극에 달한다.

- 두 번째를 난수(亂首)라고 하며, 골육(骨肉)이 각각 떠나고 헤어진다.

- 일간이 지상(支上)에 가서 생을 받으면, 아랫사람은 포용을 받음으로 윗사람을 따른다.

- 일지가 일간의 위에서 일간을 생하면, 저 스스로 상전의 문 앞에 와서 주제를 드린다.

- 일간이 지상신에 가서 일지를 생하면, 집은 왕하고 사람은 쇠하며 허모사가 빈번하다.

- 일지가 일간상에 와서 일간을 탈기(脫氣)하면, 금전의 허모가 많다.

- 일간이 지상에 가서 일지를 극하면, 일은 비록 비용이 들지만 힘을 얻고 재(財)를 얻게 된다.

- 일지가 일간에 임하여 일간으로부터 극을 받으면, 존장에게는 득재(得財)하나 비유(卑幼)에게는 슬픔이 있다.

- 두 번째를 췌미(贅媚)라 하며, 일진이 비화되고 길장이 승하면 길하다.

- 일간상신에 록이나 역마가 승하면 주된 일은, 영천이고, 일간에서보아 일지의 역마가 되면 주택이동이다.

- 일진상신에 일간의 록이 되면 굴복과 굽힙을 당하며, 권섭부정은 이러한 경우를 말한다.

- 일진상에 각자의 덕신(德神)이 보이고, 다시 길장이 승하면 반드시 진취적인 발전이고, 만약에 육합이 보이면 화합사이나, 해산점에는 불의하고 병점(病占)은 앓아 눕는다.

- 묘(墓)에 승(乘)하거나 묘(墓)에 좌(坐)하거나 일진이 동일하면, 주로 운무혼미(雲霧昏迷) 하다.

- 일진이 상호 해(害)와 형(刑)을 보면, 손님을 주인이 받아들이지 않고 시기함을 품는다.

- 일진이 패지(敗支)를 만나면 사람과 집이 무너지고, 절신(絶神)을 보면 결절사이며 오래된 일이다.

• 사기(死炁), 사신(死神)이면 마땅히 휴식이고, 만약 공망이면 허모이고 실체가 없다.

• 일과(一課)가 부족하면 마음과 뜻이 애타며, 삼과(三課)가 부족하면 가택에 근심이 있다.

• 만약 卯, 酉가 보이면 조격(阻隔)이 있고, 귀살과 辰, 등사, 백호가 있으면 심신(心身)이 상(傷)하고 나뉘어진다.

21. 흉절(凶絶)의 판단

점단에서 흉함이 있을 때 이 흉한 사항이 언제까지 지속될 것인가는 간상신이 절궁(絶宮)까지 가는 기간을 추산하여 계산하며 12운 절(絶)에 해당이 되면 이미 흉재(凶災)는 끝나가거나 오래지 않아서 결절하게 된다.

예제) 丙寅日 午時 申月將

						月將					
寅	卯	辰	巳	午	未	申	酉	戌	亥	子	丑
子	丑	寅	卯	辰	巳	午	未	申	酉	戌	亥

사과는 다음과 같이 조식된다.

未	酉	辰	午
丙	未	寅	辰
1과	2과	3과	4과

丙의 절(絶)은 亥인데, 현재 어떠한 흉사(凶事)가 진행되고 있다면, 이 흉사는 일의 사안과 왕상휴수(旺相休囚)에 따라사 亥年, 亥月,혹은 亥日에 가서야 끝난다고 판단하며 그에 맞게 대응하여야 한다.

일간의 절(絕)

日干	甲 乙	丙 丁 戊 己	庚 辛	壬 癸
絕宮	申	亥	寅	巳

22. 유신(類神)

육임과체의 길흉을 판단하는데에 있어서 면밀히 관찰해야하는 용신(用神)과 유신(類神), 일간상신등이 있다. 과전은 다 중요하지만 그중에서도 유신은 묻는 목적사에 대한 구체적인 판단의 요체이므로 다른 그 무엇보다도 세밀히 검토해야 한다. 유신(類神)으로는 오행의 생극제화(生剋制化)로 이루어지는 재성(財星), 관성(官星) 등의 육친적 분류가 유신으로 사용되고, 각 천장(天將)이 가지고 있는 의미를 이용하는 천장유신(天將類神)이 있으며, 오행이 가지고 있는 고유의 의미를 담고 있는 천신유신(天神類神), 신체유신(身體類神), 성씨유신(姓氏類神), 숫자유신 등이 있다.

예를 들어 구직(求職)이나 병송(病訟)에는 관귀(官鬼)와 청룡, 태상과 백호 등를 살펴야 하고, 구명(求名)에는 문서와 청룡, 주작을 살펴야 하며, 구재(求財)에는 재성(財星)과 청룡을 살펴보고, 구혼(求婚)에는 천후, 방문해서 웃 사람을 뵙고자 할 때는 귀인, 雨점에는 청룡, 맑은 날을 묻는데는 천공, 문장에는 주작, 의복 음식에는 태상, 전답(田畓),토지(土地)에는 구진, 질병에는 관살과 백호를 살펴야 하는 것이 유신(類神)이다. 중요한 것은 과전의 안에 있고 왕상(旺相)하며 공망이 되지 말아야 하고, 일진(日辰)과 덕(德),합(合)이나 상생(相生)이 되면 구하는 것과, 모망하는 것은 모두 이루어 짐이 있다. 그러나 만약 유신이 과전 중에 들어 있더라도 일진

(日辰)또는 년명(年命)과 형극을 이루거나, 비록 왕상기(旺相氣)라 할지라도 손상(損傷)이 되는 것이 보이면 모망사(謀望事)는 역시 이루어짐이 없게 된다. 무기(無氣)한 것이 일간의 귀(鬼)가 되더라도 역시 흉하다. 과전에 유신이 입전하지 않았거나, 유신(類神)이 한지(閑支)위에 있거나, 만약 무기(無氣)한 것을 만나거나, 공망이 되거나 하는 등의 경우는 전부 유신(類神)이 없는 것으로 보아, 일이 이루어지기 어려우므로, 구하거나 모망에 있어서, 전부 퇴보하는 것이 마땅하다. 고로 유신이 입전한 것은 일이 빠르게 진행되고, 과전에는 들어오지 못하였지만 년명등에 유기(有氣)하게 된 것은 일이 멀리서 천천히 이루어지지만, 무기(無氣)한 것은 일이 늦어지며 지체된다. 어떠한 일이던지 구(求)하는 일은 빨리 되기를 바라는 것이 인지상정(人之常情)이다. 그러므로 유신이 과전 안에 있고 왕 · 상하면 일은 빨리 되고, 휴수하면 천천히 된다. 유신이 과전이나 년명 상에 있으면 다 같이 입전(入傳)했다고 논한다. 입전하지 않더라도 과전 안에 있는 것으로 보아야 하는 경우가 있는데, 예를 들어 물건을 잃어버린 경우라면 현무가 입전하지 않았더라도 현무가 있는 지지를 보고 또 生,剋,刑,合,喜,忌로서 그 방향과 있는 곳까지도 알 수가 있는 것이다. 보통 유신이 양(陽)이면 대중(大衆)이라고 보고 음(陰)이면 은밀한 곳을 마땅히 살펴야 한다. 양은 유신의 드러내는 곳이고 음은 유신이 숨어있는 곳이다. 그러므로 도적은 현무로서 유신을 삼는 즉, 반드시 현무의 음신방(陰神方)으로 가야만 도적을 잡을 수가 있다.

방문하는 사람은 일덕(日德)의 음신(陰神)으로서 상대방의 장단점을 알 수가 있고 처(妻)를 구하는데는 천후의 음신으로서 그녀의 성정(性情)을 알 수가 있으며 돈을 구하는 데는 반드시 청룡의 음신으로서 득실을 알 수가 있다.

천간유신(天干類神)

	天干의 類神
甲 乙	樹木(甲-草木, 乙-竹類)
丙 丁	화기(火氣), 열기(熱氣), 전기류(電氣類)
戊 己	戊-항토(亢土), 己-전원(田園)
庚 辛	금철(金鐵), 庚-刀物, 農具, 辛-珠玉
壬 癸	강호(强豪), 壬-강호유수(江湖流水), 癸-우로(雨露)

천신유신(天神類神)

	天神類神
子	천하(天河), 운(雲), 우수(雨水), 여식(女息), 처(妻), 어사(漁師), 유모(乳母)
丑	우신(雨神), 종교가(宗教家), 신불(神佛), 승니(僧尼), 현인(賢人), 여객(旅客), 재백(財帛), 전원(田園)
寅	가장(家長), 목기(木器), 문장(文章), 혼인(婚姻), 관사(官吏), 데릴사위(夫壻), 우체국원(郵遞局員)
卯	역(驛), 우체국(郵遞局), 선차(船車), 목기류(木器類), 장남(長子), 도신(盜神), 雷(뢰), 電氣(전기)
辰	옥신(獄神), 군인(軍人), 흉도(凶徒), 엽부(獵夫), 구령총(丘嶺塚), 사당(祠堂), 전원(田園), 정천(井泉)
巳	장녀(長女), 주부(主婦), 붕우(朋友), 화가(畵家), 술사(術士), 요리사(料理師), 쟁투신(爭鬪神), 구설(口舌), 괴이(怪異)
午	문서(文書), 관사(官事), 청신(晴神), 부녀(婦女), 여관(旅館), 군인(軍人), 여무(女巫), 철공원(鐵工員)
未	주식(酒食), 제사(祭祀), 혼인(婚姻), 부모(父母), 자(姉), 평론가(評論家), 주조가(酒造家), 풍신(風神)
申	도로(道路), 병(病), 공무원(公務員), 졸병(卒兵), 금석공구(金石工具), 무의(巫醫), 재물(財物)
酉	첩(妾), 음사(陰私), 해산(解散), 금철공원(金鐵工員), 칠공(漆工), 도도(賭徒), 소녀(小女), 여사용인(女使用人), 주식재(酒食財)
戌	승도(僧道), 사기(詐欺), 남사용인(男使用人), 인수(印綬), 파재신(破財神), 엽사(獵師), 군인(軍人)
亥	우사(雨師), 음사(陰私), 오예(汚穢), 송쟁(訟爭), 선원(船員)

신체유신(身體類神)

	신체의 유신
甲 乙	담(膽), 간(肝)
丙 丁	소장(小腸) 심장(心臟)
戊 己	위장(胃腸) 비장(脾臟)
庚 辛	대장(大腸) 폐장(肺臟)
壬 癸	방광(膀胱) 신장(腎臟)
子	신(腎), 방광(膀胱), 이(耳), 요(腰), 정액(精液), 음부(陰部).
丑	비(脾), 복부(腹部), 양족(兩足).
寅	담, 풍(風), 관절(關節), 발모(髮毛), 지(指).
卯	간(肝), 목(目), 발가락, 手背(손등), 말초신경
辰	피부(皮膚), 배(背), 견(肩), 허리
巳	소장(小腸), 편도선, 혀, 잇몸, 삼초(三焦)
午	심(心), 신기(神氣), 시력(視力), 눈빛, 정신(精神)
未	위(胃), 복부, 척수, 맹장, 췌장
申	대장(大腸), 근육, 음모(陰毛), 치아(齒牙) 골수(骨髓)
酉	폐(肺), 구(口), 코(鼻), 성(聲)
戌	명문(命門), 흉(胸), 뇌(腦), 위(胃)
亥	방광(膀胱), 정액(精液), 음부(陰部), 자궁(子宮), 월경(月經)

23. 육십사 과경(六十四 課經)

六十四 課體

1. 元首一上克其下, 天地得位品亨通。
2. 重審一下賊乎上, 以臣諍君詳審行。
3. 知一上下有二剋, 擇比而用先執中
4. 涉害俱比俱不比, 度難歸家分深淺。
5. 遙剋神日互相剋, 蒿矢彈射勢為輕。
6. 昴星四課烝剋遙, 陰伏掩相陽轉逢。
7. 別責無剋三課備, 剛三柔六九為宗。
8. 八專二課俱無剋, 日陽辰陰順逆從。
9. 伏吟天地皆不動, 乙癸有剋法不同
10. 返吟有剋往來取, 井欄丑未乙巳辛。
11. 三光用神與日辰, 時旺將吉萬事通
12. 三陽日辰與用旺, 日辰貴前貴順登。
13. 三奇子戌尋大吉, 申午辰寅子亥進
14. 六儀六甲勾頭發, 日儀午逆未順吉。
15. 時太發用歲日方, 龍合財德最為強
16. 龍德太歲與月將, 天乙發用致福祥。
17. 官爵歲月與年命, 驛馬魁常發用者
18. 富貴天乙乘旺相, 日乘年命相生良。
19. 軒蓋三傳午卯子, 正七兩月相當是
20. 鑄印發用戌加巳, 戌卯巳爐綬太常。
21. 斵輪太沖申上傳, 卯輪庚斧乙庚歡
22. 引從二傳引干支, 又有貴引干年吉。
23. 亨通三傳遞生日, 天生地生有兩般
24. 繁昌夫妻年為用, 德合旺相卦應咸。
25. 榮華貴旺祿馬發, 干支年命吉將傳
26. 德慶天德與月德, 干支二德用為先。

27. 合歡日上遁干合，吉將三六合用兼
28. 和美專言四課事，各合互合皆為歡。
29. 斬關魁罡日辰用，重土塞門斬關行
30. 閉口旬尾加旬首，又有武陰逆四從。
31. 遊子季用又乘丁，再遇天馬是西東
32. 三交四仲來加仲，三傳皆仲陰合逢。
33. 亂首支加干剋干，干加支上被剋同
34 .贅胥支臨干被剋，干加支上剋支通。
35. 冲破日辰冲為用，更兼歲月破神併
36. 淫泆后合乘卯酉，狡童泆女此中情。
37. 蕪淫三課有剋課，交軍剋下男女爭
38. 解離日辰互剋下，年命互剋亦同稱。
39. 孤寡四季之前後，春巳孤丑寡星臨
40. 度厄三課上下剋，上下相剋長幼驚。
41. 無祿四下賊乎上，小人無禮肆縱橫
42. 迍福八迍兼五福，吉凶參駁此為名。
43. 侵害日辰六害兼，年命發用最凶殘
44. 刑傷干支三刑用，又兼本命與年命。
45. 二煩日月加四仲，斗擊丑未此為言
46. 天禍四立絕神用，昨日之干加今干。
47. 天獄墓死作囚用，天罡日木之宮纏
48. 天寇分至前一日，月加離辰發用先。
49. 天網時用俱剋日，物孕有損病纏綿
50. 魄化死囚白虎隨，干支年用凶禍連。
51. 三陰貴迍日辰後，死囚玄虎時剋年
52. 龍戰卯酉日兼用，年立卯酉事迍邅。
53. 死奇月纏天罡用，丘墓歲伏殃災隨
54. 災厄喪吊遊魂用，丘墓歲虎伏殃邊。
55. 殃咎三傳剋日囚，神將剋戰乘墓真
56. 九醜子午與卯酉，配合乙戊己辛壬。
57. 鬼墓日辰鬼作墓，鬼剋墓覆禍宅身
58. 勵德日辰看前後，天乙立在二八門。
59. 盤珠歲月與日時，傳課俱全此為云
60. 全局三合之課是，水火木金土中存。
61. 玄胎三傳皆四孟，玄中有胎名義深
62. 連珠連茹兼進退，間傳順逆此中論。
63. 六純十難兼物類，三課之說是紛紜
64. 間傳一間隔三傳，休囚每事遲滯凶。

(1) 원수과(元首課)

사과(四課)중에 한 개의 과(課)가 상극하(上剋下)를 이루고, 나머지 과(課)에 극(剋)이 없으면 이를 원수과(元首課)라 한다.

하늘의 상(象)을 의미하는 것과 같이, 임금이 신하를 극하는 것은 반드시 순리(順理)이고 정당하며 상식을 뒤집는 난동(亂動)같은 것은 없는 이치(理致)이다. 이것은 구종(九宗)의 원(元)으로 으뜸이고, 64과(課)에서 머리인 수(首)가 되어 이름하여 원수(元首)라 한다. 임금이 점(占)을 치면 이려지신(伊呂之臣)을 얻고, 신하가 점(占)을 치면 어진 임금을 만난다. 평범한 사람이 점을 쳐서 만나면 만사가 순리대로 된다. 원수(元首)는 매우 크고 원형이정(元亨利貞)으로 만물의 으뜸으로 나고 만국(萬國)이 평안하다. 통건지체(統≪乾≫之體)로 최고로 길(吉)하고 제1과이다.

상왈(象曰), 천지(天地)를 얻는 위치이고, 물품(物品)은 새롭다. 군자(君子)가 사용(事用)하면 우환과 기쁨이 전부 진실(眞實)이다. 임금과 신하가 화합(和合)하고, 부모와 자식이 자친(慈親)한다. 혼인(婚姻)은 성사되고, 임신은 사내아이이다. 용병(用兵)은 객(客)이 승리하고, 소송(訴訟)을 논하면 먼저 움직이는 자(者)가 이롭다. 시장(市場)은 매출이 일어나고, 명리(名利)는 무리를 초월(超越)한다. 관직(官職)은 수장(首長)으로 발탁되며, 공훈은 으뜸으로 주석(柱石)과 같다. 집의 안 밖으로 기쁨과 이익이 넘치며, 대인(大人)을 만나면 이롭다. 이와 같이 일진(日辰)과 용신(用神), 년명(年命)이 왕상(旺相)한 기운(氣運)을 만나고, 길장(吉將)이 승(乘)하여 다시 부귀(富貴), 용덕(龍德), 시태(時太), 삼광(三光), 삼양(三陽), 관작(官爵) 등을 만나면 최고의 길(吉)한 과(課)가 된다.

甲子日 卯時 子將占　寅命 行年未 (空亡:戌亥)

<table>
<tr><td>丙
青寅蛇</td><td>丁
勾卯朱</td><td>戊
合辰合</td><td>己
朱巳勾</td><td rowspan="2">庚
蛇午青
酉</td><td rowspan="2" colspan="2">丁
勾卯朱
午</td><td rowspan="2">甲
白子后
卯</td></tr>
<tr><td>乙
空丑貴</td><td colspan="2" rowspan="2">제4국</td><td>庚
蛇午青</td></tr>
<tr><td>甲
白子后</td><td>辛
貴未空</td><td>O
常亥陰
甲</td><td>壬
后申白
亥</td><td>癸
陰酉常
子</td><td>庚
蛇午青
酉</td></tr>
<tr><td>O
常亥陰</td><td>O
玄戌玄</td><td>癸
陰酉常</td><td>壬
后申白</td><td colspan="4">원수과, 삼교</td></tr>
</table>

이 과(課)는 자손효(子孫爻)에 청룡(青龍)이 승(乘)하여 발용(發用)하였는데, 자식과 본인의 앞날에 대한 문직점(文職占)이고 가택사(家宅事)이다. 다른 날에 부자 모두 고위(高位) 품직(品職)의 관작(官爵)에 올랐다. 아들은 午년(年)에 등과(登科)를 시작하여 未 년(年)에 급제하였고, 여러 寅, 午 火旺 년에 승진이 되었다. 본인의

임관(任官)을 보면, 인년(寅年)에 응조(應詔)하여 사관(詞館)에 머무르다가, 여러 巳, 丑년(年)에 전천(轉遷)되었다. 가택(家宅)이 길(吉)하고 이(利)로우니, 총준(聰俊)한 여자를 아내로 맞이하고, 서둘러 무관으로 공훈을 높이니, 모가(母家)에 많은 이익이 있다. 오직 이 과(課)는 소망현회일(塑望弦晦日)에 꺼리는데, 천번(天煩)이기 되기 때문이다.

四月 丁丑日 子時 申將 巳加酉發用(空亡:申酉).

丁 朱丑勾	戊 合寅青	己 勾卯空	庚 青辰白	辛 空巳常 酉	丁 朱丑勾 巳	○ 陰酉貴 丑	
丙 蛇子合	제5국		辛 空巳常	己 勾卯空 丁	乙 貴亥朱 卯	○ 陰酉貴 丑	辛 空巳常 酉○
乙 貴亥朱			壬 白午玄				
甲 后戌蛇	○ 陰酉貴	○ 玄申后	癸 常未陰	원수과, 종역, 육음, 여덕(낮)			

이 과(課)는 옛날 월왕(越王)이 정비(鄭妃)가 출산할 때에 이르러 범려(范蠡)를 불러서 친 점(占)의 사례이다. 월장(月將) 申으로서 子, 점시(占時)에 가(加)하여 한 개가 상극하(上剋下) 되는 것을 얻어, 巳加酉가 발용(發用)이 되었다. 상(上)의 火는 왕(旺)하고 극을 받는 金은 사기(死氣)가 되어, 上이 강하고 下가 약하므로 남자아이가 태어난다고 결론짓는다. 이와 같은 예(例)가 가을점이면 火는 수기(囚氣)에 해당이 되고, 과전(課傳)이 전부 음(陰)이 되어서, 그렇게 판단하지 않는다. 이와 같이 乙酉日 巳加酉의 발용(發用)도 한 개가 상극하(上剋下)가 되어 원수과(元首課)가 된다.

발용(發用)된 巳가 태세(太歲)이면 그 길흉의 응기(應期)는 1년 안에 있게 된다. 만약 정월(正月)의 월건(月建)이 寅인데 발용(發用)이 공조(功曹), 寅이 되면 그 일의 응기(應期)는 정월(正月) 안에 있게 된다. 丙子日 춘점(春占)에 발용(發用)이 태을(太乙), 신후(神后)가 되면 일의 응기(應期)는 반월지내(半月之內) 즉 15일 안에 있다. 甲子旬內 순의(旬儀)가 발용(發用)되면 일의 응기(應期)는 10일 안에 있다. 庚申日 추점(秋占)에 발용(發用)이 전송(傳送)이 되면 일의 응기(應期)는 5일 이내에 있다. 일지(日支)가 발용(發用)하면 그 日 안에, 점시(占時)가 발용(發用)되면 그 시간 안에 응기(應期)가 있다. 발용(發用)이 왕기(旺氣)이면 주로 관직(官職)을 구하는 일이고, 발용(發用)이 상기(相氣)이면 경영(經營), 또는 재화(財貨)에 의한 일이고, 사기(死氣)이면 주로 상문(喪門)이나 효(孝)의 일이며, 수기(囚氣)는 형송(刑訟)의 일이고, 휴(休)는 주로 질병이며, 묘(墓)는 사망등 주로 눈물 흘리는 일이다. 모든 과전(課傳)의 응기(應期)와 응험(應驗)은 이와 같이 추수(推數)하여 판단한다.

乙未日 卯加未

<table>
<tr><td>辛
青丑蛇</td><td>壬
空寅朱</td><td>癸
白卯合</td><td>O
常辰勾</td><td colspan="4">癸
白卯合
未</td><td colspan="4">己
合亥后
卯</td><td colspan="4">乙
后未白
亥</td></tr>
<tr><td>庚
勾子貴</td><td colspan="2" rowspan="2">제5국</td><td>O
玄巳青</td><td colspan="3" rowspan="2">庚
勾子貴
乙</td><td colspan="3" rowspan="2">丙
貴申常
子</td><td colspan="3" rowspan="2">癸
白卯合
未</td><td colspan="3" rowspan="2">己
合亥后
卯</td></tr>
<tr><td>己
合亥后</td><td>甲
陰午空</td></tr>
<tr><td>戊
朱戌陰</td><td>丁
蛇酉玄</td><td>丙
貴申常</td><td>乙
后未白</td><td colspan="12">원수과, 교동, 곡직, 권섭부정</td></tr>
</table>

또한 위 과와 함께 丙申日卯加戌, 壬寅日巳加申, 辛酉日午加申, 亥日未加亥 등의 발용도 전부 원수과(元首課)이다. 육임 총계 720과 중에 원수과(元首課)는 전부 115개가 있다. 여기에서 만난 몇 개의 과(課)처럼, 나머지 과(課)도 유추한다.

(2) 중심과(重審課)

사과(四課) 중에 한 개의 과(課)만 하적상(下賊上)을 하고, 나머지 과(課)는 적(賊)이 없으면 이는 중심과(重審課)라 한다.

땅의 상(象)을 의미하며, 일은 역(逆)된다. 아래에서 위를 범(犯)하고, 신하가 임금에게 감히 있는 대로 고(告)하지 않고, 멋대로 두 세번 망설이며 계산하여 정하는 동안, 일은 지나가거나 들어와 버리니 그 이름이 중심(重審)이라 하였다. 적선(積善)을 해온 사람은 기쁜 일이 있지만, 그렇지 못한 사람은 재앙(災殃)이 있다. 군자(君子)의 점(店)에서는 이롭지 않다. 재난(災難)에 이르게 되니 중심(重審)이고, 바르게 머금고 기다리는 것이 옳다. 혹 임금의 일을 좇아도, 이루어짐도 없고 끝도 없다. 통곤지체(統≪坤≫之體)이다.

상왈(象曰), 승천후재(承天厚載), 유순이정(柔順利貞)라 하여 유순(柔順)하고 순리적이고 바르면 이롭다. 한 개의 과(課)가 하(下)에서 상(上)을 거스르니 어찌 근심과 놀라는 일이 없겠는가. 귀인(貴人)이 순행(順行)하면 복(福)에 이르지만, 귀인(貴人)이 역행(逆行)을 하면 어려움을 겪은 뒤에 흥(興)하게 된다. 일은 뒤에 움직이는 것이 마땅하고, 화(禍)는 안에서 발생한다. 용병(用兵)은 주(主)가 승리하고, 임신(姙娠)은 여아(女兒)이다.

제반 모든 바라는 것은 처음에는 어렵고 나중에 이루어진다. 이와 같은 경우는 초전(初傳)이 묘(墓), 절(絶)이고 말전(末傳)이 생왕(生旺)이 되는 때인데, 재화(災禍)가 스스로 소산(消散)된다. 초전(初傳)이 생왕(生旺)이던 것이 묘(墓), 절(絶)로 되면 불길(不吉)하고, 초전(初傳)이 묘(墓), 절(絶)이던 것이 생왕(生旺)이 되면 길(吉)하다. 초전(初傳)이 말전(末傳)을 극(剋)하면 흉(凶)하고, 말전(末傳)이 초전(初傳)을 극(剋)하면 길(吉)하다. 혹은 청룡(青龍), 태상(太常), 태음(太陰), 천후(天后), 육합(六合) 등의 길장(吉將)을 만나거나, 생기(生氣), 해신(解神), 천덕(天德), 월덕(月德), 천희(天喜), 덕신(德神), 합신(合神) 등의 길신(吉神)이 말전(末傳)에 하나만 있더라도 흉(凶)을 길(吉)로 변화시킨다. 군자(君子)는 후덕(厚德)하고 중도(中道)의 길을 가야 한다.

丙戌日 巳時 申將占 本命子水 行年酉(空亡:午未).

<table>
<tr><td>甲
蛇申合</td><td>乙
貴酉朱</td><td>丙
后戌蛇</td><td>丁
陰亥貴</td><td colspan="4" rowspan="2">甲
蛇申合
巳</td><td colspan="4" rowspan="2">丁
陰亥貴
申</td><td colspan="4" rowspan="2">庚
白寅玄
亥</td></tr>
<tr><td>○
朱未勾</td><td colspan="2" rowspan="2">제10국</td><td>戊
玄子后</td></tr>
<tr><td>○
合午青</td><td>己
常丑陰</td><td colspan="3">甲
蛇申合
丙</td><td colspan="3">丁
陰亥貴
申</td><td colspan="3">己
常丑陰
戌</td><td colspan="3">壬
青辰白
丑</td></tr>
<tr><td>癸
勾巳空</td><td>壬
青辰白</td><td>辛
空卯常</td><td>庚
白寅玄</td><td colspan="12">중심과, 육의, 현태, 형통</td></tr>
</table>

이 과(課)는 초전(初傳) 申이 상기(相氣)가 되고 巳에 가(加)하여 처재효(妻財爻)

에 등사(螣蛇)가 승(乘)하여 발용(發用)이 되었으므로, 주로 재(財)의 이로움인 록위(祿位)의 일이다. 중전(中傳)의 관귀(官鬼)에 태음(太陰)이 승(乘)하였는데 亥는 천문(天門)이므로 주로 돈을 헌납하고 관직을 얻으려고 한다. 말전(末傳)의 장생(長生)에 백호(白虎)가 승(乘)하여 주로 재(財)가 움직이고 그에 따라 신(身)도 움직이게 된다. 삼전이 체생(遞生)하여 일간(日干)을 생(生)하므로 크게 길(吉)하며, 주로 윗사람을 만나 결정되고, 마지막에 시작한 것을 성취(成就)하며 고귀하게 된다. 자식의 관직을 구함에 있어서도 돈이 들어간다. 발용(發用)이 맹신(孟神)이고 삼전(三傳)이 전부 사맹(四孟)이 되므로 현태과(玄胎課)이다. 지지(支地)인 戌은 그 처(妻)이고, 상(上)에 丑을 보게 되는데, 丙日 火의 자식이 되고, 申 재(財)역시 처이다. 丑은 천희(天喜), 주로 처(妻)의 임신(姙娠)이다. 중전(中傳)은 음(陰)에 속하고 주(主)인데 양(陽)이 음(陰)을 양쪽에서 에워쌓음으로 여아(女兒)가 태어난다.

乙亥日 辰時 酉將占, 申命 行年在亥(空亡:申酉).

<table>
<tr><td>甲
朱戌朱</td><td>乙
合亥蛇</td><td>丙
勾子貴</td><td>丁
靑丑后</td><td colspan="4">戊
空寅陰
酉</td><td colspan="4">癸
后未靑</br>寅</td><td colspan="4">丙
勾子貴
未</td></tr>
<tr><td>〇
蛇酉合</td><td colspan="2" rowspan="2">제8국</td><td>戊
空寅陰</td><td colspan="3" rowspan="2">〇
蛇酉合
乙</td><td colspan="3" rowspan="2">戊
空寅陰
酉〇</td><td colspan="3" rowspan="2">庚
常辰常
亥</td><td colspan="3" rowspan="2">〇
蛇酉合
辰</td></tr>
<tr><td>〇
貴申勾</td><td>己
白卯玄</td></tr>
<tr><td>癸
后未靑</td><td>壬
陰午空</td><td>辛
玄巳白</td><td>庚
常辰常</td><td colspan="12">중심과, 췌서, 천옥, 여덕(낮)</td></tr>
</table>

이 과(課)는 이사마(李司馬)의 점(占)인데, 왕기(旺氣)가 발용(發用)하고 일진(日辰)이 왕상(旺相)하며 길장(吉將)이 승(乘)하여 삼광과(三光課)이고 주로 관직을 구하는데, 승천(陞遷)되어 경하(慶賀)스러운 영화(榮華)가 있다.

(3) 지일과(知一課)

사과(四課) 중에 두개 혹은 세개, 네개의 과(課)가 동시에 상극하(上剋下)를 하거나, 혹은 하적상(下賊上)을 하게 되면, 일간과 음양(陰陽)이 같은 것을 발용 하는데 이를 지일과(知一課)라 한다.

양일(陽日)에는 양신(陽神)을, 음일(陰日)에는 음신(陰神)의 오행을 발용(發用)하는데, 음양(陰陽)이 같으면 서로 화(和)하기 때문이다. 두 효(爻)가 전부 동(動)하면 일도 두 갈래가 되는데, 선악(善惡)이 혼잡하여 반드시 그 비화(比和)되는 하나의 선(善)을 택(擇)하여 발용(發用)하므로 지일(知一)이라 하였다. 일은 마땅히 오직 하나이고, 중도(中道)를 지키는 것이 길하며, 물건 점(占)은 모두 점인(占人)의 가까운 곳에 있다. 통비지체(統≪比≫之體)로 가면 헐뜯음을 당하고 가까운 쪽을 택함이 현명한 과이다. 비(比)라는 것은 친(親)하게 맴도는 것이고, 오는 쪽은 편안하지 못한 뜻이 있다.

상왈(象曰), 비(比)는 기쁨이고, 불비(不比)는 근심이다. 알리는 것은 화합(和合)을 동의하고 ,용병(用兵)은 주(主)의 계략이 이롭다. 화(禍)는 밖에서 일어나고, 일은 동료들이 꾀한다. 찾는 사람과 잃어버린 물건은 근처에 있다. 이와 같이 하(下)에서 상(上) 극하면 질투(嫉妒)가 있고, 일진(日辰)이 귀인 후(後)에 있으면 주로 의혹(疑惑)과 지체(遲滯)가 된다. 혹은 세 개가 극을 하면 도액과(度厄課)가 되고, 네 개가 극을 하게 되면 무록(無祿)이 되는데 난동(亂動)으로 외롭고, 의심을 하게 된다. 또는 상(上)에서 하(下)를 극하면 혐의(嫌疑)가 있는데 일진(日辰)이 귀인(貴人)의 전(前)에 있으면 주로 일은 순조롭다.

酉月 壬辰日 巳時 辰將 失盜占.

壬 蛇辰蛇	癸 朱巳貴	O 合午后	O 勾未陰
辛 貴卯朱	제2국		甲 青申玄
庚 后寅合			乙 空酉常
己 陰丑勾	戊 玄子青	丁 常亥空	丙 白戌白

丙 白戌白 亥	乙 空酉常 戌	甲 青申玄 酉

丙 白戌白 壬	乙 空酉常 戌	辛 貴卯朱 辰	庚 后寅合 卯

지일과, 비용, 퇴여, 참관

이 과(課)는 천괴(天魁)에 백호(白虎)가 승(乘)하여 발용(發用)되었고, 집안의 노비(奴婢)로부터 화(禍)가 일어나고, 중전(中傳)에 이르러 부녀(婦女)의 의복(衣服)과 음식물이 도난당하였는데, 나중에 도둑은 포획(捕獲)이 가능하며 북(北)쪽에 있다. 삼전(三傳)에서 戌은 노비, 酉는 부녀(婦女), 현무(玄武)는 도둑인데, 비용(比用)이므로 가까운 곳이고, 가을의 점(占)이므로 삼전(三傳)이 왕기(旺氣)이며, 잃어버린 물건은 찾을 수 있다.

(4) 섭해과(涉害課)

사과(四課) 중에 두 개 이상의 과(課)가 상극하(上剋下)를 하거나 혹은 하적상(下賊上)을 하는데, 일간(日干)과 음양(陰陽)이 모두 같거나, 또는 음양(陰陽)이 전부 다른 불비(不比)가 되면, 지반(地盤)에서 자신의 본가(本家)까지 돌아가는 동안에 극(剋)을 많이 받는 것을 발용(發用) 하는데, 섭해과(涉害課)라 한다.

섭(涉)은 도(度)이고 해(害)는 극(剋)이다. 만약 극(剋)하는 오행이 土에 속하면 土의 심천(深淺)으로서 가리는데, 만약 亥加丑이 되면 亥가 본가(本家)까지 돌아가는 길은 辰, 戊, 未, 己, 戌 등의 다섯 번의 土의 위치에서 극(剋)을 받으며 무겁게 지나가야 하는데, 亥의 자리는 심중(深重)하여 더 이상 논하지 않는다. 도(度)를 건너며 극해(剋害)의 위치 중에서 최고로 깊은 것에 이른 것을 취용(取用)하고, 맹(孟), 중(仲), 계(季)의 순서로 비화(比和)되는 것을 발용(發用)하여, 그 이름이 섭해(涉害)이다. 점(占)하는 것은 모든 일이 어렵고, 반드시 계류(稽留)되고 지체(遲滯)되며, 온갖 풍상(風霜)을 다 겪은 이후에야 비로서 얻을 수 있다. 통감지체(統≪坎≫之體)이고, 고진감래(苦盡甘來)의 상이다.

상왈(象曰), 풍파(風波)는 험악하고 모든 일에 어려움이 많다. 명리(名利)의 바라는 것은 비용(費用)이 많이 든다. 혼인을 저해(沮害)가 있고, 질병은 어려움으로 편안하지 않다. 태잉(胎孕)은 지체(遲滯)되고 행인(行人)은 돌아오지 않는다. 이와 같은데 신장(神將)이 흉(凶)하거나 세, 네 개 과(課)가 극(剋)을 하면 재앙이 심(深)하고 해결이 어렵다. 혹 내(我)가 타인을 극(剋)하는데, 일진(日辰)이 왕상(旺相)하고, 승(乘)한 신장(神將)이 길(吉)하면, 극(剋)을 받는 것도 약하게 되기 때문에, 근심도 약하여 쉽게 해결되고, 일은 어려우나 마지막에 이룬다.

가) 견기격(見機格)

正月 丁卯日 丑時 亥將占 (空亡:戌亥).

丁 勾卯空	戊 靑辰白	己 空巳常	庚 白午玄
丙 合寅靑	제3국		辛 常未陰
乙 朱丑勾			壬 玄申后
甲 蛇子合	O 貴亥朱	O 后戌蛇	癸 陰酉貴

O 貴亥朱 丑	癸 陰酉貴 亥O	辛 常未陰 酉

己 空巳常 丁	丁 勾卯空 巳	乙 朱丑勾 卯	O 貴亥朱 丑

섭해과, 찰미, 육음, 간전

이 과(課)는 섭해과(涉害課)이다. 해년(亥年)에 점(占)한 것으로, 주작(朱雀)이 발용(發用)되어 일은 천자(天子)에게까지 아뢰어 올려 지며, 송사(訟事)는 유예(猶豫)되고, 견기가 만들어지는 때에는, 가던 길은 계속가고, 멈추었던 것은 그대로 머무른다. 실수로 망동(妄動)을 하면 중험(重險)한 것을 만나게 되니 처음처럼 집에서 편안함을 가지는 것이 길(吉)하다. 과(課)에서 두 개가 상극하(上剋下)를 하거나, 또는 두 개의 하극상(下剋上)이 되는 등, 사과(四課)에 극적(剋賊)이 심하게 이루어지면, 일간(日干)과 음양(陰陽)이 같거나, 혹은 전부 같지 않은 것 끼리를 분류하여, 寅, 申, 巳, 亥의 맹신(孟神)을 발용(發用)하는 것을 견기격(見機格)이라 한다. 이와 같이 과(課)중에 중(仲), 계(季)가 있으나 반드시 기(機)가 심(深)한 맹신(孟神)을 발용(發用)한다. 일의 초기에 일어나며, 화복(禍福)이 따르고, 일은 반드시 기(機)를 보고 만들어짐 을 알 수 있으므로 이름이 견기(見機)이다. 점(占)하면 일에 의혹이 있으므로, 일을 급히 개변(改變)해야 한다. 만약 수구(守舊)하면 계류(稽留)되어 해결하기 어려운 우환(憂患)이 있다.

상왈(象曰), 대천(大川)을 건너면 이로우나, 바르고 참을성이 있어야 길(吉)하다. 동작(動作)은 기미나 낌새를 알아차려야 하고, 마지막까지 기다리면 않된다. 명리(名利)는 이루기 어렵고, 태잉(胎孕) 실체가 없다. 의혹이 있는 일은 급히 개변(改變)하고, 유예(猶豫)되는 일은 손실(損失)이 있다. 이와 같은데 신장(神將)이 길(吉)하면 길(吉)하다고 말하고, 흉(凶)하면 흉(凶)하게 논(論)한다. 용병(用兵)은 그 수(數)가 많으면 승리하고, 수(數)가 적으면 패(敗)하게 되는데, 장수(將帥)가 물을 건너 진군(進軍)하기가 쉽지 않은 상(象)이다.

나) 찰미격(察微格)

과(課)에 극적(剋賊)하는 신(神)이 있는데, 음양(陰陽)이 전부 같거나 또는 전부 같지 않을 때, 맹신(孟神)이 없으면, 중신(仲神)을 취(取)하거나, 계신(季神)을 발용(發用)하는 것을 찰미격(察微格)이라고 한다. 맹(孟)은 깊고, 중(仲)은 얕으며, 계(季)는 적은 것으로 분류한다. 과(課)에 맹신(孟神)이 극(剋)하는 것이 없으면, 반드시 중신(仲神)이나 계신(季神)의 작게 극하는 것을 잘 살펴야 하는데 고로 이름이 찰미(察微)가 되었다. 점(占)하는 사람은 두려움이 있으나 어진사람이 못되며, 또는 소인배들의 모해(謀害)를 받는 뜻도 있어, 반드시 사려 깊게 생각하고 방비(防備)하면 근심이 없어진다.

상왈(象曰), 웃음 속에 칼이 숨어있고, 꿀 속에 독(毒)이 있다. 대인(大人)을 보면 이로우나, 과거에 베풀어온 덕(德)은 미비(未備)하다. 인정(人丁)은 천박(淺薄)하고, 일은 어렵게 된다. 조상신(祖上神)에 대한 제사(祭祀)로 방비(防備)하며, 물욕(物欲)을 버리고 마음을 가지런히 해야 한다. 일은 세심하게 신장(神將)의 길흉을 살펴 논(論)한다. 용병(用兵)은 수(數)를 적게 움직이는 것이 승리하고, 그나마도 수(數)가 너무 없으면 이기지 못하며, 오히려 중정(中正)을 지켜야 하고, 대천(大川)을 건너면 불리한 상(象)이다. 큰 물을 건너는 것이 불리하며 오히려 중정(中正)을 지켜야 길(吉)하다.

庚戌日 辰時 申將占.

<table>
<tr><td>己
勾酉朱</td><td>庚
合戌合</td><td>辛
朱亥勾</td><td>壬
蛇子青</td><td colspan="4" rowspan="2">甲
玄辰玄
子</td><td colspan="4" rowspan="2">戊
青申蛇
辰</td><td colspan="4" rowspan="2">壬
蛇子青
申</td></tr>
<tr><td>戊
青申蛇</td><td colspan="2" rowspan="2">제9국</td><td>癸
貴丑空</td></tr>
<tr><td>丁
空未貴</td><td>O
后寅白</td><td colspan="3">壬
蛇子青
庚</td><td colspan="3">甲
玄辰玄
子</td><td colspan="3">O
后寅白
戌</td><td colspan="3">丙
白午后
寅O</td></tr>
<tr><td>丙
白午后</td><td>乙
常巳陰</td><td>甲
玄辰玄</td><td>O
陰卯常</td><td colspan="12">섭해과, 윤하, 여덕(밤), 육의, 폐구</td></tr>
</table>

두 개과가 상극하를 하여 辰加子 사중위(四仲位)로서 발용(發用)하여 찰미격(察微格)이 되었다.

다) 철하격(綴瑕格)

과(課)중에 섭해(涉害)하는 숫자가 같으며, 사과(四課) 중에서 먼저 보이는 것을 발용(發用)하는 것을 철하격(綴瑕格)이라고 한다. 본가(本家)까지 돌아가는 동안 섭해(涉害)하는 수(數)가 다시 같을 때에는, 양일(陽日)은 일간상(日干上)에 보이는 신(神)을 먼저 발용(發用)하고, 음일(陰日)은 진상(辰上)에 보이는 신(神)을 먼저 취용(取用)한다. 이와 같이 두 신(神)이 서로 병행할 때는, 그 중 심(深)한 것을 먼저 취용(取用)하고, 다음으로 그 중에 고(高)한 것을 취첩(取捷)하여, 갓 위의 흠집을 옥(玉)으로 꾸민다 하여 그 이름이 철하격(綴瑕格)이다. 점(占)하는 일은 간난(艱難)하고 험악하며, 처음과 끝이 연결되어 있으므로, 재덕(才德)으로 무리에 따르는 것이 길(吉)하다.

상왈(象曰), 두 영웅이 교쟁(交爭)하여 싸우는 것이 오랜 세월동안 이어진다. 대중을 이끌며 이어져서 재난과 소모가 끝이 없다. 군자(君子)와는 친(親)함이 마땅하고 소인은 멀리해야 한다. 임신(姙娠)과 출산(出産)은 시간이 지나야 하고, 행인점(行人占)은 약속을 잊었다. 만약 월건(月建), 길신(吉神)이 삼전(三傳)에 있으면 길하다. 일간이 왕상(旺相)하여 유기(有氣)하면 비록 하는 일이 지체가 되지만 이루어지는 상(象)이다.

庚辰日 3局

<table>
<tr><td>己
朱卯勾</td><td>庚
合辰合</td><td>辛
勾巳朱</td><td>壬
青午蛇</td><td colspan="4">壬
青午蛇
申</td><td colspan="4">庚
合辰合
午</td><td colspan="4">戊
蛇寅青
辰</td></tr>
<tr><td>戊
蛇寅青</td><td colspan="2" rowspan="2">제3국</td><td>癸
空未貴</td><td colspan="3" rowspan="2">壬
青午蛇
庚</td><td colspan="3" rowspan="2">庚
合辰合
午</td><td colspan="3" rowspan="2">戊
蛇寅青
辰</td><td colspan="3" rowspan="2">丙
后子白
寅</td></tr>
<tr><td>丁
貴丑空</td><td>O
白申后</td></tr>
<tr><td>丙
后子白</td><td>乙
陰亥常</td><td>甲
玄戌玄</td><td>O
常酉陰</td><td colspan="12">섭해과, 여덕(밤), 역간전</td></tr>
</table>

과(課)에서 午加申을 얻어 午가 본가(本家)까지 가는데 水의 극을 받는다. 寅加辰도 역시 본가(本家)까지 가는 동안 金의 극을 받는다.

양일(陽日)은 일간상(日干上)에 먼저 보이는 신(神)을 발용(發用)하고, 음일(陰

日)은 진상신(辰上神)을 먼저 발용(發用)하는 것을 철하(綴瑕)라고 한다.

(5) 요극과(遙剋課)

사과(四課) 중에 상하(上下) 극적(剋賊)이 없을 때 일간(日干)과 사과(四課)의 상신(上神)간에 상호 극하는 것을 발용(發用)하는 것을 요극과(遙剋課)라고 한다.

극(剋)하는 것을 두 개 만나면 그 중에 일간(日干)과 서로 음양(陰陽)이 같은 것을 발용(發用)한다. 멀리서 서로 극적(剋賊)을 하므로 이름이 요극(遙剋)이다. 호시(蒿矢)는 촉(鏃)이고, 탄사(彈射)는 화살인데, 쏘아도 물체를 적중시키기 어렵고, 부족하며 두려움이 있다. 모든 일의 화복(禍福)은 예측(豫測)할 수 없고, 우환(憂患)은 서남방(西南方)에 있으며, 기쁨은 서북방(西北方)에 있다. 시작은 비록 놀라지만 뒤에는 방해(妨害)가 없다. 통규지체(統≪睽≫之體)이고 또 규(睽)는 괴이(乖異)한 것으로, 작은 일에는 길(吉)하다.

가) 호시과(蒿矢課)

이 과(課)에서 먼저 사과상(四課上)에서 일간(日干)을 극(剋)하는 신(神)을 발용(發用)하는 것을 호시격(蒿矢格)이라하는데, 이와 같이 멀리서 일간(日干)을 극(剋)하는 것은 완만하고 또한 가볍게 되며, 쑥대가 부러진 화살이므로 그 힘이 약하여, 어려움과 피해도 약해지므로 그 이름이 호시(蒿矢)이다. 점사(占事)에서는 우레와 같이 놀라고 두려워 하지만 마지막에는 전부 물리쳐지고 방해(妨害)가 없어진다. 호가호위(狐假虎威)의 과(課)이다.

상왈(象曰), 처음에는 흉세(凶歲)이지만 시간이 지남에 따라 좋아진다. 근심과 기쁨은 실체가 없고, 문서도 헛된 바램이다. 화(禍)는 밖에서 일어나고 객(客)이 있으면 원수 같다. 용병(用兵)은 주(主)가 이롭고, 타인에게 구(求)하는 것은 불리하다. 이와 같은데 신장(神將)이 흉(凶)하고, 귀인(貴人)이 역행(逆行)하며, 일진(日辰)과 용신(用神)이 기(氣)가 없으면, 주로 도적의 음모이고, 흉한 상(象)이다. 만약 신장(神將)이 길(吉)하고, 귀인(貴人)이 순행(順行)하며, 일진(日辰)과 용신(用神)

이 유기(有氣)하면 귀인(貴人)으로부터 기쁨이 있고, 행인(行人)은 돌아오며, 방문하는 사람은 만날 수 있고, 일은 성사(成事)되며, 재화(災禍)는 점차 소멸되어 평안하며, 결혼을 구하거나 비를 만나는 일 등은 길(吉)하다.

壬辰日 巳時 申將占.

<table>
<tr><td>甲
青申合</td><td>乙
空酉勾</td><td>丙
白戌青</td><td>丁
常亥空</td><td colspan="4">丙
白戌青
未O</td><td colspan="4">己
陰丑常
戌</td><td colspan="4">壬
蛇辰后
丑</td></tr>
<tr><td>O
勾未朱</td><td colspan="2" rowspan="2">제10국</td><td>戊
玄子白</td><td colspan="3" rowspan="2">庚
后寅玄
壬</td><td colspan="3" rowspan="2">癸
朱巳貴
寅</td><td colspan="3" rowspan="2">O
勾未朱
辰</td><td colspan="3" rowspan="2">丙
白戌青
未O</td></tr>
<tr><td>O
合午蛇</td><td>己
陰丑常</td></tr>
<tr><td>癸
朱巳貴</td><td>壬
蛇辰后</td><td>辛
貴卯陰</td><td>庚
后寅玄</td><td colspan="12">요극과, 호시, 가색, 천망</td></tr>
</table>

과(課)에서 사과(四課)의 상하(上下)가 극(剋)이 없으므로 요극(遙剋)을 취(取)하는데, 진상(辰上)의 음신(陰神)인 戌土가 일간(日干) 壬水를 극하므로 발용(發用)하여 호시격(蒿矢格)이 되었다.

나) 탄사과(彈射課)

사과(四課)에서 상하(上下) 극이 없고, 또 사과상신(四課上神)이 일간(日干)을 극(剋)하는 것도 없으면, 일간(日干)이 가서 사과상신(四課上神)을 극하는 것을 발용(發用)하는 것을 탄사과(彈射課)라고 한다. 내가 가서 타(他)를 극하는데 멀리가서 도달하므로, 탄환(彈丸)은 화살인데, 멀리 있는 물체에 쏘아지니 적중하기가 어렵게 되므로 그래서 이름이 탄사(彈射)이다. 점자(占者)의 일은 멀리 있어 취득하기 어렵고, 마지막에 이루어진다 해도 이름도 없고, 이득 되는 것도 없으므로 실용적이지 못하다. 혹 일간(日干)이 두 개의 신(神)을 극(剋)할 때는 두 마리의 사슴을 겨누고 있으니, 일은 더욱 많고, 두 마음의 뜻이 있다.

상왈(象曰), 타인(他人)에게 바라던 일은, 화(禍)가 안에 까지 쫓아오게 된다. 용병(用兵)은 객(客)이 이롭고, 일은 먼저 보다는 뒤에가 좋다. 방문하여 만나고자 하는 사람은 보지 못하고, 행인(行人)은 돌아오지 않는다. 공망이 발용(發用)하면 동작(動作)은 더욱 허실이다. 이와 같이 신장(神將)이 흉(凶)하면 형해(刑害)를 만나게 되고, 귀인(貴人)이 역행(逆行)이 되면, 주로 일은 화목(和睦)하지 못하며, 원수 같은 도적(盜賊)이 많으며, 흉(凶)한 상(象)이다. 신장(神將)이 덕(德), 합(合) 등을 만나고, 귀인(貴人)이 순행(順行)하면, 친(親)한 친구들과 화합(和合)하는 기운이며 길(吉)한 상(象)이다.

壬申日 申時 亥將占.

<table>
<tr><td>壬
靑申合</td><td>癸
空酉勾</td><td>O
白戌靑</td><td>O
常亥空</td><td colspan="4" rowspan="2">己
朱巳貴
寅</td><td colspan="4" rowspan="2">壬
靑申合
巳</td><td colspan="4" rowspan="2">O
常亥空
申</td></tr>
<tr><td>辛
勾未朱</td><td colspan="2" rowspan="2">제10국</td><td>甲
玄子白</td></tr>
<tr><td>庚
合午蛇</td><td>乙
陰丑常</td><td colspan="3">丙
后寅玄
壬</td><td colspan="3">己
朱巳貴
寅</td><td colspan="3">O
常亥空
申</td><td colspan="3">丙
后寅玄
亥O</td></tr>
<tr><td>己
朱巳貴</td><td>戊
蛇辰后</td><td>丁
貴卯陰</td><td>丙
后寅玄</td><td colspan="12">요극과, 탄사, 현태, 불비, 원소근단</td></tr>
</table>

과(課) 중에 상하극(上下剋)이 없어서 일간(日干)이 가서 극(剋)하는 巳火를 발용(發用)하여 탄사(彈射)이다.

(6) 묘성과(昴星課)

사과(四課)에 상하(上下) 극(剋)이 없고, 또한 요극(遙剋)도 없으면, 종괴(從魁)의 상신(上神)과 하신(下神)을 발용(發用) 하는데, 이를 묘성과(昴星課)라 한다.

묘성(昴星)이라는 것은 酉 중에 있는 묘수(昴宿)의 별이다. 酉는 서쪽의 방향이고, 백호(白虎) 金의 위치이며, 성질(性質)은 주로 형살(刑殺)이고 의사(義司)의 결단과 같으며, 삶과 죽음이 출입하는 문호(門戶)이다. 이과는 酉의 위치를 따라서 삼전(三傳)이 세워지며, 종괴(從魁) 酉의 신명(神名)이며, 그 이름이 묘성(昴星)이다. 통리지체(統≪履≫之體)이고 뱀과 호랑이가 길에서 대적하는 상이다.

가) 호시전봉격(虎視轉蓬格)

양일(陽日)은 위로 올려보는데, 지반(地盤) 酉의 상신(上神)을 발용(發用)하고, 중전(中傳)은 일지상신(日支上神), 말전(末傳)은 일간상신(日干上神)으로 삼전(三

傳)을 구성하는 것으로, 호시전봉격(虎視轉蓬格)이라고 한다. 또 다른 설(設)로는 "봄철엔 호시(虎視), 여름에는 전봉(轉蓬), 가을에는 묘성(昴星), 겨울에는 엄목(掩目)이다."라고 하기도 한다. 강(剛)이라는 것은 양(陽)을 뜻한다. 남편은 양(陽)의 성질이고 하늘을 따르고, 남자의 기(氣)는 위로 뜨기 때문에 올려다 보고, 이와 같은 것이 호시(虎視)이며, 전봉(虎視)은 움직임인데, 그러므로 호시전봉(虎視轉蓬)이다. 점사(占事)에서는 크게 놀라며, 두려움이 있고, 고요하게 자리를 지키면 길(吉)하다.

상왈(象曰), 관문(關門)과 교량(橋梁)이 폐색(閉塞)되어서 도(度)를 넘어 계류(稽留)된다. 행인(行人)은 출행(出行)을 금지하고, 임신(姙娠)된 태아(胎兒)가 남아(男兒)이면 근심은 없다. 일의 두려움은 오직 밖에서 화(禍)가 일어난다. 집에서 조용히 자리를 지키면 근심을 면할 수 있다. 발용(發用)이 수사(囚死)한데, 천강(天罡)에 사기(死氣)가 승(乘)하거나, 등사(螣蛇)와 백호(白虎)가 입전(入傳)하면 대흉(大凶)하며, 병자(病者)는 사망하고 송사(訟事)는 옥(獄)에 갇히게 되며, 청룡(青龍)을 보아도 역시 흉(凶)하다. 혹 일간(日干)과 발용(發用)이 왕상(旺相)하여 괴강(魁罡)이 청룡(青龍), 백호(白虎)와 보이면 길한데 시험에는 높은 성적으로 합격한다.

戊申日 卯時 辰將占.

<table>
<tr><td>丙
青午蛇</td><td>丁
空未貴</td><td>戊
白申后</td><td>己
常酉陰</td><td colspan="4" rowspan="2">庚
玄戌玄
酉</td><td colspan="4" rowspan="2">己
常酉陰
申</td><td colspan="4" rowspan="2">丙
青午蛇
巳</td></tr>
<tr><td>乙
勾巳朱</td><td colspan="2" rowspan="2">제12국</td><td>庚
玄戌玄</td></tr>
<tr><td>甲
合辰合</td><td>辛
陰亥常</td><td colspan="3">丙
青午蛇
戊</td><td colspan="3">丁
空未貴
午</td><td colspan="3">己
常酉陰
申</td><td colspan="3">庚
玄戌玄
酉</td></tr>
<tr><td>O
朱卯勾</td><td>O
蛇寅青</td><td>癸
貴丑空</td><td>壬
后子白</td><td colspan="12">묘성과, 호시전봉</td></tr>
</table>

이 과(課)는 양일(陽日) 묘성과(昴星課)로, 酉 상(上)의 戊을 취용(取用)하여 호시격(虎視格)이 되었다.

나) 동사엄목격(冬蛇掩目格)

묘성과(昴星課)의 음일(陰日)은 천반(天盤)에서 내려 다 보고, 酉 하신(下神)을 발용(發用)하는 것으로, 동사엄목격(冬蛇掩目格)이라 한다. 중전(中傳)은 일간상신(日干上神), 말전(末傳)은 일지상신(日支上神)으로 한다. 유(柔)라는 것은 음(陰)이다. 음(陰)의 성질은 땅을 좇으며, 여자의 기(氣)는 내려가므로 엎드려서 내려다 본다는 것이고, 겨울철에는 뱀의 눈이 가려진다하여 이름이 동사엄복(冬蛇掩目)이다. 양일(陽日)은 본래 하늘에 친숙하므로 위를 보고, 말전(末傳)은 간(干)으로 돌아가는 것이 하늘의 이치를 따르는 것이고, 음일(陰日)은 본래 땅에 친숙하여 아래로 내려 보며, 말전(末傳)은 지진(支辰)으로 돌아가 땅의 뜻을 따르는 유(類)이다. 점(占)하는 사람은 일이 많이 어둡고, 오히려 예상하기가 어렵기 때문에, 오직 근신하며 고요하게 있는 사람만이 길(吉)하다.

상왈(象曰), 인정(人情)을 잃는 뜻이 있고, 진퇴하기에 기댈 곳이 없다. 여자는 많이 음란하고, 근심과 놀라는 것은 안에 있다. 방문하여 만나고자 하는 사람은 볼 수 없으며, 하는 일은 이루어지기가 어렵다. 길을 가는 자(者)는 지체되고, 도망하는 자는 숨는 형국이다. 이와 같은데 등사(螣蛇)가 보이면 의혹과 근심의 괴몽이 더욱 심하다. 혹 申加卯는 차바퀴에 도달함을 뜻하는데 삼전(三傳)에 백호(白虎), 현무(玄武) 등이 보이면 그 흉이 더욱 심하다. 오직 午加卯는 명당(明堂)이고, 주로 만사가 창륭(昌隆)한다.

丁丑日 辰時 丑將占.

<table>
<tr><td>戊
合寅青</td><td>己
勾卯空</td><td>庚
青辰白</td><td>辛
空巳常</td><td colspan="4">丙
蛇子合
卯</td><td colspan="4">庚
青辰白
未</td><td colspan="4">甲
后戌蛇
丑</td></tr>
<tr><td>丁
朱丑勾</td><td colspan="2" rowspan="2">제4국</td><td>壬
白午玄</td><td colspan="3" rowspan="2">庚
青辰白
丁</td><td colspan="3" rowspan="2">丁
朱丑勾
辰</td><td colspan="3" rowspan="2">甲
后戌蛇
丑</td><td colspan="3" rowspan="2">癸
常未陰
戌</td></tr>
<tr><td>丙
蛇子合</td><td>癸
常未陰</td></tr>
<tr><td>乙
貴亥朱</td><td>甲
后戌蛇</td><td>O
陰酉貴</td><td>O
玄申后</td><td colspan="12">묘성과, 동사엄목, 육의</td></tr>
</table>

유일(柔日)의 묘숙(昴宿)으로 사과(四課)에 상하(上下)간의 극(剋)도 없고, 요극(遙剋)도 없으므로 천반(天盤) 酉에서 내려다보이는 지반(地盤) 子를 발용(發用)하

여 동사엄목(冬蛇掩目)이 되었다.

(7) 별책과(別責課)

사과(四課)가 불완전하여 삼과(三課)만 있는데, 극(剋)도 없으므로, 별도로 한 개의 신(神)을 발용(發用)하는 것을 별책과(別責課)라고 한다.

양간(陽干)은 항상 쉽게 움직임을 하는데, 양일(陽日)은 초전(初傳)의 발용을 일간(日干)과 합(合)하는 상신(上神)으로 한다. 이와 같은 것은 戊癸 합(合)에서 癸의 기궁(寄宮)은 丑이고, 즉 丑의 상신(上神)을 발용(發用)한다. 음지(陰支)는 항상 고요하고 자리를 지키므로 고로 음일(陰日)은 일지의 삼합의 전(前) 1위 지(支)이다. 이와 같은 경우는 未日 삼합의 전(前) 1위지는 亥 자(字)이므로 이것을 초전(初傳)으로 하고, 중(中), 말전(末傳)은 일상신(日上神)으로 함께 병행한다. 이렇게 삼과(三課)로 이루어지면 불비(不備)인데, 별도로 그 과전(課傳)을 따져서 하나의 합(合)되는 신(神)이 발용(發用)되는데, 그 이름이 별책(別責)이다. 점(占)하는 사람은 모든 일이 불완전하게 얽혀져 있고, 주로 지체된다.

상왈(象曰), 뜻하는 것은 바르지만, 재물(財物)은 불완전하다. 병사를 맏을 장수는 선별하여야 하고, 물을 건너고자 하면 배를 찾아야 한다. 혼인(婚姻)을 구(求)하면 다른 곳에 별도의 혼처(婚處)가 따로 있고, 임신(姙娠)과 출산(出産)은 지체(遲滯)된다. 이와 같이 신장(神將)이 · 흉하고, 일간(日干)과 발용(發用)이 휴수(休囚)하면 응(應)하는 것도 흉상(凶象)이며, 신장(神將)이 길(吉)하고 일간(日干)과 발용(發用)이 왕상(旺相)하면, 그 응(應)함도 길상(吉象)이다.

丙辰日 卯時 辰將占, 양일(陽日) 별책과(別責課).

戊 合午青	己 朱未勾	庚 蛇申合	辛 貴酉朱	癸 陰亥貴 戌	戊 合午青 巳	戊 合午青 巳	
丁 勾巳空	제12국		壬 后戌蛇	戊 合午青 丙	己 朱未勾 午	丁 勾巳空 辰	戊 合午青 巳
丙 青辰白			癸 陰亥貴				
乙 空卯常	甲 白寅玄	○ 常丑陰	○ 玄子后	별책과, 삼기, 불비, 천망(亥時)			

과(課)에 극(剋)이 없는, 묘성(昴星)의 사과(四課)에서 불비(不備)가 되었으므로, 양일(陽日)은 일간(日干)인 丙과 간합(干合)하는 辛의 기궁(寄窮)인 戌의 상신(上神)을 발용(發用)하여 별책과(別責課)이다.

辛丑日 酉時 子將占, 음일(陰日) 별책과(別責課).

丙 空申朱	丁 白酉合	戊 常戌勾	己 玄亥青	○ 合巳后 寅	辛 后丑白 戌	辛 后丑白 戌	
乙 青未蛇	제10국		庚 陰子空	辛 后丑白 辛	○ 朱辰陰 丑	○ 朱辰陰 丑	乙 青未蛇 辰
甲 勾午貴			辛 后丑白				
○ 合巳后	○ 朱辰陰	癸 蛇卯玄	壬 貴寅常	별책과, 여덕, 불비, 천망(巳時)			

극(剋)이 없는 세 개의 과(課)로 구성되어 음일(陰日)이므로, 지전삼합(支前三合)으로 취용(取用)하는데, 일지(日支) 丑은 巳酉丑이 되므로 巳가 발용(發用)되고 중말전(中末傳)은 일간상신(日干上神)이 되어 삼전(三傳)이 巳丑丑이 되었다.

사과(四課)가 완전하지 못하고 또 극(剋)도 없으므로, 묘성(昴星)처럼 酉를 취용(取用)하지 않고, 과(課) 또한 불비(不備)이므로 그 과전(課傳)을 살펴보아 한 개의 합신(合神)을 얻어서 발용(發用)하므로 이름이 별책(別責)이다. 음양(陰陽)이 전부 극(剋)이 없고, 이양일음(二陽一陰)이면 두 남자가 한 여자를 놓고 다투는 형상이고, 이음일양(二陰一陽)이면 두 여자가 한 남자를 놓고 다툰다. 바른 것을 버리고 별도의 합(合)을 구하니, 부부(夫婦)가 각각 음일(淫佚)의 뜻이 있으므로 이름이 무음(蕪淫)이고, 그래서 별책(別責)은 또한 무음불비과(蕪淫不備課)이다. 점(占)에서는 주로 일은 전부 갖추어지지 않았고, 뜻하는 것은 바르지 않고 흠이 있다. 합(合)하는 신(神)을 발용(發用)하기 때문에 일은 전부 유연(留連)하며 연결되어 있고, 용병(用兵)은 진군(進軍)하려고 해도 나갈 수 없고, 임신(姙娠)과 출산(出産)은 많이 지연된다. 가택점(家宅占)에서 부처(夫妻)의 일은 당연히 음일(淫佚)하다고 단정한다.

(8) 팔전과(八專課)

사과(四課)의 간지(干支)가 동일(同一)하고, 극(剋)도 없으면, 양일(陽日)은 일양(日陽)을 순행(順行)으로, 음일(陰日)은 진음(辰陰)을 역행(逆行)으로, 세 번째 위치에 있는 신(神)을 발용(發用) 하니 이를 팔전과(八專課)라 한다.

팔전일(八專日)은 오일(五日)이 있는데 癸丑日은 극(剋)이 있고, 극(剋)이 없는 것으로 甲寅, 庚申등의 양일(陽日)은 일간(日干)의 양신(陽神)이 순행(順行)을 따르고, 己未, 丁未 등의 음일(陰日)은 일지(日支)의 음신(陰神)이 역행(逆行)을 따른다. 중전(中傳)과 말전(末傳)은 함께 일간상신(日干上神)을 병행하여 사용한다. 이와 같은 것은 甲寅日 일간상신(日干上神)이 亥라면, 순행(順行) 삼위지(三位支)는 丑에 이르게 되고, 삼전(三傳)은 丑, 亥, 亥가 되는 것이다. 丁未日 일지(日支)의 음신(陰神), 즉 제사과상신(第四課上神)이 卯라면 역행(逆行)으로 삼위지(三位支) 가면 丑에 이르게 되고, 삼전(三傳)은 丑, 巳, 巳가 되는 것이다. 전부 일진(日辰)의 음신(陰神)과 양신(陽神)을 이용하여 논(論)한다. 팔전과(八專課)가 복음(伏吟)이 되는 네 개 과(課)는 간지(干支)의 여덟 글자가 전부 동일하다. 이와 같은 것은 팔가동정(八家同井)으로 전부 마음을 협력하는 뜻이 있으니 팔전(八專)이라고 한다. 만약 가무(家務)를 점(占)한다면 경중(輕重)을 쉽게 만나지만, 오직 바깥쪽의 일은 불리(不利)하다. 통동인지체(統≪同人≫之體)로, 제후들이 모여서 동맹(同盟)을 맺는 뜻의 과체(課體)이다.

상왈(象曰), 두 사람이 같은 마음으로 그 이익을 나누는 상(象)이다. 양(陽)이 진(進)하면 남자는 기쁘고, 음(陰)이 진(進)하면 여자는 음란(淫亂)하다. 용병(用兵)은 승리하여 군자(軍資)와 병력이 쌓이고, 잃어버린 물건은 안에서 찾는다. 성공(成功)이 특별한 경우는 나타난 것으로 사림(士林)에 발탁되기도 하지만, 이러한 팔전(八專)은 양과(兩課)의 음양(陰陽)이 병행하기 때문에, 주로 일은 이지러지고 멀어지게 되고, 모든 일은 (兩課)로서 결정한다. 양일(陽日)은 어른이 아랫사람을 속이고 주로 일은 빠르게 진행된다. 음일은 부처(夫妻)간에 의심을 품고 배반하며, 노비(奴婢)는 주인을 속이고, 주로 일은 퇴보하고 축소되며, 욕심이 돌아오지만 늦어진다. 혼인점(婚姻占)은 진행되면서 주로 사람들의 입에 의해 구설로 분난이 일어난다.

甲寅日 辰時 丑將占.

<table>
<tr><td>甲
青寅蛇</td><td>乙
勾卯朱</td><td>丙
合辰合</td><td>丁
朱巳勾</td><td colspan="4">O
空丑貴
辰</td><td colspan="4">癸
常亥陰
寅</td><td colspan="4">癸
常亥陰
寅</td></tr>
<tr><td>O
空丑貴</td><td colspan="2" rowspan="2">제4국</td><td>戊
蛇午青</td><td colspan="3" rowspan="2">癸
常亥陰
甲</td><td colspan="3" rowspan="2">庚
后申白
亥</td><td colspan="3" rowspan="2">癸
常亥陰
寅</td><td colspan="3" rowspan="2">庚
后申白
亥</td></tr>
<tr><td>O
白子后</td><td>己
貴未空</td></tr>
<tr><td>癸
常亥陰</td><td>壬
玄戌玄</td><td>辛
陰酉常</td><td>庚
后申白</td><td colspan="12">팔전과, 유박불수(밤)</td></tr>
</table>

상하(上下) 극(剋)이 없는 두 개의 과(課)가 되어, 양일(陽日)이므로 일간(日干)의 양신(陽神)인 亥에서 순행(順行) 삼위지(三位支)인 丑을 발용(發用)하였고, 중말전은 간상(干上)인 亥가 되어 팔전과(八專課)가 되었다.

팔전과(八專課)에서 만약 천후(天后), 육합(六合), 현무(玄武) 등의 신장(神將) 중에서 한 개라도 삼전(三傳)에 보이면 유박불수격(帷薄不修格)이 된다. 문을 중첩되게 가려 내외(內外)의 한계를 두었으며, 집에 장막을 친 별도의 남녀가 있어, 음양(陰陽)이 공처(共處)하여 남녀가 혼잡하고, 또 천후(天后), 육합(六合) 등을 만나면 음사지신(陰私之神)이기 때문에 그 기운이 더욱 심하다. 그러므로 유박불수(帷薄不修)라고 한다. 주로 사적(私的)으로 숨기는 것이 있어 밝지 못하고, 안에서 잃어버린 것은 주로 그 체(體)이다.

丁未日 丑時 辰將占.

<table>
<tr><td>戊
合申蛇</td><td>己
朱酉貴</td><td>庚
蛇戌后</td><td>辛
貴亥陰</td><td colspan="4">辛
貴亥陰
申</td><td colspan="4">庚
蛇戌后
未</td><td colspan="4">庚
蛇戌后
未</td></tr>
<tr><td>丁
勾未朱</td><td colspan="2" rowspan="2">제10국</td><td>壬
后子玄</td><td colspan="3" rowspan="2">庚
蛇戌后
丁</td><td colspan="3" rowspan="2">癸
陰丑常
戌</td><td colspan="3" rowspan="2">庚
蛇戌后
未</td><td colspan="3" rowspan="2">癸
陰丑常
戌</td></tr>
<tr><td>丙
青午合</td><td>癸
陰丑常</td></tr>
<tr><td>乙
空巳勾</td><td>甲
白辰青</td><td>○
常卯空</td><td>○
玄寅白</td><td colspan="12">팔전과, 유박불수(밤), 삼기</td></tr>
</table>

극(剋)이 없는 두 개의 과(課)가 되어 음일(陰日)이므로 진음(辰陰)으로 역(逆) 삼위(三位)하여 亥가 발용(發用)되었고, 일상(日上) 戌이 중말전(中末傳)을 이루어 음일(陰日) 팔전과(八專課)인데 삼전(三傳)에 천후(天后)가 보이므로 유박불수(帷薄不修)가 되어, 집안에서 남에게 말 못하는 음사(淫事)가 벌어지고 있다.

• 팔전과(八專課)에서 삼전(三傳)이 동일한 것을 독족격(獨足格)이라 한다.

己未日 未時 酉將占.

<table>
<tr><td>己
青未蛇</td><td>庚
勾申貴</td><td>辛
合酉后</td><td>壬
朱戌陰</td><td colspan="4">辛
合酉后
未</td><td colspan="4">辛
合酉后
未</td><td colspan="4">辛
合酉后
未</td></tr>
<tr><td>戊
空午朱</td><td colspan="2" rowspan="2">제11국</td><td>癸
蛇亥玄</td><td colspan="3" rowspan="2">辛
合酉后
己</td><td colspan="3" rowspan="2">癸
蛇亥玄
酉</td><td colspan="3" rowspan="2">辛
合酉后
未</td><td colspan="3" rowspan="2">癸
蛇亥玄
酉</td></tr>
<tr><td>丁
白巳合</td><td>○
貴子常</td></tr>
<tr><td>丙
常辰勾</td><td>乙
玄卯青</td><td>甲
陰寅空</td><td>○
后丑白</td><td colspan="12">팔전과, 육음, 독족, 유박불수</td></tr>
</table>

삼전(三傳)이 전부 돌아가는 한 개의 신(神)으로 되어, 로요역체(路遙驛遞)이고 전송하는 사람이 없고, 홀로 다리가 한 개이라 움직이기가 어려우므로 이름이 독족격(獨足格)이다. 일에서 움직이거나 이동(移動)이 불가능하고, 비용(費用)과 힘만 많이 든다. 혹 중말전(中末傳)이 전부 공망이 되어도 역시 이러하다. 오직 배를 타는 것만 유리하고, 나머지 이동이나 여행은 불가하다.

팔전과(八專課)는 사과(四課) 중에 두 개의 과(課)가 결(缺)하여, 두 개의 과(課)만 있는데, 만약 극(剋)이 있으면 조상법(照常法)으로서 원수(元首), 중심(重審), 비용(比用), 섭해(涉害) 등의 항목으로 논(論)한다. 간지가 동일한 위치이고 일은 한 곳으로 모이기 때문에 그 이름이 팔전(八專)이다.

(9) 복음과(伏吟課)

월장(月將)을 시간에 가(加)하여 십이신(十二神)이 각자 자신의 본궁(本宮)에 있으면, 일간(日干)을 극(剋)하는 신(神)을 발용(發用)하는 것을 복음과(伏吟課)라 한다.

이와 같은 경우는 子加子와 같은 유형이며 즉 일간(日干)을 극(剋)하는 신(神)을 초전(初傳)으로 하고, 형(刑)으로서 중전과 말전을 취한다. 그러므로 六癸日은 초전(初傳)이 丑, 중전(中傳)이 戌, 말전(末傳)은 未가 된다. 그 천지신(天地神)이 스스로 본가(本家)에 머무르며, 일진(日辰)의 음양(陰陽)이 엎드려 움직이지 못하며, 스스로 상극(相剋), 적(賊)하며, 홀로 은둔하여 신음(呻吟)한다고 하여 복음(伏吟)이라고 한다. 점사(占事)에서는 고요히 정수(靜守)하는 중에 움직임이 있는데, 통간지체(統≪艮≫之體)라 하여 옛것을 지키고 새로운 것을 조용히 기다려야 한다는 뜻의 과(課)이다.

상왈(象曰), 과거시험은 높은 성적으로 합격이고, 명리(名利)는 영화(榮華)가 돌아온다고 했다. 병(病)의 근심은 괴이(怪異)하고, 송사(訟事)와 쟁투는 전(田)의 오두막집문제이다. 봄과 겨울은 재난(災難)이 약하지만, 가을과 겨울은 그 세력이 위급하다. 몸을 근신하면서 동작(動作)하면 그릇됨이 없다.

癸未日 午時 午將占.

<table>
<tr><td>辛
貴巳朱</td><td>壬
后午合</td><td>癸
陰未勾</td><td>O
玄申青</td><td colspan="4">丁
勾丑陰
丑</td><td colspan="4">甲
白戌白
戌</td><td colspan="4">癸
陰未勾
未</td></tr>
<tr><td>庚
蛇辰蛇</td><td colspan="2" rowspan="2">제1국</td><td>O
常酉空</td><td colspan="3" rowspan="2">丁
勾丑陰
癸</td><td colspan="3" rowspan="2">丁
勾丑陰
丑</td><td colspan="3" rowspan="2">癸
陰未勾
未</td><td colspan="3" rowspan="2">癸
陰未勾
未</td></tr>
<tr><td>己
朱卯貴</td><td>甲
白戌白</td></tr>
<tr><td>戊
合寅后</td><td>丁
勾丑陰</td><td>丙
青子玄</td><td>乙
空亥常</td><td colspan="12">복음과, 유자, 삼기, 여덕(밤)</td></tr>
</table>

이와 같이 봄의 점에는 木이 왕(旺)하므로 능히 土귀살(鬼殺)을 극제(剋制)할 수 있고, 겨울의 水왕(旺)계절에는 土의 극이 두렵지 않게 되지만, 계월(季月)에는 왕기(旺氣)가 승한 土귀살의 극(剋)이 근심스럽고 가을에 이르러 귀살(鬼殺)의 세력은 더욱 강해지는데, 다시 흉장(凶將)이 승(乘)하면 그 세력은 매우 위급하다. 혹 천마(天馬), 천희(天喜), 은덕(恩德) 등의 길신(吉神)이 삼전(三傳)에 들어서 일진(日辰)이 왕상(旺相)하면 과거시험은 적중하고, 관직(官職)을 구하는 등의 일은 길상(吉象)이다.

가) 자임격(自任格)

복음과(伏吟課)에서 사과(四課)에 극(剋)이 없으면 강일(剛日)은 스스로 일간상신(日干上神)을 발용(發用) 하는데, 이를 자임격(自任格)이라 한다. 강(剛)이라는 것은 양(陽)을 말한다. 일진(日辰)의 음양(陰陽)이 각각 본가(本家)에 머무르기 때문에 상극(相剋)이 없고, 이와 같은 것은 甲日이면 자신의 기궁(寄宮)인 寅을 발용(發用)하고 삼전(三傳)은 寅巳申, 丙戊日 역시 스스로인 巳를 발용(發用)하고 삼전(三傳)은 巳申寅, 庚日 자신인 申을 발용(發用)하고 삼전(三傳)은 申寅巳 등이나. 그러므로 자임격(自任格)은 자신을 발용(發用)하고 형(刑)으로서 중전(中傳)과 말전(末傳)을 취(取)하기 때문에 강폭함을 면(免)하지 못한다. 이러한 것은 천지신(天地神)이 움직이지 않고 극도 없기 때문에 어느 것을 택하여 취할 수가 없으므로, 양일(陽日)에는 그 자신을 취용(取用)하기 때문에 이름이 자임격(自任格)이다. 점자(占者)는 스스로 강하다고 믿는데서 출발하였기 때문에 이것은 당연히 폐색

(閉塞)되었고, 유순(柔順)하게 기다리면, 길(吉)해지고 일도 이루어진다.

상왈(象曰), 그 몸에 강폭함이 있으나, 반드시 허물을 지나 이루어진다고 했다. 행인(行人)은 가까운 곳에 도달하고, 도망한 사람은 눈앞에 있다. 임신(姙娠)과 출산(出産)은 귀머거리이거나 벙어리의 장애가 있고, 화환(禍患)이 연이어 머무른다. 뵙고자 하는 사람은 나오지 않으므로 근본을 지키고 있는 것이 길(吉)하다. 이와 같은 것은 甲日의 봄에 점(占)하는 것과, 丙, 戊日의 여름 점(占)과, 가을의 庚日 점(占)등은 삼전(三傳)이 완전하게 유기(有氣)한데, 극(剋)이 없고, 삼전(三傳)에 역마(驛馬), 겁살(劫煞) 등을 보면 주로 자리를 지키고 기다리는 때가 되는데, 혹 이미 얻지 못하였는데 움직이게 되면, 움직이는 동안에 일이 성사되는 즉, 응함이 길한 경우도 있다. 오직 庚寅日 삼전(三傳) 申寅巳이고 말전(末傳)에 태을(太乙), 구진(勾陳) 등이 일간(日干)을 형극(刑剋)하면 가을에 점(占)하는 자(者)가 아니면 그 흉(凶)이 매우 크다. 나머지는 천장(天將)의 길흉(吉凶)을 상세히 살펴 추지(推知)한다.

丙辰日, 申時, 申將占. 복음(伏吟)

<table>
<tr><td>丁
勾巳空</td><td>戊
合午白</td><td>己
朱未常</td><td>庚
蛇申玄</td><td colspan="4">丁
勾巳空
巳</td><td colspan="4">庚
蛇申玄
申</td><td colspan="4">甲
白寅合
寅</td></tr>
<tr><td>丙
青辰青</td><td rowspan="2" colspan="2">제1국</td><td>辛
貴酉陰</td><td rowspan="2" colspan="3">丁
勾巳空
丙</td><td rowspan="2" colspan="3">丁
勾巳空
巳</td><td rowspan="2" colspan="3">丙
青辰青
辰</td><td rowspan="2" colspan="3">丙
青辰青
辰</td></tr>
<tr><td>乙
空卯勾</td><td>壬
后戌后</td></tr>
<tr><td>甲
白寅合</td><td>O
常丑朱</td><td>O
玄子蛇</td><td>癸
陰亥貴</td><td colspan="12">복음과, 자임, 현태, 여덕(낮)</td></tr>
</table>

나) 자신격(自信格)

복음과(伏吟課)에서 극(剋)이 없을 때 유일(柔日)은 지상신(支上神)을 발용(發用)하는데 자신격(自信格)이라고 한다. 유(柔)라는 것은 음(陰)을 말한다. 천지신(天地神)이 움직이지 않고, 극(剋)도 없는데, 이와 같은 것은 丁巳, 辛巳, 己巳日은 스스로 지상신(支上神)인 巳를 발용(發用)하고 삼전(三傳)이 巳申寅이되며, 丁丑, 辛丑, 己丑은 丑을 발용(發用)하여 삼전(三傳)이 丑戌未이고, 丁未, 辛未, 己未는 未

를 발용(發用)하여 삼전이 未丑戌이다. 이러한 자신(自信)은 그 몸이 유(柔)하여 유약(柔弱)하게 나아가는 사람으로, 그 이름이 자신(自信)이다. 모든 일에 신체(身體)의 움직임이 불가능하고, 가택(家宅)도 안녕하지 못한 과체(課體)이다.

상왈(象曰), 낮게 감추고, 숨기어 그 몸이 자유롭지 못하다. 도망은 가까운 곳에서 찾고, 도적(盜賊)은 안에서 찾는다. 병인(病人)은 언어의 장애가 있고 행인(行人)은 지체되고 머무르게 되어 떠나지 못한다. 몸을 근신하며 삼가면 근심이 멀어지고 없어진다. 이와 같은 것은 삼형(三刑)이 완전히 유기(有氣)하므로 주로 협동하는 일은 이익을 얻지 못하며, 사계(四季)가 완전하면 쟁송은 전토사(田土事)이다. 일간과 발용이 휴수(休囚)하고 신장(神將)이 흉(凶)하면 주로 흉(凶)한 상(象)이고, 일진과 발용이 왕상(旺相)하며, 신장(神將)이 길(吉)하면 길(吉)한 것이 있게 된다.

丁丑日 未時 未將. 복음(伏吟)

<table>
<tr><td>辛
空巳勾</td><td>壬
白午合</td><td>癸
常未朱</td><td>O
玄申蛇</td><td colspan="4">丁
朱丑常
丑</td><td colspan="4">甲
后戌后
戌</td><td colspan="4">癸
常未朱
未</td></tr>
<tr><td>庚
青辰青</td><td colspan="2" rowspan="2">제1국</td><td>O
陰酉貴</td><td colspan="3" rowspan="2">癸
常未朱
丁</td><td colspan="3" rowspan="2">癸
常未朱
未</td><td colspan="3" rowspan="2">丁
朱丑常
丑</td><td colspan="3" rowspan="2">丁
朱丑常
丑</td></tr>
<tr><td>己
勾卯空</td><td>甲
后戌后</td></tr>
<tr><td>戊
合寅白</td><td>丁
朱丑常</td><td>丙
蛇子玄</td><td>乙
貴亥陰</td><td colspan="12">복음과, 유자, 삼기, 여덕(밤)</td></tr>
</table>

다) 두전격(杜傳格)

복음과(伏吟課)에서 자형(自刑)이 발용(發用)되는 것은, 삼전(三傳)을 이루어 가는데 막힘이 있으므로 두전격(杜傳格)이라고 한다. 일간상신(日干上神)을 발용(發用)하여 자형(子刑)이 되면 중전(中傳)은 지상신(支上神)으로 하고, 지상신(支上神)을 발용(發用)하여 자형(子刑)이 되면 중전(中傳)은 다시 일간상신(日干上神)으로 한다. 중전(中傳)에서 다시 자형(子刑)을 이루면 말전(末傳)은 충(冲)으로 사용하고, 중전(中傳)이 자형(子刑)이 아니면 형(刑)으로서 말전(末傳)이 이루어진다. 이와 같은 경우는 壬辰日 삼전(三傳) 亥辰戌, 壬午日 삼전(三傳) 亥午子, 乙亥日 삼전(三傳) 辰亥巳, 乙酉日 삼전(三傳) 辰酉卯 등이다. 전부 초전(初傳)의 발용(發用)이 일간(日干)의 자형(子刑)으로, 중전(中傳)이 막힘이 있어 지상신(支上神)을 취(取)하였고, 다음의 전(傳) 즉, 중전(中傳)이 다시 자형(子刑)을 이루었으므로 말전(末傳)은 충(冲)으로서 취하여 구성이 되었다. 丁卯, 己卯, 辛卯日 卯子午 전부 유일(柔日)이고 발용(發用)을 지상신(支上神)으로 하여, 卯의 형(刑)인 子를 취하여 중전(中傳)을 이루었는데 子卯가 양형(兩刑)이므로 다시 삼전(三傳)으로 사용하지 못하고, 말전(末傳)은 子의 충인 午를 취하였다. 壬申日 亥寅申, 壬戌日 亥戌未, 壬子日 亥子卯, 壬寅日 亥寅巳, 乙丑日 辰丑戌, 乙未日 辰未丑, 乙巳日 辰巳申, 乙卯日 辰卯子, 등은 전부 일간(日干)의 자형(子刑)이 (發用)되어 중전(中傳)은 지진(支辰)이 되었고, 이 중전(中傳)의 형(刑)으로서 말전(末傳)을 이루었다. 丁酉, 己酉, 삼전(三傳)酉未丑, 辛酉 삼전(三傳)酉戌未, 丁亥, 己亥, 삼전(三傳)亥未丑. 辛亥 삼전(三傳)亥戌未 등은 전부 지진(支辰)의 자형(子刑)을 발용하여, 중전(中傳)은 간상신(干上神)이 되었으며 일간상신(日干上神)의 형(刑)으로 말전(末傳)이 구성되었다. 辰, 午, 酉, 亥의 자형(子刑)은 삼전(三傳)을 형(刑)으로 구성하는데 막힘이 많아 그 이름이 두전(杜傳)이다. 점사에서는 중도(中道)를 지키며, 계획을 개변(改變)하여 구(求)하여야 이루어짐이 있다.

상왈(象曰), 머무르던 사람은 가려하고, 합(合)이 되었던 자는 떠나려 한다고 하였다. 중정(中正)을 지키고 일은 개변(改變)하는 것이 좋다. 삼전(三傳)이 양(陽)이면 기다리는 사람은 오고, 삼전(三傳)이 음(陰)이면 오지 않는다. 재물을 구하는 것은 여의치 않다. 이와 같은 것의 천장(天將)에 청룡(青龍), 태상(太常), 귀인(貴人) 등이 승(乘)하면 그 몸이 길(吉)하고, 기쁨을 얻는다. 백호(白虎), 육합(六合), 이마(二馬) 등이 보이면, 고요한 중에 움직임이 있고, 기다리던 사람의 소식이 당도한다. 구진(勾陳)을 보면 억울하여도 뜻을 펴지 못하고, 움직임은 그치어 머무르게 된다. 태음(太陰)이 보이면 음사(陰私)로 어려움이 많고, 천공(天空)이 보이면 허위나 사기이고, 육합(六合)이 보이고 맹신(孟神)이며 삼전(三傳)이 양(陽)이면 아들을 낳는다. 혹 子午 가 완전하면 도로에서 바라던 소식을 들을 수 있고, 卯酉가 전부 있으면 문호(門戶)의 일이며, 사계(四季)가 완전하면 쟁송(爭訟)은 전토(田土)의 건이다. 사맹(四孟)이 완전하면, 여러 사람이 모인 협동의 건에서는 이익을 얻을 수 없으며, 일진(日

辰)과 용신(用神)이 왕상(旺相)하면 길(吉)함이 있다.

壬辰日 酉時 酉將.

<table>
<tr><td>癸
朱巳貴</td><td>O
合午后</td><td>O
勾未陰</td><td>甲
青申玄</td><td rowspan="2" colspan="4">丁
常亥空
亥</td><td rowspan="2" colspan="4">壬
蛇辰蛇
辰</td><td rowspan="2" colspan="4">丙
白戌白
戌</td></tr>
<tr><td rowspan="2">壬
蛇辰蛇</td><td rowspan="3" colspan="2">제1국</td><td rowspan="2">乙
空酉常</td></tr>
<tr><td rowspan="2" colspan="3">丁
常亥空
壬</td><td rowspan="2" colspan="3">丁
常亥空
亥</td><td rowspan="2" colspan="3">壬
蛇辰蛇
辰</td><td rowspan="2" colspan="3">壬
蛇辰蛇
辰</td></tr>
<tr><td>辛
貴卯朱</td><td>丙
白戌白</td></tr>
<tr><td>庚
后寅合</td><td>己
陰丑勾</td><td>戊
玄子青</td><td>丁
常亥空</td><td colspan="12">복음과, 자임, 여덕(낮), 두전</td></tr>
</table>

(10) 반음과(返吟課)

천지반(天地盤)의 십이신(十二神)이 전부 각각의 충(冲)하는 위치에 있을 때, 서로 극(剋)하는 신(神)을 발용(發用)하는 것을 반음과(返吟課)라 한다.

모든 신이 반대의 위치에 있는 것으로서 감리(坎离)가 교역(交易)하고 진태(震兌)가 서로 호환(互換)하며 일진(日辰)의 음양(陰陽)이 왕래(往來)되며 상하(上下)로 극적(剋賊)을 하여 반복 신음(呻吟)으로 되니 반음(返吟)이라 하였다. 점에서 이 과(課)는 온 사람은 가려고 생각하고, 떠난 사람은 돌아오려고 생각하며, 득(得)과 실(失)이 일정하지 않고 오직 옛일은 다시 이룹다. 통진지체(統≪震≫之體)로 우뢰와 같이 놀라는 일이 종종히 있나.

상왈(象曰), 높은 언덕은 계곡이 되고, 깊은 계곡은 다시 육지가 된다고 하였으니 그 변화가 일정하지 않고 매우 심하다. 얻은 물건은 다시 잃어버리고, 패(敗)한 것은 다시 이루게 되며, 편안히 번영하던 것은 떠나고 흩어지며, 출진(出陳)하면 허망한 것에 놀란다. 도움을 받는 쪽은 바깥이고, 남을 해(害)하려하면 오히려 자신이 해(害)를 당한다. 이와 같이 巳亥巳 반음(返吟)은 주로 개변(改變)과 이동(移動)이 많고, 재물과 문장(文章) 등을 얻으려 하는 일이며, 卯酉卯 반음(返吟)은 주택의 점이면 문호(門戶) 또는 도로사이고, 寅申寅은 먼 거리의 여행(旅行), 이동

(移動), 쟁송(爭訟) 등의 일이다. 흉신(凶神)과 흉장(凶將)을 만나면 주로 손실(損失)이고, 비록 움직여도 이익이 없으며, 우레와 같이 놀라는 일이 겹겹이 있다. 길신(吉神)과 길장(吉將)을 만나면 관청(官廳)에 은혜를 구하고, 관직(官職)을 옮기는 기쁨이 있다.

가) 무의격(無依格)

반음(返吟)에서 극(剋)이 있으면 극적법(剋賊法)으로서 발용(發用)을 하는데 천지반(天地盤)이 전부 충(冲)하기 때문에 기댈 곳이 없으므로 무의(無依)라고 한다. 가는 것은 반대로 예사롭지 않고 움직이고자 하여도 움직일 수 없다. 화(禍)는 스스로 밖에서 오고, 일을 좇아 아래에서 일어나며 의혹은 있어도 결론이 없다.

庚戌日 寅時 申將占.

<table>
<tr><td>辛
朱亥勾</td><td>壬
蛇子靑</td><td>癸
貴丑空</td><td>O
后寅白</td><td colspan="4">O
后寅白
申</td><td colspan="4">戊
靑申蛇
寅O</td><td colspan="4">O
后寅白
申</td></tr>
<tr><td>庚
合戌合</td><td colspan="2" rowspan="2">제7국</td><td>O
陰卯常</td><td colspan="3" rowspan="2">O
后寅白
庚</td><td colspan="3" rowspan="2">戊
靑申蛇
寅O</td><td colspan="3" rowspan="2">甲
玄辰玄
戌</td><td colspan="3" rowspan="2">庚
合戌合
辰</td></tr>
<tr><td>己
勾酉朱</td><td>甲
玄辰玄</td></tr>
<tr><td>戊
靑申蛇</td><td>丁
空未貴</td><td>丙
白午后</td><td>乙
常巳陰</td><td colspan="12">반음과, 회환, 현태, 육양</td></tr>
</table>

이 과(課)는 주로 많이 움직이려고 하지만, 오고가는 것이 공망이면 움직이는 것은 논(論)하지 않는다.

나) 무친격(無親格), 정란격(井欄格)

반음(返吟)에서 상하(上下) 간에 극(剋)이 없으면, 일지(日支)의 역마(驛馬)를 발용(發用)하는 것을 정란격(井欄格)이라고 한다. 대개 반음(返吟)은 서로 극(剋)하는 것이 많은데, 오직 사일(四日) 즉, 己丑,丁丑,辛丑,辛未 등은 사과(四課)에 극(剋)이 없다. 丑은 상신(上神)이 未가 되어 극(剋)하지 않으므로, 丑의 역마(驛馬)인 亥를 발용(發用)하고, 未 또한 상신(上神)이 丑이 되어 극하지 서로 극하지 않으므로, 주변의 우물과 울간에 의지하여 어려움을 비켜가려 하지만, 우물 밖에서는 쉽지 않다고 하여 그 이름이 정란사(井欄射)또는 무친격(無親格)이다. 정란(井欄)은 오고가는 것이 없으며, 반드시 중전(中傳)은 진상신(辰上神)이고, 말전(末傳)은 일상신(日上神)으로 삼전(三傳)이 구성되는 것이 그 법(法)이다.

상왈(象曰), 행인(行人)은 조해(阻害)가 길을 막고, 도적(盜賊)은 서로 공격한다. 내외(內外)는 괴이(怪異)한 일이 많이 일어나고, 상하(上下) 간에 공손하지 않다. 주변에서 구하는 일은 얻을 수 있고, 직접적으로 구하면 이루지 못한다. 삼전(三傳)을 구(救)하고 보호하는 것으로는 청룡(靑龍)을 보면 기쁘다. 이와 같은 경우에 신장(神將)이 흉(凶)하면 흉상(凶象)이고, 길(吉)하면 길상(吉象)이다.

正月 辛丑日 巳時 亥將占

<table>
<tr><td>己
合亥青</td><td>庚
朱子空</td><td>辛
蛇丑白</td><td>壬
貴寅常</td><td colspan="4">己
合亥青
巳</td><td colspan="4">乙
白未蛇
丑</td><td colspan="4">O
陰辰陰
戌</td></tr>
<tr><td>戊
勾戌勾</td><td colspan="2" rowspan="2">제7국</td><td>癸
后卯玄</td><td colspan="3" rowspan="2">O
陰辰陰
辛</td><td colspan="3" rowspan="2">戊
勾戌勾
辰O</td><td colspan="3" rowspan="2">乙
白未蛇
丑</td><td colspan="3" rowspan="2">辛
蛇丑白
未</td></tr>
<tr><td>丁
青酉合</td><td>O
陰辰陰</td></tr>
<tr><td>丙
空申朱</td><td>乙
白未蛇</td><td>甲
常午貴</td><td>O
玄巳后</td><td colspan="12">반음과, 무의</td></tr>
</table>

점에서는 주로 내외(內外)에 괴이(怪異)한 일이 많고, 상하(上下)가 놀라고 사이가 멀어진다. 우물위의 가목(架木)이 쉽게 틀어지고 기울듯이, 장구(長久)하지 못한 상(象)이다. 움직이면 마땅하고 정수(靜守)하면 어지럽고 시끄럽다. 일은 의지처가 없고, 일신(一身)이 양쪽으로 움직여야하니 바쁘기만 하다. 매사의 일이 빠르게 만들어지고, 쉽게 파(破)한다. 이 과는 길신(吉神)과 길장(吉將)을 만나면 일은 절반을 거둘 수 있고, 더욱 기쁘게 보는 것은 청룡(靑龍)인데, 구해주고 보호해주는 신(神)이기 때문이다.

(11) 삼광과(三光課)

과전(課傳)에서 발용(發用)과 일진(日辰)이 왕상(旺相)하고 길신(吉神)이 있는 것을 삼광과(三光課)라고 한다.

日은 사람인데 이 일간(日干)이 왕상(旺相)하면 모든 귀살(鬼殺)이 억제되고 사람이 더욱 활동하여 영달(榮達)하게 되니 일광(一光)이고, 또한 辰은 택(宅)이고 집인데 왕상(旺相)하면 사는 집이 넓고 여유로워 모든 사악함이 더욱 들어오지 못하는 것이 이광(二光)이며, 용신(用神)은 일진(日辰)의 동작(動作)인데 왕상(旺相)하면 모든 곳에 저해(沮害)가 없고, 하는 일마다 서광(瑞光)이 비추니 삼광(三光)이다. 이 세 곳의 신(神)에 다시 길장(吉將)이 승(乘)하면, 더욱 몸과 집과 동작(動作)에 서광(瑞光)이 비추며, 이 세 곳 모두 화려함이 있으므로 이름하여 삼광(三光)이다. 이 과(課)를 점한 사람은 만사를 뜻대로 비용과 힘을 들이지 않고 이루며, 또한 길(吉)함과 이로움이 있다. 통분지체(統≪賁≫之體)이며, 광명(光明)이 통달하는 과(課)이다.

상왈(象曰), 과전(課傳)에 삼광(三光)이 들면, 만사(萬事)가 창대(昌大)하게 길(吉)하며, 형(刑)을 받는 사람은 석방되고, 질병은 건강을 되찾아 편안해진다. 매매(賣買)도 이득을 얻고, 바라는 바는 모두 아름다우며, 복(福)이 스스로 찾아오고 흉화(凶禍)는 소산(消散)된다. 이와 같이 신장(神將)이 함께 화합하고 상생(相生)하며, 일진(日辰)과 용신(用神)이 왕상(旺相)하면 주로 천관(遷官)되어 승진(陞進)하는 영화(榮華)가 있고, 마지막에 기쁨을 얻으며 반드시 경하(慶賀)로운 일이 있고, 년명(年命)에 흉살(凶殺)이 따라도 흉(凶)하지 않다.

甲辰日 未時 酉將 春占.

<table>
<tr><td>丁
貴未空</td><td>戊
后申白</td><td>己
陰酉常</td><td>庚
玄戌玄</td><td colspan="4" rowspan="2">甲
合辰合
寅</td><td colspan="4" rowspan="2">丙
蛇午青
辰</td><td colspan="4" rowspan="2">戊
后申白
午</td></tr>
<tr><td>丙
蛇午青</td><td colspan="2" rowspan="2">제11국</td><td>辛
常亥陰</td></tr>
<tr><td>乙
朱巳勾</td><td>壬
白子后</td><td colspan="3">甲
合辰合
甲</td><td colspan="3">丙
蛇午青
辰</td><td colspan="3">丙
蛇午青
辰</td><td colspan="3">戊
后申白
午</td></tr>
<tr><td>甲
合辰合</td><td>O
勾卯朱</td><td>O
青寅蛇</td><td>癸
空丑貴</td><td colspan="12">섭해과, 참관, 췌서, 육의, 육양</td></tr>
</table>

酉 월장(月將)은 삼월(三月)이므로 월건(月建)은 辰이다. 왕(旺)한 월건(月建)인 辰이 일지(日支)와 발용(發用)이 되었고 일간(日干)인 甲木 또한 춘점(春占)이므로 목왕지절(木旺之節)의 왕기(旺氣)를 타고 있으니 삼광(三光)이 되었다.

(12) 삼양과(三陽課)

귀인이 순행(順行)하고, 일진(日辰)이 상생(相生)하여 유기(有氣)하며, 귀인의 전지(前支)에 있고, 왕상(旺相)한 기(氣)가 발용(發用)되면 삼양과(三陽課)라 한다.

천을귀인(天乙貴人)이 좌측으로 움직이는 것이 순행(順行)이므로 바른 이법(理法)인데, 양기(陽氣)가 순행(順行)하니 일양(一陽)이다. 또한 일진(日辰)이 귀인(貴人)의 전(前)에 있으므로 양기(陽氣)가 제대로 펴질 수 있으니 이양(二陽)이며, 일진(日辰)이 왕상(旺相)하여 양기(陽氣)가 진전되니 삼양(三陽)이다. 이 세 가지는 양기(陽氣)가 열리어 크게 되니, 만물(萬物)에 서광(瑞光)이 비춰지고, 다시 길장(吉將)과 겸하므로 이름이 삼양(三陽)이다. 점(占)하는 사람은 모든 일에 경사스러움으로 길(吉)하고, 구(求)하는 것은 전부 이룬다. 통진지체(統≪晉≫之體)이며 용검(龍劍)이 드리워져 매우 상서로운 과(課)이다.

상왈(象曰), 과전(課傳)에 삼양(三陽)이 들면 직업과 신분은 높아지고, 송옥(訟獄)은 석방을 얻으며, 질병은 방해(妨害)가 없어 회복된다. 재(財)는 기쁨을 이루는 뜻이 있고, 행인(行人)은 돌아온다. 적(敵)이 와도 전쟁이 없고 임신과 출산은 현명한 사내아이를 낳는다. 이와 같이 신장(神將)이 상하상생(上下相生)하면, 경영하는 것과 뜻하는 바는 만사(萬事)가 전부 이룹고, 관직에 있는 사람은 직위가 높아지고, 병자(病者)는 죽음이 임박하여 입관(入棺)을 기다리다가도 당장 일어나며, 수형자(囚刑者)는 비록 칼끝이 목에 닿아도 걱정할 것이 없으며, 형해(刑害)를 만나도 늘어지고 용서되며, 기쁜 일은 늦어지지 않는다. 만약 용신(用神)이 일간(日干)의 관귀(官鬼)로 일간(日干)을 극(剋)하는데, 중말전(中末傳)에서 구제하는 신(神)이 없으면 이것은 삼양부태(三陽不泰)라 하여 점사(占事)는 암매(暗昧)하여 어려워지고, 처음은 좋지만 나중에는 좋지 않게 되는 것을 면(免)하지 못한다.

乙丑日 酉時 戌將.

<table>
<tr><td>庚
朱午空</td><td>辛
蛇未白</td><td>壬
貴申常</td><td>癸
后酉玄</td><td colspan="2">丙
空寅朱
丑</td><td>丁
青卯合
寅</td><td>戊
勾辰勾
卯</td></tr>
<tr><td>己
合巳青</td><td colspan="2" rowspan="2">제12국</td><td>O
陰戌陰</td><td>己
合巳青
乙</td><td>庚
朱午空
巳</td><td>丙
空寅朱
丑</td><td>丁
青卯合
寅</td></tr>
<tr><td>戊
勾辰勾</td><td>O
玄亥后</td><td colspan="4"></td></tr>
<tr><td>丁
青卯合</td><td>丙
空寅朱</td><td>乙
白丑蛇</td><td>甲
常子貴</td><td colspan="4">원수과, 진여</td></tr>
</table>

귀인이 천문(天門)에 임(臨)하여 순행(順行)이 되고, 일지(日支)인 丑이 귀인(貴人)의 전(前)에 있으며, 戌 월장(月將)은 이월(二月)의 봄이 되는데, 발용(發用)된 寅木이 왕상(旺相)하니 삼양과(三陽課)가 되었다.

(13) 삼기과(三奇課)

순(旬) 중의 일간(日干)의 기(奇)가 발용(發用)이 되는 것을 삼기과(三奇課) 라고 한다.

순기(旬奇)란 甲子旬, 甲戌旬의 양순(兩旬)중에는 丑이 그 순기(旬奇)가 되고, 甲申旬, 甲午旬에는 子가 순기(旬奇)이며, 甲辰旬, 甲寅旬은 亥가 순기(旬奇)가 되는데 이러한 丑, 子, 亥가 순삼기(旬三奇)이다. 甲日은 午, 丙辰, 乙巳, 丁卯, 戊寅, 己丑, 庚未, 辛申, 壬酉, 癸戌 등은 각 일(日)의 일기(日奇)이다. 닭이 울면서 일(日)의 정기(精氣)가 구비되고, 야반(夜半)에 학이 울면서 달(月)의 정기(精氣)가 구비되며, 亥는 강궁(絳宮)으로 북두칠성이 전(轉)하여 건해(乾亥)의 방향을 가리킬때 별의 정기(精氣)가 구비된다. 丑은 옥당(玉堂)이고, 子는 명당(明堂)이며, 亥는 강궁(絳宮)이고, 이러한 세 가지는 일(日), 월(月), 성(星)의 정기(精氣)가 순중(旬中)에 사용되어 기(奇)가 되는데, 고로 삼기(三奇課)라고 하였다. 점하는 사람은 백(百)가지의 화(禍)가 소산(消散)되고, 모든 일은 길하고 이롭다. 통예지체(統≪豫≫之體)이고 상하(上下)가 기쁘게 되는 의미가 있다.

상왈(象曰), 만사(萬事)가 화합(和合)되고, 천(千)가지 재앙(災殃)이 해제된다. 혼인을 구하면 현숙(賢淑)한 여자를 아내로 맞이하고, 임신과 출산은 귀한 자녀를 양육(養育)한다. 선비가 기(奇)를 만나면 병점(病占)에는 어질고 뛰어난 의사를 만난다. 악장(惡將)이 승하여도 흉(凶)은 가고 길은 따른다. 순기(旬奇)에 일기(日奇)가 병행(竝行)하여 임하면 길(吉)한 과(課)이다. 순기(旬奇)가 있는데 일기(日奇)가 없어도 역시 가용(可用)하다. 혹 亥, 子, 丑이 삼전(三傳)에 겸(兼)하면 이것을 삼기연주(三奇連珠)라 하여 대길(大吉)하다. 또한 천상삼기(天上三奇)인 乙, 丙, 丁이 둔간(遁干)에 이루어지거나, 지하삼기(地下三奇)인 甲, 戊, 庚이 입전(入傳)하면 더욱 이롭다. 관직(官職)은 승진하고, 용병(用兵)은 승리를 취하며, 일(日)은 흉(凶)을 만나도 길(吉)로 변화하게 된다.

己酉日 未時 申將占.

<table>
<tr><td>丙
空午朱</td><td>丁
白未蛇</td><td>戊
常申貴</td><td>己
玄酉后</td><td colspan="4" rowspan="2">辛
后亥玄
戌</td><td colspan="4" rowspan="2">壬
貴子常
亥</td><td colspan="4" rowspan="2">癸
蛇丑白
子</td></tr>
<tr><td>乙
靑巳合</td><td colspan="2" rowspan="2">제12국</td><td>庚
陰戌陰</td></tr>
<tr><td>甲
勾辰勾</td><td>辛
后亥玄</td><td colspan="3">戊
常申貴
己</td><td colspan="3">己
玄酉后
申</td><td colspan="3">庚
陰戌陰
酉</td><td colspan="3">辛
后亥玄
戌</td></tr>
<tr><td>O
合卯靑</td><td>O
朱寅空</td><td>癸
蛇丑白</td><td>壬
貴子常</td><td colspan="12">중심과, 진여, 삼기</td></tr>
</table>

또한 일기(日奇)가 있는데, 甲日在午, 乙日在巳, 丙日在辰, 丁日在卯, 戊日在寅, 己日在丑, 庚日在未, 辛日在申, 壬日在酉, 癸日在戌등이다. 순기(旬奇)는 작용력이 큰 데에 비하여 일기(日奇)는 그 작용력이 적은데, 순기(旬奇)와 일기가 모두 삼전(三傳)에 같이 있으면 더욱 길(吉)하고, 순기(旬奇)만 있고 일기가 없어도 역시 삼기(三奇)로 길(吉)한 과(課)가 되나, 일기(日奇)만 있고 순기(旬奇)가 없다면 삼기과(三奇課)로 되지 않는다.

丙子日 申將 戌時.

<table>
<tr><td>己
空卯勾</td><td>庚
白辰青</td><td>辛
常巳空</td><td>壬
玄午白</td><td colspan="3">丁
勾丑朱
卯</td><td colspan="3">乙
朱亥貴
丑</td><td colspan="3">O
貴酉陰
亥</td></tr>
<tr><td>戊
靑寅合</td><td colspan="2" rowspan="2">제3국</td><td>癸
陰未常</td><td colspan="9"></td></tr>
<tr><td>丁
勾丑朱</td><td>O
后申玄</td><td colspan="2">己
空卯勾
丙</td><td colspan="2">丁
勾丑朱
卯</td><td colspan="2">甲
蛇戌后
子</td><td colspan="3">O
后申玄
戌</td></tr>
<tr><td>丙
合子蛇</td><td>乙
朱亥貴</td><td>甲
蛇戌后</td><td>O
貴酉陰</td><td colspan="9">중심과, 삼기, 극음</td></tr>
</table>

(14) 육의과(六儀課)

순수지(旬首支)가 발용(發用)되거나 과전(課傳)에 입전(入傳)하는 것을 육의과(六儀課)라고 한다.

甲子순(旬)에서 子, 甲戌순(旬)에서 戌, 甲申순(旬)에서 申, 甲午순(旬)에서 午, 甲辰순(旬)에서 辰, 甲寅순(旬)에서 寅등을 육의(六儀)라고 한다. 지의(支儀)는 子儀午, 丑儀巳, 寅儀辰, 卯儀卯, 辰儀寅. 巳儀丑, 未儀申, 申儀酉, 酉儀戌, 戌儀亥, 亥儀子 등 이다. 순수(旬首)라는 것은 육양(六陽)의 신(神)으로 성궁(星宮)의 으뜸이며, 존경과 예의가 있으므로 육의(六儀)라고 한다. 점자(占者)는 모든 일이 경사(慶事)스럽고 길(吉)하며, 집에는 온갖 상서로운 길상(吉象)만 모인다. 통태지과(統≪兌≫之課)로서 이익과 기쁨이 흐르는 과이다.

상왈(象曰), 희경(喜慶)이 많은 과(課)로 왕상(旺相)함을 반긴다. 죄가 있어도 용서되어 사면이 되고, 병자(病者)는 양의(良醫)를 만난다. 책을 보아도 기쁨이 있고, 온갖 귀함을 만나는 때이다. 살신(殺神)이 회피되고 근심이 기쁨으로 바뀐다. 괴강(魁罡)이 일진(日辰)이나 년명(年命)에 가(加)하여도 흉(凶)이 길(吉)로 변화한다. 혹 순의(旬儀)와 일진(日辰)의 의신이 함께 과전(課傳)에 있으며 귀인(貴人)에 길장(吉將)이 승하면 부귀육의(富貴六儀)가 되는데, 간지상신과 병행이 되면 사람과 집이 전부 길하다. 삼기(三奇)와 병행이 되면 만사에 저해(沮害)가 없고 기쁨만 있으며, 모든 악살이 소산되어 위해가 없다. 초전과 말전의 신(神)이 길장이면 처음과 끝이 다 같이 기쁜 일이 있다. 그러나 의신(儀神)이 초전으로 되어 행년(行年)을 극하면 흉하다.

丙辰日 寅時 未將占.

<table>
<tr><td rowspan="2">壬
蛇戌蛇</td><td rowspan="2">癸
朱亥貴</td><td rowspan="2">O
合子后</td><td rowspan="2">O
勾丑陰</td><td colspan="4" rowspan="3">甲
青寅玄
酉</td><td colspan="4" rowspan="3">己
陰未勾
寅</td><td colspan="4" rowspan="3">O
合子后
未</td></tr>
<tr></tr>
<tr><td rowspan="2">辛
貴酉朱</td><td colspan="2" rowspan="4">제8국</td><td rowspan="2">甲
青寅玄</td></tr>
<tr><td colspan="3" rowspan="3">壬
蛇戌蛇
丙</td><td colspan="3" rowspan="3">乙
空卯常
戌</td><td colspan="3" rowspan="3">辛
貴酉朱
辰</td><td colspan="3" rowspan="3">甲
青寅玄
酉</td></tr>
<tr><td rowspan="2">庚
后申合</td><td rowspan="2">乙
空卯常</td></tr>
<tr></tr>
<tr><td rowspan="2">己
陰未勾</td><td rowspan="2">戊
玄午青</td><td rowspan="2">丁
常巳空</td><td rowspan="2">丙
白辰白</td><td colspan="12" rowspan="2">중심과, 육의, 폐구(밤)</td></tr>
<tr></tr>
</table>

(15) 시태과(時泰課)

태세(太歲)나 월건(月建)에 청룡(青龍), 육합(六合) 등이 승(乘)하고 발용(發用)되어, 또 재덕(財德)의 신(神)을 겸하는 것을 시태과(時泰課)라 한다.

태세(太歲)는 천자(天子)이고, 월건(月建)은 제후(諸侯)이며, 청룡(青龍)은 장관(長官)이고 존엄하며 귀(貴)하고, 금전 재물의 기쁨을 주는 길신(吉神)이다. 육합(六合)은 뜻하는 바를 이롭게 하고, 혼인을 화합하는 길신(吉神)이다. 따라서 이 네 가지가 발용(發用)하거나 과전(課傳)에 입전(入傳)하여 일진의 재덕신(財德神)과 병행하면 사람은 운이 통하여 크게 되는 때이니 이름하여 시태과(時泰課)이다. 점자(占者)는 만사가 형통하고 이로우며, 통태지체(統≪泰≫之體)로 천지가 화창(和暢)하는 과(課)이다.

상왈(象曰), 시태과(時泰課)가 되면, 임금이 은혜로 벼슬을 내려주고 절을 받으려 한다. 재앙이 숨어서 소산(消散)되고, 계획하는 일은 의혹이 없이 순탄하다. 도망간 것은 반드시 돌아오고, 도적은 스스로 패(敗)하며, 임신과 출산은 귀한 자녀이고, 전(前)에는 한계에 부딛쳤던 것이 극복되어 더 넓어진다. 초전(初傳)이 청룡(青龍), 말전(傳)이 육합(六合)이거나 혹은 그 반대가 되어 태세(太歲), 월건(月建), 월장(月將)을 만나서 재덕(財德)의 신(神)인 길장(吉將)과 합하여 병행이 되면, 복신상조(福神相助)라 하여 사람은 크게 이로움을 본다. 아침에 천자(天子)와 제후(諸侯)를 알현하는 대귀인(大貴人)이고 모두 길(吉)하다. 벼슬을 구하면 영달(令達)하고 상인(商人)은 재물을 획득하며, 크게 희경(喜慶)이 있다.

子年 戌月 戊寅日 戌時 卯將.

<table>
<tr><td>甲
合戌合</td><td>乙
朱亥勾</td><td>丙
蛇子青</td><td>丁
貴丑空</td><td colspan="3" rowspan="2">丙
蛇子青
未</td><td colspan="3" rowspan="2">辛
常巳陰
子</td><td colspan="3" rowspan="2">甲
合戌合
巳</td></tr>
<tr><td>O
勾酉朱</td><td colspan="2" rowspan="2">제8국</td><td>戊
后寅白</td></tr>
<tr><td>O
青申蛇</td><td>己
陰卯常</td><td colspan="2">甲
合戌合
戊</td><td colspan="2">己
陰卯常
戌</td><td colspan="3">癸
空未貴
寅</td><td colspan="2">丙
蛇子青
未</td></tr>
<tr><td>癸
空未貴</td><td>壬
白午后</td><td>辛
常巳陰</td><td>庚
玄辰玄</td><td colspan="9">지일과, 비용, 주편</td></tr>
</table>

子가 태세(太歲)인데 또 일간(日干)의 재덕(財德)의 신(神)이고 子加未가 발용(發用)이 되어 말전(末傳)이 육합(六合)이 되어 바로 시태과(時泰課)가 되었다.

(16) 용덕과(龍德課)

태세(太歲)나 월장(月將)에 귀인(貴人)이 승(乘)하여 발용으로 된 것을 용덕과(龍德課)라 한다.

당시의 태세는 임금이고 만물의 으뜸이고 그 덕(德)으로 천하(天下)를 통치한다. 월장(月將)은 한 달간을 주재(主宰)하는 신(神)으로 태양이고 하늘에 떠서 사방을 밝게 비춰준다. 천을귀인은 길장(吉將) 중에서 으뜸이고, 복(福)을 내려주며 상서로운 일을 머무르게 하며 고통과 빈곤이 없어지게 한다. 만약 태세와 월장이 함께 병행하며, 다시 당일의 귀인(貴人)이 승(乘)하여 발용(發用)되면 용(龍)이 비를 몰고와 적셔주는 것과 같이 덕(德)이 만물에 미치게 되므로 용덕과(龍德課)라 하였다. 점자(占者)는 천자(天子)의 은덕이 있고 복(福)의 신(神)이 도와준다. 통췌지체(統≪萃≫之體)로 구름과 용이 만나는 과(課)이다.

상왈(象曰), 임금의 은혜가 아래에 미쳐 모든 사람들이 기뻐하고, 죄수는 출옥(出獄)하고 재물의 기쁨이 그 몸에 임한다. 명리(名利)를 쉽게 얻고, 쟁송(爭訟)은 휴진(休陳)된다. 관작(官爵)은 승진되며 대인을 만나야 이롭다. 태세(太歲)에 귀인이 승(乘)하여 발용(發用)하여 과전(課傳) 중에 월장(月將)이 보이면 역시 이와 같다. 주로 관직(官職)을 구하는 자는 더욱 관직이 진작(進爵)되고 임금과 신하가 기쁘게 만나 그 은혜의 가르침이 영달(榮達)한다. 관직과 록(祿)을 구하는 사람은 천관(天官)되는 복을 하사받기 위해 재상(宰相)을 보며, 계획하는 것은 다 같이 길(吉)하고, 당시에 재물의 기쁨을 거듭하여 획득한다.

癸巳年 庚申月 癸酉日 酉時 巳將.

乙 勾丑朱	丙 合寅蛇	丁 朱卯貴	戊 蛇辰后
甲 靑子合	제5국		己 貴巳陰
O 空亥勾			庚 后午玄
O 白戌靑	癸 常酉空	壬 玄申白	辛 陰未常

己 貴巳陰 酉	乙 勾丑朱 巳	癸 常酉空 丑

癸 常酉空 癸	己 貴巳陰 酉	己 貴巳陰 酉	乙 勾丑朱 巳

원수과, 불비, 회환, 육음

(17) 관작과(官爵課)

태세(太歲), 월건(月建), 년명(年命)의 역마(驛馬) 등이 발용(發用)되고, 또한 천괴(天魁)와 태상(太常)이 삼전(三傳) 안에 보이면 관작과(官爵課)라고 한다.

역마(驛馬)라는 것은 삼합(三合)의 첫 번째 지지(地支)를 충(冲)하는 것으로, 역체지신(驛遞之神)이며 명령의 전달에 사용된다. 년명(年命), 행년(行年), 태세(太歲), 월건(月建) 등이 함께 말을 사용하니 화려(華麗)함이 평상시와 다르다. 또한 戌 천괴(天魁)는 인수(印綬)즉, 임명장과 같은 문서인데, 관직과 작록(爵祿)에 영화가 더해지므로, 관작(官爵)이라 하였다. 점사(占事)에는 경사스럽고 길하며, 관직에 있는 사람은 승진된다. 통익지체(統≪益≫之體)로 큰 새들이 하늘을 나는 과(課)이다.

상왈(象曰), 관작인수를 얻으면 영화롭다. 재물과 명리(名利)에 길(吉)하며, 병송점(病訟占)은 탄식을 감내해야한다. 찾아간 사람은 거처에 없고, 행인(行人)은 집으로 돌아온다. 임신과 출산은 귀한 자녀이고, 관직에 있는 사람은 더욱 아름답다. 사마(駟馬)가 인수와 덕신을 만나고 천마(天馬), 청룡(靑龍), 일진(日辰)의 이마(二馬)를 만나면 더욱 길하다. 일진(日辰)과 발용(發用)이 왕상(旺相)하면 주로 일은 빠르게 이루어지며 관직에 있는 사람은 천관(遷官)이 있고 진작(進爵)되어 경사롭다. 평범한 사람은 귀인(貴人)을 보고 재물의 이익이 있어 기쁘고, 선비는 어찌 윗사람과 통하지 않음을 염려스러워 할 것인가? 만약 역마(驛馬)가 충, 파당하고 戌, 태상(太常)이 공망이거나 일진(日辰)과 용신(用神)이 휴수(休囚)하게 되면, 주로 일은 지체되고, 반대로 관작과 문서를 잃어버리는 과(課)이고, 주로 관리와의 만남을 물리쳐 벌을 받거나, 문서에 하자가 있으며, 바라는 일은 이루지 못하고, 기쁨이 근심으로 변한다.

未年 卯月 丁亥日 巳時 戌將占 癸亥命 行年午 上見亥.

<table>
<tr><td>丙
蛇戌蛇</td><td>丁
貴亥朱</td><td>戊
后子合</td><td>己
陰丑勾</td><td colspan="4">癸
空巳常
子</td><td colspan="4">丙
蛇戌蛇
巳</td><td colspan="4">辛
常卯空
戌</td></tr>
<tr><td>乙
朱酉貴</td><td colspan="2" rowspan="2">제8국</td><td>庚
玄寅青</td><td colspan="3" rowspan="2">戊
后子合
丁</td><td colspan="3" rowspan="2">癸
空巳常
子</td><td colspan="3" rowspan="2">壬
白辰白
亥</td><td colspan="3" rowspan="2">乙
朱酉貴
辰</td></tr>
<tr><td>甲
合申后</td><td>辛
常卯空</td></tr>
<tr><td>O
勾未陰</td><td>O
青午玄</td><td>癸
空巳常</td><td>壬
白辰白</td><td colspan="12">중심과, 주인</td></tr>
</table>

초전(初傳)은 巳, 태세(太歲) 未, 월건(月建) 卯인데, 초전은 일지(日支)의 역마(驛馬)가 되었고, 중전(中傳)은 戌로서 천괴이며, 말전의 卯에는 태상이 임(臨)하여 관작과(官爵課)가 되었다. 그러므로 관직이 승진(昇進)하는 의미를 가지고 있다.

(18) 부귀과(富貴課)

귀인(貴人)이 왕기(旺氣)에 승(乘)하여 상하상생(上下相生)을 이루며, 다시 일진(日辰)에 임(臨)하며 년명(年命)이 발용(發用)하면 부귀과(富貴課)라 한다.

천을귀인은 자미문(紫微門) 밖의 좌추(左樞)에 가까이 있고, 태을(太乙)의 오른쪽에 거주하며 12천장(天將)의 으뜸으로 간귀(干貴), 상관(上官), 전토(田土) 등의 일을 주관한다. 점자(占者)는 가도(家道)가 번창하고, 관직이 빛나며, 통대유지체(統≪大有≫之體), 금과 옥이 가득한 과(課)이다.

상왈(象曰), 하늘의 복덕이 내려오고, 만사가 새롭고 깨끗하다. 재물의 기쁨은 더욱 아름답고, 부귀가 양쪽에 완전하다. 출산은 귀한 자녀를 낳고, 혼인은 예쁘고 고운 배우자를 얻는다. 옥송(獄訟)에는 이로움을 얻고, 계획하는 것은 바로 눈앞에서 승리하고 쟁취한다. 이와 같이 戌加巳는 부귀, 권세와 문서의 상(象)이고 최고로 길하다. 다시 태상(太常)과 인수(印綬)를 만나거나 역마(驛馬)에 청룡(靑龍)이 승(乘)하면, 주로 재물의 이로움이 있고 보배를 획득하여 부귀를 쌓아가며, 관직이 없는 자는 반드시 높은 자리에 기용(起用)되고, 재물의 기쁨이 있으며, 관직이 있는 자는 승진(昇進)하며 형통(亨通)함과 복록(福祿)이 더욱 풍성해진다.

이 과에서 귀인이 진술(辰戌)에 임하면 입옥과(入獄課)로 되고 또 세소과(勢消課)로도 되는데 이는 점사에 모두 흉하다. 그러나 을신진술(乙辛辰戌)의 사일점(四日占)이나 혹은 점을 치는 사람의 년명이 진술(辰戌)일 때 귀인이 일간지나 년명(年命) 등에 임(臨)하였다면 여전히 부귀과로 되니, 절대로 입옥과로 보면 안 된다. 삼전(三傳)에 주야(晝夜)의 두 귀인이 있으면 귀인에게 보고하여 일을 하는 것으로서 두 곳의 귀인을 만나기 때문에 일이 성취된다. 그러나 사과(四課)와 삼전(三傳)에 주야(晝夜)의 귀인이 여러 개 있으면 귀인이 너무 많아 도리어 귀하지 못하고, 귀인에게 의지하려 해도 의지할 곳이 없어 소송점(訴訟占)에서는 일간의 관귀(官鬼)가 너무 많아 흉(凶)하다.

귀인이 일간(日干) 앞에 있을 때 서두르면 좋지 않은데, 너무 서두르거나 재촉하게 되면 오히려 귀인이 노하게 된다. 귀인이 일간(日干) 뒤에 있을 때 급히 서두르는 것이 좋고, 재촉하지 않으면 일이 늦다. 낮 귀인이 酉, 戌, 亥, 子, 丑, 寅의 밤 시간에 임(臨)하고, 밤 귀인이 卯,辰,巳,午,未,申,의 낮시간에 임한 것을 귀인차타(貴人蹉跎)라 하는데, 이때는 모든 일에 귀인의 도움을 바라지 말아야 한다. 다만 야간(夜間)의 귀인이 주간(晝間)의 지지에 임(臨)하면 어두운 곳에서 밝은 곳으로 나가는 것과 같아서 약간 길(吉)하다. 삼전(三傳)에 있는 귀인이 공망이나 낙공 등이 되면 일은 성사되지 않고, 공망에서 벗어날 때가 되어야 일이 성사된다.

壬子日 未將 寅時.

<table>
<tr><td>庚
青戌青</td><td>辛
勾亥空</td><td>壬
合子白</td><td>癸
朱丑常</td><td colspan="4" rowspan="2">乙
陰巳貴
子</td><td colspan="4" rowspan="2">庚
青戌青
巳</td><td colspan="4" rowspan="2">O
貴卯陰
戌</td></tr>
<tr><td>己
空酉勾</td><td colspan="2" rowspan="2">제8국</td><td>O
蛇寅玄</td></tr>
<tr><td>戊
白申合</td><td>O
貴卯陰</td><td colspan="3">甲
后辰后
壬</td><td colspan="3">己
空酉勾
辰</td><td colspan="3">乙
陰巳貴
子</td><td colspan="3">庚
青戌青
巳</td></tr>
<tr><td>丁
常未朱</td><td>丙
玄午蛇</td><td>乙
陰巳貴</td><td>甲
后辰后</td><td colspan="12">중심과, 주인, 인종</td></tr>
</table>

귀인(貴人)이 행년(行年)와 일지에 임(臨)하고 왕상(旺相)하게 발용(發用)했으므로 부귀과(富貴課)가 되었다.

(19) 헌개과(軒蓋課)

삼전(三傳)이 午 卯 子, 즉 승광(勝光)이 발용(發用)되었을 때, 태충(太冲)과 신후(神后) 등을 만나는 것을 헌개과(軒蓋課)라 한다.

신후(神后)라는 것은 子이며 자미(紫微)의 화개(華蓋)이고, 태충(太冲)은 卯이고 천사(天駟)와 천차(天車)이며, 승광은 午로 천마(天馬)이다. 이 삼신(三神)이 함께 있으면 사마(駟馬)가 이끄는 헌차(軒車)에 화개(華蓋)를 펼친다 해서 헌개라 하였다. 점자(占者)는 관직이 영화를 더하며 모든 일은 길하고 경사스럽다. 통승지체(統≪升≫之體)로서 선비가 발달하는 과(課)이다.

상왈(象曰), 이 과(課)를 얻어서 높이 출세하여 헌개(軒蓋)가 되려면 우선 차마(車馬)가 전부 완전해야 한다. 재물을 구하면 크게 획득하지만, 질병은 어렵고 오래 걸린다. 귀인이 기쁘게 맞이해 주며, 행인(行人)은 반드시 돌아온다. 이와 같이 승광(勝光) 午가 월지신살(月支神殺) 천마(天馬)가 되고, 태충(太冲) 卯가 천차(天車)가 되는 것은 正月과 七月에만 이루어진다. 이렇게 되면 차마(車馬)가 전부 움직이게 되는데, 출발하는 것은 반드시 목적지에 이르게 되고, 소식이 들리는 적(賊)은 반드시 온다. 나머지 달(月)의 헌개는 삼교과(三交課)가 되어 출전(出戰)하면 들판에서 크게 충돌하여, 전투를 결정지어야하여, 난전(難戰)이 되니 피하는 것이 좋고, 송사(訟事)는 법원이 자꾸 바뀌고, 병자(病者)는 그 혼백(魂魄)이 천리를 여행한다. 혹 년명(年命)에 청룡(靑龍)이 있으면 출행하는 길에 큰 비를 만난다. 차마(車馬)는 재물이 만들어지는데, 재물은 외래(外來)에서 온다. 만약 일진(日辰)과 발용(發用)이 왕상(旺相)하고, 태세, 월장, 덕신 등의 위에 귀인(貴人), 청룡(靑龍), 태상(太常), 육합(六合) 등의 길장(吉將)이 있으면 출입을 할 때 임금이나 높은 관직에 있는 사람에게 보여, 총애와 녹봉을 받고 역마(驛馬)가 고차(高車)되어 더욱 완전한 영화로움을 얻게 된다. 그러나 만약 삼전(三傳)에 흉신이나 등사(螣蛇), 백호(白虎), 사기(死氣) 등의 흉장이 승하여 년명(年命)을 극하거나, 또 일진(日辰)이 공망이거나, 혹은 가을에 점에 卯가 상차살(喪車殺)이 되면, 형(刑), 충(冲)이 흉(凶)을 따라 움직이게 되어, 헌개(軒蓋)가 삼교(三交)로 변하게 되며, 몸은 약(弱)하고 사람은 쇠(衰)하게 되고, 즉 헌개낙마(軒蓋落馬)의 상(象)이 되기 때문에 도리어 매우 흉하다.

甲子日 卯時 子將占.

<table>
<tr><td>丙
青寅蛇</td><td>丁
勾卯朱</td><td>戊
合辰合</td><td>己
朱巳勾</td><td colspan="4" rowspan="2">庚
蛇午青
酉</td><td colspan="4" rowspan="2">丁
勾卯朱
午</td><td colspan="4" rowspan="2">甲
白子后
卯</td></tr>
<tr><td>乙
空丑貴</td><td colspan="2" rowspan="2">제4국</td><td>庚
蛇午青</td></tr>
<tr><td>甲
白子后</td><td>辛
貴未空</td><td colspan="3">O
常亥陰
甲</td><td colspan="3">壬
后申白
亥</td><td colspan="3">癸
陰酉常
子</td><td colspan="3">庚
蛇午青
酉</td></tr>
<tr><td>O
常亥陰</td><td>O
玄戌玄</td><td>癸
陰酉常</td><td>壬
后申白</td><td colspan="12">원수과, 삼교</td></tr>
</table>

초전은 午승광(勝光), 중전은 卯태충(太冲), 말전은 子신후(神后)가 되어 헌개과(軒蓋課)이다.

(20) 주인과(鑄印課)

삼전(三傳)이 巳戌卯 즉, 戌이 巳에 加하여 중전(中傳)으로 된 것을 주인과(鑄印課)라 한다.

戌은 천괴(天魁)이고 인(印)이며, 巳는 태을(太乙)이고 화로(火爐)이다. 戌土 中의 辛金과 巳中의 丙과 合이 되어, 이것은 불로 제련하여 귀(貴)한 용기를 주조하므로 주인(鑄印)이라 하였다. 이 과(課)를 만나면 운(運)이 상승하는 길조(吉兆)로서 관리는 권세가 높아지고, 통정지체(統≪鼎≫之體)로서 붉게 단련하여 이루는 뜻의 과(課)이다.

상왈(象曰), 완고한 金을 주전(鑄篆)을 불로서 달구어 이룬다. 관직은 높이 발탁되고 윗사람에게 그 명(命)을 중첩해서 소개되고 알려 진다. 임신과 출산은 대길(大吉)하고, 혼인은 어진 배우자를 만난다. 서인(庶人)에게는 불길한데 질병과 관점(官占)에는 크게 흉하다. 戊己日 일간(日干)을 생하는 인수(印綬)와 태상(太常)을 만나면, 인수쌍전(印綬双全)이 된다. 태충(太冲) 卯는 차바퀴인데 삼전(三傳)에서 보이면 주인승헌(鑄印乘軒)의 상(象)이 된다. 점에서 관작(官爵)을 구(求)하는 사람이 이 과(課)를 만나면, 상서를 올리면 군왕에 까지 이르게 되어, 알견할 수 있게 되는 등, 주로 관작이 높게 승진되고, 그 구(求)하는 것을 이루게 되는 뜻이 있고, 당장에 문서와 신망을 획득하는 등 기쁨과 경사가 있어, 은혜로 명(命)이 영화롭다.

戊子日 8局

<table>
<tr><td>丙
合戌合</td><td>丁
朱亥勾</td><td>戊
蛇子青</td><td>己
貴丑空</td><td colspan="4">癸
常巳陰
子</td><td colspan="4">丙
合戌合
巳</td><td colspan="4">辛
陰卯常
戌</td></tr>
<tr><td>乙
勾酉朱</td><td colspan="2" rowspan="2">제8국</td><td>庚
后寅白</td><td colspan="3" rowspan="2">丙
合戌合
戌</td><td colspan="3" rowspan="2">辛
陰卯常
戌</td><td colspan="3" rowspan="2">癸
常巳陰
子</td><td colspan="3" rowspan="2">丙
合戌合
巳</td></tr>
<tr><td>甲
青申蛇</td><td>辛
陰卯常</td></tr>
<tr><td>O
空未貴</td><td>O
白午后</td><td>癸
常巳陰</td><td>壬
玄辰玄</td><td colspan="12">중심과, 주인, 난수, 권섭부정</td></tr>
</table>

戊子日 인수쌍전(印綬双全)의 예이지만 권섭부정이 되었다.

귀인(貴人), 청룡(靑龍), 태상(太常), 태음(太陰), 육합(六合) 등 길장(吉將)이 승(乘)하고 일간(日干)과 발용(發用)이 왕상(旺相)하면 크게 이롭다. 만약 봄, 여름의 巳午日時에 火가 왕(旺)한데 戌이 공망이거나 월파(月破)가 되어 일진(日辰)이 함께 무기(無氣)하면 파모손인(破模損印)의 상(象)이 되어, 인수가 파(破)가 되어 손실이 있다. 이와 같은 것이 또 흉장(凶將)을 만나면 주로 처음에는 이루나 나중에 파(破)하게 되고, 마음을 다해 노력하지만 마지막에는 이루지 못하게 된다. 서인(庶人)의 점에서는 반대로 불길(不吉)한데, 관(官)의 재앙(災殃)과 형(刑), 해(害)의 일이 있다.

丙子日 未時 子將占.

<table>
<tr><td>甲
蛇戌蛇</td><td>乙
朱亥貴</td><td>丙
合子后</td><td>丁
勾丑陰</td><td colspan="4" rowspan="2">辛
常巳空
子</td><td colspan="4" rowspan="2">甲
蛇戌蛇
巳</td><td colspan="4" rowspan="2">己
空卯常
戌</td></tr>
<tr><td>○
貴酉朱</td><td colspan="2" rowspan="2">제8국</td><td>戊
靑寅玄</td></tr>
<tr><td>○
后申合</td><td>己
空卯常</td><td colspan="3">甲
蛇戌蛇
丙</td><td colspan="3">己
空卯常
戌</td><td colspan="3">辛
常巳空
子</td><td colspan="3">甲
蛇戌蛇
巳</td></tr>
<tr><td>癸
陰未勾</td><td>壬
玄午靑</td><td>辛
常巳空</td><td>庚
白辰白</td><td colspan="12">중심과, 주인, 난수, 권섭부정</td></tr>
</table>

삼전(三傳)이 巳 戌 卯로 巳加子가 발용(發用)되고, 중전(中傳)에서 戌을 만나고, 말전(末傳)에 태상(太常)이 승(乘)하여 주인과(鑄印課)가 되었다. 이 과(課)에서 태상(太常)이 승(乘)한 巳가 일간(日干)의 록(祿)으로 발용(發用)이 되어 명리(名利)는 달성될 수 있다. 그러나 戌이 일간(日干)의 묘(墓)가 되어 질병 점에는 좋지 못하며, 巳는 일지상신이 되어 子의 극을 받으므로 권섭부정(權攝不正)이 되어 결국은 소송 점은 더욱 흉하다.

이 과(課)는 주로 일은 성사되지만 지체되다가 끝에 가서 이루어지고, 관직점에는 유리하지만 서인(庶人)들의 병(病), 송(訟)과 근심, 출산 등 네 가지의 일에는 불리하다. 여름의 巳 午日에 등사(螣蛇), 주작(朱雀)을 만나서 火가 왕(旺)해지거나, 戌 卯가 공망을 만나거나 하면, 파인손모(破印損模)가 되어 구관(求官)의 일은 반드시 천거되지 않는다.

甲子日 8局

O 蛇戌蛇	O 貴亥朱	甲 后子合	乙 陰丑勾
癸 朱酉貴	제8국		丙 玄寅青
壬 合申后			丁 常卯空
辛 勾未陰	庚 青午玄	己 空巳常	戊 白辰白

己 空巳常 子	O 蛇戌蛇 巳	丁 常卯空 戌O

甲 后子合 丁	己 空巳常 子	壬 合申后 卯	乙 陰丑句 申

중심과, 주인

중전과 말전이 공망이 되어 파인손모(破印損模)되었으며 구관(求官)에 불의(不宜)하다.

(21) 착륜과(斲輪課)

卯가 申 또는 酉에 임(臨)하여 발용(發用) 되는 것을 착륜과(斲輪課)라 한다.

卯는 차바퀴이고, 庚, 辛, 申, 酉은 칼과 도끼인데, 木이 金에게 깍이기 때문에 착륜이라 하였다. 점자(占者)는 관직과 록이 높게 승천하고 통이지체(統≪頤≫之體)와 유사하며 낡은 것을 혁신적으로 새롭게 하는 뜻이 있는 과(課)이다.

상왈(象曰), 木을 기물(器物)로 만들기 위해서는 金으로 깍고 다듬어야 한다. 임신과 질병은 흉하고 험하지만, 재물을 구하면 기쁨이 있다. 록위(祿位)는 가증(加增)이 되고 관직은 승진되어 발탁된다. 戌은 인(印)이고 태상(太常)은 수(綬)로서 만나면 더욱 기쁘다. 卯가 경신(庚申)에 임(臨)하면 가장 좋고, 신유(辛酉)에 임(臨)하면 두 번째인데, 卯는 乙木으로 申中의 庚과는 유정(有情)하여 합(合)이 되기 때문에 더욱 귀(貴)하게 이루어 진다. 다시 귀인(貴人), 청룡(青龍), 태상(太常), 태음(太陰), 육합(六合) 등의 길장(吉將)과 만나고, 역마(驛馬), 덕합(德合) 등의 길신(吉

神)이 삼전(三傳)에 보이면 관작(官爵)은 공향지위(公鄉之位)에 까지 이른다. 혹 壬癸日 수신(水神)이 보이는 것을 주즙(舟楫)이라 하고, 초전(初傳)과 말전(末傳)에 역마(驛馬)가 인종(引從)하게 되면 헌차(軒車)가 되는데, 이것은 먼 거리에 다녀야하는 중요한 책임이 있는 관직을 하사받는 기쁨이 있다. 木이 휴수(休囚)하고 백호(白虎)가 승(乘)하거나, 공망이 되었을 때는 후목난조(朽木難雕)라하여 木이 부실하여 조각을 할 수 없게 된다. 봄철의 甲乙日 寅卯시(時)는 金이 쇠약하므로 상부(傷斧)라 하고, 가을철 庚金日 申酉時는 木이 너무 쇠약하므로 상륜(傷輪)이라하며, 반대로 흉하다. 혹은 辛卯日 干上卯는 재물을 취(取)하는 상인데 급하게 취하는 것이 옳은 것은, 인수(印綬) 즉 戌이 卯木으로부터 피극(被剋)을 당하기 때문에 반대로 유해(有害)함이 따르기 때문이다.

이 과(課)는 주로 일은 많이 지체되지만 마지막에 이루어지며, 태잉(胎孕)과 병송점(病訟占)은 꺼린다. 卯木이 휴수(休囚)한데 백호(白虎)가 승(乘)하면 관곽(棺槨)이라 하고, 공망을 만나면 후목난조(朽木難雕)가 되어 조각할 수 없는 썩은 나무로 된다. 춘절(春節)의 甲乙日에 점을 하며 木이 왕(旺)하고 金이 쇠약(衰弱)하므로 상부(傷斧)하고, 추절(秋節) 庚辛日에 점을 하면 金이 왕(旺)하고 木이 쇠약하므로 상륜(傷輪)이라 한다. 만약 辛卯日의 일간상(日干上)의 卯가 재성(財星)인데, 재(財)를 취하려는 사람이라면 빨리 취하여야 되고, 늦으면 해롭게 되며, 아래의 乙未日 未加乙도 동일하다.

乙未日 未加乙

<table>
<tr><td>丙
貴申勾</td><td>丁
后酉合</td><td>戊
陰戌朱</td><td>己
玄亥蛇</td><td colspan="4" rowspan="2">乙
蛇未青
辰</td><td colspan="4" rowspan="2">戊
陰戌朱
未</td><td colspan="4" rowspan="2">辛
白丑后
戌</td></tr>
<tr><td>乙
蛇未青</td><td colspan="2" rowspan="2">제10국</td><td>庚
常子貴</td></tr>
<tr><td>甲
朱午空</td><td>辛
白丑后</td><td colspan="3">乙
蛇未青
乙</td><td colspan="3">戊
陰戌朱
未</td><td colspan="3">戊
陰戌朱
未</td><td colspan="3">辛
白丑后
戌</td></tr>
<tr><td>O
合巳白</td><td>O
勾辰常</td><td>癸
青卯玄</td><td>壬
空寅陰</td><td colspan="12">중심과, 가색, 췌서, 여덕, 회환</td></tr>
</table>

辛丑日 辰시 亥將占.

庚 朱子空	辛 蛇丑白	壬 貴寅常	癸 后卯玄
己 合亥青	제6국		O 陰辰陰
戊 勾戌勾			O 玄巳后
丁 青酉合	丙 空申朱	乙 白未蛇	甲 常午貴

癸 后卯玄 申	戊 勾戌勾 卯	O 玄巳后 戌

O 玄巳后 辛	庚 朱子空 巳O	丙 空申朱 丑	癸 后卯玄 申

중심과, 착륜, 일녀

초전(初傳)의 卯가 지반(地盤)의 申에 임(臨)하여 발용(發用)으로 되었으므로 申金으로 卯를 다듬어 차바퀴가 되었으므로 착륜과(斲輪課)가 되었다.

(22) 인종과(引從課)

일간(日干)과 일지(日支)의 전후상신(前後上神)이 발용(發用)되어, 초전(初傳)과 말전(末傳)으로 되는 것을 인종과(引從課)라 한다.

庚辰日 干上丑

甲 合戌合	乙 朱亥勾	丙 蛇子青	丁 貴丑空
O 勾酉朱	제8국		戊 后寅白
O 青申蛇			己 陰卯常
癸 空未貴	壬 白午后	辛 常巳陰	庚 玄辰玄

戊 后寅白 酉	癸 空未貴 寅	丙 蛇子青 未

丁 貴丑空 庚O	壬 白午后 丑	O 勾酉朱 辰	戊 后寅白 酉O

중심과, 인종, 구재대획

위 과는 낮 귀인(貴人)으로 보면, 초전 寅加酉는 일간상신의 전(前)이되고, 말전(末傳) 子加未는 일간의 후(後)가 되어 일간(日干)을 앞에서 당겨주고 뒤에서 밀어주는 것처럼 좋은 것을 얻는데, 이러한 것을 공천간(拱天干), 또는 공귀(拱貴)라 하며, 주로 관직이 승천되고 모든 일에 최고로 길(吉)하다.

壬子日 亥加辰

庚 青戌青	辛 勾亥空	壬 合子白	癸 朱丑常
己 空酉勾	제8국		O 蛇寅玄
戊 白申合			O 貴卯陰
丁 常未朱	丙 玄午蛇	乙 陰巳貴	甲 后辰后

乙 陰巳貴 子	庚 青戌青 巳	O 貴卯陰 戌

甲 后辰后 壬	己 空酉勾 辰	乙 陰巳貴 子	庚 青戌青 巳

중심과, 주인, 인종

위 과는 일간상신 辰, 초전 巳, 말전 卯를 양귀인종격(兩貴引從格)이라 하여, 주로 윗사람이 이끌어주며 혹은 무리의 귀인(貴人)이 천거함으로서 크게 이루며 화합하는 일이 있다.

丁酉日 酉는 야귀(夜貴)인데 일간(日干)인 丁에 가(加)하고 亥는 주귀(晝貴)로 酉지지(地支)에 가(加)하게 되며, 이때 년명(年命)이 申에 있다면 귀인(貴人)이 간지(干支)에 임(臨)하여 공연명(拱年命)이 되므로 마땅히 알려져 귀(貴)한 직책에 오르게 되고, 반드시 양귀인(兩貴人)의 성취(成就)를 얻게 된다.

丁酉日 11局

乙 勾未朱	丙 合申蛇	丁 朱酉貴	戊 蛇戌后
甲 青午合	제11국		己 貴亥陰
O 空巳勾			庚 后子玄
O 白辰青	癸 常卯空	壬 玄寅白	辛 陰丑常

丁 朱酉貴 未	己 貴亥陰 酉	辛 陰丑常 亥

丁 朱酉貴 丁	己 貴亥陰 酉	己 貴亥陰 酉	辛 陰丑常 亥

중심과, 췌서, 회환, 불비, 육음

丁巳日 伏吟課

丁 空巳勾	戊 白午合	己 常未朱	庚 玄申蛇
丙 青辰青	제1국		辛 陰酉貴
乙 勾卯空			壬 后戌后
甲 合寅白	O 朱丑常	O 蛇子玄	癸 貴亥陰

丁 空巳勾 巳	庚 玄申蛇 申	甲 合寅白 寅

己 常未朱 丁	己 常未朱 未	丁 空巳勾 巳	丁 空巳勾 巳

복음과, 자신, 현태, 여덕(밤)

위 과와 己巳日, 癸亥日 복음과(伏吟課) 등은 간지(干支)가 일간의 록(祿)이 공(拱)이 되므로 점하는 일은 식록사(食祿事)이다.

庚午日 伏吟

<table>
<tr><td>己
勾巳朱</td><td>庚
青午蛇</td><td>辛
空未貴</td><td>壬
白申后</td><td colspan="4">壬
白申后
申</td><td colspan="4">丙
蛇寅青
寅</td><td colspan="4">己
勾巳朱
巳</td></tr>
<tr><td>戊
合辰合</td><td colspan="2" rowspan="2">제1국</td><td>癸
常酉陰</td><td colspan="3" rowspan="2">壬
白申后
庚</td><td colspan="3" rowspan="2">壬
白申后
申</td><td colspan="3" rowspan="2">庚
青午蛇
午</td><td colspan="3" rowspan="2">庚
青午蛇
午</td></tr>
<tr><td>丁
朱卯勾</td><td>O
玄戌玄</td></tr>
<tr><td>丙
蛇寅青</td><td>乙
貴丑空</td><td>甲
后子白</td><td>O
陰亥常</td><td colspan="12">복음과, 자임, 현태</td></tr>
</table>

己酉日 복음(伏吟) 등은 야귀(夜貴)를 공(拱)하고, 甲子日 복음(伏吟)은 야귀(夜貴)를 공(拱)하여, 이를 간지공귀(干支拱貴)라 하여 마땅히 귀인(貴人)에게 알려야 하는 처사(處事)이다.

甲子日 伏吟

<table>
<tr><td>己
朱巳勾</td><td>庚
蛇午青</td><td>辛
貴未空</td><td>壬
后申白</td><td colspan="4">丙
青寅蛇
寅</td><td colspan="4">己
朱巳勾
巳</td><td colspan="4">壬
后申白
申</td></tr>
<tr><td>戊
合辰合</td><td colspan="2" rowspan="2">제1국</td><td>癸
陰酉常</td><td colspan="3" rowspan="2">丙
青寅蛇
甲</td><td colspan="3" rowspan="2">丙
青寅蛇
寅</td><td colspan="3" rowspan="2">甲
白子后
子</td><td colspan="3" rowspan="2">甲
白子后
子</td></tr>
<tr><td>丁
勾卯朱</td><td>O
玄戌玄</td></tr>
<tr><td>丙
青寅蛇</td><td>乙
空丑貴</td><td>甲
白子后</td><td>O
常亥陰</td><td colspan="12">복음과, 자임, 원태</td></tr>
</table>

이러한 귀인(貴人)의 출행은 앞에서 이끌어 주고 뒤에서 따라주므로, 이름이 인종(引從)이다. 통환지체(統≪渙≫之體)로 차마(車馬)를 주위에서 보호하고 이끌어 주는 의미의 과(課)이다.

상왈(象曰), 간지(干支)가 공협(拱夾)되면 벼슬을 찾는 사람에게는 아름다운 징조이다. 관직(官職)은 승천되고, 명리(名利)는 영요(榮耀)된다. 태잉(胎孕)은 총명한 아이를 생산하고, 혼인(婚姻)은 금옥(金玉)을 불러온다. 출행(出行)하면 재물을 얻게 되고, 귀인(貴人)이 환하게 웃는다. 이와 같은 경우에 일진상(日辰上)에 귀묘(鬼墓)가 승(乘)하여 인종(引從)을 만나면, 만약 육처(六處)에 충극(冲剋)되는 신(神)이 있으면 흉(凶)이 소산(消散)되고 최고로 길(吉)하다.

壬子日 巳時 戌將 占.

<table>
<tr><td>庚
青戌青</td><td>辛
勾亥空</td><td>壬
合子白</td><td>癸
朱丑常</td><td colspan="4">乙
陰巳貴
子</td><td colspan="4">庚
青戌青
巳</td><td colspan="4">O
貴卯陰
戌</td></tr>
<tr><td>己
空酉勾</td><td colspan="2" rowspan="2">제8국</td><td>O
蛇寅玄</td><td colspan="3" rowspan="2">甲
后辰后
壬</td><td colspan="3" rowspan="2">己
空酉勾
辰</td><td colspan="3" rowspan="2">乙
陰巳貴
子</td><td colspan="3" rowspan="2">庚
青戌青
巳</td></tr>
<tr><td>戊
白申合</td><td>O
貴卯陰</td></tr>
<tr><td>丁
常未朱</td><td>丙
玄午蛇</td><td>乙
陰巳貴</td><td>甲
后辰后</td><td colspan="12">중심과, 주인, 인종</td></tr>
</table>

초전(初傳)의 巳가 일간상신인 辰의 앞에 있고, 말전(末傳)의 卯는 辰土 뒤에 있음으로 이러한 경우는 앞에서 이끌어 주고 뒤에서 밀어준다는 공간격(空干格)이 되었다. 壬日은 주귀(晝貴)가 卯이고 야귀(夜貴) 巳이므로, 초전(初傳)이 巳이고 말전(末傳)이 卯가 되어 주야(晝夜) 양귀인(兩貴人)이 일간(日干)을 전후(前後)에서 도와주니 양귀공간(兩貴拱干)이 되었고, 간상(干上) 辰은 일간의 묘(墓)인데 일간에 임하여 흉하게 보이지만, 다행히 중전의 戌이 辰을 충극 하여 흉화(凶禍)가 소산(消散)된다고 할 수 있다.

甲午日 간상(干上)未, 지상(支上)亥의 경우 초전(初傳) 子는 지상(支上) 亥의 전(前)에 거(居)하고 말전(末傳) 戌은 지상(支上)亥의 후(後)에 거(居)하여 전후(前後)의 인종(引從)을 만나기 때문에 공지지(拱地支)라고 하여, 주로 주택을 옮기거나 수리하는데 크게 이롭다.

甲午日 干上未 支上亥

<table>
<tr><td>戊
合戌合</td><td>己
勾亥朱</td><td>庚
青子蛇</td><td>辛
空丑貴</td><td colspan="4">庚
青子蛇
未</td><td colspan="4">O
陰巳常
子</td><td colspan="4">戊
合戌合
巳O</td></tr>
<tr><td>丁
朱酉勾</td><td colspan="2" rowspan="2">제8국</td><td>壬
白寅后</td><td colspan="3" rowspan="2">乙
貴未空
甲</td><td colspan="3" rowspan="2">庚
青子蛇
未</td><td colspan="3" rowspan="2">己
勾亥朱
午</td><td colspan="3" rowspan="2">O
玄辰玄
亥</td></tr>
<tr><td>丙
蛇甲白</td><td>癸
常卯陰</td></tr>
<tr><td>乙
貴未空</td><td>甲
后午白</td><td>O
陰巳常</td><td>O
玄辰玄</td><td colspan="12">지일과, 삼기, 인종</td></tr>
</table>

일진(日辰)의 상신(上神)간에 서로 교차상합(交車相合)이 이루어지고 있고 지상 亥를 초전(初傳)과 말전(末傳)에서 인종(引從)하여 간상(干上)의 묘(墓)의 흉(凶)함이 길(吉)로 바뀌고 있다.

(23) 형통과(亨通課)

발용(發用)이 일간(日干)을 생(生)하고, 삼전(三傳)이 차례로 체생(遞生) 하여 일간(日干)을 생하거나, 또는 간지(干支)가 함께 서로 생왕(生旺)하면 형통과(亨通課)라고 한다.

丙申日 10局

<table>
<tr><td>丙
蛇申合</td><td>丁
貴酉朱</td><td>戊
后戌蛇</td><td>己
陰亥貴</td><td colspan="4">丙
蛇申合
巳</td><td colspan="4">己
陰亥貴
申</td><td colspan="4">壬
白寅玄
亥</td></tr>
<tr><td>乙
朱未勾</td><td colspan="2" rowspan="2">제10국</td><td>庚
玄子后</td><td colspan="3" rowspan="2">丙
蛇申合
丙</td><td colspan="3" rowspan="2">己
陰亥貴
申</td><td colspan="3" rowspan="2">己
陰亥貴
申</td><td colspan="3" rowspan="2">壬
白寅玄
亥</td></tr>
<tr><td>甲
合午青</td><td>辛
常丑陰</td></tr>
<tr><td>O
勾巳空</td><td>O
青辰白</td><td>癸
空卯常</td><td>壬
白寅玄</td><td colspan="12">중심과, 현태, 췌서, 불비</td></tr>
</table>

위 과는 삼전 申亥寅이 되면 초전(初傳)이 중전(中傳)을 생하고, 중전이 말전을 생하며, 말전은 다시 일간을 생하는 예이다.

癸丑日 9局

己 勾酉空	庚 靑戌白	辛 空亥常	壬 白子玄
戊 合申靑	제9국		癸 常丑陰
丁 朱未勾			O 玄寅后
丙 蛇午合	乙 貴巳朱	甲 后辰蛇	O 陰卯貴

己 勾酉空 巳	癸 常丑陰 酉	乙 貴巳朱 丑

乙 貴巳朱 癸	己 勾酉空 巳	乙 貴巳朱 丑	己 勾酉空 巳

섭해과, 찰미, 종혁, 육음

癸丑日 삼전 酉丑巳가 되면 말전이 중전을 생하고 중전이 초전을 생하며 초전이 일간을 생한다. 이것은 체생(遞生)이라 하는데 주로 윗사람의 추천을 받거나, 혹은 관리의 청탁을 받아 문장사(文狀事)는 시종일관(始終一貫) 성취된다. 辛卯日 干上亥 支上辰은 상호 생하고, 丙寅日 干上寅 生丙, 支上亥 生寅 등도 함께 생한다. 주로 피차간에 화합과 순리적으로 양쪽이 서로 유익하다. 생기(生氣)를 만나거나 양쪽의 근본이 화합하면 구(求)함에도 이득이 있다.

甲申日 干上酉

戊 靑子蛇	己 空丑貴	庚 白寅后	辛 常卯陰
丁 勾亥朱	제6국		壬 玄辰玄
丙 合戌合			癸 陰巳常
乙 朱酉勾	甲 蛇申靑	O 貴未空	O 后午白

丙 合戌合 卯	癸 陰巳常 戌	戊 靑子蛇 巳

乙 朱酉勾 甲	壬 玄辰玄 酉	辛 常卯陰 申	丙 合戌合 卯

지일과, 비용

위 卯는 支의 왕신(旺神)이고 支上卯는 干의 왕신(旺神)이므로 역시 상호 왕(旺)하므로 주객(主客)의 양쪽이 서로 분투하나 역시 상호간에 흥왕(興旺)이 있다.

壬寅日 干上子 支上卯

<table>
<tr><td>甲
合午蛇</td><td>乙
勾未朱</td><td>丙
青申合</td><td>丁
空酉勾</td><td colspan="4">O
蛇辰后
卯</td><td colspan="4">O
朱巳貴
辰O</td><td colspan="4">甲
合午蛇
巳O</td></tr>
<tr><td>O
朱巳貴</td><td colspan="2" rowspan="2">제12국</td><td>戊
白戌青</td><td colspan="3" rowspan="2">庚
玄子白
壬</td><td colspan="3" rowspan="2">辛
陰丑常
子</td><td colspan="3" rowspan="2">癸
貴卯陰
寅</td><td colspan="3" rowspan="2">O
蛇辰后
卯</td></tr>
<tr><td>O
蛇辰后</td><td>己
常亥空</td></tr>
<tr><td>癸
貴卯陰</td><td>壬
后寅玄</td><td>辛
陰丑常</td><td>庚
玄子白</td><td colspan="12">중심과, 진여, 천망(辰時)</td></tr>
</table>

위 과는 함께 왕(旺)하므로 사람을 돕고 홍발(興發)한다. 이렇게 삼전이 체생하고 일진이 생왕하면 주로 사람이 형통(亨通)하고 이로우며 시절의 운(運)이 열리고 통(通)하므로 이름이 형통이다. 통점지체(統≪漸≫之體)로 화복(禍福)이 와서 임하는 과(課)이다.

상왈(象曰), 삼전(三傳)이 상생(相生)하면 과전(課傳)이 유정(有情)하다고 하였다. 관(官)의 천탁(薦擢)을 만나니 선비가 과거에 이름을 얻는다. 혼인은 화합하고 재(財)의 이로움이 생하여 이루어진다. 경영하는 모든 것들은 귀인(貴人)이 환영한다. 이와 같이 삼전(三傳)이 체생(遞生)하면, 함께 긴요한 일간과 더불어 유정(有情)하고, 이것은 몇 겹으로 사람들이 있어 상위에 추천을 한다. 초전(初傳)이 일간(日干)을 생하는 것을 말전(末傳)이 도우면, 주위사람들의 암(暗)적인 도움으로 일이 진행된다. 초전(初傳)이 일간(日干)의 재(財)인데 말전(末傳)이 도우면 주로 암지인(暗地人)의 재(財)로서 서로 돕는다. 支加干이 되어 일간(日干)을 생하면 자재격(自在格)이라고 하며, 주로 사람들이 와서 나를 돕는다. 삼전(三傳)이 일간(日干)을 생(生)하면 함께 대길(大吉)하다.

丙戌日 申時 亥將占.

<table>
<tr><td>甲
蛇申合</td><td>乙
貴酉朱</td><td>丙
后戌蛇</td><td>丁
陰亥貴</td><td colspan="4" rowspan="2">甲
蛇申合
巳</td><td colspan="4" rowspan="2">丁
陰亥貴
申</td><td colspan="4" rowspan="2">庚
白寅玄
亥</td></tr>
<tr><td>O
朱未勾</td><td colspan="2" rowspan="2">제10국</td><td>戊
玄子后</td></tr>
<tr><td>O
合午青</td><td>己
常丑陰</td><td colspan="3">甲
蛇申合
丙</td><td colspan="3">丁
陰亥貴
申</td><td colspan="3">己
常丑陰
戌</td><td colspan="3">壬
青辰白
丑</td></tr>
<tr><td>癸
勾巳空</td><td>壬
青辰白</td><td>辛
空卯常</td><td>庚
白寅玄</td><td colspan="12">중심과, 육의, 현태, 형통</td></tr>
</table>

만약 체생(遞生)이 공망이거나, 파(破)형(刑), 극(剋)해(害) 되면서 해구(解救)되는 신(神)이 없으면 흉(凶)하고 점에서도 역시 이루어지기 힘들다. 초전(初傳)이 중전(中傳)을 생하고, 중전(中傳)이 말전(末傳)을 생(生)하는데, 말전(末傳)이 일간(日干)을 극(剋)하면 은혜도 많고 원망도 깊어서, 일이 이루어지는 데에 있어 아름다운 중에 원망이 있다. 간지(干支)가 함께 왕(旺)하고, 왕(旺)한 일간(日干)의 록(祿)이 일간(日干)상신(上神)에 임(臨)하였는데 삼전(三傳)의 재(財)가 공망을 만나면 별도의 계획과 동작을 해서는 않된다.

(24) 번창과(繁昌課)

부처(夫妻)의 행년(行年)이 상호 상생이 되고, 덕합(德合)을 이루면 번창과(繁昌課)라 한다.

부처(夫妻)의 행년(行年)위에 본명(本命)의 왕상기(旺相氣)가 승(承)하거나, 또는 간지(干支)의 덕합(德合)을 만나거나, 년명(年命)과 시(時)가 왕상(旺相)하고 이러한 것이 남녀가 한께 흘륭하면, 운기(運氣)기 교접(交接)하고, 부처(夫妻)가 서로 좋아 화합하므로, 반드시 정욕(情欲)이 동(動)하고, 임신(妊娠)등이 번화(繁華)하고 창성(昌盛)하게 되므로 이름이 번창과(繁昌課)이다. 점(占)하는 사람은 인정(人丁)이 왕상(旺相)하고, 태잉(胎孕)은 귀(貴)한 자녀를 보게 된다. 통함지체(統≪咸≫之體)로 남녀가 서로 화합함을 느끼는 과(課)이다.

상왈(象曰), 음양(陰陽)이 화합하여 만물이 생성(生成)된다. 임신을 반드시 남자 아이의 형상이며, 귀(貴)한 명(命)을 불러 아이를 임신하게 된다. 바라던 것은 크게 이로움이 있으며, 가도(家道)는 스스로 흥왕(興旺)하게 된다. 이와 같은데 서로 극을 하게 되면 영정(零丁)이 분산된다.

壬申日 未時 巳將 夫本命水 行年甲寅 妻本命金 行年己亥.

<table>
<tr><td>丁
貴卯朱</td><td>戊
后辰蛇</td><td>己
陰巳貴</td><td>庚
玄午后</td></tr>
<tr><td>丙
蛇寅合</td><td colspan="2" rowspan="2">제3국</td><td>辛
常未陰</td></tr>
<tr><td>乙
朱丑勾</td><td>壬
白申玄</td></tr>
<tr><td>甲
合子青</td><td>○
勾亥空</td><td>○
青戌白</td><td>癸
空酉常</td></tr>
</table>

<table>
<tr><td>庚
玄午后
申</td><td>戊
后辰蛇
午</td><td>丙
蛇寅合
辰</td></tr>
</table>

<table>
<tr><td>癸
空酉常
壬</td><td>辛
常未陰
酉</td><td>庚
玄午后
申</td><td>戊
后辰蛇
午</td></tr>
</table>

원수과, 역간전

부(夫)의 본명(本命)이 水에 속하고, 행년이 甲寅이 되었을 때, 행년 寅의 上에 子水가 보이게 되면 水木이 서로 상생하게 된다. 처명(妻命)이 金에 속하는데 행년이 己亥가 되어 亥上에 酉金을 보면 金水가 서로 상생하게 된다. 甲은 己와 合을 이루고, 寅과 亥가 合이 되어 각각 본명의 왕기(旺氣)가 승(乘)하게 되면 덕잉격(德孕格)이라 한다. 혹 발용이 이러한 두 가지 명중에 이루어지면 주로 회잉이 되며, 년내에 반드시 귀한 자녀를 생산한다. 혹 이미 태기가 있을 때 처의 년상에 酉가 있으면 산기법(産期法)으로 주로 11月 乙日 午時에 출산하게 된다. 주로 태어난 자녀는 황색(黃色)이고 장대(壯大)하며 단후(端厚)하고 독서를 좋아하여, 득관(得官)한다.

산기법(産期法)으로, 태잉(胎孕)한 처(妻)의 행년상신(行年上神)의 전(前) 3위지(位支)를 생월(生月)로 취(取)하고, 충(冲)하는 위치의 둔간(遁干)이 생일(生日)이다. 이에 십간(十干)을 나누어 다음의 순서로 추측 한다. 辰, 戌月은 戊을 사용하고 丑, 未月은 巳를 사용하며 후(後) 3절(絶)의 위지를 生時로 판단한다. 이와 같은 것으로 처(妻)의 행년상에 申이 보이면 주로 10月 甲日 巳時에 태어나게 되며, 나머지도 이와 같이 판단한다. 태어나는 아이의 선악(善惡)의 성정(性情)은 부처(夫妻)의 행년이 丙辛 合이 만들어 지면 주로 태어나는 아이는 피부가 검은색이고, 비만이며,

힘이 세고, 흉악하며, 사람을 좋아하고 무예로서 관직을 얻으며, 丁壬은 주로 청색이고 눈이 깊고 수려하며, 도예(道藝)가 많아 문학(文學)으로서 관직을 얻는다. 乙庚은 주로 백색이고 청준하고 음율을 좋아하고 선(善)하며, 병법(兵法)으로서 관리가 되며, 戊癸는 주로 청색이며 상첨하대(上尖下大)라 해서 머리가 뾰족하고 하체가 크며 여유를 즐기며 기술로서 관직을 얻는다. 행년이 敗,絶,刑,害를 만나면 덕잉불육(德孕不育)이라 하여 낳더라도 기르지 못한다.

(25) 영화과(榮華課)

록마(祿馬)와 귀인(貴人)이 일간지와 년명에 임(臨)하는 것과 병행하여 왕상(旺相)한 기운이 발용(發用)되거나 혹은 삼전(三傳)에 보이며, 다시 길장(吉將)이 승(乘)한 것을 영화과(榮華課)라 한다.

丙寅日 干上申

<table>
<tr><td>壬
蛇申合</td><td>癸
貴酉朱</td><td>O
后戌蛇</td><td>O
陰亥貴</td><td colspan="4">壬
蛇申合
巳</td><td colspan="4">O
陰亥貴
申</td><td colspan="4">丙
白寅玄
亥O</td></tr>
<tr><td>辛
朱未勾</td><td colspan="2" rowspan="2">제10국</td><td>甲
玄子后</td><td colspan="3" rowspan="2">壬
蛇申合
丙</td><td colspan="3" rowspan="2">O
陰亥貴
申</td><td colspan="3" rowspan="2">己
勾巳空
寅</td><td colspan="3" rowspan="2">壬
蛇申合
巳</td></tr>
<tr><td>庚
合午青</td><td>乙
常丑陰</td></tr>
<tr><td>己
勾巳空</td><td>戊
青辰白</td><td>丁
空卯常</td><td>丙
白寅玄</td><td colspan="12">중심과, 불비, 권섭부정</td></tr>
</table>

干上申 支上巳를 간지록마(干支祿馬)라고하며, 申이 발용(發用)하여 중전(中傳)은 귀인(貴人)이다. 주로 군자는 관직이 승진되고 록(祿)의 기쁨까지 가중되며, 일반인은 바라던 것처럼 재물의 이익과 그 몸과 아울러 집까지 함께 길하다. 壬申日 干上寅과 같은 경우도 그러하나. 록(祿), 마(馬)에 또 귀인(貴人)을 만나니 주로 사람이 영화(榮華)를 달성하고, 또 빛나는 기운을 만나니 고로 이름이 영화(榮華)이다. 통사지체(統≪師≫之體)로서 선비들의 무리와 함께 가는 의미의 과(課)이다.

상왈(象曰), 간지(干支)의 길신(吉神)이 사람과 집을 함께 이롭게 한다. 경영하는 것은 함께 형통하고, 움직이던 정지하던 전부 아름답다.

癸丑日 巳加癸

<table>
<tr><td>己
勾酉空</td><td>庚
青戌白</td><td>辛
空亥常</td><td>壬
白子玄</td><td colspan="4">己
勾酉空
巳</td><td colspan="4">癸
常丑陰
酉</td><td colspan="4">乙
貴巳朱
丑</td></tr>
<tr><td>戊
合申青</td><td colspan="2" rowspan="2">제9국</td><td>癸
常丑陰</td><td colspan="3" rowspan="2">乙
貴巳朱
癸</td><td colspan="3" rowspan="2">己
勾酉空
巳</td><td colspan="3" rowspan="2">乙
貴巳朱
丑</td><td colspan="3" rowspan="2">己
勾酉空
巳</td></tr>
<tr><td>丁
朱未勾</td><td>O
玄寅后</td></tr>
<tr><td>丙
蛇午合</td><td>乙
貴巳朱</td><td>甲
后辰蛇</td><td>O
陰卯貴</td><td colspan="12">섭해과, 찰미, 종혁, 육음</td></tr>
</table>

위 과는 혼인 등 길사가 연이어 있고, 임신과 출산도 순조로우며 자랑스러운 아이이다. 용병(用兵)은 공격을 시도하여 천리(千里)의 땅을 얻는다. 또한 이 경우 일간(日干)의 귀인(貴人)이 재성(財星)이고, 丙寅日 申加丙은 일간(日干)의 역마(驛馬)가 역시 재성(財星)이므로 재물을 구하면 크게 이롭다.

甲申日 干上丑

<table>
<tr><td>壬
合辰合</td><td>癸
朱巳勾</td><td>O
蛇午青</td><td>O
貴未空</td><td colspan="4">戊
白子后
丑</td><td colspan="4">丁
常亥陰
子</td><td colspan="4">丙
玄戌玄
亥</td></tr>
<tr><td>辛
勾卯朱</td><td colspan="2" rowspan="2">제2국</td><td>甲
后申白</td><td colspan="3" rowspan="2">己
空丑貴
甲</td><td colspan="3" rowspan="2">戊
白子后
丑</td><td colspan="3" rowspan="2">O
貴未空
申</td><td colspan="3" rowspan="2">O
蛇午青
未O</td></tr>
<tr><td>庚
青寅蛇</td><td>乙
陰酉常</td></tr>
<tr><td>己
空丑貴</td><td>戊
白子后</td><td>丁
常亥陰</td><td>丙
玄戌玄</td><td colspan="12">지일과, 비용, 삼기, 퇴여</td></tr>
</table>

이 과는 간지(干支)에 주야귀인(晝夜貴人)을 보게 되고 주로 일은 양귀인(兩貴人)이 도와서 완전하게 성합(成合)된다. 乙酉日 子加申의 경우, 주귀인(晝貴人)이 야귀인(夜貴人)에 앉아있고, 丁卯日 酉加亥의 경우도 야귀(夜貴)가 주귀(晝貴)에 임(臨)하였다. 그러므로 귀인(貴人)에게 고(告)하는 일은 반드시 귀인(貴人)의 양처(兩處)에서 도와 성취하게 되며, 오직 오래된 일로 알현(謁見)하면 이루지 못하며, 이는 귀인(貴人)이 다른 귀인(貴人)을 만나러 가서 집을 많이 비우기 때문이다.

甲, 戊, 庚 삼일(三日)에 干上丑의 예는 귀인(貴人)이 임신(臨身)하여 귀인(貴人)

의 도움으로 성사된다. 乙,辛이일(二日)에 간상(干上)에 귀인(貴人)이 임신(臨身)한 것은 辰, 戌위에 좌옥(坐獄)한 것이 아니며 역시 알현(謁見)하면 일이 이루어지나, 나머지 날(日)에 만약 귀인(貴人)이 辰, 戌위에 앉으면 이를 귀인좌옥(貴人坐獄)되어 매우 불리하므로 물러나야 하며, 주야(晝夜)의 귀인(貴人)이 모두 역행(逆行)하여도 역시 나서지 말아야 한다. 六丁日의 경우 亥加未가 되는 예는 귀인(貴人)이 일(日)의 귀(鬼)로서 일간(日干)에 임(臨)하게 되므로 관직점(官職占)에는 유리하나 병점(病占)에는 위험하다. 귀인(貴人)이 일간지에 임(臨)하여 극(剋)을 받는다면 도리어 길(吉)이 흉(凶)으로 변화 되는데, 소송점(訴訟占)이라면 곧은 이치가 있어도 패소하여 일이 굽어지게 된다.

丙申日 卯時 子將占, 本命寅 行年巳.

<table>
<tr><td>壬
青寅合</td><td>癸
空卯勾</td><td>O
白辰青</td><td>O
常巳空</td><td colspan="4">O
常巳空
申</td><td colspan="4">壬
青寅合
巳O</td><td colspan="4">己
朱亥貴
寅</td></tr>
<tr><td>辛
勾丑朱</td><td colspan="2" rowspan="2">제4국</td><td>甲
玄午白</td><td colspan="3" rowspan="2">壬
青寅合
丙</td><td colspan="3" rowspan="2">己
朱亥貴
寅</td><td colspan="3" rowspan="2">O
常巳空
申</td><td colspan="3" rowspan="2">壬
青寅合
巳O</td></tr>
<tr><td>庚
合子蛇</td><td>乙
陰未常</td></tr>
<tr><td>己
朱亥貴</td><td>戊
蛇戌后</td><td>丁
貴酉陰</td><td>丙
后申玄</td><td colspan="12">원수과, 회환, 췌서, 권섭부정</td></tr>
</table>

이 과(課)는 일간상신(日干上神)이 일지(日支)의 申 역마(驛馬)이고, 일지상신(日支上神) 巳는 일간(日干)의 록(祿)이며 초전(初傳) 巳는 상기(相氣)인데 申에 가(加)하여 발용(發用)이 되었다. 말전(末傳) 亥는 귀인(貴人)이 되고 寅命 위에 귀인(貴人)이 되었으며 행년(行年) 巳는 록(祿)이며 행년(行年)상신(上神)이 寅, 역마(驛馬)가 되어 길장(吉將)이 함께 승(乘)하였다. 그러므로 영화과(榮華課)이다.

庚辰日 亥將 亥加寅 寅命.

<table>
<tr><td rowspan="2">戊
蛇寅青</td><td rowspan="2">己
朱卯勾</td><td rowspan="2">庚
合辰合</td><td rowspan="2">辛
勾巳朱</td><td colspan="4" rowspan="3">辛
勾巳朱
申O</td><td colspan="4" rowspan="3">戊
蛇寅青
巳</td><td colspan="4" rowspan="3">乙
陰亥常
寅</td></tr>
<tr></tr>
<tr><td rowspan="2">丁
貴丑空</td><td colspan="2" rowspan="4">제4국</td><td rowspan="2">壬
青午蛇</td></tr>
<tr><td colspan="3" rowspan="3">辛
勾巳朱
庚</td><td colspan="3" rowspan="3">戊
蛇寅青
巳</td><td colspan="3" rowspan="3">丁
貴丑空
辰</td><td colspan="3" rowspan="3">甲
玄戌玄
丑</td></tr>
<tr><td rowspan="2">丙
后子白</td><td rowspan="2">癸
空未貴</td></tr>
<tr></tr>
<tr><td rowspan="2">乙
陰亥常</td><td rowspan="2">甲
玄戌玄</td><td rowspan="2">O
常酉陰</td><td rowspan="2">O
白申后</td><td colspan="12" rowspan="2">원수과, 현태</td></tr>
<tr></tr>
</table>

이 과(課)는 과거 점(占)을 본다면 반드시 고중(高中)된다. 낮 정단의 밤 귀인(貴人)과 밤 정단의 낮 귀인을 염막귀인(廉幕貴人)이라 해서 시험정단에 최고로 길(吉)하며, 년명(年命)상에 월장(月將)이 임하고, 간상(干上)은 일간의 장생이며 관(官)으로 귀(貴)하게 보이고, 행년(行年) 辰상에 丑, 두성(斗星)이 함께 보이며 주작(朱雀)이 일간(日干)에 임(臨)했다.

(26) 덕경과(德慶課)

일진(日辰) 간지(干支)의 덕신(德神)과 천덕(天德), 월덕(月德) 등이 발용(發用)되고, 년명(年命)에 병행하여 길장(吉將)이 승(乘)한 것을 덕경과(德慶課)라 한다.

덕(德)이라는 것은 화기(和氣)이고 집안의 복(福)으로 길신(吉神)이다. 간덕(干德)은 甲,己의 덕(德)은 寅이고 乙,庚은 申이며 丙,辛,戊,癸는 巳로 논하며, 丁,壬은 亥를 일덕(日德)으로 취하며 과전에서 만약 만나면 만상(萬象)이 새롭다. 지덕(支德)은 子日부터 巳에서 시작되어 12支를 순행(順行)한다. 천덕(天德)은 正月 丁, 二月 곤궁(坤宮)이고, 三月 壬, 四月 辛이며, 五月 건(乾), 六月 甲의 위에 있으며, 七月 癸, 八月 간(艮)을 만나야 하고, 九月 丙, 十月은 乙에 머물러야 하고, 子月 손(巽), 丑月 庚 이다. 월덕(月德)은 (1, 5, 9)月은 丙이고, (2, 6, 10)月은 甲이며, (3, 7, 11)月은 壬이고, (4, 8, 12)月은 庚이다.

일간	甲	乙	丙	丁	戊	己	庚	辛	壬	癸
덕(德)	寅	申	巳	亥	巳	寅	申	巳	亥	巳

日支	子	丑	寅	卯	辰	巳	午	未	申	酉	戌	亥
支德	巳	午	未	申	酉	戌	亥	子	丑	寅	卯	辰

月健	寅	卯	辰	巳	午	未	申	酉	戌	亥	子	丑
天德	丁	申	壬	辛	亥	甲	癸	寅	丙	乙	巳	庚
月德	丙	甲	壬	庚	丙	甲	壬	庚	丙	甲	壬	庚

이덕(二德)의 도움을 받으면 많은 흉도 전부 소산(消散)한다. 덕(德)이상으로 더 크게 좋은 것이 없으며, 덕(德)은 기쁨이 모인다. 또한 덕(德)은 이물제인(利物濟人)하고 흉(凶)을 가리고 기쁨을 만들며, 전화위복(轉禍爲福)이 되어 기쁨과 경사스러움이 있게 되므로 이름이 덕경과(德慶課)이다. 통수지체(統≪需≫之體)로 군자(君子)가 기뻐서 모이는 뜻이 있다.

상왈(象曰), 덕신(德神)이 자리를 지키니, 모든 살(殺)들이 숨어버린다. 갇혀있던 사람은 석방이 되고, 위급한 병(病)도 무방하다. 혼인은 아름다운 배우자를 만나서 이룰 수 있고, 임신과 출산은 현명한 아들을 얻으며, 모망(謀望)하던 일은 전부 길(吉)하다. 이와 같으므로 덕신(德神)이 귀(鬼)가 되더라도 공명점(功名占)에 이롭고, 병점(病占)도 무방하며 청룡(青龍)이 승(乘)하면 더욱 길(吉)하다. 혹 사살(四殺)인 辰,戌,丑,未가 乾,坤,艮,巽에 몰(沒)하면 대길(大吉)하고 백사(百事)에 의혹이 없고 비록 흉장이 승(乘)해도 재난이 없다. 만약 백호가 승한 살(殺)을 만나거나 혹은 덕(德)이 공망이거나, 또 신장(神將)이 외전(外戰)되고 형, 극을 당하면 불길하다. 또는 子日 巳덕(德)이 亥로 돌아가 현무(玄武)가 승하여 협극(夾剋)을 하면 덕(德)의 길함이 감소하며, 또 乙日 申덕(德)이 酉에 가(加)하여 발용(發用)이 되면, 酉가 와서 일간인 乙을 극하는데, 申덕(德)이 따라서 귀(鬼)로 변화하므로 군자(君子)가 소인(小人)이 된다.

戊子日 戌時 卯將占.

<table>
<tr><td>丙
合戌合</td><td>丁
朱亥勾</td><td>戊
蛇子青</td><td>己
貴丑空</td><td colspan="4">癸
常巳陰
子</td><td colspan="4">丙
合戌合
巳</td><td colspan="4">辛
陰卯常
戌</td></tr>
<tr><td>乙
勾酉朱</td><td colspan="2" rowspan="2">제8국</td><td>庚
后寅白</td><td colspan="3" rowspan="2">丙
合戌合
戌</td><td colspan="3" rowspan="2">辛
陰卯常
戌</td><td colspan="3" rowspan="2">癸
常巳陰
子</td><td colspan="3" rowspan="2">丙
合戌合
巳</td></tr>
<tr><td>甲
青申蛇</td><td>辛
陰卯常</td></tr>
<tr><td>○
空未貴</td><td>○
白午后</td><td>癸
常巳陰</td><td>壬
玄辰玄</td><td colspan="12">중심과, 주인, 난수, 권섭부정</td></tr>
</table>

이 과에서 초전의 巳가 일덕(日德)이 되는데 子에 임하여 발용이 되어서 덕경과이다. 또한 일록(日祿)이 겸하여 일간을 생하고, 말전의 卯는 관귀(官鬼)가 초전을 생하니 도리어 이롭게 되었으며 또한 주인과(鑄印課)로도 된다. 그러므로 구관(求官), 구재(求財), 주택(住宅), 원행(遠行) 등이 모두 대길(大吉)하여 순조롭다.

(27) 합환과(合歡課)

일진(日辰)에 천간합(天干合)이 만들어지고, 일지(日支)가 삼합(三合), 육합(六合)을 이루어 발용(發用)되고, 점인(占人)의 년명(年命)에 길장(吉將)이 승(乘)한 것을 병행한 것을 합환과(合歡課)라 한다.

천간합(天干合)이라는 것은 둔간합(遁干合)을 말하는 것이며, 甲己는 중정지합(中正之合)이고, 乙庚은 인의지합(仁義之合)이고, 丙辛은 위엄지합(威嚴之合)이며, 丁壬은 음일지합(淫佚之合)이고, 戊癸는 무정지합(無情之合)이다. 육합이라는 것은 子丑合은 실체가 있고 丑子合은 공허하며, 亥寅合은 취(取)합이고 寅亥合은 파(破)합이며, 戌卯合은 오래된 일이고 卯戌合은 새롭다. 辰酉合은 모이고 酉辰合은 이별이며, 巳申合은 순(順)이고 申巳合은 역(逆)이다. 未午合은 어둡고 午未合은 공허하다. 삼합(三合)이라는 것은 亥卯未는 쓸데없이 번잡만하고, 巳酉丑은 새롭게 변화를 주며 떠나려 하고, 寅午戌은 무리과 동반하는 것이 바르지 못하고, 申子辰은 흐르지만 맑지 않고, 막혀서 마르지 아니하므로 마땅히 움직여야지 고요해서는 않된다. 일진(日辰)이 년명(年命)을 보고 합치니 주로 화합(和合)을 하는데,

합치면 새롭게 사람들의 즐거운 일이 형성되므로 합환과(合歡課)라고 한다. 통정지체(統≪井≫之體)이므로 혼인점에서 길(吉)한 과(課)이다.

상왈(象曰), 건(乾) 곤(坤)이 배필을 이루면, 기이하게 양쪽의 교감이 일어난다. 임신점은 늦게 출산이 되나, 행인(行人)은 영화(榮華)를 만난다. 명리(名利)는 높게 승천(昇天)되고, 재물의 기쁨이 있다. 혼인은 푸른 하늘의 기운처럼 만사가 아름답고 경사스럽다. 삼합(三合)은 무리와 관계되고, 극(剋)하여 응(應)하는 것은 그 월(月)이 지나야 이루어진다. 육합(六合)은 음양(陰陽)의 배합이므로 부부가 순조롭게 화합(和合)한다. 혹은 일진(日辰)의 음양(陰陽)이 년명(年命), 육처(六處), 삼전(三傳)에 길장(吉將)을 만나고, 사살(四殺)이 몰(沒)이 되고, 합(合)이 많으면 길함도 많아, 바라는 일은 순리대로 성취되어가는 것에 불길함이 없고, 흉살(凶殺)이 있더라도 역시 흉중에 주로 화합(和合)이 있다. 혹 합(合)이 형(刑)해(害)를 만나도, 덕(德)이 있어 끝에는 유기(有氣)하며 흉(凶)이 들어와도 길(吉)과 합쳐져서 흉(凶)한 중에 길(吉)로 바뀌게 되며, 혼인점에 매우 길(吉)하다. 만약 점이 흉(凶)한 일이면 지체와 의혹이 있으므로 가만히 옛 것을 지키고 있는 것이 훨씬 낳고, 문서의 일에는 합(合)이 되어 지체됨이 없다. 병점(病占)에서는 흉장(凶將)이 승(乘)하면 더욱 심(甚)하고 삼전(三傳)이 진(進)하면 병(病)은 고치기 어려우며, 실탈(失脫) 점에서는 범인이 숨어버려 잡기 어렵다. 혹 합(合)이 형충해파(刑冲害破)를 만나더라도 합(合)이 있으므로 화(禍)가 숨어버려, 안에서는 길(吉)하고 바깥쪽이 흉(凶)하게 된다. 합(合)이 공망인 일은 비용(費用)과 힘만 빼고 어렵게 된다. 질병점은 늦게 회복이 되고, 소송점은 양방이 서로 화해를 하는 것이 좋다.

戊申日 子時 申將 本命亥 行年辰.

<table>
<tr><td>癸
貴丑空</td><td>O
后寅白</td><td>O
陰卯常</td><td>甲
玄辰玄</td><td colspan="4">壬
蛇子青
辰</td><td colspan="4">戊
青申蛇
子</td><td colspan="4">甲
玄辰玄
申</td></tr>
<tr><td>壬
蛇子青</td><td colspan="2" rowspan="2">제5국</td><td>乙
常巳陰</td><td colspan="3" rowspan="2">癸
貴丑空
戊</td><td colspan="3" rowspan="2">己
勾酉朱
丑</td><td colspan="3" rowspan="2">甲
玄辰玄
申</td><td colspan="3" rowspan="2">壬
蛇子青
辰</td></tr>
<tr><td>辛
朱亥勾</td><td>丙
白午后</td></tr>
<tr><td>庚
合戊合</td><td>己
勾酉朱</td><td>戊
青申蛇</td><td>丁
空未貴</td><td colspan="12">중심과, 윤하, 일순주편</td></tr>
</table>

이 과(課)는 초전(初傳)의 子와 일간(日干)의 상신(上神) 丑이 육합(六合)으로 되었으며, 일간(日干)인 戊가 상신(上神)인 丑의 둔간(遁干)인 癸와 戊癸合)이 되었고, 일지(日支)의 申과 지상신(支上神) 辰이 삼전(三傳)에서 申子辰 수국(水局)으로 되었다. 그리고 또한 본명(本命)이 亥인데 상신(上神)에 未가 있어 귀등천문(貴登天門)이 되었고, 행년(行年)의 辰 상신 子에 청룡(靑龍)이 임(臨)하였다. 과전(課傳)이 전부 화합하여 합환과(合歡課)이다.

(28) 화미과(和美課)

간지(干支)가 삼합(三合), 육합(六合) 또는 상하(上下)가 서로 상합(相合)을 이루면, 화미과(和美課)로 취(取)한다.

삼전(三傳)의 삼합(三合), 간지상(干支上)에 육합(六合)이 보이거나, 혹은 일간(日干)을 생(生)하여 재(財)를 만들며 삼합(三合), 육합(六合)이 서로 되니, 꾀하는 것은 모두 달성되어 장애가 없고 완전하여, 사람들이 서로 도우고 합(合)하여 이루니, 행인(行人)은 기쁨으로 돌아온다. 귀살(鬼殺)도 역시 조해(阻害)가 없어 일에 있어서 쉽게 이루어진다.

乙酉日 복음(伏吟)

<table>
<tr><td>癸
合巳青</td><td>O
朱午空</td><td>O
蛇未白</td><td>甲
貴申常</td><td colspan="4" rowspan="2">壬
勾辰勾
辰</td><td colspan="4" rowspan="2">乙
后酉玄
酉</td><td colspan="4" rowspan="2">辛
青卯合
卯</td></tr>
<tr><td>壬
勾辰勾</td><td colspan="2" rowspan="2">제1국</td><td>乙
后酉玄</td></tr>
<tr><td>辛
青卯合</td><td>丙
陰戌陰</td><td colspan="3">壬
勾辰勾
乙</td><td colspan="3">壬
勾辰勾
辰</td><td colspan="3">乙
后酉玄
酉</td><td colspan="3">乙
后酉玄
酉</td></tr>
<tr><td>庚
空寅朱</td><td>己
白丑蛇</td><td>戊
常子貴</td><td>丁
合亥后</td><td colspan="12">복음과, 자신, 참관, 두전</td></tr>
</table>

丙申日에 복음(伏吟)

<table>
<tr><td>O
勾巳空</td><td>甲
合午白</td><td>乙
朱未常</td><td>丙
蛇申玄</td><td colspan="4" rowspan="2">O
勾巳空
巳</td><td colspan="4" rowspan="2">丙
蛇申玄
申</td><td colspan="4" rowspan="2">壬
白寅合
寅</td></tr>
<tr><td>O
青辰青</td><td colspan="2" rowspan="2">제1국</td><td>丁
貴酉陰</td></tr>
<tr><td>癸
空卯勾</td><td>戊
后戌后</td><td colspan="3">O
勾巳空
丙</td><td colspan="3">O
勾巳空
巳O</td><td colspan="3">丙
蛇申玄
申</td><td colspan="3">丙
蛇申玄
申</td></tr>
<tr><td>壬
白寅合</td><td>辛
常丑朱</td><td>庚
玄子蛇</td><td>己
陰亥貴</td><td colspan="12">복음과, 자임, 현태, 여덕</td></tr>
</table>

위의 두 과는 일진(日辰)의 상하(上下) 음양신(陰陽神)이 육합(六合)을 이루고, 辛卯日에 卯加辛는 卯戌合을 이루며, 壬寅日 亥加寅은 寅亥合이 되며 , 간지(干支)가 서로 모여 육합(六合)을 이룬다.

甲申日 干上亥

<table>
<tr><td>庚
青寅蛇</td><td>辛
勾卯朱</td><td>壬
合辰合</td><td>癸
朱巳勾</td><td colspan="4" rowspan="2">癸
朱巳勾
申</td><td colspan="4" rowspan="2">庚
青寅蛇
巳</td><td colspan="4" rowspan="2">丁
常亥陰
寅</td></tr>
<tr><td>己
空丑貴</td><td colspan="2" rowspan="2">제4국</td><td>O
蛇午青</td></tr>
<tr><td>戊
白子后</td><td>O
貴未空</td><td colspan="3">丁
常亥陰
甲</td><td colspan="3">甲
后申白
亥</td><td colspan="3">癸
朱巳勾
申</td><td colspan="3">庚
青寅蛇
巳</td></tr>
<tr><td>丁
常亥陰</td><td>丙
玄戌玄</td><td>乙
陰酉常</td><td>甲
后申白</td><td colspan="12">원수과, 현태, 회환</td></tr>
</table>

甲申日干上亥, 支上巳와 丁丑日 己丑日에 干上午 등도 함께 합을 이루고, 戊辰日 干上丑 支上子, 辛酉日 干上未 支上午 등의 간지(干支)상신(上神)이 육합(六合)을 이루고, 乙丑日干上子, 丙寅日干上亥 등도 간지(干支)상하(上下)가 서로 삼합(三合)과 육합(六合)을 이룬다. 이것은 인정(人情)이 합쳐 참으로 아름답게 되므로 화미과(和美課)라고 이름 한다. 점(占)치는 일은 주인과 손님이 전부 기쁘게 이루어지며 통풍지체(統≪豐≫之體)이며 신(神)과 도(道)가 합(合)하는 과(課)이다.

상왈(象曰), 삼합(三合)과 육합(六合)으로 상하(上下)가 기쁘다. 교역은 크게 통(通)하고 재물의 이로움을 끝이 없다. 혼인은 길(吉)하여 성사가 되고 위급한 병(病)은 그 병세(病勢)가 약해진다. 하늘이 존귀함을 서로가 인정하고, 전쟁에서는 적과 화친(和親)하여 종결된다. 이와 같이 합(合)이 많으면, 길(吉)한 것도 많아 일은 더욱 빠르게 성사되며, 합(合)이 적으면 길한 것도 적어 일은 천천히 이루어진다.

乙酉日 三傳 申子辰

<table>
<tr><td>乙
蛇酉合</td><td>丙
朱戌朱</td><td>丁
合亥蛇</td><td>戊
勾子貴</td><td colspan="4">甲
貴申勾
辰</td><td colspan="4">戊
勾子貴
申</td><td colspan="4">壬
常辰常
子</td></tr>
<tr><td>甲
貴申勾</td><td colspan="2" rowspan="2">제9국</td><td>己
青丑后</td><td colspan="3" rowspan="2">甲
貴申勾
乙</td><td colspan="3" rowspan="2">戊
勾子貴
申</td><td colspan="3" rowspan="2">己
青丑后
酉</td><td colspan="3" rowspan="2">癸
玄巳白
丑</td></tr>
<tr><td>O
后未青</td><td>庚
空寅陰</td></tr>
<tr><td>O
陰午空</td><td>癸
玄巳白</td><td>壬
常辰常</td><td>辛
白卯玄</td><td colspan="12">원수과, 육의, 화미, 천망(申時)</td></tr>
</table>

위 과는 수국(水局)이 일간(日干)을 생하고 支上丑이 육합(六合)을 이루며 삼합(三合)과 병행하여 길(吉)함이 완전하다. 천장(天將)이 전부 土를 겸하여 일간(日干)의 재(財)가 되면 구재(求財)에는 이로우나 존장(尊丈)이 경영하는 생계(生計) 문제는 불리한데, 이것은 토장(土將)이 일간(日干)의 생기(生氣)를 극하기 때문이다. 丙申,丙子,丙辰의 3일은 삼전(三傳)이 수국(水局)을 만나면 일간(日干)이 상(傷)하고 干上丑도 적(敵)과 마찬가지다. 삼합(三合)과 육합(六合)을 부르면 악(惡)한 것은 성내어 이루지 못하고, 가까운 모망사(謀望事)는 이루어짐이 있다. 혹 상하(上下)가 서로 교차되어 합(合)이 되면 교역과 관계된 구재(求財)는 크게 이로우며, 또 상생(相生)하면 합(合)은 마땅히 일간(日干)이 경영하는 것을 살아나게 하고, 또 교차하여 합하는 것이 두 개 , 세 개가 되면 이루어지는 교섭사도 두, 세 건이 된다.

삼전(三傳)이 삼합(三合)을 이루어 전탈(全脫)을 이루면 일간(日干)이 불리한데, 간상(干上)이 재(財)가 되면 생(生)이 일어나고, 이것을 환혼채(還魂債)를 얻는다고 하며, 이러한 경우 만약 지상신(支上神)이 재(財)가 되면, 이것은 환혼채(還魂債)를 찾는다고 하여 취재(取財)와 빚을 갚는 것에 이로우며 혹 집안사람들 중에서 돈을 구하게 된다. 이와 같이 삼합(三合)과 육합(六合)은 해산(解産)이나 석방(釋放)에 관한 점(占)에서는 근심과 의혹이 있게 되고, 병점(病占)에서는 흉(凶)하며 흉장(凶將)이 승(乘)하면 더욱 흉(凶)하지만 충(冲)을 만나면 흉함과 어려움이 흩어져 해결이 된다. 합(合)을 이룬 것이 육해(六害)나 공망에 이르면 좋은 것이 몽매(夢寐)하게 되어 주로 합하는 모망사(謀望事)는 변환이 있다.

辛巳日 5局

<table>
<tr><td>丁
蛇丑青</td><td>戊
貴寅勾</td><td>己
后卯合</td><td>庚
陰辰朱</td><td colspan="4">壬
常午貴
戌</td><td colspan="4">戊
貴寅勾
午</td><td colspan="4">甲
勾戌常
寅</td></tr>
<tr><td>丙
朱子空</td><td colspan="2" rowspan="2">제5국</td><td>辛
玄巳蛇</td><td colspan="3" rowspan="2">壬
常午貴
辛</td><td colspan="3" rowspan="2">戊
貴寅勾
午</td><td colspan="3" rowspan="2">丁
蛇丑青
巳</td><td colspan="3" rowspan="2">○
青酉玄
丑</td></tr>
<tr><td>乙
合亥白</td><td>壬
常午貴</td></tr>
<tr><td>甲
勾戌常</td><td>○
青酉玄</td><td>○
空申陰</td><td>癸
白未后</td><td colspan="12">원수과, 염상, 천망(午時)</td></tr>
</table>

위와 같이 만약 삼전(三傳)이 寅午戌을 만나서 간지상(干支上)에 午를 보면 자형(自刑)이고 丑을 보면 육해(六害)인데 子는 정곡으로 충(冲)이 되어 이러한 경우를 합중범살밀중비합(合中犯殺蜜中砒)라 하며 주로 은혜 중에 원망함이 있게 되고, 일은 조해(阻害)가 있다.

교차 합(合)이 공망을 만나면 공망이 지난 後에 이룰 수 있고, 교차 합(合)이 도기(盜氣)를 이루면 피차가 탈(脫)하므로 회한(懷恨)이 있으며, 교차 합(合)이 형(刑)을 이루면 합중에 쟁투가 있다. 교차 충(冲)은 주로 처음에는 합(合)을 이루지만 뒤에 어려움이 있고, 교차 극(剋)을 하면 주로 쟁송(爭訟)은 웃음 뒤에 칼을 감추고 있다.

壬申日 干上寅 支上亥

<table>
<tr><td>壬
青申合</td><td>癸
空酉勾</td><td>○
白戌青</td><td>○
常亥空</td><td colspan="4">己
朱巳貴
寅</td><td colspan="4">壬
青申合
巳</td><td colspan="4">○
常亥空
申</td></tr>
<tr><td>辛
勾未朱</td><td colspan="2" rowspan="2">제10국</td><td>甲
玄子白</td><td colspan="3" rowspan="2">丙
后寅玄
壬</td><td colspan="3" rowspan="2">己
朱巳貴
寅</td><td colspan="3" rowspan="2">○
常亥空
申</td><td colspan="3" rowspan="2">丙
后寅玄
亥○</td></tr>
<tr><td>庚
合午蛇</td><td>乙
陰丑常</td></tr>
<tr><td>己
朱巳貴</td><td>戊
蛇辰后</td><td>丁
貴卯陰</td><td>丙
后寅玄</td><td colspan="12">요극과, 탄사, 현태, 불비, 원소근단</td></tr>
</table>

위 과는 간지(干支)상신(上神)이 육합(六合)을 이루어 겉으로는 좋은 듯 보이나, 일간(日干)과 지지(地支)는 서로 해(害)가 되어 속으로는 그렇지 못하다.

壬午日 巳時 丑將占.

<table>
<tr><td>丁
朱丑勾</td><td>戊
蛇寅合</td><td>己
貴卯朱</td><td>庚
后辰蛇</td><td colspan="4">甲
青戌白
寅</td><td colspan="4">壬
玄午后
戌</td><td colspan="4">戊
蛇寅合
午</td></tr>
<tr><td>丙
合子青</td><td colspan="2" rowspan="2">제5국</td><td>辛
陰巳貴</td><td colspan="3" rowspan="2">癸
常未陰
壬</td><td colspan="3" rowspan="2">己
貴卯朱
未</td><td colspan="3" rowspan="2">戊
蛇寅合
午</td><td colspan="3" rowspan="2">甲
青戌白
寅</td></tr>
<tr><td>乙
勾亥空</td><td>壬
玄午后</td></tr>
<tr><td>甲
青戌白</td><td>O
空酉常</td><td>O
白申玄</td><td>癸
常未陰</td><td colspan="12">중심과, 육의, 화미, 여덕(밤)</td></tr>
</table>

이 과(課)는 간상신(干上神) 未와 일지(日支)의 午가 상합(相合)하고, 일간(日干)의 壬의 亥가 일지상신(日支上神) 寅과 상합(相合)하며, 삼전(三傳)이 寅午戌이고, 일간(日干)의 두 과(課)가 亥卯未 삼합(三合)으로 木이 되며, 일지의 두 과(課)가 寅午戌 삼합(三合)으로 화국(火局)이 되어 화미과(和美課)로 되었다.

(29) 참관과(斬關課)

괴강(魁罡)이 일진(日辰)에 가(加)하여 발용(發用)하는 것을 참관과(斬關課)라 한다.

辰은 천강(天罡)이고 戌은 천괴(天魁)인데 일진은 사람이고 괴강(魁罡)은 천관(天關)이다. 괴강이 일진에 가(加)하게 되면 사람이 흉신을 만나게 되는데 흙을 두텁게 하여 국경을 폐쇄함과 같고 만약 천관(天關)을 넘기 어려워 도로를 개통시키려하고 하면 반드시 관문(關門)을 지키는 장수를 베어서 참관이라고 이름 한다. 寅은 천량(天梁)이고 卯는 천관(天關)인데 寅卯木으로서 土를 극(剋)하기 때문에 삼천(三天)이 함께 동(動)하니 도망이나 출행에 이롭고, 未(玉女)를 보면 그 신체를 보호하고, 子(華蓋)를 보면 형체를 가릴 수 있으며 태음(地戶)을 보면 숨을 수 있고, 육합(私門)을 보면 은닉이 되며, 천을(神光)을 보면 능히 神의 도움이 있고 청룡(萬里翼)을 보면 멀리 도망갈 수 있으므로 삼전에서 위의 신(神)중에 하나라도 보게 되면 음사에 이롭고, 출행이나 은닉하고, 숨고, 피하는 것은 이로우나 구하는 일에는 얻음이 없다. 통둔지체(統≪遁≫支體)로서 표범이 남산에 은닉(隱匿)하는 과(課)이다.

상왈(象曰), 도망에 제일 좋고, 도적은 잡기 어려우며, 출행은 스스로 강하고, 병송으로 흉화(凶禍)가 있다. 기도 부적 합약(合葯) 등의 방법은 최고로 좋은데, 만약 관귀(官鬼)가 직부(直符)되거나, 괴도천문(魁度天門)(戌加亥) 등이 되고 흉장이 승하고 괴강(魁罡)이 라망(羅網)이 되어 四仲에 가하면 천지가 관격(關隔)되어 관량(關梁)이 폐쇄되니 은닉이 불리하고, 병송(病訟), 출행(出行)에도 다 같이 나쁘다. 子(天關), 卯(天格)는 천시(天時)관계로 관격(關隔)이 되고, 午(地關), 酉(地格)는 지리(地利)관계로 관격(關隔)이 되며 다시 상세하게는 오행(五行)을 보고 말한다. 삼전(三傳)이 내전(內戰)하면 내외의 의견이 상합(相合)되지 않게 되고, 중전(中傳)이 초말전(初末傳)을 충(冲)하면 상하의 의견이 합치되지 못하게 되며, 강일(剛日) 묘성(昴星)은 도로나 교량으로 인한 관격(關隔)이 되고, 유일(柔日)의 묘성(昴星)이나 복음(伏吟)은 잠복(潛伏)하여 사람을 보지 못하여 관격(關隔)되고, 반음(返吟) 서로 도움을 받지 못하여 관격(關隔)되며, 삼교(三交) 라망(羅網) 종혁(從革)은 전부 주로 조체(阻滯)되므로 관격(關隔)이 된다.

甲寅日 亥時 未將占.

<table>
<tr><td>O
空丑貴</td><td>甲
白寅后</td><td>乙
常卯陰</td><td>丙
玄辰玄</td><td colspan="4">壬
合戌合
寅</td><td colspan="4">戊
后午白
戌</td><td colspan="4">甲
白寅后
午</td></tr>
<tr><td>O
青子蛇</td><td colspan="2" rowspan="2">제5국</td><td>丁
陰巳常</td><td colspan="3" rowspan="2">壬
合戌合
甲</td><td colspan="3" rowspan="2">戊
后午白
戌</td><td colspan="3" rowspan="2">壬
合戌合
寅</td><td colspan="3" rowspan="2">戊
后午白
戌</td></tr>
<tr><td>癸
勾亥朱</td><td>戊
后午白</td></tr>
<tr><td>壬
合戌合</td><td>辛
朱酉勾</td><td>庚
蛇申青</td><td>己
貴未空</td><td colspan="12">중심과, 염상, 참관, 육양</td></tr>
</table>

戌 천괴(天魁)가 일간지(日干支)에 임(臨)하고 발용(發用)되어 참관과(斬關課)이고, 戌은 寅에 가(加)하였는데 강색귀호(罡塞鬼戶)(辰加寅)와 마찬가지로 寅은 천량(天梁)으로 하늘의 대들보이므로 능히 천관(天關)의 진술(辰戌)을 극제할 수 있기 때문에 출행(出行)에 이롭다. 또한 귀인 未가 등천문(登天門)하여 등사(螣蛇), 주작(朱雀), 구진(勾陳), 천공(天空), 백호(白虎), 현무(玄武) 등의 육신(六神)이 함께 잠장(潛藏)되었고, 辰戌丑未 사살몰(四殺沒)이 되어 대길(大吉)한 시간이 되었으며 만사(萬事)가 전부 순리적이다.

육신(六神)이 잠장(潛藏)된다는 것은 예를 들어 등사(螣蛇)가 지반(地盤)의 子水에 임(臨)한 것을 추수(墜水), 주작(朱雀)이 지반(地盤)의 丑土에 임(臨)한 것을 투강(投江), 구진(勾陳)이 지반(地盤)의 卯木에 임(臨)한 것을 입옥(入獄), 천공(天空)이 지반(地盤)의 巳火에 임(臨)한 것을 수욕(受辱), 백호(白虎)가 지반(地盤)의 午火에 임(臨)한 것을 분신(焚身), 현무(玄武)가 지반(地盤)의 申金에 임(臨)한 것을 절족(折足)이라고 한다. 이는 육신(六神)의 천장(天將)이 모두 극(剋)을 받으니 흉(凶)한 것이 나타나지 못한다.

(30) 폐구과(閉口課)

순미(旬尾)가 순수(旬首)에 가(加)해지거나, 혹 순수(旬首)에 현무(玄武)가 승(乘)하거나, 혹 지반(地盤) 순수지(旬首支) 상신(上神)에 현무(玄武)가 승(乘)하여 발용(發用)하는 것을 폐구과(閉口課)라 한다.

이와 같은 것은 甲申日 巳加申, 丙辰日 亥加寅 등을 말하며 모두 순미(旬尾)가 순수(旬首)에 가(加)하여 발용(發用)되었다. 만일 丁酉日 午加酉의 경우 야귀(夜貴)의 천장(天將) 등과 같으니 모두 천반(天盤)의 순수(旬首)가 현무(玄武)에 승(乘)하여 발용(發用)한 것이다. 甲子日 辰加子의 경우, 밤 낮이 모든 지반(地盤)의 순수(旬首)가 현무(玄武)에 올라 발용(發用)이 된다. 머리와 꼬리가 서로 더하니 사물이 닫혀서 감추어지고 고리가 둥글어 끝이 없어 입구를 볼 수 없으므로 폐구(閉口)하고 이름한다. 점자(占者)가 구하고자 하는 일의 현상은 유무(有無)를 말할 수 없다. 통겸지체(統≪謙≫之體)로 상하가 몽롱한 과(課)이다.

상왈(象曰), 입이 닫혀 말을 못하므로 일의 종적(蹤迹)을 명쾌하게 밝히지 못한다. 도망간 사람은 찾을 수 없고, 실물(失物)도 찾기 어려우며, 윗사람께 보고한 것은 드러나게 되고, 논송(論訟)은 다시 끊어지므로 불평하게 되고, 태산(胎産)은 벙어리를 낳게 되고 점치는 일은 끝에 가서 다시 미루어 진다.

순미(旬尾)가 순수(旬首)에 가(加)하고 삼전(三傳) 중에 육합(六合)이 있으면 매사 성취되기는 하나, 흉화(凶禍)는 어지럽게 흩어지고, 주작(朱雀)이 승(乘)하면 송사(訟事)는 굴곡이 있어 어렵게 되고, 백호(白虎)는 명쾌하지 않게 죄를 받게 되며, 병점(病占)에는 담기(痰氣)로 인후(咽喉)가 막혀 말을 못하고 실물(失物)은 사람을 붙잡아도 인정하지 않고, 모든 일에는 폐구(閉口)의 뜻이 있게 된다. 그러므로 병자(病者)는 음식을 먹지 못하게 되고, 혹 원한이 있어도 소송을 참아야 한다. 또 일간(日干)의 록(祿)이 폐구(閉口)가 되거나 무록과(無祿課)가 되면 병자(病者)는 먹지 못해 죽는다.

甲申日 卯時 子將占.

庚 青寅蛇	辛 勾卯朱	壬 合辰合	癸 朱巳勾
己 空丑貴	제4국		○ 蛇午青
戊 白子后			○ 貴未空
丁 常亥陰	丙 玄戌玄	乙 陰酉常	甲 后申白

癸 朱巳勾 申	庚 青寅蛇 巳	丁 常亥陰 寅

丁 常亥陰 甲	甲 后申白 亥	癸 朱巳勾 申	庚 青寅蛇 巳

원수과, 현태, 회환

갑신순(甲申旬)에는 申이 순수(旬首)이고 巳가 순미(旬尾)이므로, 巳加申이 발용(發用)되어 폐구과(閉口課)이다. 중전(中傳)의 寅은 일간(日干)의 록(祿)이고 말전(末傳) 亥는 장생(長生)이고 역마(驛馬)이며 정마(丁馬)가 되어 길(吉)함이 속하지만, 폐구(閉口)의 의미는 벗을 수 없다.

乙未日 卯時 寅將占.

○ 勾辰勾	○ 合巳青	甲 朱午空	乙 蛇未白
癸 青卯合	제2국		丙 貴申常
壬 空寅朱			丁 后酉玄
辛 白丑蛇	庚 常子貴	己 玄亥后	戊 陰戌陰

戊 陰戌陰 亥	癸 青卯合 辰	甲 朱午空 未

癸 青卯合 乙	壬 空寅朱 卯	甲 朱午空 未	○ 合巳青 午

묘성과, 동사엄목, 주편, 왕록임신

갑오순(甲午旬)의 午는 순수(旬首)인데 일지(日支)에 임(臨)하였고, 卯는 순미(旬尾)로서 일간상에 있어, 간지상에 순수(旬首)와 순미(旬尾)가 모두 나타나 있어 일순주편격(一旬周遍格)이 되었다. 일진이 서로 3위지 떨어져 있어, 점사는 탈기되지 않고, 소위 전부 이루어지며, 시험은 대필을 하여도 합격이고, 송사는 관리에게 다시 돌아오며, 교역의 거래는 다시 이루어진다.

(31) 유자과(游子課)

삼전(三傳)이 전부 土일때 순정(旬丁)을 만나거나, 혹은 천마(天馬)가 발용(發用)되면 유자과(游子課)라고 한다.

전부 土라는 것은 辰,戌,丑,未의 계신(季神)을 말하며 오행(五行)이 그 묘(墓)까지 돌아가는 동안 주로 고적(考績)을 놀면서 돌아보는 뜻있다. 순정(旬丁)이라는 것은 매 순(旬)의 丁의 천간(天干)이 있어서 만나는 신(神)으로 주로 동요(動搖)의 일이 있고 최고로 빠르다. 천마(天馬)는 정월 午에서 시작되어 순행(順行)하는 육양(六陽)의 위치이며 또 역체지신(驛遞之神)이라고 한다. 몸의 기운이 동요를 하니, 사람이 노는 것을 좋아하게 되므로 그 이름이 유자과(游子課)이다. 머무르던 사람은 놀면서 떠나고 싶은 마음이 생기는데, 유(遊)라는 것은 집으로 돌아가고 싶어 하는 마음이기도 하다. 통관지체(統≪觀≫之體)로 구름과 부평초처럼 모였다가 흩어지는 과(課)이다.

상왈(象曰), 정마(丁馬)가 계(季)에 가(加)하면 동분서주(東奔西走)하게 된다. 출행하는 것이 길하고 이로우며, 자리를 지키는 것은 곤궁해 진다. 질병은 치유가 어렵고, 관송은 흉이 많게 된다. 하늘은 음(陰)하지만 비는 내리지 않고, 혼인은 불길하다. 이와 같이 삼전(三傳)에 양신(陽神)나타나면 먼 길을 떠나고자 하는데, 초전(初傳)과 말전(末傳)중에 戌 이 보이는 경우이고, 삼전(三傳)에 음신(陰神)이 보이면 사(私)적으로 돌아가려고 하며, 초전(初傳) 戌 중말(中末)의 경우이다. 만약 참관과(斬關課)와 병행하면 절적(絶跡)이라 해서 범려가 월(越)나라로 가버렸거나, 장량이 산으로 돌아간 것과 같이 종적(蹤迹)을 알 수 없게 되고, 음일(淫佚)과와 병행하면 주로 개인적인 사욕(私慾)으로 원행(園行)을 하려고 하며, 천구과(天寇課)와 병행하면 주로 도적의 일로 멀리 도망가 은닉하려고 한다. 행년(行年)과 병행하면 그 몸이 도망가고자 함을 와서 묻는다. 묘(墓), 사살(四殺)이 병행하고 신장(神將)이 흉(凶)하면 주로 일은 머뭇거리며 더디고, 그 년(年)안에 관재(官災)가 있고, 악화(惡禍)가 서로 공격하여 삼년 안에 파패(破敗)된다.

例) 辰月 乙巳日 午時 酉將占.

<table>
<tr><td>戊
貴申勾</td><td>己
后酉合</td><td>庚
陰戌朱</td><td>辛
玄亥蛇</td><td colspan="4" rowspan="2">丁
蛇未青
辰</td><td colspan="4" rowspan="2">庚
陰戌朱
未</td><td colspan="4" rowspan="2">癸
白丑后
戌</td></tr>
<tr><td>丁
蛇未青</td><td colspan="2" rowspan="2">제10국</td><td>壬
常子貴</td></tr>
<tr><td>丙
朱午空</td><td>癸
白丑后</td><td colspan="3">丁
蛇未青
乙</td><td colspan="3">庚
陰戌朱
未</td><td colspan="3">戊
貴申勾
巳</td><td colspan="3">辛
玄亥蛇
申</td></tr>
<tr><td>乙
合巳白</td><td>甲
勾辰常</td><td>O
青卯玄</td><td>O
空寅陰</td><td colspan="12">지일과, 비용, 가색, 여덕, 유자</td></tr>
</table>

삼전(三傳)이 未,戌,丑 전부 土이고, 초전(初傳)의 未 둔간(遁干)이 정마(丁馬)이며, 3월의 천마(天馬)가 戌로 중전(中傳)이 되어서 삼전(三傳)에 천마(天馬)와 정마(丁馬)가 모두 있으므로 유자과(游子課)이다.

(32) 삼교과(三交課)

사중일(四仲日) 점에서 사중(四仲)이 일진(日辰)에 가(加)해지고, 삼전(三傳)이 전부 중(仲)이며, 천장(天將)에 태음(太陰)과 육합(六合)을 만나면 삼교과(三交課)라고 한다.

사중(四仲)이라는 것은 子, 午, 卯, 酉의 사패신(四敗神)이다. 사중일(四仲日) 점에서 사중(四仲)이 지진(支辰)의 음양(陰陽)에 가(加)해지는 것을 만나는 것이 일교(一交)이고, 중신(仲神)이 발용(發用)되고 삼전(三傳)이 전부 사중(四仲)이 되는 것이 이교(二交)이고, 중신(仲神)에 태음(太陰), 육합(六合) 등의 천장(天將)이 승(乘)하는 것이 삼교(三交)이다. 이러한 삼자(三者)가 서로 교차 가(加)하여 만나므로 이름이 삼교(三交)이다. 통구지체(統≪姤≫之體)이고 풍운(風雲)을 예측하기 어려운 과(課)이다.

상왈(象曰), 집안에 은밀하게 간사(奸私)한 일이 있고, 또는 스스로 도망가 은닉한다. 바라던 일은 명쾌하지 않고, 재물을 구하면 얻지 못한다. 송사(訟事)를 범(犯)하여 형(刑)을 받게 되고, 용병(用兵)은 적(敵)을 만나 전쟁한다. 다시 흉장(凶將)이 승(乘)하면 병환(病患)은 더욱 않 좋아진다. 이와 같이 흉신(凶神)을 만나면 남자는 중죄(重罪)를 범(犯)하게 되고, 여자는 사통(私通)을 하게 된다. 태음(太陰), 육합(六合) 등이 승(乘)하면 주로 문호(門戶)가 불리해지고, 음란함이 은닉을 하며, 천공(天空)을 만나면 주로 허위(虛僞)나 사기(詐欺)이고, 현무(玄武)는 물건 등을 잃어버리고, 등사(螣蛇)는 놀라고 괴상한 일을 격게 되며, 주작(朱雀)은 구설(口舌), 구진(勾陳)은 전투, 백호(白虎)는 살상(殺傷)을 하게 된다. 또 육양일(六陽日)에 있어서는 교라(交羅)라고 하여 주로 음사(陰私)로 상전의 문전(門前)을 드나든다. 흉장(凶將)과 악살을 대하면 살상(殺傷)의 화(禍)가 있다, 육음일(六陰日)에 있어서는 교록(交祿)이라 하여 주로 사(私)적인 록(祿)을 구하는데, 현무(玄武)가 승(乘)하면 음사(陰私)로 그 록(祿)을 잃게 된다.

戊子日 午時 酉將占.

<table>
<tr><td>甲
青申蛇</td><td>乙
勾酉朱</td><td>丙
合戌合</td><td>丁
朱亥勾</td><td colspan="4" rowspan="2">辛
陰卯常
子</td><td colspan="4" rowspan="2">O
白午后
卯</td><td colspan="4" rowspan="2">乙
勾酉朱
午O</td></tr>
<tr><td rowspan="2">O
空未貴</td><td colspan="2" rowspan="3">제10국</td><td rowspan="2">戊
蛇子青</td></tr>
<tr><td colspan="3" rowspan="2">甲
青申蛇
戊</td><td colspan="3" rowspan="2">丁
朱亥勾
申</td><td colspan="3" rowspan="2">辛
陰卯常
子</td><td colspan="3" rowspan="2">O
白午后
卯</td></tr>
<tr><td>O
白午后</td><td>己
貴丑空</td></tr>
<tr><td>癸
常巳陰</td><td>壬
玄辰玄</td><td>辛
陰卯常</td><td>庚
后寅白</td><td colspan="12">요극과, 호시, 삼교</td></tr>
</table>

戊子日은 중일(仲日)이고, 지상신 卯도 중신(仲神)이며, 삼전(三傳)이 전부 중신(仲神)으로 이루어졌으며, 초전(初傳)의 卯에 태음(太陰)이 승하여 삼교과(三交課)가 되었다.

(33) 난수과(亂首課)

일간(日干)이 일지(日支)에 임(臨)하여 일지(日支)의 극(剋)을 받는 것을 자취난수(自取亂首)라 하고, 일지(日支)가 일간(日干)에 임(臨)하여 일간(日干)을 극(剋)하는 것을 상문난수(上門亂首)라 하며, 다시 발용(發用)까지 겸하면 더욱 그러하다.

일간(日干)은 존장(尊長)이고 아버지이며 윗사람이고, 일지(日支)는 나이가 적은 아랫사람이다. 일간(日干)이 일지(日支)에 임(臨)하였는데 일지(日支)가 일간(日干)을 극(剋)하여 발용(發用) 되는 것을 난수과(亂首課)라 한다. 일지가 일간을 극하면 아랫사람이 윗사람을 범하는 상이며 윗사람의 위상은 낮아지고 가내(家內)에는 예의가 없다. 일지가 일간에 임하여 일간을 극하는 것을 상문난수(上門亂首)라 하는데, 이는 윗사람이 아랫사람을 이끌지 못하여 아랫사람이 감히 와서 윗사람을 범하니 윗사람이 해(害)를 당한다. 일의 발단이 바깥에서 일어나서 안으로 들어오며, 전쟁은 주(主)가 불리하고 적이 와서 전투가 일어나며, 합치는 것은 사람이 늦게 오고, 울타리가 많아 병력의 형상(刑傷)이 많이 발생한다. 자취난수(自取亂首)라는 것은 일의 발단이 안에서 일어나 바깥으로 번지는 것이고 윗사람이 아랫사람에게 실례를 범하여 발생하며 자식이 아버지를 따르지 않고 반항하며, 동생이 형을 배반하며, 신하가 군왕을 배척하고 반역하며, 존비(尊卑)의 구분이 확실하지 않으며, 전쟁은 객(客)이 불리하여 역시 공격하는 것이 좋지 않고, 오직 둘레를 지키며 방어를 고수하는 것이 마땅하다. 통비지체(統≪比≫之體)이며 가내(家內)에 어른을 무시하는 흉한 상(象)이다.

庚午日 申時 戌將占.

<table>
<tr><td>辛
空未貴</td><td>壬
白申后</td><td>癸
常酉陰</td><td>O
玄戌玄</td><td colspan="4" rowspan="2">壬
白申后
午</td><td colspan="4" rowspan="2">O
玄戌玄
申</td><td colspan="4" rowspan="2">甲
后子白
戌O</td></tr>
<tr><td>庚
青午蛇</td><td colspan="2" rowspan="2">제11국</td><td>O
陰亥常</td></tr>
<tr><td>己
勾巳朱</td><td>甲
后子白</td><td colspan="3">O
玄戌玄
庚</td><td colspan="3">甲
后子白
戌O</td><td colspan="3">壬
白申后
午</td><td colspan="3">O
玄戌玄
申</td></tr>
<tr><td>戊
合辰合</td><td>丁
朱卯勾</td><td>丙
蛇寅青</td><td>乙
貴丑空</td><td colspan="12">섭해과, 불비, 회환, 육양</td></tr>
</table>

위 과는 庚午日 일간의 기궁(寄宮)인 申이 日支인 午에 가(加)하여 午의 극을 받으며 발용(發用)이 되었다. 일간(日干)은 존장(尊長)이며 윗사람이고, 일지(日支)는 아랫사람과 수하(手下)인데, 이것처럼 아랫사람이 윗사람을 극(剋)하여 거역하는 것이 발용(發用)되면 난수(亂首)라고 한다. 일간(日干)이 일지(日支)에 임(壬)하여 일지(日支)의 극(剋)을 받으니 자취난수(自取亂首)가 되었고, 일지(日支)로부터 극(剋)을 받는 申이 매우 불길하지만, 중전(中傳) 戌은 공망이고, 말전(末傳) 子가 午火를 충하여 이미 그 흉이 적어지고 있다. 귀인(貴人)인 丑이 천문(天門)에 올라 신장살몰(神藏殺沒)이 되어 모든 악살(惡煞)들이 숨어 버렸다. 申은 일간(日干)의 덕(德),록(祿)이며 모든 일은 점차적으로 좋아지나, 아쉬운 것은 申이 왕상(旺相)하지 못하고 일간상신(日干上神)이 공망이 되었다.

庚午日 辰時 寅將占.

丁 朱卯勾	戊 合辰合	己 勾巳朱	庚 青午蛇
丙 蛇寅青	제3국		辛 空未貴
乙 貴丑空			壬 白申后
甲 后子白	○ 陰亥常	○ 玄戌玄	癸 常酉陰

庚 青午蛇 申	戊 合辰合 午	丙 蛇寅青 辰	
庚 青午蛇 庚	戊 合辰合 午	戊 合辰合 午	丙 蛇寅青 辰
섭해과, 불비, 역간전			

일지(日支) 午가 간상신(干上神)이 되어 일간(日干)을 극하며 발용(發用)이 돼서 난수과이다. 아랫사람이 윗사람을 범하니 상문난수(上門亂首)이고, 이러한 경우는 그 흉이 매우 강하고 윗사람이 아랫사람을 통제하지 못한다.

(34) 췌서과(贅婿課)

일간(日干)이 일지(日支)를 극(剋)하는 것으로, 일간(日干)이 스스로 일지(日支)에 가(加)하여 일지(日支)를 극(剋)하며 발용(發用)이 되는 것을 췌서과(贅婿課)라고 한다.

일간(日干)은 남편이고 일지(日支)는 처(妻)인데 간(干)이 극하는 것은 처재(妻

財)이다. 일간(日干)이 일지(日支)에 임(臨)하여 일지(日支)를 극하고, 스스로 가임(加臨)하여 발용(發用) 되는 것을 췌서과(贅婿課)라 한다. 일간(日干)이 일지(日支)에 임(臨)하면 동(動)이 정(靜)을 따르는 것으로서 이는 남자가 처갓집의 데릴사위로 가는 것과 같고, 일지(日支)가 일간(日干)에 임(臨)하면 정(靜)이 동(動)을 따르는 것으로서 이는 여자가 남자를 따라 시집을 가는 것과 같아서 나를 버리고 다른 사람을 따른다는 의미로 췌서(贅婿)라고 하였다. 점자(占者)는 타인의 집에 거주하여 몸이 자유스럽지 못하다. 통여지체(統≪旅≫之體)이고 손님에게 재물을 구하는 뜻이 있다.

상왈(象曰), 굴욕의 뜻으로 타인을 따르며, 일은 많이 끌려 다니며 억제된다. 임신과 출산은 지연되고, 행인(行人)은 오래도록 지체된다. 재물과 명리(名利)는 이루어지나, 병점(病占)과 송사(訟事)는 해결되지 않는다. 용병(用兵)은 객(客)이 이롭고, 먼저 움직이면 승리한다. 일간(日干)이 가서 辰에 가하여 干剋支하면 위에서 아래를 취함으로 남자가 나아가 여자를 부르므로 존장(尊丈)에게 이롭고 아랫사람에게는 불리(不利)하며, 움직이는 것이 이롭고 정(靜)하면 불리하고, 용병(用兵)은 객(客)이 유리하고, 적의 진지(陣地)를 먼저보고 움직이는 자가 승리한다. 만약 辰이 와서 일간(日干)에 가(加)하여, 干剋支하면 여자가 서둘러 남자를 구하고 아랫사람이 존장(尊丈)을 깔보면 존장이 용납하지 않으며, 용병(用兵)은 반대로 객(客)이 불리하고 타인이 와서 일간(日干)인 나에게 극(剋)을 받으므로 내가 능히 승리할 수 있다. 다시 천장(天將)에 백호(白虎) 등을 만나면 주로 살상(殺傷)이 일어나고, 구진(勾陳)이면 투쟁(鬪爭), 송사(訟事) 등이 일어나며, 주작(朱雀)은 구설, 등사(螣蛇)는 놀라고 두려워하는 일이 발생한다. 귀인(貴人)은 관장(官長)이고, 육합(六合)은 음사(陰私), 태상(太常)은 주식(酒食) 등이며, 일간(日干)과 발용(發用)이 왕상(旺相)하면 바라는 모든 일은 이루어 질 수 있나.

甲戌日 卯時 亥將占.

<table>
<tr><td>丁
空丑貴</td><td>戊
白寅后</td><td>己
常卯陰</td><td>庚
玄辰玄</td><td colspan="3" rowspan="2">甲
合戌合
寅</td><td colspan="4" rowspan="2">壬
后午白
戌</td><td colspan="5" rowspan="2">戊
白寅后
午</td></tr>
<tr><td>丙
青子蛇</td><td colspan="2" rowspan="2">제5국</td><td>辛
陰巳常</td></tr>
<tr><td>乙
勾亥朱</td><td>壬
后午白</td><td colspan="3">甲
合戌合
甲</td><td colspan="3">壬
后午白
戌</td><td colspan="3">壬
后午白
戌</td><td colspan="3">戊
白寅后
午</td></tr>
<tr><td>甲
合戌合</td><td>O
朱酉勾</td><td>O
蛇申青</td><td>癸
貴未空</td><td colspan="12">중심과, 췌서, 교동, 육양, 육의</td></tr>
</table>

발용(發用)인 戌이 일지(日支)이며 일간(日干) 甲에 임(臨)하여 극(剋)을 받으므로 췌서과(贅婿課)이다. 이러한 경우는 아랫사람이 윗사람을 따르는 상으로, 아랫사람이 윗사람을 무시한다면 윗사람이 용서하지 않는다. 일지(日支)가 일간(日干)에 임(臨)하므로, 아랫사람이 스스로를 포기하고 윗사람을 따라나서게 되고, 여자가 남자를 따르고, 과부가 새로운 남편을 따라나서게 되어 재혼을 하게 되며, 데릴사위와 같은 의미이기도 하다.

丙申日 辰時 丑將占.

<table>
<tr><td>壬
青寅合</td><td>癸
空卯勾</td><td>O
白辰青</td><td>O
常巳空</td><td colspan="3" rowspan="2">O
常巳空
申</td><td colspan="4" rowspan="2">壬
青寅合
巳O</td><td colspan="5" rowspan="2">己
朱亥貴
寅</td></tr>
<tr><td>辛
勾丑朱</td><td colspan="2" rowspan="2">제4국</td><td>甲
玄午白</td></tr>
<tr><td>庚
合子蛇</td><td>乙
陰未常</td><td colspan="3">壬
青寅合
丙</td><td colspan="3">己
朱亥貴
寅</td><td colspan="3">O
常巳空
申</td><td colspan="3">壬
青寅合
巳O</td></tr>
<tr><td>己
朱亥貴</td><td>戊
蛇戌后</td><td>丁
貴酉陰</td><td>丙
后申玄</td><td colspan="12">원수과, 회환, 췌서, 권섭부정</td></tr>
</table>

일간(日干)이 일지(日支)에 가(加)하여 일지(日支)를 극(剋)하니 동(動)이 정(靜)을 좇아서 남자가 데릴사위로 가는 것과 같다. 윗사람에게 이롭고, 아랫사람은 불리하다.

(35) 충파과(冲破課)

일진(日辰)의 충신(冲神)이 파(破)에 가(加)하여 발용(發用)이 되는 것을 충파과(冲破課)라 한다.

충(冲)이라는 것은 동요(動搖)인데, 처음에는 비록 유덕(有德)하나 뒤에는 반드시 기울어지거나 뒤집어 지는 것이 있게 된다. 子午冲은 주로 도로와 관련되고, 남녀가 쟁투하여 뜻하던 바가 변동(變動)이 되며, 卯酉相冲은 주로 문호(門戶)의 개변(改變)이며, 혹 기운을 빼앗기거나, 바깥사람의 음란(淫亂)한 간사(奸私)의 일이고, 寅申相冲은 주로 사람과 귀신이 서로 다치며, 부부가 다른 마음을 갖게 되며, 巳亥相冲은 주로 이루어지지도 않으면서 반복되는 일이고 큰 것을 구해도 작은 것밖에는 얻지 못한다. 丑未相冲은 형제간의 흉함과 쇠(衰)함이 상반되기 때문에 방비해야하고, 바라는 마음은 전(前)과 같지 않고 변하게 되며, 일간(日干)의 일은 따르지 않는다. 辰戌相冲은 노비가 다른 마음을 먹고 떠나버리는 등 윗사람과 아랫사람간의 귀천(貴賤)이 분명하지 않기 때문에, 쟁투가 바르지 않다. 파(破)라는 것은 흩어지고 해산(解散)되는 것인데, 일은 다시 변경이 되거나, 중도에 그치게 된다. 만약 午破卯, 酉破子,는 주로 문호(門戶)가 파패(破敗)되는 재난이 있고, 辰破丑은 주로 언덕의 묘, 또는 사찰 등의 파손되는 것을 보게 되고, 戌破未는 처음은 破가 되고 나중에는 刑이 되며, 亥破寅, 申破巳는 처음에는 파가 되고 나중은 합이 된다. 충은 주로 반복되고, 파는 일이 기울어지게 되며, 충(冲), 파(破)의 흉함은 한가지이기 때문에 그 이름이 충파과(冲破課)이며, 통쾌지체(統≪夬≫之體)로 설상가상(雪上加霜)의 과(課)이다.

상왈(象曰), 인정(人情)이 반복되고 문호(門戶)가 안녕하지 못하다. 혼인은 이루지 못하며 임신과 출산은 어렵다. 질병은 흉(凶)이 흩어지고 바라는 것은 이루어지다가 다시 뒤틀어진다. 발용(發用) 또는 삼전(三傳)에 歲, 月, 日, 時 등이 충파(冲破)가 되도 역시 그러한데, 甲년에 申을 보기를 꺼리고, 子년에 午를 보기를 꺼리는 등, 이와 같이 月,日,時도 동일하게 유추한다. 백호(白虎), 등사(螣蛇), 주작(朱雀) 등의 흉장(凶將)을 보거나 사신(死神), 상차(喪車) 등의 악살(惡殺)의 충(冲)도 그러하고, 충(冲)은 흩어지는데 즉 이루어지는 것이 없고 쟁투가 발생하며, 왕상(旺相)한 것을 충(冲)하여도 불의(不宜)하고, 충을 하면 동(動)하여 흉하게 된다. 유신(類神), 歲, 月 등의 공망이 충(冲)하면 암동(暗動)하게 되고 日, 時 등이 충(冲)하는 것은 그 다음으로 흉하다. 길신이 공망인데 충을 하면 오히려 길(吉)하게 되고, 흉(凶)한 것이 공망인데, 충(冲)하면 역시 흉(凶)하게 되며, 충(冲)은 즉 실체와는 반(反)하기 때문이다. 파(破)도 충(冲)과 같이 비슷한데, 흉사(凶事)는 흩어지고, 길사(吉事)는 불의(不宜)하다. 파쇄살(破碎殺)이 승(乘)하거나 또는 흉(凶)한 중에 충(冲)이 동(動)하면 주로 인정(人丁)이 불순하여 어둡게 되고, 오래된 일은 어렵고, 흉장(凶將)이 승(乘)하여 구해주는 것이 없으면 화(禍)는 더욱 심하게 된다.

庚子日 卯時 午將占.

<table>
<tr><td>丙
青申蛇</td><td>丁
勾酉朱</td><td>戊
合戌合</td><td>己
朱亥勾</td><td colspan="4">甲
白午后
卯</td><td colspan="4">丁
勾酉朱
午</td><td colspan="4">庚
蛇子青
酉</td></tr>
<tr><td>乙
空未貴</td><td colspan="2" rowspan="2">제10국</td><td>庚
蛇子青</td><td colspan="3" rowspan="2">己
朱亥勾
庚</td><td colspan="3" rowspan="2">壬
后寅白
亥</td><td colspan="3" rowspan="2">癸
陰卯常
子</td><td colspan="3" rowspan="2">甲
白午后
卯</td></tr>
<tr><td>甲
白午后</td><td>辛
貴丑空</td></tr>
<tr><td>O
常巳陰</td><td>O
玄辰玄</td><td>癸
陰卯常</td><td>壬
后寅白</td><td colspan="12">요극과, 호시, 육의, 삼교, 원소</td></tr>
</table>

초전(初傳) 午와 일지(日支)의 子가 충(冲)하고, 午加卯가 파(破)가 되어 발용(發用)되었으므로 충파과(冲破課)로 되었다. 백호(白虎)가 관살 午에 승(乘)하여 일간을 극살(剋殺)하니 처음에는 매우 흉(凶)하나, 말전(末傳)의 子가 초전(初傳)의 午, 관살(官殺)를 충(冲)하는 구신(救神)이 되어 나중에는 흉(凶)이 해결된다.

(36) 음일과(淫泆課)

초전(初傳)에 卯, 酉가 발용(發用)되고, 천후(天后)와 육합(六合) 등이 승(乘)한 것을 음일과(淫泆課)라 한다.

卯, 酉는 음사(陰私)의 문(門)이고, 천후(天后)와 육합(六合)은 음욕(淫欲)의 신

(神)으로, 주로 음분일욕(淫奔泆欲)이라 하며, 고로 음일과(淫泆課)라 한다. 육합(六合)이 초전(初傳)이 되고, 말전(末傳)이 천후(天后)가 되면 교동격(狡童格)이라 하며, 주로 남자가 여자를 꾀어내어 도망가는 일이 있다. 이와 같이 교완호색(狡頑好色)하고 수치심을 몰라 돌아볼 줄도 모르니, 그 이름이 교동격(狡童格)이다. 천후(天后)가 발용(發用)이 되고, 말전(末傳)이 육합(六合)이 되는 것은 일여격(泆女格)이라 하는데, 주로 여자가 남자를 따르고 사통(私通)이 있어 달아나는 일이 있다. 음일과(淫泆課)의 계통은 사(私)적인 일에 이롭고, 공(公)적인 일에는 불리하며, 통기제지체(統≪旣濟≫之體)이고 음양(陰陽)이 배합되는 과(課)이다.

상왈(象曰), 이 과(課)는 남녀가 다른 이성을 만나게 되고, 음란함이 가중되며 음사(陰私)를 막지 못하고, 혼인이 불길하여 오히려 도망가는 것이 이롭다. 도망간 것을 잡는 것은 어렵고, 방인(訪人)은 스스로 착오가 있다. 만약 삼교과(三交課)와 같이 되는 것을 탁람음일(濁濫淫泆)이라 하여, 이렇게 되면 사통(私通)한 곳이 한 사람 또는 한곳에만 있는 것이 아니다. 천라지망(天羅地網)이 가(加)하게 되면 더욱 극심하고 또한 주로 악성(惡聲)이다. 子日 丑이 천라(天羅)이고, 未가 지망(地網)이다. 천번과(天煩課)와 병행되면 주로 남자가 살상(殺傷)을 만나고, 지번과(地煩課)와 병행하면 주로 여자가 살상(殺傷)을 만나며 이번(二煩), 구추과(九醜課)와 병행되면 남녀가 함께 살상(殺傷)을 만난다. 만약 천후(天后), 육합(六合)이 일진(日辰)에 임(臨)하여 남녀행년이 병행하는 것은 먼저 간사(奸私)가 이루어지고, 후(後)에 결혼하려 하는 것이니, 별도의 중매인 등의 절차가 필요하지 않고, 공망을 만나면 허황된 뜻이 있다.

辛未日 酉時 巳將占.

<table>
<tr><td>乙
蛇丑青</td><td>丙
貴寅勾</td><td>丁
后卯合</td><td>戊
陰辰朱</td><td colspan="4">丁
后卯合
未</td><td colspan="4">○
合亥白
卯</td><td colspan="4">辛
白未后
亥○</td></tr>
<tr><td>甲
朱子空</td><td colspan="2" rowspan="2">제5국</td><td>己
玄巳蛇</td><td colspan="3" rowspan="2">庚
常午貴
辛</td><td colspan="3" rowspan="2">丙
貴寅勾
午</td><td colspan="3" rowspan="2">丁
后卯合
未</td><td colspan="3" rowspan="2">○
合亥白
卯</td></tr>
<tr><td>○
合亥白</td><td>庚
常午貴</td></tr>
<tr><td>○
勾戌常</td><td>癸
青酉玄</td><td>壬
空申陰</td><td>辛
白未后</td><td colspan="12">지일과, 교동, 곡직</td></tr>
</table>

육합(六合)은 남자(男子)이고 천후(天后)는 여자(女子)인데, 음일과(淫泆課)는 卯 酉가 초전(初傳)이 되고 반드시 천후(天后)와 육합(六合)이 초전(初傳)과 말전(末傳)에 번갈아 있어야 하며, 이중 초전(初傳)이 육합(六合)이면 교동격(狡童格)이고, 다시 초전(初傳)이 천후(天后)이면 일녀격(泆女格)이 된다.

戊戌日 辰時 午將.

<table>
<tr><td>乙
空未貴</td><td>丙
白申后</td><td>丁
常酉陰</td><td>戊
玄戌玄</td><td colspan="4" rowspan="2">庚
后子白
戌</td><td colspan="4" rowspan="2">壬
蛇寅青
子</td><td colspan="4" rowspan="2">O
合辰合
寅</td></tr>
<tr><td>甲
青午蛇</td><td colspan="2" rowspan="2">제11국</td><td>己
陰亥常</td></tr>
<tr><td>O
勾巳朱</td><td>庚
后子白</td><td colspan="3">乙
空未貴
戌</td><td colspan="3">丁
常酉陰
未</td><td colspan="3">庚
后子白
戌</td><td colspan="3">壬
蛇寅青
子</td></tr>
<tr><td>O
合辰合</td><td>癸
朱卯勾</td><td>壬
蛇寅青</td><td>辛
貴丑空</td><td colspan="12">중심과, 삼기, 간전</td></tr>
</table>

음일과(淫泆課)에서 천후(天后)가 발용(發用)이 되고, 말전(末傳)이 육합(六合)이 되면 일여격(泆女格)이라 하는데, 음분일욕(淫奔泆欲)이 되어 스스로 알아서 시집을 간다는 의미로 일여격(泆女格)이라 한다. 주로 사통(私通)이 있어 여자가 남자를 따라 도망가는 일이 있다.

(37) 무음과(蕪淫課)

사과(四課)에 극(剋)이 있으나 한 개의 과(課)가 빠져서 삼과(三課)만으로 되어 불비(不備)인데, 일진(日辰)이 서로 교차 상극(相剋)하는 것을 무음과(蕪淫課)라 한다.

사과(四課)에 이양일음(二陽一陰)이 보이면 음(陰)이 부족한 것으로서 이는 한 여자를 두고 두 남자가 다투는 것과 같고, 이음일양(二陰一陽)이라면 양이 부족한 것으로서 이는 한 남자를 두고 두 여자가 다투는 모양이다. 일진(日辰)이 서로 교차 상극(相剋)하고 각자 상생(常生)하면 이것은 부처(夫妻)가 각자 사통(私通)이 있고, 양쪽이 서로 배반하며, 음란함이 끝이 없으므로 고로 무음(蕪淫)이라 한다. 점자(占者)의 가문(家門)이 부정(不貞)하여 음란한 일이 많다. 통소축지체(統≪小畜≫之

體)이며 남녀의 금슬이 부조(不調)되는 과(課)이다.

상왈(象曰), 음양(陰陽)이 불완전하여 교차로 극하는 것을 최고로 혐오한다. 명리(名利)는 평범하고, 송옥(訟獄)과 질병은 지체된다. 음(陰)이 적으면 날씨는 맑음이 오래가고, 양(陽)이 적으면 비가 내린다. 행인(行人)은 도착하지 않고, 전쟁은 불리하며 근심이 있다. 양(陽)이 불비(不備)가 되면 용병(用兵)은 주(主)가 이롭고, 적(賊)은 오지 않으며, 음(陰)이 불비(不備)면 객(客)이 유리하며, 적(賊)이 와도 전쟁을 하지 않으며, 헤아리는 물건을 반드시 결(缺)함이 있다. 삼과(三課)의 불비(不備)를 얻으며 또한 교차 상극(相剋)을 하면 점사(占事)는 최고로 흉(凶)한데, 다시 흉장(凶將)이 승(乘)하면 더욱 심하다. 소축괘(小畜卦)의 구삼(九三)처럼 부처반목(夫妻反目)의 흉상(凶象)이다. 그러나 혹 사과(四課)에 길장(吉將)과 구신(救神)이 겸하거나 불비(不備)에서도 극(剋)이 없으면 흉(凶)하지 않다. 일은 지연되지만 이러한 경우는 부부가 이별을 하였다 하더라도 종국(終局)에는 재결합을 하게 된다. 이 과(課) 자체가 삼과(三課)만으로 구성이 되어 있어 불완비(不完備)되니 별로 좋지 못하거니와, 교차로 상극(相剋)을 하게 되면 주객(主客)이 모두 좋지 않게 된다. 혼인점에서는 음사와 관련되는 신장(神將) 즉 천후(天后), 육합(六合), 태음(太陰), 현무(玄武) 등이 승(乘)하면 음란함이 끝이 없으므로 흉(凶)하게 된다.

乙卯日 午時 未將占.

<table>
<tr><td>戊
朱午空</td><td>己
蛇未白</td><td>庚
貴申常</td><td>辛
后酉玄</td><td colspan="4">丙
勾辰勾
卯</td><td colspan="4">丁
合巳青
辰</td><td colspan="4">戊
朱午空
巳</td></tr>
<tr><td>丁
合巳青</td><td rowspan="2" colspan="2">제12국</td><td>壬
陰戌陰</td><td rowspan="2" colspan="3">丁
合巳青
乙</td><td rowspan="2" colspan="3">戊
朱午空
巳</td><td rowspan="2" colspan="3">丙
勾辰勾
卯</td><td rowspan="2" colspan="3">丁
合巳青
辰</td></tr>
<tr><td>丙
勾辰勾</td><td>癸
玄亥后</td></tr>
<tr><td>乙
青卯合</td><td>甲
空寅朱</td><td>○
白丑蛇</td><td>○
常子貴</td><td colspan="12">중심과, 참관, 불비, 난수, 회환</td></tr>
</table>

1과(課)와 4과(課)가 동일하여 4개의 과(課)중에서 1개의 과(課)가 빠져서 불비(不備)가 되었다. 이양일음(二陽一陰)으로 음(陰)이 부족하여 이는 한 여자를 두고 두 남자가 다투는 상이다.

甲子日 卯時 亥將占.

<table>
<tr><td>乙
空丑貴</td><td>丙
白寅后</td><td>丁
常卯陰</td><td>戊
玄辰玄</td><td colspan="4">O
合戌合
寅</td><td colspan="4">庚
后午白
戌O</td><td colspan="4">丙
白寅后
午</td></tr>
<tr><td>甲
青子蛇</td><td colspan="2" rowspan="2">제5국</td><td>己
陰巳常</td><td colspan="3" rowspan="2">O
合戌合
甲</td><td colspan="3" rowspan="2">庚
后午白
戌O</td><td colspan="3" rowspan="2">壬
蛇申青
子</td><td colspan="3" rowspan="2">戊
玄辰玄
申</td></tr>
<tr><td>O
勾亥朱</td><td>庚
后午白</td></tr>
<tr><td>O
合戌合</td><td>癸
朱酉勾</td><td>壬
蛇申青</td><td>辛
貴未空</td><td colspan="12">중심과, 참관, 교동(낮), 일녀, 육양</td></tr>
</table>

이 과는 비록 사과(四課)가 완전하지만 일간상신(日干上神) 戌이 일지(日支)의 子를 극(剋)하고, 일지상신(日支上神) 申金이 일간(日干) 甲을 극(剋)하여 서로 상극(相剋)을 하고 있다. 일간(日干)은 남자이고 남편이며, 일지(日支)는 아내를 인데, 일간(日干)이 일지(日支)를 따르려고 하지만 申金의 극이 두렵고, 일지(日支)가 일간(日干)을 따르려니 戌土의 극(剋)이 두렵지만 공망이라 반감된다. 일간은 서북방향에 합이 되고, 일지는 서남방향과 합을 이루고 있다.

(38) 해리과(解離課)

부처(夫妻)의 행년(行年)이 충극(冲剋)하거나, 또는 상하신(上下神)이 서로 극적(剋賊)을 이루면 해리격(解離格)이라 한다.

예를 들어 남편의 행년(行年)이 午인데 상신(上神)이 寅이고, 처의 행년(行年)이 子인데 상신(上神)이 申이라면 子上申이 午의 극을 받고, 午上寅이 申의 극을 받게 되어 상하(上下)가 서로 상극(相剋)하게 되어 천지(天地)가 멀어지고 각자 다른 마음을 갖게 되어 해리과(解離格)라 한다. 점자(占者)는 반드시 서로 반목(反目)의 징조가 있고 인연이 끊어지는 흉사(凶事)가 있으며, 통리지체(統≪離≫之體)로 부부이별의 상(象)이다.

三月 丁巳日 未時 酉將.

<table>
<tr><td>己
勾未朱</td><td>庚
合申蛇</td><td>辛
朱酉貴</td><td>壬
蛇戌后</td><td colspan="4">辛
朱酉貴
未</td><td colspan="4">癸
貴亥陰
酉</td><td colspan="4">O
陰丑常
亥</td></tr>
<tr><td>戊
靑午合</td><td colspan="2" rowspan="2">제11국</td><td>癸
貴亥陰</td><td colspan="3" rowspan="2">辛
朱酉貴
丁</td><td colspan="3" rowspan="2">癸
貴亥陰
酉</td><td colspan="3" rowspan="2">己
勾未朱
巳</td><td colspan="3" rowspan="2">辛
朱酉貴
未</td></tr>
<tr><td>丁
空巳勾</td><td>O
后子玄</td></tr>
<tr><td>丙
白辰靑</td><td>乙
常卯空</td><td>甲
玄寅白</td><td>O
陰丑常</td><td colspan="12">중심, 불비, 간전, 여덕, 육음</td></tr>
</table>

남편의 행년(行年)이 午인데 상신 申이 되고, 처의 행년이 子인데 상신 寅이 되어 부처(夫妻)간의 행년상신(行年上神)이 충극(冲剋)이 되어 해리격(解離格)이 되었다.

(39) 고과과(孤寡課)

발용(發用)의 천지반(天地盤)이 공망 이거나, 초전(初傳) 또는 말전(末傳)이 공망이면 고과과(孤寡課)이다.

순(旬) 중에 고진(孤辰), 과숙(寡宿)은 세 가지가 있다. 발용(發用)이 순중(旬中)의 공망일때, 양(陽)이 공망이면 고(孤), 陰이공망이면 과(寡)가 첫째이고, 발용(發用)의 지반이 공망이면 고(孤), 천반이 공망이면 과(寡)가 되는 것이 두 번째이며, 발용(發用)이 공망이면 고(孤), 말전(末傳)이 공망이면 과(寡)가 세 번째이다. 또한 계절의 고진(孤辰)과 과숙(寡宿)이 두 가지 있는데, 봄에는 巳가 고(孤)이고 丑이 과(寡), 여름일 때는 申이 고(孤)로 辰이 과(寡)로 되며, 가을일 때는 亥가 고(孤)로 未가 과(寡)로 되며, 겨울일 때는 寅이 고(孤)로 戌가 과(寡)가 된다.

	春	夏	秋	冬
孤辰	巳	申	亥	寅
寡宿	丑	辰	未	戌

또한 봄에는 나를 생하는 水의 절신(絕神)이 巳가 고(孤), 내가 극하는 土의 묘신(墓神)인 辰이 과(寡)이다. 십 천간이 도달하지 못하는 지(地)이고, 오행(五行)이 감추어져 탈(脫)되는 곳이므로 고과과(孤寡課)라 한다. 통구지체(統≪姤≫之體)로 기러기가 홀로 높이 날아가는 상(象)이다.

상왈(象曰), 점(占)에서 주로 고독하고, 고향을 등지고 멀리 떠나며, 직업이 쉽게 변하고, 재(財)가 빈손이며, 혼인은 헤어지고, 태잉(胎孕)은 허망함만 있고, 도둑을 방비해야 하며, 일진이 무기(無氣)하면 최고로 흉하게 된다. 모망은 가까운 것은 순(旬)이 지나면 이루어지나 먼 것은 종내(終乃)에는 어렵다. 공망을 만나면 근심과 기쁨이 전부 이루어 지지 않고, 사기(詐欺)사건을 조심하여야 하며, 시간이 공망이면 역시 이루어지는 것은 어렵다. 혹 중전(中傳)에 공망을 만나면 단교(斷橋), 절요(折腰)라고 하며 주로 일은 중도에 어려움을 만나 중지하게 된다. 혹 중전(中傳)과 말전(末傳)이 공망이면 동중부동(動中不動)이 되어 갈 길은 먼데 조금밖에 못나가게 도고, 찾는 사람은 전부 가까운 곳에 있다. 초전(初傳)과 중전(中傳)이 공망이면 말전(末傳)으로서 추지해야 하고 중, 말전이 공망이면 공망이 아닌 것으로 길흉을 단정해야 한다. 신병(新兵病)은 치유(治癒)되지만 오래된 병은 사람이 공망이 되며, 길(吉)한 것이 공망이면 흉(凶)하고, 흉한 것이 공망이 되면 오히려 길하다.

壬申日 丑時 戌將占.

<table>
<tr><td>丙
蛇寅合</td><td>丁
貴卯朱</td><td>戊
后辰蛇</td><td>己
陰巳貴</td><td colspan="4">己
陰巳貴
申</td><td colspan="4">丙
蛇寅合
巳</td><td colspan="4">O
勾亥空
寅</td></tr>
<tr><td>乙
朱丑勾</td><td colspan="2" rowspan="2">제4국</td><td>庚
玄午后</td><td colspan="3" rowspan="2">壬
白申玄
壬</td><td colspan="3" rowspan="2">己
陰巳貴
申</td><td colspan="3" rowspan="2">己
陰巳貴
申</td><td colspan="3" rowspan="2">丙
蛇寅合
巳</td></tr>
<tr><td>甲
合子靑</td><td>辛
常未陰</td></tr>
<tr><td>O
勾亥空</td><td>O
靑戌白</td><td>癸
空酉常</td><td>壬
白申玄</td><td colspan="12">원수과, 현태, 불비</td></tr>
</table>

2월의 월장(月將)은 戌이고 봄이므로, 초전(初傳)의 巳는 춘절(春節)의 고진(孤辰)이 되어 고진격(孤辰格)으로 되었다.

이 과는 대단히 불길하나 혹 삼기(三奇)나 육의과(六儀課)가 같은 구신(救神)이 있거나 또한 태세(太歲), 월장(月將), 월건(月建) 등을 만나면 다시 재혼할 수 있으며, 일진(日辰), 년명(年命) 등은 공망을 논하지 않는다.

(40) 도액과(度厄課)

사과(四課) 안에서 삼과(三課)가 동시에 상(上)에서 하(下)를 극하거나, 하(下)에서 상(上)을 극하면 도액과(度厄課)라 한다.

상(上)은 존장(尊丈)이고 하(下)는 비(卑), 즉 아랫사람인데, 3개가 상(上)에서 하(下)를 극하면 어른이 아이를 기만하고 반드시 액운의 형세를 만나게 되니 도액(度厄)이고, 3개의 하(下)에서 상(上)을 적(賊)하는 것은 어른이 바르지 못하여 아랫사람들로부터 업신여김을 당하게 되니, 이 또한 도액(度厄)이다. 점(占)하는 사람은 가내(家內)에 흠이 있어 어른 또는 아랫사람이 재앙을 보게 된다. 통박지체(統≪剝≫之體)로 육친(六親)이 숯과 얼음처럼 어울리지 못하는 과(課)이다.

상왈(象曰), 장유(長幼)에게 각각 근심과 재액이 있고, 병환(病患)은 위중하게 된다. 가문(家門)이 불길하고, 가족 간의 어긋남이 많으며, 출군(出軍)하면 실패하여 이로움이 없고, 행인(行人)은 재난이 많다, 유신(類神)이 왕상(旺相)하면 점차 화(禍)는 가고 복(福)이 오게 된다. 발용(發用)이 양신(陽神)이고 흉장(凶將)이 승(乘)하면 주로 어른에게 재앙이 있고, 음신(陰神)이면 유(幼)today 아랫사람들에게 재난이 있게 된다. 일간(日干)과 발용(發用)이 왕상(旺相)하면 흉(凶)이 길로 변화하여 웃사람과 아랫사람이 서로 간에 도움을 주게 된다.

甲子日 丑時 申將占.

甲 青子蛇	乙 空丑貴	丙 白寅后	丁 常卯陰
○ 勾亥朱	제6국		戊 玄辰玄
○ 合戌合			己 陰巳常
癸 朱酉勾	壬 蛇申青	辛 貴未空	庚 后午白

丙 白寅后 未	癸 朱酉勾 寅	戊 玄辰玄 酉

癸 朱酉勾 甲	戊 玄辰玄 酉	辛 貴未空 子	丙 白寅后 未

지일과, 유도액

사과(四課) 중에 1과, 3과, 4과 즉 3개의 과(課)가 上剋下를 하여 윗사람이 아랫사람을 범하니 아랫사람은 반드시 재액(災厄)이 발생하게 되며, 이러한 경우를 유도액격(幼度厄格)이라고 한다. 만약 이 경우 자손효(子孫爻)가 발용(發用)되고, 흉장(凶將)이 되면 아랫사람은 흉액(凶厄)이 더 크다.

壬申日 子時 未將占.

甲 合子青	乙 朱丑勾	丙 蛇寅合	丁 貴卯朱
○ 勾亥空	제6국		戊 后辰蛇
○ 青戌白			己 陰巳貴
癸 空酉常	壬 白申玄	辛 常未陰	庚 玄午后

庚 玄午后 亥	乙 朱丑勾 午	壬 白申玄 丑

庚 玄午后 壬	乙 朱丑勾 午	丁 貴卯朱 申	○ 青戌白 卯

섭해과, 장도액, 체생

1과, 3과, 4과 등 세 개의 과(課)에서 전부 하(下)에서 상(上)을 적(賊)하여, 아랫사람이 윗사람을 모욕하고 업신여기니 윗사람은 재난이 매우 크게 발생하는데, 이러한 경우를 장도액격(長度厄格)이라고 한다. 만약 이 경우 부모효(父母爻)가 발용(發用)되고, 흉장(凶將)이 되면 윗사람은 흉액(凶厄)이 더 가중된다.

(41) 무록절사과(無祿絶嗣課)

사과(四課)가 전부 상극하(上剋下)하는 것을 무록과(無祿課)라 하고, 사과(四課)가 전부 하적상(下賊上)하는 것을 절사과(絶嗣課)라고 한다.

가) 무록격(無祿格)

사과(四課)가 모두 함께 상극하(上剋下) 하는 것을 무록(無祿)과라 하고, 日의 모든 음양신(陰陽神)이 함께 상극(相剋)하므로 건질 것이 없고 머무를 곳이 없으며, 점자(占者)는 주로 많이 고독하다. 이와 같이 사과의 상(上)에서 전부 하(下)를 극하는 것을 무록과(無祿課)라 하며, 주로 서민에게는 록(祿)이 없고, 직업이 있는 사람 중 죄가 경(輕)한 사람은 벌로 봉급이 깍이는 정도이지만, 중(重)한사람은 직장을 실직(失職)한다. 전부 위에서 아래를 극제하므로 신하와 자식 등 아랫사람은 재앙을 받기 때문에 굽히는 자는 어려움이 많다. 적(敵)을 대하는 것은 객(客)이 이롭고, 송사(訟事)는 먼저 움직이는 자(者)가 승리한다. 오직 火가 많아 金을 극하면 水가 있어 구제함이 옳다. 통비지체(統≪否≫之體)로서 상하(上下)가 어지러운 과체(課體)이다.

나) 절사격(絶嗣格)

사과(四課)가 모두 하적상(下賊上) 하는 것을 절사격(絶嗣格)이라 하며, 주로 소인(小人)이 무례(無禮)하며 재앙(災殃)과 화(禍)는 커지고, 노인의 병은 사망하고, 달아난 자는 은닉(隱匿)하고, 존장(尊丈)은 재난을 낭한다. 전투에서는 주(主)가 이롭고, 송사(訟事)는 뒤에 움직이는 것이 마땅하다. 중년(中年)에는 자식이 많으나, 노후(老後)에는 주로 고독하다.

상왈(象曰), 위에서 아래를 극하면 무록(無祿)이고 아래에서 위를 극하면 절사(絶嗣)이다. 임금과 신하가 역(逆)되고 거스르며, 부자(父子)사이에 분리(分離)가 있다. 뜻하고 구(求)하는 것은 도달하지 못하고, 동작(動作)에 의구심이 많다. 삼전(三傳)에 구신(救神)이 있으면 재액을 면(免)할 수 있다. 신장(神將)이 흉하면 더욱 흉하고, 구신(救神)이 있으면 처음에는 힘들지만 갈수록 좋아진다.

己巳日 寅時 酉將占.

<table>
<tr><td>甲
貴子勾</td><td>乙
后丑青</td><td>丙
陰寅空</td><td>丁
玄卯白</td><td colspan="4" rowspan="2">癸
合酉蛇
寅</td><td colspan="4" rowspan="2">戊
常辰常
酉</td><td colspan="4" rowspan="2">O
蛇亥合
辰</td></tr>
<tr><td>O
蛇亥合</td><td colspan="2" rowspan="2">제6국</td><td>戊
常辰常</td></tr>
<tr><td>O
朱戌朱</td><td>己
白巳玄</td><td colspan="3">丙
陰寅空
己</td><td colspan="3">癸
合酉蛇
寅</td><td colspan="3">甲
貴子勾
巳</td><td colspan="3">辛
青未后
子</td></tr>
<tr><td>癸
合酉蛇</td><td>壬
勾申貴</td><td>辛
青未后</td><td>庚
空午陰</td><td colspan="12">섭해과, 견기, 절사</td></tr>
</table>

사과(四課)가 모두 상극하(上剋下)를 하여 무록격(無祿格)이다. 이 과(課)는 아랫사람에게 매우 불리한데, 자손점(子孫占)에서는 매우 불리(不利)하고, 출산점(出産占)은 태아(胎兒)가 위태롭다.

庚辰日 辰時 亥將占.

<table>
<tr><td>丙
蛇子青</td><td>丁
貴丑空</td><td>戊
后寅白</td><td>己
陰卯常</td><td colspan="4" rowspan="2">壬
白午后
亥</td><td colspan="4" rowspan="2">丁
貴丑空
午</td><td colspan="4" rowspan="2">O
青申蛇
丑</td></tr>
<tr><td>乙
朱亥勾</td><td colspan="2" rowspan="2">제6국</td><td>庚
玄辰玄</td></tr>
<tr><td>甲
合戌合</td><td>辛
常巳陰</td><td colspan="3">己
陰卯常
庚</td><td colspan="3">甲
合戌合
卯</td><td colspan="3">乙
朱亥勾
辰</td><td colspan="3">壬
白午后
亥</td></tr>
<tr><td>O
勾酉朱</td><td>O
青申蛇</td><td>癸
空未貴</td><td>壬
白午后</td><td colspan="12">섭해과, 무록</td></tr>
</table>

사과(四課)가 모두 하적상(下賊上)을 하여 절사격(絶嗣格)이다. 주로 소인(小人)의 무례(無禮)로서 존장(尊丈)에게 재앙(災殃)이 있으며, 노인의 병점(病占)에는 매우 불리하다.

(42) 둔복과(迍福課)

팔둔과(八迍課)에서 오복(五福)을 얻으면 둔복과(迍福課) 라고 한다.

사기(死氣)가 발용(發用)하고, 지반(地盤)에서 왕기(旺氣)가 천반(天盤)을 극하며,

상신(上神)은 구묘(坵墓)에 임(臨)하고 흉장(凶將)을 대하며, 형해(刑害)를 띠고, 삼전(三傳)이 묘(墓)를 만나며, 하적상(下賊上)을 보고, 관살(官殺)이 일진(日辰)에 임(臨)하여 상극(相剋)을 이루면 팔둔격(八迍格)을 이룬다. 발용(發用)이 사기(死氣)이나 말전(末傳)이 왕상(旺相)한 것, 자식을 살리는 부모에 덕(德)이 있으며, 처음에 있는 흉장(凶將)이 나중에는 길장(吉將)으로 된 것, 초전(初傳)의 관귀(官鬼)를 년명(年命)이 극하는 것, 일간(日干)이 왕상(旺相)한 것, 등을 오복(五福)이라 한다. 이와 같이 여덟가지의 흉한 것을 둔(迍)이라 하고, 다섯가지 길한 것을 복(福)이라 하기 때문에 그 이름이 둔복과(迍福課)이다. 점사(占事)는 선흉후길(先凶後吉)이며 통둔지체(統≪屯≫之體)이고 뢰우(雷雨)같은 재난이 해결되는 과(課)이다.

상왈(象曰), 팔둔(八迍)이 병행하여 발용(發用)하면 천장(天將)도 우환에 이른다. 병(病)을 얻으면 위급하게 기울고, 관송(官訟)은 앉아서 죽으며, 운영하던 것은 이루지 못하고, 동작(動作)은 남에게 피해만 끼친다. 오복(五福)을 만나면 우환이 기쁨으로 변한다.

癸酉日 巳時 戌將占 年命酉.

<table>
<tr><td>O
青戌青</td><td>O
空亥勾</td><td>甲
白子合</td><td>乙
常丑朱</td><td colspan="4" rowspan="2">辛
朱未常
寅</td><td colspan="4" rowspan="2">甲
白子合
未</td><td colspan="4" rowspan="2">己
貴巳陰
子</td></tr>
<tr><td>癸
勾酉空</td><td colspan="2" rowspan="2">제8국</td><td>丙
玄寅蛇</td></tr>
<tr><td>壬
合申白</td><td>丁
陰卯貴</td><td colspan="3">庚
蛇午玄
癸</td><td colspan="3">O
空亥勾
午</td><td colspan="3">丙
玄寅蛇
酉</td><td colspan="3">辛
朱未常
寅</td></tr>
<tr><td>辛
朱未常</td><td>庚
蛇午玄</td><td>己
貴巳陰</td><td>戊
后辰后</td><td colspan="12">지일과, 장도액</td></tr>
</table>

戌은 卯월의 월장(月將)으로 춘절(春節)인데, 발용(發用)인 未는 계절에서 보아 사기(死氣)이므로 일둔(一迍), 未의 지반(地盤)에서 왕(旺)한 寅木으로부터 극을 받으니 이둔(二迍), 木의 묘(墓)는 未인데 구묘(坵墓)를 올려다보아야 하며 土는 木의 극(剋)이 두려우며, 그 원수를 내려다 보아야하니 삼둔(三迍), 주작(朱雀) 흉장(凶將)이 승(乘)하여 사둔(四迍), 주작(朱雀)과 더불어 형합(刑合)을 이루니 오둔(五迍), 子가 未에 임하여 해(害)를 이루며 또 백호(白虎)가 승(乘)하였으니 육둔(六迍),

子는 허숙(虛宿)이고 주로 분묘(墳墓)에서 곡(哭)을 해야하니 칠둔(七迍), 간상(干上)에 등사(騰蛇)가 승(乘)하고 지상(支上)에 현무(玄武) 흉장(凶將)이 승(乘)하여 함께 흉(凶)하니 팔둔(八迍)이 되었다.

초전(初傳) 未는 사(死)이지만 말전(末傳)의 巳는 왕상(旺相)하여 일복(一福), 말전(末傳)의 巳가 초전(初傳)의 未를 생하니 이복(二福), 초전(初傳)은 주작(朱雀)이지만 말전(末傳)의 巳가 일덕(日德)이며 귀인(貴人)이 승(乘)하여 삼복(三福), 말전(末傳) 巳는 비록 子의 극(剋)을 받으나 귀인(貴人)이 구신(救神)이 되므로 사복(四福), 癸의 덕부(德附)가 戊이고 戊의 기궁(寄宮)은 丙과 같은데 午가 일간(日干)에 임(臨)하여 지상신(支上神)의 생조(生助)를 받으며 왕상(旺相)하여 오복(五福)이 되었다. 그러므로 팔둔(八迍)이면서 또 오복(五福)이 이루어져 둔복과(迍福課)가 되었고 선흉후길(先凶後吉)하게 된다.

(43) 침해과(侵害課)

일진(日辰)에 육해(六害)가 서로 가(加)하여서, 행년(行年)과 병행하며 발용(發用)이 되면 침해과(侵害課)이다.

육(六)이라는 것은 父, 母, 兄, 弟, 妻, 子 등의 육친(六親)이고 해(害)란 손상(損傷)이다. 子는 午의 충이 두려워 마음을 돌려 未를 보고자 하니 충(冲)이 무서워 원수와 합(合)을 이루어 침해(侵害)되고 손상(損傷)되는 것이 되므로 침해(侵害)라고 한다. 해(害)는 水가 옹체(擁滯)된 것과 같이 혈기(血氣)가 행하지 못하여 일에 장애가 많다. 그러므로 子未 害는 집안의 기운에 해(害)가 되어 가족 간에 불화(不和)하게 된다. 子加未는 일을 도모함에 처음과 끝이 없고 관재(官災)와 구설(口舌)이 있으며, 未加子는 도모하는 일이 막히고 재앙(災殃)이 있다. 丑, 午, 卯, 辰은 어린사람이 존장(尊丈)을 업신여긴다. 丑加午은 관청의 일과 병(病)문제는 근심과 놀라게 되고, 부부는 불화(不和)한다. 午加丑은 일이 분명하지 않고 진전이 없다. 卯加辰, 辰加卯는 일이 실속없이 소리만 무성하며, 재물의 다툼으로 조해(阻害)함이 있다. 寅,巳 申,亥는 경쟁으로 크게 다툼이 있고 진전(進展)시킴에 어려움이 많다. 寅加巳는 주로 출행에 있어 일이 고쳐지고 변동이 생기므로 퇴(退)하는 것이 이롭다. 巳加寅은 일이 어렵고 지장이 많으며 구설과 우환(憂患)의 의혹이 있다. 申加亥는 먼저 일을 추진하나 뒤에는 의심하고 해롭고 반드시 처음과 끝이 없다. 亥加申은 일을 도모하나 미수에 그치고, 일마다 처음과 끝이 없다. 酉,戌은 귀해(鬼害)가 되며, 酉加戌은 작은 일로 도망가고, 질병은 흉하다. 戌加酉는 조해(阻害)가 있고 질병에 역시 흉(凶)하다. 해(害)는 주로 침해하며 서로 손해를 끼치므로 침해과(侵害課)라 부른다. 통손지체(統≪損≫之體)이고 어려움의 방비해야하는 상(象)이다.

상왈(象曰), 육친(六親)에 기댈 곳을 잃고, 골육(骨肉)이 다치고 상(傷)한다. 재물의 이로움이 없어져 오히려 해롭고, 질병도 흉하며, 혼인은 파혼되고, 출진(出陣)한 군대에게 재앙이 있다. 임신은 유산(流産)되고, 알현(謁見)하고자 하는 일은 순조롭지 못하다. 이와 같은데 육해(六害)의 신(神)이 일진에 임(臨)하여 발용(發用)이 되고, 또한 흉장(凶將)과 악살(惡殺)등이 승(乘)하면 침해(侵害)의 흉화(凶禍)가 더욱 심하고, 만약 합(合), 덕(德), 희신(喜神), 길장(吉將) 등을 대하면 과체(課體)는 비록 조해(阻害)가 있지만 마지막에는 성취(成就)할 수 있다.

丙子日 申時 卯將占.

<table>
<tr><td>丙
合子蛇</td><td>丁
勾丑朱</td><td>戊
青寅合</td><td>己
空卯勾</td><td rowspan="2" colspan="4">丙
合子蛇
巳</td><td rowspan="2" colspan="4">癸
陰未常
子</td><td rowspan="2" colspan="4">戊
青寅合
未</td></tr>
<tr><td rowspan="2">乙
朱亥貴</td><td rowspan="3" colspan="2">제6국</td><td rowspan="2">庚
白辰青</td></tr>
<tr><td rowspan="2" colspan="3">丙
合子蛇
丙</td><td rowspan="2" colspan="3">癸
陰未常
子</td><td rowspan="2" colspan="3">癸
陰未常
子</td><td rowspan="2" colspan="3">戊
青寅合
未</td></tr>
<tr><td>甲
蛇戌后</td><td>辛
常巳空</td></tr>
<tr><td>O
貴酉陰</td><td>O
后申玄</td><td>癸
陰未常</td><td>壬
玄午白</td><td colspan="12">섭해과, 절사, 난수, 회환</td></tr>
</table>

간상신(干上神) 子와 지상신(支上神) 未가 육해(六害)를 이루고 초전(初傳)과 중전(中傳)도 역시 子未 해(害)를 이루어 침해과(侵害課)가 되었다.

(44) 형상과(刑傷課)

삼형(三刑)이 발용(發用)하고 또한 행년(行年)과 병행하면 형상과(刑傷課)라고 한다.

나쁜 중에서 가장 흉한 것이 형(刑)인데, 형(刑)이라는 것은 형잔(刑殘)이 남는다. 寅巳申 형은, 寅中에 木火, 巳中에 土金, 申中에 金水가 있어 부자(父子)의 위치에 있으며 서로 상(傷)하는 것이며, 무은형(無恩刑)이라 한다. 寅刑巳는 주로 거동에 장애가 있고, 관(官)의 일은 재해가 되며, 타인이 나를 刑하여 쟁투(爭鬪)가 되고, 이전의 일에서 발생한다. 巳刑申은 어른과 아랫사람이 서로 불순(不順)하고, 먼저 범(犯)한 후에 이루며, 타인이 刑하지만 나는 해결하려하고, 원수를 은혜로 보답한다. 申刑寅은 사람과 귀신이 서로 해치고 위해(危害)를 가하며, 남녀가 서로 제극하고 타인이 형하면 내가 동한다. 丑戌未 형이라는 것은 세궁이 모두 土이며, 형제가 힘으로서 서로를 상(傷)하게 하므로, 시세형(恃勢刑)이라고 한다. 丑刑戌은 관귀(官鬼)가 刑을 하므로 존장과 비유(卑幼)가 상잔(傷殘)하여 밝지 못하다. 戌刑未는 아랫사람이 어른을 깔보는 일을 대하고 처재가 흉하다. 未刑丑은 대소(大小)가 전부 불화하고, 또는 상복(喪服)을 보게 된다. 子卯相刑은 水木의 모자(母子)지간에 서로 상(傷)하므로 무례(無禮)刑이라 한다. 子刑卯는 주로 문호가 음란하고 사패되며 어른과 아랫사람이 서로 불목(不睦)한다. 卯刑子는 밝은 것이 가고 어둠이 찾아오듯이 수로(水路)가 불통(不通)하고 자식이 법도를 지키지 않는다. 辰, 午, 酉, 亥은 자형(自刑)인데 寅, 申, 巳, 亥의 네 글자의 중에 亥는 刑에서 없고, 辰, 戌, 丑, 未 사충(四冲)에 辰이 없으며, 子, 午, 卯, 酉의 사충(四冲)에는 酉, 午가 없어 오직 子, 卯의 호형(互刑)만 있어, 이 네 글자는 상형의 위치에 없으므로 자형(自刑)이라 하여, 주로 스스로 왕성하여 높고 크게 다시 고치려하다가 스스로를 해(害)한다. 이러한 네 개의 충을 받는데 한 개가 빠져 완전하지 않으면, 기울어져 바르지 아니하다. 삼자(三者)는 각자 서로를 좇아 벌로서 서로를 刑하며 刑은 반드시 상(傷)함이 있으므로 형상(刑傷)이라고 이름한다. 만약 노복(奴僕)을 찾는데 소인(小人)이 달아난 방향은 支의 형신(刑神)이 임(臨)한 방위로 좇으면 반드시 포획한다. 통송지체(統≪訟≫支體)로, 크고 작은 일들로 인한 불화(不和)의 과(課)이다.

상왈(象曰), 한쪽으로 기울어져 그 위치를 잃으므로 가문이 번창하지 못한다. 태잉(胎孕)이 유산(流産)되고, 혼인은 불량(不良)하다. 아래에서 취하는 것은 순리이나 윗사람을 쟁투하여 형상(刑傷)이 있다. 바라는 것은 이지러지고 일은 전부 재앙(災殃)을 만난다. 이와 같이 형신(刑神)이 발용(發用) 되었는데, 서로를 체극(遞剋)으로 가중(加重)하거나, 흉장(凶將)이 일진(日辰)에 승(乘)하면 이것은 전부 상잔(傷殘)하게 되며, 사람들 간의 정(情)이 불화하게 된다. 일간(日干)을 형(刑)하면 남자가 상(傷)하며 그 신체가 불리하게 되며, 일지(日支)를 형(刑)하면 주로 여자가 병이 생겨 가택이 불안하다. 점시가 일간(日干)을 형(刑)하면 근심이 작은 사람에게 있고, 점시 밑의 일이 불리하다. 월건(月建)을 형(刑)하면 송사(訟事)를 벌이는 것이 옳지 않고, 일간(日干)을 형(刑)하면 먼 거리의 여행이 불가(不可)하다. 일간(日干)을 형(刑)하면 일이 속(速)하고, 일지(日支)를 형(刑)하면 더뎌진다. 혹 상하(上下)가 상형(相刑)인데 일간(日干)의 귀(鬼)를 만나면 주로 공(公)적인 일은 근심이 있고, 존장이 불분(不分)하며 바라던 일은 비용과 힘만 소진되고 어렵게 되며, 소인(小人)도 역시 꺼린다. 등사(螣蛇), 혈지(血支), 혈기(血忌) 등을 보면 임신(姙娠)은 유산되고 혈광(血光)의 재앙이 있다.

庚午日 寅時 子將占.

<table>
<tr><td>丁
朱卯勾</td><td>戊
合辰合</td><td>己
勾巳朱</td><td>庚
青午蛇</td><td colspan="4">
<table><tr><td>庚
青午蛇
申</td><td>戊
合辰合
午</td><td>丙
蛇寅青
辰</td></tr></table>
</td></tr>
<tr><td>丙
蛇寅青</td><td colspan="2" rowspan="2">제3국</td><td>辛
空未貴</td><td rowspan="2">庚
青午蛇
庚</td><td rowspan="2">戊
合辰合
午</td><td rowspan="2">戊
合辰合
午</td><td rowspan="2">丙
蛇寅青
辰</td></tr>
<tr><td>乙
貴丑空</td><td>壬
白申后</td></tr>
<tr><td>甲
后子白</td><td>○
陰亥常</td><td>○
玄戌玄</td><td>癸
常酉陰</td><td colspan="4">섭해과, 불비, 역간전</td></tr>
</table>

午는 자형(自刑), 일지(日支)인데 발용이 되어 형상과(刑傷課)가 되었다.

(45) 이번과(二煩課)

사중(四仲)의 월장(月將)이 사정(四正)과 사평(四平)의 일점(日占)을 만나고, 일월수

(日月宿)가 사중(四仲)에 가(加)하며, 두강(斗罡)이 丑, 未에 임한 것을 이번과(二煩課)라 한다.

이번(二煩)이란 천번(天煩)과 지번(地煩)이라는 말이고, 사중(四仲)이라는 것은 子,午,卯,酉를 말하며, 일수(日宿)이라는 것은 태양이 운행하는 전도(躔度)상의 궁신(宮神)이며, 정월(正月)은 亥에서 일어나 역행 12辰을 한다. 월수(月宿)라는 것은 태음성(太陰星)의 전도궁신(躔度宮神)이며, 정월(正月) 초하루에 실(室)에서 일으켜, 이규(二奎), 삼위(三胃), 사필(四畢), 오참(五參), 육귀(六鬼) 칠장(七張), 팔각(八角), 구저(九氐), 십미(十尾), 십일두(十一斗), 십이허(十二虛)로 된다. 매월 초하루에 일수(一宿)씩 옮기며 날마다 이십팔수(二十八宿)을 헤아려 내려가는데, 규(奎),장(張),정(井),익(翼),저(氐),두(斗)등의 여섯 개의 수(宿)은 한 번씩 더 세어야 되며, 차례대로 지나며 머무는데, 월수(月宿)가 가는 곳이 바로 태음(太陰)의 궁신(宮神)을 이루는 곳이다. 다시 상세한 칠정역(七政曆)의 세도(歲度)의 기준이 된다. 두강(斗罡)은 辰이다. 사정(四正)이란 삭(朔), 망(望), 현(弦), 회(晦), 인데 초하루는 삭(朔)이 되고 초8일은 상현(上弦)이 되며, 보름은 망(望)이 되고 23일은 하현(下弦)이 되어, 달의 마지막 날에는 회(晦)가 된다. 사평(四平)이란 즉 사중(四仲)인데 子平卯이고, 卯平午이고, 午平酉이고, 酉平子이다. 월경(月經) 중숙(子, 午, 卯, 酉)에 많은 도수(度數)가 있어 이것을 계류(稽留)하며 있고, 천강(天罡)의 흉신(凶神)이 丑, 未에 임(臨)하여 이어지면, 귀인(貴人)이 일의 이치를 깨닫지 못한 즉 삼광(三光)이 밝지 못하게 되며, 덕기(德氣)는 안에 있고, 형기(刑氣)는 밖에 있으니, 이 둘이 천지에 상병(相幷)하게 되므로 이번(二煩)이라 이름한다. 점치는 일은 집안에 재화(災禍)가 있다. 통명이지체(統≪明夷≫之體)로 가시덤불이 가득 찬 길을 의미하는 과(課)이다.

상왈(象曰), 남자가 천번(天煩)을 만나면 그 명(命)이 죽음의 형(刑)을 만난다. 여자가 지번(地煩)을 범하면 그 몸이 고독하게 된다. 용병(用兵)은 죽거나 다치고, 질병은 곡(哭)소리가 들리며, 옥송(獄訟)은 죄인이 되고, 태잉(胎孕)은 키우지 못한다. 등사(螣蛇)가 승(乘)하면 주로 근심으로 두렵고, 구진(勾陳)은 쟁투이며, 후(后), 합(合)은 음(陰)하고 암울하며, 백호(白虎)는 상복(喪服)을 입는다. 이러한 천번(天煩)과 지번(地煩)이 병행하면 주로 남녀가 함께 우환이 있고 오직 봄과 여름에는 살아날 수 있지만, 가을과 겨울은 반드시 죽는다. 마땅히 이러한 때는 집에 머무르며 근신하는 것이 유리하며, 출행(出行)하는 것은 불리하고 모망사 등은 오히려 흉(凶)과 화(禍)를 부른다.

일수(日宿)는 태양이 도는 궁신(宮神)이고, 1월은 亥에서 시작하여 12지를 역행(逆行)하고. 월수(月宿)는 태음성(太陰星)이 도는 궁신(宮神)인데, 1월은 실(室)에서 시작하고, 2월은 규(奎), 3월은 위(胃), 4월은 필(畢), 5월은 삼(參), 6월은 귀(鬼), 7월은 장(張), 8월은 각(角), 9월은 저(氐), 10월은 미(尾), 11월은 두(斗), 12월은 허(虛)로부터 시작하여 매월 1일부터 하나의 숙(宿)을 차례로 이동하여 28수(宿)으로 내려간다. 그런데 규장정익저두(奎張井翼氐斗) 여섯 개의 수(宿)을 만나면 한 번 더 쉬고 다음 월수(月宿)으로 가는데 이것이 태음(太陰)이 도는 궁신(宮神)이다.

⊙ 28수

角 亢 氐 房 心 尾 箕, 斗 牛 女 虛 危 室 壁,

奎 婁 胃 昴 畢 觜 參, 井 鬼 柳 星 張 翼 軫.

⊙ 28수의 해당 궁

실벽(室壁)= 亥宮, 규루(奎婁)= 戌宮, 위묘필(胃昴畢)= 酉宮,

자삼(觜參)= 申宮, 정귀(井鬼)= 未宮, 유성장(柳星張)= 午宮,

익진(翼軫)= 巳宮, 각항(角亢)= 辰宮, 저방심(氐房心)= 卯宮,

미기(尾箕)= 寅宮, 두우(斗牛)= 丑宮, 여허위(女虛危)= 子宮

⊙ 28수가 운행하는 법

1월 1일= 실성(室星), 2월 1일= 규성(奎星), 3월 1일= 위성(胃星),

4월 1일= 필성(畢星), 5월 1일= 삼성(參星), 6월 1일= 귀성(鬼星),

7월 1일= 장성(張星), 8월 1일= 각성(角星), 9월 1일= 저성(氐星),

10월 1일= 미성(尾星), 11월 1일= 두성(斗星), 12월 1일= 허성(虛星).

매월 28수의 순서에 의하여 운행하게 되고 규(奎), 정(井), 장(張), 익(翼), 저(氐), 두성(斗星) 등을 경과 할 때는 중유(重留)하게 되어 하루를 더 머물게 되는데, 점일(占日)까지 세어 가면 월수(月宿)가 있는 곳으로 그 궁(宮)의 신(神)이 바로 월수(月宿)가 도는 궁(宮)의 신(神)으로 된다.

이십팔수(二十八宿) 운행도

예를 들어 점일(占日)이 2월 10일 일 때, 그 일월수(日月宿)를 찾으려면 2월 1일은 규성(奎星)으로 시작하는데 규성(奎星)은 중유(重留)하게 되어 하루를 더 머물러야 하니 2일도 규성(奎星)이 되고, 3일은 루(婁), 4일은 위(胃), 5일은 묘(昴), 6일은 필(畢), 7일 역시 자(觜), 8일은 삼(參), 9일은 정(井)인데 역시 중유(重留)하게 되어 10일도 정(井)이 되며, 정(井)은 未宮에 해당이 되므로 월수(月宿)는 未土가 되며 나머지도 이와 같이 추론(推論)한다.

九月 三日 丙午日 午時 卯將占 寅命 行年在午 (空亡:寅卯)

<table>
<tr><td>○
青寅合</td><td>○
空卯勾</td><td>甲
白辰青</td><td>乙
常巳空</td><td colspan="4">壬
合子蛇
卯</td><td colspan="4">己
貴酉陰
子</td><td colspan="4">丙
玄午白
酉</td></tr>
<tr><td>癸
勾丑朱</td><td colspan="2" rowspan="2">제4국</td><td>丙
玄午白</td><td colspan="3" rowspan="2">○
青寅合
丙</td><td colspan="3" rowspan="2">辛
朱亥貴
寅○</td><td colspan="3" rowspan="2">○
空卯勾
午</td><td colspan="3" rowspan="2">壬
合子蛇
卯○</td></tr>
<tr><td>壬
合子蛇</td><td>丁
陰未常</td></tr>
<tr><td>辛
朱亥貴</td><td>庚
蛇戌后</td><td>己
貴酉陰</td><td>戊
后申玄</td><td colspan="12">요극과, 호시, 삼교</td></tr>
</table>

일수(日宿)인 卯가 월장(月將)이며 중신(仲神)이고, 3일은 방성(房星)인데 방(房)이 卯宮에 있으니 卯가 월숙(月宿)이 되고, 그것이 또 지반(地盤)의 午에 임(臨)하였는데 그 역시 중신(仲神)으로 되었으며 辰, 戌 괴강(魁罡)이 丑, 未에 임(臨)하였으니 천지(天地) 이번격(二煩格)이 되었다. 축미(丑未)는 귀인(貴人)이 시작하는 곳인데 천강(天罡) 흉신(凶神)이 그 위에 임(臨)하였으니 그 귀인(貴人)이 자신의 역할을 하지 못하게 됨으로서 문호(門戶)가 막히고, 삼광(三光)이 불명(不明)하며, 하늘과 땅이 뒤바뀌고 번뇌(煩惱)가 끝이 없다.

三月 十八日 己卯日 酉將 子時 男行年子 女行年午.

<table>
<tr><td>戊
朱寅空</td><td>己
合卯白</td><td>庚
勾辰常</td><td>辛
青巳玄</td><td colspan="4">丙
貴子勾
卯</td><td colspan="4">○
玄酉蛇
子</td><td colspan="4">壬
空午陰
酉○</td></tr>
<tr><td>丁
蛇丑青</td><td colspan="2" rowspan="2">제4국</td><td>壬
空午陰</td><td colspan="3" rowspan="2">庚
勾辰常
己</td><td colspan="3" rowspan="2">丁
蛇丑青
辰</td><td colspan="3" rowspan="2">丙
貴子勾
卯</td><td colspan="3" rowspan="2">○
玄酉蛇
子</td></tr>
<tr><td>丙
貴子勾</td><td>癸
白未后</td></tr>
<tr><td>乙
后亥合</td><td>甲
陰戌朱</td><td>○
玄酉蛇</td><td>○
常申貴</td><td colspan="12">요극과, 탄사, 삼교, 여덕(낮)</td></tr>
</table>

3월18일은 28수(宿) 중에 저(氐)에 해당되고 저(氐)는 卯이므로 사중(四仲)이 된다. 남명(男命)이 子라면 천번과(天煩課) 여명(女命)이 午라면 지번과(地煩課)가 된다.

행년(行年)이나 년명(年命)에 해당이 되지 않더라도 이번과(二煩課)는 성립되나 위와 같이 행년(行年)을 겸하면 작용력이 더욱 강하다.

남자가 천번과(天煩課)를 얻으면 중요한 범법(犯法)행위를 하여 형(刑)을 당하고 여자가 지번과(地煩課)를 얻으면 독사에 물리거나 불치병으로 사망한다. 천번(天煩), 지번(地煩)을 병행하면 남녀 다 같이 화환(禍患)을 당한다.

(46) 천화과(天禍課)

사립일(四立日) 점에서 오늘의 간지(干支)가 어제의 간지(干支)에 임(臨)하거나, 혹은 어제의 간지(干支)가 오늘의 간지(干支)에 임(臨)하는 것을 천화과(天禍課)라 한다.

입춘(立春)일에 木이 왕성하고 水가 절(絶)이 되고, 입하(立夏)일에 火가 왕성하고 木이 절(絶)이 되고, 입추(立秋)일에 金이 왕성하고 火가 절(絶)이 되고, 입동(立冬) 날에 水가 왕성하고 金이 절(絶)이 된다. 일년의 안에 다만 입춘(立春), 입하(立夏), 입추(立秋), 입동(立冬)등의 전일(前日) 하루가 사절(四絶)을 이룬다. 이와 같이 사입(四立)일에 간지(干支)가 절신(絶神)의 간지(干支)에 가(加)하거나, 절신(絶神)의 간지(干支)가 사입(四立)일의 간지(干支)에 가(加)하게 되면, 이 사시(四時)의 기(氣)가 덕(德)을 절(絶)하고 발용(發用)을 형(刑)하게 되어 천형시화(天刑時禍)를 이루어 사람이 그 화(禍)를 받게 되므로 그 이름이 천화(天禍)이다. 점자의 일은 동(動)하면 흉과 허물이 있으므로 경거망동함은 불가(不可)하다. 통대화지체(統≪大禍≫之體)로서 여린 새싹이 서리를 만나는 과(課)이다.

상왈(象曰), 새것으로서 낡은 것을 바꾸니 하늘의 재화(災禍)가 있다. 일에는 허물이 무성하므로 그 몸을 근신하며 자리를 지키는 것이 마땅하고, 전투는 유혈(流血)이 낭자하고 뜻하지 않게 상문(喪門)을 만난다. 출행하면 사망하고 알현(謁見)하고자 함은 이루지 못한다. 이와 같이 사립(四立)金日의 전 하루는 火의 신(神)인데 서로 가(加)하여 또 발용(發用)이 되면 점자는 주로 불의 재앙(災殃)을 만나고, 혹은 천둥과 번개 등의 천재(天災)를 만난다. 木日 水가 동(動)하면 주로 수재(水災) 혹은 도적과 음란 등의 화(禍)가 있다. 木은 주로 집이 무너지거나 다치고, 金

은 병사들의 전투에서 화(禍)를 당하며, 土는 흙이 무너져 위험에 처하거나 전염병이다. 다시 백호(白虎)가 승(乘)하면 주로 사상(死喪)의 일이 있고, 현무(玄武)는 실탈(失脫), 주작(朱雀)은 구설, 구진(勾陳)은 쟁투 등의 재화(災禍)가 있다. 악살을 대하면 반드시 본의 아니게 흉(凶)과 화(禍)가 일어나므로 나가지 말고 90일간 근신하여야 한다.

正月 立春 甲申日, 絕日癸未 亥時 子將占.

<table>
<tr><td>○
蛇午青</td><td>○
貴未空</td><td>甲
后申白</td><td>乙
陰酉常</td><td colspan="4">壬
合辰合
卯</td><td colspan="4">癸
朱巳勾
辰</td><td colspan="4">○
蛇午青
巳</td></tr>
<tr><td>癸
朱巳勾</td><td colspan="2" rowspan="2">제12국</td><td>丙
玄戌玄</td><td colspan="3" rowspan="2">辛
勾卯朱
甲</td><td colspan="3" rowspan="2">壬
合辰合
卯</td><td colspan="3" rowspan="2">乙
陰酉常
申</td><td colspan="3" rowspan="2">丙
玄戌玄
酉</td></tr>
<tr><td>壬
合辰合</td><td>丁
常亥陰</td></tr>
<tr><td>辛
勾卯朱</td><td>庚
青寅蛇</td><td>己
空丑貴</td><td>戊
白子后</td><td colspan="12">중심과, 진여</td></tr>
</table>

입춘(立春)일인 甲申日의 전일(前日)은 癸未인데, 甲의 기궁(寄宮)은 寅이고, 癸의 기궁(寄宮)은 丑이다. 寅加丑과 일지(日支)인 申이 역시 未에 가(加)하여, 금일(今日) 사립일(四立日)의 간지(干支)가 어제인 절신(絶神)의 간지(干支)에 임(臨)하며, 간지(干支)가 사시(四時)의 기(氣)가 덕(德)이 절(絶)하여 형(刑)을 하니 하늘에서 재화(災禍)를 내리는 징조로 천화과(天禍課)로 되었다.

(47) 천옥과(天獄課)

수사(囚死), 묘(墓)의 신(神)이 발용(發用)되고, 辰이 일간(日干)의 장생(長生)에 임(臨)한 것을 천옥과(天獄課)라 한다.

수사(囚死)라는 것은 시령(時令)을 잃어 기운이 약한 것을 말하며, 묘(墓)라는 것은 일간(日干)의 창고가 된다. 일간(日干)이 극(剋)하면 사(死)가 되고, 일간(日干)을 극(剋)하면 수(囚)가 되며, 수사(囚死)가 발용(發用)하면 주로 사상(死喪)이나 수금(囚禁)의 일이다. 두(斗)라는 것은 辰을 말하고, 일본(日本)이라는 것은 장생(長生)을 말하는데, 만약 일본(日本)이 강왕(强旺)하여 일간(日干)을 생하면 구제가 있지만 일간(日干)의 장생(長生)이 辰에 임(臨)하면 발용(發用)을 도와주지 못하므로 묘장(墓葬)의 기(氣)로서 하늘의 재앙이 내리게 되어 이름이 천옥(天獄)이다. 점자(占者)는 우환이 있어도 피할 방법이 없다. 통서합지체(統≪噬嗑≫之體)로 쓰러져가는 기운을 떨칠 수 없는 과(課)이다.

상왈(象曰), 일간(日干)의 발(發)용(用)이 머뭇거리다가 형옥의 허물이 있다. 법을 어긴 것은 해결이 않되고, 전염병은 치유(治癒)되지 않고, 출행(出行)은 흉(凶)하며, 바라던 바는 이루지 못한다. 용병(用兵)은 크게 꺼리고, 출군(出軍)해도 매우 흉(凶)하다. 이와 같이 용신(用神)이 수사(囚死)하며, 辰이 장생(長生)에 가(加)하면 위아래가 전부 구신(仇神)이다. 혹 乙日 辰加亥 맹신(孟神)이면 근심이 부모에게 있고, 辰加卯 중신(仲神)은 근심이 형제나 동료에게 있으며, 辰加未 계신(季神)은 근심이 처자(妻子)에게 있다. 혹 형살(刑殺), 재겁(災劫) 등을 대하면 진천옥(眞天獄)이라 하여, 비록 청룡(青龍)의 길장(吉將)이 있어도 구(求)하지 못한다. 백화(魄化)라 하여 기궁(寄宮)과 일간(日干)의 장생(長生)이 이어지면 흉화(凶禍)가 더욱 심하다. 마땅히 이러한 때는 모든 일이 전부 흉하기 때문에 출행하거나 일을 도모하면 않 된다. 辰은 천뢰(天牢)이고 戌은 지망(地網)인데 만약 죄인이 옥(獄)에 있을 때의 점에 辰, 戌이 임(臨)하게 되면 귀인(貴人)을 뵈고 덕(德)을 입는 기쁜 뜻이 있고, 다시 일진(日辰), 행년(行年)에 자손(子孫) 효(爻)를 얻거나, 생기(生氣), 덕합(德合), 길장(吉將) 등의 해신(解神)을 보면 옥청평(獄淸平)이라 하여, 위급한 중에도 구함이 있고, 근심 중에 기쁨이 있으며, 관송(官訟)에는 이득이 있고, 적들에 둘러 쌓여도 해결이 된다.

乙酉日 春占 午時 亥將占.

<table>
<tr><td>丙
朱戌朱</td><td>丁
合亥蛇</td><td>戊
勾子貴</td><td>己
青丑后</td><td colspan="4">〇
后未青
寅</td><td colspan="4">戊
勾子貴
未〇</td><td colspan="4">癸
玄巳白
子</td></tr>
<tr><td>乙
蛇酉合</td><td colspan="2" rowspan="2">제8국</td><td>庚
空寅陰</td><td colspan="3" rowspan="2">乙
蛇酉合
乙</td><td colspan="3" rowspan="2">庚
空寅陰
酉</td><td colspan="3" rowspan="2">庚
空寅陰
酉</td><td colspan="3" rowspan="2">〇
后未青
寅</td></tr>
<tr><td>甲
貴申勾</td><td>辛
白卯玄</td></tr>
<tr><td>〇
后未青</td><td>〇
陰午空</td><td>癸
玄巳白</td><td>壬
常辰常</td><td colspan="12">지일과, 난수, 장도액, 구재대획</td></tr>
</table>

계절이 봄으로 未가 사기(死氣)인데 발용(發用) 되었고, 두강(斗罡)辰이 일간(日干)의 장생(長生)인 亥에 임(臨)하였으므로 천옥과(天獄課)이다. 그러므로 수사(囚死)가 발용(發用) 되었으니 사망하거나 수옥(囚獄)이 되는 것을 말하고, 천뢰(天牢)인 辰이 일본(日本)즉 일간의 장생지에 임하였으니 석방이 되기가 어렵다.

(48) 천구과(天寇課)

사리일(四離日) 점에서 월숙(月宿)이 떠나는 일지(日支)에 임(臨)한 것을 천구과(天寇課)라 한다.

춘분(春分)과 추분(秋分)은 卯, 酉月中에 음양(陰陽)이 균등하게 나뉘어 갈라지고, 동지(冬至)와 하지(夏至)는 子, 午月中에 있는데 음양(陰陽)이 함께 머물렀다가 갈라진다. 사계절(四季節) 중에 오직 이 춘분(春分), 추분(秋分), 동지(冬至), 하지(夏至)에 이르기 하루 전일을 사리(四離)라고 하는데, 이는 음양이 생살(生殺)이 많아, 주로 도둑의 일과 관계가 있다. 월숙(月宿)이란 태음전도(太陰躔度)의 신(辰)으로 정월초(正月初) 실(室)에서 시작하여 이십팔숙(二十八宿)으로 역행하고 매일 약 십삼도씩 움직여서 이르는 궁신(宮辰)이 월숙(月宿)이 된다. 음정(陰精)의 형살(刑殺)은 주로 도적인데, 이 사리(四離)의 신(辰)에 가(加)하면 대낮에도 도적을 보게 되고, 하늘이 흉한 도적을 내려, 재앙(災殃)이 사람에게 미치니 고로 이름이 천구(天寇)이다. 점사는 부서지고 어지러워져 떠나는 일이 많이 일어나며 통건지체(統≪蹇≫之體)이며 시질의 어려움이 낳은 과(課)이다.

상왈(象曰), 음양(陰陽)이 분리되고 반대로 기를 얻지 못한다. 도적이 더욱 번성하고 군의 병력은 게으르고 태만하며, 병자(病者)는 죽고, 산모(産母)는 마땅히 출산(出産)한다. 출로(出路)에서 죽거나 다치고 혼인은 헤어진다. 이와 같이 월숙(月宿)이 이신(離辰)에 가(加)하여 발용(發用)하면 재화(災禍)의 일은 더욱 빠르다. 현무(玄武), 구진(勾陳)이 승(乘)하여 유도(遊都), 도신(盜神) 등을 만들면 도적이라고 단정하고, 만약 오게 되면 반드시 쟁투가 일어난다. 혹 귀겁(鬼劫)에 백호(白虎)가 승(乘)하면 진천구(眞天寇)라 하여, 그 흉(凶)이 더욱 심하다. 이럴 때 출행하거나 시장에서 매매를 하면, 도적에게 전부 빼앗기고, 다치거나 죽음을 당하며, 백사(百事)를 전부 이루지 못한다. 만약 점인(占人)의 년명(年命)에 월수(月宿)가 가(加)하여 이신(離神)이 보이면 반드시 그 몸이 도적질을 하고자 왔다. 월수(月宿)가 태양과 만나면 일월(日月)이 함께 밝으니 주로 도적은 패로(敗露)하게 되고, 패구(敗寇)라고 한다.

癸卯日 春分 戌將 申時 離辰 壬寅.

<table>
<tr><td>乙
朱未勾</td><td>丙
合申青</td><td>丁
勾酉空</td><td>戊
青戌白</td><td colspan="4" rowspan="2">乙
朱未勾
巳</td><td colspan="4" rowspan="2">丁
勾酉空
未</td><td colspan="4" rowspan="2">己
空亥常
酉</td></tr>
<tr><td>甲
蛇午合</td><td colspan="2" rowspan="2">제11국</td><td>己
空亥常</td></tr>
<tr><td>O
貴巳朱</td><td>庚
白子玄</td><td colspan="3">癸
陰卯貴
癸</td><td colspan="3">O
貴巳朱
卯</td><td colspan="3">O
貴巳朱
卯</td><td colspan="3">乙
朱未勾
巳O</td></tr>
<tr><td>O
后辰蛇</td><td>癸
陰卯貴</td><td>壬
玄寅后</td><td>辛
常丑陰</td><td colspan="12">요극과, 호시, 여덕, 육음</td></tr>
</table>

이진(離辰)이 임인(壬寅)인데 월수(月宿)가 辰에 있고, 寅에 加하여 천구과(天寇課)이다.

八月 五日 秋分 丁酉日 酉時 辰將占.

<table>
<tr><td>庚
蛇子合</td><td>辛
朱丑勾</td><td>壬
合寅青</td><td>癸
勾卯空</td><td colspan="4" rowspan="2">己
貴亥朱
辰</td><td colspan="4" rowspan="2">甲
白午玄
亥</td><td colspan="4" rowspan="2">辛
朱丑勾
午</td></tr>
<tr><td>己
貴亥朱</td><td colspan="2" rowspan="2">제6국</td><td>O
青辰白</td></tr>
<tr><td>戊
后戌蛇</td><td>O
空巳常</td><td colspan="3">壬
合寅青
丁</td><td colspan="3">丁
陰酉貴
寅</td><td colspan="3">O
青辰白
酉</td><td colspan="3">己
貴亥朱
辰O</td></tr>
<tr><td>丁
陰酉貴</td><td>丙
玄申后</td><td>乙
常未陰</td><td>甲
白午玄</td><td colspan="12">중심과, 천망(亥時)</td></tr>
</table>

추분(秋分)이 丁酉日이고, 전일(前日)은 이일(离日)로 丙申의 申이 이일(离日)의 지지(地支)로 된다. 8월의 월수(月宿)가 각숙(角宿)으로 시작하여 2일은 항(亢), 3일은 저(氐)인데 저(氐)에서는 하루를 더 머무니 4일 또한 저(氐), 5일은 방(房)으로 되는데, 5일의 방숙(房宿)이 묘궁(卯宮)에 있으니 卯가 今日의 월숙(月宿)으로 되어 월수(月

宿)가 申金, 즉 이일(离日)의 지반(地盤)위에 임(臨)하여 천구과(天寇課)가 되었다.

(49) 천망과(天網課)

점시(占時)와 함께 발용(發用)이 동시에 일간(日干)을 극(剋)하는 것을 천망과(天網課)라 한다.

점시(占時)는 목전(目前)이고 발용(發用)은 일의 시작인데, 점시(占時)와 발용(發用)이 일간(日干)의 귀가 되면, 사람의 눈앞에 하늘의 그물이 드리워져 있는 것을 보는 것과 같아서 천망(天網)이라고 이름 한다. 점자는 매사에 높게 뛰어 오르거나 멀리 도달하려 하지만 전부 불가능하고, 통몽지체(統≪蒙≫之體)이며, 바로 머리 위에 그물이 있어 매우 위태로운 과(課)이다.

상왈(象曰), 천망사장(天網四張)이 되어 만물(萬物)이 손상(損傷)된다. 천망사장(天網四張)은 그물이 사방으로 펼쳐져 있어 만물이 전부 손상을 받고, 임신이 되어도 유산되고 도망을 하면 재앙을 만나며, 전쟁에서는 매복이 있고, 병자(病者)도 회복이 어렵다. 천망(天網)이 되면 처음부터 흉하지만 구신(救神)이 있으면 후(後)에 길함을 얻을 수 있다. 이와 같이 점시와 더불어 발용(發用)이 함께 일간(日干)을 극(剋)하는 것을 천망(天網)이라고 하며, 정월(正月) 亥에서 일어나서 역행(逆行)하며 사맹(四孟)이 되는 천형살(天刑殺), 봄철의 酉, 여름의 子, 가을의 卯, 겨울의 午, 등도 또한 천망(天網)이 되고, 辰도 또한 천망(天網)이고 戌은 지망(地網)이 되어 입전(入傳)하면 그 흉(凶)이 더욱 심하고, 주로 관재, 구설은 소산(消散)이 어렵고, 출군(出軍)은 적으로부터 포위되어 탈출이 어렵게 된다. 만약 말전(末傳)이나 년명(年命)에 구신(救神)이 있어 초전(初傳)을 극(剋)하면 이것은 해망(解網)이라고 해서 반대로 흉(凶)이 길(吉)로 바뀐다.

일진(日辰) 전(前)의 1위지(位支) 앞에 있는 것을 천라살(天羅殺)이라 하고, 천라살(天羅殺)과 대충(對沖)하는 것을 지망살(地罔殺)이라 하는데 만약 일진(日辰)과 병행하고 년명(年命)에 발용(發用)하는 것을 라망격(羅網格)이라고 한다. 만약 정마(丁馬)를 만나면 주로 관(官)의 재난으로부터 위급하고 다시 신장(神將)으로서 그 길흉(吉凶)을 말한다. 재론하지만 말전(末傳), 년명(年命)에 구신(救神)이 있어 초전(初傳)을 극(剋)하면 길(吉)하게 된다.

庚辰日 午時 辰將占.(空亡:申酉)

<table>
<tr><td>己
朱卯勾</td><td>庚
合辰合</td><td>辛
勾巳朱</td><td>壬
青午蛇</td><td colspan="4" rowspan="2">壬
青午蛇
申</td><td colspan="4" rowspan="2">庚
合辰合
午</td><td colspan="4" rowspan="2">戊
蛇寅青
辰</td></tr>
<tr><td>戊
蛇寅青</td><td colspan="2" rowspan="2">제3국</td><td>癸
空未貴</td></tr>
<tr><td>丁
貴丑空</td><td>○
白申后</td><td colspan="3">壬
青午蛇
庚</td><td colspan="3">庚
合辰合
午</td><td colspan="3">戊
蛇寅青
辰</td><td colspan="3">丙
后子白
寅</td></tr>
<tr><td>丙
后子白</td><td>乙
陰亥常</td><td>甲
玄戌玄</td><td>○
常酉陰</td><td colspan="12">섭해과, 여덕(밤), 역간전</td></tr>
</table>

庚辰日의 점시(占時)와 초전(初傳)이 모두 午로서, 일간(日干) 庚을 극(剋)하니 천망과(天網課)가 되었다. 이 과(課)는 午 관귀(官鬼)가 일간(日干)에 임(臨)하여 발용(發用)이 되었고, 또 말전(末傳)의 寅으로부터 초전(初傳)이 생을 받아서 그 흉함이 매우 크겠으나, 庚辰日은 甲戌旬이고 申酉가 공망이므로 午, 관성(官星)은 지저(地底)공망이 되어 흉(凶)이 반감하고 길(吉)함 역시 이루어지기 힘들게 되었다.

甲寅日 酉時 辰將占.

<table>
<tr><td>○
青子蛇</td><td>○
空丑貴</td><td>甲
白寅后</td><td>乙
常卯陰</td><td colspan="4" rowspan="2">辛
朱酉勾
寅</td><td colspan="4" rowspan="2">丙
玄辰玄
酉</td><td colspan="4" rowspan="2">癸
勾亥朱
辰</td></tr>
<tr><td>癸
勾亥朱</td><td colspan="2" rowspan="2">제6국</td><td>丙
玄辰玄</td></tr>
<tr><td>壬
合戌合</td><td>丁
陰巳常</td><td colspan="3">辛
朱酉勾
甲</td><td colspan="3">丙
玄辰玄
酉</td><td colspan="3">辛
朱酉勾
寅</td><td colspan="3">丙
玄辰玄
酉</td></tr>
<tr><td>辛
朱酉勾</td><td>庚
蛇申青</td><td>己
貴未空</td><td>戊
后午白</td><td colspan="12">원수과, 천망(酉時)</td></tr>
</table>

점시(占時)와 발용(發用)이 모두 酉金으로, 일간(日干) 甲을 극(剋)하여 천망격(天網格)이 되었다. 甲은 기궁(寄宮)이 寅이고, 寅의 전(前) 1위지(位支)는 卯로 즉 卯가 천망살(天網殺)이 되고, 卯와 충(沖)하는 酉가 지망살(地罔殺)로 되어, 酉는

동시에 천망(天網)과 지망(地網)이 되어, 천라지망격(天羅地網格)이 되어 그 흉(凶)이 심하나 초전(初傳)이 말전(末傳)을 생하고 말전(末傳)이 장생(長生)이 되어 결국은 길(吉)하게 된다.

(50) 백화과(魄化課)

백호(白虎)가 사신(死神), 사기(死氣)를 대하고 일진(日辰)과 행년(行年)에 임(臨)하여 발용(發用) 되는 것을 백화과(魄化課)라 한다.

백호(白虎)는 흉장(凶將)인데 왕상(旺相)한 기운에 승(乘)하여 극 받는 것을 제어하지 못하면 해(害)가 있다. 만약 사신(死神), 사기(死氣)를 만나고, 또한 계절이 수사(囚死)의 신(神)이 되면, 굶주린 호랑이처럼 반드시 사람을 상(傷)하게 한다. 이와 같이 혼백이 놀람을 받아 혼비백산(魂飛魄散) 하므로, 고로 이름이 백화(魄化)이다. 사신(死神)은 정월(正月) 巳에서 일어나고 사기(死氣)는 정월 午에서 시작되어 함께 십이진(十二辰)을 순행(順行)하는데 그 사신(死神), 사기(死氣)에 백호(白虎)가 승(乘)하여 일간(日干)을 극(剋)하면 점자(占者)는 그 몸에 재앙이 있기 때문에 꺼리고, 일지(日支)를 극(剋)하면 문호(門戶)에 재앙이 있다. 통고지체(統≪蠱≫之體)로서 음해(陰害)가 서로 연결된 과이다.

상왈(象曰), 사람의 몸이 우환(憂患)으로 인하여 넋이 나가고 상복(喪服)을 입는다. 병자(病者)는 거의 죽이 상복(喪服)을 입어야 하고, 송사(訟事)는 놀라며 근심이 있다. 산모(産母)는 아이가 유산(流産)되고, 적을 치러나간 전투에서도 병력(兵力)의 손실이 많다. 모망(謀望)은 화(禍)를 부르고, 원행(遠行)을 가면 않된다. 이와 같이 일간(日干)의 묘(墓)에 백호(白虎)가 승(乘)하거나, 혹 辰, 戌이 일간(日干)의 묘(墓)가 되거나 하여, 사수(死囚)한 신(神)을 대하며 발용(發用)이 되면 호함시(虎銜屍)라 하여 그 흉(凶)이 극(極)에 이른다. 혹 년명(年命)에 있거나 또는 일간(日干)의 귀(鬼)이면 자기의 혼백이 나가 스스로 상복(喪服)을 입게 되므로 동(動)하게 되면 자신의 죽음을 잘 살펴야 한다. 혹 日의 묘(墓), 백호(白虎), 귀(鬼) 등이 일간(日干)에 임(臨)하면 주로 그 몸이 재앙을 받으며 또 그 흉(凶)이 매우 빠르다.

일간(日干)의 묘(墓), 백호(白虎) 등이 일지(日支)에 임(臨)하여 일지(日支)를 극(剋)하면 집에서 사람이 죽어나갈 괴상한 징조가 있고, 백호(白虎)가 양(陽)에 있으면 남자에게 근심이 있고, 백호(白虎)가 음(陰)에 있으면 여자에게 근심이 있다. 일간을 상극하(上剋下) 하면 밖에서 상복(喪服)을 입고, 하극상(下剋上)이 일지와 더불어 되면 안에서 상복(喪服)을 입는다. 혹 사람의 년명(年命)이 辰,戌,등사(螣蛇),백호(白虎)의 아래에 있는데, 충극(冲剋)해 주는 구신(救神)이 없으면 그 몸이 사망하는 재앙(災殃)이 있다. 만약 백호(白虎)가 귀문(鬼門)에 임(臨)하면, 백호(白虎)의 음신(陰神)이 백호(白虎)를 제극(制剋)하거나 일진(日辰), 년명(年命)에 그 백호(白虎)를 충극(冲剋)해 주는 신(神)이 길신(吉神)이며 구해(救解)의 신(神)이며 이것을 백화혼귀(魄化魂歸)라하며, 처음에는 근심이 있으나 나중에는 기쁨이 있게 된다.

六月 壬戌日 未時 午將占 本命亥.

<table>
<tr><td>丙
蛇辰蛇</td><td>丁
朱巳貴</td><td>戊
合午后</td><td>己
勾未陰</td><td colspan="4">壬
白戌白
亥</td><td colspan="4">辛
空酉常
戌</td><td colspan="4">庚
青申玄
酉</td></tr>
<tr><td>乙
貴卯朱</td><td colspan="2" rowspan="2">제2국</td><td>庚
青申玄</td><td colspan="3" rowspan="2">壬
白戌白
壬</td><td colspan="3" rowspan="2">辛
空酉常
戌</td><td colspan="3" rowspan="2">辛
空酉常
戌</td><td colspan="3" rowspan="2">庚
青申玄
酉</td></tr>
<tr><td>甲
后寅合</td><td>辛
空酉常</td></tr>
<tr><td>O
陰丑勾</td><td>O
玄子青</td><td>癸
常亥空</td><td>壬
白戌白</td><td colspan="12">원수과, 참관, 불비, 난수, 회환</td></tr>
</table>

간상신(干上神)에 백호(白虎)가 승(乘)하여 일간(日干)을 극(剋)하며 발용(發用)되었고, 戌은 월지신살(月支神殺) 사신(死神)에 해당되므로 백화과(魄化課)가 되었다. 일간상신(日干上神)이 일간(日干)을 극(剋)하여 발용(發用)되었으니 밖에서 상복(喪服)을 입게 되고, 발용(發用)이 양(陽)이므로 남자에게 우환(憂患)이 있다.

(51) 삼음과(三陰課)

귀인(貴人)이 역행(逆行)하고, 일진(日辰)이 귀인(貴人)의 후(後)가 되고, 발용(發用)이 수사(囚死)가 되며, 천장(天將)에 현무(玄武)나 백호(白虎)가 되고, 점시(占時)가 행년(行年)을 극(剋) 할 때 삼음과(三陰課)라 한다.

천을귀인(天乙貴人)이 역행(逆行)하고, 일진(日辰)이 귀인(貴人)의 후(後)에 있으면, 음기(陰氣)가 불순하게 되는 것이 첫째이고, 용신(用神)이 사수(死囚)되면 동작에 빛이 없고 음기(陰氣)가 불신함이 그 둘째이며, 천장(天將)에 현무(玄武)나 백호(白虎)가 승(乘)하고 점시(占時)가 행년(行年)을 극(剋)하면 음기(陰氣)가 불리하게 되니 세 번째인데, 이러한 세 가지가 암매(暗昧)하고 어둡게 하니 고로 이름이 삼음과(三陰課)이다. 점자(占者)는 모든 일이 통(通)하지 못하고 많이 어둡고 지체된다. 통중부지체(統≪中孚≫之體)로 음(陰)이 무리를 이루어 악(惡)하게 되는 과(課)이다.

상왈(象曰), 동작(動作)이 곤고(困苦)하고 백사(百事)가 침체된다. 관사(官事)는 굴복하게 되고, 병점(病占)도 많이 어렵다. 선비는 록위(祿位)의 근심이 있고, 남자가 혼인을 꺼리며, 구재(求財)는 파산(破散)하게 되고, 임신은 주로 여자아이이다. 이와 같이 일진(日辰)과 삼전(三傳)의 초전(初傳)과 말전(末傳)이 수사(囚死)하며 묘(墓)를 만나고, 점시(占時)가 행년(行年)을 극하면 최고로 흉(凶)한데, 주로 공사(公私)가 전부 이루어 지지 않는다. 혹 상혼(喪魂), 유혼(遊魂), 오귀(五鬼), 복앙(伏殃) 등의 신살(神殺)과 병행하면 그 화(禍)가 더욱 심하다. 상혼살(喪魂殺)은 정월(正月) 未에서 일어나 역행(逆行) 사계(四季)이고, 유혼살(遊魂殺)은 정월 亥에서 일어나 순행12진이다. 천귀(天鬼), 복앙살(伏殃殺)은 정월(正月) 酉에서 일어나 역행(逆行) 사중(四仲)이고 그러한 살(殺)들이 일진(日辰), 년명(年命) 등에 병행 임(臨)하면 병점(病占)은 필사(必死)하며, 용병(用兵)도 반드시 패(敗)한다. 가택 점에는 주로 가정이 깨어지고 가족이 흩어지면 모든 일이 흉하고 재앙이 있게 된다.

正月 癸丑日 卯時 子將占.

<table>
<tr><td>○
合寅蛇</td><td>○
朱卯貴</td><td>甲
蛇辰后</td><td>乙
貴巳陰</td><td colspan="4">庚
白戌青
丑</td><td colspan="4">丁
陰未常
戌</td><td colspan="4">甲
蛇辰后
未</td></tr>
<tr><td>癸
勾丑朱</td><td rowspan="2" colspan="2">제4국</td><td>丙
后午玄</td><td rowspan="2" colspan="3">庚
白戌青
癸</td><td rowspan="2" colspan="3">丁
陰未常
戌</td><td rowspan="2" colspan="3">庚
白戌青
丑</td><td rowspan="2" colspan="3">丁
陰未常
戌</td></tr>
<tr><td>壬
青子合</td><td>丁
陰未常</td></tr>
<tr><td>辛
空亥勾</td><td>庚
白戌青</td><td>己
常酉空</td><td>戊
玄申白</td><td colspan="12">원수과, 참관, 가색, 유자, 불비</td></tr>
</table>

귀인(貴人)이 역행(逆行)하고, 일지 丑이 귀인 巳뒤에 있으니 일음(一陰)이고, 발용의 戌은 봄으로 사기(死氣)가 되니 이음(二陰)이며, 초전(初傳)에 백호(白虎)가 임하고 말전에 등사(螣蛇)가 임하였으니 삼음(三陰)이 되었다.

(52) 용전과(龍戰課)

卯,酉日 점에 卯,酉가 발용(發用)하고 행년(行年)이 卯, 酉위에 서는 것을 용전과(龍戰課)라 한다.

卯月은 양기(陽氣)가 남쪽으로 나가고, 만물(萬物)을 생하며, 음기(陰氣)는 북으로 들어 유협(楡莢)이 떨어진다. 酉月의 양기(陽氣)는 북(北)으로 들어 만물이 시들고 음기(陰氣)는 남(南)으로 나와 마맥(麻麥)이 살아난다. 이것은 음양(陰陽)이 출입(出入)하는 위치(位置)이고 형과 덕이 모이는 문이며 시간에 따라 기운이 분리되어 다시 합쳐질 수 없다. 이와 같이 卯日점과에서 卯의 발용을 만나고, 사람의 행년(行年)이 卯위에 서게 되거나, 酉日점사에 酉가 발용(發用)이 되고 행년(行年)이 酉위에 서게 되면, 이러한 것은 음기(陰氣)는 주로 형살(刑殺)이 되고, 양기(陽氣)는 주로 덕(德)을 생하며 그 체(體)와 용(龍)이 한번은 생(生)하고 한번은 살(殺)이 되어 서로 다투게 되는 문(門)이 되므로 그 이름이 용전과(龍戰課)이다. 주로 점사는 의혹이 있고 반복부정(反復不定)하며 통리지체(統≪離≫之體)로 문호(門戶)가 편안하지 못한 과(課)이다.

상왈(象曰), 합(合)이 되었던 자(者)는 떠나려 하고, 머무르던 자(者)는 옮기려 한다. 가려고 하여도 갈 수가 없고, 머무르려 해도 머무를 수가 없고, 출로(出路)가 막히고, 구혼(求婚)하며 혼처(婚處)가 없다. 태잉(胎孕)이 불안하고 재물은 모이지가 않는다. 삼전(三傳)이 삼교과(三交課)가 되면 적이 와서 반드시 전쟁을 하게 된다. 유신(遊神)은 춘절(春節)에 丑, 하절(夏節)에는 子, 추절(秋節)에는 亥, 동절(冬節)에는 戌이 되는데, 서로 가(加)하면 주로 갔던 사람은 반드시 다시 돌아오고, 구재(求財)는 얻지 못하며, 병(病)은 반복해서 재발(再發)하며, 관직(官職) 점은 자리를 움직인다. 혹 부처(夫妻)의 행년이 그 위에 서면 주로 집안의 가족이 흩어지고, 형제의 년명(年命)이 그 위에 있게 되면 주로 재물로 다툼이 벌어지고 거처(居處)를 달리하게 된다. 천후(天后)를 얻으면 일은 부녀(婦女)에서 일어나며, 현무(玄武), 등사(螣蛇), 백호(白虎) 등이 승(乘)하면 더욱 놀랍고 두려운 것이 가중된다. 진퇴가 불능(不能)하고 남북(南北)이 함께 흉(凶)하니 일은 결단을 내는 것이 좋다. 비록 길장(吉將)이 있어도 그 흉(凶)을 면하지 못한다.

丁卯日 辰時 戌將占 卯加酉發用 行年酉金.

<table>
<tr><td>〇
貴亥朱</td><td>甲
后子合</td><td>乙
陰丑勾</td><td>丙
玄寅青</td><td colspan="4" rowspan="2">丁
常卯空
酉</td><td colspan="4" rowspan="2">癸
朱酉貴
卯</td><td colspan="4" rowspan="2">丁
常卯空
酉</td></tr>
<tr><td>〇
蛇戌蛇</td><td colspan="2" rowspan="2">제7국</td><td>丁
常卯空</td></tr>
<tr><td>癸
朱酉貴</td><td>戊
白辰白</td><td colspan="3">乙
陰丑勾
丁</td><td colspan="3">辛
勾未陰
丑</td><td colspan="3">癸
朱酉貴
卯</td><td colspan="3">丁
常卯空
酉</td></tr>
<tr><td>壬
合申后</td><td>辛
勾未陰</td><td>庚
青午玄</td><td>己
空巳常</td><td colspan="12">반음과, 용전, 삼교, 육음</td></tr>
</table>

卯日에 점(占)에 卯가 발용(發用) 되었고, 점자(占者)의 행년(行年)이 卯위에 임(臨)하여 용전과(龍戰課)이다.

음기(陰氣)는 형살(刑殺)을 뜻하고, 양기(陽氣)는 덕(德)을 생하는데, 卯는 2月의 월건(月建)이며 양기(陽氣)가 남쪽에서 나오고 음기(陰氣)는 북쪽으로 들어간다. 8月의 월건(月建)은 酉가 되는데 양기(陽氣)가 북쪽으로 들어가고 음기(陰氣)는 남쪽에서 나온다.

(53) 사기과(死奇課)

두강(斗罡)이 일진(日辰)에 임(臨)하여 발용되거나, 월행도(月行度)가 각(角),항(亢)의 부류로 되거나, 월숙(月宿)이 태세(太歲)에 임(臨)하는 것을 사기과(死奇課)라 한다.

두강(斗罡)은 辰이고 천강(天罡)은 사기(死奇)인데, 흉악(凶惡)하고 그늘져서 싫어하는 신(神)이다. 사수(死囚)하며 살이 되어 만나면 그 곳에 있는 자(者)는 재앙(災殃)이 있다. 강(罡)이 사과(四課)의 신(神)에 임(臨)하게 되면 주로 사망하거나 기괴한 일이 있어 그 이름이 사기(死奇)이다. 月은 형기(刑奇)로 주로 형살(刑殺)이며 질병(疾病)의 우환(憂患)이 있어 점자(占者)는 함께 흉하다. 일기(日奇)라는 것은 복덕(福德)으로 간사함과 도둑이 함께 머무르나 반대로 흉이 길로 변화한다. 통미제지체(統≪未濟≫之體)로 근심 중에 희망과 기쁨을 바라는 과(課)이다.

상왈(象曰), 辰은 천강(天罡)으로 형옥(刑獄)을 뜻한다. 질병은 죽을 때가 되었고, 전쟁도 흉(凶)한 징조이며, 송사(訟事)는 구속되고 믿고 의지하던 귀인(貴人)을 잃게 된다. 혼인(婚姻)은 시집으로 떠나며, 화환(禍患)을 스스로 자초(自招)한다. 이와 같이 일귀(日鬼)를 대하고 일묘(日墓), 겁살(劫煞), 악살(惡殺) 등이 서로 병행하여 극적(剋賊)하며 백호(白虎) 등이 승(乘)하면 반드시 죽을 징조이다. 다시 세월(歲月)의 위에 임(臨)하면 삼사과(三死課)라 하여 그 화(禍)가 더욱 흉(凶)하다. 경왈(經曰) 삼자(三者)는 매우 큰 흉(凶)을 당하며 그 년 안에 반드시 재앙을 당한다. 천강(天罡)이 일간(日干)에 임(臨)하면 그 순내(旬內)에 우환(憂患)이 있고, 일지(日支)에 임(臨)하면 月 안에 우환(憂患)이 있으며, 세(歲)에 임(臨)하면 그 년 안에 우환(憂患)이 있다. 사맹(四孟)에 임(臨)하면 부모에게 우환(憂患)이 생기며, 사중(四仲)에 임하면 자신에게 우환(憂患)이 생기고, 사계(四季)에 임(臨)하면 처(妻)나 노비(奴婢)에게 우환(憂患)이 생긴다.

甲子日 丑時 巳將占.

<table>
<tr><td>癸
朱酉勾</td><td>O
合戌合</td><td>O
勾亥朱</td><td>甲
靑子蛇</td><td colspan="4" rowspan="2">戊
玄辰玄
子</td><td colspan="4" rowspan="2">壬
蛇申靑
辰</td><td colspan="4" rowspan="2">甲
靑子蛇
申</td></tr>
<tr><td>壬
蛇申靑</td><td colspan="2" rowspan="2">제9국</td><td>乙
空丑貴</td></tr>
<tr><td>辛
貴未空</td><td>丙
白寅后</td><td colspan="3">庚
后午白
甲</td><td colspan="3">O
合戌合
午</td><td colspan="3">戊
玄辰玄
子</td><td colspan="3">壬
蛇申靑
辰</td></tr>
<tr><td>庚
后午白</td><td>己
陰巳常</td><td>戊
玄辰玄</td><td>丁
常卯陰</td><td colspan="12">원수과, 참관, 여덕, 윤하, 폐구</td></tr>
</table>

천강(天罡), 辰이 일지(日支)에 임(臨)하고 발용(發用) 되어 사기과(死奇課)로 되었다. 천강(天罡)이 일지(日支)에 임(臨)하였으므로 그 달 안에 흉화(凶禍)가 있게 되고, 일지(日支)가 子 즉 사중(四仲)이 되므로 점자(占者) 자신에게 우환(憂患)이 생긴다.

(54) 재액과(災厄課)

상차(喪車), 유혼(遊魂), 복앙(伏殃), 병부(病符), 상조(喪吊), 구묘(丘墓), 세호(歲虎) 등이 발용(發用)되는 것을 재액과(災厄課)라 한다.

상차(喪車)는 다른 이름으로 상백(喪魄)이라고도 하는데, 정월(正月)에 未에서 시작하여 사계(四季)지를 역행(逆行)하니 악귀(惡鬼)가 문(門)에 임(臨)하여 질병, 근심과 죽음 및 부인의 산액(産厄)이 있고, 병(病)이 아니면 위태로움이 있다. 유혼(遊魂)은 정월(正月)에 亥에서 시작해 12辰을 순행(順行)하며 귀신(鬼神)을 숭상(崇尙)하고 요괴(妖怪)가 상서롭지 못함으로 주로 정신이 놀라고 두려워하며, 병환(病患)과 흉재(凶災)가 있다. 복앙(伏殃)이란 정월(正月)에 酉에서 시작되이 사중(四仲)을 역행(逆行)하며 천귀살(天鬼煞)이라고도 하는데, 주로 앙화(殃禍)가 침범하여 복병(伏兵)으로 살상(殺傷)당한다. 병부(病符)는 전년(前年)도 태세(太歲)를 말하며 지(支)에 임(臨)하여 지(支)를 극(剋)하면 주로 가정에 병환(病患)이 생기며, 천귀(天鬼), 시역(時疫), 백호(白虎), 사상(死喪)등과 병행하면 그 흉(凶)이 심하다. 혹 간지(干支)에 임(臨)하여 왕상(旺相)하고 일재(日財), 귀인(貴人) 등을 대하면 마무리가 되지 않았던 오래된 일들이 이루어진다. 상조(喪吊)는 태세(太歲) 전 이진(二辰)을 상문(喪門), 태세 후 이진(二辰)을 조객(吊客)이라 한다. 만약 전부 간지 혹은 년명(年命)에 가(加)하여 발용(發用)되면 주로 효복(孝服)의 일을 당하며 혹 사기(死氣), 절신(絶神), 백호(白虎) 등이 신(身)에 임(臨)하면 조객(吊客)이 집으로 들어오며, 주로 자신이 사망하게 되거나 집의 사람이 죽게 된다. 백호(白虎)는 세후사신(歲后四神)으로 순(旬)내의 백호(白虎)가 일진(日辰)에 임(臨)하면 최고로 흉(凶)하게 되는데, 관귀(官鬼)와 병행하면 그 병(病)은 치료가 불가능하다. 오묘(五墓)는 金은 丑土, 木은 未土, 火는 戌土, 水와 土는 辰土가 묘(墓)로 되는 것으로 이는 주로 병(病)이 사상(死喪)하는 등 흉(凶)하다. 삼구(三坵)는 묘고(墓庫)를 충(冲)하는 위치인데 백호(白虎) 주작(朱雀) 상문(喪門) 등과 병행하면 장례(葬禮)를 치르는 일이 있고, 丑에 임(臨)하면 묘지(墓地)나 전토(田土)의 일이 있다. 혹 구(丘), 묘(墓)가 입전(入傳)하여, 계신(季神)이 丁을 만나면 관(官)의 일과 병(病) 문제 등은 주로 악화되며 흉재(凶災)가 최고로 속(速)하다. 이와 같이 흉살(凶殺)이 재앙(災殃)과 위액(危厄)을 이루니 재액과(災厄課)라 하며, 통귀매지체(統≪歸妹≫之體)로서 귀신(鬼神)이 재앙(災殃)을 만드는 과(課)이다.

상왈(象曰), 가문(家門)에 불행(不幸)이 모이고, 요사(妖邪)스런 재앙으로 해(害)를 당한다. 질병은 사망하고 재물의 기쁨은 깨어지며, 혼인(婚姻)과 잉태(孕胎)는 흉(凶)이 많고, 전쟁에서는 대패(大敗)를 한다. 행인(行人)은 돌아오지 않고 방문하여 만나려하던 사람은 부재중이다. 절신(絶神)은 申子辰의 水에서는 巳와 같은 것인데, 역시 묘문(墓門)과 같아서 여자의 재앙(災殃)이고 겁살(劫煞)이 되기 때문에 주로 임신은 흉(凶)하고 오래된 옛일은 종료되며, 결절(結絶)된다. 천공(天空), 목욕(沐浴)과 병행하여 출산 점에 혈지(血支) 혈기(血忌) 등이 보이면 파태신(破胎神)이라 하여 태아(胎兒)가 손상(損傷)된다.

亥年 正月 乙亥日 卯時 亥將占.

<table>
<tr><td>丁
青丑蛇</td><td>戊
空寅朱</td><td>己
白卯合</td><td>庚
常辰勾</td><td colspan="4">癸
后未白
亥</td><td colspan="4">己
白卯合
未</td><td colspan="4">乙
合亥后
卯</td></tr>
<tr><td>丙
勾子貴</td><td rowspan="2" colspan="2">제5국</td><td>辛
玄巳青</td><td rowspan="2" colspan="3">丙
勾子貴
乙</td><td rowspan="2" colspan="3">O
貴申常
子</td><td rowspan="2" colspan="3">癸
后未白
亥</td><td rowspan="2" colspan="3">己
白卯合
未</td></tr>
<tr><td>乙
合亥后</td><td>壬
陰午空</td></tr>
<tr><td>甲
朱戌陰</td><td>O
蛇酉玄</td><td>O
貴申常</td><td>癸
后未白</td><td colspan="12">섭해과, 견기, 곡직</td></tr>
</table>

亥年에는 세호(歲虎)가 未가 로 되고, 정월(正月)의 未는 상차(喪車)가 된다. 발용(發用)이 未, 흉살(凶殺)이 되어 재액과(災厄課)이다.

(55) 앙구과(殃咎課)

삼전(三傳)이 체극(遞剋)되어 일간(日干)을 극(剋)하며 신장(神將)이 극전하고 혹 간지(干支)에 묘(墓)가 승(乘)하면 앙구과(殃咎課)라 한다.

이와 같은 경우는 己巳日 삼전(三傳)에 巳申寅이 되면 초전(初傳)은 중전(中傳)을 극(剋)하고 중전(中傳)은 말전(末傳)을 극(剋)하게 되며 말전(末傳)은 일간(日干)을 극(剋)하게 되고, 丙子日 삼전(三傳) 子未寅이 되면 말전(末傳)극 중전(中傳), 중전(中傳)극 초전(初傳), 초전(初傳)극 일간(日干)이 되는 것을 체극(遞剋)이라 한다. 주로 타인의 사기(詐欺)를 당하기나 상호 극해(剋害)를 하게 된다. 관리는 스스로는 대쪽 같다고 생각하나 방인(防人)의 탄핵을 방비(防備)하여야 되고, 평민은 흉화(凶禍)가 있으며 혹은 이웃과 송사(訟事)를 벌인다. 천장(天將)이 신(神)을 극하면 외전(外戰)이라 하는데 화환(禍患)은 쉽게 해결될 수 있으나, 신(神)이 천장(天將)을 극(剋)하면 내전(內戰)이라 하여 화환(禍患)이 쉽게 해결되지 않는다. 초전(初傳)에 협극(夾剋)을 만나면 점은 협동(協同)하는 류(類)이고 그 몸이 부자유스러우며 구속되는 경우도 있다. 재(財)를 협극(夾剋)하면 재(財)가 여유롭지 못하고 비용(費用)이 일어난다. 오직 귀살(鬼殺)을 협극(夾剋)하는 것만 반대로 길하다. 천장(天將)이 내전(內戰)을 만나면 바라던 일은 이루어지나 타인의 방해(妨害)를 받게 된다. 천후(天后)가 내전(內戰)이 되어 발용(發用)이 되면 처(妻)와 불화(不和)하고 혹은 병(病)이 많다. 나머지도 이와 같이 천장(天將)으로 상세히 말한다. 壬申日 亥加辰 申加丑 등은 간지(干支)에 묘(墓)가 승(乘)하였는데 사람과 집이 혼미(昏迷)하고 화(禍)가 일어난다. 丙寅日 干上戌 支上未도 간지(干支)에 묘(墓)가 승(乘)하였는데 주로 사람과 집이 전부 형통(亨通)하거나 이롭지 않다. 이러한 예는 재앙(災殃)의 화(禍)가 아니고 반드시 실수의 허물이므로 고로 이름이 앙구(殃咎)이며 통해지체(統≪解≫之體)로 내외(內外)가 능욕(凌辱)을 당하는 과(課)이다.

상왈(象曰), 오행(五行)이 극부(剋賦)하면 공격한 전쟁도 흉화(凶禍)를 당한다. 질병은 위험이 증가하고, 송사(訟事)는 입장이 반대가 되며, 관리는 탄핵(彈劾)을 보게 되고, 사람은 죄를 범하여 화(禍)를 당한다. 번영하던 일은 이루어지지 못하고, 출행(出行)은 즐겁지 못하게 된다. 이와 같이 삼전(三傳)이 체극(遞剋)하여 일간(日干)을 극(剋)하면 흉하게 되는데, 말전(末傳)이 초전(初傳)을 도와 일간(日干)을 극(剋)하게 되므로 주로 타인(他人)이 교사(狡詐)하여 적(敵)으로부터 해(害)를 당한다. 삼전(三傳)이 하적상(下賊上)이며 일진(日辰)이 내전(內戰)이면 주로 집안의 법도(法道)가 부정(不正)하고 집에서 범하여 쟁투(爭鬪)에 이르며, 병송(病訟)은 위기가 극(剋)에 이르고, 오직 관리의 점에는 스스로 근신하면 다른 고장으로 천관(遷官)되므로 즉 길(吉)하게 되며 나머지는 전부 흉(凶)하다. 묘신(墓神)이 복일(復日)하면 천라(天羅)에 스스로에 속하게 되는데, 주로 명운(命運)이 쇠약해지고, 계획하던 일은 혼미(昏迷)해지며 타인으로부터 희롱을 당하게 되어 이지러진다. 간지(干支)가 묘(墓)를 만나면 양쪽모두 묘(墓)가 공망이 되어야 해결된다. 삼전(三傳)이 귀(鬼)로 무리를 이루어도 제극(制剋)함이 있으면 두렵지 않다. 혹 춘절(春節)의 점에 왕(旺)한 木이 土를 극하면 귀(鬼)는 스스로 영성함을 탐하기 때문에 재앙의 의미가 없어지게 되나, 하절(夏節)과 추절(秋節)에 이르러 그 화(禍)가 발생한다. 삼전(三傳)의 재(財)가 태왕(太旺)하면 재(財)로 인하여 반대로 위험하게 된다. 만약 동절(冬節) 점에 왕(旺)한 水가 재가 되어 火를 극(剋)하면 존장(尊丈)은 주로 재앙을 얻는데, 단 재(財)는 스스로 생왕을 탐하기 때문에 신약으로 어려움을 받지만 그 신(身)이 왕(旺) 해지고 재(財)가 쇠(衰)해지는 때가 되어 그 재(財)를 취함이 옳고 나머지도 이와 같이 판단한다.

辛酉日 寅時 未將占.

<table>
<tr><td>壬
勾戌勾</td><td>癸
合亥青</td><td>O
朱子空</td><td>O
蛇丑白</td><td colspan="3">己
白未蛇
寅</td><td colspan="3">O
朱子空
未</td><td colspan="3">丁
玄巳后
子O</td></tr>
<tr><td>辛
青酉合</td><td colspan="2" rowspan="2">제8국</td><td>甲
貴寅常</td><td colspan="3" rowspan="2">乙
后卯玄
辛</td><td colspan="2" rowspan="2">庚
空申朱
卯</td><td colspan="2" rowspan="2">甲
貴寅常
酉</td><td colspan="2" rowspan="2">己
白未蛇
寅</td></tr>
<tr><td>庚
空申朱</td><td>乙
后卯玄</td></tr>
<tr><td>己
白未蛇</td><td>戊
常午貴</td><td>丁
玄巳后</td><td>丙
陰辰陰</td><td colspan="9">섭해과, 장도액, 여덕(낮)</td></tr>
</table>

삼전(三傳)이 차례대로 체극(遞剋)이 되어 일간(日干)을 극(剋)하므로 앙구과(殃咎課)가 되었다. 未 월장(月將)은 하절(夏節)이므로 辛 일간(日干)을 왕(旺)한 巳火가 극(剋)할 것 같으나 다행히 공망이 되었다.

(56) 구추과(九醜課)

사중시(四仲時)의 점에 丑이 일간(日干)에 임(臨)하여 丑加四仲이 되어 발용(發用) 되는 것을 구축과(九丑課)라 한다.

戊子, 戊午, 壬子, 壬午, 乙卯, 乙酉, 己卯, 己酉, 辛卯, 辛酉 등의 十日을 九丑日이라고 하며, 예를 들어 이러한 날(日)에 사중시(四仲時)의 점에 丑이 일간(日干)에 임(臨)하여 丑加四仲이 되어 발용(發用) 되는 것을 구축과(九丑課)라 한다. 子, 午, 卯, 酉는 음양(陰陽)이 변화하여 출입(出入)하는 신(神)이며 생살(生殺)의 길이 있고, 乙, 戊, 己, 辛, 壬은 형살(刑殺)이 정확하지 않은 위치에 있어, 삼광(三光)이 비치지 않고 이러한 오간(五干)과 사평(四平)을 합하여 구축(九丑)이라 한다. 세(歲)의 마지막이 되면 만물(萬物)이 유결(紐結)되어 추아(醜惡)이 같이 있게 되는데 고로 이름하여 구축(九丑)이라 하였으며 점사(占事)는 매우 흉(凶)하다. 통소과지체(統≪小過≫之體)이며 상하(上下)가 함께 곤란하다.

상왈(象曰), 양일(陽日)은 남자가 흉(凶)하고, 음일(陰日)이면 여자가 화(禍)를 당한다. 양(陽)이 중(重)하면 가장(家長)이나 아버지의 해(害)가 있고, 음이 중(重)하면 모(母)에게 해가 있다. 혼인(婚姻)에는 재화(災禍)가 있고, 장례(葬禮)를 지내는데 도움이 없다. 모든 일을 다시 꾀하여야하며, 백호(白虎)가 승(乘)하면 주로 사망하게 된다. 이와 같은 때는 병력을 다루거나 원행(遠行), 이사(移徙), 장례(葬禮)를 지내는 등의 구하는 모든 일은 재화(災禍)가 나가지 않아 3년 또는 3개월간 재화(災禍)가 계속 된다.

乙卯日 子時 戌將占.

<table>
<tr><td>乙
青卯合</td><td>丙
勾辰勾</td><td>丁
合巳青</td><td>戊
朱午空</td><td>癸
玄亥后
丑</td><td>辛
后酉玄
亥</td><td colspan="2">己
蛇未白
酉</td></tr>
<tr><td>甲
空寅朱</td><td colspan="2" rowspan="2">제3국</td><td>己
蛇未白</td><td rowspan="2">甲
空寅朱
乙</td><td rowspan="2">O
常子貴
寅</td><td rowspan="2">O
白丑蛇
卯</td><td rowspan="2">癸
玄亥后
丑O</td></tr>
<tr><td>O
白丑蛇</td><td>庚
貴申常</td></tr>
<tr><td>O
常子貴</td><td>癸
玄亥后</td><td>壬
陰戌陰</td><td>辛
后酉玄</td><td colspan="4">섭해과, 찰미, 극음</td></tr>
</table>

乙卯日은 九丑日이며 점시(占時)인 子는 사중시(四仲時)이고 丑이 일지(日支)인 卯上에서 발용(發用)되어 구축과(九丑課)가 되었다. 점사(占事)는 매우 흉(凶)하다.

(57) 귀묘과(鬼墓課)

일진(日辰)의 묘신(墓神)이 일(日)의 귀(鬼)가 되어 발용(發用)하는 것을 귀묘과(鬼墓課)라 한다.

귀(鬼)라는 것은 적(賊)하는 것으로 양(陽)이 양(陽)을 보거나 음(陰)이 음(陰)을 보는 것을 귀(鬼)라 한다. 甲日 申이 발용(發用)되거나, 乙日 酉, 丙日 子, 丁日 亥, 戊日 寅, 己日 卯, 庚日 午, 辛日 巳, 壬日 辰,戌, 癸日 丑, 未 등이 발용(發用) 되는 것은 전부 귀(鬼)이다. 귀(鬼)가 많으면 주로 일은 불미스럽고 모망(謀望)은 이루어 지지 않고, 또한 재난과 흉(凶)이 그 몸에 까지 미치게 된다. 음귀(陰鬼)는 성숙(星宿)의 신(神)이고, 양귀(陽鬼)는 공적(公的)인 송사(訟事)를 시비(是非)한다. 묘(墓)라는 것은 몽매(蒙昧)이다. 甲, 乙, 寅, 卯가 未를 보거나, 丙, 丁, 巳, 午가 戌을 보거나,

戊, 己, 辰, 戌, 丑, 未, 壬, 癸, 亥, 子가 辰을 보거나, 庚, 辛, 申, 酉가 丑을 보고는 것과 같다. 만약 발용(發用)이 丑加申, 辰加亥, 未加寅, 戌加巳 등에서 일어나면 용기사묘격(用起四墓格)이라한다. 혹 甲日 未加寅이면 묘신복일(墓神覆日)이 되어 주로 사람과 식구에게 재난이 있고 후회함이 있다. 혹 丁卯日 戌加卯는 일간(日干)의 묘(墓)가 지(支)에 임(臨)하여 주로 집이 쇠폐(衰廢)하게 되고 관신(關神)이면 더욱 심(甚)하다. 관신(關神)은 봄에는 丑, 여름에는 辰, 가을에는 未, 겨울에는 戌 등이다. 혹은 壬寅에 干上辰과 地上未가 되면 간지(干支)에 묘(墓)가 승(乘)하여 사람은 구름 속에서 떠다니는 것과 같고 집안은 시들고 깨어지니, 점치는 일은 모두 형통(亨通)하거나 명쾌(明快)하지 아니하다. 申加丑, 亥加辰, 寅加未, 巳加戌은 자좌사묘격(自坐四墓格)이라 하여 스스로 사묘(四墓)에 앉는다. 이에 사람이 스스로 그 화(禍)를 부르며 심신(心身)은 혼미(昏迷)하며, 가택은 임시로 다른 사람에게 세임(貰賃)을 받기를 바라지만 마침내 벗어날 수 없게 되고, 병점(病占)은 광증(狂症)으로 미치고, 행인(行人)이 길을 잃어버린다. 혹은 甲申日에 寅加丑, 申加未는 간지(干支)가 서로 바꾸어 묘(墓)에 앉으니 이는 바로 피차(彼此)가 각기 어둡고 막힘을 부르게 되므로 양쪽이 상대를 무시하는 것이 옳지 않다. 대체로 귀(鬼)는 상잔(傷殘)을 주관하는데, 묘(墓)는 폐색불통(閉塞不通)이고 암매불진(晻昧不振)이다. 매사가 묘(墓)를 만나면 중지하게 되는데 이는 오행이 귀(鬼)의 극적(剋賊)을 받기 때문이고, 또한 사묘(四墓)가 가(加)하므로 이름이 귀묘(鬼墓)이다. 사람이 점을 치는데 귀(鬼)가 입전(入傳)하거나 묘(墓)가 입전(入傳)하면 불길한데, 관청의 송사(訟事)가 생기지 않으면 반드시 질병을 얻는다. 辰과 未는 일기(日基)라 하는데 어두운 가운데에 밝음이 있고, 丑과 戌은 야기(夜基)라 하여 혼매(昏昧)함이 스스로 심(甚)하게 된다. 辰과 戌의 묘(墓)는 용맹하고 빠름을 주관하며 丑과 未의 묘(墓)는 매사의 느림과 부드러움을 주관한다. 통곤지체(統≪困≫之體)이므로 자신을 지켜며 때를 기다리는 과(課)이다.

상왈(象曰), 오행(五行)의 극적(剋賊)은 사묘(死墓)의 향(鄕)이다. 인정(人丁)이 많이 허비되고 가택이 창성하지 못하며, 행인(行人)은 다다르는 것이 옳고 병자(病者)는 미치는 광증(狂症)이며 모망(謀望)은 지체되고, 잡으려는 도둑은 깊이 숨어버린다. 귀가 일상에서 발용(發用) 하면 평민의 점은 많이 흉하다. 혹 덕신(德神)이 있거나 왕기(旺氣)가 있으면 관직(官職)을 구하는데 크게 이롭다. 또한 辰戌丑未가 일의 귀(鬼)로 이루어지는 것은 괴강(魁罡)이라 하여 과거 점에는 반드시 높게 합격한다. 나머지 점도 용신(用神)이 일을 극(剋)하면 길흉(吉凶)이 상반되고 일은 많이 반복된 후(後)에 성사된다. 귀(鬼)가 악살(惡殺)을 대하면 스스로 밝음을 버리고 암매(暗昧)해 진다. 건강한 사람도 반드시 병(病)에 걸리고, 병든 사람은 반드시 죽는다. 혹은 未加亥, 戌加寅, 丑加巳, 辰加申이 발용(發用)되는 등의 묘가(墓)장생에 가(加)하면 옛일이 재발(再發)하며, 송사(訟事)는 단절(斷絶)되고 마쳐진 듯 하다가 다시 논하게 되고, 병(病)도 치료된 듯 하다가 다시 재발(再發)되고, 일의 윤허(允許)도 마쳐졌다가 다시 번복(飜覆)이 되고, 사람도 기뻐하다가 다시 원망하게 되며, 원수와 화해되었다가 다시 원망하게 된다. 혹은 생왕(生旺)이 입묘(入墓)되면 일은 성사되었다가도 종내(終乃)에는 중지되고, 일이 폐쇄되었다가 다시 흥발(興發) 한다. 중전(中傳)에 묘(墓)가 보이면, 주로 진퇴를 구(求)하나 재(財)가 없고, 모든 일에 의미가 없으며 화합(和合)이 되었다가도 뉘우침이 깊다. 일귀(日鬼)와 묘신(墓神)이 함께 발용(發用) 하면 기(氣)가 없고 병점(病占)은 크게 꺼리는데 백호(白虎)가 승(乘)하면 반드시 죽는다. 혹은 재신(財神), 록신(祿神), 관성(官星), 장생(長生) 등이 중전(中傳)과 말전(末傳)에 묘(墓)를 보면 선비는 크게 불리하다. 만약 일귀(日鬼), 도기(盜氣)가 중(中), 말전(末傳)에 묘(墓)를 만나면 평인은 기쁘다. 혹 귀묘(鬼墓)가 일(日)에 임(臨)하여 생기(生氣)를 만들거나, 혹은 일간(日干)의 묘(墓)가 삼전(三傳)을 생하거나, 혹은 귀묘(鬼墓)에 제극(制剋), 충파(沖破)가 있으면 흉(凶)이 변하여 길(吉)로 되며, 병자(病者)도 살아나고, 감금되었던 사람도 석방되며, 일은 처음에는 근심이 있으나 뒤에는 기쁘게 된다.

壬申日 丑時 午將占.

<table>
<tr><td>O
青戌青</td><td>O
勾亥空</td><td>甲
合子白</td><td>乙
朱丑常</td><td>戊
后辰后
亥</td><td colspan="2">癸
空酉勾
辰</td><td>丙
蛇寅玄
酉</td></tr>
<tr><td>癸
空酉勾</td><td colspan="2" rowspan="2">제8국</td><td>丙
蛇寅玄</td><td rowspan="2">戊
后辰后
壬</td><td rowspan="2">癸
空酉勾
辰</td><td rowspan="2">乙
朱丑常
申</td><td rowspan="2">庚
玄午蛇
丑</td></tr>
<tr><td>壬
白申合</td><td>丁
貴卯陰</td></tr>
<tr><td>辛
常未朱</td><td>庚
玄午蛇</td><td>己
陰巳貴</td><td>戊
后辰后</td><td colspan="4">원수과, 참관</td></tr>
</table>

발용(發用) 辰이 일간(日干)의 묘(墓)가 되고 또한 水의 관귀(官鬼)로 되어 귀묘과(鬼墓課)로 되었다. 일지(日支)인 申의 위에도 金의 묘(墓)인 丑이 臨하여 사람과 집이 모두 구름 속에서 떠다니는 것과 같은 운무몽매(雲霧蒙昧)한 짓을 하게 된다. 집안은 쇠폐(衰廢)하고 사람은 병(病)들며, 병점(病占)은 위중(危重)하다.

(58) 여덕과(勵德課)

천을귀인(天乙貴人)이 지반(地盤) 卯나 酉위에 있는 것을 여덕과(勵德課)라 한다.

卯와 酉는 음양(陰陽)이 교역(交易)하는 위치인데, 귀인(貴人)이 머무르면 천이(遷易)가 된다. 일진(日辰)의 음신(陰神)이 천을귀인(天乙貴人) 앞에 있으면 귀인(貴人)이 끌거나 따를 수 없으므로 즉, 음(陰)으로 물러남과 같아 주로 소인(小人)은 박관(剝官)되고 관직(官職)에서 물러나게 된다. 소인(小人)은 세(勢)를 믿고 근신(謹身)하며 덕(德)을 닦을 줄 모르면 바로 흉(凶)하다. 만약 일진(日辰)의 양신(陽神)에 천을귀인(天乙貴人)이 있다면, 귀인(貴人)은 앞에서 끌고 따르면서 바로 양(陽)으로 진출(進出)하니 주로 군자(君子)는 진취적으로 등용된다. 대개 군자(君子)는 틀을 알아서 인(仁)을 행하고 덕(德)을 펴므로 즉 길(吉)하다. 이것은 천도(天道)의 복선(福善)과 화음(禍淫)이 덕(德)을 갖추려고 장려한다. 점치는 일은 군자(君子)에게 이롭고 소인(小人)에게 불리하다. 통수지체(統≪隨≫之體)이고 반복되어 일정하지 않는 과(課)이다.

상왈(象曰), 양신(陽神)은 앞에서 이끌고, 음신(陰神)은 뒤에서 따르니 군자(君子)는 길(吉)하고 소인(小人)은 즉 위험하다. 음신(陰神)이 귀인(貴人)의 전(傳)에 있고 양신(陽神)이 귀인(貴人)의 뒤에 머무르면 소인(小人)은 얻을 수 있는 의미가 있고, 군자(君子)는 기운을 잃어버린다. 앞서 설명한 것과 같이 양신(陽神)의 뒤에 귀인(貴人)을 얻으면 귀인(貴人)이 도와 이끌어주게 됨을 얻을 수 있고, 양신(陽神)이 귀인(貴人)의 뒤에 머무르게 되면 귀인(貴人)이 도울 수 없게 되어 군자(君子)는 기운을 잃게 되는 것을 어쩌겠는가. 음(陰)이 귀인(貴人)의 앞에 있으면 송사(訟事)에서 아랫사람의 책망을 만나고, 양(陽)이 귀인(貴人) 뒤에 있으면 재난을 받으나 스스로의 덕(德)으로 낳아진다.

이 과(課)는 통귀(通龜)와 정와(訂訛)라는 책 등에서도 전부 설명이 불명확하다. 다만 점사(占事)에서 양신(陽神)이 이끌고 음신(陰神)이 따르면 군자(君子)에게 길하고 소인(小人)에게는 위태롭지만, 음신(陰神)이 이끌고 양신(陽神)이 머무르면 소인(小人)은 얻는 의미가 있고 군자(君子)는 기운과 시기를 잃는다. 일반사람은 주거가 불안하지만 분수를 지키며 근신하면 흉(凶)이 줄어든다.

戊子日 申時 午將占.

<table>
<tr><td>乙
朱卯勾</td><td>丙
合辰合</td><td>丁
勾巳朱</td><td>戊
青午蛇</td><td colspan="3">〇
貴丑空
卯</td><td colspan="3">癸
陰亥常
丑</td><td colspan="3">辛
常酉陰
亥</td></tr>
<tr><td>甲
蛇寅青</td><td colspan="2" rowspan="2">제3국</td><td>己
空未貴</td><td colspan="3" rowspan="2">乙
朱卯勾
戊</td><td colspan="3" rowspan="2">〇
貴丑空
卯</td><td colspan="3" rowspan="2">丙
合辰合
午</td><td colspan="3" rowspan="2">甲
蛇寅青
辰</td></tr>
<tr><td>〇
貴丑空</td><td>庚
白申后</td></tr>
<tr><td>〇
后子白</td><td>癸
陰亥常</td><td>壬
玄戌玄</td><td>辛
常酉陰</td><td colspan="12">중심과, 극음, 여덕(밤)</td></tr>
</table>

귀인(貴人)이 卯에 임(臨)하여 일간(日干)의 양신(陽神)인 卯가 귀인(貴人) 앞에 있고, 일지(日支)의 양신(陽神), 음신(陰神) 모두가 귀인(貴人) 뒤에 있어 여덕과(勵德課)가 되었다. 양신(陽神)은 앞에서 이끌고 음신(陰神)은 뒤에서 따르니 발용(發用)된 귀인(貴人)을 접(接)하면 군자(君子)에게는 길(吉)하다. 천을귀인(天乙貴人)은 군자(君子)의 문(門)으로 머무르는 곳에 일이 있고, 소인(小人)은 죄(罪)를 범(犯)하게 되는 등 흉(凶)하다.

辛丑日 巳時 辰將占.

<table>
<tr><td>〇
朱辰朱</td><td>〇
合巳蛇</td><td>甲
勾午貴</td><td>乙
青未后</td><td colspan="4">庚
陰子空
丑</td><td colspan="4">己
玄亥白
子</td><td colspan="4">戊
常戌常
亥</td></tr>
<tr><td>癸
蛇卯合</td><td colspan="2" rowspan="2">제2국</td><td>丙
空申陰</td><td colspan="3" rowspan="2">丁
白酉玄
辛</td><td colspan="3" rowspan="2">丙
空申陰
酉</td><td colspan="3" rowspan="2">庚
陰子空
丑</td><td colspan="3" rowspan="2">己
玄亥白
子</td></tr>
<tr><td>壬
貴寅勾</td><td>丁
白酉玄</td></tr>
<tr><td>辛
后丑青</td><td>庚
陰子空</td><td>己
玄亥白</td><td>戊
常戌常</td><td colspan="12">중심과, 삼기, 퇴여, 왕록임신</td></tr>
</table>

일진(日辰)의 음양신(陰陽神)이 모두 귀인(貴人)의 뒤에 있는 것을 미복격(微服格)이라 한다. 주로 군자(君子)는 천관(遷官)되고 소인(小人)은 퇴직(退職)하며 일의 본체는 점차 늦어진다. 큰일은 옳고 작은 일은 불가(不可)하다.

庚申日 午時 辰將占.

<table>
<tr><td>乙
朱卯勾</td><td>丙
合辰合</td><td>丁
勾巳朱</td><td>戊
青午蛇</td><td colspan="4">戊
青午蛇
申</td><td colspan="4">丙
合辰合
午</td><td colspan="4">甲
蛇寅青
辰</td></tr>
<tr><td>甲
蛇寅青</td><td colspan="2" rowspan="2">제3국</td><td>己
空未貴</td><td colspan="3" rowspan="2">戊
青午蛇
庚</td><td colspan="3" rowspan="2">丙
合辰合
午</td><td colspan="3" rowspan="2">戊
青午蛇
申</td><td colspan="3" rowspan="2">丙
合辰合
午</td></tr>
<tr><td>O
貴丑空</td><td>庚
白申后</td></tr>
<tr><td>O
后子白</td><td>癸
陰亥常</td><td>壬
玄戌玄</td><td>辛
常酉陰</td><td colspan="12">원수과, 고조, 여덕(밤), 육양</td></tr>
</table>

일진(日辰)의 음양신(陰陽神)이 모두 귀인(貴人) 앞에 있는 것을 차타격(蹉跎格)이라 한다. 주로 소인(小人)은 진직(進職)되고 군자(君子)는 퇴위(退位)하며 일은 점차 늦어진다. 작은 일이 이롭고 크고 원대한 일은 불가(不可)하다.

(59) 반주과(盤珠課)

태세(太歲), 월건(月建), 일(日), 시(時)가 삼전(三傳)과 병행하여 사과(四課) 중에 전부 갖추어지면 반주과(盤珠課)라 한다.

甲子年 七月 乙巳日 酉時 巳將占에서 연(年),월(月),일(日),시(時)가 전부 사과(四課)의 상(上)에 있으므로 천심격(天心格)을 이루며, 주로 일은 원대하고 조정(朝廷)에 까지 미쳐지고 비상한 사건이 되며 성취할 수 있다. 辛亥日 占에서 삼전(三傳) 戌酉申이 모두 사과(四課) 상(上)에 있으면 회환격(回還格)이 되며 주로 모망사(謀望事)는 성과를 얻고, 길흉(吉凶)의 일은 모두 이루어진다. 이 두 격(格)은 하나로 합치면 쟁반위에 구슬이 구르는 것과 같아서 밖으로 나가지 않으므로 반주(盤珠)라고 이름 한다. 통대장지체(統≪大壯≫之體)이고, 봉황(鳳凰)이 단산(丹山)에 날아오르는 과(課)이다.

상왈(象曰), 사과삼전(四課三傳)의 합이 짝을 이루면 평상시와는 다른 것으로 길(吉)한 것은 복(福)을 이루고, 흉(凶)한 것은 재앙(災殃)을 이룬다. 도적(盜賊)은 국경을 넘지 못하고 행인(行人)은 돌아오며, 음사(陰私)는 밝혀지고 일은 반대로 불량(不良)하다. 일(日)과 발용(發用)이 왕상(旺相)하고 신장(神將)이 길(吉)하면 크게 이롭다. 혹 사과(四課)가 불비(不備)가 되면 옛것을 지키며 동작하는 것 역시 길(吉)하다. 과체(課體)가 길(吉)하면 모든 일이 이롭다. 이외의 반음과(返吟課)는 멀고, 초전(初傳)의 태세(太歲) 중말전(中末傳)의 월(月) 일(日)은 멀리 이동하나 결국 취하는 곳은 가까운 곳이고, 지체되던 일도 빠르게 된다. 혹 참관과(斬關課)에서 일진(日辰)에 청룡(青龍), 합(合)이 승(乘)하고, 점시(占時)가 발용(發用)되며 중(中), 말전(末傳)이 공망이면 동중부동(動中不動)이 되며, 멀리서 찾으나 결국 가까운데서 취하게 된다. 오직 음일(陰日) 묘성과(昴星課)만 엎드리고 숨어서 부동(不動)한다. 태세(太歲)가 戌에 가(加)하거나 戌이 태세(太歲)에 가한 것을 중음(重陰)이라 하고, 이는 여자에게 우환(憂患)이 있고, 월건(月建)이 辰에 가(加)하거나 辰이 월건(月建)에 가(加)하는 것은 중양(重陽)이라 하여 이는 남자의 우환(憂患)이 있다. 戌과 더불어 태세(太歲)가 월건(月建)에 가(加)하는 것을 음복양(陰覆陽)이라하며 일은 안에 있고, 월건(月建)과 더불어 辰이 태세(太歲)에 가(加)하는 것을 양복음(陽覆陰)이라 하여 일은 밖에 있다. 이와 같은 때는 삼전(三傳)과 연명(年命)이 비록 길(吉)하다 해도 역시 흉(凶)한 재화(災禍)가 있다. 만약 반주과(盤珠課)에서 병점(病占), 송점(訟占), 생산점(生産占) 근심과 의혹을 해석하는 일은 반대로 흉(凶)하고, 일간(日干)과 발용(發用)이 수사(囚死)하고 신장(神將)이 흉(凶)하면 일에서 화(禍)가 이루어지고 근심과 의혹의 해결은 어려우며 재난(災難)은 더욱 심(甚)하다.

庚戌年 丑月, 甲子日 丑時 子將占.

<table>
<tr><td>戊
合辰合</td><td>己
朱巳勾</td><td>庚
蛇午青</td><td>辛
貴未空</td><td colspan="4" rowspan="2">甲
白子后
丑</td><td colspan="4" rowspan="2">O
常亥陰
子</td><td colspan="4" rowspan="2">O
玄戌玄
亥O</td></tr>
<tr><td>丁
勾卯朱</td><td colspan="2" rowspan="2">제2국</td><td>壬
后申白</td></tr>
<tr><td>丙
青寅蛇</td><td>癸
陰酉常</td><td colspan="3">乙
空丑貴
甲</td><td colspan="3">甲
白子后
丑</td><td colspan="3">O
常亥陰
子</td><td colspan="3">O
玄戌玄
亥O</td></tr>
<tr><td>乙
空丑貴</td><td>甲
白子后</td><td>O
常亥陰</td><td>O
玄戌玄</td><td colspan="12">지일과, 육의, 퇴여, 회환</td></tr>
</table>

子加丑이 발용하면, 연(年)월(月)일(日)시(時)가 삼전(三傳)이 전부 사과(四課)상(上)에 있게 되어 반주과(盤珠課)가 된다.

(60) 전국과(全局課)

삼합(三合)이 전부 삼전(三傳)에 있는 것을 전국과(全局課) 라고 한다.

삼전(三傳)이 申,子, 辰이면 수국(水局)을 이루며 이름이 윤하격(潤下格)이고, 주로 도랑과 어망 등의 일이며 날씨 점에는 구름이 끼고 비가 온다. 寅午戌 화국(火局)은 염상격(炎上格)이고, 주로 불을 다루는 일, 문서에 관한 일이며 날씨 점은 맑고 가물다. 봄과 여름에는 火가 왕상(旺相)하고 水는 수사(囚死)가 되고, 가을과 겨울에는 水가 왕상(旺相)하고 火는 수사(囚死)된다. 왕상(旺相)할 때는 노인은 흉(凶)하고 소인을 길(吉)하며 수사(囚死)에는 소인은 흉(凶)하고 노인은 길(吉)하다. 용신(用神)이 유기(有氣)하면 남아를 잉태하고 생산한다. 亥卯未는 목국(木局)이고 곡직격(曲直格)인데, 주로 배나 수레의 일과 종자를 심는 일 등이며, 닦고 새로 짓는데 이로움이 있다. 巳酉丑은 금국(金局)으로 종혁격(從革格)이라 하고, 주로 병과(兵戈)의 일이고, 쇠나 철의 일이며 다시 고치는데 이롭다. 봄과 겨울엔 木이 왕상(旺相)하고 金이 수사(囚死)가 된다. 사계(四季)와 가을엔 金이 왕상(旺相)하고 木이 수사(囚死)한다. 왕상(旺相)하면 경제적 이익을 얻고, 수사(囚死)하면 자리를 지키는 것이 이롭다. 용신(用神)이 무기(無氣)하면 여아(女兒)를 잉태(孕胎)하고 생산한다. 辰戌丑未는 가색(稼穡)이라 하고, 사계(四季)와 여름에는 왕상(旺相)하고 움직이면 이르는 의미이고, 가을과 겨울에는 쇠패(衰敗)하며 전택과 묘지의 근심이 있다. 이 삼방신(三方神)이 모두 입전(入傳)하면 동류(同類)로 일국(一局)이 되니 전국(全局)이라 한다. 통대축지체(統≪大畜≫之體)로서 같은 무리가 기뻐서 모이는 과(課)이다.

상왈(象曰), 삼방(三方)의 합(合)이 모이면, 새로운 기운이 되어 이루어짐을 얻는다. 길(吉)한 일은 반드시 이루어지고 흉사(凶事)도 잊어버리기가 어렵다, 존장은 은혜와 영화(榮華)를 얻고, 평인은 재물의 기쁨이 있다. 혼인은 화합(和合)에 이롭고, 모망(謀望)은 크게 이롭다. 이와 같이 구재(求財)점에서 삼전(三傳)에 재(財)가 있으면 재(財)를 쉽게 얻으며, 관(官)이 있을 때는 관(官)도 역시 쉽게 취할 수 있으며, 왕상(旺相)한 기(氣)가 상생(相生)하고 신장(神將)이 길(吉)하면 크게 이롭다. 만약 일간(日干)과 발용(發用)이 쇠(衰)하고 수도(水倒)되면 주로 일은 역(逆)되고 지체된다. 火가 병행하여 火鬼가 되면 주로 화재이고, 金이 혈지(血支)와 병행하는 것을 꺼리고, 용병(用兵)하는 것도 꺼린다. 木이 병행하여 목괴(木怪)이면 土는 木을 싫어하고, 戊, 己日에 丑,未가 발용(發用)하면 전택사(田宅事)이다. 삼전(三傳)이 전부 합(合)을 이룬 과(課)에서, 만약 간지(干支)에서 보이는 일신(一神)과 삼전(三傳) 중 한 글자가 육합(六合)을 이루면 모망사(謀望事)는 반드시 도달되고, 지체가 전무(全無)하며, 역시 중간에 사람이 있어 서로 성합(成合)을 도우며, 해산(解散)이나 석방(釋放), 질병 등 흩어짐을 요구하는 구해사(求解事)는 이루어지지 않는다. 만약 천장(天將)에 육합(六合)이 보이면 역시 묘리(妙理)이다. 혹 삼전(三傳) 중의 일신(一神)이 간지상신(干支上神)과 충(冲),형(刑),해(害),파(破)를 이루는 것은 삼합범살(三合犯殺)이라 이름하여 합중(合中)에 합(合)이 아니고, 인정(人情)의 아름다움 중에 악(惡)이 있고, 웃음 속에 칼이 숨겨 있는 것이다.

- 윤하격(潤下格), 삼전(三傳)이 申子辰으로, 水를 申이 생하고 왕(旺)은 子이고 묘(墓)는 辰인데, 수성(水性)은 윤택으로, 아래에서 취하므로 고로 이름이 윤하(潤下)이다. 점은 주로 유유장구(悠悠長久)하고 일은 급박하지 않으며, 역시 지체되듯 머무르며 굴복하고, 그러므로 마지막엔 고요하지 않다. 木日은 생기(生氣)이고 金日은 도기(盜氣)이며, 일은 많은 계통이 주집되고 도랑, 어망, 어별(魚鱉) 등의 일이다. 성(性)은 아래에서 취하고, 길흉(吉凶)이 많고 하천한 사람이 마땅하며 송사점(訟事占)도 역시 아랫사람에게 끌리어 연결되어 있고, 날씨 점에는 비가오고, 태잉(胎孕)은 여자아이를 잉태(孕胎)한다. 천강(天罡)이 묘(墓)를 만들기 때문에 병(病) 점은 흉하고 마땅히 수신(水神)에게 빌어야 한다. 택(宅) 점은 비록 흉하지 않으나 역시 건지지 못하며, 주작(朱雀)을 극하기 때문에 문서점도 불리하다. 평시 점에 수장(水將)을 찾을 때는 수신(水神)이 많은 것으로 판단하며 역시 부족해야 길하다. 삼전(三傳)이 순행(順行)하면 기쁘고, 수성(水性)을 넘어트리지 않으면 주로 일은 역(逆)되고 지체된다. 대체로 윤하격(潤下格)은 일

이 안정되지 못하고 불안하다. 뒤로 육합(六合)이 병행하면 주로 음란(淫亂)으로 단정하며, 현무(玄武)가 병행하면 도둑이라 단정한다. 오직 지혜로운 자만이 水를 즐기며 윤택함이 겸하여 있는 상(象)인데, 마땅히 타인에게 은혜를 베푸는 사람이다.

乙酉日 丑時 巳將占.

<table>
<tr><td>乙
蛇酉合</td><td>丙
朱戌朱</td><td>丁
合亥蛇</td><td>戊
勾子貴</td><td colspan="4" rowspan="2">甲
貴申勾
辰</td><td colspan="4" rowspan="2">戊
勾子貴
申</td><td colspan="4" rowspan="2">壬
常辰常
子</td></tr>
<tr><td>甲
貴申勾</td><td colspan="2" rowspan="2">제9국</td><td>己
青丑后</td></tr>
<tr><td>O
后未青</td><td>庚
空寅陰</td><td colspan="3">甲
貴申勾
乙</td><td colspan="3">戊
勾子貴
申</td><td colspan="3">己
青丑后
酉</td><td colspan="3">癸
玄巳白
丑</td></tr>
<tr><td>O
陰午空</td><td>癸
玄巳白</td><td>壬
常辰常</td><td>辛
白卯玄</td><td colspan="12">원수과, 육의, 화미, 천망(申時)</td></tr>
</table>

• 염상격(炎上格), 삼전(三傳) 寅午戌이 되면, 火는 寅이 生하고, 왕(旺)은 午이며, 戌은 묘(墓)가 된다. 염증(炎蒸)은 위로 가기 때문에 이름이 염상(炎上)이다. 점은 주로 문서이며, 金과 병행하면 로치(爐治) 등의 불을 다루는 일이다. 土日은 생기(生氣)이고 木日은 도기(盜氣)이다. 火가 그 日이면 군자(君子)의 상(象)이므로 예의로 대하는 것이 마땅하다. 역마정위(驛馬貞位)이면 천자(天子)의 권력을 가지며, 역마정위(驛馬貞位)라는 것은 천강(天罡)에 월건(月建)이 가(加)하여 역마(驛馬)가 보이며 그 위에 정신(貞神)을 얻는 것이며, 년명(年命)에서 다시 만나면 길(吉)하다. 평인 점에는 주로 구설로 집안이 불안하다. 화귀(火鬼)와 병행하면 화재, 주작(朱雀)과 병행하면 관송사(官訟事), 천공(天空)과 병행하면 집이 무너지고, 병자(病者)는 열이 많으며 혹은 병이 마음에 있다. 천후(天后), 육합(六合)이 보이면 부인이 혈병(血病)이다. 날씨 점은 맑고, 섬하는 사람은 성격이 급하며, 문장(文章)에 밝다. 행인(行人)은 오고, 火의 성질은 움직임이다. 실물(失物)은 화로 근처에 감추었다. 일은 주로 급속하고, 헛된 일이 많고 실(實)함이 적다. 불과 화염은 오래지 않아 재가 이루어진다. 묘(墓)가 장생(長生)에 임(臨)하는 戌加寅은 꺼린다. 火로써 허(虛)를 밝게하고, 실(實)을 어둡게 하므로 점사는 반은 명(明)이고 반은 암(暗)이다. 午加戌은 주로 말을 잃어버리는데 午가 입

묘(入墓)되는 연유이다. 戌은 옥신(獄神)인데 삼전(三傳)에 묘(墓)가 있으면 송옥(訟獄)의 일이다. 壬, 癸日은 재(財)가 되는데, 火生土가 되어 土는 水를 극하게 되므로 그 이름을 자모귀(子母鬼)라고 하며 주로 점에서는 골육을 파(破)하게 되고, 파한 것을 해결하는 것이 그 주된 일이다. 대체로 염상은 관(官)이 보이는 것이 이롭고, 가을과 여름 점은 세를 믿어 모망은 이루어 진다. 庚, 辛日은 살(殺)을 대하므로 방문한 뜻이 주로 질병(疾病)이나 송사(訟事)이고, 년명(年命)에 다시 화신(火神)이 승(乘)하면 병(病)으로 죽거나 송사(訟事)는 흉(凶)하다. 辛酉日 寅加辛이 발용하면 주로 재물로 인한 원망이 들게 된다.

甲戌日 午時 戌將占.

<table>
<tr><td>O
朱酉勾</td><td>甲
合戌合</td><td>乙
勾亥朱</td><td>丙
青子蛇</td><td colspan="4">戊
白寅后
戌</td><td colspan="4">壬
后午白
寅</td><td colspan="4">甲
合戌合
午</td></tr>
<tr><td>O
蛇申青</td><td colspan="2" rowspan="2">제9국</td><td>丁
空丑貴</td><td colspan="3" rowspan="2">壬
后午白
甲</td><td colspan="3" rowspan="2">甲
合戌合
午</td><td colspan="3" rowspan="2">戊
白寅后
戌</td><td colspan="3" rowspan="2">壬
后午白
寅</td></tr>
<tr><td>癸
貴未空</td><td>戊
白寅后</td></tr>
<tr><td>壬
后午白</td><td>辛
陰巳常</td><td>庚
玄辰玄</td><td>己
常卯陰</td><td colspan="12">원수과, 불비, 육양, 췌서, 회환</td></tr>
</table>

삼전(三傳)이 寅午戌 화국(火局)이 되어 염상격(炎上格)이 되었다. 화(火)는 움직이고 빠르며, 허(虛)가 많고 실(實)이 적으며, 지속적이지 않다. 이와 비슷하게 삼전(三傳)에 巳午未가 되어도 남방(南方)으로 일기(一氣)를 이루므로 이 격(格)에 속한다. 일록(日祿)과 일덕(日德)이 발용(發用) 되어 처음에는 길(吉)하나 점차적으로 설기되니 뒤에는 길하지 않다. 여러 사람이 모이는 혼인점(婚姻占)과 자식점(子息占)등은 길하나 공명과 구관(求官)등은 흉(凶)하다.

- 곡직격(曲直格), 삼전(三傳)이 亥卯未가 되는 것을 말하는데, 木生火 왕(旺)은 卯인데, 묘(墓)는 未가 된다. 목성(木性)은 굽어지고 꺽어지거나 또는 곧게 되는데 고로 이름이 곡직(曲直)이다. 점은 주로 진퇴(進退)가 결정되지 않고, 움직이는 의미가 있고, 부동(不動)은 안녕하지 못하다. 木은 진(進)이고 주로 동(動)이다. 火日은 생기(生氣)이고 水日은 도기(盜氣)이다. 배나 차를 만들거나 나무 등을

심고 경작하는 것은 이롭다. 木은 水로서 근원을 삼고, 가을 겨울은 기운을 거두며 외적으로는 잎사귀 등을 치고 내실(內實)을 다지며, 봄과 가을은 기운을 펼치며 외강내유하며 壬, 癸, 乙日도 이에 준한다. 己日은 뿌리는 박아 단단히 하고, 丁日은 가지가 수척해지며, 辛日은 성기(成器)를 논하는 것이 마땅하다. 봄철의 점이 가장 좋으며, 未加亥는 스스로 아래에서 위로 전하니 곧게 되고, 亥加未는 스스로 위에서 아래로 전하니 즉 굴곡이며, 卯加亥는 처음에는 굴곡이 있으나 나중에 곧게 펴지며, 卯加未는 처음은 곧으나 나중은 굽어진다. 선곡후직(先曲後直)이라는 것은 시작은 어려움이 있으나 종내(終乃)는 쉬워지며, 선직후곡(先直後曲)이라는 것은 시작은 있으나 끝이 없다. 木은 주로 바람이나 바람과 관련된 일이 많고 부실하다. 風으로 인한 병(病), 간증(肝症) 등은 의탁인이 귀인에게 기도로서 비는 것이 마땅하다. 亥加卯에 주작(朱雀)이 승(乘)하면 기다리는 소식이 오지 않는데 亥와 주작(朱雀)이 내전(內戰)을 벌이기 때문이다. 亥加未에 등사(螣蛇)가 승해도 내전(內戰)이 되므로 주로 재(財)를 잃어버리고, 卯加未에 백호(白虎)가 승(乘)해도 그 몸에 재앙이 있고 년명(年命)을 극하면 더욱 심하다. 未加卯에 천후(天后)가 승(乘)하면 집안사람이 재병이 있거나 죽을 징조이고 무성한 숲에서 물건을 잃어버린다. 곡직(曲直)이 귀(鬼)가 되면 송사(訟事)는 매우 불리하게 된다. 己日 근고(根固)라는 것은 木은 土에 근하는 것이고, 丁日 지고(枝枯)라는 것은 火는 木을 탈기(脫氣)하는 것인데 이와 같은 것을 성국론(成局論)이라하며 만약 일간론(日干論)으로 보면 곡직(曲直)은 일간(日干) 己에게는 관귀(官鬼)가 되고, 일간(日干) 丁에 대해서는 부모(父母)가 된다. 큰 약속과 군자(君子)에게는 길(吉)하고 소인(小人)에게는 흉(凶)하며, 윤하는 군자에게는 흉하고 소인에게 길하다.

乙未日 巳時 酉將占.

丁 蛇酉合	戊 朱戌朱	己 合亥蛇	庚 勾子貴
丙 貴申勾	제9국		辛 青丑后
乙 后未青			壬 空寅陰
甲 陰午空	○ 玄巳白	○ 常辰常	癸 白卯玄

己 合亥蛇 未	癸 白卯玄 亥	乙 后未青 卯

丙 貴申勾 乙	庚 勾子貴 申	己 合亥蛇 未	癸 白卯玄 亥

중심과, 곡직

삼전(三傳)이 亥卯未 목국(木局)이 되어 곡직격(曲直格)이 되었다. 귀인(貴人)이면 일덕(日德)인 신(申)이 일간상신(日干上神)에 임(壬)하였으니 구관(求官)과 시험 등에 특히 유리하고, 대체적으로 길(吉)하나, 오직 소송점(訴訟占)은 흉(凶)하므로 합의로 화해(和解)하는 것이 길(吉)하다.

• 종혁격(從革格), 삼전(三傳)이 巳酉丑이 되는 것을 말하는데 巳는 金의 生宮이고, 酉는 제왕(帝王)이며, 丑은 墓가 된다. 쇠가 단련됨을 따르고 또 옛것을 개혁하는 것이 옳으므로 이름이 종혁격(從革格)이다. 점은 주로 변동이고 혁신이기 때문에 바야흐로 새롭게 된다. 水日에는 생기(生氣)이고 土日에는 도기(盜氣)이다. 丙,丁日은 오직 재(財)이고 만약 丑이 발용(發用)되어 귀인(貴人) 태상(太常) 구진(勾陳) 등이 보이면 주로 부모의 재난을 물리치는데 세력을 믿으므로 강한 억제의 뜻을 펴지 않기 때문이며, 일은 처음은 저해가 있으나 나중에 취하게 된다. 만약 왕상(旺相)한 기(氣)를 만나고 길장(吉將)이 병행하면 주로 부귀(富貴)로 혁신적인 변화를 한다. 세(歲)의 월파(月破)를 만나서 등사(螣蛇) 백호(白虎)가 승(乘)하면 죽거나 다치고 용병(用兵)도 변고가 있다. 일간(日干)이 수사(囚死)하면 기운도 역시 기우는 징조이다. 巳酉丑은 순(順)이며 유기(有氣)하면 혁신적이며 진취적이나 무기(無氣)하면 퇴보한다. 酉巳丑은 주로 싹이 자라는데 취하려고 하듯이 격이 맞지 않으며, 巳丑酉는 변하되 불순하며 주로 혁신하려한다. 酉加巳는 시름의 과(課)인데 酉는 숙살(肅殺)되어 만물이 시름하기 때문이다. 巳加酉는 선비는 어긋남이 쉽게 고쳐지고, 평인은 도로, 문호(門戶)의 개혁으로 편안치 않게 되며 혹은 배우자와 이별하게 되므로 혼인 점은 크게 꺼리며 쇠(衰)하거나 왕한 신장(神將)에 따라 거듭 말한다. 대체로 종혁(從革)과 함께 금귀(金鬼)가 병행하고 가을을 만나서 유도(遊都)가 되면 주로 금의 종혁(從革)은 혈광(血光)으로 단정한다. 도망은 종혁(從革)을 만나면 돌산 등의 지처에 숨는다. 병(病)은 폐(肺)나 근골(筋骨)에 있다. 송사(訟事)는 삼전(三傳)에 겁살(劫煞)이 보이면 유죄(有罪)이다. 구재(求財)는 진보(珍寶)를 획득하고, 원행(遠行)은 숨어서 피하는 것이 최고로 길하다. 이과는 비록 새롭게 고치고 혁신하는 것이 마땅하나 酉加巳, 巳加酉는 방부개혁지응(方孚改革之應)이다. 만약 火가 많고 金이 적으면 화왕(火旺) 금수(金囚)가 되어 혹 천장(天將)에 현무(玄武) 천후

(天后)를 얻으면 금기(金氣)가 도둑을 맞아 즉 이름만 종혁(從革)이지 개혁하지 못하고, 래의(來意)는 주로 일에 있어 움직이고 싶으나 그렇지 못한 뜻이다. 육계일(六癸日) 巳加癸가 되어 酉가 발용(發用)하면 역시 개동(改動)하기 어려운 뜻이다. 천장(天將)에 육합(六合)을 얻으면 역시 움직이고 싶으나 움직이지 못한다.

癸酉日 寅時 午將占.

癸 勾酉空	O 青戌白	O 空亥常	甲 白子玄	癸 勾酉空 巳	乙 常丑陰 酉	己 貴巳朱 丑	
壬 合申青	제9국		乙 常丑陰	己 貴巳朱 癸	癸 勾酉空 巳	乙 常丑陰 酉	己 貴巳朱 丑
辛 朱未勾			丙 玄寅后				
庚 蛇午合	己 貴巳朱	戊 后辰蛇	丁 陰卯貴	섭해과, 불비, 회환			

삼전(三傳)이 巳酉丑 금국(金國)이 되어 종혁격(從革格)이 되었다.

• 가색격(稼穡格), 삼전(三傳)이 辰戌丑未이고 정마(丁馬)가 없는 것이다. 土는 주로 가색(稼穡), 즉 농사를 지어 거두어 드리는 일로 이름이 가색(稼穡)이다. 점은 주로 침체되는데, 戊,己日은 다시 土에 속하게 되므로 어려움이 많게 되고, 壬,癸日은 살(殺)의 어려움으로 힘을 빼앗기는데 만물은 극에 이르러 변화하게 되고 변하는 것은 통하게 되어 위난(危難)이 반대로 해산(解散)된다. 평인 점은 경예귀윤(鯨鯢歸潤)이라하며 일은 핍박(逼迫)받게 되고, 그 몸이 부자유스러우며 뢰신(雷神)방위를 만나면 변화가 가능하다. 뢰신(雷神)이라는 것은 태충(太冲) 육합(六合) 등을 말한다. 점은 농사를 경작하는 계통이 많고, 토목공사, 가옥을 짓거나 전택사이다. 만약 일진(日辰) 또는 년명(年命)에 사기(死氣)가 승(乘)하면 분묘사(墳墓事)이고, 살(殺)이 승(乘)하면 분묘(墳墓)가 불안하다. 巳午가 일진(日辰) 또는 년명(年命)에 가(加)하면 가마둥의 일이고, 寅卯가 加하면 농사를 경작하는 일이며, 申酉가 가(加)하면 성(城)을 수조하고 집을 건축하는 일이며, 亥子가 加하면 물과 관련된 일이고, 육합(六合) 청룡(青龍) 등은 전택(田宅)의 교역사(交易事)이

다. 대체로 일은 늦어지고 병자(病者)는 지라, 즉 비장(脾臟)에 병(病)이 있다. 이 과(課)를 점하면 주로 전토사(田土事)이고, 辰이 발용(發用)하고 천장(天將)에 천공(天空) 귀인(貴人) 구진(勾陳) 태상(太常) 등을 얻으면 주로 전토(田土)로 인한 쟁투이며, 여러 사람을 대하게 된다. 대개 천강(天罡)은 부령지신(部領之神)이고 구진(勾陳)은 戊辰土이므로 주로 여러 사람을 대한다고 단정한다. 이와 같은 천장(天將)을 만나지 않으면 주로 두 사람이 전토(田土)문제로 다투고, 甲乙日은 주로 돈 문제로 다툰다. 대게 土氣는 중(重)하므로 살(殺) 등으로 충파(冲破)되는 것을 대하면 의탁인은 비용으로 힘이 들고 모망사(謀望事)는 반복된다.

乙丑日 卯時 午將占.

<table>
<tr><td>壬
貴申勾</td><td>癸
后酉合</td><td>○
陰戌朱</td><td>○
玄亥蛇</td><td colspan="4" rowspan="2">辛
蛇未青
辰</td><td colspan="4" rowspan="2">○
陰戌朱
未</td><td colspan="4" rowspan="2">乙
白丑后
戌○</td></tr>
<tr><td>辛
蛇未青</td><td colspan="2" rowspan="2">제10국</td><td>甲
常子貴</td></tr>
<tr><td>庚
朱午空</td><td>乙
白丑后</td><td colspan="3">辛
蛇未青
乙</td><td colspan="3">○
陰戌朱
未</td><td colspan="3">戊
勾辰常
丑</td><td colspan="3">辛
蛇未青
辰</td></tr>
<tr><td>己
合巳白</td><td>戊
勾辰常</td><td>丁
青卯玄</td><td>丙
空寅陰</td><td colspan="12">중심과, 가색, 불비, 여덕(밤)</td></tr>
</table>

삼전(三傳)이 未戌丑으로 전부 土로 되어 가색격(稼穡格)이 되었다. 일간(日干)의 묘(墓)가 임(臨)하고 중전(中傳)과 말전(末傳)이 공망이 되어 전반적으로 침체되었다.

이 다섯 개의 과는 총체적 이름이 삼합(三合)이고 또는 전국(全局)이라하며 일은 주로 모이고 섞여서 한 개가 아니고, 여러 사람이 모여 공모하게 되고 두 세군데 부탁한 일이 아니니다. 혹 삼전(三傳) 중 일전(一傳)과 더불어 간지(干支)의 상신(上神)이 육합(六合)을 이루거나 천장(天將)에 육합(六合)이 보이는 것은 모망(謀望)은 반드시 도달하고 명리도 이로우며 주인이 서로 도와 성합(成合)을 이루나 해산사(解散事)는 불리하다.

(61) 현태과(玄胎課)[32]

맹신(孟神)이 발용(發用)되어 삼전(三傳)이 모두 사맹(四孟)인 것을 현태과(玄胎課)라고 한다.

사맹(四孟)이라는 것은 寅, 申, 巳, 亥인데 사생지국(四生之局)으로 또 오행의 기(氣)를 받는 위치이다. 이것은 원(元)중에 태(胎)가 있으므로 고로 이름이 현태(玄胎)이며 점자(占者)는 일은 모두 새로운 뜻이 있다. 통가인지체(統≪家人≫之體)로서 꽃이 피고 열매를 맺는 과(課)이다.

상왈(象曰), 삼전(三傳)이 장생(長生)이면 태잉(胎孕)이 형성된다. 직업은 은혜를 입어 더욱 높아지고, 혼인은 예쁜 처(妻)를 얻는다. 병송(病訟)은 지체되고, 재물의 이로움은 겹쳐서 흥왕(興旺)한다. 행인(行人)은 상대방을 해치고, 연생(戀生)즉 그리워하는 마음이 생겨 가지 못한다. 연생(戀生)이라는 것은 寅加巳, 巳加申, 申加亥, 亥加寅 등과 같이 앞 절기의 장생(長生)이고 주로 일은 늦어진다. 발용(發用)이 천후(天后), 재효(財爻) 일 때는 주로 처가 회태(懷胎)이고, 바깥에 처(妻)가 있을 때는 생기(生氣), 태신(胎神) 등이 발용(發用)되면 반드시 처(妻)가 임신(姙娠)이다. 正月 戊己日 발용(發用) 子, 四月 庚辛日 발용(發用) 卯, 七月 壬癸日 발용(發用) 午와 같은 처(妻)의 점에 회잉(懷孕)은 의혹이 없다. 혹 년명(年命)에서 현태(玄胎)를 보면 더욱 그러하다. 혹 현태(玄胎)가 희신(喜神), 길장(吉將)을 만나면 원행(遠行)이 길(吉)하고 이로우며, 또한 명리(名利)를 구(求)하는 등의 모든 일이 다 길하다. 그러나 만약 노인과 아이들의 병점(病占)은 이것은 후세의 태(胎)가 머무르는 징조이기 때문에 최고로 흉하다. 평상시의 점에서 삼형(三刑)이나 흉신(凶神), 악장(惡將)을 만나면 반드시 근심과 의혹 등의 두려움으로 놀래는 일이 있다. 부모효(爻)가 발용(發用)되면 집안의 존장이 재화(災禍)를 당하는 일이 있다. 혹은 日이나, 발용(發用)이 휴수(休囚)하고 공망을 보면 이것은 원태불육(元胎不育)이라 하

32) 본래 이 과(課)의 이름은 현태(玄胎)이었으나 청(淸)나라 제4대 왕(王)인 강희제[康熙帝,1654.5.4 ~ 1722.12.20]의 본명(本名)이 현엽(玄燁/玄曄)이라 강희제가 재위하면서부터 일체의 현(玄)자(字)를 사용하지 못하게 하여 이때 이후의 서적들은 전부 원태(元胎)라고 하였다.

여 양육하지 못한다.

甲寅日 寅時 巳將占.

<table>
<tr><td>庚
蛇申靑</td><td>辛
朱酉勾</td><td>壬
合戌合</td><td>癸
勾亥朱</td><td colspan="4">庚
蛇申靑
巳</td><td colspan="4">癸
勾亥朱
申</td><td colspan="4">甲
白寅后
亥</td></tr>
<tr><td>己
貴未空</td><td colspan="2" rowspan="2">제10국</td><td>O
靑子蛇</td><td colspan="3" rowspan="2">丁
陰巳常
甲</td><td colspan="3" rowspan="2">庚
蛇申靑
巳</td><td colspan="3" rowspan="2">丁
陰巳常
寅</td><td colspan="3" rowspan="2">庚
蛇申靑
巳</td></tr>
<tr><td>戊
后午白</td><td>O
空丑貴</td></tr>
<tr><td>丁
陰巳常</td><td>丙
玄辰玄</td><td>乙
常卯陰</td><td>甲
白寅后</td><td colspan="12">중심과, 현태, 불비, 천망(申時)</td></tr>
</table>

삼전(三傳)이 申, 亥, 寅으로 모두 사맹(四孟)으로 구성되어서 현태과(玄胎課)이다. 청룡(靑龍)이 승(乘)한 申이 발용(發用)되어 중전(中傳)의 장생(長生)과 말전(末傳)의 덕(德) 록(祿)을 체생(遞生)하니 길한 과(課)가 되었다.

(62) 연주과(連珠課)

용신(用神)과 삼전(三傳)이 일방(一方)으로 있어, 중전(中傳)과 말전(末傳)까지 서로 연결되어 만들어지는 것을 연주과(連珠課)라 하며 삼전(三傳)이 寅, 卯, 辰 등으로 이루어지는 경우이다.

중(中), 말전(末傳)까지 맹(孟), 중(仲), 계신(季神)이 되어 서로 연결되어 구슬을 꿴 것과 같아 그 이름이 연여(連茹)라고도 하며 여(茹)는 채(菜)이다. 풀 뿌리처럼 그것들이 서로 연결되어 견인하는 것과 같다. 길(吉)한 점에 만약 연주과(連珠課)이면 가히 사랑스럽고, 흉(凶)한 일이 연여(連茹)이면 미워할 만하다. 퇴연여(退連茹)는 또 다른 이름으로 실우격(失友格)이라고 하며, 주로 일은 가고 싶어도 가지 못하며, 인정(人丁)의 아름다움에 흠(欠)이 있다. 통부지체(統≪復≫之體)로 산 밖에 청산(靑山)이 있는 과(課)이다.

상왈(象曰), 음양(陰陽)이 공협(拱夾)하며 주로 짝을 이룬다. 흉(凶)한 일은 중중

(重重)하고 길사(吉事)는 여러 가지이며, 잉태(孕胎)는 반드시 연이어 태기(胎氣)가 있고, 일은 교류하여 핵심적이고 중요한 것을 획득한다. 날씨가 가물 때는 많은 날이 맑고, 하늘이 음(陰)할 때는 오래동안 비가 온다. 만약 삼전(三傳)이 진(進)이면 계속 나아가는 것이 옳고 귀인(貴人)이 순행(順行)하면 일도 순탄하고 빨리 이루어지며, 공망을 만나면 퇴(退)하는 것이 마땅하고, 전신(全身)이 멀리서 해(害)를 입는다. 삼전(三傳)이 퇴(退)이면 물러나는 것이 옳고 귀인(貴人)이 역행(逆行)하면 지체되고 저해(沮害)를 받으면 공망을 만나면 반대로 진(進), 즉 계속 앞으로 나아가는 것이 낳으며 재난을 소멸시키고 화(禍)를 피하기 때문이다. 혹 삼전(三傳)이 亥,子,丑이면 日,月,星奇가 전부 있는 것으로 이는 삼기연주(三奇連珠)라고 하며, 주로 만사가 화합하게 되고 길장(吉將)이 승(乘)하면 더욱 길(吉)하다. 병송사(病訟事)와 해제사(解除事)에는 불리하며 재물 점에는 기쁘고 성합사(成合事)에는 가히 아름답다.

乙丑日 酉時 戌將占.

<table>
<tr><td>庚
朱午空</td><td>辛
蛇未白</td><td>壬
貴申常</td><td>癸
后酉玄</td><td colspan="4">丙
空寅朱
丑</td><td colspan="4">丁
青卯合
寅</td><td colspan="4">戊
勾辰勾
卯</td></tr>
<tr><td>己
合巳青</td><td colspan="2" rowspan="2">제12국</td><td>O
陰戌陰</td><td colspan="3" rowspan="2">己
合巳青
乙</td><td colspan="3" rowspan="2">庚
朱午空
巳</td><td colspan="3" rowspan="2">丙
空寅朱
丑</td><td colspan="3" rowspan="2">丁
青卯合
寅</td></tr>
<tr><td>戊
勾辰勾</td><td>O
玄亥后</td></tr>
<tr><td>丁
青卯合</td><td>丙
空寅朱</td><td>乙
白丑蛇</td><td>甲
常子貴</td><td colspan="12">원수과, 진여</td></tr>
</table>

삼전(三傳)이 寅卯辰 으로 연이어 진여(進茹)로 배열되어 나갔는데, 차례대로 구슬을 꿴 것과 같다고 하여 진연주(進連珠)라 한다.

(63) 간전과(間傳課)

삼전(三傳)이 일정한 간격(間隔)의 위치에 만들어진 것을 간전과(間傳課) 라고 한다.

이 과(課)는 순간전(間 12격(格)과 역간전(逆傳順) 12격(格)이 있는데, 각기 주관하는 의미가 있고, 후(後)에 상세히 설명한다. 대체로 한 칸의 간격을 두고 삼전(三傳)에 전하여 만들어 지는데 고로 이름이 간전(間傳)이다. 점치는 일은 삼전(三傳)이 순행(順行)이면 주로 매사에 순조롭게 되고, 역행(逆行)이면 매사의 역됨을 주관한다. 통손지체(統≪巽≫之體)이며 음양(陰陽)이 오르내리는 과(課)이다.

상왈(象曰), 삼전(三傳)이 서로 간격(間隔)의 위치를 두면, 일도 조해(阻害)가 많고 사이가 벌어진다. 순행(順行)으로 조성되면 하늘에 오를 듯이 기쁨이 있고, 양(陽)으로 향하면 집을 나선다. 역행(逆行)으로 배열되면 양(陽)으로 돌아오고, 밝아지려 힘쓰며, 조상을 돌아보게 된다. 이와 같은 일(日)에 발용(發用)이 왕상(旺相)하고 신장(神將)이 길(吉)하면 모든 일은 길하고 유리하며, 만약 일(日)과 발용(發用)이 휴수(休囚)하고 신장(神將)이 흉(凶)하면 그 흉(凶)함이 더해진다. 甲子日 辰加甲이 되면 삼전(三傳)이 간격(間隔)을 두고 이루어지는데 이것이 간전과(間傳課) 이며, 辰,午,申 역시 이름이 등삼천(登三天)의 격(格)이다.

◆ 순십이격(順十二格)

• 辰, 午, 申이 삼전이 되면 등삼천격(登三天格)이라 하고, 巳,午,未,申은 전부 하늘인데 대게 용이 하늘로 올라감에 비를 내리고, 관등천(官登天)의 위치는 주로 천관되며 오직 공망과 탈기됨을 꺼린다. 쟁송사(爭訟事)는 정(情)으로서 크게 변하고, 병(病) 점은 증후가 오래도록 심하고, 도적(盜賊)은 오게 되고, 행인(行人)은 금방 도착하며, 오랜 가뭄에는 비가 내린다.

• 午, 申, 戌이 삼전이 되면 출삼천격(出三天格)이라 하여, 대게 항룡(亢龍)이 뉘우침이 있고, 일은 정(情)이 크게 멀어지고, 출행(出行)은 약속을 지키기 어려우며 병송(病訟)은 다 같이 흉하다. 대게 戌은 천두(天頭)라 하여 하늘의 머리에 있어 삼천(三天)을 뛰어넘는 상(象)이다.

• 申, 戌, 子가 삼전(三傳)이 되면 섭삼연격(涉三淵格)이라 하며, 대게는 용이 삼연(三淵), 즉 연못을 건널 때 비가 오지 않고, 용병(用兵)에서의 적은 삼연(三淵)을 건너서 따라오지 못하며, 병송(病訟)은 위험하며 눈앞에서 조격(阻隔)이

있고, 관직점(官職占)도 불길하며 모망(謀望)은 이루지 못한다.

• 戌, 子, 寅이 삼전(三傳)이 되면 입삼연격(入三淵格)이라 하며, 대게 亥, 子, 丑, 寅은 땅에 속하므로 삼연의 상(象)으로 들어온다. 만나는 것은 전부 흉하고, 봄인데도 얼음을 밟고, 호랑이 꼬리를 밟고 있듯이 그 화(禍)가 바로 앞에 있다. 혹 말전(末傳)에 백호(白虎)나 등사(螣蛇)가 승(乘)하면 귀살(鬼殺)이라 하여 병(病)은 필사(必死)하고 화(禍)는 더욱 흉(凶)하다.

• 子, 寅, 辰이 삼전(三傳)이면 향양격(向陽格)이 되는데, 대게 子는 북방에 속하고 어두운 방향인데, 寅과 辰은 해가 뜨는 방향이 되므로 고로 삼양(三陽)을 향한다. 대게 만나는 모든 일은 스스로 어둡다가 밝게 되며, 처음에는 흉하다가 나중에 길하게 되고, 병은 치유되고, 송사(訟事)는 해결되며, 인정(人情)이 전부 아름답다.

• 寅, 辰, 午가 삼전(三傳)이 되면 출양격(出陽格)이라 하며, 대게 午는 뒤에 음(陰)을 생(生)하고 스스로 寅이 午게 전하며 삼양(三陽)에서 나오게 되어, 점에서는 서로의 허물로 인하여 재앙이 생기고, 병송점(病訟占)은 전부 흉(凶)하다.

• 丑, 卯, 巳가 삼전(三傳)이 되면 출호격(出戶格)이라 한다. 卯는 문호(門戶)이고 巳는 지호(地戶)가 되어 丑은 스스로 巳에게 전하고 사람이 출호(出戶)하는 상(象)이다. 그러므로 방인 집에는 부재중이라 만나지 못하고, 사람은 나가는 것이 유리하며, 군자(君子)는 이름이 높아지고, 소인(小人)은 외롭고 의혹이 있어 불길하다.

• 卯, 巳, 未가 삼전(三傳)이 되면 영양격(盈陽格)이라 하며, 卯와 巳는 이양(二陽)인데 未는 음(陰)의 시작이 되고, 卯는 巳에게 전하지만 未가 되면 일의 반대로 日의 중앙이 되어 양(陽)은 이미 가득차서 그치고, 만물(萬物)은 극(剋)에 이르면 반드시 반대가 되는 연유이다. 모든 일은 당연히 급하게 취하면 길(吉)하지만 늦어지면 흉(凶)하게 된다.

• 巳, 未, 酉가 삼전(三傳)이 되면 변영격(變盈格)이라 한다. 午에 이르면 양(陽)이 가득차서 그치게 되고 未는 일음(一陰), 酉는 이음(二陰)이며, 巳는 스스로 酉에게 전하여 만물이 가득 찬 이후에는 반드시 빠지게 되는 이치처럼 세(勢)가 지나가면 사람도 쇠(衰)하게 된다. 점사(占事)는 전부 흉(凶)하고, 관직점(官職占)에는 좇겨나며, 물건을 점하면 당시에 사용하는 것이 아니다. 신병(新病)은 죽게 되고 오래된 병(病)은 치유가 된다.

• 未, 酉, 亥가 삼전(三傳)이면 입명격(入冥格)이라 하여, 酉와 亥는 날의 어두운 때이고 밝음은 소산(消散)되고 어둠은 길어지게 된다. 점사(占事)는 빠르면 가능하지만 지체되면 이르지 못하게 되고, 병송(病訟)은 흉(凶)하고 관직점(官職占)도 불리하며 길(吉)함은 점차적으로 소산(消散)되어 없어지고 흉(凶)한 것은 점점 커지게 된다.

• 酉, 亥, 丑이 삼전(三傳)이면 응음격(凝陰格)라 하여 亥와 丑은 북에 속하고 겨울에는 음기(陰氣)가 서리와 얼음으로 견고하게 된다. 점은 주로 음욕스럽고 간사하며 도둑 등의 일이고, 어둡고 암울한 일이 많고 결과도 밝지 못하다.

• 亥, 丑, 卯가 삼전(三傳)이면 명몽격(溟蒙格)이라 한다. 亥와 丑은 음(陰)의 극(剋)으로 卯는 일양(一陽)의 시작으로 양(陽)이 생하며 이음(二陰)의 아래에서 서서히 밝아옴이 자라난다. 점사의 본체는 진실이 아니고 근심도 중첩되어 안녕치 못하며, 진퇴와 결말이 없다.

◆ **역십이격(逆十二格)**

• 寅, 子, 戌이 삼전(三傳)이 되면 명음격(冥陰格)이라 하며, 寅은 해가 뜨는 새벽의 방위이고 子와 戌은 음기(陰氣)가 왕성할 때인데, 寅이 스스로 戌에 전하며 양(陽)이 있다가 퇴하고 음(陰)으로 들어가는 상(象)이다. 점사(占事)에서는 자신의 밝음이 어두운 곳으로 들어가기 때문에 흉함과 암울함이 바로 앞에 있고, 오히려 암손(暗損)을 방비해야하여, 관직점(官職占)에서 최고로 흉하다.

• 子, 戌, 申이 삼전(三傳)이 되면 언건격(偃蹇格)이라 하며, 申 역시 음(陰)으로 가는 방위이고, 子가 申에게 전하여 음(陰)이 다시 음(陰)으로 들어가며, 어려움의 늪을 헤어나기 힘들고, 어려움이 있는데 가시 덤풀을 만나 극을 당하는 상(象)이다. 모든 일이 어둠을 만나서 헤메이고 밝음이 없고, 행군은 굴레를 벗어나고, 출입하는 일 역시 불길하다.

• 戌, 申, 午가 삼전(三傳)이면 패려격(悖戾格)이 되는데, 午는 음기(陰氣)가 살아나며 시작되고, 申과 戌은 음(陰)이 성왕(盛旺)하므로, 스스로 퇴(退)하며 화(禍)에서 벗어나기가 어렵고, 강하게 힘을 쓰고 있어도 뒤에는 퇴(退)하는 상(象)이다. 행인(行人)은 오지 않고, 도적은 오지 않으며, 바라던 일은 오히려 화(禍)가 만들어 진다.

• 申, 午, 辰이 삼전(三傳)이 되면 응양격(凝陽格)이라 하며, 辰은 일양(一陽)이고 申과 午는 전부 음(陰)이 되며 申은 辰에게 전하니 양(陽)은 음(陰)이 있는 곳에 엉겨붙어, 재난이 있어 오히려 돌고 이어지는 상(象)이다. 점사는 전에 있던 일은 마쳐지지 못하고, 행인(行人)은 지체되어 늦게 오게 되며, 송사(訟事)와 모망사(謀望事)도 역시 지체 된다.

• 午, 辰, 寅이 삼전(三傳)이 되면 고조격(顧阻格)이 되며, 午는 寅의 자손이며 寅은 午의 장생(長生)지지이다. 午는 스스로 寅에 전하며 자식이 부모를 돌아보듯 옛일은 다시 돌아보는 상이 된다. 구재점(求財占)과 모망점(謀望占)은 전부 길(吉)하고, 도둑은 가고 행인(行人)은 오며, 오직 庚日의 병(病) 점은 흉(凶)하게 되며 관직점(官職占)도 대길(大吉)이다.

• 辰, 寅, 子가 삼전(三傳)이면 섭의격(涉疑格)이 되며, 양(陽)은 주로 앞으로 나아가지만 寅과 子는 나아가지 못하고 반대로 퇴보하며, 또 스스로도 밝음을 퇴하여 어두움 곳으로 들어가며, 어려움을 건너도 의혹과 간난(艱難)이 남게 되며, 더 이상의 어려움이 없는 상(象)으로, 점사(占事)는 진퇴(進退)를 결정하지 못하고, 행인(行人)은 오지 않으며 나가고 싶어도 나갈 수 없고, 관문(關門)

을 지키는 사람이 있어도 적(敵)은 매복(埋伏)하며, 편안하던 경영이 불길하게 되고, 용병(用兵)도 불가하며, 관직점(官職占)과 병점(病占) 등이 모두 흉(凶)하다.

- 丑, 亥, 酉가 삼전(三傳)이 되면 극음격(極陰格)이라 하며, 음(陰)은 주로 퇴(退)하는데 丑은 酉에게 스스로 전하고 종내에는 그 힘을 다하지만 음(陰)이 있고 음(陰)으로 들어가는 상(象)이다. 모든 점은 음일(淫佚)과 주색(酒色), 간난(艱難) 등의 일이며, 병(病)은 주로 사망하고, 소송은 재판부에 까지 이르며, 혹 음란(淫亂)으로서 병이 생긴다. 亥는 주로 음란(淫亂)이고 酉는 주로 주색이다.

- 亥, 酉, 未가 삼전(三傳)이면 시둔격(時遁格)이라 하며, 酉는 태음으로 未中의 丁은 옥녀(玉女)이고 은둔하여 형체를 숨기는 것이 이롭다. 亥는 스스로 未에 전하고 사람은 구하는 것을 감추고 어둠에 숨기며 몸을 감추는 상(象)이다. 행인(行人) 점은 오지 않고, 출행(出行)하려고 해도 갈 수 없고, 도둑은 잡지 못하게 되고 적은 가고 오지 않는다. 군자(君子)는 길하지만 소인(小人)은 흉(凶)하다.

- 酉, 未, 巳가 삼전(三傳)이 되면 여명격(勵明格)이 되는데, 巳는 양(陽)으로 밝은 지지(地支)인데, 酉는 스스로 巳에게 전하고 어둠을 좇다가 밝음으로 들어오며, 음(陰)과 어둠의 기운이 남아 있지만 뒤에 밝게 되는 상(象)이다. 모든 것이 강하게 힘쓰고 머무른 후(後)에 가게 되며, 군자(君子)는 록위(祿位)를 취하기에 길하고, 소인(小人)은 영화로운 운에 이르게 된다.

- 未, 巳, 卯가 삼전(三傳)이면 회명격(回明格)이라 한다. 未는 일음(一陰)이고 巳와 卯는 이양(二陽)인데 未가 스스로 卯에 전하며 음(陰)이 머물다 양(陽)에 이르게 되며 결함이 있으나 달이 점차 돌아오는 상(象)이다. 모든 일에 서두르는 것은 불가하고, 다만 서서히 앞으로 나아가는 것이 좋으며, 오래 동안 비가 왔으면 맑게 개이고, 길사(吉事)는 점차적으로 이루어지고 흉사(凶事)는 점차 소멸된다.

• 巳, 卯, 丑이 삼전(三傳)이면 전패격(轉悖格)이 되는데, 巳와 卯는 이양(二陽)이고 丑은 순음(純陰)인데, 巳는 丑에 들어가기 때문에 명(明)을 피하고 암(暗)을 향하며, 옹졸하게 되어 바른 것을 버리고 간사함으로 돌아가 일은 어그러지는 쪽으로 변하는 상(象)이다. 가령 그 몸이 겁쟁이이거나 또는 괴몽(怪夢) 등으로 일은 마귀(魔鬼)를 따르는 것과 같이 만들어지고, 일에 출두함을 좋아하나, 검수하고 분배하는 것을 잘 살펴야 됨을 알지 못하고도 편안한 명(命)이다.

• 卯, 丑, 亥가 삼전(三傳)으로 되면 단간격(斷澗格)이며, 卯는 일양(一陽), 丑과 亥는 이음(二陰)으로 卯가 스스로 亥에 전하고 일양(一陽)은 깊게 이음(二陰)으로 들어와 양(陽)과 명(明)은 단절되어 보내고, 점차 깊은 물속으로 낮게 들어오게 되어, 암(暗)을 길게 있고 명(明)은 소멸되는 상(象)이다. 점에서 군자(君子)는 퇴직(退職)하게 되고, 소인(小人)은 흉(凶)한 일을 만난다.

(64) 육순과(六純課)

사과삼전(四課三傳)이 전부 양(陽)이던가 또는 음(陰)으로 되어있으면 이를 육순과(六純課)라고 한다.

사과(四課)가 전부 양(陽)에 속하면서 이중에서 어느 한 과(課)가 발용(發用)이 되어 중(中),말전(末傳)까지 전부 양(陽)이면 육양과(六陽)라 하고 존귀한 점에는 천정(天庭)에 이르니 마땅히 고귀하고 존엄한 일이다. 초전(初傳)과 중전(中傳)이 공망이면 군자(君子)는 두려워 힘을 감력시키고, 평인은 힘을 살피는 것에 의지하나 일의 마지막에 얻는 것이 이치이다. 만약 사과(四課)가 음(陰)으로 되어 그중 일과(一課)가 발용(發用)되어 중(中),말전(末傳)이 전부 음(陰)이면 육음격(六陰格)이 되며 노비나 하천한 사람의 점에는 음모(陰謀)가 있고, 간사(奸邪)한 일과 병자(病者)는 사망한다. 이 육(六)이라는 음(陰)과 양(陽)은 전부 순하므로 이름이 육순(六純)이다. 잉태점(孕胎占)에서는 양(陽)은 남자이고 음(陰)은 여자이다. 통혁지체(統≪革≫之體)이고 하늘과 땅의 연못처럼 현격함을 나타내는 상(象)이다.

상왈(象曰), 삼천(三天)에 오르듯이 육양(六陽)은 움직여서 달성하는 것으로, 사(私)적인 일에는 흉하고 공(公)적인 일에는 길하며 관(官)을 만나면 승천(昇遷)한다. 육음(六陰)은 몽매(蒙昧)하고 깊은 연못을 건너야함으로 공적인일은 흉(凶)하고 사(私)적인 일에 이로우며 병환(病患)은 회복되지 않는다.

甲午日 干上子는 육양(六陽)이 퇴간전(退間傳)을 만나면서 뿌리가 뽑혀 넘어지는 일에 이르며, 이름이 패려(悖戾)이고 초전(初傳) 戌 재(財)가 이끌어 중(中),말전(末傳)이 귀향(鬼向)으로 겸(兼)하면 모든 일은 간신하고 공로를 들여도 면하지 못한다. 혹 밤 점에 삼전(三傳)이 낮의 신(神)으로 이루어지면 일은 명백함이 있고, 또 오양(五陽)을 만남으로써 사람의 년명(年命)을 정(定)한다. 육음(六陰)에서 삼전 丑卯巳를 만나면 집을 나서게 되며, 卯巳未는 양(陽)이 가득 차며, 酉未巳는 밝아지려 힘쓰고, 未巳卯는 밝음으로 돌아오며, 未는 혼미(昏迷)한 것으로 단정 하고 흉(凶)중에 길(吉)함이 있다.

己卯日 酉加未는 육음(六陰)이 주장(晝將)을 만나는 것으로 밤으로 들어서 혼미(昏迷)함이 더욱 심하고 천장(天將)에 천후(天后) 육합(六合) 현무(玄武) 등이 승(乘)하여 간지(干支) 상(上)에 있으면 도기(盜氣)가 되며, 탄사(彈射)가 발용(發用)하여 공(空)한 자리에 앉으면 비용과 노력으로 앓되는 말이며, 병자(病者)는 필사(必死)하고, 구하고 바라는 것은 허모(虛耗) 이다.

甲子日 卯時 未將占.

<table>
<tr><td>癸
朱酉勾</td><td>〇
合戌合</td><td>〇
勾亥朱</td><td>甲
青子蛇</td><td colspan="4">戊
玄辰玄
子</td><td colspan="4">壬
蛇申青
辰</td><td colspan="4">甲
青子蛇
申</td></tr>
<tr><td>壬
蛇申青</td><td colspan="2" rowspan="2">제9국</td><td>乙
空丑貴</td><td colspan="3" rowspan="2">庚
后午白
甲</td><td colspan="3" rowspan="2">〇
合戌合
午</td><td colspan="3" rowspan="2">戊
玄辰玄
子</td><td colspan="3" rowspan="2">壬
蛇申青
辰</td></tr>
<tr><td>辛
貴未空</td><td>丙
白寅后</td></tr>
<tr><td>庚
后午白</td><td>己
陰巳常</td><td>戊
玄辰玄</td><td>丁
常卯陰</td><td colspan="12">원수과, 참관, 여덕, 윤하, 폐구</td></tr>
</table>

(65) 잡상과(雜狀課)

이 과(課)는 오행(五行)과는 별도로 수(水)와 색(色)의 순잡(順雜)으로서 발용(發用) 하여 초전(初傳) 동효(動爻)를 취하므로 잡상과(雜狀課)라 한다.

순(純)이라는 것은 子午卯酉의 사중(四仲)이 순이 되고, 寅中에는 火를 生하는 것이 있어 일잡(一雜)이요, 辰中에 水 土의 묘(墓)가 있어 이(二), 삼잡(三雜)이며, 巳中에 金을 生하는 것이 있어 사잡(四雜)이고, 申中에 土를 生하는 것이 있어 오잡(五雜)이다. 未中에 木의 묘(墓)가 있으니 육잡(六雜)이요 또 申中에 水의 生이 있으니 칠잡(七雜)이고, 戌中의 火의 묘(墓)가 있으니 팔잡(八雜)이고, 亥中 木의 生이 있으니 구잡(九雜)이며, 丑中에 金의 卯가 있으니 십잡(十雜)이다. 寅卯가 木으로 춘(春)이 되고, 寅은 火를 품고 있으니 잡목(雜木)이고, 卯는 순목(純木)이 된다. 계(季) 火金水도 모두 그러하다. 오직 土만이 중궁(中宮)을 지키고 사계(四季)의 왕(旺)함을 나누니 매계(每季)의 각 전 十八日이 왕하므로, 총 七十二日로서 세(勢)를 이룬다. 고로 辰中에는 木의 여기(餘氣)가 있고, 未에는 火의 여기(餘氣)가 있다. 戌中에는 金의 여기(餘氣)가 있으며, 丑中에는 水의 여기(餘氣)가 남아있어 각각 十二日이다. 그러나 사맹월(四孟月)은 태(胎)를 품고 있고, 중월(仲月)은 임신 중이며, 계월(季月)의 사묘장(死墓葬)이 되어, 오행(五行)의 십잡(十雜)이 된다. 사람들의 일들이 어지러워 그 응함이 같지 않다.

상왈(象曰), 음양오행(陰陽五行)과 만물은 순잡(順雜)이 있다. 흉(凶)이 보이면 구(救)하는 신(神)이 있고, 길(吉)함이 막히면 귀(鬼)의 해(害)함이 있다. 甲乙日 초전(初傳)의 발용(發用)이 亥라면 생잡(生雜)이 되는데 집에 조상과 본 성인이 거주하고, 庚辛日 丑이 발용(發用)하면 사잡(死雜)인데 집에 양성(陽姓)이 동거(同居)하고 있다. 戌은 오수(五數) 인데 未가 가(加)하여 팔수(八數)가 되고 길흉(吉凶)은 五八四十 즉, 四十日 안에 응함이 있게 되며, 혹은 4개월이 되기도 하지만, 왕상(旺相)하면 배수(倍數), 휴수(休囚)하면 감(減)하여 추산(推算)한다.

甲子日 寅時 亥將占.

<table>
<tr><td>丙
青寅蛇</td><td>丁
勾卯朱</td><td>戊
合辰合</td><td>己
朱巳勾</td><td colspan="4">庚
蛇午青
酉</td><td colspan="4">丁
勾卯朱
午</td><td colspan="4">甲
白子后
卯</td></tr>
<tr><td>乙
空丑貴</td><td colspan="2" rowspan="2">제4국</td><td>庚
蛇午青</td><td colspan="3" rowspan="2">O
常亥陰
甲</td><td colspan="3" rowspan="2">壬
后申白
亥</td><td colspan="3" rowspan="2">癸
陰酉常
子</td><td colspan="3" rowspan="2">庚
蛇午青
酉</td></tr>
<tr><td>甲
白子后</td><td>辛
貴未空</td></tr>
<tr><td>O
常亥陰</td><td>O
玄戌玄</td><td>癸
陰酉常</td><td>壬
后申白</td><td colspan="12">원수과, 삼교</td></tr>
</table>

이와 같이 정월(正月)장에 甲子日 寅時 占 물건의 색은 午加酉가 발용되므로 주로 붉은 아래 하얀색이 된다.

24. 팔문(八門)의 점단(占斷)방법

점단의 법으로. 선봉문(先鋒門), 직사문(直事門), 외사문(外事門), 내사문(內事門), 발단문(發端門), 이역문(移易門), 귀계문(歸計門), 변화문(門變體), 등 점단팔문(占斷八門)이 있다. 점사는 이 문(門)의 순서대로 변화하는 오행(五行) 비복(飛伏)의 묘리(妙理)를 살핌으로서 길흉을 알고 화복(禍福)의 오고 감을 능히 예지할 수 있으므로 고로 조화를 이루는 문(門)이라 한다.

先鋒門(占時), 値事門(月將), 外事門(日干), 內事門(日支),
發端門(初傳), 移易門(中傳) 歸計門(末傳), 變體門(年命).

1) 선봉문(先鋒門,占時,用時)

정시(正時)를 선봉문(先鋒門)이라 한다. 점(占)에서 정시를 주시(主時)라 하며, 혹 일(日)의 덕합귀묘(德合鬼墓) 시간이거나, 혹 진(辰)의 파해형충(破害刑冲) 시간에 따라 과전(課傳)의 성부(成否)와 길흉(吉凶)의 선로(先露) 등을 판단하므로 고 이를 선봉(先鋒)이라 한다.

- 시간과 일간이 비화(比和)할 때는 兄弟, 일간이 시간을 생할때는 자손, 일간이 시간을 극할때는 처재(妻財), 시간이 일간을 극할때는 관귀(官鬼), 시간이 일간을 생하는 신을 부모라고 한다.

- 비아자(比我者)는 형제이고, 아생자(我生者)는 자손이며, 아극자(我剋者)는 처재이고, 극아자(剋我者)는 관귀이며, 생아자(生我者)는 인수(印綬) 즉 부모이다. 과전(課傳)을 세우기 전에 앞서 시간를 보아 먼저 다음과 같이 사태를 미리 파악할 수 있기 때문에 매우 고등하고 기민하다.

- 시간이 일간의 재(財)가 되고, 왕상(旺相)하며 길장(吉將)을 얻으면 반드시 처첩 등의 여자문제 또는 금전관계의 일이다.

- 시간이 일간의 역마(驛馬)이고, 천공이나 공망이 안 될 때는 원행이동(遠行移動)이나 도로에 관계되는 일이고 吉하다.

- 시간이 일간의 일귀(日貴), 일덕(日德), 일록(日祿)이 되고 재성이 되면, 관귀(官貴)의 재(財)나 혹은 관인(官人)에 청탁한 일로 얻을 수 있다.

- 시간이 일간과 삼합이나 육합되면 주로 외사(外事)의 화합이 있고 합중에 재(財)를 대하여 길신(吉神)과 량장(良將)을 득하면 뜻밖의 재물을 얻을 수 있고 처자와도 화합하게 된다.

- 시간과 일지가 삼합이나 육합되면 주로 내사(內事)즉 가정에 화합이 있고 만약 팔문중(八門中) 합에서 자손효가 있어 왕상하고 길신을 대하면 득자(得子)하거나 혹은 자손과 화합하게 되는 일이 있다.

- 시간이 일간, 일지와 다같이 合이되면 양동지사(兩動之事)라하여 내외모두의 화합이니 한가지의 일이 아니다.

• 시간이 일간과 육해(六害)가 되면 바깥의 근심이고, 일지와 육해가 되면 가정의 근심이다.

• 시간이 일진의 공망이면 허황된 일이거나 사기 등을 조심해야 된다. 시간이 일진의 공망이면 비록 과전이 길 하더라도 마지막에는 성공하기 어렵다. 그러나 질병점단과 소송점단에서는 시간이 공망이 되는 것이 오히려 길한데, 신병(新病)은 공망이되면 바로 치유되고, 오래된 병에 공망이 되면 반드시 죽는다.

점사(占事)에서 공망을 보면 순(旬)이 지나야 이루어지는데 사람을 방문해도 만나지 못하고 부탁해도 효력이없다. 실물(失物)점에서는 그 류신이 공망에 빠지면 그 기운이 없어지는 상황이므로 더욱 찾거나 잡기 힘들다. 귀(鬼)가 공망되면 비록 구적(仇敵)이 있어도 두렵지 않으니 대개 공망이면 무력하다.

일간이 공망이면 비록 삼전이 귀(鬼)가 되거나 위에 흉신이 있어도 역시 해(害)가 되지 않는다. 공망은 길한 것은 길하게 받지 못하지만, 반대로 흉한 것도 받지 못하기 때문이다. 공망 중에 태음을 보면 허위나 속임수이고, 玄武 를 보면 도적이 재물을 엿본다(盜賊窺財).

• 시간이 일간을 충하면 점자에게 또는 바깥쪽이 동요(動搖)이고 일지를 충하면, 안쪽이거나 가택(家宅)안에 동요가 있고 사용인(使用人)(특히 卑幼) 아니면 타인과 다툼이 있다.

• 시간이 일간의 묘(墓)이며, 다시 삼전 중에 있으면 주로 전토사(田土事)이거나 혹은 장례(葬禮), 묘지(墓地), 영장(塋葬)과 관련된 일이며, 시간이 일간을 형하거나 혹 일간이 겁살이 되면 출입사(出入事)는 빠르게 이루어진다.

• 시간이 일간의 파(破)가 되면 파재(破財)나 실물(失物), 도망 등의 손해가 있다. 만약에 발용(發用)이 다시 일간의 귀(鬼)이면 병점에 최고로 흉하다.

• 시간이 일간의 파(破)가 되어 길신을 대하고 과식 중에 현무와 일간이 상합하여 다시 재(財)가 될 때는 잃어버린 물건이더라도 반드시 찾을 수 있다.

• 시간이 일간의 파(破)가 되어 흉신을 보고 현무가 승한 천반이 재효(財爻)를 극할 때는 분실물은 찾지 못하고, 만약 현무에 승한 신(神)이 일간의 귀(鬼)가 되어 왕상한데 형, 해가되면 반드시 도적이 사람을 상해한다. 그러나 구진이 현무를 제극하면 그 도적을 잡는데, 사람이 상(傷)한다.

• 낮 점에 차객법으로 밤 시간 얻으면 매사암매(每事暗昧)하여 병(病)은 중하고 송사(訟事)는 흉하게된다. 그러나 밤의 점에 낮 시간을 얻으면 광명을 얻을 수 있다.

2) 직사문(直事門)

월장(月將)은 태양(太陽)으로 유명(幽明)의 신(神)이며 직사문(直事門)이라 한다. 점(占)에서 월장을 정시(正時)에 가(加)함으로 천지반(天地盤)이 만들어지고 사과(四課)의 음양(陰陽)으로 나뉘며 먼저 극(克)하는 것으로 삼전(三傳)을 분별한다. 태양이 출현하면 모든 별들은 그 빛을 잃게 되므로 월장(月將)이 삼전(三傳)중에 임(臨)하면 길(吉)은 증가하고 흉(凶)은 흩어진다. 월장은 신(神)이 아니면 쉽게 결정하지 못하는 화복(禍福)의 일과, 신장(神將)이 아니면 잘 알지 못하는 길흉(吉凶)의 신(神)을 알 수 있으므로 고로 직사(直事)라 한다.

3) 외사문(外事門)

일간(日干)을 외사문(外事門)이라 한다. 일간(日干)과 일간상신(日干上神)은 제일과(第一課)다. 이것을 일간(日干)의 양신(陽神)으로 하고 제이과(第二課)는 일간(日干)의 음신(陰神)이다. 일지상신(日支上神) 즉 제삼과(第三課)는 일지(日支)의 양신(陽神), 제사과(第四課)는 일지(日支)의 음신(陰神)이다. 점(占)에서 일간은 사람으로서 움직임과 꾀하는 것 등 주(主)된 것을 일(日)이라 한다. 생극제화(生克制化)가 다 일간에 응(應)하므로 고로 외사(外事)라 한다.

4) 내사문(內事門)

지진(支辰),즉 일지(日支)는 내사문(內事門)이라 한다. 점(占)에서 지진은 택(宅)으로서 집의 성쇠(盛衰)를 알고자 하면 진(辰)의 휴왕(辰)를 살펴야 하고 일의 화복(禍福)을 알고자 하면 지(支)의 길흉(吉凶)을 살펴야 한다. 고로 내사(內事)라 한다.

예를 들어

- 혼점(婚占)에는 일간이 남자고, 일지가 여자다.
- 송사(訟事)에는 일간이 고소인이고, 일지가 피고소인이다.
- 병점(病占)엔 일간이 환자이고, 일지가 병증(病症)이며
- 태산(胎産)에는 일간이 자식이고, 일지가 산모이며
- 교역(交易)엔 일간이 상인(商人)이고, 일지가 물품이고
- 분묘(墳墓)에는 일간이 생인(生人)이고 일지가 망인(亡人)의 묘소(墓所)이며
- 노복(奴僕)에는 일간이 주인이며 일지가 노복(奴僕)이 되고,
- 출행엔 일간을 주거로 보며 육지로 보고, 일지가 가는 곳이며 水路로 본다.
- 모망(謀望)이면 일간이 나요, 일지가 구하는 사람이 되며
- 교전(交戰)에는 일간이 아군(我軍)이고, 일지가 적군(敵軍)이며
- 동정(動靜)엔 일간이 동(動)이고, 일지가 정(靜)이다.

육임은 "일간이 주체이고 양이며, 일지가 객체요 음" 이 된다. 일간상신이 일간을 생하면 모든 일에 吉하여 사람의 도움 등으로 이익이 있다. 일간상신이 일간을 극하면 모든 일에 전부 흉하여 매사 막힘이 많고 이익이 없다. 일간이 일간상신을 생하면 손모(損耗)가 많고, 일간이 일간상신을 극하면 노력과 비용이 많이 든 후에 성취된다. 그래도 이익은 없다.

- 일간상신이 일지를 생하고 일지상신은 일간을 生하면 양방이 다 순조롭다.

- 일간상신이 일지를 극하고 진상신이 일간을 탈(脫)하면 피차 서로 간에 손모(損耗)를 예방해야 한다.

- 일간상신이 일지의 제왕(帝旺)이 되고 일지상신이 일간의 제왕이 되거나 일상(日上), 지상(支上) 각자 제왕이 되면 왕록임신도망작(旺祿臨身徒妄作)이라고 하여, 쓸데없는 일을 도모하는 예가 많은데 가만히 있으면 길하고, 움직이면 흉하다.

- 일간이 진상에 가(加)하여 극을 받거나 일지가 일간에 가하여 일간을 극하면 골육 간에 다툼이 있다.

- 일지가 일상에 가하여 극을 받고 일간이 일지에 가하여 일지를 극하면 운세(運勢)가 대단히 곤란하다.

- 일간이 진상에 가하여 생을 받으면 반드시 도와주고 이끌어 주는 사람이 있고, 일지가 간상에 가하여 일간을 생하면 사람으로 하여금 도움과 보살핌을 받는다.

- 일간이 진상에 가하여 일진을 생하면 일진은 집과 가정을 의미하기 때문에 사람은 쇠(衰)해지나 가택은 왕(旺)하여지고,

- 일지가 일간상에 가하여 역마가 되면 관직이 영천(榮遷)되고 진상신이 역마가 되면 가택의 이동과 이사의 징조가 있다.

- 일간상신에 녹이 있으면 매사에 이익이 많고 진상신에 있으면 권섭부정이라고 하여 내 주권을 빼앗기거나 굴복(屈伏)을 당한다.

- 일진상신에 각각 일덕을 보고 다시 길장이 승하면 생각지 못했던 기쁜 일이 있을

수 있다.

• 일진상신이 육합이 되면 합작(合作) 성취한다. 그러나 소송이나 질병은 흉하다.

• 일진에 다 같이 묘(墓)가 승하거나 묘에 좌하면 매사가 폐색난통(閉塞難通)하며 되는 일이 없다.

• 일진상신이 각각 패기(沐浴)를 보면 사람은 기운이 쇠잔해져 가고 택사(宅舍)는 그 기운이 무너져 가고 있다.

• 일진상신에 각각 절궁(絶宮)을 보면 흉한 시절이 매듭이 지어지는 것으로 보고 구사(舊事)의 결말에는 대길하다.

• 일진상신이 다 공망이면 공허하여 이익과 되는 일이 없다.

• 일과(一, 二課)가 부족하면 심의(心意)가 불안하고 진과(三, 四課)가 부족하면 집이 안녕하지 못한다.

• 일진상에 卯, 酉를 보면 조격부통(阻隔不通)이라 하여 험하고 사이가 커서 통하지가 않고

• 일진상에 괴강(魁罡)을 보면 절상(折傷)을 당할 염려가 있고 정신적인 안정이 필요하다.

5) 발단문(發端門)(初傳)

초전(初傳)을 발단문(發端門)이라 한다. 모든 일의 기운의 발단(發端)의 시작이 되므로 발용(發用)이라고도 한다. 점(占)에서 초전(初傳)으로서 일의 시응(始應)

이 있는데 과전(課傳)의 길(吉)이 사건의 길(吉)이고 과전(課傳)의 흉(凶)이 사건의 흉(凶)이므로 화복지단(禍福之端)이 다 이 발용(發用)을 따른다. 고로 발단(發端)이다.

- 1과와 2과중에서 발용이 되었으면 모든 일은 바깥에서 일어나고 3과와 4과에서 발용되었으면 모든 일은 안에서 일어난다.

- 1과와 2과에서 발용되고 귀인이 순행되며 초전이 귀인의 前에 있으면 길흉이 빠르게 진행한다.

- 3과와 4과에서 발용이 되고 귀인이 역행되며 초전이 귀인의 後가 될 때는 길흉은 늦게 나타난다.

- 제4과에서 발용이 되면 매사 별안간 발생된 것이고 이상스러운 사건일 경우가 있으며 목전사일 경우도 많다.

- 상극하로 발용이 되면 상은 남자, 존장이고, 하는 하급인 여자이므로 주로 일은 바깥쪽에서 오고 남자에 이롭고 여자에 불리하며 선길하고 後불리하며 존장이 이롭고 비유(卑幼)가 불리하다.

- 하적상으로 발용되면서 내전(內戰)이 되면 모든 일은 중도에 변하고 외전(外戰)이 되면 일신이 不自由하고 타인에 책망을 당한다.

- 상극하로 초전이 되면서 내전이 되면 막힘이 많고 목적을 달성치 못한다.

- 초전이 절(絶)이 되면 매사는 즉시 해결되고 행인은 소식이 있거나 도래한다.

- 초전이 묘(墓)가 되면 모든 일이 막힘이 많아 이루지 못하게 된다.

길흉화복(吉凶禍福)은 모두 동(動)으로 생한다. 동이라 함은 극하는 것에서 발생하는데, 초전은 네 개 과의 극에 의하여 정해진다. 따라서 길흉의 동기(動機)가 되고 단서(端緖)가 된다. 모든 일의 시초이므로 초전은 화복(禍福)의 발단으로, 이에 의해서 발생하므로 발단문(發端門)이라한다.

6) 이역문(移易門)(中傳)

중전을 이역문(移易門)이라 한다. 점에서 중전으로서 일의 중간의 응(應)을 보며, 초전엔 길한 것이 있고 중전이 흉한 것은 즉, 일에 있어 길이 흉으로 변하는 것이고, 초전에 흉한 것이 있고 중전이 길한 것은 일에 있어 흉이 길로 변한다는 뜻이다. 그러므로 이역(移易)이라 한다.

- 초전은 길하나 중전이 흉하면 일의 도중에 길이 흉으로 변하고

- 초전이 흉하나 중전이 길하면 중전에서는 흉이 변해서 길로 변한다.

- 중전이 일간의 귀(鬼)가 되면 중도에 모든 일이 어그러지기 쉽고

- 중전이 일간의 묘(墓)가 되면 만사가 중간에서 그치기 쉽다.

- 중전이 일간과 상호간에 해(害)가 되면 만사 막힘이 많고

- 일간과 파(破)가 되면 모든 일이 중도에 끊어지기 쉽다.

- 중전이 공망이면 매사 불성하므로 초전에서 승부를 보도록 해야 한다.

7) 귀계문(歸計門) (末傳)

말전을 귀계문(歸計門)이라 한다. 점에서 말전으로서 일의 마지막 응(應)함을 보는데 모든 일의 길흉이 귀결되는 대단히 중요한 위치이다. 초전과 중전이 비록 흉해도 말전의 길이 물리치면 일의 마지막엔 이루어지고 초전과 중전이 비록 길(吉)하더라도 말전의 흉(凶)이 이 길(吉)함을 물리치면 일은 마지막에 뉘우치고 후회하는 것이 있어 유감스럽게 되는 것이다. 하적상(下賊上)으로 발용되더라도 말전에서 적극(賊剋)하는 곳을 극제하면 만사 선흉후길(先凶後吉)이 된다. 말전이 초전을 극하면 일의 마지막이 길(吉)한데 멀리 만리를 돌아서 들어오는 물이라도 빠지지 않으며, 불에 들어가도 타지 않으며, 질병은 쾌유되고 재앙은 소산된다. 그러므로 귀계(歸計)라고 한다.

- 말전이 파, 해가 되면 길흉이 다 이루어지지 않고, 공망이 되면 매사 결과가 없다.

- 초전이 일간의 장생이 되고, 말전이 일간의 묘(墓)가 되면 유시무종(有始無終)하고

- 초전이 일간의 묘(墓)가 되고, 말전이 장생이 되면 선난후순(先難後順)하게 된다.

- 초전이 흉하나 중, 말전이 길하면 능히 흉함이 없어지고,

- 초, 중전이 흉하고 말전이 길해도 역시 흉이 해소된다.

- 삼전이 흉하더라도 행년이 길하면 흉이 소산되나

- 삼전과 행년이 다 같이 흉하면 흉화는 해소되지 않는다.

- 천장이 그 신을 극하는 것을 외전(外戰)이라 하고, 신(神)이 천장을 극하는 것을 내전(內戰)이라 한다.

• 외전은 우경(憂輕)하여 비록 흉해도 해소 할 수 있으나

• 내전은 우중(憂重)하여 비록 길해도 근심이 있다.

• 삼전이 모두 공망이면 어떤 일도 이루어짐이 없고 모두 허사이며

• 삼전중 두 개의 전(傳)이 공망이고, 나머지 전에 천공이 승하면, 삼전 다 같이 공망이 된 것으로 본다.

• 초전과 중전이 공망이 되면 말전을 위주로 판단해야 하고

• 중, 말전이 공망이 되면 초전을 위주로 판단한다.

• 초전은 일간상신이 되고 말전은 일지상신이 되면 아구피사간전지(我求彼事干傳支)〈畢法〉라 하여 만사에 내가 아쉬워 타인에게 구(救)하여야 하니 자유롭지 못하고, 초전이 일지상신이 되고 말전이 일간상신이 되면 피구아사지전간(彼求我事支傳干)이라고 하여 타인이 나에게 부탁하게 되고 만사는 쉽게 이루어진다.

• 삼전이 사과상에 다 있으면 회환격(回還格)이라하여 (壬戌日 干上戌發用) 구하는 물건은 얻을 수 있고, 소망은 이루어시며 行人은 돌아오고, 도적은 멀리가지 못했고, 도망은 탈출하지 못한다. 그리고 길은 더욱 길하고 흉은 더욱 흉하며 질병, 소송, 출산 등의 점은 크게 꺼리고 잉태(孕胎)는 길하다.

• 삼전이 일진을 생하면 모든 일이 길하고, 삼전이 일진을 극하면 백사(百事) 흉하다.

• 일간이 초전을 극하고 초전은 중전을 극하며 중전은 말전을 극하면 구재대획격(求財大獲格)이 되어 큰 재물을 획득 할 수 있다.

• 삼전과 일진이 모두 하적상이 되면 조금도 화기(和氣)가 없어 송사(訟事)는 반드시 형을 당하고 병자는 필사하며 가법(家法)이 부정하고 스스로 욕(辱)을 얻게 된다.

• 삼전이 삼합하여 일간의 全脫 · 全生 · 全鬼 · 全財 · 全兄弟가 될 때는 천장의 길흉과 오행의 생극제화(生剋制化)에 따라 길흉을 판단한다.

가령 삼전이 전부 귀(鬼)가 되면 흉하게 보이나, 년명이나 일진의 네곳에 자손효가 있으면 귀(鬼)를 제극하여 길로 변화한다. 만약 전부 탈(脫)하는 기운이라도 부모효가 사처에서 구해주면 된다. 그러므로 삼전이 전부 귀(鬼)일 때는 재효(財爻)가 구신(仇神)이 되고, 전부 탈(脫)일 때는 부모효가 구신(救神)이 된다.

8) 변체문(變體門)(年命)

년명을 변체문(變體門)이라 한다. 사람에게는 각 년명(年命)과 행년(行年)이 정해져 있는데, 이 년명으로서 점에서 일의 마지막 변화를 보고 최종적으로 길흉을 판단한다. 본명은 용사지조(用事之助)이며 행년은 일년지좌(一年之座)로, 과전(課傳)의 길흉(吉凶)에 일정한 영향을 미친다. 이와 같이 과전에 재(財)가있어 본래는 길(吉)하나, 년명(年命)에 관귀(傳鬼)가 보여 결과적으로 흉(凶)하게 이루어지도 하고, 과전(課傳)에는 귀(鬼)가 있어 본래는 흉(凶)하나 년명(年命)에 자손효(子孫爻)가 보여 길(吉)하게 이루어진다. 그러므로 변체(變體)라 한다.

• 년명상신이 生旺하며 년명과 상생, 상합이 되면 길하다.

• 일간상신이 발용과 생, 합, 비화가 되면 길하고 형, 충, 파, 해가 되면 흉하다.

• 발용이 길하더라도 년명상신에서 그 길함을 형해(刑害)하면 반대로 흉해지고

• 발용이 흉하더라도 년명상신에서 그 흉함을 극제해 주면 흉이 길로 변한다.

• 관귀(官鬼)가 발용하면 병점에는 불리한데, 년명상신에 자손효가 있으면 일간의 귀(鬼)를 극제하기 때문에 흉화(凶禍)가 제 기운을 온전히 발휘하지 못한다.

• 년명상에 일간의 재를 보면 구재(求財)가 용이하고

• 년명상에 월장을 만나면 최고로 길하며, 일체의 재화(災禍)는 소산되고 천복(天福)이 스스로 찾아 온다.

• 천마나 역마를 보면 직업의 승진, 이동이 되고 먼 거리의 여행에 이로우며

• 천희(天喜)나 귀인을 보면 모든 일에 기쁨과 놀라움이 있고

• 백호에 사기가 승하여 일간을 극하면 구조가 되지 못하고 필사(必死)한다.

• 백호에 생기가 승하여 본명을 극하면 노채(癆瘵, 폐병)의 병(病)이 있다.

• 전송(傳送) 申을 보아 흉장이 승하면 질병으로 복약(服藥)함이 있고

• 등명(登明) 亥을 보아 흉장이 승하면 수액(水厄)이 있고

• 등사를 보면 막히고 지체가 된다.

25. 정마(丁馬)

• 정신(丁神)이란 작용력이 육임에서는 필요 불가결하며 역마(役馬)와 같은 것으로 정마(丁馬) 라고도 한다. 매사에 속성(速成) 속달(速達)을 의미하는 체역지신(遞驛之神)이다.

• 水日 정마(丁馬)를 만나면 주로 재(財)의 움직임이 있어나는데 즉 壬, 癸日 육처(六處)에서 순내(旬內)의 정신(丁神)을 만나는 것으로, 오직 두려운 것은 점인의 행년상신이 육정신(六丁神)을 극(剋)하는 것이고 불길하다.

日	旬丁	解 意
壬申, 癸酉	丁卯	卯는 壬, 癸의 자손(子孫), 자손으로 인하여 재(財)의 동(動)
壬午, 癸未	丁丑	丑은 壬, 癸의 관귀(官鬼), 관사(官事)로 인하여 재(財)의 동(動)
壬子, 癸丑	丁未	未는 壬, 癸의 관귀(官鬼), 관사(官事)로 인하여 재(財)의 동(動)
壬辰, 癸巳	丁亥	亥는 壬, 癸의 비겁(比劫), 형제(兄弟)로 인하여 재(財)의 동(動)
壬戌, 癸亥	丁巳	巳는 壬, 癸의 처재(妻財), 처재(妻財)로, 인하여 재(財)의 동(動)
壬寅, 癸卯	丁酉	酉는 壬, 癸의 부모(父母), 장상(長上)으로,인하여재(財)의 동(動)

그 중 癸巳日과 癸亥日은 정신(丁神)에 역마가 교차해서 가중되기 때문에 그 재

(財)의 움직임역시 더욱 빠르다. 혹 처(妻)를 구하는 일은 더욱 빠르게 기쁨이 있지만, 이미 처(妻)가 있는 자가 다른 처(妻)를 구하면 우환이 따른다.

- 金日 정신(丁神)을 만나면 주로 凶이 움직이는데, 즉 庚, 辛日 육처(六處)에 순내(旬內)의 정신(丁神)이 보이면 점인의 년명상신에서 그 정신을 극거(剋去) 해주면 해(害)가 없어진다. 만약 선비가 벼슬을 구하는 점에서 정신이 보이면 부임이 매우 빠르지만, 이러한 경우 반대로 육처(六處)에서 정신을 극제(剋制)하는 신(神)이 있으면 불의(不宜)하게 된다. 만약 金日 순내(旬內)의 정신(丁神)에 백호(白虎)가 승하면 그 흉은 더욱 빠르다.

日	旬丁	解 意
庚午, 辛未	丁卯	卯는 庚, 辛의 처재(妻財), 처재(妻財)로, 인한 흉(凶)의 동(動)
庚辰, 辛巳	丁丑	丑은 庚, 辛의 부모(父母), 장상(長上)으로 인한 흉(凶)의 동(動)
庚戌, 辛亥	丁未	未는 庚, 辛의 부모(父母), 장상(長上)으로 인한 흉(凶)의 동(動)
庚寅, 辛卯	丁亥	亥는 庚, 辛의 자손(子孫), 자손(子孫)으로 인한 흉(凶)의 동(動)
庚子, 辛丑	丁酉	酉는 庚, 辛의 비겁(比劫), 형제(兄弟)로 인한 흉(凶)의 동(動)
庚申, 辛酉	丁巳	巳는 庚, 辛의 관귀(官鬼), 관사(官事)로 인한 흉(凶)의 동(動)

- 水日, 일간상신이 재(財)인데 지상신에 정신(丁神)이 있어 둔간(遁干)이 재(財)로 되면, 그 처재(妻財)의 움직임은 매우 크며, 이와 같은 것은 육임일(六壬日) 간상 午가 되면서 지상에 순성(旬丁)이 되어 둔간에 정마가 보이는 경우이고, 육계일(六癸日)은 이와 같은 예가 없다.

- 金日, 만약 간상신이 日을 극하고 또 支上 둔간 丁이 日을 극하면, 주로 사람은 화(禍)를 만나고 집은 동요(動搖)하지만, 오직 벼슬 점에서만 부임이 매우 신속하다. 이와 같은 예는 육경일(六庚日) 간상사이고 지상에 순정이 있을 때 둔간 丁이 귀(鬼)를 돕는다.

- 도둑점에서 도신(盜神)에 순정(旬丁)이 승하면 도둑은 잡지 못한다.

• 정신(丁神)이 사신(死神), 사기(死炁)등에 승하여 일간을 극하면 불행하게 사망의 징조가 나타나므로 근신하여야 마땅하다.

• 정신(丁神)이 역마를 만나 다시 천차(天車), 천갱(天坑), 혈지(血支), 혈기(血忌), 사신(死神), 사기(死炁)등을 만나면 주로 차(車)로인한 사고를 당한다.

• 정신(丁神)은 변동의 신으로 도망 점에서는 반드시 먼 거리의 타향으로 갔다.

• 정신(丁神)은 주로 움직임이므로, 등사(螣蛇), 역마(驛馬)를 만나면 도망이고, 백호(白虎)와 태상(太常)을 만나면 근심을 만들며, 태음(太陰)과 천후(天后)를 만나면 여인의 도망, 현무(玄武)를 만나면 도적(盜賊)이 멀리 도망을 가고, 주작(朱雀)을 만나면 소식이 도착하고, 구진(勾陳)을 만나면 군대와 병력이 멀리 움직이게 되며, 육합(六合)은 자손(子孫)의 원행(遠行), 청룡(青龍)을 만나면 만리(萬里)를 날아간다.

※ 각 순내(旬內) 주요사안

	儀神	旬尾(閉口)	奇神	丁神	旬空	祿空
甲子旬	子	酉	丑	卯	戌亥	壬申日
甲戌旬	戌	未	丑	丑	申酉	庚辰日, 辛巳日
甲申旬	申	巳	子	亥	未午	丁亥日, 己丑日
甲午旬	午	卯	子	酉	辰巳	丙申日, 戊戌日
甲辰旬	辰	丑	亥	未	寅卯	甲辰日, 乙巳日
甲寅旬	寅	亥	亥	巳	子丑	癸亥日

〈표〉 순중 주요사안

26. 초전(初傳)의 활용

육임에서 초전(初傳)은 발용(發用)이라하고 용신(用神)이라고도 하며 판단에 있어서 매우 중요한 위치를 차지한다. 정단팔문(正斷八門)중에서도 초전(初傳)을 발단문(發端門)이라고 하여 정단상황에서 당장의 발현(發顯)된 현상을 의미하며 모든 일의 판단의 시초(始初)가 된다. 초전(初傳)은 응사지사(應事之事)라 하여 초전이 길(吉)하면 일도 길하고 흉(凶)하면 역시 흉하여 모든 화복(禍福)의 발단이 이 초전으로부터 시작된다.

- 일간상의 양과(1, 2과)에서 발용이 되면 주(主)된 사안은 바깥의 일이고, 일지상의 양과(3, 4과)에서 발용이 되면 내사(內事) 즉 집안에서 발생한 일이다.

- 1, 2과에서 발용하여 귀인(貴人)이 순행(順行)이며, 초전(初傳)이 귀인(貴人)의 전(前)에 있으면 일은 빠르게 성사된다.

- 3, 4과에서 발용(發用)하여 귀인(貴人)이 역행(逆行)되거나, 초전(初傳)이 귀인의 후(後)에 있으면 길흉(吉凶)이 늦어진다.

- 4과에서 발용(發用)하면 일은 주로 우연히 혹은 곧바로 성사된다.

• 발용이 상극하(上克下)이면 일은 밖에서 온 것이며, 남자에게 유리하고 선동(先動)이 유리하며 하천(下賤)한 사람에게는 작은 재앙(災殃)이 있다.

• 발용(發用)이 하극상(下克上)이면 일은 안에서 일어나며, 여자에게 유리하고 기다리는 것이 유리하며 존장이나 웃 사람 에게는 슬픔이 있다.

• 하(下)에서 상(上)을 적(賊)하며 숨은 신이 극하는 관살이면, 일도 안되며 화합은 어지럽고 시끄러운 말 뿐이다.

• 발용(發用)이 협극(夾克)으로 핍박(逼迫)을 만나면, 몸이 부자유스럽거나 굴욕을 받는다.

• 발용(發用)을 상하(上下)에서 극(克)하고 천장(天將)과 내 외극을 이루면, 화합은 어렵고 일은 무릅써도 않된다.

• 발용(發用)이 장생(長生)이면 꾀하는 바는 드디어 이루어지게 되고, 장생(長生)이 묘(墓)에 임(臨)하여 발용(發用)하면 오래 된 일이다.

• 발용(發用)이 패(敗)나 사(死)가 되면 바라던 일은 이지러지고 부서지며, 절(絶)이 발용되면 사람의 믿음이 지극하여 일은 마쳐진다.

• 발용(發用)이 묘(墓)이면 일은 느려지고 병자(病者)에게는 슬픔이 있으며, 물건은 있고 사람은 돌아오며 흉(凶)한일은 적어진다.

• 발용(發用)이 형충파해(刑衝破害)가 되면 일은 조격(阻隔)이 생기며, 발용(發用)이 공망(空亡)이면 근심과 기쁨은 없어지고 실체는 가려진다.

• 발용(發用)이 일(日)을 극(克)하면 몸은 근심이 있고 가장은 송사(訟事)가 생기며, 진(辰)을 극(克)하면 가택(家宅)이 안녕치 못하다.

• 발용(發用)이 시간을 극(克)하면 놀람과 근심으로 마음의 움직임이 일어나고, 극 말전(末傳)이면 시작은 있으나 반드시 종결이 없다.

• 발용이 년명상신(年明上神)을 극(克)하면 주(主)로 재(財)를 얻으며, 행년상신(行年上神)을 극하면 일은 반드시 어그러진다.

• 발용이 상문(喪門) 조객(弔客)이면 상복(喪服)을 입는 일이 있으며, 휴(休)는 주로 질병(疾病)이고 수(囚)는 주로형벌(刑罰)이다.

• 발용(發用)의 천장(天將)이 길장(吉將)으로 입묘(入廟)가 되면 기쁨이 더욱 기쁘고, 흉장(凶將)이 귀가(歸家)하면 근심이 더욱 커진다.

• 발용(發用)이 태세(太歲)가 되거나 중전(中傳) 말전(末傳) 혹은 월(月) 일(日)에 있으면, 이동은 멀고 취하는 것은 가까우며 급속히 일어난다.[33]

초전(初傳)이 일간의 재(財)가 되면 구재(求財)를 의미하며 초전이 일간을 극하면 신(身)이 위태롭고 진상(辰上)을 극(剋)하면 가택이 불안하며, 초전이 일간을 탈기(脫氣)하면 대부분 자손(子孫)의 일이 발현된 것이다. 초전이 일간과 비화(比和)인 것은 형제와 동료의 일이며 초전이 인수(印綬)일 때는 존장사, 또는 후원사이거나 정단사안에 생기를 받게 된다. 초전(初傳)이 말전(末傳)을 극(剋)하면 유시무종(有始無終)이고, 초전이 점시(占時)를 극(剋)하면 놀랄 일이 일어난다. 초전이 태세상신(太歲上神) 을 극하면 그해에 재해가 있고 초전(初傳)에 정신(丁神)이 있어 일간을 생(生)하면 출행하여 재(財)를 얻으며 초전이 장생(長生)이 되면 매사가 순조로우며 장생(長生)이 묘(墓)에 임(臨)하면 옛일이 다시 계속된다. 상극하(上剋下)

33) 日主外兮辰主內, 四課各就日辰推°(日上兩課發用主外事, 辰上兩課發用主內事) 日上兩課 一二發用貴順行, 用在貴前事速成° 三四發用天乙逆, 用在貴後吉凶遲° 四課發用名蘺逢, 事主偶然或蘺成° 用上克下事外來, 利男利先卑小災° 用下克上事起內, 利女利後尊長悲° 下賊上兮神克官, 事將成合攪擾言°(內戰) 用遭夾克名逼迫, 身不自由受驅策° 用克上下為隔將, 隔斷難合事不冒° 用起長生凡謀遂, 長生臨墓發舊事° 用敗與死事壞毀, 用絕事了人信至° 用墓事緩病者悲, 物在人歸凶事微°(舊凶事不發) 刑衝破害事隔阻, 用空憂喜無實遮° 克日憂身長上訟, 克辰家宅不安寧° 克時心動驚憂起, 克末有始必無終° 克命上神主得財, 克年上神事必乖° 喪吊事幹有服人, 休主疾病囚主刑° 天將入廟喜愈喜, 凶將歸家亦加慮° 用歲中末或月日, 移遠就近急速是°

로 발용이 되면 일은 밖에서 안으로 오고 남자가 유리하며 선동이 좋고 존장에게 이롭다. 하적상(下賊上)으로 발용이 되면 일은 안에서 발생되고 여자에게 유리하고 후(後)에 이롭고 비유(卑幼)나 아랫사람에게 이롭다. 초전이 일진상신과 형충파해(刑冲破害)가 되면 매사가 조격불통(阻隔不通)하며 흉(凶)하다. 초전이 공망(空亡)이면 희비(喜悲)가 허상(虛象)이 되므로 길흉(吉凶)이 모두 실재하지 않는다.

1) 초전의 통변

일간에서 초전을 보아 육친통변으로 내정의 사안을 판단한다.

재성(財星)	구재사이고 처첩, 상업사가 얽혀있다.
식상(食傷)	자손사이거나 실직과 박관사(剝官事)
인성(印星)	존장, 후원, 사업, 진로 생기(生氣)를 받고 있다.
귀살(鬼殺)	질병 관재, 직업, 도난 등.
비겁(比劫)	형제 동료사, 금전의 손모사.

2) 초전(初傳)의 둔간(遁干)

초전의 사건의 시작이며 발단 동기가 되기 때문에 어떠한 일인지 현시(現示)하여준다. 또한 둔간 으로 길흉사건을 예측할 수 있다.

- **甲** : 수의 시작으로 만물이 존대하므로, 혁신적이고 새로운 뜻이 있으며, 큰 계획엔 별도로 사용한다.
- **乙·丙** : 乙은 일정(日精), 丙은 월정(月精)이므로 요사(妖邪)스러운 일들이 전부 숨어버리고, 흉재(凶災)는 소산(消散)되며, 혼인은 성립하고 가택(家宅)은 안정이 된다.
- **丁**: 丁은 성정(星精)라고하며 길흉이 모두 속성속발(速成速發), 도둑은 멀리 도망간다.

- **戊** : 음복(陰伏), 은둔(隱遁), 도망, 피신, 원행(遠行)길에 이롭다.
- **己** : 육음(六陰)의 으뜸으로 고요히 정(靜)함이 길(吉)하다.
- **庚 · 辛** : 숙살(肅殺)의 기(氣) 이므로, 움직이면 사상(死傷)을 보게 되는데, 오직 도적점에서는 포획한다.
- **壬** : 만물의 시원이고 동(動)의 뿌리이므로, 壬을 구하므로서 그 움직임을 볼수 있고, 래정(來精)의 근원이고 싹이다.
- **癸** : 수의 마지막으로, 천지(天地)를 본받으므로 사람 역시 고요히 정(靜)해야 하며, 은둔(隱遁)에 이롭다.

3) 초전의 공망

초전의 인수(印綬)가 공망이면 후원, 즉 도움을 받기가 어려우며 부모가 위태롭고, 식상(食傷)이 공망이면 타인에게 사기당하거나 자녀의 손상(損傷)이 두렵고, 재성(財星)이 공망이면 금전의 손실과 처첩의 손상, 관살(官殺)이 공망이면 남명(男命)은 직위 여명(男命)은 남편이 불안하고, 비겁(比劫)의 공망은 재(財)의 손실(損失)과 형제의 손상이 우려된다. 천반공망을 유행공망(遊行空亡)이라고 하여 70%정도 공망으로 보고, 둘째로 지반자체가 공망이 되는 것을 낙저공망(落底空亡)이라 하여 100% 공망된 것으로 본다.

4) 초전의 의한 내정분석[34]

- **아타사(我他事)**

나로부터 발생한 일인지, 타인에 의해 일어난 일인지, 내가 일으키고 후회하는지, 목전의 일인지의 여부를 판단한다.

1과,2과에서 초전으로 발용이 되면 내가 일으킨 일이다.

34) 『육임 初傳活用에 대한 연구』, 이선저, 동방대학원대학교 석사논문 2006

3과,4과에서 초전으로 발용이 되면 타의에 의해서 일어난 일이다.

2과에서 초전으로 발용되면 내가 일으키고 후회하고 있다.

4과에서 초전으로 발용되면 목전사이다.

• 내외사(內外事)

(日上兩課發用每事外起, 辰上兩課發用每事內起)

밖에서 일어난 일인지, 안의 일이 발생하였는지의 여부를 분석한다.

1과, 2과에서 초전으로 발용하면 밖에서 일어난 일이다.

3과, 4과에서 초전으로 발용하면 안에서 일어난 일이다.

• 미기사(未旣事)

이미 일어나서 벌어진 일인가, 아니면 앞으로 벌어질 일인가의 여부를 변별한다.

초전이 (丑 · 寅 · 卯 · 辰 · 巳 · 午)중의 하나이면 이미 일어난 일이다.

초전이 (未 · 申 · 酉 · 戌 · 亥 · 子)중의 하나이면 앞으로 발생할 일이다.

• 신구사(新舊事)

새롭게 처음 생긴 일인가, 두 세번 반복되는 일인가, 구차하게 계속해서 반복되는 일인가를 살펴본다.

초전이 사맹(四孟)(寅 · 申 · 巳 · 亥)이면 생기발발로 새로운 신사(新事)이다.

초전이 사중(四仲)(子 · 午 · 卯 · 酉)이면 전(前)에 일어났었던 반복사(反復事)이다.

초전이 사계(四季)(辰 · 戌 · 丑 · 未)이면 구차하게 계속해서 일어나는 구사(舊事)이다.

• 표리사(表裏事)

겉으로 드러낸 일인지, 아니며 안으로 숨기는 일인지의 여부를 본다.

1과, 3과는 일진의 양(陽)이므로 겉으로 드러낸 또는 드러내려고 하는 일이다.

2과, 4과는 일진의 음(陰)이므로 겉으로 드러내기를 꺼리며 숨기려하고 있다.

• 집산사(集散事)

계획하는 모임이나 행사에 사람이 많이 운집할 것인가, 한산할 것인가를 파악한다.

초전이 왕상(旺相)하면 천시를 얻었으므로 많은 사람이 운집한다.

초전이 휴수사(休囚死)하면 기대치 밖으로 한산하다. 이때 휴(休)는 천기와 세(勢)를 잃어서이고 수(囚)는 무모하고, 사(死)는 이치에 맞지 않다고 판단한다.

• 원근사(遠近事)

가까운 것인지, 먼 것인지의 여부를 분별한다.

초전이 왕상(旺相)하며 정신(丁神) 역마(驛馬) 등은 멀리 있다.

초전이 휴수사(休囚死)하며 묘(墓), 절(絶) 등은 가까운 곳에 있다.

• 상하이해(上下利害)

초전의 상(上)은 존장(尊丈), 수상(手上), 남자이고 하는 비유(卑幼), 하급자, 여자이므로 상하의 생극여부로 이해관계를 파악할 수 있다.

• 인택(人宅)의 길흉(吉凶)

초전으로 부터 일간 또는 일상(日上)이 생(生)을 받으면 점자에는 이롭지만 초전으로부터 오히려 극(剋)을 받게 되면 점자는 매우 불리하며 심신(心身)이 위태로워지고, 초전으로부터 진(辰) 또는 진상신(辰上神)이 생(生)을 받으면 집안은 안정적이나, 반대로 극(剋)을 받으면 집의 인녕이 위태롭다.

27. 구보팔살(九寶八殺)

1) 구보적(九寶的) 의의(意義)

모든 육임정단에서 기본적으로 길(吉)함과 이(利)로움을 대표하는 9가지의 보배와 같은 신(神)으로 덕(德), 합(合), 기(奇), 의(儀), 록(祿), 마(馬), 성(星), 왕(旺), 귀(貴) 등이 있고 정단에 앞서 반드시 숙지(熟知)하여야 한다.

(1) 덕(德)

일간	甲	乙	丙	丁	戊	己	庚	辛	壬	癸
덕(德)	寅	申	巳	亥	巳	寅	申	巳	亥	巳

日支	子	丑	寅	卯	辰	巳	午	未	申	酉	戌	亥
支德	巳	午	未	申	酉	戌	亥	子	丑	寅	卯	辰

月健	寅	卯	辰	巳	午	未	申	酉	戌	亥	子	丑
天德	丁	申	壬	辛	亥	甲	癸	寅	丙	乙	巳	庚
月德	丙	甲	壬	庚	丙	甲	壬	庚	丙	甲	壬	庚

• 덕(德)은 천덕(天德), 월덕(月德), 일덕(日德). 지덕(支德)의 네 종류가 있고, 일덕(日德)을 제일 중요하게 본다. 덕신(德神)이 일간(日干)에 임(臨)해서 입전(入傳)하면 능히 화(禍)를 복(福)으로 전환시킨다. 왕상(旺相)함이 좋고 휴수(休囚)하면 불의(不宜)하며, 꺼리는 것은 공망(空亡)과 낙공(落空)을 만나는 것과, 신장(神將)의 외전(外戰)을 당하는 것이다.

• 제일과(第一課) 상극하(上剋下) 발용(發用)이 덕(德)이면, 귀살(鬼殺)로 단정(斷定)하기는 옳지 않은데, 덕(德)이 능히 귀(鬼)를 화(化)하여 길(吉)하게 한다.

• 하적상(下賊上)의 발용(發用)의 덕(德)이면, 귀인(貴人)의 생부(生扶)를 얻음으로 인하여 전부 길(吉)한 정단이 만들어진다.

例) 乙未日 酉時, 雨水後 亥將 晝占

<table>
<tr><td>乙
蛇未靑</td><td>丙
貴申勾</td><td>丁
后酉合</td><td>戊
陰戌朱</td><td colspan="4">丙
貴申勾
午</td><td colspan="4">戊
陰戌朱
申</td><td colspan="4">庚
常子貴
戌</td></tr>
<tr><td>甲
朱午空</td><td colspan="2" rowspan="2">제11국</td><td>己
玄亥蛇</td><td colspan="3" rowspan="2">甲
朱午空
乙</td><td colspan="3" rowspan="2">丙
貴申勾
午</td><td colspan="3" rowspan="2">丁
后酉合
未</td><td colspan="3" rowspan="2">己
玄亥蛇
酉</td></tr>
<tr><td>O
合巳白</td><td>庚
常子貴</td></tr>
<tr><td>O
勾辰常</td><td>癸
靑卯玄</td><td>壬
空寅陰</td><td>辛
白丑后</td><td colspan="12">중심과, 간전</td></tr>
</table>

해설 : 제이과(第二課) 신가오(申加午)가 하적상(下賊上)이고 申은 일덕(日德)이 빌용(發用)하였다.(乙庚日은 申이 日德), 午로부터 제극(制剋)을 받으나 申에 귀인(貴人) 丑이 승(乘)해서 생금(生金)으로 일덕(日德)은 귀인(貴人)의 생부(生扶)를 얻는다. 만약 생부(生扶)가 없거나 또 극설(剋泄)을 만나면 주로 기쁜 중 근심이 있다.

• 덕(德)이 일간(日干)에 임(臨)하여 또 귀인(貴人)이 되면 주로 바깥쪽의 기쁨의 뜻이 있고 오직 불의(不宜)한 것은 병송(病訟)이다.

• 덕(德)이 사절지(死絶支)에 임(臨)하고 또 흉신(凶神)을 가지면, 힘이 감(減)하여 십분지칠(十分之七)이다.

• 일덕(日德)이 발용(發用)하여 상하신(上下神)이 동일하게 일간(日干)을 극(剋)하면 귀덕격(鬼德格)이라하여 간사함과 정당함이 같이 있다.

例) 乙酉日 卯時, 小雪後 寅將 夜占.

<table>
<tr><td>O
勾辰勾</td><td>O
合巳青</td><td>甲
朱午空</td><td>乙
蛇未白</td><td colspan="4" rowspan="2">戊
陰戌陰
亥</td><td colspan="4" rowspan="2">癸
青卯合
辰</td><td colspan="4" rowspan="2">甲
朱午空
未</td></tr>
<tr><td rowspan="2">癸
青卯合</td><td colspan="2" rowspan="4">제2국</td><td rowspan="2">丙
貴申常</td></tr>
<tr><td colspan="3" rowspan="3">癸
青卯合
乙</td><td colspan="3" rowspan="3">壬
空寅朱
卯</td><td colspan="3" rowspan="3">甲
朱午空
未</td><td colspan="3" rowspan="3">O
合巳青
午</td></tr>
<tr><td rowspan="2">壬
空寅朱</td><td rowspan="2">丁
后酉玄</td></tr>
<tr></tr>
<tr><td>辛
白丑蛇</td><td>庚
常子貴</td><td>己
玄亥后</td><td>戊
陰戌陰</td><td colspan="12">묘성과, 동사엄목, 주편, 왕록임신</td></tr>
</table>

해설 : 일덕(日德)인 申이 酉에 가(加)해서, 상하신(上下神)이 동일하게 金으로 다투며 발용(發用)하여, 즉 申과 酉가 같이 일간(日干)을 협극(夾剋)하여, 덕(德)과 귀(鬼)가 화(化)하고 있다.

• 일덕(日德)이 발용(發用)이고, 일간(日干)의 관살(官殺)이 되며 또 주작(朱雀)이 승(乘)하면, 그 이름은 문덕격(文德格)이라하고 주로 관직을 얻거나, 관(官)이 있는 사람은 천거(薦擧)된다.

例) 己巳日 申時, 雨水後 巳將, 晝占.

<table>
<tr><td>丙
朱寅空</td><td>丁
合卯白</td><td>戊
勾辰常</td><td>己
青巳玄</td><td colspan="4" rowspan="2">丙
朱寅空
巳</td><td colspan="4" rowspan="2">O
后亥合
寅</td><td colspan="4" rowspan="2">壬
常申貴
亥O</td></tr>
<tr><td rowspan="2">乙
蛇丑青</td><td colspan="2" rowspan="4">제4국</td><td rowspan="2">庚
空午陰</td></tr>
<tr><td colspan="3" rowspan="3">戊
勾辰常
己</td><td colspan="3" rowspan="3">乙
蛇丑青
辰</td><td colspan="3" rowspan="3">丙
朱寅空
巳</td><td colspan="3" rowspan="3">O
后亥合
寅</td></tr>
<tr><td rowspan="2">甲
貴子勾</td><td rowspan="2">辛
白未后</td></tr>
<tr></tr>
<tr><td>O
后亥合</td><td>O
陰戌朱</td><td>癸
玄酉蛇</td><td>壬
常申貴</td><td colspan="12">요극과, 호시, 현태, 여덕(낮)</td></tr>
</table>

해설 : 일덕(日德)인 寅이 巳에 가(加)해서 발용(發用)되고, 寅에는 주작(朱雀)이 승(乘)하고, 고로 문덕(文德)이다.

• 일덕(日德)이 亥에 가(加)해서 발용(發用)하면, 亥는 천문(天門)이므로 고로 「덕입천문(德入天門)」이라해서 관(官)에 있는 사람은 주로 승천(昇遷)되고 시험 占은 합격한다.

• 일덕(日德)이 아래에서 협극(夾剋)을 당하면 「멸덕격(滅德格)」이라하여 주로 바라는 바는 어긋나고, 여의치 못하다. 甲子日 반음(返吟)과 같이 삼전(三傳) 寅申寅, 일덕(日德)이 寅인데 申위에 가(加)해서, 주점(晝占)이면 寅에 백호(白虎)가 승(乘)하게 되고, 덕(德)인 寅은 상하협극(上下夾剋)을 받는다.

• 덕경과(德慶課) – 덕신(德神)이 발용(發用)되면 덕경과(德慶課)라하며, 통수지체(統需之體)이고, 군자환회지상(君子歡會之象)이다.

例) 戊子日戌時 霜降後 卯將 占.

<table>
<tr><td>丙
合戌合</td><td>丁
朱亥勾</td><td>戊
蛇子青</td><td>己
貴丑空</td><td colspan="4" rowspan="2">癸
常巳陰
子</td><td colspan="4" rowspan="2">丙
合戌合
巳</td><td colspan="4" rowspan="2">辛
陰卯常
戌</td></tr>
<tr><td>乙
勾酉朱</td><td colspan="2" rowspan="2">제8국</td><td>庚
后寅白</td></tr>
<tr><td>甲
青申蛇</td><td>辛
陰卯常</td><td colspan="3">丙
合戌合
戌</td><td colspan="3">辛
陰卯常
戌</td><td colspan="3">癸
常巳陰
子</td><td colspan="3">丙
合戌合
巳</td></tr>
<tr><td>O
空未貴</td><td>O
白午后</td><td>癸
常巳陰</td><td>壬
玄辰玄</td><td colspan="12">중심과, 주인, 난수, 권섭부정</td></tr>
</table>

해설 : 일덕(日德)인 巳가 발용(發用)되어 흉(凶)들이 전부 소산(消散)되어 화(禍)가 복(福)으로 바뀌어 희경(喜慶)만 남았다.

〈과상해의(課象解意)〉 덕신(德神)이 있게 되면 모든 살(煞)은 잠장(潛藏)되고, 옥(獄)에 갇힌 사람은 석방(釋放)되고, 병(病)이나 위급함은 없어지고, 모든 모망(謀望)은 전부 이루어지며 또 창성(昌盛)해 진다. 그러나 만약 신장(神將)이 외전(外傳)을 하거나 형극(刑剋)을 당하면 불길(不吉)하다.

(2) 합(合)

• 합(合)은 삼합(三合), 간합(干合), 육합(六合) 등 세 종류가 있다. 삼합(三合)이라는 것은 오행(五行)의 합(合)으로 申, 子, 辰 삼합(三合)이 水을 이루는 것과 같은 예이다. 간합(干合)은 일간(日干)끼리 상합하는 것이 아니고 둔간(遁干)과 더불어 일간(日干)의 합(合)을 말하는 것이고 육합(六合)이라는 것은 子, 丑 합(合), 寅, 亥 합(合) 등 지지(地支)의 육합(六合)을 말한다.

• 삼합(三合)이 삼전(三傳)에 들어 일신(一神)으로 결(缺)하면 절요격(折腰格), 또는 허일대용격(虛一待用格)이라하며 점사에 반드시 기다리는 결신(缺神)을 만나면 즉일로 성취된다. 만약 그 결(缺)한 신(神)이 있어 일진(日辰)에 나타나 미쳐지면 주합격(湊合格)이라하여 의외의 화합지사(和合之事)가 있다.

• 일진(日辰)의 상하(上下)가 삼합(三合)을 이루는데 일상신(日上神)이 진(辰)을 극(剋)하거나 지상신(支上神)이 일(日)을 극(剋)하면 주로 밖의 합(合) 중(中)에 어려움이 있는데 각자 시기(猜忌)하는 마음으로 회(懷)를 품게 되고 혹 도발(挑發)로서 화합(和合)하지 못하게 된다.

例) 甲子日 寅時, 春分後 戌將, 晝占.

<table>
<tr><td>乙
空丑貴</td><td>丙
白寅后</td><td>丁
常卯陰</td><td>戊
玄辰玄</td><td colspan="4" rowspan="2">O
合戌合
寅</td><td colspan="4" rowspan="2">庚
后午白
戌O</td><td colspan="4" rowspan="2">丙
白寅后
午</td></tr>
<tr><td>甲
青子蛇</td><td colspan="2" rowspan="2">제5국</td><td>己
陰巳常</td></tr>
<tr><td>O
勾亥朱</td><td>庚
后午白</td><td colspan="3">O
合戌合
甲</td><td colspan="3">庚
后午白
戌O</td><td colspan="3">壬
蛇申青
子</td><td colspan="3">戊
玄辰玄
申</td></tr>
<tr><td>O
合戌合</td><td>癸
朱酉勾</td><td>壬
蛇申青</td><td>辛
貴未空</td><td colspan="12">중심과, 참관, 교동(낮), 일녀, 육양</td></tr>
</table>

해설 : 제1과는 戊과 甲이고 甲의 기궁(寄宮)은 寅이므로 고로 상하(上下)삼합(三合)이 된다. 제3과는 申과 子이고 역시 상하(上下) 삼합(三合)이 된다. 단 일간상신(日干上神) 戊이 일지(日支) 子를 극(剋)하고 지상신(支上神) 申도 일간(日干) 甲을 극(剋)한다.

• 육합(六合)과 더불어 덕(德)이 동궁(同宮)으로 삼전(三傳)에 보이면 백사(百事)가 다 길(吉)하고, 과전(課傳)이 흉(凶)하다 해도 역시 흉중(凶中)에 길(吉)함이 있다.

• 육합(六合)이 삼전(三傳)에 들면 진퇴(進退)의 결정시 만약 삼전(三傳)이 진연주(進連珠)이면 진(辰)하는 것이 유리(有利)하고 삼전(三傳)이 퇴연주(退連珠)이면 퇴(退)하는 것이 유리(有利)하다.

• 寅, 亥 상합(相合)이면 파합(破合)이라 하고, 巳, 申의 합(合)은 형합(刑合)이라 하며, 모사(謀事)는 불합(不合), 불성(不成)하는데 만약 귀인(貴人), 청룡(青龍), 덕(德), 록(祿) 등이 가(加)하면 진행하는 것이 순리(順利)이고 이(利)롭다.

• 육합(六合)이 삼전(三傳)에 보이면 모사(謀事)는 전부 이루어지고 단 즉시 결정 마무리 되야하는 석방과 출산점과 병점(病占), 송점(訟占)등은 마땅치 않다.

• 육합(六合)이 공망(空亡)을 만나거나 낙공(落空)이 되고 또 형(刑), 해(害)를 보게 되면, 주로 화합(和合) 중(中) 화(禍)가 숨어있고, 있는 덕(德)이 흩어진다.

• 육합(六合)이 일(日)을 극(剋)하고, 혹은 등사(螣蛇), 주작(朱雀), 백호(白虎)등의 흉장이 승(乘)하면 주로 합(合)중에 해(害)가 있고 바라는 것을 사람에게 맡겨서는 불가(不可)하다.

• 천후(天后)와 신후(神后)가 합(合)을 이루면 혼인(婚姻) 점(占)은 성립한다.

• 일(日)과 진(辰)이 상합(相合)하고, 일진(日辰)의 상신(上神)역시 상합하면, 「동심격(同心格)」이라한다. 乙酉日 占과 같이 第一課戌乙, 第三課卯酉, 일진(日辰)상신(上神)戌卯合, 乙의 기궁(寄宮)辰 역시 酉와 合하여 주로 일체의 모망은 전부 동심의 합력(合力)으로 가능하다. 만약 형(刑)해(害)가 보이면 주로 동심의 마음 중 투기와 꺼리는 마음이 암중(暗中)에 생긴다. 일진(日辰)이 서로 해(害)하

고, 일진상신(日辰上神)이 서로 합하며 또 해(害)하면, 주로 표면적으로는 가식적(假飾的)으로 상대를 돕는 척 하지만, 속마음은 백반암해(百般暗害)한다. 만약 일진(日辰)은 서로 해(害)하는데 상신(上神)만 합(合)하면, 겨우 모양만 갖추고 합의 마음은 멀어진다. 이와 같은 것이 공망을 만나면, 그 흉(凶)은 파(破)와 비슷하다.

• 일간(日干)과 일지상신(日支上神)이 서로 합(合)이되고, 지진(支辰)과 간상신(干上神)이 상합이 되면 교차격(交叉格)이라 하여 주로 교역, 교환 등의 일에 합(合)하여 크게 이익이 있지만, 해산(解産)등에는 불리하다. 이러한 예제로는 甲寅, 丁未, 己未, 庚申, 癸丑 등의 五日인데, 간지가 같기 때문에 교차상합이 불가능한 것 이외에 매일 한 개의 과씩이 있다.

• 과전(課傳)중의 합(合)이 다시 합(合)을 만나면 만사(萬事)가 유여(裕餘)하고 길사(吉事)는 더욱 길하게 이루어진다. 만약 삼전(三傳)이 寅, 午, 戌 인데 일진(日辰)상(上)의 미(未)를 만나 다시 午未合이 되는 등의 경우이다.

(3) 기(奇)

• 기(奇)는 순기(旬奇), 간기(干奇)등의 두 종류를 중요하게 보는데, 그 중에서 순기(旬奇)의 丑은 일정(日精)이고, 子는 월정(月精)이며, 亥는 성정(星精)이라 하며 이 세 가지를 순(旬) 중(中)의 기(奇)라 한다. 고로 말하기를 이 순기(旬奇), 세 가지가 더불어 삼전(三傳)에 전부 들면 연주삼기(連珠三奇)라 이름 하여 최길(最吉)하며 모든 재화(災禍)를 해소하고 복(福)을 가중(加重)시키는 길신이다.

旬	甲子	甲戌	甲申	甲午	甲辰	甲寅
旬奇	丑		子		亥	

• 간기(干奇)는 삼전의 둔간(遁干)이 乙, 丙, 丁이 되는 천상삼기(天上三奇)와 甲, 戊, 庚이 되는 지하삼기(地下三奇)를 말하고, 그 예(例)는 순(旬) 중(中)의 둔간

(遁干)에 있다. 甲子旬 己巳日의 경우 만약 삼전(三傳)이 卯, 寅, 丑일 경우 둔간은 丁, 丙, 乙이 되는 예이다. 乙은 양정(陽精)이고, 丙은 월정(月精)으로 음양(陰陽)이 서로 생하며, 이러한 것에 丁까지 가미되어 乙丙丁이 되면, 요사(妖邪)함과 간사(奸邪)함은 전부 숨어버리고, 흉악(凶惡)은 소산(消散)되는 등, 이러한 것들은 전부 움직이지 못하게 되며, 혼인은 성합(成合)되고, 가택(家宅)은 안녕(安寧)하고, 도망은 벗어날 수 있고, 도적은 오히려 패(敗)하여, 대체로 바르고 밝은 것은 이롭고, 사악(邪惡)하고 어두운 것은 불리하다.

• 순기(旬奇)가 발용되거나 삼기(三奇)가 입전(入傳)하면 삼기과(三奇課)라 하는데 만사가 화합하고, 만사형통(萬事亨通)이 되며, 혼인(婚姻)은 현량한 숙녀를 아내로 맞이하고, 잉태는 귀자를 두게 되고, 관직자는 승천하며, 병자는 치유되고, 비록 흉장이 승해도 흉이 해소되고 복(福)이 오는데, 그러나 만약 순기(旬奇)가 공망이 되면 복력(福力)을 반감(反感)한다.

(4) 의(儀)

• 의(儀)는 순의(旬儀)와 지의(支儀)를 뜻하며 예의지존(禮義之尊)이라 하여 재화를 해소하고 복을 가중시키는 길신(吉神)이며 그 중에서 순의(旬儀)를 중요하게 본다.

旬	甲子	甲戌	甲申	甲午	甲辰	甲寅
旬儀	子	戌	申	午	辰	寅

• 순수(旬首)가 발용(發用)하면 육의(六儀)라 하는데 순수(旬首)는 성관지장(星官之長)이라 한다. 占에서 주로 범사(凡事)는 모두 길(吉)하고 형살(刑煞)을 꺼리지 않으며 괴강(魁罡)을 만나면 역시 흉(凶)이 길(吉)로 변화한다.

• 의(儀)가 극(剋)하는 행년상신(行年上神)자는 흉(凶)하다.

• 순수(旬首)에 귀인(貴人)이 승(乘)하면 부귀육의(富貴六儀)라 이름 하는데 길(吉)함이 가중(加重)되고 관직자는 승천(陞遷)하고 시험은 합격하나 의(儀) 역시 공망은 꺼린다.

(5) 귀(貴)

천을귀인(天乙貴人)은 12천장을 관장하는 길신(吉神)의 으뜸이다. 이 귀인(貴人)을 정하는 법으로 전통법에 입각해서 육임대전(六壬大全) 등에 설명되어진 천기대요법(天氣大要法)과 육임심원(六壬尋原)이나 청나라 강희황제(康熙皇帝)때 오행의 이론을 대집성한 협기변방서(協氣辨方書)에서 사용하는 협기변방법(協氣辨方法)등 두 가지가 있는데 학자마다 각각이고 의견이 분분해서 혼란스러우나 중국근대의 유명한 명운학가(命運學家)인 원수산(袁樹珊)선생도 자신의 저서인 육임심원에도 협기변방론(協氣辨方論)을 취용하였으므로 본서 또한 협기변방법(協氣辨方法)을 적용한다.

日干	甲	乙	丙	丁	戊	己	庚	辛	壬	癸
晝貴人	未	申	酉	亥	丑	子	丑	寅	卯	巳
夜貴人	丑	子	亥	酉	未	申	未	午	巳	卯

• 천을귀인은 최길(最吉)의 작용을 하는 복우지신(福佑之神)으로 공직자의 공명점과 시험, 취직, 선거점등에도 가장 먼저 살펴보아야 하며, 왕상한 귀인으로부터 日干이 생(生)을 받는 것을 기뻐하고 귀인으로부터 극(剋)을 받으면 웃 사람의 도움이 없거나 질책을 받는 등 흉(凶)하게 되고, 오직 직업(職業)정단에서만 길(吉)하다.

• 귀인이 순행(順行)을 하면 모든 일이 순리적이므로 진취적 자세가 필요하고, 귀인이 역행(逆行)을 하면 모든 일의 진행에 막힘과 역경을 피할 수 없으므로 어려움을 많이 격게 된다.

• 시험이나 고시占에 염막귀인(簾幙貴人)이 보이면 매우 길하며 고위당선이 되나 공망은 꺼린다.

• 일간상신(日干上神)이 귀인의 전지(前支)이면 응기(應期)가 빠르므로 서두르면 유리하다.

(6) 록(祿)

록(祿)이란 일간의 건록(建祿)을 말하며 식록지신(食祿之神)이다.

• 록이라는 것은 본가지록(本家之祿)으로 직장의 급료이며, 사서(士庶)의 생업이고, 재(財)는 외래(外來)의 재(財)이므로 반드시 내가 힘이 있어 극(剋)하는 것이 필요하다.

日干	甲	乙	丙	丁	戊	己	庚	辛	壬	癸
祿	寅	卯	巳	午	巳	午	申	酉	亥	子

• 록(祿)은 일간(日干)에 임(臨)하고 입전(入傳)하며 왕상(旺相) 한 것이 길(吉)하고 휴수(休囚)하면 불의(不宜)하다.

• 록(祿)은 주로 식록사(食祿事)이고 록(祿)이 임(臨)한 지지(地支)가 식록(食祿)의 방위이다.

• 록(祿)이 지(支)에 임(臨)하고, 역마(驛馬)가 간(干)에 임(臨)하는 것을 진부귀과(眞富貴課)라 해서 고관(高官)이 점(占)해서 이 과(課)를 얻으면 관직(官職)이 더해 첨봉(添俸)되나, 평민이 이 점(占)을 얻으면 반대로 흉(凶)하게 되는데 몸과 집을 이동(移動)해야 하고 병점(病占)과 송점(訟占) 역시 흉(凶)하다.

• 록(祿)이 간(干)에 임해서 일간(日干)의 왕신(旺神)이 되면 자리를 지키면 마땅

히 성공을 하나, 별도의 모사(謀事)를 추진하는 것은 불의(不宜)하다.

• 록(祿)이 지(支)에 임(臨)하는 것을 이름 하여 권섭부정(權攝不正)이라하며, 관직의 占에는 잠섭지상(暫攝之象)이라 해서 잠시 직위(職位)와 권리(權利)를 얻을 뿐이지 오래도록 그 권위(權威)를 지키지 못한다.

• 록(祿)이 만약 공망과 낙공(落空)을 만나면 입전(入傳)이든 불입전(不入傳)이든 논하지 않으며, 점병(占病)은 필사(必死)한다. 왕록(旺祿)이 공망이면 자리를 지키기가 불의(不宜)하고, 모름지기 록(祿)도 버리게 되므로 별도의 모사(謀事)는 긴요하게 고쳐야한다.

(7) 마(馬)

• 마(馬)는 역마(驛馬)와 천마(天馬)를 말하는데 주로 움직이고 이동하는 의미가 있다. 역마(驛馬)는 일지의 삼합(三合)하는 첫 오행과 충(冲)하는 지지(地支)로 일지가 申子辰에 해당하면 申과 冲하는 寅이 역마에 해당한다.

日支	申子辰	巳酉丑	寅午戌	亥卯未
驛馬	寅	亥	申	巳

月健	寅	卯	辰	巳	午	未	申	酉	戌	亥	子	丑
天馬	午	申	戌	子	寅	辰	午	申	戌	子	寅	辰

• 마(馬)는 원행(園行)이동(移動)이나 활동적인 움직임, 또한 매사에 속성속패(速成速敗)를 관장하는 길신이다. 만약 마(馬)가 흉신(凶神)과 회(會)하면 흉(凶)이 신속하게 발생하며, 역마가 일간을 극하면 움직이면 흉하므로 근신해야 한다.

• 특히 마(馬)와 녹(祿)이 회합(會合)하면 더욱 길(吉)한데 공망과 낙공(落空)을 꺼린다. 직업 점에 역마를 만나면 승진하게 되고, 보통사람은 분주한 일이 많다.

- 초전(初傳)에 역마가 있을 때는 활동과 이동 또는 원행(園行)이 있는데 공망이되면 움직이지 못한다. 또, 행인정단에 馬가 장생(長生)에 임(臨)하거나 공망되면 간 사람은 돌아오지 않는다.

(8) 성(星)

성(星)은 일간의 12운성 장생을 뜻하며 오행의 시작에 해당하며, 흉을 해소하고 길을 가져오는 길신이다.

日干	甲乙	丙丁戊己	庚辛	壬癸
長生	亥	寅	巳	申

- 장생(長生)은 생(生)을 도웁고, 또 새롭게 시작하는 장생(長生)으로서 하나의 의미가 있다.

- 삼전(三傳)이 체생(遞生)하여 일간(日干)을 생(生)하면 많은 사람의 보호 속에 끼어드는 것과 같고, 삼전(三傳)이 합국(合局)을 이루어 일간(日干)을 생(生)하는 것 역시 같다. 예를 들어 甲乙日 삼전(三傳) 申, 子, 辰이 합수국이 되어 일간(日干)을 生하는 것과 같다.

- 일간상신(日干上神)이 일간을 生하고 혹 진상신(辰上神)이 일간을 생하면 매사에 쉽게 도움을 받고 이득(利得)을 얻는다.

- 일간상신이 일지를 생하고, 지상신이 일간을 생하면 주로 피차(彼此)가 서로 돕는다.

- 삼전(三傳)이 일간을 생(生)하는 삼합국(三合局)이면 자손(子孫)에게는 불리(不利)하다.

(9) 왕(旺)

• 왕(旺)은 즉 득기(得氣)를 뜻하는데 木 왕(旺)은 봄, 火 왕(旺)은 여름, 土 왕(旺)은 계(季), 金 왕(旺)은 가을, 水 왕(旺)은 겨울을 말한다.

日干	甲乙	丙丁	戊己	庚辛	壬癸
得氣	春	夏	季	秋	冬

• 간지(干支)가 발용(發用)되어 혹 삼전(三傳)이 합국(合局)이 되어 왕기(旺氣)를 얻으면 이름하여 득왕(得旺)이라하고 주사(主事)는 당시(當時)에 일어나고 크게 형통하지 못함이 없다.

• 일간상신에 일(日)의 왕기(旺氣)가 있고 지상신에 지(支)의 왕기(旺氣)가 있으면 이름하여 구왕(俱旺)이라 하는데 주로 모망(謀望)은 힘을 살펴야 한다. 단 밖에서 구하는 뜻에 있어서는 불능(不能)이고 반대로 흉(凶)을 초래(招來)한다.

• 일간상신에 지(支)의 왕기(旺氣)가 있고, 지상신에 일(日)의 왕기(旺氣)가 있으면 이름하여 호왕(互旺)이라하고 주로 경영이득(經營利得)의 의미가 있다.

• 전(傳)에 재(財)가 태왕(太旺)이면 반대로 무력담재(無力擔財)라 하여 구재(求財)에 불리(不利)하다.

• 귀(鬼)가 당왕(當旺)하면 당시에는 오히려 위급함과 흉(凶)함이 없는데, 원인은 왕귀(旺鬼)가 스스로 울어 뜻을 알려주므로 오히려 흉(凶)하지 않다.

2) 팔살적 의의(八殺的意義)

(1) 충(冲)

• 길신(吉神)은 충(冲)하는 것을 기뻐하지 않으며 충은 동요(動搖)로써 불길(不吉)하다.

• 일간을 충(冲)하면 주로 본인이 이동(移動)이 있고, 진(辰)을 충(冲)하는 것은 이사를 하는 등, 집의 이동이 있다.

• 충(冲)은 이동(移動)의 상(象)이고 일은 반복무상(反覆無常)이고 안정을 얻지 못한다.

• 태세(太歲)와 월건(月建)등의 충(冲)은 전부 불의(不宜)한데, 태세가 충(冲)이면 그해에 부족(不足)하고, 월건이 충이면 그 월(月)에 부족(不足)하다.

子 · 午 相冲 – 모위변천(謀爲變遷), 거동괴이(擧動乖異)
卯 · 酉 相冲 – 분리실탈(分離失脫), 갱개문호(更改門戶)
寅 · 申 相冲 – 사악작숭(邪惡作祟), 부부이심(夫婦異心)
巳 · 亥 相冲 – 순거역래(順去逆來), 중구경득(重求輕得)
丑 · 未 相冲 – 제형불목(弟兄不睦), 모망무성(謀望無成)
辰 · 戌 相冲 – 비희불명(悲喜不明), 부속이심(部屬異心)

(2) 형(刑)

• 자형(自刑)은 자령지의(自逞之意)라 해서 스스로 강하다고 방종 하는 의미로 쉽게 실패(失敗)를 초래하며 범사는 순조롭지 않아 망설이며 이와 같은 것으로 辰 · 辰, 酉 · 酉, 午 · 午, 亥 · 亥 등이 있다.

• 호형(互刑)은 주로 예의가 없고 음란하다. 子刑卯는 문호부정(門戶不正)이고, 웃사람과 부속들이 서로 불목(不睦)한다. 卯刑子는 양육하여 기르지 못하고, 수육불통(水陸不通)한다.

• 붕형(朋刑)은 주로 정과 은혜를 모르며 세력에 의지한다. 寅刑巳는 형중(刑中)에 해(害)가 있고 거동하기에 어려움이 있고, 재앙(災殃)과 송사(訟事)가 그치지 않는다. 丑刑戌은 형중(刑中)에 귀(鬼)가 있고, 귀천(貴賤)을 서로 무시하고, 병옥(病獄)이 교차해서 침범한다. 巳刑申, 戌刑未는 형중(刑中)에 파(破)함이 있고 장유(長幼)가 불화(不和)하며 가도(家道)가 영락(零落)한다.

• 발용(發用)이 형(刑)이면 반드시 쟁송(爭訟)이 있다. 상(傷)함이 일간(日干)에 미치면 남자가 형(刑)을 당하고, 형(刑)이 일지(日支)에 미치면 여자가 상(傷)을 당한다. 점시(占時)가 형(刑)이면 모든 일에 근심이 발생한다.

• 점시(占時)가 일간(日干)을 형(刑)하거나 일간이 시간을 형(刑)하면 존비(尊卑)간에 두려움이 있고 내외(內外)의 근심이다.

• 발용이 월건(月建)을 형(刑)하면 송사(訟事)를 넘어가기 힘들고, 일(日)의 음신(陰神)을 형(刑)하면 원행(園行)이 불리(不利)하고 모든 일에 있어 불안하다. 간(干)을 형(刑)하면 응(應)은 밖에 있고 속(速)하며, 지(支)를 형(刑)하면 응(應)은 안에 있고 느리다.

• 상하상형(上下相刑)이 발용이며 귀(鬼)이면, 주로 반복괴려(反覆乖戾)이고 공사(公私)간 양쪽에 근심과 우려가 있다.

(3) 파(破)

• 파(破)가 일(日)에 임(臨)하여 입전(入傳)하면 흉사(凶事)가 번지는 것이고, 길사(吉事)의 성취(成就)는 불의(不宜)하다.

• 일간(日干)의 파(破), 혹은 지진(支辰)의 파(破)가 발용이면 주사(主事)는 중간에 그르침이 많고 쉬운 일도 일체의 완전함은 어렵다.

• 午卯相破는 주로 문호파패(門戶破敗)이다, 丑辰相破는 사당과 묘(墓)가 기울어지고 무너진다. 酉子相破는 재(災)로 어둡고, 戌未相破는 파중(破中)에 형(刑)이 있고 주로 인물이 다친다. 亥寅相破, 申巳相破는 고루 파중(破中)에 합(合)이 있고, 주로 패(敗)한 후(後)에 다시 이루어 진다.

• 년명상(年命上)에서 파(破)를 보면 주로 손상(損傷)이 있다.

• 파(破)와 충(冲)은 주로 인정(人情)에 있어 암중불순(暗中不順)이다. 혼인점은 강하게 성사시켜도 오래되면 어렵고, 산점(産占)은 비록 태동(胎動)은 있어도 태어나기 힘들다. 만약 길신(吉神)을 만나면 주로 역진간난(歷盡艱難)이 후(後)에 이룰 수 있고, 만약 공망과 낙공(落空)을 만나면 소리는 있으나 형상(形象)이 없다.

例) 庚子日 卯時, 大署後 午將 晝占.

<table>
<tr><td>丙
青申蛇</td><td>丁
勾酉朱</td><td>戊
合戌合</td><td>己
朱亥勾</td><td colspan="4" rowspan="2">甲
白午后
卯</td><td colspan="4" rowspan="2">丁
勾酉朱
午</td><td colspan="4" rowspan="2">庚
蛇子青
酉</td></tr>
<tr><td>乙
空未貴</td><td colspan="2" rowspan="2">제10국</td><td>庚
蛇子青</td></tr>
<tr><td>甲
白午后</td><td>辛
貴丑空</td><td colspan="3">己
朱亥勾
庚</td><td colspan="3">壬
后寅白
亥</td><td colspan="3">癸
陰卯常
了</td><td colspan="3">甲
白午后
卯</td></tr>
<tr><td>O
常巳陰</td><td>O
玄辰玄</td><td>癸
陰卯常</td><td>壬
后寅白</td><td colspan="12">요극과, 호시, 육의, 삼교, 원소</td></tr>
</table>

지지(支辰) 子의 충신(冲神)이 午이고, 또 오묘파(午卯破)인데 오가묘(午加卯)가 발용되어 이미 충(冲)에 또 파(破)가 되니 충파과(冲破課)이다.

《課象釋意》

주로 인정(人情)이 반복(反覆)됨에 응(應)하고, 문호(門戶)가 불녕(不寧)하며, 태잉(胎孕)은 어렵게 이루고, 일체의 모망(謀望)은 기울었다가 다시 이루며, 이과(課)

는 대체적으로 병송(病訟) 등의 흉사(凶事)에는 길(吉)하고, 나머지 점(占)에는 흉(凶)함이 많다.

또 발용(發用)과 더불어 세(歲),월(月),일(日),시(時)가 충파(沖破) 되는 것도 역시 충파과체론(沖破課體論)이다. 발용이 왕상(旺相)한데 충파(沖破)되는 것은 크게 당하기 때문에 불의(不宜)하고, 쇠(衰)한 묘(墓) 같은 것은 충파(沖破)당하는 것은 좋으며, 길장(吉將)의 충(沖)은 불의하고 흉장(凶將)의 충(沖)은 오히려 길(吉)하다. 흉장(凶)이 공망(空亡)인데 충(沖)하면 불의(不宜)하고 길장(吉將)이 공망(空亡)인데 충(沖)하면 길(吉)하다.

(4) 해(害)

- 육해(六害)가 일간에 臨하고, 입전(入傳)한 자(者)는 일과 물건에 조격(阻隔)이 많다.

- 子加未는 주로 일에 있어 시작과 끝이 없고, 관(官)의 구설이 있으며 未加子는 주로 모사(謀事)가 조체(阻滯)되고, 암리생재(暗裏生災)한다.

- 丑加午는 주로 공송(公訟)에 불리(不利)하고, 부부(夫婦)가 불화(不和)하며, 午加丑은 주로 일이 불분명하고, 성취(成就)되기가 마지막이 어렵다.

- 寅加巳는 주로 출행개동(出行改動)되고 퇴(退)하는 것이 유리하고 진(進)은 험하다. 巳加寅은 주로 모사(謀事)는 조난(阻難)하고, 구설로 근심과 의혹이 있다.

- 卯加辰은 주로 일에 허(虛)와 쟁(爭)이 있고 인정반복(人情反覆)이며, 辰加卯는 주로 구(求)함과 모사(謀事)는 저해(沮害)가 많고, 일은 끝이 없다.

- 酉加戌은 주로 문호(門戶)의 손상(損傷)이며 음소재병(陰小災病)이며 戌加酉는 주로 암중불미(暗中不美)이고, 부속(部屬)이 사모(邪謀)한다.

• 申加亥는 주로 처음은 험하지만 나중에 얻음이 있고, 일은 반드시 종결이 있으며, 亥加申은 주로 도모미수(圖謀未遂)이고, 일은 반드시 시작이 없다.

• 해(害)는 화기(和氣)가 어그러지고 어긋나고, 움직이면 유실(有失)등의 해가 따르므로 다만 수구(守舊)하면 흉(凶)이 줄어든다.

例) 癸丑日 卯時, 小滿後 申將 晝占.

<table>
<tr><td>庚
青戌青</td><td>辛
空亥勾</td><td>壬
白子合</td><td>癸
常丑朱</td><td colspan="4" rowspan="2">丙
蛇午玄
丑</td><td colspan="4" rowspan="2">辛
空亥勾
午</td><td colspan="4" rowspan="2">甲
后辰后
亥</td></tr>
<tr><td>己
勾酉空</td><td colspan="2" rowspan="2">제8국</td><td>○
玄寅蛇</td></tr>
<tr><td>戊
合申白</td><td>○
陰卯貴</td><td colspan="3">丙
蛇午玄
癸</td><td colspan="3">辛
空亥勾
午</td><td colspan="3">丙
蛇午玄
丑</td><td colspan="3">辛
空亥勾
午</td></tr>
<tr><td>丁
朱未常</td><td>丙
蛇午玄</td><td>乙
貴巳陰</td><td>甲
后辰后</td><td colspan="12">중심과, 교차생</td></tr>
</table>

일간상신 午가 일간(日干) 癸의 기궁(寄宮)인 丑의 해신(害神)이 되고, 진상(辰上) 午 역시 그러하다. 침손조해(侵損阻害)의 기미가 있으므로 침해과(侵害課)라 한다.

《課象釋意》

주로 육친(六親)이 빙탄(氷炭)되고, 골육(骨肉)은 형상(刑傷)되며 구혼(求婚)은 사림이 파(破)하고 출진군(出陳軍)은 패망(敗亡)한다. 태잉(胎孕)은 유산되고, 웃사람의 알현(謁見)함은 순조롭지 못하나, 만약 발용(發用)에 길장(吉將)이 승(乘)하고 또 덕합(德合)이 겸(兼)하면 일은 비록 조해(阻害)가 있으나 종내(終乃)에는 이루어진다.

(5) 공망(空亡)

• 공망(空亡) 은 순공(旬空) 을 뜻하는데 병송(病訟)과 같이 소산(消散)되는 쪽으로 종결(終結)되는 일에는 공망이 유리하지만, 구재(求財), 점관(占官), 문장(文

章)등 점차 진행되며 쌓여가는 일에는 공망이 불의(不宜)하다.

• 일상신(日上神)의 공망, 또는 십이지 천장중의 천공(天空)이 승(乘)한 것 등은 점사에서 실상(實象)이 전부 없다.

• 관직(官職)을 구하는데 관귀(官鬼)가 공망되는 것을 꺼리고 부모(父母) 점(占)에는 인성(印星) 즉 부모 효(爻)가 공망이 되는 것을 꺼린다. 여타도 이와 같이 유추(類推)한다.

• 일간(日干)은 아신(我身)인데 만약 그 기궁(寄宮)이 공망이면, 즉 아신이 공망이 되므로 무력(無力)하다.

• 유신(類神)이 입전(入傳)하여 공망이 되면 해당 사물(事物)이 공허부실(空虛不實)하다. 유실(遺失)점에서는 유신이 공망이 되면 찾지 못하게 되므로 꺼리는데 현무(玄武)도 이와 병행(竝行)하여 본다.

• 진연주(進連珠)과가 초(初), 중전(中傳)이 공망을 만나면 퇴보(退步)하는 것이 마땅하고, 퇴연주(退連珠)는 초(初), 중전(中傳)이 공망을 만나면 오히려 진행(進行)하는 것이 좋다.

• 일진상신(日辰上神)이 함께 공망이면 이를 사과(四課)가 전부 공망이라 하는데 (二,四課는 落空) 해산(解散)에는 길하지만 모사(謀事)는 불의(不宜)하다. 병점(病占)에는 오래된 구병(久病)자는 죽고 신병(新病)자는 완치된다.

• 충(沖), 형(刑), 해(亥), 파(破), 귀(鬼), 묘(墓), 패(敗)등 흉신(凶神)이 길사(吉事)점을 볼때 입전(入傳)하여 공망이면 길(吉)하다.

• 귀살(鬼殺)을 만나면 자손효(子孫爻)를 만나야 구신(救神)인데 이 구신(救神)이 공망이면 불의(不宜)하다.

• 초전이 입전(入傳), 공망이면 말전이 실(實)이고, 처음에는 무력(無力)하고 후에는 성공할 징조이다.

• 중전이 공망되는 것을 단요(斷腰)라 하고 모든 일은 중간에 지장이 있다.

• 말전이 공망이 되면 모든 일은 종결(終結)에 이르러 결과(結果)가 없다.

(6) 묘(墓)

• 묘(墓)는 오행의 12운성의 묘를 말하며 즉 甲 乙木은 未이고 丙 丁火, 戊 己土의 묘는 戌에 있고 庚 辛金의 묘는 丑에 있으며, 壬 癸水의 묘는 辰에 있다.

日干	甲乙	丙丁戊己	庚辛	壬癸
日墓	未	戌	丑	辰

• 墓가 입전(入傳)하여 일(日)에 임(壬)하면 주로 폐색암매(閉塞暗昧)하며 불통(不通)한다.

• 辰 戌墓는 주로 강속(剛速)하고 丑未墓는 주로 루완(漏緩)하다.

• 발용이 묘(墓)이면 일간이 왕상(旺相) 해야 하는데, 만약 왕상(旺相) 하지 않으면 점병(占病)은 죽고 점송(占訟)은 굴욕을 당한다. 중전에서 묘를 보면 진퇴(進退)에 회한(悔恨)이 있고 말전에서 묘를 보면 모든 일의 마무리에 성취(成就)가 없다.

• 묘가 충(冲)을 만나면 길하고 합(合)을 만나면 흉하다. 만약 년명상신이 능히 극제하면 해구(解救)가 된다.

• 초전이 생왕(生旺)인데 말전이 묘이면 선이후패(先而後敗)가 되고 초전이 묘이

고 말전이 생왕(生旺)이면 패이후성(敗而後成)한다.

- 장생(長生)이 묘에 임(臨)하면 자생입묘(自生入墓)라 하며 이와 같은 것을 타입정중(墮入井中)이 되어 하늘이 불응(不應)하고 만약 발용, 또는 일(日)에 임(臨)하면 더욱 흉하다. 병점(病占)은 필사(必死)이고 도둑 점은 난획(難獲)이고 행인점(行人占)은 오지 않는다.

- 장생(長生)에 묘가 승(乘)하면 주로 신사(新事)는 이루지 못하고 구사(舊事)는 재발(再發)한다.

- 일상신(日上神)이 묘(墓)이면 묘신복간(墓神覆干)이라 하여 주로 혼회불명(昏晦不明)한다.

- 간지(干支)에 묘(墓)가 승하면 주로 인택(人宅)은 각흠형통(各欠亨通)하고 간지(干支)가 묘(墓)에 임(臨)하면 주로 인택(人宅)이 자초화환(自招禍患)이다.

例) 七月 乙丑日 子時, 處暑後 巳將 夜占.

<table>
<tr><td>O
朱戌朱</td><td>O
合亥蛇</td><td>甲
勾子貴</td><td>乙
青丑后</td><td colspan="4">丙
空寅陰
酉</td><td colspan="4">辛
后未青
寅</td><td colspan="4">甲
勾子貴
未</td></tr>
<tr><td>癸
蛇酉合</td><td colspan="2" rowspan="2">제8국</td><td>丙
空寅陰</td><td colspan="3" rowspan="2">癸
蛇酉合
乙</td><td colspan="3" rowspan="2">丙
空寅陰
酉</td><td colspan="3" rowspan="2">庚
陰午空
丑</td><td colspan="3" rowspan="2">O
合亥蛇
午</td></tr>
<tr><td>壬
貴申勾</td><td>丁
白卯玄</td></tr>
<tr><td>辛
后未青</td><td>庚
陰午空</td><td>己
玄巳白</td><td>戊
常辰常</td><td colspan="12">중심과, 여덕, 천옥</td></tr>
</table>

공조(功曹) 寅이 酉에 加해서 하적상(下賊上)이 발용(發用)되었다. 寅은 7월의 사기(死氣)에 해당되고 또 천강(天罡) 辰이 亥上에 임(臨)하여 두격일본(斗擊日本)이라 하여 장생(長生)을 치고 있다. 未 묘(卯)는 寅上에 加하여 寅이 위로보면 그 묘(墓)가 있고, 아래로 보면 구적(仇敵)인 酉金이 있다. 또한 丑日은 寅이 겁살(劫煞)이 된다.

(7) 패(敗)

• 패(敗)는 즉 오행의 12운성중의 목욕(沐浴)을 말하는데 甲 乙木의 패(敗)는 子이고, 丙 丁火, 戊 己土의 패(敗)는 卯이고, 庚 辛金의 패(敗)는 午이고 壬 癸水의 패(敗)는 酉이다.

日干	甲乙	丙丁戊己	庚辛	壬癸
敗氣	子	卯	午	酉

• 패(敗)가 간지에 가(加)하면 주된일은 패회(敗懷)가 많다. 간지가 전부 패(敗)에 승하면, 신체의 점은 기혈(氣血)이 쇠패(衰敗)되었고, 점택(占宅)은 옥택(屋宅)이 붕퇴(崩頹)되고, 고발사는 반드시 피차간에 똑같이 피해가 있다.

• 패(敗)와 더불어 파쇄살(破碎殺)이 택(宅)에 임(臨)하는 것을 매우 꺼리는데, 주로 그 집에 반드시 사람의 파패(破敗)가 있다. 파쇄살(破碎殺) 맹일(孟日)은 酉, 중일(仲日)은 巳, 계일(季日)은 丑, 이와 같이 지상에 승(乘)하는 간의 패(敗)를 꺼리는데 또 겸(兼)하는 것은 지진의 파쇄이고 즉 파패(破敗)의 신이 집에 임(臨)한 것이다.

• 패(敗)가 함지(咸池)도화(桃花)와 더불어 있으면 색정(色情)관계가 있다. 申子辰이 酉를 보고, 巳酉丑이 午를 보고, 寅午戌이 卯를 보고, 亥卯未가 子를 보는 것이고, 만약 함지(咸池)가 입전(入傳)하여 합(合)과 연계되어 후에 태음(太陰)이 승(乘)하면 쉽게 색정지사(色情之事)를 본다.

(8) 귀(鬼) – 간지의 귀(鬼)

• 과전(課傳)중에 귀(鬼)가 많으면 사사로이 다 불미하고 낮 귀(鬼)는 주로 공적인 송사이거나 그렇지 않으면 지체되고 저해를 받으며, 도적 소인들의 모해(謀害)등이고 밤 귀(鬼)는 주로 귀신(鬼神)들의 요사스러운 모임이다.

• 귀(鬼)가 입전(入傳)할 때, 만약 일간이 왕(旺),상(相)함이 과전에 까지 미치고 연명상신(年命上神)에 자손효(子孫爻)가 보이면 흉(凶)하지 않다.

• 병송 점에서 귀(鬼)가 입전(入傳)하거나 혹 일(日)에 임(臨)하는 것을 꺼리는데, 자손효를 보면 흉이 감(減)하여 구신(救神)이 되고 년명상(年命上)에서 보아도 역시 같다.

• 도둑 점에서 귀(鬼)가 입전(入傳)함을 만나 충(冲)이 있고 혹 더불어 도신(盜神)(玄武의 陰神)이 상충(相冲)하면 그 도적(盜賊)은 스스로 패(敗)한다.

• 간상(干上)의 귀(鬼)가 발용되면 일은 불미스러움이 많고, 만약 덕(德)과 합(合) 등을 보면 구관(求官)의 일은 이루어진다.

• 과전(課傳)에 귀(鬼)가 합(合)을 만나, 간상(干上)을 극(剋)하면 일(日)은 주로 반복(反覆), 진퇴(進退)이후에 이루어진다.

• 귀(鬼)는 쇠패(衰敗)함이 좋고, 생왕(生旺)함이 않 좋다.

• 발용이 귀(鬼)이면, 또 일간에 임(臨)하여 그 일(日)을 극(剋)하는 쪽(庚辰日午加巳發用)이면 찬미격(攢眉格)이라 하고, 주로 양쪽에 귀적(鬼賊)이 무겁게 있어, 즉 오직 해결하는 방법은 구신(救神)을 만나는 것이다.

• 지상신(支上神)발용이 귀(鬼)이면 가인(家人)이 암해(暗害)를 당한다.

• 과전(課傳)에 귀(鬼)가 많아도 제(制)함이 있으면 흉(凶)하지 않다. 점사에 비록 처음은 놀라고 위급함이 있더라도 종내(終乃)에는 두렵지 않다. 오직 백호(白虎)의 발용은 크게 꺼리는데 년명상신(年命上神)에 백호를 극제(剋制)하는 신(神)이 있으면 무해(無害)하다.

• 지상신(支上神)발용이 귀(鬼)이고 중말전(中末傳)이 또 귀향(鬼鄕)(己丑日, 支上寅爲鬼, 中傳卯亦爲鬼, 末傳辰雖非鬼, 但臨鬼鄕)으로 들면, 이르기를 중귀농가신(衆鬼弄家神)이라하는데 구신(救神)이 있으면 화(禍)가 없고, 구신(救神)이 없으면 화(禍)가 있다.

• 일상신(日上神)발용(發用)이 귀(鬼)인데 지상신(支上神)에서 구(求)하는 것을 얻으면 주사는 외래(外來)에서 왔으나 집안의 사람이 해구(解救)를 한다.

• 귀(鬼)가 발용(發用)하여 말전(末傳)을 생(生)하고, 말전 또한 일간(日干)의 장생(長生)이면 귀탈생격(鬼脫生格)이 되어 주로 선흉후길(先凶後吉)한다.

• 三傳이 합(合)하여 귀(鬼)가 되는데 반대로 일상신(日上神)이 그 일을 생(生)하면(庚午日, 日上神爲辰, 而三傳戌午寅火局爲鬼, 生起辰土, 辰土生日干庚金)주로 흉(凶)이 반대로 길(吉)이 된다.

• 귀(鬼)가 비록 입전(入傳)해도 만약 일상신(日上神)이 귀인(貴人)과 일덕(日德)을 겸(兼)하면 귀덕임신(貴德臨身)이라하고 귀제(鬼制)가 된다.

• 귀(鬼)로써 벼슬을 구(求)할 때 관성(官星)으로 보는데 꺼리는 것은 공망과 낙공(落空)이다. 귀(鬼)에 백호(白虎)가 승(乘)하면 최관사자(催官使者)라고 하며, 일(日)에 임(臨)하여 발용(發用)하면, 즉시 부임하는 상(象)이며, 단 병점(病占)에는 필사(必死)를 만나기에 대단히 꺼린다.

28. 응기(應期)

"과전(課傳)을 펼쳐 정(定)하고, 신장(神將)을 분포한 후, 응기(應期)의 판단을 논하려면 처음의 발용(發用)을 따른다. 길흉(吉凶)을 궁구(窮究)하고 마침내 , 산기(散期)는 전부 말전(末傳)에 의하여 결정된다."

-원수산

1) 초전에 의한 응기(應期)

일단의 정단이 성부가 결정이 되면 과연 언제 그 목적사가 현실로 이루어지겠는가에 대하여 초전을 이용한 응기의 적용방법이다.

(1) 응기를 알아보려면 발용의 神을 보라, 발용으로 인하여 초전의 일이 시작된다.

(2) 태세의 발용은 그 길흉의 응(應)함이 당년의 안에 있다.

(3) 월건의 발용은 그 길흉의 응함이 본월의 안에 있다.

(4) 월장의 발용은 그 길흉의 응함이 월장의 관사지내(管事之內)에 있다.

(5) 사입(四立)의 발용은 그 길흉의 응함이 본 계절의 안에 있다. 가령 乙亥日이 입동일때, 점의 발용은 亥를 얻음은 응기(應期)가 있을 때는 10, 11, 12월 즉 겨울이다.

(6) 이십사절기(二十四節氣)가 발용이면 그 길흉의 응함은 본 절기의 내이다.

(7) 순수(旬首)의 발용은 그 길흉의 응함이 그 순내(旬內)에 있다.

(8) 매 일절기(一節氣) 15일을 3으로 나눈 것은 후(候)인데, 즉 1후는 5일이고, 만약 1년 중의 72후가 발용이면, 그 길흉의 응함은 본후지내(本候之內)이다.

(9) 본 일지의 지가 발용이면 그 길흉의 응기가 당일 있게 되고, 만약 육갑일 즉 순수(旬首)가 발용이면 순수추론(旬首推論) 한다.

(10) 점시(占時) 즉 점단시간이 발용이면, 그 길흉의 응기가 당 시간이고,

(11) 이와 같이 세(歲), 월(月), 절기(節氣), 후(候), 일(日), 시(時) 등이 안보이게 발용되면, 당일의 지에 따라 다음과 같이 추지한다.

> 丑日 寅이 발용되면 응기는 2일안에 있고,
> 卯가 발용되면 응기는 3일안에 있고,
> 辰이 발용되면 응기는 4일안에 있다.
> 4일을 벗어나면 取하지 않는다.

(12) 태세가 월건에 가임(加臨) 하였을 때 보는 법: 판단사정은 전부 세 가지인데,

지난 과거의 일이거나, 또는 장래로 이어지는 일이거나, 또는 정치월건(正値月建) 이다. 이와 같이 子年 正月점단이면, 子加丑 이면 이미 지나간 월건 이므로 일은 이미 지난과거로 갔고, 子加卯이면 卯는 2월인데 아직 2월이 지나지 않았음으로 일은 장래로 이어진다. 만약 子加寅이면 정치월건이라한다.

(13) 지난태세의 발용은 이미 지난 일이다. 가령 올해가 乙亥年이라면 戌은 지난해의 태세이므로 戌이 발용되면 이미 지난일이 된다. 만약 내년의 태세가 발용이 되면 장차 다가올 일이다, 올해가 乙亥年이라면 명년(明年) 즉 子가 다가오는 태세인데 이 子가 발용되면 다가올 일이 된다.

(14) 태세가 중전에 있으면 지나간 일이고, 혹 과거로부터 온 일이며, 말전에 있을때 는 2, 3년 前의 일이고 월건이 중, 말전에 있을 때도 역시 위와 같게 추론한다.

(15) 왕기(旺氣)의 발용은 현재의 일이고, 상기(相氣)의 발용은 미래사이고, 休, 囚, 死氣의 發用은 과거의 일이므로 역시 참고함이 마땅하다.

(16) 만약 歲,月,氣,候,日,時가 발용이면 월건이나 시간과 같이 그 쓰임을 참고적으로 선택하여 일이 늦어지거나 급속히 됨을 논한다.

① 간지가 귀인 전(前)에 있거나, 발용이 귀인 전(前)이면서, 간지가 입전하면 점사는 모두 빠르다.

② 간지가 귀인의 후(後)에 있거나, 또는 발용이 귀인의 후(後)이거나, 또는 간지가 입전하지 않으면 점사는 모두 느리다.

③ 삼전에 점시가 보이거나, 정마(丁馬), 역마, 귀인의 순행, 또는 발용이 일진의 전(前)인 경우는 주로 일이 빠르다.

④ 복음, 섭해과인데 삼전에 공망이나 묘(墓)가 보이거나, 귀인이 역행이거나, 또는 발용이 일진의 후(後)인경우는 주로 일이 늦어진다.

(17) 천강 辰이 가임(加臨) 하였을 때, 일간으로보는 법: 판단사는 이미 지난일이거나, 또는 이미 지나버린 일이거나, 또는 목전사 등 세 가지이다. 천강이 일(日)의 전(前)에 있으면 이미 지난일이고, 천강이 일(日)의 후(後)에 있으면 일은 지나지 않았고, 일간이 정임(正臨)하면 주로 일은 목전(目前)에 있다. 만약 六甲日의 占이면 辰加卯는 日의 전(前)에 있음이 옳고, 辰加丑은 일의 후(後)에 있음이고, 辰加寅은 일의 근본에 있는 것이 옳다.

(18) 발용의 상하를 월기(月期) 라고하고, 또 占하는 日의 희기지신(喜忌之神)을 일기(日期)라 하는데, 점 일을 생부(生扶)하는 길한 과를 희신(喜神) 이라하고, 점하는 일을 극제하는 흉한 과를 기신(忌神) 이라한다. 길과의 예로서 戊己日 占으로, 卯加辰이 발용하면, 2月建은 卯이므로 즉 月期는 2月에 있다. 그런데 현재는 3월이고 2월은 이미 지나가버려 부재되므로, 卯加辰의 辰은 3月建이므로 현재의 3月이 월기(月期)가 된다. 그 일기(日期)는 丙丁日임이 마땅하고, 丙丁은 능히 戊己日을 生하므로, 이 占하는 日의 희신은 일기(日期)가 된다. 또 흉과의 예로 甲乙日 占의 경우 巳加申이 발용이면 즉 巳月建이 4月이므로 月期는 4月에 있다. 만약 사월에 불응하면 당월은 7월 이므로 巳加申이면 申은 7月建이고 庚辛金은 능히 甲乙을 剋하므로 그 日期는 즉 庚辛日에 있음인데, 이와 같이 占日의 기신(忌神)을 일기(日期)라 한다.

(19) 초전으로서 그 합 또는 말전으로서 그 合을 성기(成期)라 하고 말전의 충을 산기(散期)라 한다.

(20) 결절(結絶)을 필요로 하는 점에는 발용으로서 묘(墓), 절(絶)을 응기(應期)라 한다. 양일은 발용의 절(絶) 을 취하고, 음일은 발용의 묘(墓)를 취한다.

(21) 삼합의 빠져있는 일자(一字)를 성기(成期)라고 하며, 또는 공망으로 비어있는 과전을 메꿔주는 것을 성기(成期)라 한다.

(22) 간지가 삼전에 끼어 있으면 빠져있는 일자(一字)는 점시(占時)를 기다려하

고 점시(占時)의 生함과 흩어짐으로서 기다려야 하고, 또는 生하거나 흩어지는 것의 상신의 실체가 메꾸어질때 성사되고, 그 성기(成期)역시 빠진 일자(一字)를 메꿔져야 된다.

(23) 오래된 음률(音律) 속의 응기 – 응기는 먼저 발용이 어떤 지지인가를 보아서, 亥子이면 丑을 살피고, 寅卯이면 辰을 살피고, 巳午이면, 未를 살피고, 申酉이면 戌을 살피고, 글자의 천반을 보아 살피고 그 임한 지반이 어떤 것인지 살피는 것을 곧 응기라 한다.
사계가 발용하면, 戌이면 丑을 찾고, 丑이면 辰을 찾고, 辰이면 미를 찾고, 未이면 戌을 찾아, 즉 그 천반의 글자를 보아 찾고 그 임한 지반의 지지를 응기라 한다.

(24) 응기에 따른 예제

例) 壬申年 庚戌月 壬午日 晝占 子時 卯將 空亡申酉 庚寅命 戊申年 투자占의 길흉

<table>
<tr><td>O
青申合</td><td>O
空酉勾</td><td>甲
白戌青</td><td>乙
常亥空</td><td colspan="4">O
空酉勾
午</td><td colspan="4">丙
玄子白
酉O</td><td colspan="4">己
貴卯陰
子</td></tr>
<tr><td>癸
勾未朱</td><td colspan="2" rowspan="2">제10국</td><td>丙
玄子白</td><td colspan="3" rowspan="2">戊
后寅玄
壬</td><td colspan="3" rowspan="2">辛
朱巳貴
寅</td><td colspan="3" rowspan="2">O
空酉勾
午</td><td colspan="3" rowspan="2">丙
玄子白
酉</td></tr>
<tr><td>壬
合午蛇</td><td>丁
陰丑常</td></tr>
<tr><td>辛
朱巳貴</td><td>庚
蛇辰后</td><td>己
貴卯陰</td><td>戊
后寅玄</td><td colspan="12">중심과, 삼교</td></tr>
</table>

• 일간 壬水上에 寅木이 탈모하고 천후(天后)가 승(乘)했다. 우려는 스스로에게 있고 2과는 주작(朱雀)이 巳에 승(乘)해서 일의 재(財)가 되어 오히려 아름답다.

• 지상酉는 공망에 천공(天空)이 승(乘)했다. 주로 헛된 일의 뜻이 있고 장차가 어려워 보이나 다행히 그 음신(陰神)인 子水가 일간을 돕는다.

• 干支가 교거 상생하니 오히려 화합하고 투자하려는 마음이 든다.

• 발용(發用) 酉는 공망위의 천공(天空)으로 처음 시작하는 마음이 가볍지 않고, 장차를 보기에도 좋아보이지 않으나 酉는 8월건이고 이미 8월은 지나버렸다. 금년 은 壬申年이고 酉는 명년(明年)의 태세(太歲)이므로 이것으로 메워져야 실(實)이 되니 명년(明年)에 이르러야 일이 만들어진다.

• 삼전의 초, 중전이 공망, 말전에 와서야 실체가 있는데, 표면적으로 초, 중전을 각 단계적으로 어려움을 겪어야 하고, 말전에 卯, 귀인(貴人)을 얻으므로 암귀(暗鬼)인 己土를 물리친다. 이로서 卯는 戌과 合이되고 성기(成期)가 된다.

• 년명(年命)寅上에 일간의 재(財)인 巳가 보이고 행년(行年) 申上에 亥의 덕록(德祿)이 있으므로 변체(變體)의 구(救)함이 있는 象이나, 안타까운 것은 巳亥冲이 되어서 이익을 얻음에 한계가 있다.

• 과명은 중심과이고 본과로서 모망을 바라는 것은 자제함 옳으며 또 삼교(三交)로 공(公)적인 일에 불리하다.

2) 길흉사의 추정법(推定法)[35]

육임정단에서 일단의 길흉(吉凶)이 결정되면 그 응(應)하는 때가 언제인가가 초미의 관심사가 된다. 육임학에서는 이것을 응기(應期)라 하며 이 응기판단법(應期判斷法)에는 길흉사가 일어나는 일(日)과 월(月), 즉 기일(起日)과 기월(起月)을 길사(吉事)가 시작되며 발현되는 시기(始期)라고도 하며, 또한 길사가 완성되는 일(日)과 월(月)을 성일(成日)과 성월(成月)을 길사가 완료되는 성기(成期)라고 한다. 흉사도 역시 시작되는 기일(起日)과 기월(起月)이 있으며 흉사가 종료되는 종일(終日)과 종월(終月)을 흉사가 끝나는 시기(時期)인 산기(散期)라고 한다.

35) 「六壬 應期判斷法의 實用性에 關한 考察」 강호병, 동방대학원대학교 석사논문 2006 참조.

길사(吉事)의 성기(成期)는 말전(末傳)과 합(合)하는 천반하(天盤下) 지반(地盤)의 지지(地支)로 알고 흉사(凶事)의 산기(散期)는 말전(末傳)과 충(冲)하는 천반하(天盤下) 지반지지로 추정한다. 또는 말전(末傳)과 합(合)하는 천반지지를 성기(成期)로 보고 말전(末傳)과 충(冲)하는 천반지지를 산기(散期)로 보기도 한다.

길흉사(吉凶事) 추정법(推定法)

길사가 시작되는	천반(天盤)에서 일간을 생(生)하는
일(日), 월(月)	천반하(天盤下) 지반(地盤)의 지지(地支)
길사가 완성되는	말전(末傳)과 합(合)하는
일(日), 월(月)	천반하(天盤下) 지반(地盤)의 지지(地支)
흉사가 시작되는	천반(天盤)에서 일간을 극(剋)하는
일(日), 월(月)	천반하(天盤下) 지반(地盤)의 지지(地支)
흉사가 종료되는	말전(末傳)과 충(冲)하는
일(日), 월(月)	천반하(天盤下) 지반(地盤)의 지지(地支)

다음은 사과삼전표(四課三傳表)의 천지반(天地盤)을 통해 길흉사(吉凶事) 추정법(推定法)을 이용한 일의 발현시기(發顯時期)와 완료시기(完了時期)에 대한 예제를 참고(參考)한다.

例) 甲子日 子將巳時

<table>
<tr><td>甲
青子蛇</td><td>乙
空丑貴</td><td>丙
白寅后</td><td>丁
常卯陰</td><td colspan="4" rowspan="2">丙
白寅后
未</td><td colspan="4" rowspan="2">癸
朱酉勾
寅</td><td colspan="4" rowspan="2">戊
玄辰玄
酉</td></tr>
<tr><td>O
勾亥朱</td><td colspan="2" rowspan="2">제6국</td><td>戊
玄辰玄</td></tr>
<tr><td>O
合戌合</td><td>己
陰巳常</td><td colspan="3">癸
朱酉勾
甲</td><td colspan="3">戊
玄辰玄
酉</td><td colspan="3">辛
貴未空
子</td><td colspan="3">丙
白寅后
未</td></tr>
<tr><td>癸
朱酉勾</td><td>壬
蛇申青</td><td>辛
貴未空</td><td>庚
后午白</td><td colspan="12">지일과, 유도액</td></tr>
</table>

• 길사(吉事)가 시작되는 일(日), 월(月)

천지반표에서 천반의 亥, 子가 일간 甲을 생(生)한다. 그러나 천반의 해(亥)는 공망에 해당하므로 子下 지반의 지지(地支)인 巳가 길사기일(吉事起日), 월(月)이다.

• 길사(吉事)가 완성되는 일(日), 월(月)

말전(末傳)의 천반 辰과 천지반표의 천반 酉가 합(合)을 한다. 따라서 酉下지반의 地支인 寅이 길사성일(吉事成日), 월(月)이다.

• 흉사가 시작되는 일(日), 월(月)

천지반표의 천반 申,酉가 일간 甲을 剋하는데 申은 생지(生地)에 좌(坐)하고 酉는 둔간 庚이 되어 寅의 절지(絶地)에 좌한다. 申이 酉보다 강하므로 申下 지반의 地支인 丑이 흉사기일(凶事起日), 월(月)이다.

• 흉사가 종료되는 일(日), 월(月)

말전(末傳)의 천반 辰과 충(冲)하는 천지반표의 천반이 戌이므로 戌下 지반의 地支인 卯가 흉사종일(凶事終日), 월(月)이다.

3) 길흉사 추정(推定)의 일(日)과 월(月)

길흉사 추정시기에서 일(日)과 월(月)의 구분은 정단계절에서 보아 말전(末傳)과 합(合) 충(冲)이 되는 천지반표의 천반하(天盤下) 지반(地盤)의 지지(地支)가 왕(旺) · 상(相)하면 일(日)로 보고 휴(休) · 수(囚) · 사(死)하면 월(月)로 본다. 이처럼 지지(地支)의 기운의 세기를 판단하는 것을 왕(旺) · 상(相) · 휴(休) · 수(囚)법이라고 한다. 왕(旺)이 되면 힘이 가장 강하고 사(死)가 되면 힘이 가장 약한 것으로 본다. 사주학은 일간에서 계절 오행을 즉 계절(季節) 쪽에서 일간의 힘을 보는 데 육임학에서는 계절의 오행에서 일간이 아닌 다른 부위의 지지의 역량을 본다. 정단 계절의 오행과 다른 부위의 지지 오행이 비화(比和) 되면 왕, 계절오행이 지지오행을 생(生)하면 상(相), 지지오행이 계절오행을 생(生)하면 휴(休), 지지 오행이 계절오행을 극(剋)하면 수(囚), 계절오행이 지지오행을 극(剋)하면 사(死)가 된다. 달리 말하면 어떤 지지오행(地支五行)을 기준으로 정단계절의 오행을 비교

하여 정단 계절이 사주학상으로 비겁(比劫)에 해당되면 왕(旺), 인성(印星)에 해당되면 상(相), 식상(食傷)에 해당하면 휴(休), 재성(財星)이 되면 수(囚), 관살(官殺)이 되면 사(死)가 되는 것이다.[36] 육임학에서는 계절을 춘하추동(春夏秋冬) 사계(四季)등의 5계절로 나누어 보는 전통법이 있고, 춘하추동 즉 4계절로 나누어 보는 4계절법이 있는데 여기서는 4계절법(四季節法)을 위주로 하였다.

例) 戊寅日 巳時 戌將 春節 救財占

<table>
<tr><td>甲
合戌合</td><td>乙
朱亥勾</td><td>丙
蛇子青</td><td>丁
貴丑空</td><td colspan="4">丙
蛇子青
未</td><td colspan="4">辛
常巳陰
子</td><td colspan="4">甲
合戌合
巳</td></tr>
<tr><td>O
勾酉朱</td><td colspan="2" rowspan="2">제8국</td><td>戊
后寅白</td><td colspan="3" rowspan="2">甲
合戌合
戊</td><td colspan="3" rowspan="2">己
陰卯常
戌</td><td colspan="3" rowspan="2">癸
空未貴
寅</td><td colspan="3" rowspan="2">丙
蛇子青
未</td></tr>
<tr><td>O
青申蛇</td><td>己
陰卯常</td></tr>
<tr><td>癸
空未貴</td><td>壬
白午后</td><td>辛
常巳陰</td><td>庚
玄辰玄</td><td colspan="12">지일과, 비용, 주편</td></tr>
</table>

점시(占時)가 낮 시간이므로 청룡을 재신(財神)으로 취용하지 못하고 초전의 子가 재신이 되었고 더욱이 초전의 재성(財星) 子는 둔간인 丙이 일간(日干)의 인성(印星)이 되어 일간을 생(生)하기 때문에 구재(救財)에 길(吉)하다. 그러나 간상(干上)과 지상(支上)의 비겁은 재(財)를 빼앗으니 재(財)의 다툼이 발생하고 또 4과중에 합(合)형(刑)해(害)가 있어서 피아간에 쟁투와 해사(害事)가 일어난다. 간상(干上)은 순수(旬首)의 戌이고 지상(支上)은 순미(旬尾)의 未로서 일순주편격(一旬周遍格)이 되어 계획하는 사업은 성취(成就)된다. 일간(日干)을 생(生)하는 천반 午下 지반의 지지 丑이 길사(吉事) 의 발현시기가 되고 말전 戌과 합(合)하는 천반의 卯下 지반지지 戌이 길사성기(吉事成期)가 된다. 그런데 말전과 합하는 천반 卯下 지반지지의 戌은 정단 계절 봄에서 보아 휴, 수, 사(休,囚,死)하므로 일(日)이 아니고 월(月)로 보아야 한다. 이상의 판단을 정리하여 구재(救財)는 가능하고 구재의 발현 월(月)은 丑월(月)이고 완료 월(月)은 戌 월(月)이라고 했다. 더불어 재(財)로 인한 다툼에 유의하라고 당부했다. 후(後)에 그렇게 되었다.

36) 『六壬 應期判斷法의 實用性에 關한 考察』 강호병, 동방대학원대학교 석사논문 2006, p35-36

29. 육임판단의 예제

例) 甲午日 巳時, 冬至後 丑將 夜占. (空亡 : 辰巳)

<table>
<tr><td>辛
空丑貴</td><td>壬
白寅后</td><td>癸
常卯陰</td><td>O
玄辰玄</td><td colspan="4">戊
合戌合
寅</td><td colspan="4">甲
后午白
戌</td><td colspan="4">壬
白寅后
午</td></tr>
<tr><td>庚
青子蛇</td><td colspan="2" rowspan="2">제5국</td><td>O
陰巳常</td><td colspan="3" rowspan="2">戊
合戌合
甲</td><td colspan="3" rowspan="2">甲
后午白
戌</td><td colspan="3" rowspan="2">壬
白寅后
午</td><td colspan="3" rowspan="2">戊
合戌合
寅</td></tr>
<tr><td>己
勾亥朱</td><td>甲
后午白</td></tr>
<tr><td>戊
合戌合</td><td>丁
朱酉勾</td><td>丙
蛇申青</td><td>乙
貴未空</td><td colspan="12">중심과, 참관, 회환, 화미</td></tr>
</table>

이 과(課)의 기본과체는 중심과(重審課)이며 기타 과체(課體)로 전국과(全局課)의 염상격(炎上格)을 겸(兼)하며, 참관과(斬關課), 음일과(淫泆課)적 교동격(狡童格)이다. 이 과(課)는 비록 4과(課)가 있지만 제1과(課)와 제4과(課)가 같아 실제상으로는 3개의 과(課)가 있고, 적극(賊剋)이 있음으로 인하여 제1과 戊이 甲으로부터 적(賊)을 받으므로 취용(取用)되어 중심과(重審課)가 되었다. 삼전(三傳) 戌午寅이 합(合)하여 역염상격(逆炎上格)이 이루어지고 戌 천괴(天魁)가 일간 甲의 위에서 발용(發用)이 되어서 참관과(斬關課)라 부르고, 또한 초전(初傳)이 육합(六合) 말전(末傳)이 천후(天后)가 구성되어 음일과(淫泆課)적 교동격(狡童格)이 되었다.

(1) 삼전(三傳)의 구성이 戌午寅 화국(火局)으로 인하여 甲木 일간을 탈기(脫氣)하여 午火 지진(支辰)을 돕는데 일간(日干)은 사람이고 지진(支辰)은 택(宅)이므로 사람은 탈기(脫氣)를 받아 쇠(衰)하고 집은 전조(轉助)를 받아 왕(旺)하다.

(2) 삼전(三傳)은 戌午寅인데, 자신의 일간상신(日干上神) 戌은 초전(初傳)이 되고, 일지상신(日支上神) 寅이 말전(末傳)이 되어 내가 상대에게 구(求)하여야 되기 때문에 소송(訴訟) 등은 타인(他人)에게 움직여 구(求)하여야 된다.

(3) 소송(訴訟)의 유신(類神)은 관귀(官鬼)가 인데, 삼전(三傳)이 火局이 되어 자손효(子孫爻)가 나타나서 귀살(鬼煞)인 申酉 金의 극제(剋制)가 가능하니 기쁘고 재난(災難)이 없다.

(4) 甲의 기궁(寄宮)은 寅이고 寅이 일지상신(日支上神)이 되어 내가 타인(他人)에게 구(求)하여야 하고, 타인(他人)의 힘에 의지하여야 하는데 寅은 일(日)의 녹(祿)으로서 支에 가(加)하여 그 이름이 일간의 록(祿)이 지진(支辰)의 위에 임(臨)한 권섭부정(權攝不正)이다.

(5) 관귀(官鬼)는 재액(災厄), 화(禍), 재앙(災殃)인데, 삼전(三傳)의 자손효(子孫爻)가 귀살(鬼煞)을 제압하여 구신(救神)이다. 그러므로 해(害)가 없고 간전지(干傳支)가 타인(他人)에게 순종(順從)하는 것이 마땅하다.

(6) 삼전(三傳)의 화국(火局)이 일간(日干)인 나를 탈기(脫氣)시키므로 완전한 기운이 없고 주로 허모사(虛耗事)이다.

(7) 삼전(三傳)의 화국(火局)이 일간(日干)을 탈기(脫氣)하지만 도리어 일간상신(日干上神) 戌 재(財)를 生하니 이름하여 환혼채(還魂債), 오히려 전생의 빚이 타인(他人)에게 돌아왔다 하여 취(取)하면 크게 옳다. 중요한 것은 戌이 발용(發用)되지만 협극(夾剋)을 만나며, 즉 戌은 육합(六合)의 乙卯 木을 외전(外

戰)에서 만나고, 戌은 또 인목(寅木)에 앉아서 극(剋)을 받으니, 상업적인 재(財)는 구(求)하지 못하나 채권(債權)은 회득한다.

(8) 삼전(三傳) 화국(火局)이 일간(日干)을 탈기(脫氣)함으로 인하여 또한 그 원국(源局)이 水의 생(生)을 보지 못하고, 고로 만약 병점(病占)이면 불리(不利)하고, 신체(身體)의 허약한 증세가 쉽게 나타난다.

(9) 관(官)을 제(制)하는 것은 자손효(子孫爻)이고, 벼슬을 구(求)하는 점에서는 관귀(官鬼)가 보이면 마땅하지만 이 과(課)는 자손(子孫)의 극(剋)을 받아, 관직(官職) 점(占)에는 불리하며 퇴직하여 한가로이 머무르는 상(像)이다. 또한 참관과(斬關課), 도망에는 최고로 좋다. 음일과(淫泆課), 교동격(狡童格)이고 색정지사(色精之事)의 재난(災難)이 있으며, 또한 이 과(課)는 또 음(陰)이 불비(陰不備)가 되므로 2남 1녀가 다투는 상(象)이다.

30. 오요권형(五要權衡)

오요권형(五要權衡)은 청대 김정음(金正音)소집(所輯) 《珍本苗公鬼撮脚全卷》中 卷十四편에 실려 있으며, 명대 주홍무 십년에 주항(朱恒)이 완전하게 편집, 저술하여 처음 육임을 입문하여 연구하고 습득하는 사람들의 잘못된 부분을 바로잡는데 도움을 주었고, 육임의 중요한 점을 쉽게 이해할 수 있게 했다. 구체적인 내용은 특수요결로 33항목이 있는데, 중화민국 초기의 육임명인인 원수산도 『대육임탐원』에서 일찌기 그 중 몇 항목을 토론하였고, 일본의 아부태산도 『천문역학 대육임신과 실전감정법』에서 24항목을 토론하였다.

(1) 피아(彼我)

육임에서의 주객(主客)관계를 말하는 것으로, 일간이 나(점자)이고, 주체이며, 삼전은 일종의 객체(客體)적인 타인(他人)이며, 벌어진 일의 사정(事情)이 변화되며 펴져나가는 과정이다.

(2) 내외(內外)

1과 2과는 외(外)이고, 3과 4과는 내(內)인데 발용 관계를 보고 만약 1, 2과가 발용되었으면 일이 바깥에서 일어난 일이고, 3, 4과가 발용 되었으면 일은 안에서 발생하게 된다. 일간의 재(財)가 3, 4과에 임(臨)하면 외재입래(外財入來)라고 하여 주로 재(財)를 획득하는 것이 되는데, 丙戌日의 경우 3과상신 申, 4과상신 酉라면 申, 酉는 전부 일간 丙의 재(財)가 되는 경우이다. 또한 만약 支의 재(財) 1, 2과에 임(臨)하면 내재외출(內財外出)이 되는데, 己巳日 1과상신 申, 2과 상신 酉가 되는 경우인데 申, 酉는 역시 일지 巳의 재(財)가 되기 때문이다. 일지의 재(財)가 외출하면 길흉이 나뉘어 지는데, 만약 재가 일간의 록(祿)이 되거나 일간을 생하면 길하고, 일간을 극 설 공망하면 흉하게 된다.

(3) 객주(客主)

내가 가서 사람을 만난다면 내가 객(客)이고 타인이 주(主)가되고, 타인이 와서 나를 본다면 타인이 객(客)이 되고 내가 주(主)가 된다. 즉 먼저 움직이는 자가 객(客)이 되고 나중에 움직이는 자가 주(主)가 된다.

(4) 존비(尊卑) : 일간을 존(尊)이고, 일지는 비(卑)이다.

▪일간(日干)이 일지(日支)에 임하여

① 일간(日干)이 일지(日支)의 극(剋)을 받으면, 난수(亂首)가 되어 어른의 위엄이 무너지고,

② 일간(日干)이 일지(日支)를 극(剋)하면, 잔하(殘下)라 하여 아랫사람을 깔보고 해치게 되며, 재(財)를 얻을 수 있기도 하는데, 이는 배본(培本)이라 한다.

③ 일간(日干)이 일지(日支)를 생(生)하면, 언건(偃蹇)이라 하여 일간(日干)의 기운을 빼앗기므로 소모와 공허한 일이 극심하고,

④ 일간(日干)이 일지(日支)로부터 생(生)을 받으면, 부취(俯就)라고 하여 처음에는 간난(艱難)의 어려움이 있지만 마지막에 일락(逸樂)의 기쁨이 있다.

▪ 일지(日支)가 일간(日干)에 임(臨)하여

① 일지(日支)가 일간(日干)을 극(剋)하면, 상문난수(上門亂首)가 되어 아랫사람이 어른을 범하고

② 일지(日支)가 일간(日干)을 생하면, 자재(自在)라고 하여 형통(亨通)하고,

③ 일간(日干)이 일지(日支)를 생(生)하면, 구수(求受)라 하여 반대로 내가 전부 등에 지는 형국(形局)이 되고 비슷한 것이 장기(壯基)라고 있다.

④ 일간(日干)이 일지(日支)를 극하면, 재물을 취할 수 있다.

(5) 천시(天時)

사계절(四季節)의 기운을 얻은 것을 왕(旺)이라하고, 바로 다가오는 계절의 기운을 상(相)이라하며, 지나간 계절의 기운은 휴(休)라 하고, 당계절의 기운이 극하는 것을 사(死)라 하고, 당 계절을 극하는 것을 수(囚)라 한다. 예로 乙木干이 왕상(旺相)의 기를 얻으면 그 기세가 왕(旺)해 지므로, 설사 과전(課傳)에서 형(刑), 충(冲)을 당해도 그 영향이 감(減)하게 되며 또 寅, 卯가 귀살(鬼殺)인데 7월이면 그 기운이 이미 약해져서 그 흉이 쉽게 물러간다.

(6) 지리(地利)

천간(天干)의 신(神)이 임한 지반(地盤)이 공망이 아니거나, 지반(地盤)으로부터 극(剋) 받지 아니하고 도움을 받으면 지리(地利)를 얻음이다. 내전(內戰)과 외전(外戰)의 관계도 살펴야 한다.

(7) 희기(喜忌)

희(喜)라는 것은 인(印), 재(財), 록(祿), 덕(德), 관(官), 구신(救神)등이고, 기(忌)라는 것은 귀(鬼), 겁(劫), 절(竊), 효(梟)등을 말한다. 또 역마(驛馬), 묘(墓), 형(刑),

충(冲), 파(破), 해(害), 합(合) 또 공(空), 함(陷), 왕(旺), 상(相), 휴(休), 수(囚), 사(死)등의 판단에 영향을 미치는 24개의 자(字)가 전부 긴요하게 해당된다.

- 인(印)은 귀(鬼)를 변화시키며 일간을 도울 수 있고,
- 재(財)는 관을 생하며 귀(鬼)를 돕고 인수를 상하게 하며,
- 록(祿)은 일간이 왕(旺)해지며, 재(財)를 탈(奪)하고, 벼슬하는 사람을 기쁘게 한다.
- 덕(德)은 양일(陽日)은 록(祿)를 사용하고, 음일(陰日)은 관(官)을 사용한다.
- 관(官)은 식(食)과 합하고 인(印)을 생하며 효(梟)를 돕고, 평범한 사람에게는 두렵다.
- 구(救)는 귀(鬼)를 막을 수 있고
- 귀(鬼)를 훔쳐 무력하게 만든다. 귀(鬼)라는 것은 병송(病訟)에 두렵다.
- 겁(劫),비(比)는 전부 탈재(奪財)하니 처첩이 불안하다.
- 합(合)은 두려운 것은 합이된 살(煞)이 와서 상(傷)하게 하는 것이며,
- 절(竊)은 이루어지면 빼앗아 가려하니 흩어지는 것이 좋고,
- 효(梟)는 다만 식(式)중에 인(印)을 보게 만드는 것이다.
- 마(馬)는 주로 움직임을 뜻하는데, 일간을 생하면 생각의 움직임이고, 일간이 극하면 재물이며, 일간을 극하면 관(官)과 귀(鬼)의 움직임이다.
- 묘(墓)는 주로 고요함을 뜻하며 또한 어둡고 어려우며 침체되고 억울하다.
- 형(刑)은 주로 불성(不成)이고 쇠하면 상(傷)한다. 삼형은 상호쟁투이고 자형은 상(傷)함이 많다.
- 충(冲)은 어지러운 쟁투이고 원수이며 움직임이다.
- 파(破)는 폐(廢)하는 것이고,
- 해(害)는 저해와 간난(艱難)의 어려움이며 만약 육해(六害)를 발용하여 과전의 재(財)가 되면 반드시 스스로 어려움을 만든 것이다.
- 합(合)은 화합(和合)으로, 합중에 귀(鬼)가 있으면 화합중에 다시 뒤집어지며, 소위 화합에서 미워함이 생기고, 반드시 원망함이 남게 되지만 종내(終乃)에는 화합함으로 마쳐진다.
- 인(刃)은 귀(鬼)를 만드는데, 금인(金刃)이면 병권(兵勸), 화인(火刃)이면 재난, 목인(木刃)이변 질병, 토인(土刃)이면 억울함, 수인(水刃)이면 몸이 약하여 피를 토하는 등이다. 또 말하기를 극(剋)은 반드시 나타나고, 합(合)은 반드시 모이며, 충(冲)은 반드시 쟁투등이 발생하는데, 또는 마음의 다툼이고, 해(害)는 반드시 막힘이 있고, 파(破)는 부서지고 어그러진다.

김정음(金正音) 기록한 일건(一件)에서 말하기를, 신살(神殺)은 이(理)에 속하고, 일진(日辰)에 작용이 다음과 같다. 신살(神殺)의 류(類)는 일간에 덕(德), 합(合), 귀(鬼), 묘(墓) 등이 있고, 일지에는 파(破), 공(空), 형(刑), 충(冲) 등이 있다. 그 생왕(生旺), 휴수(休囚)를 보아 그 친소(親疎) 관격(關隔)을 살펴야 한다. 덕(德)은 길하고 경사스러우며, 합(合)은 주로 이루어지는 때이고, 귀(鬼)는 주로 상잔(傷殘)이며, 묘(墓)는 혼매(昏昧)함이 많이 있다. 파(破) 기울고 손해보며, 해(害)는 반드시 쟁투가 침범하고, 형(刑)은 강약이 나뉘고, 충(冲)은 동요(童謠)된다. 이러한 이치(理致)를 간명(簡明)하는 것을 식(式)중의 관건(關鍵)이다. 이러한 대목마다 오히려 모든 문에 있으니 잘살펴야 하고, 다음으로 희기(喜忌)를 구분하니, 이로써 이(理)에 머무르며 속하는 것이다.

(8) 허실(虛實)

허(虛)라는 것은 순중(旬中)에 공망이 천반에 있어 과숙(寡宿)이고, 지지(地支)에 있으면 고진(孤辰)인데, 길흉이 상반된다. 나를 극하고, 나를 형하고, 내것을 빼앗아가는 겁재이거나, 나를 충하는 것은 공망이 되면 않 좋은 것이 공망이 되니 덜 나쁜 것이고, 나를 생하고, 나의 왕기(旺氣), 나를 구해주는 것이 공망이 되면 전부 헛된것이 되니, 오히려 않좋은 것이다. 천반(天盤)에 신(神)이 임(臨)하였는데 지반(地盤)이 공망이 되면 이를 낙공(落空), 또는 함공(陷空)이라 하여 동일하게 공망을 논하는 것이며 이러한 것이 천지(天地)의 묘리이다. 과전(課傳)이 일단 정해지면, 먼저 공망의 허실(虛實)을 보고, 길흉을 나눈다. 실(實)이라는 것은 공망이 아니며, 생(生)을 받고, 동류와 비슷하게 화합(和合)을 이루는 것이다. 안막주(按漠州)의 사마보광(司馬葆光)이 말하기를, 세인들은 다만 순중(旬中)의 공망에 흐리고, 순중(旬中)의 실(實)을 생각하지 못한다. 소위 실(實)이라는 것은 공망이 않된 본 순지 안의 간지(干支)를 말한다. 복음(伏吟), 호시(虎視), 탄사(彈射)과는 공망이 되면 흉하지않게 보며, 태세(太歲), 월장(月將), 년명(年命), 행년(行年) 등은 공망을 논하지 않는다. 발용이 공망이 되는 것은 근심과 기쁨이 전부 실체가 없는 것이고, 작은 일에는 그 순(旬)이 지나면 공망이 풀리지만, 대사(大事)는 마지막에도 이익이 없다.

(9) 취산(聚散)

《中黃經》에 이르기를, 동방(東方)의 목기(木氣)가 왕(旺)한 것은 춘절(春節)이상이 없고, 하절(夏節)은 화(火), 추절(秋節)은 금(金), 동절(冬節)은 수(水) 등이다. 취산(聚散)은 초전을 세운 후에 일간과 비화(比和)되는 것이 많으면 취(聚)이고, 적으면 산(散)이다. 이와 같은 경우는 巳 午는 근본이 火인데 만약 둔간(遁干)에 壬 癸가 있고, 지지(地支)는 亥 子 즉 수향(水鄕)에 임하면 어쩔 수 없이 水를 따를 수 밖에 없다. 또한 丁亥日이라면 춘하(春夏)는 火를 따르고, 추동(秋冬)은 水를 좇으니 만약 화향(火鄕)에 임하면 火를 좇게 되어 취(聚)하고, 수향(水鄕)에 임하면 水를 따르니 산(散)이 된다.

(10) 진퇴(進退)

삼전(三傳)이 앞으로 나아가는 것은 진(進)이라하고, 뒤로 퇴보하는 것은 퇴(退)라하는데, 진(進)이 공망을 만나면 퇴(退)하는 것이 옳고, 퇴(退)가 공망을 만나면 오히려 진(進)하는 것이 옳다. 다만 그 삼전(三傳)을 보고 길하면 진(進)하고, 흉하면 퇴(退)해야 한다.

(11) 동정(動靜)

일진(日辰)은 주로 정(靜)하고 삼전(三傳)은 주로 동(動)한다. 일진에 생하는 것이 있고, 삼전에 흉신이 있으면 정(靜)하는 것이 마땅하고, 일진(日辰)에 흉살이 있고, 삼전에 돕는 신(神)이 있으면 마땅히 움직여야 한다. 일간상신은 강건(剛健)하고, 일지상신은 유순(柔順)한데, 오로지 천반에 일간이 가는 길이 상생하면 움직이는 것이 마땅하고, 극하거나 공망에 빠지면 고요히 정(靜)하는 것이 옳다. 참관(斬關), 정신(丁神), 이마(二馬), 유자(遊子) 등은 동(動)함이 좋고, 가색(稼穡), 묘(墓), 합(合) 등은 정함이 좋다.

(12) 시종(始終)

초전(初傳)은 일이 시작되는 상황이고, 중전(中傳)은 일의 중간단계를 말하며, 말전(末傳)은 일의 결과를 뜻한다. 오로지 일간과 더불어 생극으로 구분하면, 길흉이 정해지는 것이 있고, 변화하는 것이 있다. 살(煞)의 길흉은 신(神)을 따르며 변화하는데, 천장(天將)의 길흉은 유신(類神)을 따르며, 옮겨다닌다. 이러한 이치는 정론(正論) 안에 감추어져 있다. 가령 초중말에 귀인, 재(財)가 있다면 처음은 막힘이 많으나, 중전으로가며 도움을 받고, 마지막에는 재를 얻는다. 대략 이러한 것은 육친(六親)의 변화 속에 가늘게 보이는 것이 있고, 천장(天將)에 그 긴요한 것이 숨어 있으며, 천시(天時), 지리(地利), 인화(人和), 귀천(貴賤), 허실(虛實), 지속(遲速)을 전부 관찰하고 이러한 것을 판단하는 것이 최고의 묘리(妙理)이며, 이것이 함축되어서 매 사건마다 삼단계로 긴요하게 나뉜것이 초중말, 즉 삼전(三傳)이며 변화가 그 안에 있다.

(13) 발용(發用)

발용이라는 것은 일의 시작이며, 발용이 태세(太歲)이면 그 세(歲) 중의 일이고, 발용이 월건(月建)이면 그 월(月) 중의 일이며, 발용이 일진(日辰)이면 그 일(日) 안의 일이고, 발용이 순수(旬首)이면 순(旬)내(內)에 응(應)이함이 있고, 발용이 후(候)이면 후(候) 안에 응(應)하고 등의 일이다. 가령 초일일(初一日)이 동지(冬至)이면, 초오일(初五日)까지는 초후(初候)이고, 초십(初十)이면 중후(中候)이고, 십오일(十午日)이면 말후(末候)가 되는데, 발용이 묘(墓)라면 일은 늦어지고, 병(病)은 죽고, 물건은 있으며, 사람은 돌아온다.

발용이 역마(驛馬)이면 움직임이 있고, 발용이 관(官)이면 마음이 어지럽고, 발용이 겁(劫)이면 해악(害惡)이 있으며, 발용이 인(印)이면 구하는 것은 왕(旺)하고, 발용이 처재(妻財)이면 구재가 이롭다. 발용이 설(洩)하면 자손의 일이고, 발용이 비(比)이면 형제나 붕우(朋友)의 일이다.

(14) 지속(遲速)

음일 복음(伏吟), 섭해(涉害), 귀인의 역행(逆行), 발용의 일진(日辰)의 뒤에 있거나 하면 주로 일은 늦어진다. 참관(斬關), 점시(占時)발용, 귀인의 순행(順行), 발용이 일간의 전(前)에 있으면 일은 주로 속(速)하다. 동점(冬占)에 申 酉가 입전(入傳)하거나, 천강(天罡)이 일진(日辰)의 후(後)에 있으면 과거사(過去事)이고, 寅 卯가 입전(入傳)하거나, 천강(天罡)이 일진(日辰)의 전(前)에 있으면 미래사(未來事)이다. 3, 4과가 발용되면 과거사이다. 음일복음, 관격(關格), 두(斗)강(罡)이 卯 酉에 가(加)하여 입전(入傳)하면 세월이 오래 지난 옛일이다. 일간상신이 발용하면 응(應)이 순내(旬內)에 있고, 일지상신이 발용하면 응(應)이 1개월 안에 있다.

(15) 존망(存亡)

생왕(生旺)하면 존재하고, 귀묘(鬼墓)이면, 죽거나 없다. 집을 나간지 오래 된사람의 점에는 행년(行年)에 사계(四季)가 임하면 망(亡)이고, 사맹(四孟)이 임하면 존(存)한다.

(16) 승부(勝負)

상극하(上剋下)이면 먼저 움직이는 것이 유리하고, 하극상(下剋上)이면 뒤가 유리하다. 일간이 일지를 상극하 하면 존장(尊丈)이 유리하고, 일지가 일간을 상극하 하면 아랫사람이 유리하며, 일진(日辰)이 전부 피극(被剋)당하면 존비(尊卑)가 전부 불리하다. 일진의 상하가 서로 극하는 것은 부(負)하고 상호 생하는 것은 승(勝)하며, 일간을 극하는 것은 부(負)하고, 극하는 것을 해소할 수 있는 것은 승(勝)한다.

(17) 유명(幽明)

유(幽)는 귀신(鬼神)이고 명(明)은 사람이며 물상이다. 밤은 유(幽)이고 죽은 귀신(鬼神)과 사기(死炁) 등이, 질병으로 내 신체에 임하여 나를 극하는 것은, 귀신이 나를 업신여기고 농락하는 것이고, 이는 성신(星辰)의 운행에 한계가 있음으로, 음(陰)이 서로 억누르며 막히게 되는 이유다. 이와 같은 류(類)가 나를 생하면, 만물이 형달(亨達)을 이루고, 음(陰)도 서로 나를 도와, 명(命)이 좋게 된다. 또한 낮은 명(明)으로, 생기(生氣)가 명(明)이며, 월장(月將)이 명(明)으로 나를 생하면, 주위사람들이 와서 나를 도우며, 나를 극하면 도적(盜賊), 관송(官訟) 등이 서로 침범한다.

(18) 귀신(鬼神)

왕(旺)하면 신(神)이고, 쇠(衰)하면 귀(鬼)이다. 천을귀인은 신(神)으로, 형충파해에 가(加)하면 악귀(惡鬼), 또는 사나운 귀신이 된다. 金은 형살(刑煞)로 죽었고, 水는 물에 빠져 죽었으며, 土는 전염병으로 죽었고, 木은 목이 메여서 죽었고, 火는 불에 타서 죽은 것이다. 합(合)은 친(親)한 것이고, 불합(不合)은 트인 것이며, 귀(鬼)를 지반으로 임한 상신(上神)이 귀신(鬼神)이 있는 곳이다. 만약 申이 귀(鬼)인데 7월점이라면, 왕(旺)한 금신(金神)으로, 옥신(獄神)이고, 酉쪽 방향에 누르고 있다. 이와같은 경우에, 만약 5월점이라면 쇠(衰)하여 기침하는 귀신(鬼神)이고, 형해(刑害)에 가(加)하면 머리가 잘려죽은 귀신이며, 노소(老少)의 형상은 이러한 뜻으로 유추하여 결정 짓는다. 가령 甲申日 午에 청룡이 승하여 일지에 가(加)하면, 午加申으로 일지의 귀(鬼)가 되며, 신장(新裝)은 신불(神佛)의 종류인데, 스스로 동남쪽에서 오고, 午에 승한 청룡이 왕하여 불(佛)은 신장(新裝)이 되며, 辰이 가(加)하였는데, 辰은 火의 12운성 관대(冠帶)에 해당되므로 신(神)은 동남에서 오는 것이다. 또 가령 己亥日 未時 寅加未에 태음이 승하면, 주로 酉方의 신(神)을 숭상하는데, 묘당(廟堂) 앞에는 작은 숲이 있고, 문이 파손되었으며, 묘당(廟堂)뒤에는 높은 언덕이 있는 형상(形狀)이다. 가령 戊子日 복음(伏吟)에는 寅을 귀(鬼)로 취하는데 동북에 있는 묘신(廟神)으로, 양쪽에 마음을 품으며, 그 묘당(廟堂)은 산위에 있고, 묘당(廟堂)의 전후에는 숲이 있는데, 이는 위에 청룡을 보기 때문으로 청룡과 寅이 모여 삼목(三木)으로 숲을 이루기 때문이며, 寅중에 土가 있어 산이라는 것이며, 더구나 戊日 점에 木 귀(鬼)의 상신(上神)도 寅이니 더욱 그렇다.

(19) 인물(人物)

일간은 사람이고, 일지는 물건이며, 정(靜)은 재물이고, 양인(羊刃)을 만나면 혈물(血物)이고, 공망은 동물이다. 사람은 정상(情狀)이 있어, 남녀(男女), 귀천(貴賤), 친소(親疎), 노유(老幼) 등의 구별이 있다.

- **子**: 자식, 초(稍, 벼의 줄기 끝), 도살자(屠殺者), 염색업자, 명(螟, 배추벌레 등 해충)
- **丑**: 신장(腎臟), 장자(長者), 구승니(舊僧尼)
- **寅**: 선비, 도사(道士), 관리, 무속인, 사관(史官)
- **卯**: 술가(術家), 장자(長子)
- **辰**: 우두머리, 승려, 장군, 기마병
- **巳**: 손님, 친구, 공작인, 장인(匠人)
- **午**: 부인(婦人), 궁(宮), 돌아가신 어머니
- **未**: 시어머니, 누이, 이모, 술담그른 장인(匠人)
- **申**: 의사, 도사(道士), 사냥꾼, 시장의 상인
- **酉**: 보석의 장인(匠人), 여자노비, 여자아이
- **戌**: 지키는 군인, 따르는 사람
- **亥**: 어린아이, 집수리공

(20) 식물(食物)

- 子: 훈신(葷辛:매운 채소), 쥐, 제비, 비린내 나는 것
- 丑: 게(蟹), 소, 거북이, 금계(金鷄)
- 寅: 호랑이, 표범, 고양이, 너구리, 과실수
- 卯: 토끼, 나귀, 노새, 여우
- 辰: 소금이고, 자라, 어물(魚物)
- 巳: 뱀, 지렁이류, 매미
- 未: 기러기, 비둘기, 술, 양(羊)
- 申: 원숭이, 새무리, 거위

- 酉: 닭, 오리, 새, 생선, 꿩
- 戌: 승냥이, 개, 이리, 맹견
- 亥: 암퇘지, 돼지, 곰

(21) 정상(情狀)

일간은 외식(外飾)즉 꾸밈세이고, 천장은 머리이며, 신(神)은 체형이므로, 형상을 유추한다.

- 戌에 현무가 승하면, 도적은 개같은 형상으로 얼굴이 뾰족하고,
- 丑이면 소의 형상처럼 머리가 크고, 안목(眼目)이 거칠다.
- 寅이면 왜소하고, 아름다운 머리를 갖었으며,
- 卯는 말랐다.
- 辰은 얼굴이 길고,
- 巳는 마르고 키가 크다.
- 午는 사시(斜視)이며 길고,
- 未는 단소(短小)하다.
- 申, 酉는 피부는 하얗고 머리는 노랑색이며,
- 亥는 살이 찌고, 추하며, 눈이 작다.

亥 子는 흑(黑)색이며, 寅 卯는 청(青)색, 申 酉는 백(白)색, 巳 午는 적(赤)색, 未는 황적(黃赤)색이고, 辰은 황청(黃青)색, 丑은 황흑(黃黑)색, 戌은 황백(黃白)색이다.

귀인(貴人)은 가늘고 작으며, 등사(螣蛇)는 눈이 작고 이마가 뾰족하다. 청룡(青龍)은 수염과 구랫나루가있고, 백호(白虎)는 목이 짧고, 머리가 적다.

천후(天后)는 맑고 트였으며, 태음(太陰)은 체골이 가늘다. 구진(勾陳)은 비만이고, 태상(太常)은 이마가 넓으며, 현무는 추(醜)하고, 천공(天空)은 늙고 크다.

(22) 성정(性情)

귀인(貴人)은 근엄하고 무게가 있으며, 등사(螣蛇)와 태음(太陰)은 냉(冷)하여 차고, 주작(朱雀)은 가볍고 뛰어나며, 청룡(青龍)이면 문장(文章)을 알고, 육합(六合)은 게으르지만 착하고, 태상(太常)은 법(法)에 밝으며, 백호(白虎)는 위엄이 있고 사납다. 꾸민 것은 둔간(遁干)을 보고 아는데, 예를 들어 둔간이 甲, 乙이면 청색옷을 입은 것으로 유추하는 등이며, 다치거나 불완전한 것을 알고자 하면, 귀적(鬼賊)이 과전안에서 상충(相冲)하는 것을 본다. 귀(鬼)가 승한 곳의 상하가 충극(冲剋)을 이루거나, 혹 상하가 중첩되어 교전하면, 반드시 그 사람은 완전하지 못하다. 일간이 교전(交戰)하면 주로 머리와 안면(顔面)을 다치고, 일지가 교전(交戰)하면 주로 수족(手足)을 다치며, 만약 일간이 申을 鬼로 얻으면 마땅히 丙이 있어야 하지만, 그렇지 않으면 머리와 안면은 못볼 지경이다.

(23) 남녀(男女)

순양(純陽)이면 남자이고, 순음(純陰)이면 여자이며, 일음이양(一陰二陽)이면 남자이고, 이음일양(二陰一陽)이면 여자이다. 만약 양신(陽神)에 양(陽)이 승하면 남자이고, 음신(陰神)에 음(陰)이 승하면 여자이다. 하지만 상하가 불비(不比)가 되면 천장(天將)을 보는데, 귀인(貴人), 등사(螣蛇), 주작(朱雀), 구진(勾陳), 청룡(青龍), 현무(玄武), 백호(白虎) 등은 양장(陽將)이고, 천후(天后), 태음(太陰), 천공(天空), 육합(六合), 태상(太常) 등은 음장(陰將)이다. 예를 들어 戌加申에 현무가 승하였다면 도둑은 남자가 되는데 이는 많이 검증이 된 사례이고, 다만 태잉(胎孕)의 남녀를 판단하는 법과는 다른 부분이다.

(24) 귀천(貴賤)

왕기(旺氣)이면 귀(貴)하고, 쇠기(衰氣)이면 천(賤)하다. 귀인(貴人)은 귀(貴)하고, 태세(太歲)는 지존(至尊)이며, 월건(月建)은 대성(臺省)의 종류이며 전부 왕기(旺氣)이다. 득지(得地)하면 귀(貴)이고, 패(敗), 절(絶), 공망의 지(地)는 천(賤)하다. 경(經)에서 이르기를, 귀인(貴人)이 인수(印綬)에 좌(坐)하면, 록(祿)이 있고 귀(貴)하게 되며, 패(敗), 절(絶), 공망은 천(賤)하다.

(25) 친소(親疎)

합(合)은 친(親)이고, 불합(不合)은 소(疎)즉, 사이가 멀다. 일간은 사람이고 일지는 집으로, 일간과 더불어 일지가 자연히 서로 구하는 법이며, 불가분의 관계이다. 삼전중에 다만 일지와 더불어 합을 이루는 것은 내가 친(親)하고 편한것이다. 일간은 나(我)이고, 일지는 상대인데, 간지상하가 서로 육합, 삼합을 이루거나, 혹 상생하는 것은, 피차(彼此) 서로간에 맺어져 있는 것으로 이것이 친(親)이다. 불합(不合)되거나, 상생이 않되는 것은, 서로 같지도 않고, 통하지도 않으니 이것이 소(疎)즉, 멀다는 것이다. 만약 간지가 갖자 삼합국을 이루는 것은, 너는 너이고, 나는 나라는 말이므로, 더욱 소(疎)이고, 이러한 것이 병행하면 각자가 서로 돌아보지 않는다. 발용, 유신(類神)과 더불어 일간이 삼합, 육합을 이루며 상생하는 것은 친(親)이고, 연합되지 않고, 상생되지 않는 것은 소(疎)이다.

(26) 노소(老少)

맹(孟)은 젊고, 중(仲)은 씩씩한 장년이며, 계(季)는 노인이다. 지(地)상(上)에 임한 신(神)을 보고, 유기(有氣)하면 젊고, 무기(無氣)하면 노인이다.

또 다른 방법으로, 발용이 임한 지반(地盤)을 보고 맹(孟), 중(仲), 계(季)로 나누어 추산하는데, 맹(孟)이면 소년(少年)으로 16세이하로 보고, 중(仲)이면 장년(壯年)으로 17세에서 44세 까지 보며, 계(季)는 노년(老年)으로 본다.

(27) 신구(新舊)

왕(旺)하면 신(新)즉, 새로운 것이고, 쇠(衰)하면 구(舊)즉, 오래된 것이다. 발용이 왕상(旺相)하면 신(新)이고, 휴수(休囚)하면 구(舊)이고, 장생(長生)이면 신(新)이고 묘신(墓神)이면 구(舊)이며, 맹신(孟神)이면 신(新)이고, 중신(仲神)이면 절반만 새것이고, 계신(季神)이면 구(舊)이다. 양일(陽日) 발용이 장생(長生)으로 일어나면 신(新)이고, 묘신(墓神)이면 구(舊)이며, 음일(陰日)은 일덕(日德)을 보는데, 만약 일덕(日德)의 장생이면 신(新)이고, 일덕(日德)의 묘신(墓神)이면 구(舊)이다. 이와 같이 발용이 신(新)이면 음신(陰神)은 구(舊)이고, 혹 발용이 구(舊)이면 음신은 신(新)이되므로, 전부 신구(新舊)를 절반씩 참고하여야 한다. 구(舊)가 신(新)에 임하여 발용하면, 옛일이 다시 새롭게 일어난 것이고, 신(新)이 구(舊)에 임하여 발용되면, 새로운 일이 옛것을 대하는 것이다. 신신(新神)이 발용하면 새로운 물건이고, 구신(舊神)이 발용하면 오래된 물건이거나, 혹 이미 죽었다.

(28) 다과(多寡)

甲己子午등의 예는 상하(上下)에 득한 것을 전부 적용하고, 왕상(旺相)하면 배가(倍加)하며, 휴수(休囚)하면 감(減)한다. 가령 乙亥日 丑은 재(財)인데 등사(螣蛇)가 승하였으면, 丑은 8이고 등사(螣蛇)는 4인데, 두 숫자를 고르게 곱하여 32, 또는 320, 3200 등으로 추산하며, 천반(天盤)과 천장(天將)은 사용하지만 지반(地盤)은 사용하지 않는다. 하지만 "방화곡(方華谷)"이 말하기를 "천장의 수(數)를 사용하는 일은 많이 궁구하여야 한다. 다과(多寡) 숫자의 신(神)은 옛 고서에 있는데 甲己子午 9, 乙庚丑未 8, 丙辛寅申 7, 丁壬卯酉 6, 戊己辰戌 5, 巳亥 4 등인데 상하(上下)를 참고하여 그 숫자를 알아낸다. 만약 寅加子가 되면 寅은 7이고 子는 9이다. 그러므로 7곱하기 9는 63이 되는데, 만약 왕상(旺相)하면 많이 배가(倍加)하여야 하고, 휴(休)하면 7 더하기 9를 하여 숫자는 16이되며, 수사(囚死)하면 절반으로 감(減)하여야 한다. 만약 태세(太歲), 월건(月建)등을 만나면 역시 많이 배가(倍加)해야 한다.

귀인(貴人) 8, 등사(螣蛇) 4, 주작(朱雀) 9, 육합(六合) 6, 구진(勾陳) 5, 청룡(青龍) 7, 천공(天空) 5, 백호(白虎) 7, 태상(太常) 8, 현무(玄武) 4, 태음(太陰) 6, 천후(天后) 9 등이다.

(29) 방소(方所)

- 子: 강과 호수
- 寅卯: 산림, 숲
- 丑: 산, 전, 분묘
- 未: 평평한 전, 또는 우물
- 午: 저자거리, 시장, 도로
- 巳: 요조(窯竈)즉, 기와가마, 부엌
- 申: 동산, 정원, 도로
- 酉: 성(城)
- 戌: 경작지
- 辰: 고개, 담장, 마을
- 亥: 물가주변, 다락

◆ 주거하는 집에서는

- 子 : 방
- 丑 : 담장
- 寅 : 도로
- 卯 : 대문
- 辰 : 미잔(米棧)즉, 곡물을 놓는 판자, 창고
- 巳 : 부엌, 주방
- 午 : 관청
- 未 : 우물
- 申 : 정원
- 酉 : 후문
- 戌 : 욕실
- 亥 : 갱측수구(坑廁水溝) 즉, 화장실

또한 丑加亥는 다리, 未加亥는 우물, 亥加寅은 다락이다. 寅 卯는 산림(山林), 木火의 왕상(旺相)한 기운을 얻어 과전(課傳)에 들어오면 숲에는 반드시 계절의 새로운 과일과 물품이 있고, 극을 당하면 숲이 파헤져지고 나무가 꺽어졌다. 휴수(休

四)하면 오래된 썩은나무가 있는 숲이고, 천공(天空)이 승하면 반드시 분뇨(糞尿)가 있으며, 亥 子에 가(加)하면 숲에 큰 계곡이 모인다. 대개 木은 곡직(曲直)이고, 水는 큰 계곡이다. 또한 卯는 대문(大門)인데, 유기(有氣)하면 주로 문이 견고하고, 충형해파를 당하면 주로 문이 파손이 되는 등 흠결이 있다.

(30) 원근(遠近)

지일(知一), 복음(伏吟)은 가깝고, 반음(返吟)은 멀다. 또한 원근(遠近)은 관량(關梁)을 사용하는데, 춘절(春節), 寅 卯 辰에는 丑이 관(關)이고, 巳는 량(梁)이되며, 하절(夏節) 巳 午 未에는 辰이 관(關)이고, 申이 량(梁)이며, 추절(秋節) 申 酉 戌에는 未가 관(關)이고, 亥가 량(梁)이되며, 동절(冬節) 亥 子 丑은 戌이 관(關)이고 寅이 량(梁)이된다. 관내(關內)는 근수(近數)가 되고, 관외(關外)는 원수(遠數)가 되는데, 관내(關內)는 십리(十里)이하 이고, 량(梁)은 오리(五里)이하이다. 예를 들어 춘절(春節)에 현무(玄武)가 巳에 승하면 량(梁)이 되므로 오리(五里)이하가 된다. 관(關)을 지나서 바깥은 증가(增加)해서 숫자를 추지(推知)한다. 삼합(三合)은 주로 삼일(三日) 백리(百里)밖이고, 육합(六合)은 주로 오리(五里), 오십리(五十里) 등이다. 木은 삼리(三里), 삼십리(三十里), 량상(梁上)에 가까운 근수(近數)이다. 土는 주로 오리(五里), 木은 삼리(三里), 金은 사리(四里), 火는 이리(二里), 水는 일리(一里). 관(關)의 바깥은 멀고, 윤하(潤下)는 삼백리(三百里), 염상(炎上), 곡직(曲直), 가색(稼穡), 종혁(從革) 등은 이백오십리(二百五十里)이며, 유자(遊子)는 멀면 천리(千里)이다.

(31) 전후(前後)

일지의 앞은 전(前)이고, 일지의 뒤는 후(後)이다. 초전은 전(前)이고 말전은 후(後)이다. 가령 일지가 辰인데 辰加酉가 되어 주작이 승하면, 酉는 문호(門戶)이기 때문에, 문앞에 문서가 있다. 다시 삼전중에 酉가 보여, 酉加寅이 되고 백호가 승하면, 寅은 후(後)가 되므로, 뒤에 바위나 호랑이가 있거나 혹은 사당(祠堂)이 있다.

(32) 좌우(左右)

만약 子가 택(宅)이 되면, 丑은 좌측집을 이르고, 亥는 우측집을 말하며, 午는 마주보는 앞집이 된다. 그 좌우 두군데의 신(神)을 보고, 일간과 비화(比和)되면 이웃과 순리적인 관계라 판단하고, 형극(刑剋)하게 되면 사이가 좋지 못하게 되며, 좌우신(左右神)의 상하(上下)가 스스로 그 하(下)를 극하면, 그쪽의 집안은 흉(凶)하고 쇠(衰)하게 되며, 만약 백호(白虎), 사기(死炁)가 되면 사람이 죽거나 상문(喪門)가 야될 일이 일어나며, 주작(朱雀)은 구설시비가 되고, 현무(玄武)는 도적등에 의해 물건을 잃어버린다.

(33) 고저(高低)

일간상신이 발용하면 고(高)이고, 일지상신이 발용하면 저(低)인데, 가령 송사점(訟事占)에서 고(高)에 있으면 매달고, 저(低)에 있으면 묶인다. 실물(失物)점(占)에서는 일간상신이 발용되면 물건은 높은곳에 있고, 일지상신이 발용되면 물건은 낮은 곳에 있다. 소위 이 고저(高低)는 활용의 방법이 묘리인데, 물가, 가격의 고저(高低), 증권가격의 등락관계도 이 고저(高低)를 사용할 수 있으며, 이 경우 삼전이 유기(有氣)하고, 세력이 있는 것은 고(高)하게 나타나고, 기세(氣勢)가 쇠잔(衰殘)하면 저(低)로 나타난다.

(34) 은현(隱顯)

유신(類神)이 과전 안에 나타나면 현(顯)이고, 년명(年命)에 나타나면 그 다음이며, 과전(課傳)과 년명(年命)에 보이지 않으면 은(隱)이고, 상세한 길흉은 그 곳에 따라 정해진다. 예를 들어 직업점에서 관성(官星)이, 재물점에서는 재신(財神)이, 과전(課傳)이나 년명(年命)에 나타나면 현(顯)이고, 보이지 않으면 은(隱)이다.

31. 신살(神煞)

육임는 연, 월, 일, 시(年, 月, 日, 時)에 의하여 신살(神殺)이 정해지고 길흉을 판단하는 것인데 신살의 수(數)가 너무 많고, 합리적이지 못한 것들도 많다. 그러므로 정단하고자 할 때 일일이 전부 적용할 수도 없고 그러다 보면 오히려 더 혼돈(混沌) 되기가 쉬우므로 몇몇의 중요 신살을 점자가 나름대로 압축하고 정리하여 신축적으로 사용해야 하며, 구차하고 지질한 신살보다는 오히려 순수한 오행(五行)의 생극제화에 따라 길흉을 판단하는 것이 현명할 것이며 애매한 신살에 구애되어 정단에 과실(過失)을 초래하지 말아야 할 것이다.

(1) 세지신살(歲支神煞)

그 해를 태세(太歲)라고하며 세지(歲支)를 기준으로 발생하는 신살을 세지신살(歲支神煞)이라 한다.

- **병부(病符)** : 재(災)와 변환이 생기거나 구사(舊事)혹은 지난해의 사건이 재(再) 발생한다.
- **관부(官符)** : 관공사(官公事)의 건이 발생한다.
- **사부(死符)** : 병점(病占)에서 가장 흉하다.
- **대모(大耗)** : 도난 혹은 경포(驚怖)에 관한 일이나 재물을 파손하는 일이 있다.

- **세파(歲破)** : 가축, 농경, 재물의 손실이 있고 가장의 재난을 초래한다.
- **상문(喪門)** : 사상(死喪)이나 비읍(悲泣)의 우환이 발생하고 병점(病占)에는 흉살이다.
- **조객(弔客)** : 절병, 비읍(悲泣)의 일이 생기며, 초전에 있으면 골육의 재난이 있고 중말전은 외부의 재액(災厄)이다.

(2) 월지신살(月支神煞)

- **월덕(月德)** : 여러 가지 흉재를 해소한다. 길(吉)한과는 길함을 증가 시킨다.
- **욕분(浴盆)** : 병점(病占)은 흉이 된다. 지반이 亥子이고 천반에 천후가 타면 소아의 사망이 있다.
- **고진(孤辰)** : 혼인을 점단하는 것을 제일 꺼린다.
- **과숙(寡宿)** : 음신을 공허하여 길흉은 어느 것도 이루어지지 않는다. 분실 및 결혼의 정단을 꺼린다.
- **상차(喪車)** : 일간 또는 연명상신을 극하면 병사(病死)한다.
- **천희(天喜)** : 기쁜 일이나 집안에 축하할 일이 있고, 은택(恩澤)이나 관(官)의 기쁨 또는 재의 기쁨 등 정단사의 기쁨을 본다.
- **천차(天車)** : 여행및 출행은 좋지 않다.
- **간신(奸神)** : 은사의 일이나 간사 혹은 색정(色情)의 일이 있다.
- **천마(天馬)** : 손위의 기쁨을 만나기에 대살과 동궁은 일이 빠르다. 申 또는 백호가 같이 있고 일간을 극하면 실물(失物)이 있다.

(3) 일간신살(日干神煞)

- **일덕(日德)** : 흉이 길로 화한다.
- **생기(生氣)** : 흉을 풀고 길을 증가 시킨다. 천후, 육합과 동궁이면 임신의 기쁨이 있고 청룡과 동궁하면 재(財)와 결혼의 기쁨이 있다.
- **양인(羊刃)** : 조용하면 길이고 움직이면 흉이 된다. 피를 보는 재앙을 초래한다.
- **천도(天盜)** : 방심으로 인해 도난을 만난다.
- **천적(天賊)** : 다른 사람 때문에 재해 또는 도난을 만난다.

신살(神殺)

1. 세지신살(歲支神煞)

歲支	子	丑	寅	卯	辰	巳	午	未	申	酉	戌	亥	解意
官符	辰	巳	午	未	申	酉	戌	亥	子	丑	寅	卯	官府詞訟
歲破	午	未	申	酉	戌	亥	子	丑	寅	卯	辰	巳	凡占皆凶
劫煞	巳	寅	亥	申	巳	寅	亥	申	巳	寅	亥	申	劫盜破損
災煞	午	卯	子	酉	午	卯	子	酉	午	卯	子	酉	災厄
破碎	巳	丑	酉	巳	丑	酉	巳	丑	酉	巳	丑	酉	凡事難成
喪門	寅	卯	辰	巳	午	未	申	酉	戌	亥	子	丑	骨肉災難
吊客	戌	亥	子	丑	寅	卯	辰	巳	午	未	申	酉	骨肉災難
病符	亥	子	丑	寅	卯	辰	巳	午	未	申	酉	戌	疾病
大耗	午	未	申	酉	戌	亥	子	丑	寅	卯	辰	巳	盜驚破損
天煞	未	辰	丑	戌	未	辰	丑	戌	未	辰	丑	戌	諸事皆忌

2. 사계신살(四季神煞)

四季	春	夏	秋	冬	解意
天城	申	申	申	申	求官上任俱吉
天吏	寅	寅	寅	寅	求官皆吉
皇詔	寅	巳	申	亥	有詔命征召
天喜	戌	丑	辰	未	常占有財喜
天目	辰	未	戌	丑	驚怪異, 有伏屍
天耳	戌	丑	辰	未	信息之神, 察探
飛禍	申	寅	巳	亥	刑四孟之神
火鬼	午	酉	子	卯	乘蛇雀克宅, 主火難
關管	丑	辰	未	戌	占訟有拘幽
天赦	戊寅	甲午	戊申	甲子	主解厄赦罪

3. 월지신살(月支神煞)

月支	寅	卯	辰	巳	午	未	申	酉	戌	亥	子	丑	解意
月德	巳	寅	亥	申	巳	寅	亥	申	巳	寅	亥	申	降福消災
月破	午	未	申	酉	戌	亥	子	丑	寅	卯	辰	巳	吉事不成, 凶事可散
死神	巳	午	未	申	酉	戌	亥	子	丑	寅	卯	辰	病凶
死氣	午	未	申	酉	戌	亥	子	丑	寅	卯	辰	巳	死亡
遊神	丑	丑	丑	子	子	子	亥	亥	亥	戌	戌	戌	亡靈
天醫	辰	巳	午	未	申	酉	戌	亥	子	丑	寅	卯	病用
地醫	戌	亥	子	丑	寅	卯	辰	巳	午	未	申	酉	病用
月厭	戌	酉	申	未	午	巳	辰	卯	寅	丑	子	亥	占皆凶,宅有怪
飛廉	戌	巳	午	未	寅	卯	辰	亥	子	丑	申	酉	宅有驚怪
天財	辰	午	申	戌	子	寅	辰	午	申	戌	子	寅	求財
天獄	亥	申	巳	寅	亥	申	巳	寅	亥	申	巳	寅	囚獄
天目	辰	辰	辰	未	未	未	戌	戌	戌	丑	丑	丑	鬼祟
天鬼	酉	午	卯	子	酉	午	卯	子	酉	午	卯	子	疾病忌
天怪	丑	子	亥	戌	酉	申	未	午	巳	辰	卯	寅	宅有怪
天馬	午	申	戌	子	寅	辰	午	申	戌	子	寅	辰	遷動更改
天亡	子	亥	戌	酉	申	未	午	巳	辰	卯	寅	丑	不治病
天書	戌	亥	子	丑	寅	卯	辰	巳	午	未	申	酉	遷擢
天詔	亥	子	丑	寅	卯	辰	巳	午	未	申	酉	戌	恩施
風伯	申	未	午	巳	辰	卯	寅	丑	子	亥	戌	酉	有風
風煞	寅	丑	子	亥	戌	酉	申	未	午	巳	辰	卯	大風
血支	丑	寅	卯	辰	巳	午	未	申	酉	戌	亥	子	産難病忌
血忌	丑	未	寅	申	卯	酉	辰	戌	巳	亥	午	子	産難病忌
皇恩	未	酉	亥	丑	卯	巳	未	酉	亥	丑	卯	巳	遷轉

4. 일간신살(日干神煞)

日干	甲	乙	丙	丁	戊	己	庚	辛	壬	癸	解意
日德	寅	申	巳	亥	巳	寅	申	巳	亥	巳	恩賞
日祿	寅	卯	巳	午	巳	午	申	酉	亥	子	産財
生氣	亥	午	寅	酉	寅	酉	巳	子	申	卯	吉助
干奇	午	巳	辰	卯	寅	丑	未	申	酉	戌	消禍增福
日墓	未	戌	戌	丑	戌	丑	丑	辰	辰	未	暗昧,病凶
羊刃	卯	辰	午	未	午	未	酉	戌	子	丑	動凶血光
天盜	子	亥	卯	申	巳	子	亥	卯	申	巳	盜難
天賊	辰	午	申	亥	寅	辰	午	申	亥	寅	盜難
天羅	卯	巳	午	申	午	申	酉	亥	子	寅	官訟
日刑	巳	辰	申	丑	申	丑	寅	未	亥	戌	官災

5. 일지신살(日支神煞)

日支	子	丑	寅	卯	辰	巳	午	未	申	酉	戌	亥	解意
劫殺	巳	寅	亥	申	巳	寅	亥	申	巳	寅	亥	申	劫盜病凶
支德	巳	午	未	申	酉	戌	亥	子	丑	寅	卯	辰	解凶占吉
病符	亥	子	丑	寅	卯	辰	巳	午	未	申	酉	戌	病凶
死神	卯	辰	巳	午	未	申	酉	戌	亥	子	丑	寅	病凶
驛馬	寅	亥	申	巳	寅	亥	申	巳	寅	亥	申	巳	遠行
支儀	午	巳	辰	卯	寅	丑	未	申	酉	戌	亥	子	解凶占吉
破碎	巳	丑	酉	巳	丑	酉	巳	丑	酉	巳	丑	酉	破財
咸池	酉	午	卯	子	酉	午	卯	子	酉	午	卯	子	淫亂口舌
支馬	寅	亥	申	巳	寅	亥	申	巳	寅	亥	申	巳	遠行
滅門	亥	午	丑	申	卯	戌	巳	子	未	寅	酉	辰	大凶

| 부록 720과 |

(1) 甲子日 (空亡 : 戌亥, 儀 : 子, 奇 : 丑, 德 : 寅, 祿 : 寅, 馬 : 寅, 日墓 : 未)

己 朱巳勾	庚 蛇午青	辛 貴未空	壬 后申白	丙 青寅蛇 寅	己 朱巳勾 巳	壬 后申白 申	
戊 合辰合	제1국		癸 陰酉常	丙 青寅蛇 甲	丙 青寅蛇 寅	甲 白子后 子	甲 白子后 子
丁 勾卯朱			O 玄戌玄				
丙 青寅蛇	乙 空丑貴	甲 白子后	O 常亥陰	복음과, 자임, 원태			

戊 合辰合	己 朱巳勾	庚 蛇午青	辛 貴未空	甲 白子后 丑	O 常亥陰 子	O 玄戌玄 亥O	
丁 勾卯朱	제2국		壬 后申白	乙 空丑貴 甲	甲 白子后 丑	O 常亥陰 子	O 玄戌玄 亥O
丙 青寅蛇			癸 陰酉常				
乙 空丑貴	甲 白子后	O 常亥陰	O 玄戌玄	지일과, 육의, 퇴여, 회환			

丁 勾卯朱	戊 合辰合	己 朱巳勾	庚 蛇午青	O 玄戌玄 子	壬 后申白 戌O	庚 蛇午青 申	
丙 青寅蛇	제3국		辛 貴未空	甲 白子后 甲	O 玄戌玄 子	O 玄戌玄 子	壬 后申白 戌O
乙 空丑貴			壬 后申白				
甲 白子后	O 常亥陰	O 玄戌玄	癸 陰酉常	원수과, 참관, 불비, 육양, 폐구			

丙 青寅蛇	丁 勾卯朱	戊 合辰合	己 朱巳勾	庚 蛇午青 酉	丁 勾卯朱 午	甲 白子后 卯	
乙 空丑貴	제4국		庚 蛇午青	O 常亥陰 甲	壬 后申白 亥	癸 陰酉常 子	庚 蛇午青 酉
甲 白子后			辛 貴未空				
O 常亥陰	O 玄戌玄	癸 陰酉常	壬 后申白	원수과, 삼교			

乙 空丑貴	丙 白寅后	丁 常卯陰	戊 玄辰玄	O 合戌合 寅	庚 后午白 戌O	丙 白寅后 午	
甲 青子蛇	제5국		己 陰巳常	O 合戌合 甲	庚 后午白 戌O	壬 蛇申青 子	戊 玄辰玄 申
O 勾亥朱			庚 后午白				
O 合戌合	癸 朱酉勾	壬 蛇申青	辛 貴未空	중심과, 참관, 교동(낮), 일녀, 육양			

甲 青子蛇	乙 空丑貴	丙 白寅后	丁 常卯陰	丙 白寅后 未	癸 朱酉勾 寅	戊 玄辰玄 酉	
O 勾亥朱	제6국		戊 玄辰玄	癸 朱酉勾 甲	戊 玄辰玄 酉	辛 貴未空 子	丙 白寅后 未
O 合戌合			己 陰巳常				
癸 朱酉勾	壬 蛇申青	辛 貴未空	庚 后午白	지일과, 유도액			

O 勾亥朱	甲 青子蛇	乙 空丑貴	丙 白寅后	丙 白寅后 申	壬 蛇申青 寅	丙 白寅后 申	
O 合戌合	제7국		丁 常卯陰	壬 蛇申青 甲	丙 白寅后 申	庚 后午白 子	甲 青子蛇 午
癸 朱酉勾			戊 玄辰玄				
壬 蛇申青	辛 貴未空	庚 后午白	己 陰巳常	반음과, 섭해, 원태, 육양			

O 合戌合	O 勾亥朱	甲 青子蛇	乙 空丑貴	甲 青子蛇 未	己 陰巳常 子	O 合戌合 巳	
癸 朱酉勾	제8국		丙 白寅后	辛 貴未空 甲	甲 青子蛇 未	己 陰巳常 子	O 合戌合 巳
壬 蛇甲白			丁 常卯陰				
辛 貴未空	庚 后午白	己 陰巳常	戊 玄辰玄	지일과, 주인, 승헌, 장도액			

癸 朱酉勾	O 合戌合	O 勾亥朱	甲 青子蛇	戊 玄辰玄 子	壬 蛇申青 辰	甲 青子蛇 申	
壬 蛇申青	제9국		乙 空丑貴	庚 后午白 甲	O 合戌合 午	戊 玄辰玄 子	壬 蛇申青 辰
辛 貴未空			丙 白寅后				
庚 后午白	己 陰巳常	戊 玄辰玄	丁 常卯陰	원수과, 참관, 여덕, 윤하, 폐구			

壬 蛇申青	癸 朱酉勾	O 合戌合	O 勾亥朱	壬 蛇申青 巳	O 勾亥朱 申	丙 白寅后 亥O	
辛 貴未空	제10국		甲 青子蛇	己 陰巳常 甲	壬 蛇申青 巳	丁 常卯陰 子	庚 后午白 卯
庚 后午白			乙 空丑貴				
己 陰巳常	戊 玄辰玄	丁 常卯陰	丙 白寅后	중심과, 원태, 천망			

辛 貴未空	壬 后申白	癸 陰酉常	O 玄戌玄	戊 合辰合 寅	庚 蛇午青 辰	壬 后申白 午	
庚 蛇午青	제11국		O 常亥陰	戊 合辰合 甲	庚 蛇午青 辰	丙 青寅蛇 子	戊 合辰合 寅
己 朱巳勾			甲 白子后				
戊 合辰合	丁 勾卯朱	丙 青寅蛇	乙 空丑貴	중심과, 참관, 불비, 교동(낮), 육양			

庚 蛇午青	辛 貴未空	壬 后申白	癸 陰酉常	戊 合辰合 卯	己 朱巳勾 辰	庚 蛇午青 巳	
己 朱巳勾	제12국		O 玄戌玄	丁 勾卯朱 甲	戊 合辰合 卯	乙 空丑貴 子	丙 青寅蛇 丑
戊 合辰合			O 常亥陰				
丁 勾卯朱	丙 青寅蛇	乙 空丑貴	甲 白子后	중심과, 진여			

(2) 乙丑日 (空亡:戌亥, 儀:子, 奇:丑, 德:申, 祿:卯, 馬:亥, 日墓:未)

己 合巳青	庚 朱午空	辛 蛇未白	壬 貴申常	戊 勾辰勾 辰	乙 白丑蛇 丑	O 陰戌陰 戌O	
戊 勾辰勾	제1국		癸 后酉玄	戊 勾辰勾 乙	戊 勾辰勾 辰	乙 白丑蛇 丑	乙 白丑蛇 丑
丁 青卯合			O 陰戌陰				
丙 空寅朱	乙 白丑蛇	甲 常子貴	O 合亥后	복음과, 자신, 참관, 가색			

戊 勾辰勾	己 合巳青	庚 朱午空	辛 蛇未白	甲 常子貴 丑	O 玄亥后 子	O 陰戌陰 亥O	
丁 青卯合	제2국		壬 貴申常	丁 青卯合 乙	丙 空寅朱 卯	甲 常子貴 丑	O 玄亥后 子
丙 空寅朱			癸 后酉玄				
乙 白丑蛇	甲 常子貴	O 玄亥后	O 陰戌陰	중심과, 육의, 회환, 여덕(낮)			

丁 青卯合	戊 勾辰勾	己 合巳青	庚 朱午空	O 玄亥后 丑	癸 后酉玄 亥O	辛 蛇未白 酉	
丙 空寅朱	제3국		辛 蛇未白	丙 空寅朱 乙	甲 常子貴 寅	O 玄亥后 丑	癸 后酉玄 亥O
乙 白丑蛇			壬 貴申常				
甲 常子貴	O 玄亥后	O 陰戌陰	癸 后酉玄	중심과, 퇴간전			

丙 空寅朱	丁 青卯合	戊 勾辰勾	己 合巳青	乙 白丑蛇 辰	O 陰戌陰 丑	辛 蛇未白 戌O	
乙 白丑蛇	제4국		庚 朱午空	乙 白丑蛇 乙	O 陰戌陰 丑	O 陰戌陰 丑	辛 蛇未白 戌O
甲 常子貴			辛 蛇未白				
O 玄亥后	O 陰戌陰	癸 后酉玄	壬 貴申常	중심과, 불비, 가색, 여덕(밤)			

乙 青丑蛇	丙 空寅朱	丁 白卯合	戊 常辰勾	己 玄巳青 酉	乙 青丑蛇 巳	癸 蛇酉玄 丑	
甲 勾子貴	제5국		己 玄巳青	甲 勾子貴 乙	壬 貴申常 子	癸 蛇酉玄 丑	己 玄巳青 酉
O 合亥后			庚 陰午空				
O 朱戌陰	癸 蛇酉玄	壬 貴申常	辛 后未白	원수과, 종혁, 화미			

甲 勾子貴	乙 青丑后	丙 空寅陰	丁 白卯玄	丁 白卯玄 申	O 朱戌朱 卯	己 玄巳白 戌O	
O 合亥蛇	제6국		戊 常辰常	O 合亥蛇 乙	庚 陰午空 亥	壬 貴申勾 丑	丁 白卯玄 甲
O 朱戌朱			己 玄巳白				
癸 蛇酉合	壬 貴申勾	辛 后未青	庚 陰午空	지일과, 착륜			

O 合亥蛇	甲 勾子貴	乙 青丑后	丙 空寅陰	O 朱戌朱 辰	戊 常辰常 戌O	O 朱戌朱 辰	
O 朱戌朱	제7국		丁 白卯玄	O 朱戌朱 乙	戊 常辰常 戌O	辛 后未青 丑	乙 青丑后 未
癸 蛇酉合			戊 常辰常				
壬 貴申勾	辛 后未青	庚 陰午空	己 玄巳白	반음과, 무의, 참관, 가색			

O 朱戌朱	O 合亥蛇	甲 勾子貴	乙 青丑后	丙 空寅陰 酉	辛 后未青 寅	甲 勾子貴 未	
癸 蛇酉合	제8국		丙 空寅陰	癸 蛇酉合 乙	丙 空寅陰 酉	庚 陰午空 丑	O 合亥蛇 午
壬 貴申勾			丁 白卯玄				
辛 后未青	庚 陰午空	己 玄巳白	戊 常辰常	중심과, 여덕, 천옥			

癸 蛇酉合	O 朱戌朱	O 合亥蛇	甲 勾子貴	癸 蛇酉合 巳	乙 青丑后 酉	己 玄巳白 丑	
壬 貴申勾	제9국		乙 青丑后	壬 貴申勾 乙	甲 勾子貴 申	己 玄巳白 丑	癸 蛇酉合 巳
辛 后未青			丙 空寅陰				
庚 陰午空	己 玄巳白	戊 常辰常	丁 白卯玄	중심과, 교동(밤), 종혁			

壬 貴申勾	癸 后酉合	O 陰戌朱	O 玄亥蛇	辛 蛇未青 辰	O 陰戌朱 未	乙 白丑后 戌O	
辛 蛇未青	제10국		甲 常子貴	辛 蛇未青 乙	O 陰戌朱 未	戊 勾辰常 丑	辛 蛇未青 辰
庚 朱午空			乙 白丑后				
己 合巳白	戊 勾辰常	丁 青卯玄	丙 空寅陰	중심과, 가색, 불비, 여덕(밤)			

辛 蛇未青	壬 貴申勾	癸 后酉合	O 陰戌朱	壬 貴申勾 午	O 陰戌朱 申	申 常子貴 戌O	
庚 朱午空	제11국		O 玄亥蛇	庚 朱午空 乙	壬 貴申勾 午	丁 青卯玄 丑	己 合巳白 卯
己 合巳白			甲 常子貴				
戊 勾辰常	丁 青卯玄	丙 空寅陰	乙 白丑后	중심과, 간전, 권섭부정			

庚 朱午空	辛 蛇未白	壬 貴申常	癸 后酉玄	丙 空寅朱 丑	丁 青卯合 寅	戊 勾辰勾 卯	
己 合巳青	제12국		O 陰戌陰	己 合巳青 乙	庚 朱午空 巳	丙 空寅朱 丑	丁 青卯合 寅
戊 勾辰勾			O 玄亥后				
丁 青卯合	丙 空寅朱	乙 白丑蛇	甲 常子貴	원수과, 진여			

(3) 丙寅日 (空亡：戌亥, 儀：子, 奇：丑, 德：巳, 祿：巳, 馬：申, 日墓：戌)

己 勾巳空	庚 合午白	辛 朱未常	壬 蛇申玄	己 勾巳空 巳	壬 蛇申玄 申	丙 白寅合 寅	
戊 青辰青	제1국		癸 貴酉陰	己 勾巳空 丙	己 勾巳空 巳	丙 白寅合 寅	丙 白寅合 寅
丁 空卯勾			O 后戌后				
丙 白寅合	乙 常丑朱	甲 玄子蛇	O 陰亥貴	복음과, 현태, 자임, 여덕(낮)			

戊 青辰青	己 勾巳空	庚 合午白	辛 朱未常	甲 玄子蛇 丑	O 陰亥貴 子	O 后戌后 亥O	
丁 空卯勾	제2국		壬 蛇申玄	戊 青辰青 丙	丁 空卯勾 辰	乙 常丑朱 寅	甲 玄子蛇 丑
丙 白寅合			癸 貴酉陰				
乙 常丑朱	甲 玄子蛇	O 陰亥貴	O 后戌后	지일과, 퇴여, (낮)폐구, 육의			

丁 空卯勾	戊 白辰青	己 常巳空	庚 玄午白	乙 勾丑朱 卯	O 朱亥貴 丑	癸 貴酉陰 亥O	
丙 青寅合	제3국		辛 陰未常	丁 空卯勾 丙	乙 勾丑朱 卯	甲 合子蛇 寅	O 蛇戌后 子
乙 勾丑朱			壬 后申玄				
甲 合子蛇	O 朱亥貴	O 蛇戌后	癸 貴酉陰	중심과, 퇴간전, 삼기			

丙 青寅合	丁 空卯勾	戊 白辰青	己 常巳空	O 朱亥貴 寅	壬 后申玄 亥O	己 常巳空 申	
乙 勾丑朱	제4국		庚 玄午白	丙 青寅合 丙	O 朱亥貴 寅	O 朱亥貴 寅	壬 后申玄 亥O
甲 合子蛇			辛 陰未常				
O 朱亥貴	O 蛇戌后	癸 貴酉陰	壬 后申玄	요극과, 호시, 불비, 현태			

乙 勾丑朱	丙 青寅合	丁 空卯勾	戊 白辰青	O 蛇戌后 寅	庚 玄午白 戌O	丙 青寅合 午	
甲 合子蛇	제5국		己 常巳空	乙 勾丑朱 丙	癸 貴酉陰 丑	O 蛇戌后 寅	庚 玄午白 戌O
O 朱亥貴			庚 玄午白				
O 蛇戌后	癸 貴酉陰	壬 后申玄	辛 陰未常	중심과, 참관, 염상, 교동(밤), 여덕(밤)			

甲 合子蛇	乙 勾丑朱	丙 青寅合	丁 空卯勾	甲 合子蛇 巳	辛 陰未常 子	丙 青寅合 未	
O 朱亥貴	제6국		戊 白辰青	甲 合子蛇 丙	辛 陰未常 子	癸 貴酉陰 寅	戊 白辰青 酉
O 蛇戌后			己 常巳空				
癸 貴酉陰	壬 后申玄	辛 陰未常	庚 玄午白	지일과, 비용, 사절, 유도액			

O 朱亥貴	甲 合子后	乙 勾丑陰	丙 青寅玄	丙 青寅玄 申	壬 后申合 寅	丙 青寅玄 申	
O 蛇戌蛇	제7국		丁 空卯常	O 朱亥貴 丙	己 常巳空 亥O	壬 后申合 寅	丙 青寅玄 申
癸 貴酉朱			戊 白辰白				
壬 后申合	辛 陰未勾	庚 玄午青	己 常巳空	반음과, 무의, 현태, 여덕(낮)			

O 蛇戌蛇	O 朱亥貴	甲 合子后	乙 勾丑陰	甲 合子后 未	己 常巳空 子	O 蛇戌蛇 巳	
癸 貴酉朱	제8국		丙 青寅玄	O 蛇戌蛇 丙	丁 空卯常 戌O	辛 陰未勾 寅	甲 合子后 未
壬 后申合			丁 空卯常				
辛 陰未勾	庚 玄午青	己 常巳空	戊 白辰白	지일과, 비용, 육의, 주인			

癸 貴酉朱	O 后戌蛇	O 陰亥貴	甲 玄子后	癸 貴酉朱 巳	乙 常丑陰 酉	己 勾巳空 丑	
壬 蛇申合	제9국		乙 常丑陰	癸 貴酉朱 丙	乙 常丑陰 酉	庚 合午青 寅	O 后戌蛇 午
辛 朱未勾			丙 白寅玄				
庚 合午青	己 勾巳空	戊 青辰白	丁 空卯常	중심과, 종혁			

壬 蛇申合	癸 貴酉朱	O 后戌蛇	O 陰亥貴	壬 蛇申合 巳	O 陰亥貴 申	丙 白寅玄 亥O	
辛 朱未勾	제10국		甲 玄子后	壬 蛇申合 丙	O 陰亥貴 申	己 勾巳空 寅	壬 蛇申合 巳
庚 合午青			乙 常丑陰				
己 勾巳空	戊 青辰白	丁 空卯常	丙 白寅玄	중심과, 불비, 권섭부정			

辛 朱未勾	壬 蛇申合	癸 貴酉朱	O 后戌蛇	戊 青辰白 寅	庚 合午青 辰	壬 蛇申合 午	
庚 合午青	제11국		O 陰亥貴	辛 朱未勾 丙	癸 貴酉朱 未	戊 青辰白 寅	庚 合午青 辰
己 勾巳空			甲 玄子后				
戊 青辰白	丁 空卯常	丙 白寅玄	乙 常丑陰	중심과, 참관, 간전, 여덕(밤)			

庚 合午青	辛 朱未勾	壬 蛇申合	癸 貴酉朱	戊 青辰白 卯	己 勾巳空 辰	庚 合午青 巳	
己 勾巳空	제12국		O 后戌蛇	庚 合午青 丙	辛 朱未勾 午	丁 空卯常 寅	戊 青辰白 卯
戊 青辰白			O 陰亥貴				
丁 空卯常	丙 白寅玄	乙 常丑陰	甲 玄子后	중심과, 진여			

(4) 丁卯日 (空亡: 戊亥, 儀: 子, 奇: 丑, 德: 亥, 祿: 午, 馬: 巳, 日墓: 戌)

己 空巳勾	庚 白午合	辛 常未朱	壬 玄申蛇
戊 青辰青	제1국		癸 陰酉貴
丁 勾卯空			O 后戌后
丙 合寅白	乙 朱丑常	甲 蛇子玄	O 貴亥陰

丁 勾卯空 卯	甲 蛇子玄 子	庚 白午合 午

辛 常未朱 丁	辛 常未朱 未	丁 勾卯空 卯	丁 勾卯空 卯

복음과, 자신, 삼교, 용덕, 여덕(밤)

戊 青辰青	己 空巳勾	庚 白午合	辛 常未朱
丁 勾卯空	제2국		壬 玄申蛇
丙 合寅白			癸 陰酉貴
乙 朱丑常	甲 蛇子玄	O 貴亥陰	O 后戌后

乙 朱丑常 寅	甲 蛇子玄 丑	O 貴亥陰 子

庚 白午合 丁	己 空巳勾 午	丙 合寅白 卯	乙 朱丑常 寅

중심과, 퇴여, 삼기

丁 勾卯空	戊 青辰白	己 空巳常	庚 白午玄
丙 合寅青	제3국		辛 常未陰
乙 朱丑勾			壬 玄申后
甲 蛇子合	O 貴亥朱	O 后戌蛇	癸 陰酉貴

O 貴亥朱 丑	癸 陰酉貴 亥O	辛 常未陰 酉

己 空巳常 丁	丁 勾卯空 巳	乙 朱丑勾 卯	O 貴亥朱 丑

섭해과, 찰미, 육음, 간전

丙 合寅青	丁 勾卯空	戊 青辰白	己 空巳常
乙 朱丑勾	제4국		庚 白午玄
甲 蛇子合			辛 常未陰
O 貴亥朱	O 后戌蛇	癸 陰酉貴	壬 玄申后

甲 蛇子合 卯	癸 陰酉貴 子	庚 白午玄 酉

戊 青辰白 丁	乙 朱丑勾 辰	甲 蛇子合 卯	癸 陰酉貴 子

요극과, 호시, 육의, 삼교

乙 朱丑勾	丙 合寅青	丁 勾卯空	戊 青辰白
甲 蛇子合	제5국		己 空巳常
O 貴亥朱			庚 白午玄
O 后戌蛇	癸 陰酉貴	壬 玄申后	辛 常未陰

辛 常未陰 亥	丁 勾卯空 未	O 貴亥朱 卯

丁 勾卯空 丁	O 貴亥朱 卯	O 貴亥朱 卯	辛 常未陰 亥O

원수과, 불비, 여덕(낮), 육음

甲 蛇子合	乙 朱丑勾	丙 合寅青	丁 勾卯空
O 貴亥朱	제6국		戊 青辰白
O 后戌蛇			己 空巳常
癸 陰酉貴	壬 玄申后	辛 常未陰	庚 白午玄

O 后戌蛇 卯	己 空巳常 戌O	甲 蛇子合 巳

丙 合寅青 丁	癸 陰酉貴 寅	O 后戌蛇 卯	己 空巳常 戌O

중심과, 참관

O 貴亥朱	甲 后子合	乙 陰丑勾	丙 玄寅青
O 蛇戌蛇	제7국		丁 常卯空
癸 朱酉貴			戊 白辰白
壬 合申后	辛 勾未陰	庚 青午玄	己 空巳常

丁 常卯空 酉	癸 朱酉貴 卯	丁 常卯空 酉

乙 陰丑勾 丁	辛 勾未陰 丑	癸 朱酉貴 卯	丁 常卯空 酉

반음과, 용전, 삼교, 육음

O 蛇戌蛇	O 貴亥朱	甲 后子合	乙 陰丑勾
癸 朱酉貴	제8국		丙 玄寅青
壬 合申后			丁 常卯空
辛 勾未陰	庚 青午玄	己 空巳常	戊 白辰白

己 空巳常 子	O 蛇戌蛇 巳	丁 常卯空 戌O

甲 后子合 丁	己 空巳常 子	壬 合申后 卯	乙 陰丑勾 申

중심과, 주인

癸 朱酉貴	O 蛇戌后	O 貴亥陰	甲 后子玄
壬 合申蛇	제9국		乙 陰丑常
辛 勾未朱			丙 玄寅白
庚 青午合	己 空巳勾	戊 白辰青	丁 常卯空

O 貴亥陰 未	丁 常卯空 亥O	辛 勾未朱 卯

O 貴亥陰 丁	丁 常卯空 亥O	辛 勾未朱 卯	O 貴亥陰 未

섭해과, 불비, 회환, 곡직

壬 合申蛇	癸 朱酉貴	O 蛇戌后	O 貴亥陰
辛 勾未朱	제10국		甲 后子玄
庚 青午合			乙 陰丑常
己 空巳勾	戊 白辰青	丁 常卯空	丙 玄寅白

癸 朱酉貴 午	甲 后子玄 酉	丁 常卯空 子

O 蛇戌后 丁	乙 陰丑常 戌O	庚 青午合 卯	癸 朱酉貴 午

중심과, 삼교, 권섭부정

辛 勾未朱	壬 合申蛇	癸 朱酉貴	O 蛇戌后
庚 青午合	제11국		O 貴亥陰
己 空巳勾			甲 后子玄
戊 白辰青	丁 常卯空	丙 玄寅白	乙 陰丑常

癸 朱酉貴 未	O 貴亥陰 酉	乙 陰丑常 亥O

癸 朱酉貴 丁	O 貴亥陰 酉	己 空巳勾 卯	辛 勾未朱 巳

중심과, 여덕(낮), 육음

庚 青午合	辛 勾未朱	壬 合申蛇	癸 朱酉貴
己 空巳勾	제12국		O 蛇戌后
戊 白辰青			O 貴亥陰
丁 常卯空	丙 玄寅白	乙 陰丑常	甲 后子玄

戊 白辰青 卯	己 空巳勾 辰	庚 青午合 巳

壬 合申蛇 丁	癸 朱酉貴 申	戊 白辰青 卯	己 空巳勾 辰

섭해과, 참관, 진여

(5) 戊辰日 (空亡:戊亥, 儀:子, 奇:丑, 德:巳, 祿:巳, 馬:寅, 日墓:戌)

己 勾巳朱	庚 青午蛇	辛 空未貴	壬 白申后
戊 合辰合	제1국		癸 常酉陰
丁 朱卯勾			O 玄戌玄
丙 蛇寅青	乙 貴丑空	甲 后子白	O 陰亥常

己 勾巳朱 巳	壬 白申后 申	丙 蛇寅青 寅

己 勾巳朱 戊	己 勾巳朱 巳	戊 合辰合 辰	戊 合辰合 辰

복음과, 자임, 현태

戊 合辰合	己 勾巳朱	庚 青午蛇	辛 空未貴
丁 朱卯勾	제2국		壬 白申后
丙 蛇寅青			癸 常酉陰
乙 貴丑空	甲 后子白	O 陰亥常	O 玄戌玄

丁 朱卯勾 辰	丙 蛇寅青 卯	乙 貴丑空 寅

戊 合辰合 戊	丁 朱卯勾 辰	丁 朱卯卯 辰	丙 蛇寅青 卯

원수과, 불비, 퇴여

丁 朱卯勾	戊 合辰合	己 勾巳朱	庚 青午蛇
丙 蛇寅青	제3국		辛 空未貴
乙 貴丑空			壬 白申后
甲 后子白	O 陰亥常	O 玄戌玄	癸 常酉陰

乙 貴丑空 卯	O 陰亥常 丑	癸 常酉陰 亥O

丁 朱卯勾 戊	乙 貴丑空 卯	丙 蛇寅青 辰	甲 后子白 寅

중심과, 삼기, 역간전, 여덕(낮)

丙 蛇寅青	丁 朱卯勾	戊 合辰合	己 勾巳朱
乙 貴丑空	제4국		庚 青午蛇
甲 后子白			辛 空未貴
O 陰亥常	O 玄戌玄	癸 常酉陰	壬 白申后

丙 蛇寅青 巳	O 陰亥常 寅	壬 白申后 亥O

丙 蛇寅青 戊	O 陰亥常 寅	乙 貴丑空 辰	O 玄戌玄 丑

원수과, 현태

乙 貴丑空	丙 后寅白	丁 陰卯常	戊 玄辰玄
甲 蛇子青	제5국		己 常巳陰
O 朱亥勾			庚 白午后
O 合戌合	癸 勾酉朱	壬 青申蛇	辛 空未貴

甲 蛇子青 辰	壬 青申蛇 子	戊 玄辰玄 申

乙 貴丑空 戊	癸 勾酉朱 丑	甲 蛇子青 辰	壬 青申蛇 子

중심과, 윤하, 육의, 화미

甲 蛇子青	乙 貴丑空	丙 后寅白	丁 陰卯常
O 朱亥勾	제6국		戊 玄辰玄
O 合戌合			己 常巳陰
癸 勾酉朱	壬 青申蛇	辛 空未貴	庚 白午后

甲 蛇子青 巳	辛 空未貴 子	丙 后寅白 未

甲 蛇子青 戊	辛 空未貴 子	O 朱亥勾 辰	庚 白午后 亥O

섭해과, 장도액, 육의, 사절

O 朱亥勾	甲 蛇子青	乙 貴丑空	丙 后寅白
O 合戌合	제7국		丁 陰卯常
癸 勾酉朱			戊 玄辰玄
壬 青申蛇	辛 空未貴	庚 白午后	己 常巳陰

己 常巳陰 亥O	O 朱亥勾 巳	己 常巳陰 亥O

O 朱亥勾 戊	己 常巳陰 亥O	O 合戌合 辰	戊 玄辰玄 戌O

반음과, 무의, 현태

O 合戌合	O 朱亥勾	甲 蛇子青	乙 貴丑空
癸 勾酉朱	제8국		丙 后寅白
壬 青申蛇			丁 陰卯常
辛 空未貴	庚 白午后	己 常巳陰	戊 玄辰玄

丙 后寅白 酉	辛 空未貴 寅	甲 蛇子青 未

O 合戌合 戊	丁 陰卯常 戌O	癸 勾酉朱 辰	丙 后寅白 酉

중심과

癸 勾酉朱	O 合戌合	O 朱亥勾	甲 蛇子青
壬 青申蛇	제9국		乙 貴丑空
辛 空未貴			丙 后寅白
庚 白午后	己 常巳陰	戊 玄辰玄	丁 陰卯常

甲 蛇子青 申	戊 玄辰玄 子	壬 青申蛇 辰

癸 勾酉朱 戊	乙 貴丑空 酉	壬 青申蛇 辰	甲 蛇子青 申

요극과, 탄사, 윤하, 여덕(밤), 육의

壬 青申蛇	癸 勾酉朱	O 合戌合	O 朱亥勾
辛 空未貴	제10국		甲 蛇子青
庚 白午后			乙 貴丑空
己 常巳陰	戊 玄辰玄	丁 陰卯常	丙 后寅白

O 朱亥勾 申	丙 后寅白 亥O	己 常巳陰 寅

壬 青申蛇 戊	O 朱亥勾 申	辛 空未貴 辰	O 合戌合 未

요극과, 탄사, 현태

辛 空未貴	壬 白申后	癸 常酉陰	O 玄戌玄
庚 青午蛇	제11국		O 陰亥常
己 勾巳朱			甲 后子白
戊 合辰合	丁 朱卯勾	丙 蛇寅青	乙 貴丑空

壬 白申后 午	O 玄戌玄 申	甲 后子白 戌O

辛 空未貴 戊	癸 常酉陰 未	庚 青午蛇 辰	壬 白申后 午

중심과, 진간전

庚 青午蛇	辛 空未貴	壬 白申后	癸 常酉陰
己 勾巳朱	제12국		O 玄戌玄
戊 合辰合			O 陰亥常
丁 朱卯勾	丙 蛇寅青	乙 貴丑空	甲 后子白

丙 蛇寅青 丑	庚 青午蛇 巳	庚 青午蛇 巳

庚 青午蛇 戊	壬 白申后 午	己 勾巳朱 辰	庚 青午蛇 巳

별책과, 불비, 권섭부정

(6) 己巳日 (空亡 : 戌亥, 儀 : 子, 奇 : 丑, 德 : 寅, 祿 : 午, 馬 : 亥, 日墓 : 戌)

己 青巳合	庚 空午朱	辛 白未蛇	壬 常申貴
戊 勾辰勾	제1국		癸 玄酉后
丁 合卯青			O 陰戌陰
丙 朱寅空	乙 蛇丑白	甲 貴子常	O 后亥玄

己 青巳合 巳	壬 常申貴 申	丙 朱寅空 寅	
辛 白未蛇 己	辛 白未蛇 未	己 青巳合 巳	己 青巳合 巳

복음과, 자신, 원태

戊 勾辰勾	己 青巳合	庚 空午朱	辛 白未蛇
丁 合卯青	제2국		壬 常申貴
丙 朱寅空			癸 玄酉后
乙 蛇丑白	甲 貴子常	O 后亥玄	O 陰戌陰

丁 合卯青 辰	丙 朱寅空 卯	乙 蛇丑白 寅	
庚 空午朱 己	己 青巳合 午	戊 勾辰勾 巳	丁 合卯青 辰

원수과, 퇴여, 둔삼기

丁 合卯青	戊 勾辰勾	己 青巳合	庚 空午朱
丙 朱寅空	제3국		辛 白未蛇
乙 蛇丑白			壬 常申貴
甲 貴子常	O 后亥玄	O 陰戌陰	癸 玄酉后

乙 蛇丑白 卯	O 后亥玄 丑	癸 玄酉后 亥O	
己 青巳合 己	丁 合卯青 巳	丁 合卯青 巳	乙 蛇丑白 卯

중심과, 극음, 육음, 삼기, 불비

丙 朱寅空	丁 合卯白	戊 勾辰常	己 青巳玄
乙 蛇丑青	제4국		庚 空午陰
甲 貴子勾			辛 白未后
O 后亥合	O 陰戌朱	癸 玄酉蛇	壬 常申貴

丙 朱寅空 巳	O 后亥合 寅	壬 常申貴 亥O	
戊 勾辰常 己	乙 蛇丑青 辰	丙 朱寅空 巳	O 后亥合 寅

요극과, 호시, 현태, 여덕(낮)

乙 蛇丑青	丙 朱寅空	丁 合卯白	戊 勾辰常
甲 貴子勾	제5국		己 青巳玄
O 后亥合			庚 空午陰
O 陰戌朱	癸 玄酉蛇	壬 常申貴	辛 白未后

丁 合卯白 未	O 后亥合 卯	辛 白未后 亥O	
丁 合卯白 己	O 后亥合 卯	乙 蛇丑青 巳	癸 玄酉蛇 丑

원수과, 육음, 일녀, 곡직

甲 貴子勾	乙 后丑青	丙 陰寅空	丁 玄卯白
O 蛇亥合	제6국		戊 常辰常
O 朱戌朱			己 白巳玄
癸 合酉蛇	壬 勾申貴	辛 青未后	庚 空午陰

癸 合酉蛇 寅	戊 常辰常 酉	O 蛇亥合 辰	
丙 陰寅空 己	癸 合酉蛇 寅	甲 貴子勾 巳	辛 青未后 子

섭해과, 견기, 절사

O 蛇亥合	甲 貴子勾	乙 后丑青	丙 陰寅空
O 朱戌朱	제7국		丁 玄卯白
癸 合酉蛇			戊 常辰常
壬 勾申貴	辛 青未后	庚 空午陰	己 白巳玄

己 白巳玄 亥	O 蛇亥合 巳	己 白巳玄 亥O	
乙 后丑青 己	辛 青未后 丑	O 蛇亥合 巳	己 白巳玄 亥O

반음과, 현태, 육음, 회환

O 朱戌朱	O 蛇亥合	甲 貴子勾	乙 后丑青
癸 合酉蛇	제8국		丙 陰寅空
壬 勾申貴			丁 玄卯白
辛 青未后	庚 空午陰	己 白巳玄	戊 常辰常

己 白巳玄 子	O 朱戌朱 巳	丁 玄卯白 戌O	
甲 貴子勾 己	己 白巳玄 子	O 朱戌朱 巳	丁 玄卯白 戌O

지일과, 회환, 주인, 여덕(밤), 폐구

癸 合酉蛇	O 朱戌朱	O 蛇亥合	甲 貴子勾
壬 勾申貴	제9국		乙 后丑青
辛 青未后			丙 陰寅空
庚 空午陰	己 白巳玄	戊 常辰常	丁 玄卯白

癸 合酉蛇 巳	乙 后丑青 酉	己 白巳玄 丑	
O 蛇亥合 己	丁 玄卯白 亥	癸 合酉蛇 巳	乙 后丑青 酉

섭해과, 견기, 교동, 육음

壬 勾申貴	癸 合酉后	O 朱戌陰	O 蛇亥玄
辛 青未蛇	제10국		甲 貴子常
庚 空午朱			乙 后丑白
己 白巳合	戊 常辰勾	丁 玄卯青	丙 陰寅空

壬 勾申貴 巳	O 蛇亥玄 申	丙 陰寅空 亥O	
O 朱戌陰 己	乙 后丑白 戌O	壬 勾申貴 巳	O 蛇亥玄 申

중심과, 현태, 여덕(낮)

辛 青未蛇	壬 勾申貴	癸 合酉后	O 朱戌陰
庚 空午朱	제11국		O 蛇亥玄
己 白巳合			甲 貴子常
戊 常辰勾	丁 玄卯青	丙 陰寅空	乙 后丑白

O 蛇亥玄 酉	乙 后丑白 亥O	丁 玄卯青 丑	
癸 合酉后 己	O 蛇亥玄 酉	辛 青未蛇 巳	癸 合酉后 未

요극과, 탄사, 불비, 육음

庚 空午朱	辛 白未蛇	壬 常申貴	癸 玄酉后
己 青巳合	제12국		O 陰戌陰
戊 勾辰勾			O 后亥玄
丁 合卯青	丙 朱寅空	乙 蛇丑白	甲 貴子常

壬 常申貴 未	壬 常申貴 未	庚 空午朱 巳	
壬 常申貴 己	癸 玄酉后 申	庚 空午朱 巳	辛 白未蛇 午

묘성과, 동사엄목, 권섭부정

(7) 庚午日 (空亡 : 戌亥, 儀 : 子, 奇 : 丑, 德 : 申, 祿 : 申, 馬 : 申, 日墓 : 丑)

己 勾巳朱	庚 青午蛇	辛 空未貴	壬 白申后
戊 合辰合	제1국		癸 常酉陰
丁 朱卯勾			O 玄戌玄
丙 蛇寅青	乙 貴丑空	甲 后子白	O 陰亥常

壬 白申后 申	丙 蛇寅青 寅	己 勾巳朱 巳

壬 白申后 庚	壬 白申后 申	庚 青午蛇 午	庚 青午蛇 午

복음과, 자임, 현태

戊 合辰合	己 勾巳朱	庚 青午蛇	辛 空未貴
丁 朱卯勾	제2국		壬 白申后
丙 蛇寅青			癸 常酉陰
乙 貴丑空	甲 后子白	O 陰亥常	O 玄戌玄

庚 青午蛇 未	己 勾巳朱 午	戊 合辰合 巳

辛 空未貴 庚	庚 青午蛇 未	己 勾巳朱 午	戊 合辰合 巳

요극과, 호시, 퇴여, 회환

丁 朱卯勾	戊 合辰合	己 勾巳朱	庚 青午蛇
丙 蛇寅青	제3국		辛 空未貴
乙 貴丑空			壬 白申后
甲 后子白	O 陰亥常	O 玄戌玄	癸 常酉陰

庚 青午蛇 申	戊 合辰合 午	丙 蛇寅青 辰

庚 青午蛇 庚	戊 合辰合 午	戊 合辰合 午	丙 蛇寅青 辰

섭해과, 불비, 역간전

丙 蛇寅青	丁 朱卯勾	戊 合辰合	己 勾巳朱
乙 貴丑空	제4국		庚 青午蛇
甲 后子白			辛 空未貴
O 陰亥常	O 玄戌玄	癸 常酉陰	壬 白申后

己 勾巳朱 申	丙 蛇寅青 巳	O 陰亥常 寅

己 勾巳朱 庚	丙 蛇寅青 巳	丁 朱卯勾 午	甲 后子白 卯

원수과, 현태

乙 貴丑空	丙 后寅白	丁 陰卯常	戊 玄辰玄
甲 蛇子青	제5국		己 常巳陰
O 朱亥勾			庚 白午后
O 合戌合	癸 勾酉朱	壬 青申蛇	辛 空未貴

申 蛇子青 辰	壬 青申蛇 子	戊 玄辰玄 申

戊 玄辰玄 庚	甲 蛇子青 辰	丙 后寅白 午	O 合戌合 寅

섭해과, 윤하, 화미, 육의

甲 蛇子青	乙 貴丑空	丙 后寅白	丁 陰卯常
O 朱亥勾	제6국		戊 玄辰玄
O 合戌合			己 常巳陰
癸 勾酉朱	壬 青申蛇	辛 空未貴	庚 白午后

O 合戌合 卯	己 常巳陰 戌O	甲 蛇子青 巳

丁 陰卯常 庚	O 合戌合 卯	乙 貴丑空 午	壬 青申蛇 丑

지일과, 비용

O 朱亥勾	甲 蛇子青	乙 貴丑空	丙 后寅白
O 合戌合	제7국		丁 陰卯常
癸 勾酉朱			戊 玄辰玄
壬 青申蛇	辛 空未貴	庚 白午后	己 常巳陰

丙 后寅白 申	壬 青申蛇 寅	丙 后寅白 申

丙 后寅白 庚	壬 青申蛇 寅	甲 蛇子青 午	庚 白午后 子

반음과, 현태, 회환, 육양

O 合戌合	O 朱亥勾	甲 蛇子青	乙 貴丑空
癸 勾酉朱	제8국		丙 后寅白
壬 青申蛇			丁 陰卯常
辛 空未貴	庚 白午后	己 常巳陰	戊 玄辰玄

戊 玄辰玄 亥	癸 勾酉朱 辰	丙 后寅白 酉

乙 貴丑空 庚	庚 白午后 丑	O 朱亥勾 午	戊 玄辰玄 亥O

지일과, 비용

癸 勾酉朱	O 合戌合	O 朱亥勾	甲 蛇子青
壬 青申蛇	제9국		乙 貴丑空
辛 空未貴			丙 后寅白
庚 白午后	己 常巳陰	戊 玄辰玄	丁 陰卯常

戊 玄辰玄 子	壬 青申蛇 辰	甲 蛇子青 申

甲 蛇子青 庚	戊 玄辰玄 子	O 合戌合 午	丙 后寅白 戌O

섭해과, 육양, 여덕(밤), 폐구

壬 青申蛇	癸 勾酉朱	O 合戌合	O 朱亥勾
辛 空未貴	제10국		甲 蛇子青
庚 白午后			乙 貴丑空
己 常巳陰	戊 玄辰玄	丁 陰卯常	丙 后寅白

癸 勾酉朱 午	甲 蛇子青 酉	丁 陰卯常 子

O 朱亥勾 庚	丙 后寅白 亥O	癸 勾酉朱 午	甲 蛇子青 酉

중심과, 삼교

辛 空未貴	壬 白申后	癸 常酉陰	O 玄戌玄
庚 青午蛇	제11국		O 陰亥常
己 勾巳朱			甲 后子白
戊 合辰合	丁 朱卯勾	丙 蛇寅青	乙 貴丑空

壬 白申后 午	O 玄戌玄 申	甲 后子白 戌O

O 玄戌玄 庚	甲 后子白 戌O	壬 白申后 午	O 玄戌玄 申

섭해과, 불비, 회환, 육양

庚 青午蛇	辛 空未貴	壬 白申后	癸 常酉陰
己 勾巳朱	제12국		O 玄戌玄
戊 合辰合			O 陰亥常
丁 朱卯勾	丙 蛇寅青	乙 貴丑空	甲 后子白

O 玄戌玄 酉	辛 空未貴 午	癸 常酉陰 申

癸 常酉陰 庚	O 玄戌玄 酉	辛 空未貴 午	壬 白申后 未

묘성과, 호시전봉, 회환

(8) 辛未日 (空亡 : 戌亥, 儀 : 子, 奇 : 丑, 德 : 巳, 祿 : 酉, 馬 : 巳, 日墓 : 丑)

己 合巳蛇	庚 勾午貴	辛 青未后	壬 空申陰	辛 青未后 未	乙 后丑青 丑	O 常戌常 戌O	
戊 朱辰朱	제1국		癸 白酉玄	O 常戌常 辛	O 常戌常 戌O	辛 青未后 未	辛 青未后 未
丁 蛇卯合			O 常戌常				
丙 貴寅勾	乙 后丑青	甲 陰子空	O 玄亥白	복음과, 자신, 가색			

戊 朱辰朱	己 合巳蛇	庚 勾午貴	辛 青未后	己 合巳蛇 午	戊 朱辰朱 巳	丁 蛇卯合 辰	
丁 蛇卯合	제2국		壬 空申陰	癸 白酉玄 辛	壬 空申陰 酉	庚 勾午貴 未	己 合巳蛇 午
丙 貴寅勾			癸 白酉玄				
乙 后丑青	甲 陰子空	O 玄亥白	O 常戌常	요극과, 호시, 퇴여, 여덕(낮)			

丁 蛇卯合	戊 朱辰朱	己 合巳蛇	庚 勾午貴	庚 勾午貴 申	戊 朱辰朱 午	丙 貴寅勾 辰	
丙 貴寅勾	제3국		辛 青未后	壬 空申陰 辛	庚 勾午貴 申	己 合巳蛇 未	丁 蛇卯合 巳
乙 后丑青			壬 空申陰				
甲 陰子空	O 玄亥白	O 常戌常	癸 白酉玄	원수과, 역간전, 고조			

丙 貴寅勾	丁 后卯合	戊 陰辰朱	己 玄巳蛇	O 合亥白 寅	辛 白未后 戌O	辛 白未后 戌	
乙 蛇丑青	제4국		庚 常午貴	辛 白未后 辛	戊 陰辰朱 未	戊 陰辰朱 未	乙 蛇丑青 辰
甲 朱子空			辛 白未后				
O 合亥白	O 勾戌常	癸 青酉玄	壬 空申陰	별책과, 무음, 불비, 여덕(밤)			

乙 蛇丑青	丙 貴寅勾	丁 后卯合	戊 陰辰朱	丁 后卯合 未	O 合亥白 卯	辛 白未后 亥O	
甲 朱子空	제5국		己 玄巳蛇	庚 常午貴 辛	丙 貴寅勾 午	丁 后卯合 未	O 合亥白 卯
O 合亥白			庚 常午貴				
O 勾戌常	癸 青酉玄	壬 空申陰	辛 白未后	지일과, 교동, 곡직			

甲 朱子空	乙 蛇丑白	丙 貴寅常	丁 后卯玄	癸 青酉合 寅	戊 陰辰陰 酉	O 合亥青 辰	
O 合亥青	제6국		戊 陰辰陰	己 玄巳后 辛	甲 朱子空 巳	丙 貴寅常 未	癸 青酉合 寅
O 勾戌勾			己 玄巳后				
癸 青酉合	壬 空申朱	辛 白未蛇	庚 常午貴	섭해과, 견기, 절사			

O 合亥青	甲 朱子空	乙 蛇丑白	丙 貴寅常	己 玄巳后 亥	乙 蛇丑白 未	戊 陰辰陰 戌	
O 勾戌勾	제7국		丁 后卯玄	戊 陰辰陰 辛	O 勾戌勾 辰	乙 蛇丑白 未	辛 白未蛇 丑
癸 青酉合			戊 陰辰陰				
壬 空申朱	辛 白未蛇	庚 常午貴	己 玄巳后	반음과, 무친			

O 勾戌勾	O 合亥青	甲 朱子空	乙 蛇丑白	己 玄巳后 子	O 勾戌勾 巳	丁 后卯玄 戌O	
癸 青酉合	제8국		丙 貴寅常	丁 后卯玄 辛	壬 空申朱 卯	甲 朱子空 未	己 玄巳后 子
壬 空申朱			丁 后卯玄				
辛 白未蛇	庚 常午貴	己 玄巳后	戊 陰辰陰	섭해과, 장도액, 주인, 여덕(낮), 폐구			

癸 青酉合	O 勾戌勾	O 合亥青	甲 朱子空	O 合亥青 未	丁 后卯玄 亥O	辛 白未蛇 卯	
壬 空申朱	제9국		乙 蛇丑白	丙 貴寅常 辛	庚 常午貴 寅	O 合亥青 未	丁 后卯玄 亥O
辛 白未蛇			丙 貴寅常				
庚 常午貴	己 玄巳后	戊 陰辰陰	丁 后卯玄	지일과, 곡직			

壬 空申朱	癸 白酉合	O 常戌勾	O 玄亥青	O 玄亥青 申	乙 后丑白 戌	乙 后丑白 戌	
辛 青未蛇	제10국		甲 陰子空	乙 后丑白 辛	戊 朱辰陰 丑	O 常戌勾 未	乙 后丑白 戌O
庚 勾午貴			乙 后丑白				
己 合巳后	戊 朱辰陰	丁 蛇卯玄	丙 貴寅常	별책과, 무음, 불비, 여덕(밤)			

辛 青未蛇	壬 空申朱	癸 白酉合	O 常戌勾	丙 貴寅常 子	戊 朱辰陰 寅	庚 勾午貴 辰	
庚 勾午貴	제11국		O 玄亥青	甲 陰子空 辛	丙 貴寅常 子	癸 白酉合 未	O 玄亥青 酉
己 合巳后			甲 陰子空				
戊 朱辰陰	丁 蛇卯玄	丙 貴寅常	乙 后丑白	요극과, 탄사, 주편, 권섭부정			

庚 勾午貴	辛 青未后	壬 空申陰	癸 白酉玄	壬 空申陰 未	O 玄亥白 戌	壬 空申陰 未	
己 合巳蛇	제12국		O 常戌常	O 玄亥白 辛	甲 陰子空 亥	壬 空申陰 未	癸 白酉玄 申
戊 朱辰朱			O 玄亥白				
丁 蛇卯合	丙 貴寅勾	乙 后丑青	甲 陰子空	묘성과, 동사엄목, 회환			

(9) 壬申日 (空亡 : 戌亥, 儀 : 子, 奇 : 丑, 德 : 亥, 祿 : 亥, 馬 : 寅, 日墓 : 辰)

己 朱巳貴	庚 合午后	辛 勾未陰	壬 青申玄
戊 蛇辰蛇	제1국		癸 空酉常
丁 貴卯朱			O 白戌白
丙 后寅合	乙 陰丑勾	甲 玄子青	O 常亥空

O 常亥空 亥	壬 青申玄 申	丙 后寅合 寅

O 常亥空 壬O	O 常亥空 亥	壬 青申玄 申	壬 青申玄 申

복음과, 현태, 여덕(낮)

戊 蛇辰蛇	己 朱巳貴	庚 合午后	辛 勾未陰
丁 貴卯朱	제2국		壬 青申玄
丙 后寅合			癸 空酉常
乙 陰丑勾	甲 玄子青	O 常亥空	O 白戌白

O 白戌白 亥	癸 空酉常 戌	壬 青申玄 酉

O 白戌白 壬O	癸 空酉常 戌O	辛 勾未陰 申	庚 合午后 未

원수과, 참관, 퇴여

丁 貴卯朱	戊 后辰蛇	己 陰巳貴	庚 玄午后
丙 蛇寅合	제3국		辛 常未陰
乙 朱丑勾			壬 白申玄
甲 合子青	O 勾亥空	O 青戌白	癸 空酉常

庚 玄午后 申	戊 后辰蛇 午	丙 蛇寅合 辰

癸 空酉常 壬O	辛 常未陰 酉	庚 玄午后 申	戊 后辰蛇 午

원수과, 역간전

丙 蛇寅合	丁 貴卯朱	戊 后辰蛇	己 陰巳貴
乙 朱丑勾	제4국		庚 玄午后
甲 合子青			辛 常未陰
O 勾亥空	O 青戌白	癸 空酉常	壬 白申玄

己 陰巳貴 申	丙 蛇寅合 巳	O 勾亥空 寅

壬 白申玄 壬O	己 陰巳貴 申	己 陰巳貴 申	丙 蛇寅合 巳

원수과, 현태, 불비

乙 朱丑勾	丙 蛇寅合	丁 貴卯朱	戊 后辰蛇
甲 合子青	제5국		己 陰巳貴
O 勾亥空			庚 玄午后
O 青戌白	癸 空酉常	壬 白申玄	辛 常未陰

甲 合子青 辰	壬 白申玄 子	戊 后辰蛇 申

辛 常未陰 壬O	丁 貴卯朱 未	戊 后辰蛇 申	甲 合子青 辰

중심과, 육의, 교동(낮), 여덕(밤)

甲 合子青	乙 朱丑勾	丙 蛇寅合	丁 貴卯朱
O 勾亥空	제6국		戊 后辰蛇
O 青戌白			己 陰巳貴
癸 空酉常	壬 白申玄	辛 常未陰	庚 玄午后

庚 玄午后 亥	乙 朱丑勾 午	壬 白申玄 丑

庚 玄午后 壬O	乙 朱丑勾 午	丁 貴卯朱 申	O 青戌白 卯

섭해과, 장도액, 체생

O 勾亥空	甲 合子白	乙 朱丑常	丙 蛇寅玄
O 青戌青	제7국		丁 貴卯陰
癸 空酉勾			戊 后辰后
壬 白申合	辛 常未朱	庚 玄午蛇	己 陰巳貴

丙 蛇寅玄 申	壬 白申合 寅	丙 蛇寅玄 申

己 陰巳貴 壬O	O 勾亥空 巳	丙 蛇寅玄 申	壬 白申合 寅

반음과, 현태, 회환, 여덕(낮)

O 青戌青	O 勾亥空	甲 合子白	乙 朱丑常
癸 空酉勾	제8국		丙 蛇寅玄
壬 白申合			丁 貴卯陰
辛 常未朱	庚 玄午蛇	己 陰巳貴	戊 后辰后

戊 后辰后 亥	癸 空酉勾 辰	丙 蛇寅玄 酉

戊 后辰后 壬O	癸 空酉勾 辰	乙 朱丑常 申	庚 玄午蛇 丑

원수과, 참관

癸 空酉勾	O 白戌青	O 常亥空	甲 玄子白
壬 青申合	제9국		乙 陰丑常
辛 勾未朱			丙 后寅玄
庚 合午蛇	己 朱巳貴	戊 蛇辰后	丁 貴卯陰

辛 勾未朱 卯	O 常亥空 未	丁 貴卯陰 亥O

丁 貴卯陰 壬O	辛 勾未朱 卯	甲 玄子白 申	戊 蛇辰后 子

중심과, 곡직

壬 青申合	癸 空酉勾	O 白戌青	O 常亥空
辛 勾未朱	제10국		甲 玄子白
庚 合午蛇			乙 陰丑常
己 朱巳貴	戊 蛇辰后	丁 貴卯陰	丙 后寅玄

己 朱巳貴 寅	壬 青申合 巳	O 常亥空 申

丙 后寅玄 壬O	己 朱巳貴 寅	O 常亥空 申	丙 后寅玄 亥O

요극과, 탄사, 현태, 불비, 원소근단

辛 勾未朱	壬 青申合	癸 空酉勾	O 白戌青
庚 合午蛇	제11국		O 常亥空
己 朱巳貴			甲 玄子白
戊 蛇辰后	丁 貴卯陰	丙 后寅玄	乙 陰丑常

甲 玄子白 戌	丙 后寅玄 子	戊 蛇辰后 寅

乙 陰丑常 壬O	丁 貴卯陰 丑	O 白戌青 申	甲 玄子白 戌O

중심과, 간전, 폐구

庚 合午蛇	辛 勾未朱	壬 青申合	癸 空酉勾
己 朱巳貴	제12국		O 白戌青
戊 蛇辰后			O 常亥空
丁 貴卯陰	丙 后寅玄	乙 陰丑常	甲 玄子白

乙 陰丑常 子	丙 后寅玄 丑	丁 貴卯陰 寅

甲 玄子白 壬O	乙 陰丑常 子	癸 空酉勾 申	O 白戌青 酉

원수과, 삼기, 진여, 주편

(10) 癸酉日 (空亡 : 戌亥, 儀 : 子, 奇 : 丑, 德 : 巳, 祿 : 子, 馬 : 亥, 日墓 : 辰)

제1국

己 貴巳朱	庚 后午合	辛 陰未勾	壬 玄申青
戊 蛇辰蛇	제1국		癸 常酉空
丁 朱卯貴			○ 白戌白
丙 合寅后	乙 勾丑陰	甲 青子玄	○ 空亥常

乙 勾丑陰 丑	○ 白戌白 戌	辛 陰未勾 未

乙 勾丑陰 癸	乙 勾丑陰 丑	癸 常酉空 酉	癸 常酉空 酉

복음과, 자신, 가색, 여덕(밤)

제2국

戊 蛇辰蛇	己 貴巳朱	庚 后午合	辛 陰未勾
丁 朱卯貴	제2국		壬 玄申青
丙 合寅后			癸 常酉空
乙 勾丑陰	甲 青子玄	○ 空亥常	○ 白戌白

辛 陰未勾 申	庚 后午合 未	己 貴巳朱 午

甲 青子玄 癸	○ 空亥常 子	壬 玄申青 酉	辛 陰未勾 申

요극과, 호시, 퇴여, 왕록임신

제3국

丁 朱卯貴	戊 蛇辰后	己 貴巳陰	庚 后午玄
丙 合寅蛇	제3국		辛 陰未常
乙 勾丑朱			壬 玄申白
甲 青子合	○ 空亥勾	○ 白戌青	癸 常酉空

辛 陰未常 酉	己 貴巳陰 未	丁 朱卯貴 巳

○ 空亥勾 癸	癸 常酉空 亥○	辛 陰未常 酉	己 貴巳陰 未

요극과, 호시, 육음, 역간전

제4국

丙 合寅蛇	丁 朱卯貴	戊 蛇辰后	己 貴巳陰
乙 勾丑朱	제4국		庚 后午玄
甲 青子合			辛 陰未常
○ 空亥勾	○ 白戌青	癸 常酉空	壬 玄申白

庚 后午玄 酉	丁 朱卯貴 午	甲 青子合 卯

○ 白戌青 癸	辛 陰未常 戌○	庚 后午玄 酉	丁 朱卯貴 午

섭해과, 찰미, 삼교

제5국

乙 勾丑朱	丙 合寅蛇	丁 朱卯貴	戊 蛇辰后
甲 青子合	제5국		己 貴巳陰
○ 空亥勾			庚 后午玄
○ 白戌青	癸 常酉空	壬 玄申白	辛 陰未常

己 貴巳陰 酉	乙 勾丑朱 巳	癸 常酉空 丑

癸 常酉空 癸	己 貴巳陰 酉	己 貴巳陰 酉	乙 勾丑朱 巳

원수과, 불비, 회환, 육음

제6국

甲 青子合	乙 勾丑朱	丙 合寅蛇	丁 朱卯貴
○ 空亥勾	제6국		戊 蛇辰后
○ 白戌青			己 貴巳陰
癸 常酉空	壬 玄申白	辛 陰未常	庚 后午玄

丁 朱卯貴 申	○ 白戌青 卯	己 貴巳陰 戌○

壬 玄申白 癸	丁 朱卯貴 申	戊 蛇辰后 酉	○ 空亥勾 辰

섭해과, 사절, 단륜

제7국

○ 空亥勾	甲 白子合	乙 常丑朱	丙 玄寅蛇
○ 青戌青	제7국		丁 陰卯貴
癸 勾酉空			戊 后辰后
壬 合申白	辛 朱未常	庚 蛇午玄	己 貴巳陰

丁 陰卯貴 酉	癸 勾酉空 卯	丁 陰卯貴 酉

辛 朱未常 癸	乙 常丑朱 未	丁 陰卯貴 酉	癸 勾酉空 卯

반음과, 여덕(밤), 회환, 육음

제8국

○ 青戌青	○ 空亥勾	甲 白子合	乙 常丑朱
癸 勾酉空	제8국		丙 玄寅蛇
壬 合申白			丁 陰卯貴
辛 朱未常	庚 蛇午玄	己 貴巳陰	戊 后辰后

辛 朱未常 寅	甲 白子合 未	己 貴巳陰 子

庚 蛇午玄 癸	○ 空亥勾 午	丙 玄寅蛇 酉	辛 朱未常 寅

지일과, 장도액

제9국

癸 勾酉空	○ 青戌白	○ 空亥常	甲 白子玄
壬 合申青	제9국		乙 常丑陰
辛 朱未勾			丙 玄寅后
庚 蛇午合	己 貴巳朱	戊 后辰蛇	丁 陰卯貴

癸 勾酉空 巳	乙 常丑陰 酉	己 貴巳朱 丑

己 貴巳朱 癸	癸 勾酉空 巳	乙 常丑陰 酉	己 貴巳朱 丑

섭해과, 불비, 회환

제10국

壬 合申青	癸 勾酉空	○ 青戌白	○ 空亥常
辛 朱未勾	제10국		甲 白子玄
庚 蛇午合			乙 常丑陰
己 貴巳朱	戊 后辰蛇	丁 陰卯貴	丙 玄寅后

戊 后辰蛇 丑	辛 朱未勾 辰	○ 青戌白 未

戊 后辰蛇 癸	辛 朱未勾 辰	甲 白子玄 酉	丁 陰卯貴 子

원수과, 가색, 권섭부정

제11국

辛 朱未勾	壬 合申青	癸 勾酉空	○ 青戌白
庚 蛇午合	제11국		○ 空亥常
己 貴巳朱			甲 白子玄
戊 后辰蛇	丁 陰卯貴	丙 玄寅后	乙 常丑陰

乙 常丑陰 亥	丁 陰卯貴 丑	己 貴巳朱 卯

丁 陰卯貴 癸	己 貴巳朱 卯	○ 空亥常 酉	乙 常丑陰 亥○

원수과, 삼기, 회환, 육음, 여덕(낮)

제12국

庚 蛇午合	辛 朱未勾	壬 合申青	癸 勾酉空
己 貴巳朱	제12국		○ 青戌白
戊 后辰蛇			○ 空亥常
丁 陰卯貴	丙 玄寅后	乙 常丑陰	甲 白子玄

○ 空亥常 戌	甲 白子玄 亥○	乙 常丑陰 子

丙 玄寅后 癸	丁 陰卯貴 寅	○ 青戌白 酉	○ 空亥常 戌○

중심과, 진여

(11) 甲戌日 (空亡 : 申酉, 儀 : 子, 奇 : 丑, 德 : 寅, 祿 : 寅, 馬 : 寅, 日墓 : 未)

辛 朱巳勾	壬 蛇午青	癸 貴未空	O 后申白	戊 青寅蛇 寅	辛 朱巳勾 巳	O 后申白 申	
庚 合辰合	제1국		O 陰酉常	戊 青寅蛇 甲	戊 青寅蛇 寅	甲 玄戌玄 戌	甲 玄戌玄 戌
己 勾卯朱			甲 玄戌玄				
戊 青寅蛇	丁 空丑貴	丙 白子后	乙 常亥陰	복음과, 자임, 현태			

庚 合辰合	辛 朱巳勾	壬 蛇午青	癸 貴未空	丙 白子后 丑	乙 常亥陰 子	甲 玄戌玄 亥	
己 勾卯朱	제2국		O 后申白	丁 空丑貴 甲	丙 白子后 丑	O 陰酉常 戌	O 后申白 酉O
戊 青寅蛇			O 陰酉常				
丁 空丑貴	丙 白子后	乙 常亥陰	甲 玄戌玄	지일과, 퇴여			

己 勾卯朱	庚 合辰合	辛 朱巳勾	壬 蛇午青	壬 蛇午青 申	庚 合辰合 午	戊 青寅蛇 辰	
戊 青寅蛇	제3국		癸 貴未空	丙 白子后 甲	甲 玄戌玄 子	O 后申白 戌	壬 蛇午青 申O
丁 空丑貴			O 后申白				
丙 白子后	乙 常亥陰	甲 玄戌玄	O 陰酉常	섭해과, 육양, 역간전, 여덕(낮)			

戊 青寅蛇	己 勾卯朱	庚 合辰合	辛 朱巳勾	O 后申白 亥	辛 朱巳勾 申O	甲 青寅蛇 巳	
丁 空丑貴	제4국		壬 蛇午青	乙 常亥陰 甲	O 后申白 亥	癸 貴未空 戌	庚 合辰合 未
丙 白子后			癸 貴未空				
乙 常亥陰	甲 玄戌玄	O 陰酉常	O 后申白	요극과, 호시, 현태			

丁 空丑貴	戊 白寅后	己 常卯陰	庚 玄辰玄	甲 合戌合 寅	壬 后午白 戌	戊 白寅后 午	
丙 青子蛇	제5국		辛 陰巳常	甲 合戌合 甲	壬 后午白 戌	壬 后午白 戌	戊 白寅后 午
乙 勾亥朱			壬 后午白				
甲 合戌合	O 朱酉勾	O 蛇申青	癸 貴未空	중심과, 췌서, 교동, 육양, 육의			

丙 青子蛇	丁 空丑貴	戊 白寅后	己 常卯陰	丙 青子蛇 巳	癸 貴未空 子	戊 白寅后 未	
乙 勾亥朱	제6국		庚 玄辰玄	O 朱酉勾 甲	戊 玄辰玄 酉O	辛 陰巳常 戌	丙 青子蛇 巳
甲 合戌合			辛 陰巳常				
O 朱酉勾	O 蛇申青	癸 貴未空	壬 后午白	지일과, 사절			

乙 勾亥朱	丙 青子蛇	丁 空丑貴	戊 白寅后	戊 白寅后 申	O 蛇申青 寅	戊 白寅后 申O	
甲 合戌合	제7국		己 常卯陰	O 蛇申青 甲	戊 白寅后 申O	庚 玄辰玄 戌	甲 合戌合 辰
O 朱酉勾			庚 玄辰玄				
O 蛇申青	癸 貴未空	壬 后午白	辛 陰巳常	반음과, 회환, 현태, 육양			

甲 合戌合	乙 勾亥朱	丙 青子蛇	丁 空丑貴	丙 青子蛇 未	辛 陰巳常 子	甲 合戌合 巳	
O 朱酉勾	제8국		戊 白寅后	癸 貴未空 甲	丙 青子蛇 未	己 常卯陰 戌	O 蛇申青 卯
O 蛇甲白			己 常卯陰				
癸 貴未空	壬 后午白	辛 陰巳常	庚 玄辰玄	지일과, 주인			

O 朱酉勾	甲 合戌合	乙 勾亥朱	丙 青子蛇	戊 白寅后 戌	壬 后午白 寅	甲 合戌合 午	
O 蛇申青	제9국		丁 空丑貴	壬 后午白 甲	甲 合戌合 午	戊 白寅后 戌	壬 后午白 寅
癸 貴未空			戊 白寅后				
壬 后午白	辛 陰巳常	庚 玄辰玄	己 常卯陰	원수과, 불비, 육양, 췌서, 회환			

O 蛇申青	O 朱酉勾	甲 合戌合	乙 勾亥朱	O 蛇申青 巳	乙 勾亥朱 申O	戊 白寅后 亥	
癸 貴未空	제10국		丙 青子蛇	辛 陰巳常 甲	O 蛇申青 巳	丁 空丑貴 戌	庚 玄辰玄 丑
壬 后午白			丁 空丑貴				
辛 陰巳常	庚 玄辰玄	己 常卯陰	戊 白寅后	중심과, 현태			

癸 貴未空	O 后申白	O 陰酉常	甲 玄戌玄	庚 合辰合 寅	壬 蛇午青 辰	O 后申白 午	
壬 蛇午青	제11국		乙 常亥陰	庚 合辰合 甲	壬 蛇午青 辰	丙 白子后 戌	戊 青寅蛇 子
辛 朱巳勾			丙 白子后				
庚 合辰合	己 勾卯朱	戊 青寅蛇	丁 空丑貴	섭해과, 참관, 교동, 육양			

壬 蛇午青	癸 貴未空	O 后申白	O 陰酉常	庚 合辰合 卯	辛 朱巳勾 辰	壬 蛇午青 巳	
辛 朱巳勾	제12국		甲 玄戌玄	己 勾卯朱 甲	庚 合辰合 卯	乙 常亥陰 戌	丙 白子后 亥
庚 合辰合			乙 常亥陰				
己 勾卯朱	戊 青寅蛇	丁 空丑貴	丙 白子后	지일과, 진여			

(12) 乙亥日 (空亡：申酉, 儀：戌, 奇：丑, 德：申, 祿：卯, 馬：巳, 日墓：未)

辛 合巳青	壬 朱午空	癸 蛇未白	○ 貴申常
庚 勾辰勾	제1국		○ 后酉玄
己 青卯合			甲 陰戌陰
戊 空寅朱	丁 白丑蛇	丙 常子貴	乙 合亥后

庚 勾辰勾 辰	乙 合亥后 亥	辛 合巳青 巳	
庚 勾辰勾 乙	庚 勾辰勾 辰	乙 合亥后 亥	乙 合亥后 亥

복음과, 자신, 참관

庚 勾辰勾	辛 合巳青	壬 朱午空	癸 蛇未白
己 青卯合	제2국		○ 貴申常
戊 空寅朱			○ 后酉玄
丁 白丑蛇	丙 常子貴	乙 玄亥后	甲 陰戌陰

甲 陰戌陰 亥	○ 后酉玄 戌	○ 貴申常 酉○	
己 青卯合 乙	戊 空寅朱 卯	甲 陰戌陰 亥	○ 后酉玄 戌

원수과, 참관, 육의, 왕록임신

己 青卯合	庚 勾辰勾	辛 合巳青	壬 朱午空
戊 空寅朱	제3국		癸 蛇未白
丁 白丑蛇			○ 貴申常
丙 常子貴	乙 玄亥后	甲 陰戌陰	○ 后酉玄

○ 后酉玄 亥	癸 蛇未白 酉○	辛 合巳青 未	
戊 空寅朱 乙	丙 常子貴 寅	○ 后酉玄 亥	癸 蛇未白 酉○

요극과, 호시, 역간전

戊 空寅朱	己 白卯合	庚 常辰勾	辛 玄巳青
丁 青丑蛇	제4국		壬 陰午空
丙 勾子貴			癸 后未白
乙 合亥后	甲 朱戌陰	○ 蛇酉玄	○ 貴申常

丁 青丑蛇 辰	甲 朱戌陰 丑	癸 后未白 戌	
丁 青丑蛇 乙	甲 朱戌陰 丑	○ 貴申常 亥	辛 玄巳青 申○

중심과, 삼기, 유자, 여덕(밤)

丁 青丑蛇	戊 空寅朱	己 白卯合	庚 常辰勾
丙 勾子貴	제5국		辛 玄巳青
乙 合亥后			壬 陰午空
甲 朱戌陰	○ 蛇酉玄	○ 貴申常	癸 后未白

癸 后未白 亥	己 白卯合 未	乙 合亥后 卯	
丙 勾子貴 乙	○ 貴申常 子	癸 后未白 亥	己 白卯合 未

섭해과, 견기, 곡직

丙 勾子貴	丁 青丑后	戊 空寅陰	己 白卯玄
乙 合亥蛇	제6국		庚 常辰常
甲 朱戌朱			辛 玄巳白
○ 蛇酉合	○ 貴申勾	癸 后未青	壬 陰午空

壬 陰午空 亥	丁 青丑后 午	○ 貴申勾 丑	
乙 合亥蛇 乙	壬 陰午空 亥	壬 陰午空 亥	丁 青丑后 午

중심과, 무음, 불비

乙 合亥蛇	丙 勾子貴	丁 青丑后	戊 空寅陰
甲 朱戌朱	제7국		己 白卯玄
○ 蛇酉合			庚 常辰常
○ 貴申勾	癸 后未青	壬 陰午空	辛 玄巳白

辛 玄巳白 亥	乙 合亥蛇 巳	辛 玄巳白 亥	
甲 朱戌朱 乙	庚 常辰常 戌	辛 玄巳白 亥	乙 合亥蛇 巳

반음과, 현태, 무의, 회환

甲 朱戌朱	乙 合亥蛇	丙 勾子貴	丁 青丑后
○ 蛇酉合	제8국		戊 空寅陰
○ 貴申勾			己 白卯玄
癸 后未青	壬 陰午空	辛 玄巳白	庚 常辰常

戊 空寅陰 酉	癸 后未青 寅	丙 勾子貴 未	
○ 蛇酉合 乙	戊 空寅陰 酉○	庚 常辰常 亥	○ 蛇酉合 辰

중심과, 췌서, 천옥, 여덕(낮)

○ 蛇酉合	甲 朱戌朱	乙 合亥蛇	丙 勾子貴
○ 貴申勾	제9국		丁 青丑后
癸 后未青			戊 空寅陰
壬 陰午空	辛 玄巳白	庚 常辰常	己 白卯玄

癸 后未青 卯	乙 合亥蛇 未	己 白卯玄 亥	
○ 貴申勾 乙	丙 勾子貴 申○	己 白卯玄 亥	癸 后未青 卯

중심과, 곡직, 권섭부정

○ 貴申勾	○ 后酉合	甲 陰戌朱	乙 玄亥蛇
癸 蛇未青	제10국		丙 常子貴
壬 朱午空			丁 白丑后
辛 合巳白	庚 勾辰常	己 青卯玄	戊 空寅陰

癸 蛇未青 辰	甲 陰戌朱 未	丁 白丑后 戌	
癸 蛇未青 乙	甲 陰戌朱 未	戊 空寅陰 亥	辛 合巳白 寅

중심과, 유자

癸 蛇未青	○ 貴申勾	○ 后酉合	甲 陰戌朱
壬 朱午空	제11국		乙 玄亥蛇
辛 合巳白			丙 常子貴
庚 勾辰常	己 青卯玄	戊 空寅陰	丁 白丑后

○ 貴申勾 午	甲 陰戌朱 申○	丙 常子貴 戌	
壬 朱午空 乙	○ 貴申勾 午	丁 白丑后 亥	己 青卯玄 丑

중심과, 진간전

壬 朱午空	癸 蛇未白	○ 貴申常	○ 后酉玄
辛 合巳青	제12국		甲 陰戌陰
庚 勾辰勾			乙 玄亥后
己 青卯合	戊 空寅朱	丁 白丑蛇	丙 常子貴

丁 白丑蛇 子	戊 空寅朱 丑	己 青卯合 寅	
己 合巳青 乙	庚 朱午空 巳	丙 常子貴 亥	丁 白丑蛇 子

원수과, 삼기, 진여

(13) 丙子日 (空亡 : 申酉, 儀 : 戌, 奇 : 丑, 德 : 巳, 祿 : 巳, 馬 : 寅, 日墓 : 戌)

辛 勾巳空	壬 合午白	癸 朱未常	O 蛇申玄
庚 青辰青	제1국		O 貴酉陰
己 空卯勾			甲 后戌后
戊 白寅合	丁 常丑朱	丙 玄子蛇	乙 陰亥貴

辛 勾巳空 巳	O 蛇申玄 申	戊 白寅合 寅

辛 勾巳空 丙	辛 勾巳空 巳	丙 玄子蛇 子	丙 玄子蛇 子

복음과, 자임, 현태, 교동(낮)

庚 青辰青	辛 勾巳空	壬 合午白	癸 朱未常
己 空卯勾	제2국		O 蛇申玄
戊 白寅合			O 貴酉陰
丁 常丑朱	丙 玄子蛇	乙 陰亥貴	甲 后戌后

甲 后戌后 亥	O 貴酉陰 戌	O 蛇申玄 酉O

庚 青辰青 丙	己 空卯勾 辰	乙 陰亥貴 子	甲 后戌后 亥

지일과, 참관, 복앙, 육의

己 空卯勾	庚 白辰青	辛 常巳空	壬 玄午白
戊 青寅合	제3국		癸 陰未常
丁 勾丑朱			O 后申玄
丙 合子蛇	乙 朱亥貴	甲 蛇戌后	O 貴酉陰

丁 勾丑朱 卯	乙 朱亥貴 丑	O 貴酉陰 亥

己 空卯勾 丙	丁 勾丑朱 卯	甲 蛇戌后 子	O 后申玄 戌

중심과, 삼기, 극음

戊 青寅合	己 空卯勾	庚 白辰青	辛 常巳空
丁 勾丑朱	제4국		壬 玄午白
丙 合子蛇			癸 陰未常
乙 朱亥貴	甲 蛇戌后	O 貴酉陰	O 后申玄

壬 玄午白 酉	己 空卯勾 午	丙 合子蛇 卯

戊 青寅合 丙	乙 朱亥貴 寅	O 貴酉陰 子	壬 玄午白 酉

원수과, 헌개, 삼교

丁 勾丑朱	戊 青寅合	己 空卯勾	庚 白辰青
丙 合子蛇	제5국		辛 常巳空
乙 朱亥貴			壬 玄午白
甲 蛇戌后	O 貴酉陰	O 后申玄	癸 陰未常

O 后申玄 子	庚 白辰青 申O	丙 合子蛇 辰

丁 勾丑朱 丙	O 貴酉陰 丑	O 后申玄 子	庚 白辰青 申O

요극과, 탄사, 합환, 여덕(밤)

丙 合子蛇	丁 勾丑朱	戊 青寅合	己 空卯勾
乙 朱亥貴	제6국		庚 白辰青
甲 蛇戌后			辛 常巳空
O 貴酉陰	O 后申玄	癸 陰未常	壬 玄午白

丙 合子蛇 巳	癸 陰未常 子	戊 青寅合 未

丙 合子蛇 丙	癸 陰未常 子	癸 陰未常 子	戊 青寅合 未

섭해과, 절사, 난수, 회환

乙 朱亥貴	丙 合子后	丁 勾丑陰	戊 青寅玄
甲 蛇戌蛇	제7국		己 空卯常
O 貴酉朱			庚 白辰白
O 后申合	癸 陰未勾	壬 玄午青	辛 常巳空

壬 玄午青 子	丙 合子后 午	壬 玄午青 子

乙 朱亥貴 丙	辛 常巳空 亥	壬 玄午青 子	丙 合子后 午

반음과, 무의, 회환, 여덕(낮)

甲 蛇戌蛇	乙 朱亥貴	丙 合子后	丁 勾丑陰
O 貴酉朱	제8국		戊 青寅玄
O 后申合			己 空卯常
癸 陰未勾	壬 玄午青	辛 常巳空	庚 白辰白

辛 常巳空 子	甲 蛇戌蛇 巳	己 空卯常 戌

甲 蛇戌蛇 丙	己 空卯常 戌	辛 常巳空 子	甲 蛇戌蛇 巳

중심과, 주인, 난수, 권섭부정

O 貴酉朱	甲 后戌蛇	乙 陰亥貴	丙 玄子后
O 蛇申合	제9국		丁 常丑陰
癸 朱未勾			戊 白寅玄
壬 合午青	辛 勾巳空	庚 青辰白	己 空卯常

O 貴酉朱 巳	丁 常丑陰 酉O	辛 勾巳空 丑

O 貴酉朱 丙	丁 常丑陰 酉O	庚 青辰白 子	O 蛇申合 辰

중심과, 종혁

O 蛇申合	O 貴酉朱	甲 后戌蛇	乙 陰亥貴
癸 朱未勾	제10국		丙 玄子后
壬 合午青			丁 常丑陰
辛 勾巳空	庚 青辰白	己 空卯常	戊 白寅玄

O 蛇申合 巳	乙 陰亥貴 申O	戊 白寅玄 亥

O 蛇申合 丙	乙 陰亥貴 申O	己 空卯常 子	壬 合午青 卯

중심과, 현태

癸 朱未勾	O 蛇申合	O 貴酉朱	甲 后戌蛇
壬 合午青	제11국		乙 陰亥貴
辛 勾巳空			丙 玄子后
庚 青辰白	己 空卯常	戊 白寅玄	丁 常丑陰

庚 青辰白 寅	壬 合午青 辰	O 蛇申合 午

癸 朱未勾 丙	O 貴酉朱 未	戊 白寅玄 子	庚 青辰白 寅

중심과, 여덕, 진간전

壬 合午青	癸 朱未勾	O 蛇申合	O 貴酉朱
辛 勾巳空	제12국		甲 后戌蛇
庚 青辰白			乙 陰亥貴
己 空卯常	戊 白寅玄	丁 常丑陰	丙 玄子后

戊 白寅玄 丑	己 空卯常 寅	庚 青辰白 卯

壬 合午青 丙	癸 朱未勾 午	丁 常丑陰 子	戊 白寅玄 丑

지일과, 진여

(14) 丁丑日 (空亡：申酉, 儀：戌, 奇：丑, 德：亥, 祿：午, 馬：亥, 日墓：戌)

辛 空巳勾	壬 白午合	癸 常未朱	O 玄申蛇
庚 青辰青	제1국		O 陰酉貴
己 勾卯空			甲 后戌后
戊 合寅白	丁 朱丑常	丙 蛇子玄	乙 貴亥陰

丁 朱丑常 丑	甲 后戌后 戌	癸 常未朱 未	
癸 常未朱 丁	癸 常未朱 未	丁 朱丑常 丑	丁 朱丑常 丑

복음과, 유자, 삼기, 여덕(밤)

庚 青辰青	辛 空巳勾	壬 白午合	癸 常未朱
己 勾卯空	제2국		O 玄申蛇
戊 合寅白			O 陰酉貴
丁 朱丑常	丙 蛇子玄	乙 貴亥陰	甲 后戌后

乙 蛇子玄 丑	甲 貴亥陰 子	O 后戌后 亥	
壬 白午合 丁	辛 空巳勾 午	丙 蛇子玄 丑	乙 貴亥陰 子

중심과, 퇴여, 왕록임신

己 勾卯空	庚 青辰白	辛 空巳常	壬 白午玄
戊 合寅青	제3국		癸 常未陰
丁 朱丑勾			O 玄申后
丙 蛇子合	乙 貴亥朱	甲 后戌蛇	O 陰酉貴

乙 貴亥朱 丑	O 陰酉貴 亥	癸 常未陰 酉O	
辛 空巳常 丁	己 勾卯空 巳	乙 貴亥朱 丑	O 陰酉貴 亥

중심과, 역간전, 육음

戊 合寅青	己 勾卯空	庚 青辰白	辛 空巳常
丁 朱丑勾	제4국		壬 白午玄
丙 蛇子合			癸 常未陰
乙 貴亥朱	甲 后戌蛇	O 陰酉貴	O 玄申后

丙 蛇子合 卯	庚 青辰白 未	甲 后戌蛇 丑	
庚 青辰白 丁	丁 朱丑勾 辰	甲 后戌蛇 丑	癸 常未陰 戌

묘성과, 동사엄목, 육의

丁 朱丑勾	戊 合寅青	己 勾卯空	庚 青辰白
丙 蛇子合	제5국		辛 空巳常
乙 貴亥朱			壬 白午玄
甲 后戌蛇	O 陰酉貴	O 玄申后	癸 常未陰

辛 空巳常 酉	丁 朱丑勾 巳	O 陰酉貴 丑	
己 勾卯空 丁	乙 貴亥朱 卯	O 陰酉貴 丑	辛 空巳常 酉O

원수과, 종역, 육음, 여덕(낮)

丙 蛇子合	丁 朱丑勾	戊 合寅青	己 勾卯空
乙 貴亥朱	제6국		庚 青辰白
甲 后戌蛇			辛 空巳常
O 陰酉貴	O 玄申后	癸 常未陰	壬 白午玄

己 勾卯空 申O	甲 后戌蛇 卯	辛 空巳常 戌	
戊 合寅青 丁	O 陰酉貴 寅	O 玄申后 丑	己 勾卯空 申O

중심과, 착륜, 주인

乙 貴亥朱	丙 后子合	丁 陰丑勾	戊 玄寅青
甲 蛇戌蛇	제7국		己 常卯空
O 朱酉貴			庚 白辰白
O 合申后	癸 勾未陰	壬 青午玄	辛 空巳常

乙 貴亥朱 巳	癸 勾未陰 丑	丁 陰丑勾 未	
丁 陰丑勾 丁	癸 勾未陰 丑	癸 勾未陰 丑	丁 陰丑勾 未

반음과, 무친, 육음, 불비

甲 蛇戌蛇	乙 貴亥朱	丙 后子合	丁 陰丑勾
O 朱酉貴	제8국		戊 玄寅青
O 合申后			己 常卯空
癸 勾未陰	壬 青午玄	辛 空巳常	庚 白辰白

辛 空巳常 子	甲 蛇戌蛇 巳	己 常卯空 戌	
丙 后子合 丁	辛 空巳常 子	壬 青午玄 丑	乙 貴亥朱 午

중심과, 주인, 권섭부정

O 朱酉貴	甲 蛇戌后	乙 貴亥陰	丙 后子玄
O 合申蛇	제9국		丁 陰丑常
癸 勾未朱			戊 玄寅白
壬 青午合	辛 空巳勾	庚 白辰青	己 常卯空

O 朱酉貴 巳	丁 陰丑常 酉O	辛 空巳勾 丑	
乙 貴亥陰 丁	己 常卯空 亥	辛 空巳勾 丑	O 朱酉貴 巳

중심과, 육음, 화미, 종혁

O 合申蛇	O 朱酉貴	甲 蛇戌后	乙 貴亥陰
癸 勾未朱	제10국		丙 后子玄
壬 青午合			丁 陰丑常
辛 空巳勾	庚 白辰青	己 常卯空	戊 玄寅白

壬 青午合 卯	甲 蛇戌后 未	庚 白辰青 丑	
甲 蛇戌后 丁	丁 陰丑常 戌	庚 白辰青 丑	癸 勾未朱 辰

묘성과, 동사엄목

癸 勾未朱	O 合申蛇	O 朱酉貴	甲 蛇戌后
壬 青午合	제11국		乙 貴亥陰
辛 空巳勾			丙 后子玄
庚 白辰青	己 常卯空	戊 玄寅白	丁 陰丑常

O 朱酉貴 未	乙 貴亥陰 酉O	丁 陰丑常 亥	
O 朱酉貴 丁	乙 貴亥陰 酉O	己 常卯空 丑	辛 空巳勾 卯

중심과, 진간전, 여덕(낮), 육음

壬 青午合	癸 勾未朱	O 合申蛇	O 朱酉貴
辛 空巳勾	제12국		甲 蛇戌后
庚 白辰青			乙 貴亥陰
己 常卯空	戊 玄寅白	丁 陰丑常	丙 后子玄

O 合申蛇 未	O 朱酉貴 申O	甲 蛇戌后 酉O	
O 合申蛇 丁	O 朱酉貴 申O	戊 玄寅白 丑	己 常卯空 寅

중심과, 진여

(15) 戊寅日 (空亡 : 申酉, 儀 : 戊, 奇 : 丑, 德 : 巳, 祿 : 巳, 馬 : 申, 日墓 : 戊)

辛 勾巳朱	壬 青午蛇	癸 空未貴	O 白申后	辛 勾巳朱 巳	O 白申后 申	戊 蛇寅青 寅	
庚 合辰合	제1국		O 常酉陰	辛 勾巳朱 戊	辛 勾巳朱 巳	戊 蛇寅青 寅	戊 蛇寅青 寅
己 朱卯勾			甲 玄戌玄				
戊 蛇寅青	丁 貴丑空	丙 后子白	乙 陰亥常	복음과, 자임, 현태			

庚 合辰合	辛 勾巳朱	壬 青午蛇	癸 空未貴	丙 后子白 丑	乙 陰亥常 子	甲 玄戌玄 亥	
己 朱卯勾	제2국		O 白申后	庚 合辰合 戊	己 朱卯勾 辰	丁 貴丑空 寅	丙 后子白 丑
戊 蛇寅青			O 常酉陰				
丁 貴丑空	丙 后子白	乙 陰亥常	甲 玄戌玄	지일과, 퇴여			

己 朱卯勾	庚 合辰合	辛 勾巳朱	壬 青午蛇	丁 貴丑空 卯	乙 陰亥常 丑	O 常酉陰 亥	
戊 蛇寅青	제3국		癸 空未貴	己 朱卯勾 戊	丁 貴丑空 卯	丙 后子白 寅	甲 玄戌玄 子
丁 貴丑空			O 白申后				
丙 后子白	乙 陰亥常	甲 玄戌玄	O 常酉陰	중심과, 극음, 삼기			

戊 蛇寅青	己 朱卯勾	庚 合辰合	辛 勾巳朱	戊 蛇寅青 巳	乙 陰亥常 寅	O 白申后 亥	
丁 貴丑空	제4국		壬 青午蛇	戊 蛇寅青 戊	乙 陰亥常 寅	乙 陰亥常 寅	O 白申后 亥
丙 后子白			癸 空未貴				
乙 陰亥常	甲 玄戌玄	O 常酉陰	O 白申后	원수과, 현태, 난수, 불비, 회환			

丁 貴丑空	戊 后寅白	己 陰卯常	庚 玄辰玄	甲 合戌合 寅	壬 白午后 戌	戊 后寅白 午	
丙 蛇子青	제5국		辛 常巳陰	丁 貴丑空 戊	O 勾酉朱 丑	甲 合戌合 寅	壬 白午后 戌
乙 朱亥勾			壬 白午后				
甲 合戌合	O 勾酉朱	O 青申蛇	癸 空未貴	중심과, 참관, 복앙, 육의			

丙 蛇子青	丁 貴丑空	戊 后寅白	己 陰卯常	丙 蛇子青 巳	癸 空未貴 子	戊 后寅白 未	
乙 朱亥勾	제6국		庚 玄辰玄	丙 蛇子青 戊	癸 空未貴 子	O 勾酉朱 寅	庚 玄辰玄 酉
甲 合戌合			辛 常巳陰				
O 勾酉朱	O 青申蛇	癸 空未貴	壬 白午后	중심과			

乙 朱亥勾	丙 蛇子青	丁 貴丑空	戊 后寅白	戊 后寅白 申	O 青申蛇 寅	戊 后寅白 申O	
甲 合戌合	제7국		己 陰卯常	乙 朱亥勾 戊	辛 常巳陰 亥	O 青申蛇 寅	戊 后寅白 申O
O 勾酉朱			庚 玄辰玄				
O 青申蛇	癸 空未貴	壬 白午后	辛 常巳陰	반음과, 무의, 현태, 회환			

甲 合戌合	乙 朱亥勾	丙 蛇子青	丁 貴丑空	丙 蛇子青 未	辛 常巳陰 子	甲 合戌合 巳	
O 勾酉朱	제8국		戊 后寅白	甲 合戌合 戊	己 陰卯常 戌	癸 空未貴 寅	丙 蛇子青 未
O 青申蛇			己 陰卯常				
癸 空未貴	壬 白午后	辛 常巳陰	庚 玄辰玄	지일과, 비용, 주편			

O 勾酉朱	甲 合戌合	乙 朱亥勾	丙 蛇子青	丁 貴丑空 酉	壬 白午后 寅	O 勾酉朱 巳	
O 青申蛇	제9국		丁 貴丑空	O 勾酉朱 戊	丁 貴丑空 酉O	壬 白午后 寅	甲 合戌合 午
癸 空未貴			戊 后寅白				
壬 白午后	辛 常巳陰	庚 玄辰玄	己 陰卯常	묘성과, 호시전봉, 삼기, 여덕(낮)			

O 青申蛇	O 勾酉朱	甲 合戌合	乙 朱亥勾	O 青申蛇 巳	乙 朱亥勾 申O	戊 后寅白 亥	
癸 空未貴	제10국		丙 蛇子青	O 青申蛇 戊	乙 朱亥勾 申O	辛 常巳陰 寅	O 青申蛇 巳
壬 白午后			丁 貴丑空				
辛 常巳陰	庚 玄辰玄	己 陰卯常	戊 后寅白	중심과, 현태, 불비, 무음			

癸 空未貴	O 白申后	O 常酉陰	甲 玄戌玄	庚 合辰合 寅	壬 青午蛇 辰	O 后子白 午	
壬 青午蛇	제11국		乙 陰亥常	癸 空未貴 戊	O 常酉陰 未	庚 合辰合 寅	壬 青午蛇 辰
辛 勾巳朱			丙 后子白				
庚 合辰合	己 朱卯勾	戊 蛇寅青	丁 貴丑空	중심과, 참관, 진간전			

壬 青午蛇	癸 空未貴	O 白申后	O 常酉陰	庚 合辰合 卯	辛 勾巳朱 辰	壬 青午蛇 巳	
辛 勾巳朱	제12국		甲 玄戌玄	壬 青午蛇 戊	癸 空未貴 午	己 朱卯勾 寅	庚 合辰合 卯
庚 合辰合			乙 陰亥常				
己 朱卯勾	戊 蛇寅青	丁 貴丑空	丙 后子白	중심과, 진여			

(16) 己卯日 (空亡：申酉, 儀：戌, 奇：丑, 德：寅, 祿：午, 馬：巳, 日墓：戌)

辛 青巳合	壬 空午朱	癸 白未蛇	O 常申貴	己 合卯青 卯	丙 貴子常 子	壬 空午朱 午	
庚 勾辰勾	제1국		O 玄酉后	癸 白未蛇 己	癸 白未蛇 未	己 合卯青 卯	己 合卯青 卯
己 合卯青			甲 陰戌陰				
戊 朱寅空	丁 蛇丑白	丙 貴子常	乙 后亥玄	복음과, 자신, 삼교, 용전			

庚 勾辰勾	辛 青巳合	壬 空午朱	癸 白未蛇	丁 蛇丑白 寅	丙 貴子常 丑	乙 后亥玄 子	
己 合卯青	제2국		O 常申貴	壬 空午朱 己	辛 青巳合 午	戊 朱寅空 卯	丁 蛇丑白 寅
戊 朱寅空			O 玄酉后				
丁 蛇丑白	丙 貴子常	乙 后亥玄	甲 陰戌陰	중심과, 삼기, 여덕(밤), 왕록임신			

己 合卯青	庚 勾辰勾	辛 青巳合	壬 空午朱	乙 后亥玄 丑	O 玄酉后 亥	癸 白未蛇 酉O	
戊 朱寅空	제3국		癸 白未蛇	辛 青巳合 己	己 合卯青 巳	丁 蛇丑白 卯	乙 后亥玄 丑
丁 蛇丑白			O 常申貴				
丙 貴子常	乙 后亥玄	甲 陰戌陰	O 玄酉后	섭해과, 육음, 역간전			

戊 朱寅空	己 合卯白	庚 勾辰常	辛 青巳玄	丙 貴子勾 卯	O 玄酉蛇 子	壬 空午陰 酉O	
丁 蛇丑青	제4국		壬 空午陰	庚 勾辰常 己	丁 蛇丑青 辰	丙 貴子勾 卯	O 玄酉蛇 子
丙 貴子勾			癸 白未后				
乙 后亥合	甲 陰戌朱	O 玄酉蛇	O 常申貴	요극과, 탄사, 삼교, 여덕(낮)			

丁 蛇丑青	戊 朱寅空	己 合卯白	庚 勾辰常	癸 白未后 亥	己 合卯白 未	乙 后亥合 卯	
丙 貴子勾	제5국		辛 青巳玄	己 合卯白 己	乙 后亥合 卯	乙 后亥合 卯	癸 白未后 亥
乙 后亥合			壬 空午陰				
甲 陰戌朱	O 玄酉蛇	O 常申貴	癸 白未后	섭해과, 난수, 무음, 육음, 불비			

丙 貴子勾	丁 后丑青	戊 陰寅空	己 玄卯白	甲 朱戌朱 卯	辛 白巳玄 戌	丙 貴子勾 巳	
乙 蛇亥合	제6국		庚 常辰常	戊 陰寅空 己	O 合酉蛇 寅	甲 朱戌朱 卯	辛 白巳玄 戌
甲 朱戌朱			辛 白巳玄				
O 合酉蛇	O 勾申貴	癸 青未后	壬 空午陰	중심과, 참관, 육의			

乙 蛇亥合	丙 貴子勾	丁 后丑青	戊 陰寅空	己 玄卯白 酉O	O 合酉蛇 卯	己 玄卯白 酉O	
甲 朱戌朱	제7국		己 玄卯白	丁 后丑青 己	癸 青未后 丑	O 合酉蛇 卯	己 玄卯白 酉
O 合酉蛇			庚 常辰常				
O 勾申貴	癸 青未后	壬 空午陰	辛 白巳玄	반음과, 회환, 용전, 육음, 삼교			

甲 朱戌朱	乙 蛇亥合	丙 貴子勾	丁 后丑青	辛 白巳玄 子	甲 朱戌朱 巳	己 玄卯白 戌	
O 合酉蛇	제8국		戊 陰寅空	丙 貴子勾 己	辛 白巳玄 子	O 勾申貴 卯	丁 后丑青 申O
O 勾申貴			己 玄卯白				
癸 青未后	壬 空午陰	辛 白巳玄	庚 常辰常	지일과, 주인, 여덕(밤)			

O 合酉蛇	甲 朱戌朱	乙 蛇亥合	丙 貴子勾	乙 蛇亥合 未	己 玄卯白 亥	癸 青未后 卯	
O 勾申貴	제9국		丁 后丑青	乙 蛇亥合 己	己 玄卯白 亥	癸 青未后 卯	乙 蛇亥合 未
癸 青未后			戊 陰寅空				
壬 空午陰	辛 白巳玄	庚 常辰常	己 玄卯白	섭해과, 난수, 불비, 육음			

O 勾申貴	O 合酉后	甲 朱戌陰	乙 蛇亥玄	O 合酉后 午	丙 貴子常 酉O	己 玄卯青 子	
癸 青未蛇	제10국		丙 貴子常	甲 朱戌陰 己	丁 后丑白 戌	壬 空午朱 卯	O 合酉后 午
壬 空午朱			丁 后丑白				
辛 白巳合	庚 常辰勾	己 玄卯青	戊 陰寅空	중심과, 여덕, 삼교			

癸 青未蛇	O 勾申貴	O 合酉后	甲 朱戌陰	乙 蛇亥玄 酉	丁 后丑白 亥	己 玄卯青 丑	
壬 空午朱	제11국		乙 蛇亥玄	O 合酉后 己	乙 蛇亥玄 酉O	辛 白巳合 卯	癸 青未蛇 巳
辛 白巳合			丙 貴子常				
庚 常辰勾	己 玄卯青	戊 陰寅空	丁 后丑白	요극과, 탄사, 육음, 원소근단			

壬 空午朱	癸 白未蛇	O 常申貴	O 玄酉后	庚 勾辰勾 卯	辛 青巳合 辰	壬 空午朱 巳	
辛 青巳合	제12국		甲 陰戌陰	O 常申貴 己	O 玄酉后 申O	庚 勾辰勾 卯	辛 青巳合 辰
庚 勾辰勾			乙 后亥玄				
己 合卯青	戊 朱寅空	丁 蛇丑白	丙 貴子常	중심과, 참관, 진여			

(17) 庚辰日 (空亡 : 申酉, 儀 : 戊, 奇 : 丑, 德 : 申, 祿 : 申, 馬 : 寅, 日墓 : 丑)

辛 勾巳朱	壬 青午蛇	癸 空未貴	O 白申后	O 白申后 申	戊 蛇寅青 寅	辛 勾巳朱 巳	
庚 合辰合	제1국		O 常酉陰	O 白申后 庚O	O 白申后 申	庚 合辰合 辰	庚 合辰合 辰
己 朱卯勾			甲 玄戌玄				
戊 蛇寅青	丁 貴丑空	丙 后子白	乙 陰亥常	복음과, 자임, 현태			

庚 合辰合	辛 勾巳朱	壬 青午蛇	癸 空未貴	己 朱卯勾 辰	戊 蛇寅青 卯	丁 貴丑空 寅	
己 朱卯勾	제2국		O 白申后	癸 空未貴 庚O	壬 青午蛇 未	己 朱卯勾 辰	戊 蛇寅青 卯
戊 蛇寅青			O 常酉陰				
丁 貴丑空	丙 后子白	乙 陰亥常	甲 玄戌玄	원수과, 퇴여			

己 朱卯勾	庚 合辰合	辛 勾巳朱	壬 青午蛇	壬 青午蛇 申	庚 合辰合 午	戊 蛇寅青 辰	
戊 蛇寅青	제3국		癸 空未貴	壬 青午蛇 庚O	庚 合辰合 午	戊 蛇寅青 辰	丙 后子白 寅
丁 貴丑空			O 白申后				
丙 后子白	乙 陰亥常	甲 玄戌玄	O 常酉陰	섭해과, 여덕(밤), 역간전			

戊 蛇寅青	己 朱卯勾	庚 合辰合	辛 勾巳朱	辛 勾巳朱 申O	戊 蛇寅青 巳	乙 陰亥常 寅	
丁 貴丑空	제4국		壬 青午蛇	辛 勾巳朱 庚O	戊 蛇寅青 巳	丁 貴丑空 辰	甲 玄戌玄 丑
丙 后子白			癸 空未貴				
乙 陰亥常	甲 玄戌玄	O 常酉陰	O 白申后	원수과, 현태			

丁 貴丑空	戊 后寅白	己 陰卯常	庚 玄辰玄	丙 蛇子青 辰	O 青申蛇 子	庚 玄辰玄 申O	
丙 蛇子青	제5국		辛 常巳陰	庚 玄辰玄 庚O	丙 蛇子青 辰	丙 蛇子青 辰	O 青申蛇 子
乙 朱亥勾			壬 白午后				
甲 合戌合	O 勾酉朱	O 青申蛇	癸 空未貴	중심과, 육양, 화미, 무음, 윤하			

丙 蛇子青	丁 貴丑空	戊 后寅白	己 陰卯常	壬 白午后 亥	丁 貴丑空 午	O 青申蛇 丑	
乙 朱亥勾	제6국		庚 玄辰玄	己 陰卯常 庚O	甲 合戌合 卯	乙 朱亥勾 辰	壬 白午后 亥
甲 合戌合			辛 常巳陰				
O 勾酉朱	O 青申蛇	癸 空未貴	壬 白午后	섭해과, 무록			

乙 朱亥勾	丙 蛇子青	丁 貴丑空	戊 后寅白	戊 后寅白 申	O 青申蛇 寅	戊 后寅白 申O	
甲 合戌合	제7국		己 陰卯常	戊 后寅白 庚O	O 青申蛇 寅	甲 合戌合 辰	庚 玄辰玄 戌
O 勾酉朱			庚 玄辰玄				
O 青申蛇	癸 空未貴	壬 白午后	辛 常巳陰	반음과, 회한, 현태, 육양			

甲 合戌合	乙 朱亥勾	丙 蛇子青	丁 貴丑空	戊 后寅白 酉	癸 空未貴 寅	丙 蛇子青 未	
O 勾酉朱	제8국		戊 后寅白	丁 貴丑空 庚O	壬 白午后 丑	O 勾酉朱 辰	戊 后寅白 酉O
O 青申蛇			己 陰卯常				
癸 空未貴	壬 白午后	辛 常巳陰	庚 玄辰玄	중심과, 인종, 구재대획			

O 勾酉朱	甲 合戌合	乙 朱亥勾	丙 蛇子青	庚 玄辰玄 子	O 青申蛇 辰	丙 蛇子青 申O	
O 青申蛇	제9국		丁 貴丑空	丙 蛇子青 庚O	庚 玄辰玄 子	O 青申蛇 辰	丙 蛇子青 申O
癸 空未貴			戊 后寅白				
壬 白午后	辛 常巳陰	庚 玄辰玄	己 陰卯常	원수과, 회환, 권섭부정, 불비			

O 青申蛇	O 勾酉朱	甲 合戌合	乙 朱亥勾	戊 后寅白 亥	辛 常巳陰 寅	O 青申蛇 巳	
癸 空未貴	제10국		丙 蛇子青	乙 朱亥勾 庚O	戊 后寅白 亥	癸 空未貴 辰	甲 合戌合 未
壬 白午后			丁 貴丑空				
辛 常巳陰	庚 玄辰玄	己 陰卯常	戊 后寅白	요극과, 탄사, 현태			

癸 空未貴	O 白申后	O 常酉陰	甲 玄戌玄	O 白申后 午	甲 玄戌玄 申O	丙 后子白 戌	
壬 青午蛇	제11국		乙 陰亥常	甲 玄戌玄 庚O	丙 后子白 戌	壬 青午蛇 辰	O 白申后 午
辛 勾巳朱			丙 后子白				
庚 合辰合	己 朱卯勾	戊 蛇寅青	丁 貴丑空	섭해과, 회환, 육양, 진간전			

壬 青午蛇	癸 空未貴	O 白申后	O 常酉陰	壬 青午蛇 巳	癸 空未貴 午	O 白申后 未	
辛 勾巳朱	제12국		甲 玄戌玄	O 常酉陰 庚O	甲 玄戌玄 酉O	辛 勾巳朱 辰	壬 青午蛇 巳
庚 合辰合			乙 陰亥常				
己 朱卯勾	戊 蛇寅青	丁 貴丑空	丙 后子白	요극과, 호시, 진여			

(18) 辛巳日 (空亡：申酉, 儀：戌, 奇：丑, 德：巳, 祿：酉, 馬：亥, 日墓：丑)

辛 合巳蛇	壬 勾午貴	癸 青未后	O 空申陰
庚 朱辰朱	제1국		O 白酉玄
己 蛇卯合			甲 常戌常
戊 貴寅勾	丁 后丑青	丙 陰子空	乙 玄亥白

辛 合巳蛇 巳	O 空申陰 申O	戊 貴寅勾 寅

甲 常戌常 辛	甲 常戌常 戌	辛 合巳蛇 巳	辛 合巳蛇 巳

복음과, 자신, 현태, 천망(巳時)

庚 朱辰朱	辛 合巳蛇	壬 勾午貴	癸 青未后
己 蛇卯合	제2국		O 空申陰
戊 貴寅勾			O 白酉玄
丁 后丑青	丙 陰子空	乙 玄亥白	甲 常戌常

己 蛇卯合 辰	戊 貴寅勾 卯	丁 后丑青 寅

O 白酉玄 辛	O 空申陰 酉O	庚 朱辰朱 巳	己 蛇卯合 辰

원수과, 여덕(낮), 퇴여

己 蛇卯合	庚 朱辰朱	辛 合巳蛇	壬 勾午貴
戊 貴寅勾	제3국		癸 青未后
丁 后丑青			O 空申陰
丙 陰子空	乙 玄亥白	甲 常戌常	O 白酉玄

丁 后丑青 卯	乙 玄亥白 丑	O 白酉玄 亥

O 空申陰 辛	壬 勾午貴 申O	己 蛇卯合 巳	丁 后丑青 卯

중심과, 역간전, 삼기

戊 貴寅勾	己 后卯合	庚 陰辰朱	辛 玄巳蛇
丁 蛇丑青	제4국		壬 常午貴
丙 朱子空			癸 白未后
乙 合亥白	甲 勾戌常	O 青酉玄	O 空申陰

戊 貴寅勾 巳	乙 合亥白 寅	O 空申陰 亥

癸 白未后 辛	庚 陰辰朱 未	戊 貴寅勾 巳	乙 合亥白 寅

요극과, 탄사, 현태, 여덕(밤)

丁 蛇丑青	戊 貴寅勾	己 后卯合	庚 陰辰朱
丙 朱子空	제5국		辛 玄巳蛇
乙 合亥白			壬 常午貴
甲 勾戌常	O 青酉玄	O 空申陰	癸 白未后

壬 常午貴 戌	戊 貴寅勾 午	甲 勾戌常 寅

壬 常午貴 辛	戊 貴寅勾 午	丁 蛇丑青 巳	O 青酉玄 丑

원수과, 염상, 천망(午時)

丙 朱子空	丁 蛇丑白	戊 貴寅常	己 后卯玄
乙 合亥青	제6국		庚 陰辰陰
甲 勾戌勾			辛 玄巳后
O 青酉合	O 空申朱	癸 白未蛇	壬 常午貴

癸 白未蛇 子	戊 貴寅常 未	O 青酉合 寅

辛 玄巳后 辛	丙 朱子空 巳	丙 朱子空 巳	癸 白未蛇 子

섭해과, 난수, 불비, 무음

乙 合亥青	丙 朱子空	丁 蛇丑白	戊 貴寅常
甲 勾戌勾	제7국		己 后卯玄
O 青酉合			庚 陰辰陰
O 空申朱	癸 白未蛇	壬 常午貴	辛 玄巳后

辛 玄巳后 亥	乙 合亥青 巳	辛 玄巳后 亥

庚 陰辰陰 辛	甲 勾戌勾 辰	乙 合亥青 巳	辛 玄巳后 亥

반음과, 현태, 천망(巳時),회환

甲 勾戌勾	乙 合亥青	丙 朱子空	丁 蛇丑白
O 青酉合	제8국		戊 貴寅常
O 空申朱			己 后卯玄
癸 白未蛇	壬 常午貴	辛 玄巳后	庚 陰辰陰

己 后卯玄 戌	O 空申朱 卯	丁 蛇丑白 申O

己 后卯玄 辛	O 空申朱 卯	甲 勾戌勾 巳	己 后卯玄 戌

중심과, 불비, 여덕(낮)

O 青酉合	甲 勾戌勾	乙 合亥青	丙 朱子空
O 空申朱	제9국		丁 蛇丑白
癸 白未蛇			戊 貴寅常
壬 常午貴	辛 玄巳后	庚 陰辰陰	己 后卯玄

O 青酉合 巳	丁 蛇丑白 酉O	辛 玄巳后 丑

戊 貴寅常 辛	壬 常午貴 寅	O 青酉合 巳	丁 蛇丑白 酉O

지일과, 비용, 교동(밤), 권섭부정

O 空申朱	O 白酉合	甲 常戌勾	乙 玄亥青
癸 青未蛇	제10국		丙 陰子空
壬 勾午貴			丁 后丑白
辛 合巳后	庚 朱辰陰	己 蛇卯玄	戊 貴寅常

O 空申朱 巳	乙 玄亥青 申O	戊 貴寅常 亥

丁 后丑白 辛	庚 朱辰陰 丑	O 空申朱 巳	乙 玄亥青 申O

중심과, 현태

癸 青未蛇	O 空申朱	O 白酉合	甲 常戌勾
壬 勾午貴	제11국		乙 玄亥青
辛 合巳后			丙 陰子空
庚 朱辰陰	己 蛇卯玄	戊 貴寅常	丁 后丑白

戊 貴寅常 子	庚 朱辰陰 寅	壬 勾午貴 辰

丙 陰子空 辛	戊 貴寅常 子	癸 青未蛇 巳	O 白酉合 未

요극과, 탄사, 원소근단

壬 勾午貴	癸 青未后	O 空申陰	O 白酉玄
辛 合巳蛇	제12국		甲 常戌常
庚 朱辰朱			乙 玄亥白
己 蛇卯合	戊 貴寅勾	丁 后丑青	丙 陰子空

壬 勾午貴 巳	癸 青未后 午	O 空申陰 未

乙 玄亥白 辛	丙 陰子空 亥	壬 勾午貴 巳	癸 青未后 午

요극과, 호시, 진여, 천망(午時)

(19) 壬午日 (空亡 : 申酉, 儀 : 戊, 奇 : 丑, 德 : 亥, 祿 : 亥, 馬 : 亥, 日墓 : 辰)

제1국

辛 朱巳貴	壬 合午后	癸 勾未陰	O 青申玄
庚 蛇辰蛇	제1국		O 空酉常
己 貴卯朱			甲 白戌白
戊 后寅合	丁 陰丑勾	丙 玄子青	乙 常亥空

乙 常亥空 亥	壬 合午后 午	丙 玄子青 子

乙 常亥空 壬	乙 常亥空 亥	壬 合午后 午	壬 合午后 午

복음과, 자임, 현태, 여덕(낮)

제2국

庚 蛇辰蛇	辛 朱巳貴	壬 合午后	癸 勾未陰
己 貴卯朱	제2국		O 青申玄
戊 后寅合			O 空酉常
丁 陰丑勾	丙 玄子青	乙 常亥空	甲 白戌白

甲 白戌白 亥	O 空酉常 戌	O 青申玄 酉O

甲 白戌白 壬O	O 空酉常 戌O	辛 朱巳貴 午	庚 蛇辰蛇 巳

원수과, 참관, 육의, 천망(戌時)

제3국

己 貴卯朱	庚 后辰蛇	辛 陰巳貴	壬 玄午后
戊 蛇寅合	제3국		癸 常未陰
丁 朱丑勾			O 白申玄
丙 合子青	乙 勾亥空	甲 青戌白	O 空酉常

戊 蛇寅合 辰	丙 合子青 寅	甲 青戌白 子

O 空酉常 壬	癸 常未陰 酉O	庚 玄午后 午	戊 后辰蛇 辰

원수과, 역간전

제4국

戊 蛇寅合	己 貴卯朱	庚 后辰蛇	辛 陰巳貴
丁 朱丑勾	제4국		壬 玄午后
丙 合子青			癸 常未陰
乙 勾亥空	甲 青戌白	O 空酉常	O 白申玄

辛 陰巳貴 申O	戊 蛇寅合 巳	乙 勾亥空 寅

O 白申玄 壬	辛 陰巳貴 申O	己 貴卯朱 午	丙 合子青 卯

원수과, 현태

제5국

丁 朱丑勾	戊 蛇寅合	己 貴卯朱	庚 后辰蛇
丙 合子青	제5국		辛 陰巳貴
乙 勾亥空			壬 玄午后
甲 青戌白	O 空酉常	O 白申玄	癸 常未陰

甲 青戌白 寅	壬 玄午后 戌	戊 蛇寅合 午

癸 常未陰 壬	己 貴卯朱 未	戊 蛇寅合 午	甲 青戌白 寅

중심과, 육의, 화미, 여덕(밤)

제6국

丙 合子青	丁 朱丑勾	戊 蛇寅合	己 貴卯朱
乙 勾亥空	제6국		庚 后辰蛇
甲 青戌白			辛 陰巳貴
O 空酉常	O 白申玄	癸 常未陰	壬 玄午后

壬 玄午后 亥	丁 朱丑勾 午	O 白申玄 丑

壬 玄午后 壬	丁 朱丑勾 午	丁 朱丑勾 午	O 白申玄 丑

중심과, 췌서, 불비 회환

제7국

乙 勾亥空	丙 合子白	丁 朱丑常	戊 蛇寅玄
甲 青戌青	제7국		己 貴卯陰
O 空酉勾			庚 后辰后
O 白申合	癸 常未朱	壬 玄午蛇	辛 陰巳貴

壬 玄午蛇 子	丙 合子白 午	壬 玄午蛇 子

辛 陰巳貴 壬	乙 勾亥空 巳	丙 合子白 午	壬 玄午蛇 子

반음과, 삼교, 여덕(낮), 회환

제8국

甲 青戌青	乙 勾亥空	丙 合子白	丁 朱丑常
O 空酉勾	제8국		戊 蛇寅玄
O 白申合			己 貴卯陰
癸 常未朱	壬 玄午蛇	辛 陰巳貴	庚 后辰后

庚 后辰后 亥	O 空酉勾 辰	戊 蛇寅玄 酉O

庚 后辰后 壬	O 空酉勾 辰	乙 勾亥空 午	庚 后辰后 亥

지일과, 참관, 비용, 췌서, 권섭부정

제9국

O 空酉勾	甲 白戌青	乙 常亥空	丙 玄子白
O 青申合	제9국		丁 陰丑常
癸 勾未朱			戊 后寅玄
壬 合午蛇	辛 朱巳貴	庚 蛇辰后	己 貴卯陰

癸 勾未朱 卯	乙 常亥空 未	己 貴卯陰 亥

己 貴卯陰 壬	癸 勾未朱 卯	甲 白戌青 午	戊 后寅玄 戌

중심과, 곡직, 천망(未時)

제10국

O 青申合	O 空酉勾	甲 白戌青	乙 常亥空
癸 勾未朱	제10국		丙 玄子白
壬 合午蛇			丁 陰丑常
辛 朱巳貴	庚 蛇辰后	己 貴卯陰	戊 后寅玄

O 空酉勾 午	丙 玄子白 酉O	己 貴卯陰 子

戊 后寅玄 壬	辛 朱巳貴 寅	O 空酉勾 午	丙 玄子白 酉O

중심과, 삼교

제11국

癸 勾未朱	O 青申合	O 空酉勾	甲 白戌青
壬 合午蛇	제11국		乙 常亥空
辛 朱巳貴			丙 玄子白
庚 蛇辰后	己 貴卯陰	戊 后寅玄	丁 陰丑常

O 青申合 午	甲 白戌青 申O	丙 玄子白 戌

丁 陰丑常 壬	己 貴卯陰 丑	O 青申合 午	甲 白戌青 申O

중심과, 여덕(밤), 진간전

제12국

壬 合午蛇	癸 勾未朱	O 青申合	O 空酉勾
辛 朱巳貴	제12국		甲 白戌青
庚 蛇辰后			乙 常亥空
己 貴卯陰	戊 后寅玄	丁 陰丑常	丙 玄子白

丁 陰丑常 子	戊 后寅玄 丑	己 貴卯陰 寅

丙 玄子白 壬	丁 陰丑常 子	癸 勾未朱 午	O 青申合 未

원수과, 진여, 삼기, 천망(丑時)

(20) 癸未日 (空亡:申酉, 儀:戌, 奇:丑, 德:巳, 祿:子, 馬:巳, 日墓:辰)

辛 貴巳朱	壬 后午合	癸 陰未勾	O 玄申青
庚 蛇辰蛇	제1국		O 常酉空
己 朱卯貴			甲 白戌白
戊 合寅后	丁 勾丑陰	丙 青子玄	乙 空亥常

丁 勾丑陰 丑	甲 白戌白 戌	癸 陰未勾 未

丁 勾丑陰 癸	丁 勾丑陰 丑	癸 陰未勾 未	癸 陰未勾 未

복음과, 유자, 삼기, 여덕(밤)

庚 蛇辰蛇	辛 貴巳朱	壬 后午合	癸 陰未勾
己 朱卯貴	제2국		O 玄申青
戊 合寅后			O 常酉空
丁 勾丑陰	丙 青子玄	乙 空亥常	甲 白戌白

辛 貴巳朱 午	庚 蛇辰蛇 巳	己 朱卯貴 辰

丙 青子玄 癸	乙 空亥常 子	壬 后午合 未	辛 貴巳朱 午

요극과, 탄사, 퇴여, 왕록임신

己 朱卯貴	庚 蛇辰后	辛 貴巳陰	壬 后午玄
戊 合寅蛇	제3국		癸 陰未常
丁 勾丑朱			O 玄申白
丙 青子合	乙 空亥勾	甲 白戌青	O 常酉空

辛 貴巳陰 未	己 朱卯貴 巳	丁 勾丑朱 卯

乙 空亥勾 癸	O 常酉空 亥	辛 貴巳陰 未	己 朱卯貴 巳

요극과, 탄사, 육음, 역간전

戊 合寅蛇	己 朱卯貴	庚 蛇辰后	辛 貴巳陰
丁 勾丑朱	제4국		壬 后午玄
丙 青子合			癸 陰未常
乙 空亥勾	甲 白戌青	O 常酉空	O 玄申白

甲 白戌青 丑	癸 陰未常 戌	庚 蛇辰后 未

甲 白戌青 癸	癸 陰未常 戌	庚 蛇辰后 未	丁 勾丑朱 辰

원수과, 참관, 가색, 육의

丁 勾丑朱	戊 合寅蛇	己 朱卯貴	庚 蛇辰后
丙 青子合	제5국		辛 貴巳陰
乙 空亥勾			壬 后午玄
甲 白戌青	O 常酉空	O 玄申白	癸 陰未常

己 朱卯貴 未	乙 空亥勾 卯	癸 陰未常 亥

O 常酉空 癸	辛 貴巳陰 酉O	己 朱卯貴 未	乙 空亥勾 卯

섭해과, 여덕(낮), 곡직

丙 青子合	丁 勾丑朱	戊 合寅蛇	己 朱卯貴
乙 空亥勾	제6국		庚 蛇辰后
甲 白戌青			辛 貴巳陰
O 常酉空	O 玄申白	癸 陰未常	壬 后午玄

己 朱卯貴 申	甲 白戌青 卯	辛 貴巳陰 戌

O 玄申白 癸	己 朱卯貴 申O	戊 合寅蛇 未	O 常酉空 寅

중심과, 착륜

乙 空亥勾	丙 白子合	丁 常丑朱	戊 玄寅蛇
甲 青戌青	제7국		己 陰卯貴
O 勾酉空			庚 后辰后
O 合申白	癸 朱未常	壬 蛇午玄	辛 貴巳陰

癸 朱未常 丑	丁 常丑朱 未	癸 朱未常 丑

癸 朱未常 癸	丁 常丑朱 未	丁 常丑朱 未	癸 朱未常 丑

반음과, 난수, 유자, 육음

甲 青戌青	乙 空亥勾	丙 白子合	丁 常丑朱
O 勾酉空	제8국		戊 玄寅蛇
O 合申白			己 陰卯貴
癸 朱未常	壬 蛇午玄	辛 貴巳陰	庚 后辰后

辛 貴巳陰 子	甲 青戌青 巳	己 陰卯貴 戌

壬 蛇午玄 癸	乙 空亥勾 午	丙 白子合 未	辛 貴巳陰 子

지일과, 비용, 주인, 장도액

O 勾酉空	甲 青戌白	乙 空亥常	丙 白子玄
O 合申青	제9국		丁 常丑陰
癸 朱未勾			戊 玄寅后
壬 蛇午合	辛 貴巳朱	庚 后辰蛇	己 陰卯貴

O 勾酉空 巳	丁 常丑陰 酉O	辛 貴巳朱 丑

辛 貴巳朱 癸	O 勾酉空 巳	乙 空亥常 未	己 陰卯貴 亥

섭해과, 종혁, 육음, 장도액

O 合申青	O 勾酉空	甲 青戌白	乙 空亥常
癸 朱未勾	제10국		丙 白子玄
壬 蛇午合			丁 常丑陰
辛 貴巳朱	庚 后辰蛇	己 陰卯貴	戊 玄寅后

庚 后辰蛇 丑	癸 朱未勾 辰	甲 青戌白 未

庚 后辰蛇 癸	癸 朱未勾 辰	甲 青戌白 未	丁 常丑陰 戌

원수과, 참관, 유자, 회환

癸 朱未勾	O 合申青	O 勾酉空	甲 青戌白
壬 蛇午合	제11국		乙 空亥常
辛 貴巳朱			丙 白子玄
庚 后辰蛇	己 陰卯貴	戊 玄寅后	丁 常丑陰

辛 貴巳朱 卯	癸 朱未勾 巳	O 勾酉空 未

己 陰卯貴 癸	辛 貴巳朱 卯	O 勾酉空 未	乙 空亥常 酉O

요극과, 탄사, 육음, 원소, 여덕(낮)

壬 蛇午合	癸 朱未勾	O 合申青	O 勾酉空
辛 貴巳朱	제12국		甲 青戌白
庚 后辰蛇			乙 空亥常
己 陰卯貴	戊 玄寅后	丁 常丑陰	丙 白子玄

O 合申青 未	戊 玄寅后 丑	O 合申青 未

戊 玄寅后 癸	己 陰卯貴 寅	O 合申青 未	O 勾酉空 申O

묘성과, 동사엄목, 현태

(21) 甲申日 (空亡 : 午未, 儀 : 申, 奇 : 子, 德 : 寅, 祿 : 寅, 馬 : 寅, 日墓 : 未)

癸 朱巳勾	○ 蛇午青	○ 貴未空	甲 后申白	庚 青寅蛇 寅	癸 朱巳勾 巳	甲 后申白 申	
壬 合辰合	제1국		乙 陰酉常	庚 青寅蛇 甲	庚 青寅蛇 寅	甲 后申白 申	甲 后申白 申
辛 勾卯朱			丙 玄戌玄				
庚 青寅蛇	己 空丑貴	戊 白子后	丁 常亥陰	복음과, 자임, 현태			

壬 合辰合	癸 朱巳勾	○ 蛇午青	○ 貴未空	戊 白子后 丑	丁 常亥陰 子	丙 玄戌玄 亥	
辛 勾卯朱	제2국		甲 后申白	己 空丑貴 甲	戊 白子后 丑	○ 貴未空 申	○ 蛇午青 未○
庚 青寅蛇			乙 陰酉常				
己 空丑貴	戊 白子后	丁 常亥陰	丙 玄戌玄	지일과, 비용, 삼기, 퇴여			

辛 勾卯朱	壬 合辰合	癸 朱巳勾	○ 蛇午青	○ 蛇午青 申	壬 合辰合 午○	庚 青寅蛇 辰	
庚 青寅蛇	제3국		○ 貴未空	戊 白子后 甲	丙 玄戌玄 子	○ 蛇午青 申	壬 合辰合 午○
己 空丑貴			甲 后申白				
戊 白子后	丁 常亥陰	丙 玄戌玄	乙 陰酉常	섭해과, 고조, 육양, 여덕(낮)			

庚 青寅蛇	辛 勾卯朱	壬 合辰合	癸 朱巳勾	癸 朱巳勾 申	庚 青寅蛇 巳	丁 常亥陰 寅	
己 空丑貴	제4국		○ 蛇午青	丁 常亥陰 甲	甲 后申白 亥	癸 朱巳勾 申	庚 青寅蛇 巳
戊 白子后			○ 貴未空				
丁 常亥陰	丙 玄戌玄	乙 陰酉常	甲 后申白	원수과, 현태, 회환			

己 空丑貴	庚 白寅后	辛 常卯陰	壬 玄辰玄	戊 青子蛇 辰	甲 蛇申青 子	壬 玄辰玄 申	
戊 青子蛇	제5국		癸 陰巳常	丙 合戌合 甲	○ 后午白 戌	壬 玄辰玄 申	戊 青子蛇 辰
丁 勾亥朱			○ 后午白				
丙 合戌合	乙 朱酉勾	甲 蛇申青	○ 貴未空	섭해과, 회환, 윤하			

戊 青子蛇	己 空丑貴	庚 白寅后	辛 常卯陰	丙 合戌合 卯	癸 陰巳常 戌	戊 青子蛇 巳	
丁 勾亥朱	제6국		壬 玄辰玄	乙 朱酉勾 甲	壬 玄辰玄 酉	辛 常卯陰 申	丙 合戌合 卯
丙 合戌合			癸 陰巳常				
乙 朱酉勾	甲 蛇申青	○ 貴未空	○ 后午白	지일과, 비용			

丁 勾亥朱	戊 青子蛇	己 空丑貴	庚 白寅后	庚 白寅后 申	甲 蛇申青 寅	庚 白寅后 申	
丙 合戌合	제7국		辛 常卯陰	甲 蛇申青 甲	庚 白寅后 申	庚 白寅后 申	甲 蛇申青 寅
乙 朱酉勾			壬 玄辰玄				
甲 蛇申青	○ 貴未空	○ 后午白	癸 陰巳常	반음과, 난수, 육양, 권섭부정			

丙 合戌合	丁 勾亥朱	戊 青子蛇	己 空丑貴	戊 青子蛇 未	癸 陰巳常 子	丙 合戌合 巳	
乙 朱酉勾	제8국		庚 白寅后	○ 貴未空 甲	戊 青子蛇 未○	己 空丑貴 申	○ 后午白 丑
甲 蛇甲白			辛 常卯陰				
○ 貴未空	○ 后午白	癸 陰巳常	壬 玄辰玄	지일과, 비용, 삼기			

乙 朱酉勾	丙 合戌合	丁 勾亥朱	戊 青子蛇	壬 玄辰玄 子	甲 蛇申青 辰	戊 青子蛇 申	
甲 蛇申青	제9국		己 空丑貴	○ 后午白 甲	丙 合戌合 午○	戊 青子蛇 申	壬 玄辰玄 子
○ 貴未空			庚 白寅后				
○ 后午白	癸 陰巳常	壬 玄辰玄	辛 常卯陰	원수과, 육양, 여덕(밤), 체생			

甲 蛇申青	乙 朱酉勾	丙 合戌合	丁 勾亥朱	甲 蛇申青 巳	丁 勾亥朱 申	庚 白寅后 亥	
○ 貴未空	제10국		戊 青子蛇	癸 陰巳常 甲	甲 蛇申青 巳	丁 勾亥朱 申	庚 白寅后 亥
○ 后午白			己 空丑貴				
癸 陰巳常	壬 玄辰玄	辛 常卯陰	庚 白寅后	중심과, 육의, 현태, 회환			

○ 貴未空	甲 后申白	乙 陰酉常	丙 玄戌玄	壬 合辰合 寅	○ 蛇午青 辰	甲 后申白 午○	
○ 蛇午青	제11국		丁 常亥陰	壬 合辰合 甲	○ 蛇午青 辰	丙 玄戌玄 申	戊 白子后 戌
癸 朱巳勾			戊 白子后				
壬 合辰合	辛 勾卯朱	庚 青寅蛇	己 空丑貴	섭해과, 참관, 육양, 간전			

○ 蛇午青	○ 貴未空	甲 后申白	乙 陰酉常	壬 合辰合 卯	癸 朱巳勾 辰	○ 蛇午青 巳	
癸 朱巳勾	제12국		丙 玄戌玄	辛 勾卯朱 甲	壬 合辰合 卯	乙 陰酉常 申	丙 玄戌玄 酉
壬 合辰合			丁 常亥陰				
辛 勾卯朱	庚 青寅蛇	己 空丑貴	戊 白子后	중심과, 진여			

(22) 乙酉日 (空亡：午未, 儀：申, 奇：子, 德：申, 祿：卯, 馬：亥, 日墓：未)

제1국

癸 合巳青	O 朱午空	O 蛇未白	甲 貴申常
壬 勾辰勾	제1국		乙 后酉玄
辛 青卯合			丙 陰戌陰
庚 空寅朱	己 白丑蛇	戊 常子貴	丁 合亥后

壬 勾辰勾 辰	乙 后酉玄 酉	辛 青卯合 卯

壬 勾辰勾 乙	壬 勾辰勾 辰	乙 后酉玄 酉	乙 后酉玄 酉

복음과, 자신, 참관, 두전

제2국

壬 勾辰勾	癸 合巳青	O 朱午空	O 蛇未白
辛 青卯合	제2국		甲 貴申常
庚 空寅朱			乙 后酉玄
己 白丑蛇	戊 常子貴	丁 玄亥后	丙 陰戌陰

甲 貴申常 酉	O 蛇未白 申	O 朱午空 未O

辛 青卯合 乙	庚 空寅朱 卯	甲 貴申常 酉	O 蛇未白 申

요극과, 호시, 육의, 여덕(낮)

제3국

辛 青卯合	壬 勾辰勾	癸 合巳青	O 朱午空
庚 空寅朱	제3국		O 蛇未白
己 白丑蛇			甲 貴申常
戊 常子貴	丁 玄亥后	丙 陰戌陰	乙 后酉玄

O 蛇未白 酉	癸 合巳青 未O	辛 青卯合 巳

庚 空寅朱 乙	戊 常子貴 寅	O 蛇未白 酉	癸 合巳青 未O

요극과, 탄사, 퇴간전

제4국

庚 空寅朱	辛 白卯合	壬 常辰勾	癸 玄巳青
己 青丑蛇	제4국		O 陰午空
戊 勾子貴			O 后未白
丁 合亥后	丙 朱戌陰	乙 蛇酉玄	甲 貴申常

己 青丑蛇 辰	丙 朱戌陰 丑	O 后未白 戌

己 青丑蛇 乙	丙 朱戌陰 丑	O 陰午空 酉	辛 白卯合 午O

중심과, 가색, 여덕(밤)

제5국

己 青丑蛇	庚 空寅朱	辛 白卯合	壬 常辰勾
戊 勾子貴	제5국		癸 玄巳青
丁 合亥后			O 陰午空
丙 朱戌陰	乙 蛇酉玄	甲 貴申常	O 后未白

癸 玄巳青 酉	己 青丑蛇 巳	乙 蛇酉玄 丑

戊 勾子貴 乙	甲 貴申常 子	癸 玄巳青 酉	己 青丑蛇 巳

원수과, 종혁

제6국

戊 勾子貴	己 青丑后	庚 空寅陰	辛 白卯玄
丁 合亥蛇	제6국		壬 常辰常
丙 朱戌朱			癸 玄巳白
乙 蛇酉合	甲 貴申勾	O 后未青	O 陰午空

丁 合亥蛇 辰	O 陰午空 亥	己 青丑后 午O

丁 合亥蛇 乙	O 陰午空 亥	壬 常辰常 酉	丁 合亥蛇 辰

지일과, 불비, 무음

제7국

丁 合亥蛇	戊 勾子貴	己 青丑后	庚 空寅陰
丙 朱戌朱	제7국		辛 白卯玄
乙 蛇酉合			壬 常辰常
甲 貴申勾	O 后未青	O 陰午空	癸 玄巳白

辛 白卯玄 酉	乙 蛇酉合 卯	辛 白卯玄 酉

丙 朱戌朱 乙	壬 常辰常 戌	辛 白卯玄 酉	乙 蛇酉合 卯

반음과, 용전, 회환, 삼교

제8국

丙 朱戌朱	丁 合亥蛇	戊 勾子貴	己 青丑后
乙 蛇酉合	제8국		庚 空寅陰
甲 貴申勾			辛 白卯玄
O 后未青	O 陰午空	癸 玄巳白	壬 常辰常

O 后未青 寅	戊 勾子貴 未O	癸 玄巳白 子

乙 蛇酉合 乙	庚 空寅陰 酉	庚 空寅陰 酉	O 后未青 寅

지일과, 난수, 장도액, 구재대획

제9국

乙 蛇酉合	丙 朱戌朱	丁 合亥蛇	戊 勾子貴
甲 貴申勾	제9국		己 青丑后
O 后未青			庚 空寅陰
O 陰午空	癸 玄巳白	壬 常辰常	辛 白卯玄

甲 貴申勾 辰	戊 勾子貴 申	壬 常辰常 子

甲 貴申勾 乙	戊 勾子貴 申	己 青丑后 酉	癸 玄巳白 丑

원수과, 육의, 화미, 천망(申時)

제10국

甲 貴申勾	乙 后酉合	丙 陰戌朱	丁 玄亥蛇
O 蛇未青	제10국		戊 常子貴
O 朱午空			己 白丑后
癸 合巳白	壬 勾辰常	辛 青卯玄	庚 空寅陰

O 蛇未青 辰	丙 陰戌朱 未O	己 白丑后 戌

O 蛇未青 乙	丙 陰戌朱 未O	戊 常子貴 酉	辛 青卯玄 子

중심과, 가색, 여덕(밤)

제11국

O 蛇未青	甲 貴申勾	乙 后酉合	丙 陰戌朱
O 朱午空	제11국		丁 玄亥蛇
癸 合巳白			戊 常子貴
壬 勾辰常	辛 青卯玄	庚 空寅陰	己 白丑后

甲 貴申勾 午	丙 陰戌朱 申	戊 常子貴 戌

O 朱午空 乙	甲 貴申勾 午O	丁 玄亥蛇 酉	己 白丑后 亥

중심과, 육의, 간전

제12국

O 朱午空	O 蛇未白	甲 貴申常	乙 后酉玄
癸 合巳青	제12국		丙 陰戌陰
壬 勾辰勾			丁 玄亥后
辛 青卯合	庚 空寅朱	己 白丑蛇	戊 常子貴

丁 玄亥后 戌	戊 常子貴 亥	己 白丑蛇 子

癸 合巳青 乙	O 朱午空 巳	丙 陰戌陰 酉	丁 玄亥后 戌

중심과, 진여

(23) 丙戌日 (空亡：午未, 儀：申, 奇：子, 德：巳, 祿：巳, 馬：申, 日墓：戌)

癸 勾巳空	O 合午白	O 朱未常	甲 蛇申玄
壬 青辰青	제1국		乙 貴酉陰
辛 空卯勾			丙 后戌后
庚 白寅合	己 常丑朱	戊 玄子蛇	丁 陰亥貴

癸 勾巳空 巳	甲 蛇申玄 申	庚 白寅合 寅

癸 勾巳空 丙	癸 勾巳空 巳	丙 后戌后 戌	丙 后戌后 戌

복음과, 자임, 원태, 여덕(낮)

壬 青辰青	癸 勾巳空	O 合午白	O 朱未常
辛 空卯勾	제2국		甲 蛇申玄
庚 白寅合			乙 貴酉陰
己 常丑朱	戊 玄子蛇	丁 陰亥貴	丙 后戌后

辛 空卯勾 辰	庚 白寅合 卯	己 常丑朱 寅

壬 青辰青 丙	辛 空卯勾 辰	乙 貴酉陰 戌	甲 蛇申玄 酉

원수과, 퇴여

辛 空卯勾	壬 白辰青	癸 常巳空	O 玄午白
庚 青寅合	제3국		O 陰未常
己 勾丑朱			甲 后申玄
戊 合子蛇	丁 朱亥貴	丙 蛇戌后	乙 貴酉陰

己 勾丑朱 卯	丁 朱亥貴 丑	乙 貴酉陰 亥

辛 空卯勾 丙	己 勾丑朱 卯	甲 后申玄 戌	O 玄午白 申

중심과, 극음, 역간전

庚 青寅合	辛 空卯勾	壬 白辰青	癸 常巳空
己 勾丑朱	제4국		O 玄午白
戊 合子蛇			O 陰未常
丁 朱亥貴	丙 蛇戌后	乙 貴酉陰	甲 后申玄

丁 朱亥貴 寅	甲 后申玄 亥	癸 常巳空 申

庚 青寅合 丙	丁 朱亥貴 寅	O 陰未常 戌	壬 白辰青 未

요극과, 호시, 현태

己 勾丑朱	庚 青寅合	辛 空卯勾	壬 白辰青
戊 合子蛇	제5국		癸 常巳空
丁 朱亥貴			O 玄午白
丙 蛇戌后	乙 貴酉陰	甲 后申玄	O 陰未常

乙 貴酉陰 丑	癸 常巳空 酉	己 勾丑朱 巳

己 勾丑朱 丙	乙 貴酉陰 丑	O 玄午白 戌	庚 青寅合 午O

요극과, 탄사, 종혁, 여덕(밤)

戊 合子蛇	己 勾丑朱	庚 青寅合	辛 空卯勾
丁 朱亥貴	제6국		壬 白辰青
丙 蛇戌后			癸 常巳空
乙 貴酉陰	甲 后申玄	O 陰未常	O 玄午白

戊 合子蛇 巳	O 陰未常 子	庚 青寅合 未O

戊 合子蛇 丙	O 陰未常 子	癸 常巳空 戌	戊 合子蛇 巳

지일과, 유도액, 삼기, 권섭부정

丁 朱亥貴	戊 合子后	己 勾丑陰	庚 青寅玄
丙 蛇戌蛇	제7국		辛 空卯常
乙 貴酉朱			壬 白辰白
甲 后申合	O 陰未勾	O 玄午青	癸 常巳空

癸 常巳空 亥	丁 朱亥貴 巳	癸 常巳空 亥

丁 朱亥貴 丙	癸 常巳空 亥	壬 白辰白 戌	丙 蛇戌蛇 辰

반음과, 현태, 회환, 여덕(낮)

丙 蛇戌蛇	丁 朱亥貴	戊 合子后	己 勾丑陰
乙 貴酉朱	제8국		庚 青寅玄
甲 后申合			辛 空卯常
O 陰未勾	O 玄午青	癸 常巳空	壬 白辰白

甲 后申合 卯	己 勾丑陰 申	O 玄午青 丑

丙 蛇戌蛇 丙	辛 空卯常 戌	辛 空卯常 戌	甲 后申合 卯

지일과, 비용, 육의, 불비

乙 貴酉朱	丙 后戌蛇	丁 陰亥貴	戊 玄子后
甲 蛇申合	제9국		己 常丑陰
O 朱未勾			庚 白寅玄
O 合午青	癸 勾巳空	壬 青辰白	辛 空卯常

乙 貴酉朱 巳	己 常丑陰 酉	癸 勾巳空 丑

乙 貴酉朱 丙	己 常丑陰 酉	庚 白寅玄 戌	O 合午青 寅

중심과, 종혁

甲 蛇申合	乙 貴酉朱	丙 后戌蛇	丁 陰亥貴
O 朱未勾	제10국		戊 玄子后
O 合午青			己 常丑陰
癸 勾巳空	壬 青辰白	辛 空卯常	庚 白寅玄

甲 蛇申合 巳	丁 陰亥貴 申	庚 白寅玄 亥

甲 蛇申合 丙	丁 陰亥貴 申	己 常丑陰 戌	壬 青辰白 丑

중심과, 육의, 현태, 형통

O 朱未勾	甲 蛇申合	乙 貴酉朱	丙 后戌蛇
O 合午青	제11국		丁 陰亥貴
癸 勾巳空			戊 玄子后
壬 青辰白	辛 空卯常	庚 白寅玄	己 常丑陰

戊 玄子后 戌	庚 白寅玄 子	壬 青辰白 寅

O 朱未勾 丙	乙 貴酉朱 未O	戊 玄子后 戌	庚 白寅玄 子

중심과, 삼기, 여덕(밤), 천망(子時)

O 合午青	O 朱未勾	甲 蛇申合	乙 貴酉朱
癸 勾巳空	제12국		丙 后戌蛇
壬 青辰白			丁 陰亥貴
辛 空卯常	庚 白寅玄	己 常丑陰	戊 玄子后

丁 陰亥貴 戌	戊 玄子后 亥	己 常丑陰 子

O 合午青 丙	O 朱未勾 午O	丁 陰亥貴 戌	戊 玄子后 亥

중심과, 진여, 천망(亥時)

(24) 丁亥日 (空亡 : 午未, 儀 : 申, 奇 : 子, 德 : 亥, 祿 : 午, 馬 : 巳, 日墓 : 戌)

제1국

癸 空巳勾	○ 白午合	○ 常未朱	甲 玄申蛇
壬 青辰青	제1국		乙 陰酉貴
辛 勾卯空			丙 后戌后
庚 合寅白	己 朱丑常	戊 蛇子玄	丁 貴亥陰

丁 貴亥陰 亥	○ 常未朱 未○	己 朱丑常 丑

○ 常未朱 丁○	○ 常未朱 未○	丁 貴亥陰 亥	丁 貴亥陰 亥

복음과, 자신, 육음, 두전

제2국

壬 青辰青	癸 空巳勾	○ 白午合	○ 常未朱
辛 勾卯空	제2국		甲 玄申蛇
庚 合寅白			乙 陰酉貴
己 朱丑常	戊 蛇子玄	丁 貴亥陰	丙 后戌后

丙 后戌后 亥	乙 陰酉貴 戌	甲 玄申蛇 酉

○ 白午合 丁○	癸 空巳勾 午○	丙 后戌后 亥	乙 陰酉貴 戌

원수과, 퇴여, 참관, 왕록임신

제3국

辛 勾卯空	壬 青辰白	癸 空巳常	○ 白午玄
庚 合寅青	제3국		○ 常未陰
己 朱丑勾			甲 玄申后
戊 蛇子合	丁 貴亥朱	丙 后戌蛇	乙 陰酉貴

乙 陰酉貴 亥	○ 常未陰 酉	癸 空巳常 未○

癸 空巳常 丁○	辛 勾卯空 巳	乙 陰酉貴 亥	○ 常未陰 酉

요극과, 탄사, 회환, 육음

제4국

庚 合寅青	辛 勾卯空	壬 青辰白	癸 空巳常
己 朱丑勾	제4국		○ 白午玄
戊 蛇子合			○ 常未陰
丁 貴亥朱	丙 后戌蛇	乙 陰酉貴	甲 玄申后

癸 空巳常 申	庚 合寅青 巳	丁 貴亥朱 寅

壬 青辰白 丁○	己 朱丑勾 辰	甲 玄申后 亥	癸 空巳常 申

원수과, 현태, 폐구

제5국

己 朱丑勾	庚 合寅青	辛 勾卯空	壬 青辰白
戊 蛇子合	제5국		癸 空巳常
丁 貴亥朱			○ 白午玄
丙 后戌蛇	乙 陰酉貴	甲 玄申后	○ 常未陰

○ 常未陰 亥	辛 勾卯空 未○	丁 貴亥朱 卯

辛 勾卯空 丁	丁 貴亥朱 卯	○ 常未陰 亥	辛 勾卯空 未○

섭해과, 췌서, 육음, 여덕(낮)

제6국

戊 蛇子合	己 朱丑勾	庚 合寅青	辛 勾卯空
丁 貴亥朱	제6국		壬 青辰白
丙 后戌蛇			癸 空巳常
乙 陰酉貴	甲 玄申后	○ 常未陰	○ 白午玄

○ 白午玄 亥	己 朱丑勾 午○	甲 玄申后 丑

庚 合寅青 丁○	乙 陰酉貴 寅	○ 白午玄 亥	己 朱丑勾 午○

중심과, 권섭부정

제7국

丁 貴亥朱	戊 后子合	己 陰丑勾	庚 玄寅青
丙 蛇戌蛇	제7국		辛 常卯空
乙 朱酉貴			壬 白辰白
甲 合申后	○ 勾未陰	○ 青午玄	癸 空巳常

癸 空巳常 亥	丁 貴亥朱 巳	癸 空巳常 亥

己 陰丑勾 丁○	○ 勾未陰 丑	癸 空巳常 亥	丁 貴亥朱 巳

반음과, 회환, 육음, 여덕(밤)

제8국

丙 蛇戌蛇	丁 貴亥朱	戊 后子合	己 陰丑勾
乙 朱酉貴	제8국		庚 玄寅青
甲 合申后			辛 常卯空
○ 勾未陰	○ 青午玄	癸 空巳常	壬 白辰白

癸 空巳常 子	丙 蛇戌蛇 巳	辛 常卯空 戌

戊 后子合 丁○	癸 空巳常 子	壬 白辰白 亥	乙 朱酉貴 辰

중심과, 주인

제9국

乙 朱酉貴	丙 蛇戌后	丁 貴亥陰	戊 后子玄
甲 合申蛇	제9국		己 陰丑常
○ 勾未朱			庚 玄寅白
○ 青午合	癸 空巳勾	壬 白辰青	辛 常卯空

○ 勾未朱 卯	丁 貴亥陰 未○	辛 常卯空 亥

丁 貴亥陰 丁○	辛 常卯空 亥	辛 常卯空 亥	○ 勾未朱 卯

중심과, 회환, 난수, 육음

제10국

甲 合申蛇	乙 朱酉貴	丙 蛇戌后	丁 貴亥陰
○ 勾未朱	제10국		戊 后子玄
○ 青午合			己 陰丑常
癸 空巳勾	壬 白辰青	辛 常卯空	庚 玄寅白

○ 青午合 卯	丙 蛇戌后 未○	庚 玄寅白 亥

丙 蛇戌后 丁○	己 陰丑常 戌	庚 玄寅白 亥	癸 空巳勾 寅

묘성과, 동사엄목

제11국

○ 勾未朱	甲 合申蛇	乙 朱酉貴	丙 蛇戌后
○ 青午合	제11국		丁 貴亥陰
癸 空巳勾			戊 后子玄
壬 白辰青	辛 常卯空	庚 玄寅白	己 陰丑常

乙 朱酉貴 未	丁 貴亥陰 酉	己 陰丑常 亥

乙 朱酉貴 丁○	丁 貴亥陰 酉	己 陰丑常 亥	辛 常卯空 丑

중심과, 여덕(낮), 회환, 육음

제12국

○ 青午合	○ 勾未朱	甲 合申蛇	乙 朱酉貴
癸 空巳勾	제12국		丙 蛇戌后
壬 白辰青			丁 貴亥陰
辛 常卯空	庚 玄寅白	己 陰丑常	戊 后子玄

甲 合申蛇 未	乙 朱酉貴 申	丙 蛇戌后 酉

甲 合申蛇 丁○	乙 朱酉貴 申	戊 后子玄 亥	己 陰丑常 子

중심과, 육의, 진여

(25) 戊子日 (空亡: 午未, 儀: 申, 奇: 子, 德: 巳, 祿: 巳, 馬: 寅, 日墓: 戌)

癸 勾巳朱	O 青午蛇	O 空未貴	甲 白申后	癸 勾巳朱 巳	甲 白申后 申	庚 蛇寅青 寅	
壬 合辰合	제1국		乙 常酉陰	癸 勾巳朱 戌	癸 勾巳朱 巳	戊 后子白 子	戊 后子白 子
辛 朱卯勾			丙 玄戌玄				
庚 蛇寅青	己 貴丑空	戊 后子白	丁 陰亥常	복음과, 자임, 현태, 체극			

壬 合辰合	癸 勾巳朱	O 青午蛇	O 空未貴	丙 玄戌玄 亥	乙 常酉陰 戌	甲 白申后 酉	
辛 朱卯勾	제2국		甲 白申后	壬 合辰合 戌	辛 朱卯勾 辰	丁 陰亥常 子	丙 玄戌玄 亥
庚 蛇寅青			乙 常酉陰				
己 貴丑空	戊 后子白	丁 陰亥常	丙 玄戌玄	지일과, 비용, 복앙, 퇴여			

辛 朱卯勾	壬 合辰合	癸 勾巳朱	O 青午蛇	己 貴丑空 卯	丁 陰亥常 丑	乙 常酉陰 亥	
庚 蛇寅青	제3국		O 空未貴	辛 朱卯勾 戌	己 貴丑空 卯	丙 玄戌玄 子	甲 白申后 戌
己 貴丑空			甲 白申后				
戊 后子白	丁 陰亥常	丙 玄戌玄	乙 常酉陰	중심과, 여덕(밤), 극음			

庚 蛇寅青	辛 朱卯勾	壬 合辰合	癸 勾巳朱	庚 蛇寅青 巳	丁 陰亥常 寅	甲 白申后 亥	
己 貴丑空	제4국		O 青午蛇	庚 蛇寅青 戌	丁 陰亥常 寅	乙 常酉陰 子	O 青午蛇 酉
戊 后子白			O 空未貴				
丁 陰亥常	丙 玄戌玄	乙 常酉陰	甲 白申后	섭해과, 현태, 천망(寅時)			

己 貴丑空	庚 后寅白	辛 陰卯常	壬 玄辰玄	癸 常巳陰 酉	甲 青申蛇 子	己 貴丑空 巳	
戊 蛇子青	제5국		癸 常巳陰	己 貴丑空 戌	乙 勾酉朱 丑	甲 青申蛇 子	壬 玄辰玄 申
丁 朱亥勾			O 白午后				
丙 合戌合	乙 勾酉朱	甲 青申蛇	O 空未貴	묘성과, 호시전봉			

戊 蛇子青	己 貴丑空	庚 后寅白	辛 陰卯常	戊 蛇子青 巳	O 空未貴 子	庚 后寅白 未O	
丁 朱亥勾	제6국		壬 玄辰玄	戊 蛇子青 戌	O 空未貴 子	O 空未貴 子	庚 后寅白 未O
丙 合戌合			癸 常巳陰				
乙 勾酉朱	甲 青申蛇	O 空未貴	O 白午后	중심과, 췌서, 회환, 삼기			

丁 朱亥勾	戊 蛇子青	己 貴丑空	庚 后寅白	O 白午后 子	戊 蛇子青 午O	O 白午后 子	
丙 合戌合	제7국		辛 陰卯常	丁 朱亥勾 戌	癸 常巳陰 亥	O 白午后 子	戊 蛇子青 午O
乙 勾酉朱			壬 玄辰玄				
甲 青申蛇	O 空未貴	O 白午后	癸 常巳陰	반음과, 무의, 삼교, 회환			

丙 合戌合	丁 朱亥勾	戊 蛇子青	己 貴丑空	癸 常巳陰 子	丙 合戌合 巳	辛 陰卯常 戌	
乙 勾酉朱	제8국		庚 后寅白	丙 合戌合 戌	辛 陰卯常 戌	癸 常巳陰 子	丙 合戌合 巳
甲 青申蛇			辛 陰卯常				
O 空未貴	O 白午后	癸 常巳陰	壬 玄辰玄	중심과, 주인, 난수, 권섭부정			

乙 勾酉朱	丙 合戌合	丁 朱亥勾	戊 蛇子青	壬 玄辰玄 子	甲 青申蛇 辰	戊 蛇子青 申	
甲 青申蛇	제9국		己 貴丑空	乙 勾酉朱 戌	己 貴丑空 酉	壬 玄辰玄 子	甲 青申蛇 辰
O 空未貴			庚 后寅白				
O 白午后	癸 常巳陰	壬 玄辰玄	辛 陰卯常	원수과, 참관, 여덕(밤), 윤하			

甲 青申蛇	乙 勾酉朱	丙 合戌合	丁 朱亥勾	辛 陰卯常 子	O 白午后 卯	乙 勾酉朱 午O	
O 空未貴	제10국		戊 蛇子青	甲 青申蛇 戌	丁 朱亥勾 申	辛 陰卯常 子	O 白午后 卯
O 白午后			己 貴丑空				
癸 常巳陰	壬 玄辰玄	辛 陰卯常	庚 后寅白	요극과, 호시, 삼교			

O 空未貴	甲 白申后	乙 常酉陰	丙 玄戌玄	壬 合辰合 寅	O 青午蛇 辰	甲 白申后 午O	
O 青午蛇	제11국		丁 陰亥常	O 空未貴 戌	乙 常酉陰 未O	庚 蛇寅青 子	壬 合辰合 寅
癸 勾巳朱			戊 后子白				
壬 合辰合	辛 朱卯勾	庚 蛇寅青	己 貴丑空	중심과, 진간전			

O 青午蛇	O 空未貴	甲 白申后	乙 常酉陰	庚 蛇寅青 丑	辛 朱卯勾 寅	壬 合辰合 卯	
癸 勾巳朱	제12국		丙 玄戌玄	O 青午蛇 戌	O 空未貴 午O	己 貴丑空 子	庚 蛇寅青 丑
壬 合辰合			丁 陰亥常				
辛 朱卯勾	庚 蛇寅青	己 貴丑空	戊 后子白	지일과, 진여			

(26) 己丑日 (空亡 : 午未, 儀 : 申, 奇 : 子, 德 : 寅, 祿 : 午, 馬 : 亥, 日墓 : 戌)

제1국

癸 青巳合	O 空午朱	O 白未蛇	甲 常申貴
壬 勾辰勾	제1국		乙 玄酉后
辛 合卯青			丙 陰戌陰
庚 朱寅空	己 蛇丑白	戊 貴子常	丁 后亥玄

己 蛇丑白 丑	丙 陰戌陰 戌	O 白未蛇 未

O 白未蛇 己O	O 白未蛇 未O	己 蛇丑白 丑	己 蛇丑白 丑

복음과, 자신, 가색

제2국

壬 勾辰勾	癸 青巳合	O 空午朱	O 白未蛇
辛 合卯青	제2국		甲 常申貴
庚 朱寅空			乙 玄酉后
己 蛇丑白	戊 貴子常	丁 后亥玄	丙 陰戌陰

戊 貴子常 丑	丁 后亥玄 子	丙 陰戌陰 亥

O 空午朱 己O	癸 青巳合 午O	戊 貴子常 丑	丁 后亥玄 子

중심과, 삼기, 화미, 여덕(밤)

제3국

辛 合卯青	壬 勾辰勾	癸 青巳合	O 空午朱
庚 朱寅空	제3국		O 白未蛇
己 蛇丑白			甲 常申貴
戊 貴子常	丁 后亥玄	丙 陰戌陰	乙 玄酉后

丁 后亥玄 丑	乙 玄酉后 亥	O 白未蛇 酉

癸 青巳合 己O	辛 合卯青 巳	丁 后亥玄 丑	乙 玄酉后 亥

중심과, 간전, 육음

제4국

庚 朱寅空	辛 合卯白	壬 勾辰常	癸 青巳玄
己 蛇丑青	제4국		O 空午陰
戊 貴子勾			O 白未后
丁 后亥合	丙 陰戌朱	乙 玄酉蛇	甲 常申貴

戊 貴子勾 卯	壬 勾辰常 未	丙 陰戌朱 丑

壬 勾辰常 己O	己 蛇丑青 辰	丙 陰戌朱 丑	O 白未后 戌

묘성과, 동사엄목, 삼기, 여덕(낮)

제5국

己 蛇丑青	庚 朱寅空	辛 合卯白	壬 勾辰常
戊 貴子勾	제5국		癸 青巳玄
丁 后亥合			O 空午陰
丙 陰戌朱	乙 玄酉蛇	甲 常申貴	O 白未后

辛 合卯白 未	丁 后亥合 卯	O 白未后 亥

辛 合卯白 己O	丁 后亥合 卯	乙 玄酉蛇 丑	癸 青巳玄 酉

섭해과, 곡직격, 귀인입옥(낮)

제6국

戊 貴子勾	己 后丑青	庚 陰寅空	辛 玄卯白
丁 蛇亥合	제6국		壬 常辰常
丙 朱戌朱			癸 白巳玄
乙 合酉蛇	甲 勾申貴	O 青未后	O 空午陰

辛 玄卯白 申	丙 朱戌朱 卯	癸 白巳玄 戌

庚 陰寅空 己O	乙 合酉蛇 寅	甲 勾申貴 丑	辛 玄卯白 申

중심과, 착륜, 천망(卯時), 폐구

제7국

丁 蛇亥合	戊 貴子勾	己 后丑青	庚 陰寅空
丙 朱戌朱	제7국		辛 玄卯白
乙 合酉蛇			壬 常辰常
甲 勾申貴	O 青未后	O 空午陰	癸 白巳玄

丁 蛇亥合 巳	O 青未后 丑	己 后丑青 未O

己 后丑青 己O	O 青未后 丑	O 青未后 丑	己 后丑青 未O

반음과, 무친, 육음

제8국

丙 朱戌朱	丁 蛇亥合	戊 貴子勾	己 后丑青
乙 合酉蛇	제8국		庚 陰寅空
甲 勾申貴			辛 玄卯白
O 青未后	O 空午陰	癸 白巳玄	壬 常辰常

癸 白巳玄 子	丙 朱戌朱 巳	辛 玄卯白 戌

戊 貴子勾 己O	癸 白巳玄 子	O 空午陰 丑	丁 蛇亥合 午O

지일과, 주인, 여덕(밤), 권섭부정

제9국

乙 合酉蛇	丙 朱戌朱	丁 蛇亥合	戊 貴子勾
甲 勾申貴	제9국		己 后丑青
O 青未后			庚 陰寅空
O 空午陰	癸 白巳玄	壬 常辰常	辛 玄卯白

乙 合酉蛇 巳	己 后丑青 酉	癸 白巳玄 丑

丁 蛇亥合 己O	辛 玄卯白 亥	癸 白巳玄 丑	乙 合酉蛇 巳

섭해과, 육음, 종혁

제10국

甲 勾申貴	乙 合酉后	丙 朱戌陰	丁 蛇亥玄
O 青未蛇	제10국		戊 貴子常
O 空午朱			己 后丑白
癸 白巳合	壬 常辰勾	辛 玄卯青	庚 陰寅空

O 空午朱 卯	丙 朱戌陰 未O	壬 常辰勾 丑

丙 朱戌陰 己O	己 后丑白 戌	壬 常辰勾 丑	O 青未蛇 辰

묘성과, 동사엄목

제11국

O 青未蛇	甲 勾申貴	乙 合酉后	丙 朱戌陰
O 空午朱	제11국		丁 蛇亥玄
癸 白巳合			戊 貴子常
壬 常辰勾	辛 玄卯青	庚 陰寅空	己 后丑白

辛 玄卯青 丑	癸 白巳合 卯	O 青未蛇 巳

乙 合酉后 己O	丁 蛇亥玄 酉	辛 玄卯青 丑	癸 白巳合 卯

원수과, 육음, 천망(卯時), 간전

제12국

O 空午朱	O 白未蛇	甲 常申貴	乙 玄酉后
癸 青巳合	제12국		丙 陰戌陰
壬 勾辰勾			丁 后亥玄
辛 合卯青	庚 朱寅空	己 蛇丑白	戊 貴子常

庚 朱寅空 丑	辛 合卯青 寅	壬 勾辰勾 卯

甲 常申貴 己O	乙 玄酉后 申	庚 朱寅空 丑	辛 合卯青 寅

원수과, 진여, 천망(寅時)

(27) 庚寅日 (空亡 : 午未, 儀 : 申, 奇 : 子, 德 : 申, 祿 : 申, 馬 : 申, 日墓 : 丑)

癸 勾巳朱	O 青午蛇	O 空未貴	甲 白申后	甲 白申后 申	庚 蛇寅青 寅	癸 勾巳朱 巳	
壬 合辰合	제1국		乙 常酉陰	甲 白申后 庚	庚 白申后 申	庚 蛇寅青 寅	庚 蛇寅青 寅
辛 朱卯勾			丙 玄戌玄				
庚 蛇寅青	己 貴丑空	戊 后子白	丁 陰亥常	복음과, 자임, 현태, 육의			

壬 合辰合	癸 勾巳朱	O 青午蛇	O 空未貴	戊 后子白 丑	丁 陰亥常 子	丙 玄戌玄 亥	
辛 朱卯勾	제2국		甲 白申后	O 空未貴 庚	O 青午蛇 未O	己 貴丑空 寅	戊 后子白 丑
庚 蛇寅青			乙 常酉陰				
己 貴丑空	戊 后子白	丁 陰亥常	丙 玄戌玄	지일과, 비용, 퇴여, 삼기			

辛 朱卯勾	壬 合辰合	癸 勾巳朱	O 青午蛇	O 青午蛇 申	壬 合辰合 午O	庚 蛇寅青 辰	
庚 蛇寅青	제3국		O 空未貴	O 青午蛇 庚	壬 合辰合 午O	戊 后子白 寅	丙 玄戌玄 子
己 貴丑空			甲 白申后				
戊 后子白	丁 陰亥常	丙 玄戌玄	乙 常酉陰	섭해과, 고조, 육양, 여덕(낮)			

庚 蛇寅青	辛 朱卯勾	壬 合辰合	癸 勾巳朱	癸 勾巳朱 申	庚 蛇寅青 巳	丁 陰亥常 寅	
己 貴丑空	제4국		O 青午蛇	癸 勾巳朱 庚	庚 蛇寅青 巳	丁 陰亥常 寅	甲 白申后 亥
戊 后子白			O 空未貴				
丁 陰亥常	丙 玄戌玄	乙 常酉陰	甲 白申后	원수과, 현태, 회환, 폐구			

己 貴丑空	庚 后寅白	辛 陰卯常	壬 玄辰玄	丙 合戌合 寅	O 白午后 戌	庚 后寅白 午O	
戊 蛇子青	제5국		癸 常巳陰	壬 玄辰玄 庚	戊 蛇子青 辰	丙 合戌合 寅	O 白午后 戌
丁 朱亥勾			O 白午后				
丙 合戌合	乙 勾酉朱	甲 青申蛇	O 空未貴	섭해과, 윤하			

戊 蛇子青	己 貴丑空	庚 后寅白	辛 陰卯常	丙 合戌合 卯	癸 常巳陰 戌	戊 蛇子青 巳	
丁 朱亥勾	제6국		壬 玄辰玄	辛 陰卯常 庚	丙 合戌合 卯	乙 勾酉朱 寅	壬 玄辰玄 酉
丙 合戌合			癸 常巳陰				
乙 勾酉朱	甲 青申蛇	O 空未貴	O 白午后	지일과, 비용, 착륜			

丁 朱亥勾	戊 蛇子青	己 貴丑空	庚 后寅白	庚 后寅白 申	甲 青申蛇 寅	庚 后寅白 申	
丙 合戌合	제7국		辛 陰卯常	庚 后寅白 庚	甲 青申蛇 寅	甲 青申蛇 寅	庚 后寅白 申
乙 勾酉朱			壬 玄辰玄				
甲 青申蛇	O 空未貴	O 白午后	癸 常巳陰	반음과, 췌서, 현태, 육양, 회환			

丙 合戌合	丁 朱亥勾	戊 蛇子青	己 貴丑空	戊 蛇子青 未	癸 常巳陰 子	丙 合戌合 巳	
乙 勾酉朱	제8국		庚 后寅白	己 貴丑空 庚	O 白午后 丑	O 空未貴 寅	戊 蛇子青 未O
甲 青申蛇			辛 陰卯常				
O 空未貴	O 白午后	癸 常巳陰	壬 玄辰玄	지일과, 비용, 삼기			

乙 勾酉朱	丙 合戌合	丁 朱亥勾	戊 蛇子青	壬 玄辰玄 子	甲 青申蛇 辰	戊 蛇子青 申	
甲 青申蛇	제9국		己 貴丑空	戊 蛇子青 庚	壬 玄辰玄 子	O 白午后 寅	丙 合戌合 午O
O 空未貴			庚 后寅白				
O 白午后	癸 常巳陰	壬 玄辰玄	辛 陰卯常				

甲 青申蛇	乙 勾酉朱	丙 合戌合	丁 朱亥勾	甲 青申蛇 巳	丁 朱亥勾 申	庚 后寅白 亥	
O 空未貴	제10국		戊 蛇子青	丁 朱亥勾 庚	庚 后寅白 亥	癸 常巳陰 寅	甲 青申蛇 巳
O 白午后			己 貴丑空				
癸 常巳陰	壬 玄辰玄	辛 陰卯常	庚 后寅白				

O 空未貴	甲 白申后	乙 常酉陰	丙 玄戌玄	壬 合辰合 寅	O 青午蛇 辰	甲 白申后 午O	
O 青午蛇	제11국		丁 陰亥常	丙 玄戌玄 庚	戊 后子白 戌O	壬 合辰合 寅	O 青午蛇 辰
癸 勾巳朱			戊 后子白				
壬 合辰合	辛 朱卯勾	庚 蛇寅青	己 貴丑空	원수과, 윤하, 육양			

O 青午蛇	O 空未貴	甲 白申后	乙 常酉陰	壬 合辰合 卯	癸 勾巳朱 辰	O 青午蛇 巳	
癸 勾巳朱	제12국		丙 玄戌玄	乙 常酉陰 庚	丙 玄戌玄 酉	辛 朱卯勾 寅	壬 合辰合 卯
壬 合辰合			丁 陰亥常				
辛 朱卯勾	庚 蛇寅青	己 貴丑空	戊 后子白	중심과			

(28) 辛卯日 (空亡：午未, 儀：申, 奇：子, 德：巳, 祿：酉, 馬：巳, 日墓：丑)

癸 合巳蛇	O 勾午貴	O 青未后	甲 空申陰
壬 朱辰朱	제1국		乙 白酉玄
辛 蛇卯合			丙 常戌常
庚 貴寅勾	己 后丑青	戊 陰子空	丁 玄亥白

辛 蛇卯合 卯	戊 陰子空 子	O 勾午貴 午O

丙 常戌常 辛	丙 常戌常 戌	辛 蛇卯合 卯	辛 蛇卯合 卯

복음과, 자신, 용전, 삼교

壬 朱辰朱	癸 合巳蛇	O 勾午貴	O 青未后
辛 蛇卯合	제2국		甲 空申陰
庚 貴寅勾			乙 白酉玄
己 后丑青	戊 陰子空	丁 玄亥白	丙 常戌常

己 后丑青 寅	戊 陰子空 丑	丁 玄亥白 子

乙 白酉玄 辛	甲 空申陰 酉	庚 貴寅勾 卯	己 后丑青 寅

중심과, 삼기, 여덕(낮), 왕록임신

辛 蛇卯合	壬 朱辰朱	癸 合巳蛇	O 勾午貴
庚 貴寅勾	제3국		O 青未后
己 后丑青			甲 空申陰
戊 陰子空	丁 玄亥白	丙 常戌常	乙 白酉玄

丁 玄亥白 丑	乙 白酉玄 亥	O 青未后 酉

甲 空申陰 辛	O 勾午貴 申	己 后丑青 卯	丁 玄亥白 丑

섭해과, 역간전

庚 貴寅勾	辛 后卯合	壬 陰辰朱	癸 玄巳蛇
己 蛇丑青	제4국		O 常午貴
戊 朱子空			O 白未后
丁 合亥白	丙 勾戌常	乙 青酉玄	甲 空申陰

戊 朱子空 卯	O 白未后 戌	戊 朱子空 卯

O 白未后 辛	壬 陰辰朱 未O	戊 朱子空 卯	乙 青酉玄 子

묘성과, 동사엄목, 회환, 여덕(밤)

己 蛇丑青	庚 貴寅勾	辛 后卯合	壬 陰辰朱
戊 朱子空	제5국		癸 玄巳蛇
丁 合亥白			O 常午貴
丙 勾戌常	乙 青酉玄	甲 空申陰	O 白未后

O 白未后 亥	辛 后卯合 未O	丁 合亥白 卯

O 常午貴 辛	庚 貴寅勾 午	丁 合亥白 卯	O 白未后 亥

지일과, 비용, 곡직

戊 朱子空	己 蛇丑白	庚 貴寅常	辛 后卯玄
丁 合亥青	제6국		壬 陰辰陰
丙 勾戌勾			癸 玄巳后
乙 青酉合	甲 空申朱	O 白未蛇	O 常午貴

丙 勾戌勾 卯	癸 玄巳后 戌	戊 朱子空 巳

癸 玄巳后 辛	戊 朱子空 巳	丙 勾戌勾 卯	癸 玄巳后 戌

중심과, 참관, 회환, 난수

丁 合亥青	戊 朱子空	己 蛇丑白	庚 貴寅常
丙 勾戌勾	제7국		辛 后卯玄
乙 青酉合			壬 陰辰陰
甲 空申朱	O 白未蛇	O 常午貴	癸 玄巳后

辛 后卯玄 酉	乙 青酉合 卯	辛 后卯玄 酉

壬 陰辰陰 辛	丙 勾戌勾 辰	乙 青酉合 卯	辛 后卯玄 酉

반음과, 용전, 착륜, 권섭부정

丙 勾戌勾	丁 合亥青	戊 朱子空	己 蛇丑白
乙 青酉合	제8국		庚 貴寅常
甲 空申朱			辛 后卯玄
O 白未蛇	O 常午貴	癸 玄巳后	壬 陰辰陰

辛 后卯玄 戌	甲 空申朱 卯	己 蛇丑白 申

辛 后卯玄 辛	甲 空申朱 卯	甲 空申朱 卯	己 蛇丑白 申

중심과, 췌서, 용전, 회환, 여덕

乙 青酉合	丙 勾戌勾	丁 合亥青	戊 朱子空
甲 空申朱	제9국		己 蛇丑白
O 白未蛇			庚 貴寅常
O 常午貴	癸 玄巳后	壬 陰辰陰	辛 后卯玄

O 白未蛇 卯	丁 合亥青 未O	辛 后卯玄 亥

庚 貴寅常 辛	O 常午貴 寅	O 白未蛇 卯	丁 合亥青 未

섭해과, 곡직, 장도액

甲 空申朱	乙 白酉合	丙 常戌勾	丁 玄亥青
O 青未蛇	제10국		戊 陰子空
O 勾午貴			己 后丑白
癸 合巳后	壬 朱辰陰	辛 蛇卯玄	庚 貴寅常

乙 白酉合 午	戊 陰子空 酉	辛 蛇卯玄 子

己 后丑白 辛	壬 朱辰陰 丑	O 勾午貴 卯	乙 白酉合 午O

중심과, 삼교, 여덕(밤)

O 青未蛇	甲 空申朱	乙 白酉合	丙 常戌勾
O 勾午貴	제11국		丁 玄亥青
癸 合巳后			戊 陰子空
壬 朱辰陰	辛 蛇卯玄	庚 貴寅常	己 后丑白

癸 合巳后 卯	O 青未蛇 巳	乙 白酉合 未O

戊 陰子空 辛	庚 貴寅常 子	癸 合巳后 卯	O 青未蛇 巳

요극과, 호시, 간전, 천망(巳時)

O 勾午貴	O 青未后	甲 空申陰	乙 白酉玄
癸 合巳蛇	제12국		丙 常戌常
壬 朱辰朱			丁 玄亥白
辛 蛇卯合	庚 貴寅勾	己 后丑青	戊 陰子空

壬 朱辰朱 卯	癸 合巳蛇 辰	O 勾午貴 巳

丁 玄亥白 辛	戊 陰子空 亥	壬 朱辰朱 卯	癸 合巳蛇 辰

중심과, 참관, 진여

(29) 壬辰日 (空亡：午未, 儀：申, 奇：子, 德：亥, 祿：亥, 馬：寅, 日墓：辰)

제1국

癸 朱巳貴	O 合午后	O 勾未陰	甲 青申玄
壬 蛇辰蛇	제1국		乙 空酉常
辛 貴卯朱			丙 白戌白
庚 后寅合	己 陰丑勾	戊 玄子青	丁 常亥空

丁 常亥空 亥	壬 蛇辰蛇 辰	丙 白戌白 戌

丁 常亥空 壬	丁 常亥空 亥	壬 蛇辰蛇 辰	壬 蛇辰蛇 辰

복음과, 자임, 여덕(낮), 두전

제2국

壬 蛇辰蛇	癸 朱巳貴	O 合午后	O 勾未陰
辛 貴卯朱	제2국		甲 青申玄
庚 后寅合			乙 空酉常
己 陰丑勾	戊 玄子青	丁 常亥空	丙 白戌白

丙 白戌白 亥	乙 空酉常 戌	甲 青申玄 酉

丙 白戌白 壬	乙 空酉常 戌	辛 貴卯朱 辰	庚 后寅合 卯

지일과, 비용, 퇴여, 참관

제3국

辛 貴卯朱	壬 后辰蛇	癸 陰巳貴	O 玄午后
庚 蛇寅合	제3국		O 常未陰
己 朱丑勾			甲 白申玄
戊 合子青	丁 勾亥空	丙 青戌白	乙 空酉常

庚 蛇寅合 辰	戊 合子青 寅	丙 青戌白 子

乙 空酉常 壬	O 常未陰 酉	庚 蛇寅合 辰	戊 合子青 寅

원수과, 역간전

제4국

庚 蛇寅合	辛 貴卯朱	壬 后辰蛇	癸 陰巳貴
己 朱丑勾	제4국		O 玄午后
戊 合子青			O 常未陰
丁 勾亥空	丙 青戌白	乙 空酉常	甲 白申玄

癸 陰巳貴 申	庚 蛇寅合 巳	丁 勾亥空 寅

甲 白申玄 壬	癸 陰巳貴 申	己 朱丑勾 辰	丙 青戌白 丑

원수과, 현태, 폐구

제5국

己 朱丑勾	庚 蛇寅合	辛 貴卯朱	壬 后辰蛇
戊 合子青	제5국		癸 陰巳貴
丁 勾亥空			O 玄午后
丙 青戌白	乙 空酉常	甲 白申玄	O 常未陰

戊 合子青 辰	甲 白申玄 子	壬 后辰蛇 申

O 常未陰 壬	辛 貴卯朱 未O	戊 合子青 辰	甲 白申玄 子

중심과, 윤하, 여덕, 삼기

제6국

戊 合子青	己 朱丑勾	庚 蛇寅合	辛 貴卯朱
丁 勾亥空	제6국		壬 后辰蛇
丙 青戌白			癸 陰巳貴
乙 空酉常	甲 白申玄	O 常未陰	O 玄午后

O 玄午后 亥	己 朱丑勾 午O	甲 白申玄 丑

O 玄午后 壬	己 朱丑勾 午O	丁 勾亥空 辰	O 玄午后 亥

지일과, 비용, 난수, 권섭부정

제7국

丁 勾亥空	戊 合子白	己 朱丑常	庚 蛇寅玄
丙 青戌青	제7국		辛 貴卯陰
乙 空酉勾			壬 后辰后
甲 白申合	O 常未朱	O 玄午蛇	癸 陰巳貴

癸 陰巳貴 亥	丁 勾亥空 巳	癸 陰巳貴 亥

癸 陰巳貴 壬	丁 勾亥空 巳	丙 青戌青 辰	壬 后辰后 戌

반음과, 여덕, 회환, 현태

제8국

丙 青戌青	丁 勾亥空	戊 合子白	己 朱丑常
乙 空酉勾	제8국		庚 蛇寅玄
甲 白申合			辛 貴卯陰
O 常未朱	O 玄午蛇	癸 陰巳貴	壬 后辰后

壬 后辰后 亥	乙 空酉勾 辰	庚 蛇寅玄 酉

壬 后辰后 壬	乙 空酉勾 辰	乙 空酉勾 辰	庚 蛇寅玄 酉

섭해과, 난수, 불비, 천망

제9국

乙 空酉勾	丙 白戌青	丁 常亥空	戊 玄子白
甲 青申合	제9국		己 陰丑常
O 勾未朱			庚 后寅玄
O 合午蛇	癸 朱巳貴	壬 蛇辰后	辛 貴卯陰

O 勾未朱 卯	丁 常亥空 未O	辛 貴卯陰 亥

辛 貴卯陰 壬	O 勾未朱 卯	甲 青申合 辰	戊 玄子白 申

중심과, 곡직, 천망

제10국

甲 青申合	乙 空酉勾	丙 白戌青	丁 常亥空
O 勾未朱	제10국		戊 玄子白
O 合午蛇			己 陰丑常
癸 朱巳貴	壬 蛇辰后	辛 貴卯陰	庚 后寅玄

丙 白戌青 未O	己 陰丑常 戌	壬 蛇辰后 丑

庚 后寅玄 壬	癸 朱巳貴 寅	O 勾未朱 辰	丙 白戌青 未O

요극과, 호시, 가색, 천망

제11국

O 勾未朱	甲 青申合	乙 空酉勾	丙 白戌青
O 合午蛇	제11국		丁 常亥空
癸 朱巳貴			戊 玄子白
壬 蛇辰后	辛 貴卯陰	庚 后寅玄	己 陰丑常

甲 青申合 午	丙 白戌青 申	戊 玄子白 戌

己 陰丑常 壬	辛 貴卯陰 丑	O 合午蛇 辰	甲 青申合 午O

중심과, 육의, 간전

제12국

O 合午蛇	O 勾未朱	甲 青申合	乙 空酉勾
癸 朱巳貴	제12국		丙 白戌青
壬 蛇辰后			丁 常亥空
辛 貴卯陰	庚 后寅玄	己 陰丑常	戊 玄子白

己 陰丑常 子	庚 后寅玄 丑	辛 貴卯陰 寅

戊 玄子白 壬	己 陰丑常 子	癸 朱巳貴 辰	O 合午蛇 巳

원수과, 진여, 천망(丑時)

(30) 癸巳日 (空亡 : 午未, 儀 : 申, 奇 : 子, 德 : 巳, 祿 : 子, 馬 : 亥, 日墓 : 辰)

癸 貴巳朱	O 后午合	O 陰未勾	甲 玄申青
壬 蛇辰蛇	제1국		乙 常酉空
辛 朱卯貴			丙 白戌白
庚 合寅后	己 勾丑陰	戊 青子玄	丁 空亥常

己 勾丑陰 丑	丙 白戌白 戌	O 陰未勾 未

己 勾丑陰 癸	己 勾丑陰 丑	癸 貴巳朱 巳	癸 貴巳朱 巳

복음과, 자신, 여덕, 천망

壬 蛇辰蛇	癸 貴巳朱	O 后午合	O 陰未勾
辛 朱卯貴	제2국		甲 玄申青
庚 合寅后			乙 常酉空
己 勾丑陰	戊 青子玄	丁 空亥常	丙 白戌白

辛 朱卯貴 辰	庚 合寅后 卯	己 勾丑陰 寅

戊 青子玄 癸	丁 空亥常 子	壬 蛇辰蛇 巳	辛 朱卯貴 辰

원수과, 퇴여, 왕록임신

辛 朱卯貴	壬 蛇辰后	癸 貴巳陰	O 后午玄
庚 合寅蛇	제3국		O 陰未常
己 勾丑朱			甲 玄申白
戊 青子合	丁 空亥勾	丙 白戌青	乙 常酉空

己 勾丑朱 卯	丁 空亥勾 丑	乙 常酉空 亥

丁 空亥勾 癸	乙 常酉空 亥	辛 朱卯貴 巳	己 勾丑朱 卯

중심과, 극음, 회환, 육음

庚 合寅蛇	辛 朱卯貴	壬 蛇辰后	癸 貴巳陰
己 勾丑朱	제4국		O 后午玄
戊 青子合			O 陰未常
丁 空亥勾	丙 白戌青	乙 常酉空	甲 玄申白

丙 白戌青 丑	O 陰未常 戌	壬 蛇辰后 未O

丙 白戌青 癸	O 陰未常 戌	庚 合寅蛇 巳	丁 空亥勾 寅

원수과, 참관, 가색, 천망

己 勾丑朱	庚 合寅蛇	辛 朱卯貴	壬 蛇辰后
戊 青子合	제5국		癸 貴巳陰
丁 空亥勾			O 后午玄
丙 白戌青	乙 常酉空	甲 玄申白	O 陰未常

癸 貴巳陰 酉	己 勾丑朱 巳	乙 常酉空 丑

乙 常酉空 癸	癸 貴巳陰 酉	己 勾丑朱 巳	乙 常酉空 丑

원수과, 회환, 여덕, 육음

戊 青子合	己 勾丑朱	庚 合寅蛇	辛 朱卯貴
丁 空亥勾	제6국		壬 蛇辰后
丙 白戌青			癸 貴巳陰
乙 常酉空	甲 玄申白	O 陰未常	O 后午玄

辛 朱卯貴 申	丙 白戌青 卯	癸 貴巳陰 戌

甲 玄申白 癸	辛 朱卯貴 申	戊 青子合 巳	O 陰未常 子

중심과, 착륜

丁 空亥勾	戊 白子合	己 常丑朱	庚 玄寅蛇
丙 青戌青	제7국		辛 陰卯貴
乙 勾酉空			壬 后辰后
甲 合申白	O 朱未常	O 蛇午玄	癸 貴巳陰

癸 貴巳陰 亥	丁 空亥勾 巳	癸 貴巳陰 亥

O 朱未常 癸	己 常丑朱 未O	丁 空亥勾 巳	癸 貴巳陰 亥

반음과, 회환, 현태, 육음, 여덕

丙 青戌青	丁 空亥勾	戊 白子合	己 常丑朱
乙 勾酉空	제8국		庚 玄寅蛇
甲 合申白			辛 陰卯貴
O 朱未常	O 蛇午玄	癸 貴巳陰	壬 后辰后

O 蛇午玄 丑	丁 空亥勾 午O	壬 后辰后 亥

O 蛇午玄 癸	丁 空亥勾 午O	丙 青戌青 巳	辛 陰卯貴 戌

중심과

乙 勾酉空	丙 青戌白	丁 空亥常	戊 白子玄
甲 合申青	제9국		己 常丑陰
O 朱未勾			庚 玄寅后
O 蛇午合	癸 貴巳朱	壬 后辰蛇	辛 陰卯貴

乙 勾酉空 巳	己 常丑陰 酉	癸 貴巳朱 丑

癸 貴巳朱 癸	乙 勾酉空 巳	乙 勾酉空 巳	己 常丑陰 酉

섭해과, 췌서, 회환, 육음, 장도액

甲 合申青	乙 勾酉空	丙 青戌白	丁 空亥常
O 朱未勾	제10국		戊 白子玄
O 蛇午合			己 常丑陰
癸 貴巳朱	壬 后辰蛇	辛 陰卯貴	庚 玄寅后

甲 合申青 巳	丁 空亥常 申	庚 玄寅后 亥

壬 后辰蛇 癸	O 朱未勾 辰	甲 合申青 巳	丁 空亥常 申

중심과, 현태, 육의

O 朱未勾	甲 合申青	乙 勾酉空	丙 青戌白
O 蛇午合	제11국		丁 空亥常
癸 貴巳朱			戊 白子玄
壬 后辰蛇	辛 陰卯貴	庚 玄寅后	己 常丑陰

O 朱未勾 巳	乙 勾酉空 未O	丁 空亥常 酉

辛 陰卯貴 癸	癸 貴巳朱 卯	O 朱未勾 巳	乙 勾酉空 未O

요극과, 호시, 원소근단, 육음

O 蛇午合	O 朱未勾	甲 合申青	乙 勾酉空
癸 貴巳朱	제12국		丙 青戌白
壬 后辰蛇			丁 空亥常
辛 陰卯貴	庚 玄寅后	己 常丑陰	戊 白子玄

O 朱未勾 午	甲 合申青 未O	乙 勾酉空 申

庚 玄寅后 癸	辛 陰卯貴 寅	O 蛇午合 巳	O 朱未勾 午O

요극과, 호시, 원소근단, 육음

(31) 甲午日 (空亡：辰巳, 儀：午, 奇：子, 德：寅, 祿：寅, 馬：申, 日墓：未)

O 朱巳勾	甲 蛇午青	乙 貴未空	丙 后申白
O 合辰合	제1국		丁 陰酉常
癸 勾卯朱			戊 玄戌玄
壬 青寅蛇	辛 空丑貴	庚 白子后	己 常亥陰

壬 青寅蛇 寅	O 朱巳勾 巳	丙 后申白 申

壬 青寅蛇 甲	壬 青寅蛇 寅	甲 蛇午青 午	甲 蛇午青 午

복음과, 자임, 현태

O 合辰合	O 朱巳勾	甲 蛇午青	乙 貴未空
癸 勾卯朱	제2국		丙 后申白
壬 青寅蛇			丁 陰酉常
辛 空丑貴	庚 白子后	己 常亥陰	戊 玄戌玄

庚 白子后 丑	己 常亥陰 子	戊 玄戌玄 亥

辛 空丑貴 甲	庚 白子后 丑	O 朱巳勾 午	O 合辰合 巳O

지일과, 비용, 퇴여, 삼기

癸 勾卯朱	O 合辰合	O 朱巳勾	甲 蛇午青
壬 青寅蛇	제3국		乙 貴未空
辛 空丑貴			丙 后申白
庚 白子后	己 常亥陰	戊 玄戌玄	丁 陰酉常

戊 玄戌玄 子	丙 后申白 戌	甲 蛇午青 申

庚 白子后 甲	戊 玄戌玄 子	O 合辰合 午	壬 青寅蛇 辰O

섭해과, 여덕, 역간전

壬 青寅蛇	癸 勾卯朱	O 合辰合	O 朱巳勾
辛 空丑貴	제4국		甲 蛇午青
庚 白子后			乙 貴未空
己 常亥陰	戊 玄戌玄	丁 陰酉常	丙 后申白

丙 后申白 亥	O 朱巳勾 申	壬 青寅蛇 巳O

己 常亥陰 甲	丙 后申白 亥	癸 勾卯朱 午	庚 白子后 卯

요극과, 호시, 현태, 천망

辛 空丑貴	壬 白寅后	癸 常卯陰	O 玄辰玄
庚 青子蛇	제5국		O 陰巳常
己 勾亥朱			甲 后午白
戊 合戌合	丁 朱酉勾	丙 蛇申青	乙 貴未空

戊 合戌合 寅	甲 后午白 戌	壬 白寅后 午

戊 合戌合 甲	甲 后午白 戌	壬 白寅后 午	戊 合戌合 寅

중심과, 참관, 회환, 화미

庚 青子蛇	辛 空丑貴	壬 白寅后	癸 常卯陰
己 勾亥朱	제6국		O 玄辰玄
戊 合戌合			O 陰巳常
丁 朱酉勾	丙 蛇申青	乙 貴未空	甲 后午白

丁 朱酉勾 寅	O 玄辰玄 酉	己 勾亥朱 辰O

丁 朱酉勾 甲	O 玄辰玄 酉	辛 空丑貴 午	丙 蛇申青 丑

원수과, 천망(酉時)

己 勾亥朱	庚 青子蛇	辛 空丑貴	壬 白寅后
戊 合戌合	제7국		癸 常卯陰
丁 朱酉勾			O 玄辰玄
丙 蛇申青	乙 貴未空	甲 后午白	O 陰巳常

壬 白寅后 申	丙 蛇申青 寅	壬 白寅后 申

丙 蛇申青 甲	壬 白寅后 申	庚 青子蛇 午	甲 后午白 子

반음과, 육양, 현태, 회환

戊 合戌合	己 勾亥朱	庚 青子蛇	辛 空丑貴
丁 朱酉勾	제8국		壬 白寅后
丙 蛇甲白			癸 常卯陰
乙 貴未空	甲 后午白	O 陰巳常	O 玄辰玄

庚 青子蛇 未	O 陰巳常 子	戊 合戌合 巳O

乙 貴未空 甲	庚 青子蛇 未	己 勾亥朱 午	O 玄辰玄 亥

지일과, 삼기, 인종

丁 朱酉勾	戊 合戌合	己 勾亥朱	庚 青子蛇
丙 蛇申青	제9국		辛 空丑貴
乙 貴未空			壬 白寅后
甲 后午白	O 陰巳常	O 玄辰玄	癸 常卯陰

壬 白寅后 戌	甲 后午白 寅	戊 合戌合 午

甲 后午白 甲	戊 合戌合 午	戊 合戌合 午	壬 白寅后 戌

원수과, 회환, 육양

丙 蛇申青	丁 朱酉勾	戊 合戌合	己 勾亥朱
乙 貴未空	제10국		庚 青子蛇
甲 后午白			辛 空丑貴
O 陰巳常	O 玄辰玄	癸 常卯陰	壬 白寅后

丙 蛇申青 巳	己 勾亥朱 申	壬 白寅后 亥

O 陰巳常 甲	丙 蛇申青 巳O	丁 朱酉勾 午	庚 青子蛇 酉

지일과, 비용, 현태, 천망

乙 貴未空	丙 后申白	丁 陰酉常	戊 玄戌玄
甲 蛇午青	제11국		己 常亥陰
O 朱巳勾			庚 白子后
O 合辰合	癸 勾卯朱	壬 青寅蛇	辛 空丑貴

O 合辰合 寅	甲 蛇午青 辰O	丙 后申白 午

O 合辰合 甲	甲 蛇午青 辰O	丙 后申白 午	戊 玄戌玄 申

섭해과, 참관, 회환, 육양

甲 蛇午青	乙 貴未空	丙 后申白	丁 陰酉常
O 朱巳勾	제12국		戊 玄戌玄
O 合辰合			己 常亥陰
癸 勾卯朱	壬 青寅蛇	辛 空丑貴	庚 白子后

O 合辰合 卯	O 朱巳勾 辰O	甲 蛇午青 巳O

癸 勾卯朱 甲	O 合辰合 卯	乙 貴未空 午	丙 后申白 未

중심과, 진여

(32) 乙未日 (空亡:辰巳, 儀:午, 奇:子, 德:申, 祿:墓, 馬:巳, 日墓:未)

O 合巳青	甲 朱午空	乙 蛇未白	丙 貴申常
O 勾辰勾	제1국		丁 后酉玄
癸 青卯合			戊 陰戌陰
壬 空寅朱	辛 白丑蛇	庚 常子貴	己 合亥后

O 勾辰勾 辰O	乙 蛇未白 未	辛 白丑蛇 丑

O 勾辰勾 乙	O 勾辰勾 辰O	乙 蛇未白 未	乙 蛇未白 未

복음과, 참관, 가색

O 勾辰勾	O 合巳青	甲 朱午空	乙 蛇未白
癸 青卯合	제2국		丙 貴申常
壬 空寅朱			丁 后酉玄
辛 白丑蛇	庚 常子貴	己 玄亥后	戊 陰戌陰

戊 陰戌陰 亥	癸 青卯合 辰	甲 朱午空 未

癸 青卯合 乙	壬 空寅朱 卯	甲 朱午空 未	O 合巳青 午

묘성과, 동사엄목, 주편, 왕록임신

癸 青卯合	O 勾辰勾	O 合巳青	甲 朱午空
壬 空寅朱	제3국		乙 蛇未白
辛 白丑蛇			丙 貴申常
庚 常子貴	己 玄亥后	戊 陰戌陰	丁 后酉玄

己 玄亥后 丑	壬 空寅朱 辰	O 合巳青 未

壬 空寅朱 乙	庚 常子貴 寅	O 合巳青 未	癸 青卯合 巳O

묘성과, 동사엄목, 현태

壬 空寅朱	癸 白卯合	O 常辰勾	O 玄巳青
辛 青丑蛇	제4국		甲 陰午空
庚 勾子貴			乙 后未白
己 合亥后	戊 朱戌陰	丁 蛇酉玄	丙 貴申常

辛 青丑蛇 辰	戊 朱戌陰 丑	乙 后未白 戌

辛 青丑蛇 乙	戊 朱戌陰 丑	O 常辰勾 未	辛 青丑蛇 辰O

중심과, 가색, 여덕, 불비

辛 青丑蛇	壬 空寅朱	癸 白卯合	O 常辰勾
庚 勾子貴	제5국		O 玄巳青
己 合亥后			甲 陰午空
戊 朱戌陰	丁 蛇酉玄	丙 貴申常	乙 后未白

癸 白卯合 未	己 合亥后 卯	乙 后未白 亥

庚 勾子貴 乙	丙 貴申常 子	癸 白卯合 未	己 合亥后 卯

원수과, 교동, 곡직, 권섭부정

庚 勾子貴	辛 青丑后	壬 空寅陰	癸 白卯玄
己 合亥蛇	제6국		O 常辰常
戊 朱戌朱			O 玄巳白
丁 蛇酉合	丙 貴申勾	乙 后未青	甲 陰午空

甲 陰午空 亥	辛 青丑后 午	丙 貴申勾 丑

己 合亥蛇 乙	甲 陰午空 亥	壬 空寅陰 未	丁 蛇酉合 寅

중심과, 육의

己 合亥蛇	庚 勾子貴	辛 青丑后	壬 空寅陰
戊 朱戌朱	제7국		癸 白卯玄
丁 蛇酉合			O 常辰常
丙 貴申勾	乙 后未青	甲 陰午空	O 玄巳白

戊 朱戌朱 辰O	O 常辰常 戌	戊 朱戌朱 辰O

戊 朱戌朱 乙	O 常辰常 戌	辛 青丑后 未	乙 后未青 丑

반음과, 가색, 참관, 회환

戊 朱戌朱	己 合亥蛇	庚 勾子貴	辛 青丑后
丁 蛇酉合	제8국		壬 空寅陰
丙 貴申勾			癸 白卯玄
乙 后未青	甲 陰午空	O 玄巳白	O 常辰常

O 玄巳白 子	戊 朱戌朱 巳O	癸 白卯玄 戌

丁 蛇酉合 乙	壬 空寅陰 酉	庚 勾子貴 未	O 玄巳白 子

지일과, 비용, 장도액, 주인

丁 蛇酉合	戊 朱戌朱	己 合亥蛇	庚 勾子貴
丙 貴申勾	제9국		辛 青丑后
乙 后未青			壬 空寅陰
甲 陰午空	O 玄巳白	O 常辰常	癸 白卯玄

己 合亥蛇 未	癸 白卯玄 亥	乙 后未青 卯

丙 貴申勾 乙	庚 勾子貴 申	己 合亥蛇 未	癸 白卯玄 亥

중심과, 곡직

丙 貴申勾	丁 后酉合	戊 陰戌朱	己 玄亥蛇
乙 蛇未青	제10국		庚 常子貴
甲 朱午空			辛 白丑后
O 合巳白	O 勾辰常	癸 青卯玄	壬 空寅陰

乙 蛇未青 辰	戊 陰戌朱 未	辛 白丑后 戌

乙 蛇未青 乙	戊 陰戌朱 未	戊 陰戌朱 未	辛 白丑后 戌

중심과, 가색, 췌서, 여덕, 회환

乙 蛇未青	丙 貴申勾	丁 后酉合	戊 陰戌朱
甲 朱午空	제11국		己 玄亥蛇
O 合巳白			庚 常子貴
O 勾辰常	癸 青卯玄	壬 空寅陰	辛 白丑后

丙 貴申勾 午	戊 陰戌朱 申	庚 常子貴 戌

甲 朱午空 乙	丙 貴申勾 午	丁 后酉合 未	己 玄亥蛇 酉

중심과, 간전

甲 朱午空	乙 蛇未白	丙 貴申常	丁 后酉玄
O 合巳青	제12국		戊 陰戌陰
O 勾辰勾			己 玄亥后
癸 青卯合	壬 空寅朱	辛 白丑蛇	庚 常子貴

丁 后酉玄 申	戊 陰戌陰 酉	己 玄亥后 戌

O 合巳青 乙	甲 朱午空 巳O	丙 貴申常 未	丁 后酉玄 申

요극과, 호시, 진여, 천망

(33) 丙申日 (空亡 : 辰巳, 儀 : 午, 奇 : 子, 德 : 巳, 祿 : 巳, 馬 : 寅, 日墓 : 戌)

O 勾巳空	甲 合午白	乙 朱未常	丙 蛇申玄
O 青辰青	제1국		丁 貴酉陰
癸 空卯勾			戊 后戌后
壬 白寅合	辛 常丑朱	庚 玄子蛇	己 陰亥貴

O 勾巳空 巳	丙 蛇申玄 申	壬 白寅合 寅

O 勾巳空 丙O	O 勾巳空 巳O	丙 蛇申玄 申	丙 蛇申玄 申

복음과, 자임, 현태, 여덕

O 青辰青	O 勾巳空	甲 合午白	乙 朱未常
癸 空卯勾	제2국		丙 蛇申玄
壬 白寅合			丁 貴酉陰
辛 常丑朱	庚 玄子蛇	己 陰亥貴	戊 后戌后

癸 空卯勾 辰	壬 白寅合 卯	辛 常丑朱 寅

O 青辰青 丙O	癸 空卯勾 辰O	乙 朱未常 申	甲 合午白 未

원수과, 퇴여

癸 空卯勾	O 白辰青	O 常巳空	甲 玄午白
壬 青寅合	제3국		乙 陰未常
辛 勾丑朱			丙 后申玄
庚 合子蛇	己 朱亥貴	戊 蛇戌后	丁 貴酉陰

辛 勾丑朱 卯	己 朱亥貴 丑	丁 貴酉陰 亥

癸 空卯勾 丙O	辛 勾丑朱 卯	甲 玄午白 申	O 白辰青 午

중심과, 극음, 주편

壬 青寅合	癸 空卯勾	O 白辰青	O 常巳空
辛 勾丑朱	제4국		甲 玄午白
庚 合子蛇			乙 陰未常
己 朱亥貴	戊 蛇戌后	丁 貴酉陰	丙 后申玄

O 常巳空 申	壬 青寅合 巳O	己 朱亥貴 寅

壬 青寅合 丙O	己 朱亥貴 寅	O 常巳空 申	壬 青寅合 巳O

원수과, 회환, 췌서, 권섭부정

辛 勾丑朱	壬 青寅合	癸 空卯勾	O 白辰青
庚 合子蛇	제5국		O 常巳空
己 朱亥貴			甲 玄午白
戊 蛇戌后	丁 貴酉陰	丙 后申玄	乙 陰未常

庚 合子蛇 辰O	丙 后申玄 子	O 白辰青 申

辛 勾丑朱 丙O	丁 貴酉陰 丑	O 白辰青 申	庚 合子蛇 辰O

중심과, 여덕, 합환, 화미

庚 合子蛇	辛 勾丑朱	壬 青寅合	癸 空卯勾
己 朱亥貴	제6국		O 白辰青
戊 蛇戌后			O 常巳空
丁 貴酉陰	丙 后申玄	乙 陰未常	甲 玄午白

戊 蛇戌后 卯	O 常巳空 戌	庚 合子蛇 巳O

庚 合子蛇 丙O	乙 陰未常 子	癸 空卯勾 申	戊 蛇戌后 卯

지일과, 비용

己 朱亥貴	庚 合子后	辛 勾丑陰	壬 青寅玄
戊 蛇戌蛇	제7국		癸 空卯常
丁 貴酉朱			O 白辰白
丙 后申合	乙 陰未勾	甲 玄午青	O 常巳空

壬 青寅玄 申	丙 后申合 寅	壬 青寅玄 申

己 朱亥貴 丙O	O 常巳空 亥	壬 青寅玄 申	丙 后申合 寅

반음과, 여덕, 현태, 회환

戊 蛇戌蛇	己 朱亥貴	庚 合子后	辛 勾丑陰
丁 貴酉朱	제8국		壬 青寅玄
丙 后申合			癸 空卯常
乙 陰未勾	甲 玄午青	O 常巳空	O 白辰白

癸 空卯常 戌	丙 后申合 卯	辛 勾丑陰 申

O 蛇戌蛇 丙O	丁 空卯常 戌	辛 勾丑陰 申	甲 玄午青 丑

원수과

丁 貴酉朱	戊 后戌蛇	己 陰亥貴	庚 玄子后
丙 蛇申合	제9국		辛 常丑陰
乙 朱未勾			壬 白寅玄
甲 合午青	O 勾巳空	O 青辰白	癸 空卯常

丁 貴酉朱 巳	辛 常丑陰 酉	O 勾巳空 丑

丁 貴酉朱 丙O	辛 常丑陰 酉	庚 玄子后 申	O 青辰白 子

중심과, 종혁

丙 蛇申合	丁 貴酉朱	戊 后戌蛇	己 陰亥貴
乙 朱未勾	제10국		庚 玄子后
甲 合午青			辛 常丑陰
O 勾巳空	O 青辰白	癸 空卯常	壬 白寅玄

丙 蛇申合 巳	己 陰亥貴 申	壬 白寅玄 亥

丙 蛇申合 丙O	己 陰亥貴 申	己 陰亥貴 申	壬 白寅玄 亥

중심과, 현태, 췌서, 불비

乙 朱未勾	丙 蛇申合	丁 貴酉朱	戊 后戌蛇
甲 合午青	제11국		己 陰亥貴
O 勾巳空			庚 玄子后
O 青辰白	癸 空卯常	壬 白寅玄	辛 常丑陰

庚 玄子后 戌	壬 白寅玄 子	O 青辰白 寅

乙 朱未勾 丙O	丁 貴酉朱 未	戊 后戌蛇 申	庚 玄子后 戌

중심과, 삼기, 천망

甲 合午青	乙 朱未勾	丙 蛇申合	丁 貴酉朱
O 勾巳空	제12국		戊 后戌蛇
O 青辰白			己 陰亥貴
癸 空卯常	壬 白寅玄	辛 常丑陰	庚 玄子后

丁 貴酉朱 申	戊 后戌蛇 酉	己 陰亥貴 戌

甲 合午青 丙O	乙 朱未勾 午	丁 貴酉朱 申	戊 后戌蛇 酉

요극과, 탄사, 진여

(34) 丁酉日 (空亡 : 辰巳, 儀 : 午, 奇 : 子, 德 : 亥, 祿 : 午, 馬 : 亥, 日墓 : 戌)

O 空巳勾	甲 白午合	乙 常未朱	丙 玄申蛇
O 青辰青	제1국		丁 陰酉貴
癸 勾卯空			戊 后戌后
壬 合寅白	辛 朱丑常	庚 蛇子玄	己 貴亥陰

삼전		
丁 陰酉貴 酉	乙 常未朱 未	辛 朱丑常 丑

사과			
乙 常未朱 丁	乙 常未朱 未	丁 陰酉貴 酉	丁 陰酉貴 酉

복음과, 자신, 여덕, 두전, 육음

O 青辰青	O 空巳勾	甲 白午合	乙 常未朱
癸 勾卯空	제2국		丙 玄申蛇
壬 合寅白			丁 陰酉貴
辛 朱丑常	庚 蛇子玄	己 貴亥陰	戊 后戌后

삼전		
丙 玄申蛇 酉	乙 常未朱 申	甲 白午合 未

사과			
甲 白午合 丁	O 空巳勾 午	丙 玄申蛇 酉	乙 常未朱 申

요극과, 탄사, 회환, 왕록임신

癸 勾卯空	O 青辰白	O 空巳常	甲 白午玄
壬 合寅青	제3국		乙 常未陰
辛 朱丑勾			丙 玄申后
庚 蛇子合	己 貴亥朱	戊 后戌蛇	丁 陰酉貴

삼전		
辛 朱丑勾 卯	O 空巳常 未	O 空巳常 未O

사과			
O 空巳常 丁	癸 勾卯空 巳	乙 常未陰 酉	O 空巳常 未

별책과, 불비, 육음

壬 合寅青	癸 勾卯空	O 青辰白	O 空巳常
辛 朱丑勾	제4국		甲 白午玄
庚 蛇子合			乙 常未陰
己 貴亥朱	戊 后戌蛇	丁 陰酉貴	丙 玄申后

삼전		
甲 白午玄 酉	癸 勾卯空 午	庚 蛇子合 卯

사과			
O 青辰白 丁	辛 朱丑勾 辰O	甲 白午玄 酉	癸 勾卯空 午

원수과, 고개, 삼교, 권섭부정, 폐구

辛 朱丑勾	壬 合寅青	癸 勾卯空	O 青辰白
庚 蛇子合	제5국		O 空巳常
己 貴亥朱			甲 白午玄
戊 后戌蛇	丁 陰酉貴	丙 玄申后	乙 常未陰

삼전		
O 空巳常 酉	辛 朱丑勾 巳O	丁 陰酉貴 丑

사과			
癸 勾卯空 丁	己 貴亥朱 卯	O 空巳常 酉	辛 朱丑勾 巳O

원수과, 여덕, 종혁, 육음

庚 蛇子合	辛 朱丑勾	壬 合寅青	癸 勾卯空
己 貴亥朱	제6국		O 青辰白
戊 后戌蛇			O 空巳常
丁 陰酉貴	丙 玄申后	乙 常未陰	甲 白午玄

삼전		
己 貴亥朱 辰	甲 白午玄 亥	辛 朱丑勾 午

사과			
壬 合寅青 丁	丁 陰酉貴 寅	O 青辰白 酉	己 貴亥朱 辰O

중심과, 천망(亥時)

己 貴亥朱	庚 后子合	辛 陰丑勾	壬 玄寅青
戊 蛇戌蛇	제7국		癸 常卯空
丁 朱酉貴			O 白辰白
丙 合申后	乙 勾未陰	甲 青午玄	O 空巳常

삼전		
癸 常卯空 酉	丁 朱酉貴 卯	癸 常卯空 酉

사과			
辛 陰丑勾 丁	乙 勾未陰 丑	癸 常卯空 酉	丁 朱酉貴 卯

반음과, 용전, 회환, 여덕, 육음

戊 蛇戌蛇	己 貴亥朱	庚 后子合	辛 陰丑勾
丁 朱酉貴	제8국		壬 玄寅青
丙 合申后			癸 常卯空
乙 勾未陰	甲 青午玄	O 空巳常	O 白辰白

삼전		
乙 勾未陰 寅	庚 后子合 未	O 空巳常 子

사과			
庚 后子合 丁	O 空巳常 子	壬 玄寅青 酉	乙 勾未陰 寅

섭해과, 견기, 장도액, 회환

丁 朱酉貴	戊 蛇戌后	己 貴亥陰	庚 后子玄
丙 合申蛇	제9국		辛 陰丑常
乙 勾未朱			壬 玄寅白
甲 青午合	O 空巳勾	O 白辰青	癸 常卯空

삼전		
己 貴亥陰 未	癸 常卯空 亥	乙 勾未朱 卯

사과			
己 貴亥陰 丁	癸 常卯空 亥	辛 陰丑常 酉	O 空巳勾 丑

원수과, 곡직, 천망, 육음

丙 合申蛇	丁 朱酉貴	戊 蛇戌后	己 貴亥陰
乙 勾未朱	제10국		庚 后子玄
甲 青午合			辛 陰丑常
O 空巳勾	O 白辰青	癸 常卯空	壬 玄寅白

삼전		
庚 后子玄 酉	癸 常卯空 子	甲 青午合 卯

사과			
戊 蛇戌后 丁	辛 陰丑常 戌	庚 后子玄 酉	癸 常卯空 子

요극과, 호시, 삼기, 고개

乙 勾未朱	丙 合申蛇	丁 朱酉貴	戊 蛇戌后
甲 青午合	제11국		己 貴亥陰
O 空巳勾			庚 后子玄
O 白辰青	癸 常卯空	壬 玄寅白	辛 陰丑常

삼전		
丁 朱酉貴 未	己 貴亥陰 酉	辛 陰丑常 亥

사과			
丁 朱酉貴 丁	己 貴亥陰 酉	己 貴亥陰 酉	辛 陰丑常 亥

중심과, 췌서, 회환, 불비, 육음

甲 青午合	乙 勾未朱	丙 合申蛇	丁 朱酉貴
O 空巳勾	제12국		戊 蛇戌后
O 白辰青			己 貴亥陰
癸 常卯空	壬 玄寅白	辛 陰丑常	庚 后子玄

삼전		
己 貴亥陰 戌	庚 后子玄 亥	辛 陰丑常 子

사과			
丙 合申蛇 丁	丁 朱酉貴 申	戊 蛇戌后 酉	己 貴亥陰 戌

지일과, 비용, 진여, 천망(亥時)

(35) 戊戌日 (空亡 : 辰巳, 儀 : 午, 奇 : 子, 德 : 巳, 祿 : 巳, 馬 : 申, 日墓 : 戌)

O 勾巳朱	甲 青午蛇	乙 空未貴	丙 白申后
O 合辰合	제1국		丁 常酉陰
癸 朱卯勾			戊 玄戌玄
壬 蛇寅青	辛 貴丑空	庚 后子白	己 陰亥常

O 勾巳朱 巳	丙 白申后 申	壬 蛇寅青 寅

O 勾巳朱 戊	O 勾巳朱 巳O	戊 玄戌玄 戌	戊 玄戌玄 戌

복음과, 자임, 현태

O 合辰合	O 勾巳朱	甲 青午蛇	乙 空未貴
癸 朱卯勾	제2국		丙 白申后
壬 蛇寅青			丁 常酉陰
辛 貴丑空	庚 后子白	己 陰亥常	戊 玄戌玄

癸 朱卯勾 辰O	壬 蛇寅青 卯	辛 貴丑空 寅

O 合辰合 戊O	癸 朱卯勾 辰O	丁 常酉陰 戌	丙 白申后 酉

원수과, 퇴여, 천망(卯時)

癸 朱卯勾	O 合辰合	O 勾巳朱	甲 青午蛇
壬 蛇寅青	제3국		乙 空未貴
辛 貴丑空			丙 白申后
庚 后子白	己 陰亥常	戊 玄戌玄	丁 常酉陰

辛 貴丑空 卯	己 陰亥常 丑	丁 常酉陰 亥

癸 朱卯勾 戊O	辛 貴丑空 卯	丙 白申后 戌	甲 青午蛇 申

중심과, 극음, 여덕

壬 蛇寅青	癸 朱卯勾	O 合辰合	O 勾巳朱
辛 貴丑空	제4국		甲 青午蛇
庚 后子白			乙 空未貴
己 陰亥常	戊 玄戌玄	丁 常酉陰	丙 白申后

壬 蛇寅青 巳	己 陰亥常 寅	丙 白申后 亥

壬 蛇寅青 戊O	己 陰亥常 寅	乙 空未貴 戌	O 合辰合 未

원수과, 현태, 천망

辛 貴丑空	壬 后寅白	癸 陰卯常	O 玄辰玄
庚 蛇子青	제5국		O 常巳陰
己 朱亥勾			甲 白午后
戊 合戌合	丁 勾酉朱	丙 青申蛇	乙 空未貴

壬 后寅白 午	戊 合戌合 寅	甲 白午后 戌

辛 貴丑空 戊O	丁 勾酉朱 丑	甲 白午后 戌	壬 后寅白 午

요극과, 호시, 천망(寅時)

庚 蛇子青	辛 貴丑空	壬 后寅白	癸 陰卯常
己 朱亥勾	제6국		O 玄辰玄
戊 合戌合			O 常巳陰
丁 勾酉朱	丙 青申蛇	乙 空未貴	甲 白午后

庚 蛇子青 巳	乙 空未貴 子	壬 后寅白 未

庚 蛇子青 戊O	乙 空未貴 子	O 常巳陰 戌	庚 蛇子青 巳O

중심과, 삼기, 불비, 권섭부정

己 朱亥勾	庚 蛇子青	辛 貴丑空	壬 后寅白
戊 合戌合	제7국		癸 陰卯常
丁 勾酉朱			O 玄辰玄
丙 青申蛇	乙 空未貴	甲 白午后	O 常巳陰

O 常巳陰 亥	己 朱亥勾 巳O	O 常巳陰 亥

己 朱亥勾 戊O	O 常巳陰 亥	O 玄辰玄 戌	戊 合戌合 辰O

반음과, 무의, 현태

戊 合戌合	己 朱亥勾	庚 蛇子青	辛 貴丑空
丁 勾酉朱	제8국		壬 后寅白
丙 青申蛇			癸 陰卯常
乙 空未貴	甲 白午后	O 常巳陰	O 玄辰玄

丙 青申蛇 卯	辛 貴丑空 申	甲 白午后 丑

戊 合戌合 戊O	癸 陰卯常 戌	癸 陰卯常 戌	丙 青申蛇 卯

지일과, 불비

丁 勾酉朱	戊 合戌合	己 朱亥勾	庚 蛇子青
丙 青申蛇	제9국		辛 貴丑空
乙 空未貴			壬 后寅白
甲 白午后	O 常巳陰	O 玄辰玄	癸 陰卯常

壬 后寅白 戌	甲 白午后 寅	戊 合戌合 午

丁 勾酉朱 戊O	辛 貴丑空 酉	壬 后寅白 戌	甲 白午后 寅

원수과, 여덕, 천망(寅時)

丙 青申蛇	丁 勾酉朱	戊 合戌合	己 朱亥勾
乙 空未貴	제10국		庚 蛇子青
甲 白午后			辛 貴丑空
O 常巳陰	O 玄辰玄	癸 陰卯常	壬 后寅白

己 朱亥勾 申	壬 后寅白 亥	O 常巳陰 寅

丙 青申蛇 戊O	己 朱亥勾 申	辛 貴丑空 戌	O 玄辰玄 丑

요극과, 탄사, 현태

乙 空未貴	丙 白申后	丁 常酉陰	戊 玄戌玄
甲 青午蛇	제11국		己 陰亥常
O 勾巳朱			庚 后子白
O 合辰合	癸 朱卯勾	壬 蛇寅青	辛 貴丑空

庚 后子白 戌	壬 蛇寅青 子	O 合辰合 寅

乙 空未貴 戊O	丁 常酉陰 未	庚 后子白 戌	壬 蛇寅青 子

중심과, 삼기, 간전

甲 青午蛇	乙 空未貴	丙 白申后	丁 常酉陰
O 勾巳朱	제12국		戊 玄戌玄
O 合辰合			己 陰亥常
癸 朱卯勾	壬 蛇寅青	辛 貴丑空	庚 后子白

己 陰亥常 戌	庚 后子白 亥	辛 貴丑空 子

甲 青午蛇 戊O	乙 空未貴 午	己 陰亥常 戌	庚 后子白 亥

중심과, 진여, 삼기

(36) 己亥日 (空亡：辰巳, 儀：午, 奇：子, 德：寅, 祿：午, 馬：巳, 日墓：戌)

O 青巳合	甲 空午朱	乙 白未蛇	丙 常申貴	己 后亥玄 亥	乙 白未蛇 未	辛 蛇丑白 丑	
O 勾辰勾	제1국		丁 玄酉后				
癸 合卯青			戊 陰戌陰	乙 白未蛇 己	乙 白未蛇 未	己 后亥玄 亥	己 后亥玄 亥
壬 朱寅空	辛 蛇丑白	庚 貴子常	己 后亥玄	복음과, 자신, 두전, 육음			

O 勾辰勾	O 青巳合	甲 空午朱	乙 白未蛇	戊 陰戌陰 亥	丁 玄酉后 戌	丙 常申貴 酉	
癸 合卯青	제2국		丙 常申貴				
壬 朱寅空			丁 玄酉后	甲 空午朱 己	O 青巳合 午	戊 陰戌陰 亥	丁 玄酉后 戌
辛 蛇丑白	庚 貴子常	己 后亥玄	戊 陰戌陰	원수과, 참관, 진여, 왕록임신			

癸 合卯青	O 勾辰勾	O 青巳合	甲 空午朱	癸 合卯青 巳	辛 蛇丑白 卯	己 后亥玄 丑	
壬 朱寅空	제3국		乙 白未蛇				
辛 蛇丑白			丙 常申貴	O 青巳合 己	癸 合卯青 巳O	丁 玄酉后 亥	乙 白未蛇 酉
庚 貴子常	己 后亥玄	戊 陰戌陰	丁 玄酉后	요극과, 호시, 천망(卯時),육음			

壬 朱寅空	癸 合卯白	O 勾辰常	O 青巳玄	O 青巳玄 申	壬 朱寅空 巳	己 后亥合 寅	
辛 蛇丑青	제4국		甲 空午陰				
庚 貴子勾			乙 白未后	O 勾辰常 己	辛 蛇丑青 辰O	丙 常申貴 亥	O 青巳玄 申
己 后亥合	戊 陰戌朱	丁 玄酉蛇	丙 常申貴	원수과, 현태, 여덕(낮)			

辛 蛇丑青	壬 朱寅空	癸 合卯白	O 勾辰常	乙 白未后 未	癸 合卯白 卯	己 后亥合 亥	
庚 貴子勾	제5국		O 青巳玄				
己 后亥合			甲 空午陰	癸 合卯白 己	己 后亥合 卯	乙 白未后 亥	癸 合卯白 未
戊 陰戌朱	丁 玄酉蛇	丙 常申貴	乙 白未后	섭해과, 췌서, 유도액, 화미			

庚 貴子勾	辛 后丑青	壬 陰寅空	癸 玄卯白	甲 空午陰 亥	辛 后丑青 午	丙 勾申貴 丑	
己 蛇亥合	제6국		O 常辰常				
戊 朱戌朱			O 白巳玄	壬 陰寅空 己	丁 合酉蛇 寅	甲 空午陰 亥	辛 后丑青 午
丁 合酉蛇	丙 勾申貴	乙 青未后	甲 空午陰	중심과, 육의, 권섭부정			

己 蛇亥合	庚 貴子勾	辛 后丑青	壬 陰寅空	O 白巳玄 亥	己 蛇亥合 巳O	O 白巳玄 亥	
戊 朱戌朱	제7국		癸 玄卯白				
丁 合酉蛇			O 常辰常	辛 后丑青 己	乙 青未后 丑	O 蛇亥合 亥	己 白巳玄 巳O
丙 勾申貴	乙 青未后	甲 空午陰	O 白巳玄	반음과, 육음, 현태, 회환			

戊 朱戌朱	己 蛇亥合	庚 貴子勾	辛 后丑青	O 白巳玄 子	戊 朱戌朱 巳O	癸 玄卯白 戌	
丁 合酉蛇	제8국		壬 陰寅空				
丙 勾申貴			癸 玄卯白	庚 貴子勾 己	O 白巳玄 子	O 常辰常 亥	丁 合酉蛇 辰O
乙 青未后	甲 空午陰	O 白巳玄	O 常辰常	지일과, 주인, 여덕(밤)			

丁 合酉蛇	戊 朱戌朱	己 蛇亥合	庚 貴子勾	己 蛇亥合 未	癸 玄卯白 亥	乙 青未后 卯	
丙 勾申貴	제9국		辛 后丑青				
乙 青未后			壬 陰寅空	己 蛇亥合 己	癸 玄卯白 亥	癸 玄卯白 亥	乙 青未后 卯
甲 空午陰	O 白巳玄	O 常辰常	癸 玄卯白	섭해과, 췌서, 화미, 육음, 회환			

丙 勾申貴	丁 合酉后	戊 朱戌陰	己 蛇亥玄	壬 陰寅空 亥	O 白巳合 寅	丙 勾申貴 巳O	
乙 青未蛇	제10국		庚 貴子常				
甲 空午朱			辛 后丑白	戊 朱戌陰 己	辛 后丑白 戌	壬 陰寅空 亥	O 白巳合 寅
O 白巳合	O 常辰勾	癸 玄卯青	壬 陰寅空	요극과, 호시, 현태, 여덕, 천망			

乙 青未蛇	丙 勾申貴	丁 合酉后	戊 朱戌陰	辛 后丑白 亥	癸 玄卯青 丑	O 白巳合 卯	
甲 空午朱	제11국		己 蛇亥玄				
O 白巳合			庚 貴子常	丁 合酉后 己	己 蛇亥玄 酉	辛 后丑白 亥	癸 玄卯青 丑
O 常辰勾	癸 玄卯青	壬 陰寅空	辛 后丑白	섭해과, 간전, 육음			

甲 空午朱	乙 白未蛇	丙 常申貴	丁 玄酉后	辛 蛇丑白 子	壬 朱寅空 丑	癸 合卯青 寅	
O 青巳合	제12국		戊 陰戌陰				
O 勾辰勾			己 后亥玄	丙 常申貴 己	丁 玄酉后 申	庚 貴子常 亥	辛 蛇丑白 子
癸 合卯青	壬 朱寅空	辛 蛇丑白	庚 貴子常	원수과, 진여			

(37) 庚子日 (空亡 : 辰巳, 儀 : 午, 奇 : 子, 德 : 申, 祿 : 申, 馬 : 寅, 日墓 : 丑)

제1국

O 勾巳朱	甲 青午蛇	乙 空未貴	丙 白申后
O 合辰合	제1국		丁 常酉陰
癸 朱卯勾			戊 玄戌玄
壬 蛇寅青	辛 貴丑空	庚 后子白	己 陰亥常

丙 白申后 申	壬 蛇寅青 寅	O 勾巳朱 巳

丙 白申后 庚	丙 白申后 申	庚 后子白 子	庚 后子白 子

복음과, 자임, 원태

제2국

O 合辰合	O 勾巳朱	甲 青午蛇	乙 空未貴
癸 朱卯勾	제2국		丙 白申后
壬 蛇寅青			丁 常酉陰
辛 貴丑空	庚 后子白	己 陰亥常	戊 玄戌玄

戊 玄戌玄 亥	丁 常酉陰 戌	丙 白申后 酉

乙 空未貴 庚	甲 青午蛇 未	己 陰亥常 子	戊 玄戌玄 亥

원수과, 퇴여

제3국

癸 朱卯勾	O 合辰合	O 勾巳朱	甲 青午蛇
壬 蛇寅青	제3국		乙 空未貴
辛 貴丑空			丙 白申后
庚 后子白	己 陰亥常	戊 玄戌玄	丁 常酉陰

甲 青午蛇 申	O 合辰合 午	壬 蛇寅青 辰O

甲 青午蛇 庚	O 合辰合 午	戊 玄戌玄 子	丙 白申后 戌

섭해과, 고조, 육의, 육양

제4국

壬 蛇寅青	癸 朱卯勾	O 合辰合	O 勾巳朱
辛 貴丑空	제4국		甲 青午蛇
庚 后子白			乙 空未貴
己 陰亥常	戊 玄戌玄	丁 常酉陰	丙 白申后

甲 青午蛇 酉	癸 朱卯勾 午	庚 后子白 卯

O 勾巳朱 庚	壬 蛇寅青 巳O	丁 常酉陰 子	甲 青午蛇 酉

지일과, 비용, 육의, 고개, 삼교

제5국

辛 貴丑空	壬 后寅白	癸 陰卯常	O 玄辰玄
庚 蛇子青	제5국		O 常巳陰
己 朱亥勾			甲 白午后
戊 合戌合	丁 勾酉朱	丙 青申蛇	乙 空未貴

庚 蛇子青 辰	丙 青申蛇 子	O 玄辰玄 申

O 玄辰玄 庚	庚 蛇子青 辰O	丙 青申蛇 子	O 玄辰玄 申

중심과, 회환, 육양, 삼기, 권섭

제6국

庚 蛇子青	辛 貴丑空	壬 后寅白	癸 陰卯常
己 朱亥勾	제6국		O 玄辰玄
戊 合戌合			O 常巳陰
丁 勾酉朱	丙 青申蛇	乙 空未貴	甲 白午后

戊 合戌合 卯	O 常巳陰 戌	庚 蛇子青 巳O

癸 陰卯常 庚	戊 合戌合 卯	乙 空未貴 子	壬 后寅白 未

지일과

제7국

己 朱亥勾	庚 蛇子青	辛 貴丑空	壬 后寅白
戊 合戌合	제7국		癸 陰卯常
丁 勾酉朱			O 玄辰玄
丙 青申蛇	乙 空未貴	甲 白午后	O 常巳陰

壬 后寅白 申	丙 青申蛇 寅	壬 后寅白 申

壬 后寅白 庚	丙 青申蛇 寅	甲 白午后 子	庚 蛇子青 午

반음과, 현태, 회환, 육양

제8국

戊 合戌合	己 朱亥勾	庚 蛇子青	辛 貴丑空
丁 勾酉朱	제8국		壬 后寅白
丙 青申蛇			癸 陰卯常
乙 空未貴	甲 白午后	O 常巳陰	O 玄辰玄

O 常巳陰 子	戊 合戌合 巳O	癸 陰卯常 戌

辛 貴丑空 庚	甲 白午后 丑	O 常巳陰 子	戊 合戌合 巳O

중심과, 주인, 천망(巳時)

제9국

丁 勾酉朱	戊 合戌合	己 朱亥勾	庚 蛇子青
丙 青申蛇	제9국		辛 貴丑空
乙 空未貴			壬 后寅白
甲 白午后	O 常巳陰	O 玄辰玄	癸 陰卯常

O 玄辰玄 子	丙 青申蛇 辰O	庚 蛇子青 申

庚 蛇子青 庚	O 玄辰玄 子	O 玄辰玄 子	丙 青申蛇 辰O

원수과, 참관, 불비

제10국

丙 青申蛇	丁 勾酉朱	戊 合戌合	己 朱亥勾
乙 空未貴	제10국		庚 蛇子青
甲 白午后			辛 貴丑空
O 常巳陰	O 玄辰玄	癸 陰卯常	壬 后寅白

甲 白午后 卯	丁 勾酉朱 午	庚 蛇子青 酉

己 朱亥勾 庚	壬 后寅白 亥	癸 陰卯常 子	甲 白午后 卯

요극과, 호시, 육의, 삼교, 원소

제11국

乙 空未貴	丙 白申后	丁 常酉陰	戊 玄戌玄
甲 青午蛇	제11국		己 陰亥常
O 勾巳朱			庚 后子白
O 合辰合	癸 朱卯勾	壬 蛇寅青	辛 貴丑空

O 合辰合 寅	甲 青午蛇 辰O	丙 白申后 午

戊 玄戌玄 庚	庚 后子白 戌	壬 蛇寅青 子	O 合辰合 寅

섭해과, 견기, 교동, 육양

제12국

甲 青午蛇	乙 空未貴	丙 白申后	丁 常酉陰
O 勾巳朱	제12국		戊 玄戌玄
O 合辰合			己 陰亥常
癸 朱卯勾	壬 蛇寅青	辛 貴丑空	庚 后子白

壬 蛇寅青 丑	癸 朱卯勾 寅	O 合辰合 卯

丁 常酉陰 庚	戊 玄戌玄 酉	辛 貴丑空 子	壬 蛇寅青 丑

지일과, 원수, 진여

(38) 辛丑日 (空亡 : 辰巳, 儀 : 午, 奇 : 子, 德 : 巳, 祿 : 酉, 馬 : 亥, 日墓 : 丑)

〇 合巳蛇	甲 勾午貴	乙 青未后	丙 空申陰
〇 朱辰朱	제1국		丁 白酉玄
癸 蛇卯合			戊 常戌常
壬 貴寅勾	辛 后丑青	庚 陰子空	己 玄亥白

辛 后丑青 丑	戊 常戌常 戌	乙 青未后 未

戊 常戌常 辛	戊 常戌常 戌	辛 后丑青 丑	辛 后丑青 丑

복음과, 자신, 가색

〇 朱辰朱	〇 合巳蛇	甲 勾午貴	乙 青未后
癸 蛇卯合	제2국		丙 空申陰
壬 貴寅勾			丁 白酉玄
辛 后丑青	庚 陰子空	己 玄亥白	戊 常戌常

庚 陰子空 丑	己 玄亥白 子	戊 常戌常 亥

丁 白酉玄 辛	丙 空申陰 酉	庚 陰子空 丑	己 玄亥白 子

중심과, 삼기, 퇴여, 왕록임신

癸 蛇卯合	〇 朱辰朱	〇 合巳蛇	甲 勾午貴
壬 貴寅勾	제3국		乙 青未后
辛 后丑青			丙 空申陰
庚 陰子空	己 玄亥白	戊 常戌常	丁 白酉玄

己 玄亥白 丑	丁 白酉玄 亥	乙 青未后 酉

丙 空申陰 辛	甲 勾午貴 申	己 玄亥白 丑	丁 白酉玄 亥

중심과, 역간전

壬 貴寅勾	癸 后卯合	〇 陰辰朱	〇 玄巳蛇
辛 蛇丑青	제4국		甲 常午貴
庚 朱子空			乙 白未后
己 合亥白	戊 勾戌常	丁 青酉玄	丙 空申陰

〇 玄巳蛇 申	乙 白未后 戌	乙 白未后 戌

乙 白未后 辛	〇 陰辰朱 未	戊 勾戌常 丑	乙 白未后 戌

별책과, 불비, 여덕(밤), 천망

辛 蛇丑青	壬 貴寅勾	癸 后卯合	〇 陰辰朱
庚 朱子空	제5국		〇 玄巳蛇
己 合亥白			甲 常午貴
戊 勾戌常	丁 青酉玄	丙 空申陰	乙 白未后

〇 玄巳蛇 酉	辛 蛇丑青 巳〇	丁 青酉玄 丑

甲 常午貴 辛	壬 貴寅勾 午	丁 青酉玄 丑	〇 玄巳蛇 酉

지일과, 종혁격, 권섭부정

庚 朱子空	辛 蛇丑白	壬 貴寅常	癸 后卯玄
己 合亥青	제6국		〇 陰辰陰
戊 勾戌勾			〇 玄巳后
丁 青酉合	丙 空申朱	乙 白未蛇	甲 常午貴

癸 后卯玄 申	戊 勾戌勾 卯	〇 玄巳后 戌

〇 玄巳后 辛	庚 朱子空 巳〇	丙 空申朱 丑	癸 后卯玄 申

중심과, 착륜, 일녀

己 合亥青	庚 朱子空	辛 蛇丑白	壬 貴寅常
戊 勾戌勾	제7국		癸 后卯玄
丁 青酉合			〇 陰辰陰
丙 空申朱	乙 白未蛇	甲 常午貴	〇 玄巳后

己 合亥青 巳	乙 白未蛇 丑	〇 陰辰陰 戌

〇 陰辰陰 辛	戊 勾戌勾 辰〇	乙 白未蛇 丑	辛 蛇丑白 未

반음과, 무의

戊 勾戌勾	己 合亥青	庚 朱子空	辛 蛇丑白
丁 青酉合	제8국		壬 貴寅常
丙 空申朱			癸 后卯玄
乙 白未蛇	甲 常午貴	〇 玄巳后	〇 陰辰陰

癸 后卯玄 戌	丙 空申朱 卯	辛 蛇丑白 申

癸 后卯玄 辛	丙 空申朱 卯	甲 常午貴 丑	己 合亥青 午

중심과, 주편, 여덕(낮)

丁 青酉合	戊 勾戌勾	己 合亥青	庚 朱子空
丙 空申朱	제9국		辛 蛇丑白
乙 白未蛇			壬 貴寅常
甲 常午貴	〇 玄巳后	〇 陰辰陰	癸 后卯玄

丁 青酉合 巳	辛 蛇丑白 酉	〇 玄巳后 丑

壬 貴寅常 辛	甲 常午貴 寅	〇 玄巳后 丑	丁 青酉合 巳〇

지일과, 종혁, 교동

丙 空申朱	丁 白酉合	戊 常戌勾	己 玄亥青
乙 青未蛇	제10국		庚 陰子空
甲 勾午貴			辛 后丑白
〇 合巳后	〇 朱辰陰	癸 蛇卯玄	壬 貴寅常

〇 合巳后 寅	辛 后丑白 戌	辛 后丑白 戌

辛 后丑白 辛	〇 朱辰陰 丑	〇 朱辰陰 丑	乙 青未蛇 辰

별책과, 여덕, 불비, 천망(巳時)

乙 青未蛇	丙 空申朱	丁 白酉合	戊 常戌勾
甲 勾午貴	제11국		己 玄亥青
〇 合巳后			庚 陰子空
〇 朱辰陰	癸 蛇卯玄	壬 貴寅常	辛 后丑白

癸 蛇卯玄 丑	〇 合巳后 卯	乙 青未蛇 巳〇

庚 陰子空 辛	壬 貴寅常 子	癸 蛇卯玄 丑	〇 合巳后 卯

원수과, 진간전

甲 勾午貴	乙 青未后	丙 空申陰	丁 白酉玄
〇 合巳蛇	제12국		戊 常戌常
〇 朱辰朱			己 玄亥白
癸 蛇卯合	壬 貴寅勾	辛 后丑青	庚 陰子空

壬 貴寅勾 丑	癸 蛇卯合 寅	〇 朱辰朱 卯

己 玄亥白 辛	庚 陰子空 亥	壬 貴寅勾 丑	癸 蛇卯合 寅

원수과, 진여

(39) 壬寅日 (空亡:辰巳, 儀:午, 奇:子, 德:亥, 祿:亥, 馬:申, 日墓:辰)

O 朱巳貴	甲 合午后	乙 勾未陰	丙 青申玄
O 蛇辰蛇	제1국		丁 空酉常
癸 貴卯朱			戊 白戌白
壬 后寅合	辛 陰丑勾	庚 玄子青	己 常亥空

己 常亥空 亥	壬 后寅合 寅	O 朱巳貴 巳

己 常亥空 壬	己 常亥空 亥	壬 后寅合 寅	壬 后寅合 寅

복음과, 자임, 현태, 여덕

O 蛇辰蛇	O 朱巳貴	甲 合午后	乙 勾未陰
癸 貴卯朱	제2국		丙 青申玄
壬 后寅合			丁 空酉常
辛 陰丑勾	庚 玄子青	己 常亥空	戊 白戌白

庚 玄子青 丑	己 常亥空 子	戊 白戌白 亥

戊 白戌白 壬O	丁 空酉常 戌O	辛 陰丑勾 寅	庚 玄子青 丑

지일과, 퇴여, 삼기

癸 貴卯朱	O 后辰蛇	O 陰巳貴	甲 玄午后
壬 蛇寅合	제3국		乙 常未陰
辛 朱丑勾			丙 白申玄
庚 合子青	己 勾亥空	戊 青戌白	丁 空酉常

戊 青戌白 子	丙 白申玄 戌	甲 玄午后 申

丁 空酉常 壬O	乙 常未陰 酉	庚 合子青 寅	戊 青戌白 子

원수과, 역간전, 천망(戌時)

壬 蛇寅合	癸 貴卯朱	O 后辰蛇	O 陰巳貴
辛 朱丑勾	제4국		甲 玄午后
庚 合子青			乙 常未陰
己 勾亥空	戊 青戌白	丁 空酉常	丙 白申玄

O 陰巳貴 申	壬 蛇寅合 巳O	己 勾亥空 寅

丙 白申玄 壬	O 陰巳貴 申	己 勾亥空 寅	丙 白申玄 亥

원수과, 현태, 권섭부정

辛 朱丑勾	壬 蛇寅合	癸 貴卯朱	O 后辰蛇
庚 合子青	제5국		O 陰巳貴
己 勾亥空			甲 玄午后
戊 青戌白	丁 空酉常	丙 白申玄	乙 常未陰

戊 青戌白 寅	甲 玄午后 戌	壬 蛇寅合 午

乙 常未陰 壬	癸 貴卯朱 未	戊 青戌白 寅	甲 玄午后 戌

중심과, 참관, 여덕, 천망

庚 合子青	辛 朱丑勾	壬 蛇寅合	癸 貴卯朱
己 勾亥空	제6국		O 后辰蛇
戊 青戌白			O 陰巳貴
丁 空酉常	丙 白申玄	乙 常未陰	甲 玄午后

甲 玄午后 亥	辛 朱丑勾 午	丙 白申玄 丑

甲 玄午后 壬	辛 朱丑勾 午	丁 空酉常 寅	O 后辰蛇 酉

중심과, 육의, 형통, 폐구(낮)

己 勾亥空	庚 合子白	辛 朱丑常	壬 蛇寅玄
戊 青戌青	제7국		癸 貴卯陰
丁 空酉勾			O 后辰后
丙 白申合	乙 常未朱	甲 玄午蛇	O 陰巳貴

壬 蛇寅玄 申	丙 白申合 寅	壬 蛇寅玄 申

O 陰巳貴 壬	己 勾亥空 巳O	丙 白申合 寅	壬 蛇寅玄 申

반음과, 현태, 회환, 여덕

戊 青戌青	己 勾亥空	庚 合子白	辛 朱丑常
丁 空酉勾	제8국		壬 蛇寅玄
丙 白申合			癸 貴卯陰
乙 常未朱	甲 玄午蛇	O 陰巳貴	O 后辰后

庚 合子白 未	O 陰巳貴 子	戊 青戌青 巳O

O 后辰后 壬	丁 空酉勾 辰	乙 常未朱 寅	庚 合子白 未

지일과, 삼기, 묘신복일

丁 空酉勾	戊 白戌青	己 常亥空	庚 玄子白
丙 青申合	제9국		辛 陰丑常
乙 勾未朱			壬 后寅玄
甲 合午蛇	O 朱巳貴	O 蛇辰后	癸 貴卯陰

乙 勾未朱 卯	己 常亥空 未O	癸 貴卯陰 亥

癸 貴卯陰 壬	乙 勾未朱 卯	甲 合午蛇 寅	戊 白戌青 午

중심과, 주편, 천망(未時)

丙 青申合	丁 空酉勾	戊 白戌青	己 常亥空
乙 勾未朱	제10국		庚 玄子白
甲 合午蛇			辛 陰丑常
O 朱巳貴	O 蛇辰后	癸 貴卯陰	壬 后寅玄

丙 青申合 巳O	己 常亥空 申	壬 后寅玄 亥

壬 后寅玄 壬	O 朱巳貴 寅	O 朱巳貴 寅	丙 青申合 巳O

중심과, 현태, 췌서

乙 勾未朱	丙 青申合	丁 空酉勾	戊 白戌青
甲 合午蛇	제11국		己 常亥空
O 朱巳貴			庚 玄子白
O 蛇辰后	癸 貴卯陰	壬 后寅玄	辛 陰丑常

O 蛇辰后 寅	甲 合午蛇 辰O	丙 青申合 午

辛 陰丑常 壬	癸 貴卯陰 丑	O 蛇辰后 寅	甲 合午蛇 辰O

중심과, 참관, 간전, 천망(辰時)

甲 合午蛇	乙 勾未朱	丙 青申合	丁 空酉勾
O 朱巳貴	제12국		戊 白戌青
O 蛇辰后			己 常亥空
癸 貴卯陰	壬 后寅玄	辛 陰丑常	庚 玄子白

O 蛇辰后 卯	O 朱巳貴 辰O	甲 合午蛇 巳O

庚 玄子白 壬	辛 陰丑常 子	癸 貴卯陰 寅	O 蛇辰后 卯

중심과, 진여, 천망(辰時)

(40) 癸卯日 (空亡 : 辰巳, 儀 : 午, 奇 : 子, 德 : 巳, 祿 : 子, 馬 : 巳, 日墓 : 辰)

O 貴巳朱	甲 后午合	乙 陰未勾	丙 玄申青
O 蛇辰蛇	제1국		丁 常酉空
癸 朱卯貴			戊 白戌白
壬 合寅后	辛 勾丑陰	庚 青子玄	己 空亥常

辛 勾丑陰 丑	戊 白戌白 戌	乙 陰未勾 未

辛 勾丑陰 癸	辛 勾丑陰 丑	癸 朱卯貴 卯	癸 朱卯貴 卯

복음과, 자신, 가색, 여덕, 천망

O 蛇辰蛇	O 貴巳朱	甲 后午合	乙 陰未勾
癸 朱卯貴	제2국		丙 玄申青
壬 合寅后			丁 常酉空
辛 勾丑陰	庚 青子玄	己 空亥常	戊 白戌白

辛 勾丑陰 寅	庚 青子玄 丑	己 空亥常 子

庚 青子玄 癸	己 空亥常 子	壬 合寅后 卯	辛 勾丑陰 寅

중심과, 삼기, 회환, 왕록임신

癸 朱卯貴	O 蛇辰后	O 貴巳陰	甲 后午玄
壬 合寅蛇	제3국		乙 陰未常
辛 勾丑朱			丙 玄申白
庚 青子合	己 空亥勾	戊 白戌青	丁 常酉空

己 空亥勾 丑	丁 常酉空 亥	乙 陰未常 酉

己 空亥勾 癸	丁 常酉空 亥	辛 勾丑朱 卯	己 空亥勾 丑

섭해과, 육음, 회환, 난수

壬 合寅蛇	癸 朱卯貴	O 蛇辰后	O 貴巳陰
辛 勾丑朱	제4국		甲 后午玄
庚 青子合			乙 陰未常
己 空亥勾	戊 白戌青	丁 常酉空	丙 玄申白

戊 白戌青 丑	乙 陰未常 戌	O 蛇辰后 未

戊 白戌青 癸	乙 陰未常 戌	庚 青子合 卯	丁 常酉空 子

원수과, 가색, 참관, 권섭부정

辛 勾丑朱	壬 合寅蛇	癸 朱卯貴	O 蛇辰后
庚 青子合	제5국		O 貴巳陰
己 空亥勾			甲 后午玄
戊 白戌青	丁 常酉空	丙 玄申白	乙 陰未常

乙 陰未常 亥	癸 朱卯貴 未	乙 空亥勾 卯

丁 常酉空 癸	O 貴巳陰 酉	己 空亥勾 卯	乙 陰未常 亥

섭해과, 여덕, 천망, 육음

庚 青子合	辛 勾丑朱	壬 合寅蛇	癸 朱卯貴
己 空亥勾	제6국		O 蛇辰后
戊 白戌青			O 貴巳陰
丁 常酉空	丙 玄申白	乙 陰未常	甲 后午玄

癸 朱卯貴 申	戊 白戌青 卯	O 貴巳陰 戌

丙 玄申白 癸	癸 朱卯貴 申	戊 白戌青 卯	O 貴巳陰 戌

지일과, 착륜, 용전, 회환

己 空亥勾	庚 白子合	辛 常丑朱	壬 玄寅蛇
戊 青戌青	제7국		癸 陰卯貴
丁 勾酉空			O 后辰后
丙 合申白	乙 朱未常	甲 蛇午玄	O 貴巳陰

癸 陰卯貴 酉	丁 勾酉空 卯	癸 陰卯貴 酉

乙 朱未常 癸	辛 常丑朱 未	丁 勾酉空 卯	癸 陰卯貴 酉

반음과, 용전, 여덕, 육음

戊 青戌青	己 空亥勾	庚 白子合	辛 常丑朱
丁 勾酉空	제8국		壬 玄寅蛇
丙 合申白			癸 陰卯貴
乙 朱未常	甲 蛇午玄	O 貴巳陰	O 后辰后

甲 蛇午玄 丑	己 空亥勾 午	O 后辰后 亥

甲 蛇午玄 癸	己 空亥勾 午	丙 合申白 卯	辛 常丑朱 申

중심과, 육의

丁 勾酉空	戊 青戌白	己 空亥常	庚 白子玄
丙 合申青	제9국		辛 常丑陰
乙 朱未勾			壬 玄寅后
甲 蛇午合	O 貴巳朱	O 后辰蛇	癸 陰卯貴

丁 勾酉空 巳O	辛 常丑陰 酉	O 貴巳朱 丑

O 貴巳朱 癸	丁 勾酉空 巳O	乙 朱未勾 卯	己 空亥常 未

섭해과, 무록, 육음

丙 合申青	丁 勾酉空	戊 青戌白	己 空亥常
乙 朱未勾	제10국		庚 白子玄
甲 蛇午合			辛 常丑陰
O 貴巳朱	O 后辰蛇	癸 陰卯貴	壬 玄寅后

丁 勾酉空 午	庚 白子玄 酉	癸 陰卯貴 子

O 后辰蛇 癸	乙 朱未勾 辰O	甲 蛇午合 卯	丁 勾酉空 午

중심과

乙 朱未勾	丙 合申青	丁 勾酉空	戊 青戌白
甲 蛇午合	제11국		己 空亥常
O 貴巳朱			庚 白子玄
O 后辰蛇	癸 陰卯貴	壬 玄寅后	辛 常丑陰

乙 朱未勾 巳	丁 勾酉空 未	己 空亥常 酉

癸 陰卯貴 癸	O 貴巳朱 卯	O 貴巳朱 卯	乙 朱未勾 巳O

요극과, 호시, 여덕, 육음

甲 蛇午合	乙 朱未勾	丙 合申青	丁 勾酉空
O 貴巳朱	제12국		戊 青戌白
O 后辰蛇			己 空亥常
癸 陰卯貴	壬 玄寅后	辛 常丑陰	庚 白子玄

O 后辰蛇 卯	O 貴巳朱 辰O	甲 蛇午合 巳O

壬 玄寅后 癸	癸 陰卯貴 寅	O 后辰蛇 卯	O 貴巳朱 辰O

중심과, 참관, 진여, 천망

(41) 甲辰日 (空亡：寅卯, 儀：辰, 奇：亥, 德：寅, 祿：寅, 馬：寅, 日墓：未)

乙 朱巳勾	丙 蛇午青	丁 貴未空	戊 后申白
甲 合辰合	제1국		己 陰酉常
O 勾卯朱			庚 玄戌玄
O 青寅蛇	癸 空丑貴	壬 白子后	辛 常亥陰

O 青寅蛇 寅	乙 朱巳勾 巳	戊 后申白 申

O 青寅蛇 甲O	O 青寅蛇 寅O	甲 合辰合 辰	甲 合辰合 辰

복음과, 자임, 현태

甲 合辰合	乙 朱巳勾	丙 蛇午青	丁 貴未空
O 勾卯朱	제2국		戊 后申白
O 青寅蛇			己 陰酉常
癸 空丑貴	壬 白子后	辛 常亥陰	庚 玄戌玄

壬 白子后 丑	辛 常亥陰 子	庚 玄戌玄 亥

癸 空丑貴 甲O	壬 白子后 丑	O 勾卯朱 辰	O 青寅蛇 卯O

지일과, 비용, 퇴여

O 勾卯朱	甲 合辰合	乙 朱巳勾	丙 蛇午青
O 青寅蛇	제3국		丁 貴未空
癸 空丑貴			戊 后申白
壬 白子后	辛 常亥陰	庚 玄戌玄	己 陰酉常

O 青寅蛇 辰	壬 白子后 寅O	庚 玄戌玄 子

壬 白子后 甲O	庚 玄戌玄 子	O 青寅蛇 辰	壬 白子后 寅O

섭해과, 여덕, 불비, 췌서, 육양

O 青寅蛇	O 勾卯朱	甲 合辰合	乙 朱巳勾
癸 空丑貴	제4국		丙 蛇午青
壬 白子后			丁 貴未空
辛 常亥陰	庚 玄戌玄	己 陰酉常	戊 后申白

戊 后申白 亥	乙 朱巳勾 申	O 青寅蛇 巳

辛 常亥陰 甲O	戊 后申白 亥	癸 空丑貴 辰	庚 玄戌玄 丑

요극과, 호시, 현태, 천망

癸 空丑貴	O 白寅后	O 常卯陰	甲 玄辰玄
壬 青子蛇	제5국		乙 陰巳常
辛 勾亥朱			丙 后午白
庚 合戌合	己 朱酉勾	戊 蛇申青	丁 貴未空

壬 青子蛇 辰	戊 蛇申青 子	甲 玄辰玄 申

庚 合戌合 甲O	丙 后午白 戌	壬 青子蛇 辰	戊 蛇申青 子

섭해과, 윤하

壬 青子蛇	癸 空丑貴	O 白寅后	O 常卯陰
辛 勾亥朱	제6국		甲 玄辰玄
庚 合戌合			乙 陰巳常
己 朱酉勾	戊 蛇申青	丁 貴未空	丙 后午白

丙 后午白 亥	癸 空丑貴 午	戊 蛇申青 丑

己 朱酉勾 甲O	甲 玄辰玄 酉	辛 勾亥朱 辰	丙 后午白 亥

지일과, 비용

辛 勾亥朱	壬 青子蛇	癸 空丑貴	O 白寅后
庚 合戌合	제7국		O 常卯陰
己 朱酉勾			甲 玄辰玄
戊 蛇申青	丁 貴未空	丙 后午白	乙 陰巳常

O 白寅后 申	戊 蛇申青 寅O	O 白寅后 申

戊 蛇申青 甲O	O 白寅后 申	庚 合戌合 辰	甲 玄辰玄 戌

반음과, 현태, 회환, 육양

庚 合戌合	辛 勾亥朱	壬 青子蛇	癸 空丑貴
己 朱酉勾	제8국		O 白寅后
戊 蛇甲白			O 常卯陰
丁 貴未空	丙 后午白	乙 陰巳常	甲 玄辰玄

壬 青子蛇 未	乙 陰巳常 子	庚 合戌合 巳

丁 貴未空 甲O	壬 青子蛇 未	己 朱酉勾 辰	O 白寅后 酉

섭해과, 장도액

己 朱酉勾	庚 合戌合	辛 勾亥朱	壬 青子蛇
戊 蛇申青	제9국		癸 空丑貴
丁 貴未空			O 白寅后
丙 后午白	乙 陰巳常	甲 玄辰玄	O 常卯陰

戊 蛇申青 辰	壬 青子蛇 申	甲 玄辰玄 子

丙 后午白 甲O	庚 合戌合 午	戊 蛇申青 辰	壬 青子蛇 申

요극과, 호시, 윤하, 여덕, 육양

戊 蛇申青	己 朱酉勾	庚 合戌合	辛 勾亥朱
丁 貴未空	제10국		壬 青子蛇
丙 后午白			癸 空丑貴
乙 陰巳常	甲 玄辰玄	O 常卯陰	O 白寅后

戊 蛇申青 巳	辛 勾亥朱 申	O 白寅后 亥

乙 陰巳常 甲O	戊 蛇申青 巳	丁 貴未空 辰	庚 合戌合 未

중심과, 현태, 천망

丁 貴未空	戊 后申白	己 陰酉常	庚 玄戌玄
丙 蛇午青	제11국		辛 常亥陰
乙 朱巳勾			壬 白子后
甲 合辰合	O 勾卯朱	O 青寅蛇	癸 空丑貴

甲 合辰合 寅	丙 蛇午青 辰	戊 后申白 午

甲 合辰合 甲O	丙 蛇午青 辰	丙 蛇午青 辰	戊 后申白 午

섭해과, 참관, 췌서, 육의, 육양

丙 蛇午青	丁 貴未空	戊 后申白	己 陰酉常
乙 朱巳勾	제12국		庚 玄戌玄
甲 合辰合			辛 常亥陰
O 勾卯朱	O 青寅蛇	癸 空丑貴	壬 白子后

甲 合辰合 卯	乙 朱巳勾 辰	丙 蛇午青 巳

O 勾卯朱 甲O	甲 合辰合 卯O	乙 朱巳勾 辰	丙 蛇午青 巳

중심과, 육의, 회환

(42) 乙巳日 (空亡 : 寅卯, 儀 : 辰, 奇 : 亥, 德 : 申, 祿 : 墓, 馬 : 亥, 日墓 : 未)

乙 合巳青	丙 朱午空	丁 蛇未白	戊 貴申常	甲 勾辰勾 辰	乙 合巳青 巳	戊 貴申常 申	
甲 勾辰勾	제1국		己 后酉玄	甲 勾辰勾 乙	甲 勾辰勾 辰	乙 合巳青 巳	乙 合巳青 巳
O 青卯合			庚 陰戌陰				
O 空寅朱	癸 白丑蛇	壬 常子貴	辛 合亥后	복음과, 자신, 참관			

甲 勾辰勾	乙 合巳青	丙 朱午空	丁 蛇未白	O 青卯合 辰	O 空寅朱 卯O	癸 白丑蛇 寅O	
O 青卯合	제2국		戊 貴申常	O 青卯合 乙	O 空寅朱 卯O	甲 勾辰勾 巳	O 青卯合 辰
O 空寅朱			己 后酉玄				
癸 白丑蛇	壬 常子貴	辛 玄亥后	庚 陰戌陰	원수과, 불비, 퇴여, 왕록임신			

O 青卯合	甲 勾辰勾	乙 合巳青	丙 朱午空	癸 白丑蛇 卯	辛 玄亥后 丑	己 后酉玄 亥	
O 空寅朱	제3국		丁 蛇未白	O 空寅朱 乙	壬 常子貴 寅O	O 青卯合 巳	癸 白丑蛇 卯O
癸 白丑蛇			戊 貴申常				
壬 常子貴	辛 玄亥后	庚 陰戌陰	己 后酉玄	중심과, 극음, 권섭부정			

O 空寅朱	O 白卯合	甲 常辰勾	乙 玄巳青	癸 青丑蛇 辰	庚 朱戌陰 丑	丁 后未白 戌	
癸 青丑蛇	제4국		丙 陰午空	癸 青丑蛇 乙	庚 朱戌陰 丑	O 空寅朱 巳	辛 合亥后 寅O
壬 勾子貴			丁 后未白				
辛 合亥后	庚 朱戌陰	己 蛇酉玄	戊 貴申常	중심과, 가색, 여덕, 폐구			

癸 青丑蛇	O 空寅朱	O 白卯合	甲 常辰勾	己 蛇酉玄 丑	乙 玄巳青 酉	癸 青丑蛇 巳	
壬 勾子貴	제5국		乙 玄巳青	壬 勾子貴 乙	戊 貴申常 子	癸 青丑蛇 巳	己 蛇酉玄 丑
辛 合亥后			丙 陰午空				
庚 朱戌陰	己 蛇酉玄	戊 貴申常	丁 后未白	요극과, 호시, 종혁, 천망(酉時)			

壬 勾子貴	癸 青丑后	O 空寅陰	O 白卯玄	丙 陰午空 亥	癸 青丑后 午	戊 貴申勾 丑	
辛 合亥蛇	제6국		甲 常辰常	辛 合亥蛇 乙	丙 陰午空 亥	壬 勾子貴 巳	丁 后未青 子
庚 朱戌朱			乙 玄巳白				
己 蛇酉合	戊 貴申勾	丁 后未青	丙 陰午空	중심과			

辛 合亥蛇	壬 勾子貴	癸 青丑后	O 空寅陰	乙 玄巳白 亥	辛 合亥蛇 巳	乙 玄巳白 亥	
庚 朱戌朱	제7국		O 白卯玄	庚 朱戌朱 乙	甲 常辰常 戌	辛 合亥蛇 巳	乙 玄巳白 亥
己 蛇酉合			甲 常辰常				
戊 貴申勾	丁 后未青	丙 陰午空	乙 玄巳白	반음과, 현태, 회환			

庚 朱戌朱	辛 合亥蛇	壬 勾子貴	癸 青丑后	O 空寅陰 酉	丁 后未青 寅O	壬 勾子貴 未	
己 蛇酉合	제8국		O 空寅陰	己 蛇酉合 乙	O 空寅陰 酉	庚 朱戌朱 巳	O 白卯玄 戌
戊 貴申勾			O 白卯玄				
丁 后未青	丙 陰午空	乙 玄巳白	甲 常辰常	중심과, 참관, 여덕			

己 蛇酉合	庚 朱戌朱	辛 合亥蛇	壬 勾子貴	己 蛇酉合 巳	癸 青丑后 酉	乙 玄巳白 丑	
戊 貴申勾	제9국		癸 青丑后	戊 貴申勾 乙	壬 勾子貴 申	己 蛇酉合 巳	癸 青丑后 酉
丁 后未青			O 空寅陰				
丙 陰午空	乙 玄巳白	甲 常辰常	O 白卯玄	중심과, 종혁, 천망(酉時)			

戊 貴申勾	己 后酉合	庚 陰戌朱	辛 玄亥蛇	丁 蛇未青 辰	庚 陰戌朱 未	癸 白丑后 戌	
丁 蛇未青	제10국		壬 常子貴	丁 蛇未青 乙	庚 陰戌朱 未	戊 貴申勾 巳	辛 玄亥蛇 申
丙 朱午空			癸 白丑后				
乙 合巳白	甲 勾辰常	O 青卯玄	O 空寅陰	지일과, 비용, 가색, 여덕, 유자			

丁 蛇未青	戊 貴申勾	己 后酉合	庚 陰戌朱	戊 貴申勾 午	庚 陰戌朱 申	壬 常子貴 戌	
丙 朱午空	제11국		辛 玄亥蛇	丙 朱午空 乙	戊 貴申勾 午	丁 蛇未青 巳	己 后酉合 未
乙 合巳白			壬 常子貴				
甲 勾辰常	O 青卯玄	O 空寅陰	癸 白丑后	중심과, 진간전, 천망(申時)			

丙 朱午空	丁 蛇未白	戊 貴申常	己 后酉玄	丁 蛇未白 午	戊 貴申常 未	己 后酉玄 申	
乙 合巳青	제12국		庚 陰戌陰	乙 合巳青 乙	丙 朱午空 巳	丙 朱午空 巳	丁 蛇未白 午
甲 勾辰勾			辛 玄亥后				
O 青卯合	O 空寅朱	癸 白丑蛇	壬 常子貴	요극과, 탄사, 진여, 불비			

(43) 丙午日 (空亡 : 寅卯, 儀 : 辰, 奇 : 亥, 德 : 巳, 祿 : 巳, 馬 : 申, 日墓 : 戌)

乙 勾巳空	丙 合午白	丁 朱未常	戊 蛇申玄
甲 青辰青	제1국		己 貴酉陰
O 空卯勾			庚 后戌后
O 白寅合	癸 常丑朱	壬 玄子蛇	辛 陰亥貴

乙 勾巳空 巳	戊 蛇申玄 申	O 白寅合 寅

乙 勾巳空 丙	乙 勾巳空 巳	丙 合午白 午	丙 合午白 午

복음과, 자임, 현태, 여덕

甲 青辰青	乙 勾巳空	丙 合午白	丁 朱未常
O 空卯勾	제2국		戊 蛇申玄
O 白寅合			己 貴酉陰
癸 常丑朱	壬 玄子蛇	辛 陰亥貴	庚 后戌后

O 空卯勾 辰	O 白寅合 卯O	癸 常丑朱 寅

甲 青辰青 丙	O 空卯勾 辰	乙 勾巳空 午	甲 青辰青 巳

원수과, 퇴여, 불비, 권섭부정

O 空卯勾	甲 白辰青	乙 常巳空	丙 玄午白
O 青寅合	제3국		丁 陰未常
癸 勾丑朱			戊 后申玄
壬 合子蛇	辛 朱亥貴	庚 蛇戌后	己 貴酉陰

癸 勾丑朱 卯	辛 朱亥貴 丑	己 貴酉陰 亥

O 空卯勾 丙	癸 勾丑朱 卯O	甲 白辰青 午	O 青寅合 辰

중심과, 극음

O 青寅合	O 空卯勾	甲 白辰青	乙 常巳空
癸 勾丑朱	제4국		丙 玄午白
壬 合子蛇			丁 陰未常
辛 朱亥貴	庚 蛇戌后	己 貴酉陰	戊 后申玄

壬 合子蛇 卯	己 貴酉陰 子	丙 玄午白 酉

O 青寅合 丙	辛 朱亥貴 寅O	O 空卯勾 午	壬 合子蛇 卯O

요극과, 호시, 삼교

癸 勾丑朱	O 青寅合	O 空卯勾	甲 白辰青
壬 合子蛇	제5국		乙 常巳空
辛 朱亥貴			丙 玄午白
庚 蛇戌后	己 貴酉陰	戊 后申玄	丁 陰未常

庚 蛇戌后 寅	丙 玄午白 戌	O 青寅合 午

癸 勾丑朱 丙	己 貴酉陰 丑	O 青寅合 午	庚 蛇戌后 寅O

중심과, 염상

壬 合子蛇	癸 勾丑朱	O 青寅合	O 空卯勾
辛 朱亥貴	제6국		甲 白辰青
庚 蛇戌后			乙 常巳空
己 貴酉陰	戊 后申玄	丁 陰未常	丙 玄午白

壬 合子蛇 巳	丁 陰未常 子	O 青寅合 未

壬 合子蛇 丙	丁 陰未常 子	癸 勾丑朱 午	戊 后申玄 丑

지일과, 비용

辛 朱亥貴	壬 合子后	癸 勾丑陰	O 青寅玄
庚 蛇戌蛇	제7국		O 空卯常
己 貴酉朱			甲 白辰白
戊 后申合	丁 陰未勾	丙 玄午青	乙 常巳空

丙 玄午青 子	壬 合子后 午	丙 玄午青 子

辛 朱亥貴 丙	乙 常巳空 亥	壬 合子后 午	丙 玄午青 子

반음과, 삼교, 회환, 여덕

庚 蛇戌蛇	辛 朱亥貴	壬 合子后	癸 勾丑陰
己 貴酉朱	제8국		O 青寅玄
戊 后申合			O 空卯常
丁 陰未勾	丙 玄午青	乙 常巳空	甲 白辰白

甲 白辰白 亥	己 貴酉朱 辰	O 青寅玄 酉

庚 蛇戌蛇 丙	O 空卯常 戌	辛 朱亥貴 午	甲 白辰白 亥

지일과, 비용, 육의, 유도액

己 貴酉朱	庚 后戌蛇	辛 陰亥貴	壬 玄子后
戊 蛇申合	제9국		癸 常丑陰
丁 朱未勾			O 白寅玄
丙 合午青	乙 勾巳空	甲 青辰白	O 空卯常

己 貴酉朱 巳	癸 常丑陰 酉	乙 勾巳空 丑

己 貴酉朱 丙	癸 常丑陰 酉	庚 后戌蛇 午	O 白寅玄 戌

중심과, 종혁

戊 蛇申合	己 貴酉朱	庚 后戌蛇	辛 陰亥貴
丁 朱未勾	제10국		壬 玄子后
丙 合午青			癸 常丑陰
乙 勾巳空	甲 青辰白	O 空卯常	O 白寅玄

戊 蛇申合 巳	辛 陰亥貴 申	O 白寅玄 亥

戊 蛇申合 丙	辛 陰亥貴 申	己 貴酉朱 午	壬 玄子后 酉

지일과, 비용, 현태

丁 朱未勾	戊 蛇申合	己 貴酉朱	庚 后戌蛇
丙 合午青	제11국		辛 陰亥貴
乙 勾巳空			壬 玄子后
甲 青辰白	O 空卯常	O 白寅玄	癸 常丑陰

戊 蛇申合 午	庚 后戌蛇 申	壬 玄子后 戌

丁 朱未勾 丙	己 貴酉朱 未	戊 蛇申合 午	庚 后戌蛇 申

중심과, 여덕, 간전

丙 合午青	丁 朱未勾	戊 蛇申合	己 貴酉朱
乙 勾巳空	제12국		庚 后戌蛇
甲 青辰白			辛 陰亥貴
O 空卯常	O 白寅玄	癸 常丑陰	壬 玄子后

戊 蛇申合 未	己 貴酉朱 申	庚 后戌蛇 酉

丙 合午青 丙	丁 朱未勾 午	丁 朱未勾 午	戊 蛇申合 未

요극과, 탄사, 진여, 불비

(44) 丁未日 (空亡：寅卯, 儀：辰, 奇：亥, 德：亥, 祿：午, 馬：巳, 日墓：戌)

乙 空巳勾	丙 白午合	丁 常未朱	戊 玄申蛇
甲 青辰青	제1국		己 陰酉貴
O 勾卯空			庚 后戌后
O 合寅白	癸 朱丑常	壬 蛇子玄	辛 貴亥陰

丁 常未朱 未	癸 朱丑常 丑	庚 后戌后 戌

丁 常未朱 丁	丁 常未朱 未	丁 常未朱 未	丁 常未朱 未

복음과, 자신, 가색, 여덕

甲 青辰青	乙 空巳勾	丙 白午合	丁 常未朱
O 勾卯空	제2국		戊 玄申蛇
O 合寅白			己 陰酉貴
癸 朱丑常	壬 蛇子玄	辛 貴亥陰	庚 后戌后

O 勾卯空 辰	丙 白午合 未	丙 白午合 未

丙 白午合 丁	乙 空巳勾 午	丙 白午合 未	乙 空巳勾 午

팔전과, 유박불수(밤), 불비

O 勾卯空	甲 青辰白	乙 空巳常	丙 白午玄
O 合寅青	제3국		丁 常未陰
癸 朱丑勾			戊 玄申后
壬 蛇子合	辛 貴亥朱	庚 后戌蛇	己 陰酉貴

癸 朱丑勾 卯	乙 空巳常 未	乙 空巳常 未

乙 空巳常 丁	O 勾卯空 巳	乙 空巳常 未	O 勾卯空 巳

팔전과, 불비, 육음

O 合寅青	O 勾卯空	甲 青辰白	乙 空巳常
癸 朱丑勾	제4국		丙 白午玄
壬 蛇子合			丁 常未陰
辛 貴亥朱	庚 后戌蛇	己 陰酉貴	戊 玄申后

辛 貴亥朱 寅	甲 青辰白 未	甲 青辰白 未

甲 青辰白 丁	癸 朱丑勾 辰	甲 青辰白 未	癸 朱丑勾 辰

팔전과, 삼기, 천망(亥時)

癸 朱丑勾	O 合寅青	O 勾卯空	甲 青辰白
壬 蛇子合	제5국		乙 空巳常
辛 貴亥朱			丙 白午玄
庚 后戌蛇	己 陰酉貴	戊 玄申后	丁 常未陰

O 勾卯空 未	辛 貴亥朱 卯O	丁 常未陰 亥

O 勾卯空 丁	辛 貴亥朱 卯O	O 勾卯空 未	辛 貴亥朱 卯O

원수과, 곡직, 여덕, 육음

壬 蛇子合	癸 朱丑勾	O 合寅青	O 勾卯空
辛 貴亥朱	제6국		甲 青辰白
庚 后戌蛇			乙 空巳常
己 陰酉貴	戊 玄申后	丁 常未陰	丙 白午玄

己 陰酉貴 寅O	甲 青辰白 酉	辛 貴亥朱 辰

O 合寅青 丁	己 陰酉貴 寅O	O 合寅青 未	己 陰酉貴 寅O

지일과, 비용

辛 貴亥朱	壬 后子合	癸 陰丑勾	O 玄寅青
庚 蛇戌蛇	제7국		O 常卯空
己 朱酉貴			甲 白辰白
戊 合申后	丁 勾未陰	丙 青午玄	乙 空巳常

乙 空巳常 亥	癸 陰丑勾 未	癸 陰丑勾 未

癸 陰丑勾 丁	丁 勾未陰 丑	癸 陰丑勾 未	丁 勾未陰 丑

반음과, 무친, 여덕, 육음

庚 蛇戌蛇	辛 貴亥朱	壬 后子合	癸 陰丑勾
己 朱酉貴	제8국		O 玄寅青
戊 合申后			O 常卯空
丁 勾未陰	丙 青午玄	乙 空巳常	甲 白辰白

乙 空巳常 子	庚 蛇戌蛇 巳	O 常卯空 戌

壬 后子合 丁	乙 空巳常 子	壬 后子合 未	乙 空巳常 子

지일과, 비용, 장도액, 주인

己 朱酉貴	庚 蛇戌后	辛 貴亥陰	壬 后子玄
戊 合申蛇	제9국		癸 陰丑常
丁 勾未朱			O 玄寅白
丙 青午合	乙 空巳勾	甲 白辰青	O 常卯空

辛 貴亥陰 未	O 常卯空 亥	丁 勾未朱 卯O

辛 貴亥陰 丁	亥 常卯空 亥	辛 貴亥陰 未	O 常卯空 亥

중심과, 회환, 삼기, 육음, 곡직

戊 合申蛇	己 朱酉貴	庚 蛇戌后	辛 貴亥陰
丁 勾未朱	제10국		壬 后子玄
丙 青午合			癸 陰丑常
乙 空巳勾	甲 白辰青	O 常卯空	O 玄寅白

辛 貴亥陰 申	庚 蛇戌后 未	庚 蛇戌后 未

庚 蛇戌后 丁	癸 陰丑常 戌	庚 蛇戌后 未	癸 陰丑常 戌

팔전과, 유박불수(밤), 삼기

丁 勾未朱	戊 合申蛇	己 朱酉貴	庚 蛇戌后
丙 青午合	제11국		辛 貴亥陰
乙 空巳勾			壬 后子玄
甲 白辰青	O 常卯空	O 玄寅白	癸 陰丑常

己 朱酉貴 未	辛 貴亥陰 酉	癸 陰丑常 亥

己 朱酉貴 丁	辛 貴亥陰 酉	己 朱酉貴 未	辛 貴亥陰 酉

중심과, 여덕, 간전, 육음

丙 青午合	丁 勾未朱	戊 合申蛇	己 朱酉貴
乙 空巳勾	제12국		庚 蛇戌后
甲 白辰青			辛 貴亥陰
O 常卯空	O 玄寅白	癸 陰丑常	壬 后子玄

戊 合申蛇 未	己 朱酉貴 申	庚 蛇戌后 酉

戊 合申蛇 丁	己 朱酉貴 申	戊 合申蛇 未	己 朱酉貴 申

중심과, 진여

(45) 戊申日 (空亡：寅卯, 儀：辰, 奇：亥, 德：巳, 祿：巳, 馬：寅, 日墓：戊)

乙 勾巳朱	丙 青午蛇	丁 空未貴	戊 白申后	乙 勾巳朱 巳	戊 白申后 申	O 蛇寅青 寅	
甲 合辰合	제1국		己 常酉陰	乙 勾巳朱 戊	乙 勾巳朱 巳	戊 白申后 申	戊 白申后 申
O 朱卯勾			庚 玄戌玄				
O 蛇寅青	癸 貴丑空	壬 后子白	辛 陰亥常	복음과, 자신, 현태			

甲 合辰合	乙 勾巳朱	丙 青午蛇	丁 空未貴	O 朱卯勾 辰	O 蛇寅青 卯O	癸 貴丑空 寅O	
O 朱卯勾	제2국		戊 白申后	甲 合辰合 戊	O 朱卯勾 辰	丁 空未貴 申	丙 青午蛇 未
O 蛇寅青			己 常酉陰				
癸 貴丑空	壬 后子白	辛 陰亥常	庚 玄戌玄	원수과, 퇴여, 천망(卯時)			

O 朱卯勾	甲 合辰合	乙 勾巳朱	丙 青午蛇	癸 貴丑空 卯	辛 陰亥常 丑	己 常酉陰 亥	
O 蛇寅青	제3국		丁 空未貴	O 朱卯勾 戊	癸 貴丑空 卯O	丙 青午蛇 申	甲 合辰合 午
癸 貴丑空			戊 白申后				
壬 后子白	辛 陰亥常	庚 玄戌玄	己 常酉陰	중심과, 역간전, 여덕(낮)			

O 蛇寅青	O 朱卯勾	甲 合辰合	乙 勾巳朱	O 蛇寅青 巳	辛 陰亥常 寅O	戊 白申后 亥	
癸 貴丑空	제4국		丙 青午蛇	O 蛇寅青 戊	辛 陰亥常 寅O	乙 勾巳朱 申	O 蛇寅青 巳
壬 后子白			丁 空未貴				
辛 陰亥常	庚 玄戌玄	己 常酉陰	戊 白申后	지일과, 비용, 현태, 췌서, 권섭부정			

癸 貴丑空	O 后寅白	O 陰卯常	甲 玄辰玄	壬 蛇子青 辰	戊 青申蛇 子	甲 玄辰玄 申	
壬 蛇子青	제5국		乙 常巳陰	癸 貴丑空 戊	己 勾酉朱 丑	甲 玄辰玄 申	壬 蛇子青 辰
辛 朱亥勾			丙 白午后				
庚 合戌合	己 勾酉朱	戊 青申蛇	丁 空未貴	중심과, 윤하, 일순주편			

壬 蛇子青	癸 貴丑空	O 后寅白	O 陰卯常	壬 蛇子青 巳	丁 空未貴 子	O 后寅白 未	
辛 朱亥勾	제6국		甲 玄辰玄	壬 蛇子青 戊	丁 空未貴 子	O 陰卯常 申	庚 合戌合 卯O
庚 合戌合			乙 常巳陰				
己 勾酉朱	戊 青申蛇	丁 空未貴	丙 白午后	섭해과, 장도액			

辛 朱亥勾	壬 蛇子青	癸 貴丑空	O 后寅白	O 后寅白 申	戊 青申蛇 寅O	O 后寅白 申	
庚 合戌合	제7국		O 陰卯常	辛 朱亥勾 戊	乙 常巳陰 亥	O 后寅白 申	戊 青申蛇 寅O
己 勾酉朱			甲 玄辰玄				
戊 青申蛇	丁 空未貴	丙 白午后	乙 常巳陰	반음과, 현태, 천망(寅時)			

庚 合戌合	辛 朱亥勾	壬 蛇子青	癸 貴丑空	O 陰卯常 戌	戊 青申蛇 卯O	癸 貴丑空 申	
己 勾酉朱	제8국		O 后寅白	庚 合戌合 戊	O 陰卯常 戌	癸 貴丑空 申	丙 白午后 丑
戊 青申蛇			O 陰卯常				
丁 空未貴	丙 白午后	乙 常巳陰	甲 玄辰玄	원수과, 천망(卯時)			

己 勾酉朱	庚 合戌合	辛 朱亥勾	壬 蛇子青	甲 玄辰玄 子	戊 青申蛇 辰	壬 蛇子青 申	
戊 青申蛇	제9국		癸 貴丑空	己 勾酉朱 戊	癸 貴丑空 酉	壬 蛇子青 申	甲 玄辰玄 子
丁 空未貴			O 后寅白				
丙 白午后	乙 常巳陰	甲 玄辰玄	O 陰卯常	원수과, 윤하, 여덕(밤), 육의, 폐구			

戊 青申蛇	己 勾酉朱	庚 合戌合	辛 朱亥勾	O 后寅白 亥	乙 常巳陰 寅O	戊 青申蛇 巳	
丁 空未貴	제10국		壬 蛇子青	戊 青申蛇 戊	辛 朱亥勾 申	辛 朱亥勾 申	O 后寅白 亥
丙 白午后			癸 貴丑空				
乙 常巳陰	甲 玄辰玄	O 陰卯常	O 后寅白	요극과, 호시, 현태, 원소근단			

丁 空未貴	戊 白申后	己 常酉陰	庚 玄戌玄	壬 后子白 戌	O 蛇寅青 子	甲 合辰合 寅O	
丙 青午蛇	제11국		辛 陰亥常	丁 空未貴 戊	己 常酉陰 未	庚 玄戌玄 申	壬 后子白 戌
乙 勾巳朱			壬 后子白				
甲 合辰合	O 朱卯勾	O 蛇寅青	癸 貴丑空	중심과, 간전			

丙 青午蛇	丁 空未貴	戊 白申后	己 常酉陰	庚 玄戌玄 酉	己 常酉陰 申	丙 青午蛇 巳	
乙 勾巳朱	제12국		庚 玄戌玄	丙 青午蛇 戊	丁 空未貴 午	己 常酉陰 申	庚 玄戌玄 酉
甲 合辰合			辛 陰亥常				
O 朱卯勾	O 蛇寅青	癸 貴丑空	壬 后子白	묘성과, 호시전봉			

(46) 己酉日 (空亡：寅卯, 儀：辰, 奇：亥, 德：寅, 祿：午, 馬：亥, 日墓：戌)

乙 青巳合	丙 空午朱	丁 白未蛇	戊 常申貴
甲 勾辰勾	제1국		己 玄酉后
○ 合卯青			庚 陰戌陰
○ 朱寅空	癸 蛇丑白	壬 貴子常	辛 后亥玄

己 玄酉后 酉	丁 白未蛇 未	癸 蛇丑白 丑

丁 白未蛇 己	丁 白未蛇 未	己 玄酉后 酉	己 玄酉后 酉

복음과, 자신, 용전, 육음

甲 勾辰勾	乙 青巳合	丙 空午朱	丁 白未蛇
○ 合卯青	제2국		戊 常申貴
○ 朱寅空			己 玄酉后
癸 蛇丑白	壬 貴子常	辛 后亥玄	庚 陰戌陰

庚 陰戌陰 亥	丙 空午朱 未	戊 常申貴 酉

丙 空午朱 己	乙 青巳合 午	戊 常申貴 酉	丁 白未蛇 申

묘성과, 동사엄목, 여덕, 왕록임신

○ 合卯青	甲 勾辰勾	乙 青巳合	丙 空午朱
○ 朱寅空	제3국		丁 白未蛇
癸 蛇丑白			戊 常申貴
壬 貴子常	辛 后亥玄	庚 陰戌陰	己 玄酉后

○ 合卯青 巳	癸 蛇丑白 卯○	辛 后亥玄 丑

乙 青巳合 己	○ 合卯青 巳	丁 白未蛇 酉	乙 青巳合 未

요극과, 호시, 교통, 육음

○ 朱寅空	○ 合卯白	甲 勾辰常	乙 青巳玄
癸 蛇丑青	제4국		丙 空午陰
壬 貴子勾			丁 白未后
辛 后亥合	庚 陰戌朱	己 玄酉蛇	戊 常申貴

丙 空午陰 酉	○ 合卯白 午	壬 貴子勾 卯○

甲 勾辰常 己	癸 蛇丑青 辰	丙 空午陰 酉	○ 合卯白 午

원수과, 고개, 여덕, 삼교, 권섭부정

癸 蛇丑青	○ 朱寅空	○ 合卯白	甲 勾辰常
壬 貴子勾	제5국		乙 青巳玄
辛 后亥合			丙 空午陰
庚 陰戌朱	己 玄酉蛇	戊 常申貴	丁 白未后

○ 合卯白 未	辛 后亥合 卯○	丁 白未后 亥

○ 合卯白 己	辛 后亥合 卯○	乙 青巳玄 酉	癸 蛇丑青 巳

섭해과, 견기, 용전, 육음, 곡직

壬 貴子勾	癸 后丑青	○ 陰寅空	○ 玄卯白
辛 蛇亥合	제6국		甲 常辰常
庚 朱戌朱			乙 白巳玄
己 合酉蛇	戊 勾申貴	丁 青未后	丙 空午陰

辛 蛇亥合 辰	丙 空午陰 亥	癸 后丑青 午

○ 陰寅空 己	己 合酉蛇 寅○	甲 常辰常 酉	辛 蛇亥合 辰

섭해과, 참관, 삼기

辛 蛇亥合	壬 貴子勾	癸 后丑青	○ 陰寅空
庚 朱戌朱	제7국		○ 玄卯白
己 合酉蛇			甲 常辰常
戊 勾申貴	丁 青未后	丙 空午陰	乙 白巳玄

○ 玄卯白 酉	己 合酉蛇 卯○	○ 玄卯白 酉

癸 后丑青 己	丁 青未后 丑	○ 玄卯白 酉	己 合酉蛇 卯○

반음과, 무의, 용전, 삼교, 천망

庚 朱戌朱	辛 蛇亥合	壬 貴子勾	癸 后丑青
己 合酉蛇	제8국		○ 陰寅空
戊 勾申貴			○ 玄卯白
丁 青未后	丙 空午陰	乙 白巳玄	甲 常辰常

丁 青未后 寅	壬 貴子勾 未	乙 白巳玄 子

壬 貴子勾 己	乙 白巳玄 子	○ 陰寅空 酉	丁 青未后 寅○

섭해과, 무록, 여덕(밤)

己 合酉蛇	庚 朱戌朱	辛 蛇亥合	壬 貴子勾
戊 勾申貴	제9국		癸 后丑青
丁 青未后			○ 陰寅空
丙 空午陰	乙 白巳玄	甲 常辰常	○ 玄卯白

辛 蛇亥合 未	○ 玄卯白 亥	丁 青未后 卯○

辛 蛇亥合 己	○ 玄卯白 亥	癸 后丑青 酉	乙 白巳玄 丑

중심과, 곡직, 삼기, 육음

戊 勾申貴	己 合酉后	庚 朱戌陰	辛 蛇亥玄
丁 青未蛇	제10국		壬 貴子常
丙 空午朱			癸 后丑白
乙 白巳合	甲 常辰勾	○ 玄卯青	○ 陰寅空

○ 玄卯青 子	丙 空午朱 卯○	己 合酉后 午

庚 朱戌陰 己	癸 后丑白 戌	壬 貴子常 酉	○ 玄卯青 子

요극과, 호시, 삼교, 여덕, 천망

丁 青未蛇	戊 勾申貴	己 合酉后	庚 朱戌陰
丙 空午朱	제11국		辛 蛇亥玄
乙 白巳合			壬 貴子常
甲 常辰勾	○ 玄卯青	○ 陰寅空	癸 后丑白

癸 后丑白 亥	○ 玄卯青 丑	乙 白巳合 卯○

己 合酉后 己	辛 蛇亥玄 酉	辛 蛇亥玄 酉	癸 后丑白 亥

원수과, 불비, 간전

丙 空午朱	丁 白未蛇	戊 常申貴	己 玄酉后
乙 青巳合	제12국		庚 陰戌陰
甲 勾辰勾			辛 后亥玄
○ 合卯青	○ 朱寅空	癸 蛇丑白	壬 貴子常

辛 后亥玄 戌	壬 貴子常 亥	癸 蛇丑白 子

戊 常申貴 己	己 玄酉后 申	庚 陰戌陰 酉	辛 后亥玄 戌

중심과, 진여, 삼기

(47) 庚戌日 (空亡 : 寅卯, 儀 : 辰, 奇 : 亥, 德 : 申, 祿 : 申, 馬 : 寅, 日墓 : 丑)

제1국

乙 勾巳朱	丙 青午蛇	丁 空未貴	戊 白申后
甲 合辰合	제1국		己 常酉陰
O 朱卯勾			庚 玄戌玄
O 蛇寅青	癸 貴丑空	壬 后子白	辛 陰亥常

戊 白申后 申	O 蛇寅青 寅	乙 勾巳朱 巳

戊 白申后 庚	戊 白申后 申	庚 玄戌玄 戌	庚 玄戌玄 戌

복음과, 자임, 현태

제2국

甲 合辰合	乙 勾巳朱	丙 青午蛇	丁 空未貴
O 朱卯勾	제2국		戊 白申后
O 蛇寅青			己 常酉陰
癸 貴丑空	壬 后子白	辛 陰亥常	庚 玄戌玄

丙 青午蛇 未	乙 勾巳朱 午	甲 合辰合 巳

丁 空未貴 庚	丙 青午蛇 未	己 常酉陰 戌	戊 白申后 酉

요극과, 호시, 퇴여, 천망(午時)

제3국

O 朱卯勾	甲 合辰合	乙 勾巳朱	丙 青午蛇
O 蛇寅青	제3국		丁 空未貴
癸 貴丑空			戊 白申后
壬 后子白	辛 陰亥常	庚 玄戌玄	己 常酉陰

丙 青午蛇 申	甲 合辰合 午	O 蛇寅青 辰

丙 青午蛇 庚	甲 合辰合 午	戊 白申后 戌	丙 青午蛇 申

원수과, 천망, 여덕, 권섭부정

제4국

O 蛇寅青	O 朱卯勾	甲 合辰合	乙 勾巳朱
癸 貴丑空	제4국		丙 青午蛇
壬 后子白			丁 空未貴
辛 陰亥常	庚 玄戌玄	己 常酉陰	戊 白申后

乙 勾巳朱 申	O 蛇寅青 巳	辛 陰亥常 寅O

乙 勾巳朱 庚	O 蛇寅青 巳	丁 空未貴 戌	甲 合辰合 未

원수과, 현태, 천망

제5국

癸 貴丑空	O 后寅白	O 陰卯常	甲 玄辰玄
壬 蛇子青	제5국		乙 常巳陰
辛 朱亥勾			丙 白午后
庚 合戌合	己 勾酉朱	戊 青申蛇	丁 空未貴

壬 蛇子青 辰	戊 青申蛇 子	甲 玄辰玄 申

甲 玄辰玄 庚	壬 蛇子青 辰	丙 白午后 戌	O 后寅白 午

중심과, 윤하

제6국

壬 蛇子青	癸 貴丑空	O 后寅白	O 陰卯常
辛 朱亥勾	제6국		甲 玄辰玄
庚 合戌合			乙 常巳陰
己 勾酉朱	戊 青申蛇	丁 空未貴	丙 白午后

庚 合戌合 卯O	乙 常巳陰 戌	壬 蛇子青 巳

O 陰卯常 庚	庚 合戌合 卯O	乙 常巳陰 戌	壬 蛇子青 巳

지일과, 비용, 회환, 무음

제7국

辛 朱亥勾	壬 蛇子青	癸 貴丑空	O 后寅白
庚 合戌合	제7국		O 陰卯常
己 勾酉朱			甲 玄辰玄
戊 青申蛇	丁 空未貴	丙 白午后	乙 常巳陰

O 后寅白 申	戊 青申蛇 寅O	O 后寅白 申

O 后寅白 庚	戊 青申蛇 寅O	甲 玄辰玄 戌	庚 合戌合 辰

반음과, 회환, 현태, 육양

제8국

庚 合戌合	辛 朱亥勾	壬 蛇子青	癸 貴丑空
己 勾酉朱	제8국		O 后寅白
戊 青申蛇			O 陰卯常
丁 空未貴	丙 白午后	乙 常巳陰	甲 玄辰玄

戊 青申蛇 卯O	癸 貴丑空 申	丙 白午后 丑

癸 貴丑空 庚	丙 白午后 丑	O 陰卯常 戌	戊 青申蛇 卯O

지일과, 비용, 회환

제9국

己 勾酉朱	庚 合戌合	辛 朱亥勾	壬 蛇子青
戊 青申蛇	제9국		癸 貴丑空
丁 空未貴			O 后寅白
丙 白午后	乙 常巳陰	甲 玄辰玄	O 陰卯常

甲 玄辰玄 子	戊 青申蛇 辰	壬 蛇子青 申

壬 蛇子青 庚	甲 玄辰玄 子	O 后寅白 戌	丙 白午后 寅O

섭해과, 윤하, 여덕(밤), 육의, 폐구

제10국

戊 青申蛇	己 勾酉朱	庚 合戌合	辛 朱亥勾
丁 空未貴	제10국		壬 蛇子青
丙 白午后			癸 貴丑空
乙 常巳陰	甲 玄辰玄	O 陰卯常	O 后寅白

O 后寅白 亥	乙 常巳陰 寅O	戊 青申蛇 巳

辛 朱亥勾 庚	O 后寅白 亥	癸 貴丑空 戌	甲 玄辰玄 丑

요극과, 탄사, 현태

제11국

丁 空未貴	戊 白申后	己 常酉陰	庚 玄戌玄
丙 青午蛇	제11국		辛 陰亥常
乙 勾巳朱			壬 后子白
甲 合辰合	O 朱卯勾	O 蛇寅青	癸 貴丑空

壬 后子白 戌	O 蛇寅青 子	甲 合辰合 寅O

庚 玄戌玄 庚	壬 后子白 戌	壬 后子白 戌	O 蛇寅青 子

중심과, 불비, 간전, 육양

제12국

丙 青午蛇	丁 空未貴	戊 白申后	己 常酉陰
乙 勾巳朱	제12국		庚 玄戌玄
甲 合辰合			辛 陰亥常
O 朱卯勾	O 蛇寅青	癸 貴丑空	壬 后子白

辛 陰亥常 戌	壬 后子白 亥	癸 貴丑空 子

己 常酉陰 庚	庚 玄戌玄 酉	辛 陰亥常 戌	壬 后子白 亥

중심과, 진여, 삼기

(48) 辛亥日 (空亡：寅卯, 儀：辰, 奇：亥, 德：巳, 祿：酉, 馬：巳, 日墓：丑)

乙 合巳蛇	丙 勾午貴	丁 青未后	戊 空申陰	辛 玄亥白 亥	庚 常戌常 戌	丁 青未后 未	
甲 朱辰朱	제1국		己 白酉玄	庚 常戌常 辛	庚 常戌常 戌	辛 玄亥白 亥	辛 玄亥白 亥
○ 蛇卯合			庚 常戌常				
○ 貴寅勾	癸 后丑青	壬 陰子空	辛 玄亥白	복음과, 자신, 삼기			

甲 朱辰朱	乙 合巳蛇	丙 勾午貴	丁 青未后	庚 常戌常 亥	己 白酉玄 戌	戊 空申陰 酉	
○ 蛇卯合	제2국		戊 空申陰	己 白酉玄 辛	戊 空申陰 酉	庚 常戌常 亥	己 白酉玄 戌
○ 貴寅勾			己 白酉玄				
癸 后丑青	壬 陰子空	辛 玄亥白	庚 常戌常	원수과, 회환, 참관, 불비, 왕록			

○ 蛇卯合	甲 朱辰朱	乙 合巳蛇	丙 勾午貴	丙 勾午貴 申	甲 朱辰朱 午	○ 貴寅勾 辰	
○ 貴寅勾	제3국		丁 青未后	戊 空申陰 辛	丙 勾午貴 申	己 白酉玄 亥	丁 青未后 酉
癸 后丑青			戊 空申陰				
壬 陰子空	辛 玄亥白	庚 常戌常	己 白酉玄	원수과, 천망(午時), 권섭부정			

○ 貴寅勾	○ 后卯合	甲 陰辰朱	乙 玄巳蛇	乙 玄巳蛇 申	○ 貴寅勾 巳	辛 合亥白 寅○	
癸 蛇丑青	제4국		丙 常午貴	丁 白未后 辛	甲 陰辰朱 未	戊 空申陰 亥	乙 玄巳蛇 申
壬 朱子空			丁 白未后				
辛 合亥白	庚 勾戌常	己 青酉玄	戊 空申陰	원수과, 현태, 여덕(밤), 천망(巳時)			

癸 蛇丑青	○ 貴寅勾	○ 后卯合	甲 陰辰朱	丁 白未后 亥	○ 后卯合 未	辛 合亥白 卯○	
壬 朱子空	제5국		乙 玄巳蛇	丙 常午貴 辛	○ 貴寅勾 午	丁 白未后 亥	○ 后卯合 未
辛 合亥白			丙 常午貴				
庚 勾戌常	己 青酉玄	戊 空申陰	丁 白未后	섭해과, 견기, 유도액, 전재화귀			

壬 朱子空	癸 蛇丑白	○ 貴寅常	○ 后卯玄	丙 常午貴 亥	癸 蛇丑白 午	戊 空申朱 丑	
辛 合亥青	제6국		甲 陰辰陰	乙 玄巳后 辛	壬 朱子空 巳	丙 常午貴 亥	癸 蛇丑白 午
庚 勾戌勾			乙 玄巳后				
己 青酉合	戊 空申朱	丁 白未蛇	丙 常午貴	중심과, 천망(午時)			

辛 合亥青	壬 朱子空	癸 蛇丑白	○ 貴寅常	乙 玄巳后 亥	辛 合亥青 巳	乙 玄巳后 亥	
庚 勾戌勾	제7국		○ 后卯玄	甲 陰辰陰 辛	庚 勾戌勾 辰	乙 玄巳后 亥	辛 合亥青 巳
己 青酉合			甲 陰辰陰				
戊 空申朱	丁 白未蛇	丙 常午貴	乙 玄巳后	반음과, 현태, 회환, 천망(巳時)			

庚 勾戌勾	辛 合亥青	壬 朱子空	癸 蛇丑白	○ 后卯玄 戌	戊 空申朱 卯○	癸 蛇丑白 申	
己 青酉合	제8국		○ 貴寅常	○ 后卯玄 辛	戊 空申朱 卯○	甲 陰辰陰 亥	己 青酉合 辰
戊 空申朱			○ 后卯玄				
丁 白未蛇	丙 常午貴	乙 玄巳后	甲 陰辰陰	중심과, 여덕(낮)			

己 青酉合	庚 勾戌勾	辛 合亥青	壬 朱子空	丁 白未蛇 卯	辛 合亥青 未	○ 后卯玄 亥	
戊 空申朱	제9국		癸 蛇丑白	○ 貴寅常 辛	丙 常午貴 寅○	○ 后卯玄 亥	丁 白未蛇 卯○
丁 白未蛇			○ 貴寅常				
丙 常午貴	乙 玄巳后	甲 陰辰陰	○ 后卯玄	시일과, 비용, 곡직			

戊 空申朱	己 白酉合	庚 常戌勾	辛 玄亥青	乙 合巳后 寅	戊 空申朱 巳	辛 玄亥青 申	
丁 青未蛇	제10국		壬 陰子空	癸 后丑白 辛	甲 朱辰陰 丑	○ 貴寅常 亥	乙 合巳后 寅○
丙 勾午貴			癸 后丑白				
乙 合巳后	甲 朱辰陰	○ 蛇卯玄	○ 貴寅常	요극과, 호시, 현태, 여덕(밤)			

丁 青未蛇	戊 空申朱	己 白酉合	庚 常戌勾	癸 后丑白 亥	○ 蛇卯玄 丑	乙 合巳后 卯○	
丙 勾午貴	제11국		辛 玄亥青	壬 陰子空 辛	○ 貴寅常 子	癸 后丑白 亥	○ 蛇卯玄 丑
乙 合巳后			壬 陰子空				
甲 朱辰陰	○ 蛇卯玄	○ 貴寅常	癸 后丑白	섭해과, 진간전			

丙 勾午貴	丁 青未后	戊 空申陰	己 白酉玄	癸 后丑青 子	○ 貴寅勾 丑	○ 蛇卯合 寅○	
乙 合巳蛇	제12국		庚 常戌常	辛 玄亥白 辛	壬 陰子空 亥	壬 陰子空 亥	癸 后丑青 子
甲 朱辰朱			辛 玄亥白				
○ 蛇卯合	○ 貴寅勾	癸 后丑青	壬 陰子空	원수과, 진여, 불비			

(49) 壬子日 (空亡 : 寅卯, 儀 : 辰, 奇 : 亥, 德 : 亥, 祿 : 亥, 馬 : 寅, 日墓 : 辰)

乙 朱巳貴	丙 合午后	丁 勾未陰	戊 青申玄
甲 蛇辰蛇	제1국		己 空酉常
O 貴卯朱			庚 白戌白
O 后寅合	癸 陰丑勾	壬 玄子青	辛 常亥空

辛 常亥空 亥	壬 玄子青 子	O 貴卯朱 卯

辛 常亥空 壬	辛 常亥空 亥	壬 玄子青 子	壬 玄子青 子

복음과, 자임, 여덕(낮), 삼기

甲 蛇辰蛇	乙 朱巳貴	丙 合午后	丁 勾未陰
O 貴卯朱	제2국		戊 青申玄
O 后寅合			己 空酉常
癸 陰丑勾	壬 玄子青	辛 常亥空	庚 白戌白

庚 白戌白 亥	己 空酉常 戌	戊 青申玄 酉

庚 白戌白 壬	己 空酉常 戌	辛 常亥空 子	庚 白戌白 亥

원수과, 참관, 불비, 권섭부정

O 貴卯朱	甲 后辰蛇	乙 陰巳貴	丙 玄午后
O 蛇寅合	제3국		丁 常未陰
癸 朱丑勾			戊 白申玄
壬 合子青	辛 勾亥空	庚 青戌白	己 空酉常

庚 青戌白 子	戊 白申玄 戌	丙 玄午后 申

己 空酉常 壬	丁 常未陰 酉	庚 青戌白 子	戊 白申玄 戌

원수과, 역간전, 참관, 천망(戌時)

O 蛇寅合	O 貴卯朱	甲 后辰蛇	乙 陰巳貴
癸 朱丑勾	제4국		丙 玄午后
壬 合子青			丁 常未陰
辛 勾亥空	庚 青戌白	己 空酉常	戊 白申玄

丙 玄午后 酉	O 貴卯朱 午	壬 合子青 卯O

戊 白申玄 壬	乙 陰巳貴 申	己 空酉常 子	丙 玄午后 酉

지일과, 삼교, 고개

癸 朱丑勾	O 蛇寅合	O 貴卯朱	甲 后辰蛇
壬 合子青	제5국		乙 陰巳貴
辛 勾亥空			丙 玄午后
庚 青戌白	己 空酉常	戊 白申玄	丁 常未陰

丁 常未陰 亥	O 貴卯朱 未	辛 勾亥空 卯O

丁 常未陰 壬	O 貴卯朱 未	戊 白申玄 子	甲 后辰蛇 申

섭해과, 곡직, 여덕(밤), 천망

壬 合子青	癸 朱丑勾	O 蛇寅合	O 貴卯朱
辛 勾亥空	제6국		甲 后辰蛇
庚 青戌白			乙 陰巳貴
己 空酉常	戊 白申玄	丁 常未陰	丙 玄午后

丙 玄午后 亥	癸 朱丑勾 午	戊 白申玄 丑

丙 玄午后 壬	癸 朱丑勾 午	丁 常未陰 子	O 蛇寅合 未

중심과, 형통

辛 勾亥空	壬 合子白	癸 朱丑常	O 蛇寅玄
庚 青戌青	제7국		O 貴卯陰
己 空酉勾			甲 后辰后
戊 白申合	丁 常未朱	丙 玄午蛇	乙 陰巳貴

丙 玄午蛇 子	壬 合子白 午	丙 玄午蛇 子

乙 陰巳貴 壬	辛 勾亥空 巳	丙 玄午蛇 子	壬 合子白 午

반음과, 삼교, 여덕(낮), 회환

庚 青戌青	辛 勾亥空	壬 合子白	癸 朱丑常
己 空酉勾	제8국		O 蛇寅玄
戊 白申合			O 貴卯陰
丁 常未朱	丙 玄午蛇	乙 陰巳貴	甲 后辰后

乙 陰巳貴 子	庚 青戌青 巳	O 貴卯陰 戌

甲 后辰后 壬	己 空酉勾 辰	乙 陰巳貴 子	庚 青戌青 巳

중심과, 주인, 인종

己 空酉勾	庚 白戌青	辛 常亥空	壬 玄子白
戊 青申合	제9국		癸 陰丑常
丁 勾未朱			O 后寅玄
丙 合午蛇	乙 朱巳貴	甲 蛇辰后	O 貴卯陰

丁 勾未朱 卯	辛 常亥空 未	O 貴卯陰 亥

O 貴卯陰 壬	丁 勾未朱 卯O	甲 蛇辰后 子	戊 青申合 辰

중심과, 곡직, 천망(未時)

戊 青申合	己 空酉勾	庚 白戌青	辛 常亥空
丁 勾未朱	제10국		壬 玄子白
丙 合午蛇			癸 陰丑常
乙 朱巳貴	甲 蛇辰后	O 貴卯陰	O 后寅玄

丙 合午蛇 卯	己 空酉勾 午	壬 玄子白 酉

O 后寅玄 壬	乙 朱巳貴 寅O	O 貴卯陰 子	丙 合午蛇 卯O

요극과, 탄사, 원소근단, 삼교

丁 勾未朱	戊 青申合	己 空酉勾	庚 白戌青
丙 合午蛇	제11국		辛 常亥空
乙 朱巳貴			壬 玄子白
甲 蛇辰后	O 貴卯陰	O 后寅玄	癸 陰丑常

甲 蛇辰后 寅	丙 合午蛇 辰	戊 青申合 午

癸 陰丑常 壬	O 貴卯陰 丑	O 后寅玄 子	甲 蛇辰后 寅O

중심과, 육의, 여덕(낮)

丙 合午蛇	丁 勾未朱	戊 青申合	己 空酉勾
乙 朱巳貴	제12국		庚 白戌青
甲 蛇辰后			辛 常亥空
O 貴卯陰	O 后寅玄	癸 陰丑常	壬 玄子白

O 后寅玄 丑	O 貴卯陰 寅O	甲 蛇辰后 卯O

壬 玄子白 壬	癸 陰丑常 子	癸 陰丑常 子	O 后寅玄 丑

지일과, 비용, 불비, 유도액

(50) 癸丑日 (空亡 : 寅卯, 儀 : 辰, 奇 : 亥, 德 : 巳, 祿 : 子, 馬 : 亥, 日墓 : 辰)

乙 貴巳朱	丙 后午合	丁 陰未勾	戊 玄申青	癸 勾丑陰 丑	庚 白戌白 戌	丁 陰未勾 未
甲 蛇辰蛇	제1국		己 常酉空			
O 朱卯貴			庚 白戌白			
O 合寅后	癸 勾丑陰	壬 青子玄	辛 空亥常			

癸 勾丑陰 癸	癸 勾丑陰 丑	癸 勾丑陰 丑	癸 勾丑陰 丑

복음과, 자신, 가색, 유자, 천망

甲 蛇辰蛇	乙 貴巳朱	丙 后午合	丁 陰未勾	壬 青子玄 丑	辛 空亥常 子	庚 白戌白 亥
O 朱卯貴	제2국		戊 玄申青			
O 合寅后			己 常酉空			
癸 勾丑陰	壬 青子玄	辛 空亥常	庚 白戌白			

壬 青子玄 癸	辛 空亥常 子	壬 青子玄 丑	辛 空亥常 子

중심과, 퇴여, 왕록임신

O 朱卯貴	甲 蛇辰后	乙 貴巳陰	丙 后午玄	辛 空亥勾 丑	己 常酉空 亥	丁 陰未常 酉
O 合寅蛇	제3국		丁 陰未常			
癸 勾丑朱			戊 玄申白			
壬 青子合	辛 空亥勾	庚 白戌青	己 常酉空			

辛 空亥勾 癸	己 常酉空 亥	辛 空亥勾 丑	己 常酉空 亥

중심과, 삼기, 육음

O 合寅蛇	O 朱卯貴	甲 蛇辰后	乙 貴巳陰	庚 白戌青 丑	丁 陰未常 戌	甲 蛇辰后 未
癸 勾丑朱	제4국		丙 后午玄			
壬 青子合			丁 陰未常			
辛 空亥勾	庚 白戌青	己 常酉空	戊 玄申白			

庚 白戌青 癸	丁 陰未常 戌	庚 白戌青 丑	丁 陰未常 戌

원수과, 참관, 가색, 유자, 불비

癸 勾丑朱	O 合寅蛇	O 朱卯貴	甲 蛇辰后	乙 貴巳陰 酉	癸 勾丑朱 巳	己 常酉空 丑
壬 青子合	제5국		乙 貴巳陰			
辛 空亥勾			丙 后午玄			
庚 白戌青	己 常酉空	戊 玄申白	丁 陰未常			

己 常酉空 癸	乙 貴巳陰 酉	己 常酉空 丑	乙 貴巳陰 酉

원수과, 종혁, 여덕(낮), 육음

壬 青子合	癸 勾丑朱	O 合寅蛇	O 朱卯貴	O 朱卯貴 申	庚 白戌青 卯O	乙 貴巳陰 戌
辛 空亥勾	제6국		甲 蛇辰后			
庚 白戌青			乙 貴巳陰			
己 常酉空	戊 玄申白	丁 陰未常	丙 后午玄			

戊 玄申白 癸	O 朱卯貴 申	戊 玄申白 丑	O 朱卯貴 申

중심과, 착륜, 주인

辛 空亥勾	壬 白子合	癸 常丑朱	O 玄寅蛇	丁 朱未常 丑	癸 常丑朱 未	丁 朱未常 丑
庚 青戌青	제7국		O 陰卯貴			
己 勾酉空			甲 后辰后			
戊 合申白	丁 朱未常	丙 蛇午玄	乙 貴巳陰			

丁 朱未常 癸	癸 常丑朱 未	丁 朱未常 丑	癸 常丑朱 未

반음과, 가색, 유자, 여덕, 천망

庚 青戌青	辛 空亥勾	壬 白子合	癸 常丑朱	丙 蛇午玄 丑	辛 空亥勾 午	甲 后辰后 亥
己 勾酉空	제8국		O 玄寅蛇			
戊 合申白			O 陰卯貴			
丁 朱未常	丙 蛇午玄	乙 貴巳陰	甲 后辰后			

丙 蛇午玄 癸	辛 空亥勾 午	丙 蛇午玄 丑	辛 空亥勾 午

중심과, 교차생

己 勾酉空	庚 青戌白	辛 空亥常	壬 白子玄	己 勾酉空 巳	癸 常丑陰 酉	乙 貴巳朱 丑
戊 合申青	제9국		癸 常丑陰			
丁 朱未勾			O 玄寅后			
丙 蛇午合	乙 貴巳朱	甲 后辰蛇	O 陰卯貴			

乙 貴巳朱 癸	己 勾酉空 巳	乙 貴巳朱 丑	己 勾酉空 巳

섭해과, 잘미, 종혁, 육음

戊 合申青	己 勾酉空	庚 青戌白	辛 空亥常	甲 后辰蛇 丑	丁 朱未勾 辰	庚 青戌白 未
丁 朱未勾	제10국		壬 白子玄			
丙 蛇午合			癸 常丑陰			
乙 貴巳朱	甲 后辰蛇	O 陰卯貴	O 玄寅后			

甲 后辰蛇 癸	丁 朱未勾 辰	甲 后辰蛇 丑	丁 朱未勾 辰

원수과, 참관, 가색, 유자, 육의

丁 朱未勾	戊 合申青	己 勾酉空	庚 青戌白	O 陰卯貴 丑	乙 貴巳朱 卯O	丁 朱未勾 巳
丙 蛇午合	제11국		辛 空亥常			
乙 貴巳朱			壬 白子玄			
甲 后辰蛇	O 陰卯貴	O 玄寅后	癸 常丑陰			

O 陰卯貴 癸	乙 貴巳朱 卯O	O 陰卯貴 丑	乙 貴巳朱 卯O

원수과, 불비, 여덕(낮), 육음

丙 蛇午合	丁 朱未勾	戊 合申青	己 勾酉空	O 玄寅后 丑	O 陰卯貴 寅O	甲 后辰蛇 卯O
乙 貴巳朱	제12국		庚 青戌白			
甲 后辰蛇			辛 空亥常			
O 陰卯貴	O 玄寅后	癸 常丑陰	壬 白子玄			

O 玄寅后 癸	O 陰卯貴 寅O	O 玄寅后 丑	O 陰卯貴 寅O

원수과, 진여

(51) 甲寅日 (空亡 : 子丑, 儀 : 寅, 奇 : 亥, 德 : 寅, 祿 : 寅, 馬 : 申, 日墓 : 未)

丁 朱巳勾	戊 蛇午青	己 貴未空	庚 后申白
丙 合辰合	제1국		辛 陰酉常
乙 勾卯朱			壬 玄戌玄
甲 青寅蛇	O 空丑貴	O 白子后	癸 常亥陰

甲 青寅蛇 寅	寅 朱巳勾 巳	巳 后申白 申

甲 青寅蛇 甲	甲 青寅蛇 寅	甲 青寅蛇 寅	甲 青寅蛇 寅

복음과, 자임, 현태, 육의

丙 合辰合	丁 朱巳勾	戊 蛇午青	己 貴未空
乙 勾卯朱	제2국		庚 后申白
甲 青寅蛇			辛 陰酉常
O 空丑貴	O 白子后	癸 常亥陰	壬 玄戌玄

O 白子后 丑	癸 常亥陰 子O	壬 玄戌玄 亥

O 空丑貴 甲	O 白子后 丑O	O 空丑貴 寅	O 白子后 丑O

지일과, 비용, 퇴여

乙 勾卯朱	丙 合辰合	丁 朱巳勾	戊 蛇午青
甲 青寅蛇	제3국		己 貴未空
O 空丑貴			庚 后申白
O 白子后	癸 常亥陰	壬 玄戌玄	辛 陰酉常

壬 玄戌玄 子	庚 后申白 戌	戊 蛇午青 申

O 白子后 甲	壬 玄戌玄 子O	O 白子后 寅	壬 玄戌玄 子O

원수과, 역간전, 육양, 여덕(낮)

甲 青寅蛇	乙 勾卯朱	丙 合辰合	丁 朱巳勾
O 空丑貴	제4국		戊 蛇午青
O 白子后			己 貴未空
癸 常亥陰	壬 玄戌玄	辛 陰酉常	庚 后申白

O 空丑貴 辰	癸 常亥陰 寅	癸 常亥陰 寅

癸 常亥陰 甲	庚 后申白 亥	癸 常亥陰 寅	庚 后申白 亥

팔전과, 유박불수(밤)

O 空丑貴	甲 白寅后	乙 常卯陰	丙 玄辰玄
O 青子蛇	제5국		丁 陰巳常
癸 勾亥朱			戊 后午白
壬 合戌合	辛 朱酉勾	庚 蛇申青	己 貴未空

壬 合戌合 寅	戊 后午白 戌	甲 白寅后 午

壬 合戌合 甲	戊 后午白 戌	壬 合戌合 寅	戊 后午白 戌

중심과, 염상, 참관, 육양

O 青子蛇	O 空丑貴	甲 白寅后	乙 常卯陰
癸 勾亥朱	제6국		丙 玄辰玄
壬 合戌合			丁 陰巳常
辛 朱酉勾	庚 蛇申青	己 貴未空	戊 后午白

辛 朱酉勾 寅	丙 玄辰玄 酉	癸 勾亥朱 辰

辛 朱酉勾 甲	丙 玄辰玄 酉	辛 朱酉勾 寅	丙 玄辰玄 酉

원수과, 천망(酉時)

癸 勾亥朱	O 青子蛇	O 空丑貴	甲 白寅后
壬 合戌合	제7국		乙 常卯陰
辛 朱酉勾			丙 玄辰玄
庚 蛇申青	己 貴未空	戊 后午白	丁 陰巳常

甲 白寅后 申	戊 蛇申青 寅	甲 白寅后 申

庚 蛇申青 甲	甲 白寅后 申	庚 蛇申青 寅	甲 白寅后 申

반음과, 현태, 육의, 육양, 회환

壬 合戌合	癸 勾亥朱	O 青子蛇	O 空丑貴
辛 朱酉勾	제8국		甲 白寅后
庚 蛇甲白			乙 常卯陰
己 貴未空	戊 后午白	丁 陰巳常	丙 玄辰玄

O 青子蛇 未	丁 陰巳常 子O	壬 合戌合 巳

己 貴未空 甲	O 青子蛇 未	己 貴未空 寅	O 青子蛇 未

지일과, 무록

辛 朱酉勾	壬 合戌合	癸 勾亥朱	O 青子蛇
庚 蛇申青	제9국		O 空丑貴
己 貴未空			甲 白寅后
戊 后午白	丁 陰巳常	丙 玄辰玄	乙 常卯陰

庚 蛇申青 辰	戊 后午白 寅	戊 后午白 寅

戊 后午白 甲	壬 合戌合 午	戊 后午白 寅	壬 合戌合 午

팔전과, 유박불수(낮), 여덕(밤)

庚 蛇申青	辛 朱酉勾	壬 合戌合	癸 勾亥朱
己 貴未空	제10국		O 青子蛇
戊 后午白			O 空丑貴
丁 陰巳常	丙 玄辰玄	乙 常卯陰	甲 白寅后

庚 蛇申青 巳	癸 勾亥朱 申	甲 白寅后 亥

丁 陰巳常 甲	庚 蛇申青 巳	丁 陰巳常 寅	庚 蛇申青 巳

중심과, 현태, 불비, 천망(申時)

己 貴未空	庚 后申白	辛 陰酉常	壬 玄戌玄
戊 蛇午青	제11국		癸 常亥陰
丁 朱巳勾			O 白子后
丙 合辰合	乙 勾卯朱	甲 青寅蛇	O 空丑貴

丙 合辰合 寅	戊 蛇午青 辰	庚 后申白 午

甲 合辰合 甲	丙 蛇午青 辰	丙 合辰合 寅	戊 蛇午青 辰

중심과, 참관, 육양

戊 蛇午青	己 貴未空	庚 后申白	辛 陰酉常
丁 朱巳勾	제12국		壬 玄戌玄
丙 合辰合			癸 常亥陰
乙 勾卯朱	甲 青寅蛇	O 空丑貴	O 白子后

丙 合辰合 卯	丁 朱巳勾 辰	戊 蛇午青 巳

乙 勾卯朱 甲	丙 合辰合 卯	乙 勾卯朱 寅	丙 合辰合 卯

중심과, 진여

(52) 乙卯日 (空亡 : 子丑, 儀 : 寅, 奇 : 亥, 德 : 申, 祿 : 卯, 馬 : 巳, 日墓 : 未)

제1국

丁 合巳青	戊 朱午空	己 蛇未白	庚 貴申常
丙 勾辰勾	제1국		辛 后酉玄
乙 青卯合			壬 陰戌陰
甲 空寅朱	O 白丑蛇	O 常子貴	癸 合亥后

丙 勾辰勾 辰	乙 青卯合 卯	O 常子貴 子

丙 勾辰勾 乙	丙 勾辰勾 辰	乙 青卯合 卯	乙 青卯合 卯

복음과, 자신, 참관, 권섭부정

제2국

丙 勾辰勾	丁 合巳青	戊 朱午空	己 蛇未白
乙 青卯合	제2국		庚 貴申常
甲 空寅朱			辛 后酉玄
O 白丑蛇	O 常子貴	癸 玄亥后	壬 陰戌陰

O 白丑蛇 寅	O 常子貴 丑O	癸 玄亥后 子O

乙 青卯合 乙	甲 空寅朱 卯	甲 空寅朱 卯	O 白丑蛇 寅

중심과, 퇴여, 왕록임신

제3국

乙 青卯合	丙 勾辰勾	丁 合巳青	戊 朱午空
甲 空寅朱	제3국		己 蛇未白
O 白丑蛇			庚 貴申常
O 常子貴	癸 玄亥后	壬 陰戌陰	辛 后酉玄

癸 玄亥后 丑	辛 后酉玄 亥	己 蛇未白 酉

甲 空寅朱 乙	O 常子貴 寅	O 白丑蛇 卯	癸 玄亥后 丑O

섭해과, 찰미, 극음

제4국

甲 空寅朱	乙 白卯合	丙 常辰勾	丁 玄巳青
O 青丑蛇	제4국		戊 陰午空
O 勾子貴			己 后未白
癸 合亥后	壬 朱戌陰	辛 蛇酉玄	庚 貴申常

O 青丑蛇 辰	壬 朱戌陰 丑O	己 后未白 戌

O 青丑蛇 乙	壬 朱戌陰 丑O	O 勾子貴 卯	辛 蛇酉玄 子O

중심과, 가색, 여덕(밤)

제5국

O 青丑蛇	甲 空寅朱	乙 白卯合	丙 常辰勾
O 勾子貴	제5국		丁 玄巳青
癸 合亥后			戊 陰午空
壬 朱戌陰	辛 蛇酉玄	庚 貴申常	己 后未白

己 后未白 亥	乙 白卯合 未	癸 合亥后 卯

O 勾子貴 乙	庚 貴申常 子O	癸 合亥后 卯	己 后未白 亥

원수과, 곡직

제6국

O 勾子貴	O 青丑后	甲 空寅陰	乙 白卯玄
癸 合亥蛇	제6국		丙 常辰常
壬 朱戌朱			丁 玄巳白
辛 蛇酉合	庚 貴申勾	己 后未青	戊 陰午空

戊 陰午空 亥	O 青丑后 午	庚 貴申勾 丑O

癸 合亥蛇 乙	戊 陰午空 亥	壬 朱戌朱 卯	丁 玄巳白 戌

섭해과, 견기

제7국

癸 合亥蛇	O 勾子貴	O 青丑后	甲 空寅陰
壬 朱戌朱	제7국		乙 白卯玄
辛 蛇酉合			丙 常辰常
庚 貴申勾	己 后未青	戊 陰午空	丁 玄巳白

乙 白卯玄 酉	辛 蛇酉合 卯	乙 白卯玄 酉

壬 朱戌朱 乙	丙 常辰常 戌	辛 蛇酉合 卯	乙 白卯玄 酉

반음과, 용전, 삼기, 회환

제8국

壬 朱戌朱	癸 合亥蛇	O 勾子貴	O 青丑后
辛 蛇酉合	제8국		甲 空寅陰
庚 貴申勾			乙 白卯玄
己 后未青	戊 陰午空	丁 玄巳白	丙 常辰常

甲 空寅陰 酉	己 后未青 寅	O 勾子貴 未

辛 蛇酉合 乙	甲 空寅陰 酉	庚 貴申勾 卯	O 青丑后 申

중심과, 육의, 여덕(낮)

제9국

辛 蛇酉合	壬 朱戌朱	癸 合亥蛇	O 勾子貴
庚 貴申勾	제9국		O 青丑后
己 后未青			甲 空寅陰
戊 陰午空	丁 玄巳白	丙 常辰常	乙 白卯玄

癸 合亥蛇 未	乙 白卯玄 亥	己 后未青 卯

庚 貴申勾 乙	O 勾子貴 申	己 后未青 卯	癸 合亥蛇 未

섭해과, 곡직, 화미

제10국

庚 貴申勾	辛 后酉合	壬 陰戌朱	癸 玄亥蛇
己 蛇未青	제10국		O 常子貴
戊 朱午空			O 白丑后
丁 合巳白	丙 勾辰常	乙 青卯玄	甲 空寅陰

辛 后酉合 午	O 常子貴 酉	乙 青卯玄 子O

己 蛇未青 乙	壬 陰戌朱 未	戊 朱午空 卯	辛 后酉合 午

섭해과, 삼교, 천망(酉時), 여덕(밤)

제11국

己 蛇未青	庚 貴申勾	辛 后酉合	壬 陰戌朱
戊 朱午空	제11국		癸 玄亥蛇
丁 合巳白			O 常子貴
丙 勾辰常	乙 青卯玄	甲 空寅陰	O 白丑后

庚 貴申勾 午	壬 陰戌朱 申	O 常子貴 戌

戊 朱午空 乙	庚 貴申勾 午	丁 合巳白 卯	己 蛇未青 巳

중심과, 간전, 천망(申時)

제12국

戊 朱午空	己 蛇未白	庚 貴申常	辛 后酉玄
丁 合巳青	제12국		壬 陰戌陰
丙 勾辰勾			癸 玄亥后
乙 青卯合	甲 空寅朱	O 白丑蛇	O 常子貴

丙 勾辰勾 卯	丁 合巳青 辰	戊 朱午空 巳

丁 合巳青 乙	戊 朱午空 巳	丙 勾辰勾 卯	丁 合巳青 辰

중심과, 참관, 불비, 난수, 회환

(53) 丙辰日 (空亡：子丑, 儀：寅, 奇：亥, 德：巳, 祿：巳, 馬：寅, 日墓：戌)

丁 勾巳空	戊 合午白	己 朱未常	庚 蛇申玄	丁 勾巳空 巳	庚 蛇申玄 申	甲 白寅合 寅	
丙 青辰青	제1국		辛 貴酉陰	丁 勾巳空 丙	丁 勾巳空 巳	丙 青辰青 辰	丙 青辰青 辰
乙 空卯勾			壬 后戌后				
甲 白寅合	O 常丑朱	O 玄子蛇	癸 陰亥貴	복음과, 자임, 현태, 여덕(낮)			

丙 青辰青	丁 勾巳空	戊 合午白	己 朱未常	乙 空卯勾 辰	甲 白寅合 卯	O 常丑朱 寅	
乙 空卯勾	제2국		庚 蛇申玄	丙 青辰青 丙	乙 空卯勾 辰	乙 空卯勾 辰	甲 白寅合 卯
甲 白寅合			辛 貴酉陰				
O 常丑朱	O 玄子蛇	癸 陰亥貴	壬 后戌后	원수과, 퇴여, 불비			

乙 空卯勾	丙 白辰青	丁 常巳空	戊 玄午白	O 勾丑朱 卯	癸 朱亥貴 丑O	辛 貴酉陰 亥	
甲 青寅合	제3국		己 陰未常	乙 空卯勾 丙	O 勾丑朱 卯	甲 青寅合 辰	O 合子蛇 寅
O 勾丑朱			庚 后申玄				
O 合子蛇	癸 朱亥貴	壬 蛇戌后	辛 貴酉陰	중심과, 간전, 극음			

甲 青寅合	乙 空卯勾	丙 白辰青	丁 常巳空	癸 朱亥貴 寅	庚 后申玄 亥	丁 常巳空 申	
O 勾丑朱	제4국		戊 玄午白	甲 青寅合 丙	癸 朱亥貴 寅	O 勾丑朱 辰	壬 蛇戌后 丑O
O 合子蛇			己 陰未常				
癸 朱亥貴	壬 蛇戌后	辛 貴酉陰	庚 后申玄	요극과, 호시, 삼기, 현태			

O 勾丑朱	甲 青寅合	乙 空卯勾	丙 白辰青	O 合子蛇 辰	庚 后申玄 子O	丙 白辰青 申	
O 合子蛇	제5국		丁 常巳空	O 勾丑朱 丙	辛 貴酉陰 丑O	O 合子蛇 辰	庚 后申玄 子O
癸 朱亥貴			戊 玄午白				
壬 蛇戌后	辛 貴酉陰	庚 后申玄	己 陰未常	중심과, 윤하, 여덕(밤), 화미			

O 合子蛇	O 勾丑朱	甲 青寅合	乙 空卯勾	戊 玄午白 亥	O 勾丑朱 午	庚 后申玄 丑O	
癸 朱亥貴	제6국		丙 白辰青	O 合子蛇 丙	己 陰未常 子O	癸 朱亥貴 辰	戊 玄午白 亥
壬 蛇戌后			丁 常巳空				
辛 貴酉陰	庚 后申玄	己 陰未常	戊 玄午白	지일과			

癸 朱亥貴	O 合子后	O 勾丑陰	甲 青寅玄	丁 常巳空 亥	癸 朱亥貴 巳	丁 常巳空 亥	
壬 蛇戌蛇	제7국		乙 空卯常	癸 朱亥貴 丙	丁 常巳空 亥	壬 蛇戌蛇 辰	丙 白辰白 戌
辛 貴酉朱			丙 白辰白				
庚 后申合	己 陰未勾	戊 玄午青	丁 常巳空	반음과, 현태, 여덕(낮), 회환			

壬 蛇戌蛇	癸 朱亥貴	O 合子后	O 勾丑陰	甲 青寅玄 酉	己 陰未勾 寅	O 合子后 未	
辛 貴酉朱	제8국		甲 青寅玄	壬 蛇戌蛇 丙	乙 空卯常 戌	辛 貴酉朱 辰	甲 青寅玄 酉
庚 后申合			乙 空卯常				
己 陰未勾	戊 玄午青	丁 常巳空	丙 白辰白	중심과, 육의, 폐구(밤)			

辛 貴酉朱	壬 后戌蛇	癸 陰亥貴	O 玄子后	辛 貴酉朱 巳	O 常丑陰 酉	丁 勾巳空 丑O	
庚 蛇申合	제9국		O 常丑陰	辛 貴酉朱 丙	O 常丑陰 酉	庚 蛇申合 辰	O 玄子后 申
己 朱未勾			甲 白寅玄				
戊 合午青	丁 勾巳空	丙 青辰白	乙 空卯常	중심과, 종혁			

庚 蛇申合	辛 貴酉朱	壬 后戌蛇	癸 陰亥貴	庚 蛇申合 巳	癸 陰亥貴 申	甲 白寅玄 亥	
己 朱未勾	제10국		O 玄子后	庚 蛇申合 丙	癸 陰亥貴 申	己 朱未勾 辰	壬 后戌蛇 未
戊 合午青			O 常丑陰				
丁 勾巳空	丙 青辰白	乙 空卯常	甲 白寅玄	중심과, 형통과			

己 朱未勾	庚 蛇申合	辛 貴酉朱	壬 后戌蛇	庚 蛇申合 午	壬 后戌蛇 申	O 玄子后 戌	
戊 合午青	제11국		癸 陰亥貴	己 朱未勾 丙	辛 貴酉朱 未	戊 合午青 辰	庚 蛇申合 午
丁 勾巳空			O 玄子后				
丙 青辰白	乙 空卯常	甲 白寅玄	O 常丑陰	중심과, 간전, 여덕(밤)			

戊 合午青	己 朱未勾	庚 蛇申合	辛 貴酉朱	癸 陰亥貴 戌	戊 合午青 巳	戊 合午青 巳	
丁 勾巳空	제12국		壬 后戌蛇	戊 合午青 丙	己 朱未勾 午	丁 勾巳空 辰	戊 合午青 巳
丙 青辰白			癸 陰亥貴				
乙 空卯常	甲 白寅玄	O 常丑陰	O 玄子后	별책과, 삼기, 불비, 천망(亥時)			

(54) 丁巳日 (空亡：子丑, 儀：寅, 奇：亥, 德：亥, 祿：午, 馬：亥, 日墓：戌)

丁 空巳勾	戊 白午合	己 常未朱	庚 玄申蛇
丙 青辰青	제1국		辛 陰酉貴
乙 勾卯空			壬 后戌后
甲 合寅白	O 朱丑常	O 蛇子玄	癸 貴亥陰

丁 空巳勾 巳	庚 玄申蛇 申	甲 合寅白 寅

己 常未朱 丁	己 常未朱 未	丁 空巳勾 巳	丁 空巳勾 巳

복음과, 자신, 현태, 여덕(밤)

丙 青辰青	丁 空巳勾	戊 白午合	己 常未朱
乙 勾卯空	제2국		庚 玄申蛇
甲 合寅白			辛 陰酉貴
O 朱丑常	O 蛇子玄	癸 貴亥陰	壬 后戌后

乙 勾卯空 辰	甲 合寅白 卯	O 朱丑常 寅

戊 白午合 丁	丁 空巳勾 午	丙 青辰青 未	乙 勾卯空 午

원수과, 퇴여, 왕록임신

乙 勾卯空	丙 青辰白	丁 空巳常	戊 白午玄
甲 合寅青	제3국		己 常未陰
O 朱丑勾			庚 玄申后
O 蛇子合	癸 貴亥朱	壬 后戌蛇	辛 陰酉貴

O 朱丑勾 卯	癸 貴亥朱 丑O	辛 陰酉貴 亥

丁 空巳常 丁	乙 勾卯空 巳	乙 勾卯空 巳	O 朱丑勾 卯

중심과, 극음, 불비, 육음

甲 合寅青	乙 勾卯空	丙 青辰白	丁 空巳常
O 朱丑勾	제4국		戊 白午玄
O 蛇子合			己 常未陰
癸 貴亥朱	壬 后戌蛇	辛 陰酉貴	庚 玄申后

癸 貴亥朱 寅	庚 玄申后 亥	丁 空巳常 申

丙 青辰白 丁	O 朱丑勾 辰	甲 合寅青 巳	癸 貴亥朱 寅

요극과, 호시, 삼기, 현태, 폐구

O 朱丑勾	甲 合寅青	乙 勾卯空	丙 青辰白
O 蛇子合	제5국		丁 空巳常
癸 貴亥朱			戊 白午玄
壬 后戌蛇	辛 陰酉貴	庚 玄申后	己 常未陰

癸 貴亥朱 卯	己 常未陰 亥	乙 勾卯空 未

乙 勾卯空 丁	癸 貴亥朱 卯	O 朱丑勾 巳	辛 陰酉貴 丑O

요극과, 호시, 삼기, 육음, 여덕

O 蛇子合	O 朱丑勾	甲 合寅青	乙 勾卯空
癸 貴亥朱	제6국		丙 青辰白
壬 后戌蛇			丁 空巳常
辛 陰酉貴	庚 玄申后	己 常未陰	戊 白午玄

辛 陰酉貴 寅	丙 青辰白 酉	癸 貴亥朱 辰

甲 合寅青 丁	辛 陰酉貴 寅	O 蛇子合 巳	己 常未陰 子O

섭해과, 유도액

癸 貴亥朱	O 后子合	O 陰丑勾	甲 玄寅青
壬 蛇戌蛇	제7국		乙 常卯空
辛 朱酉貴			丙 白辰白
庚 合申后	己 勾未陰	戊 青午玄	丁 空巳常

丁 空巳常 亥	癸 貴亥朱 巳	丁 空巳常 亥

O 陰丑勾 丁	己 勾未陰 丑O	癸 貴亥朱 巳	丁 空巳常 亥

반음과, 무의, 현태, 여덕, 육음

壬 蛇戌蛇	癸 貴亥朱	O 后子合	O 陰丑勾
辛 朱酉貴	제8국		甲 玄寅青
庚 合申后			乙 常卯空
己 勾未陰	戊 青午玄	丁 空巳常	丙 白辰白

丁 空巳常 子O	壬 蛇戌蛇 巳	乙 常卯空 戌

O 后子合 丁	丁 空巳常 子O	壬 蛇戌蛇 巳	乙 常卯空 戌

중심과, 주인, 회환

辛 朱酉貴	壬 蛇戌后	癸 貴亥陰	O 后子玄
庚 合申蛇	제9국		O 陰丑常
己 勾未朱			甲 玄寅白
戊 青午合	丁 空巳勾	丙 白辰青	乙 常卯空

辛 朱酉貴 巳	O 陰丑常 酉	丁 空巳勾 丑O

癸 貴亥陰 丁	乙 常卯空 亥	辛 朱酉貴 巳	O 陰丑常 酉

중심과, 종혁, 육음

庚 合申蛇	辛 朱酉貴	壬 蛇戌后	癸 貴亥陰
己 勾未朱	제10국		O 后子玄
戊 青午合			O 陰丑常
丁 空巳勾	丙 白辰青	乙 常卯空	甲 玄寅白

庚 合申蛇 巳	癸 貴亥陰 申	甲 玄寅白 亥

壬 蛇戌后 丁	O 陰丑常 戌	庚 合申蛇 巳	癸 貴亥陰 申

중심과, 현태

己 勾未朱	庚 合申蛇	辛 朱酉貴	壬 蛇戌后
戊 青午合	제11국		癸 貴亥陰
丁 空巳勾			O 后子玄
丙 白辰青	乙 常卯空	甲 玄寅白	O 陰丑常

辛 朱酉貴 未	癸 貴亥陰 酉	O 陰丑常 亥

辛 朱酉貴 丁	癸 貴亥陰 酉	己 勾未朱 巳	辛 朱酉貴 未

중심, 불비, 간전, 여덕, 육음

戊 青午合	己 勾未朱	庚 合申蛇	辛 朱酉貴
丁 空巳勾	제12국		壬 蛇戌后
丙 白辰青			癸 貴亥陰
乙 常卯空	甲 玄寅白	O 陰丑常	O 后子玄

庚 合申蛇 未	辛 朱酉貴 申	壬 蛇戌后 酉

庚 合申蛇 丁	辛 朱酉貴 申	戊 青午合 巳	己 勾未朱 午

중심과, 진여, 권섭부정

(55) 戊午日 (空亡 : 子丑, 儀 : 寅, 奇 : 亥, 德 : 巳, 祿 : 巳, 馬 : 申, 日墓 : 戌)

丁 勾巳朱	戊 青午蛇	己 空未貴	庚 白申后
丙 合辰合	제1국		辛 常酉陰
乙 朱卯勾			壬 玄戌玄
甲 蛇寅青	O 貴丑空	O 后子白	癸 陰亥常

丁 勾巳朱 巳	庚 白申后 申	甲 蛇寅青 寅

丁 勾巳朱 戊	丁 勾巳朱 巳	戊 青午蛇 午	戊 青午蛇 午

복음과, 자임, 현태

丙 合辰合	丁 勾巳朱	戊 青午蛇	己 空未貴
乙 朱卯勾	제2국		庚 白申后
甲 蛇寅青			辛 常酉陰
O 貴丑空	O 后子白	癸 陰亥常	壬 玄戌玄

乙 朱卯勾 辰	甲 蛇寅青 卯	O 貴丑空 寅

丙 合辰合 戊	乙 朱卯勾 辰	丁 勾巳朱 午	丙 合辰合 巳

원수과, 퇴여, 불비, 권섭부정

乙 朱卯勾	丙 合辰合	丁 勾巳朱	戊 青午蛇
甲 蛇寅青	제3국		己 空未貴
O 貴丑空			庚 白申后
O 后子白	癸 陰亥常	壬 玄戌玄	辛 常酉陰

O 貴丑空 卯	癸 陰亥常 丑O	辛 常酉陰 亥

乙 朱卯勾 戊	O 貴丑空 卯	丙 合辰合 午	甲 蛇寅青 辰

중심과, 극음, 여덕(밤)

甲 蛇寅青	乙 朱卯勾	丙 合辰合	丁 勾巳朱
O 貴丑空	제4국		戊 青午蛇
O 后子白			己 空未貴
癸 陰亥常	壬 玄戌玄	辛 常酉陰	庚 白申后

甲 蛇寅青 巳	癸 陰亥常 寅	庚 白申后 亥

甲 蛇寅青 戊	癸 陰亥常 寅	乙 朱卯勾 午	O 后子白 卯

원수과, 현태, 육의, 천망

O 貴丑空	甲 后寅白	乙 陰卯常	丙 玄辰玄
O 蛇子青	제5국		丁 常巳陰
癸 朱亥勾			戊 白午后
壬 合戌合	辛 勾酉朱	庚 青申蛇	己 空未貴

壬 合戌合 寅	戊 白午后 戌	甲 后寅白 午

O 貴丑空 戊	辛 勾酉朱 丑O	甲 后寅白 午	壬 合戌合 寅

중심과, 염상

O 蛇子青	O 貴丑空	甲 后寅白	乙 陰卯常
癸 朱亥勾	제6국		丙 玄辰玄
壬 合戌合			丁 常巳陰
辛 勾酉朱	庚 青申蛇	己 空未貴	戊 白午后

O 蛇子青 巳	己 空未貴 子O	甲 后寅白 未

O 蛇子青 戊	己 空未貴 子O	O 貴丑空 午	庚 青申蛇 丑O

중심과

癸 朱亥勾	O 蛇子青	O 貴丑空	甲 后寅白
壬 合戌合	제7국		乙 陰卯常
辛 勾酉朱			丙 玄辰玄
庚 青申蛇	己 空未貴	戊 白午后	丁 常巳陰

戊 白午后 子	O 蛇子青 午	戊 白午后 子O

癸 朱亥勾 戊	丁 常巳陰 亥	O 蛇子青 午	戊 白午后 子O

반음과, 무의, 장도액

壬 合戌合	癸 朱亥勾	O 蛇子青	O 貴丑空
辛 勾酉朱	제8국		甲 后寅白
庚 青申蛇			乙 陰卯常
己 空未貴	戊 白午后	丁 常巳陰	丙 玄辰玄

丙 玄辰玄 亥	辛 勾酉朱 辰	甲 后寅白 酉

壬 合戌合 戊	乙 陰卯常 戌	癸 朱亥勾 午	丙 玄辰玄 亥

지일과, 유도액

辛 勾酉朱	壬 合戌合	癸 朱亥勾	O 蛇子青
庚 青申蛇	제9국		O 貴丑空
己 空未貴			甲 后寅白
戊 白午后	丁 常巳陰	丙 玄辰玄	乙 陰卯常

甲 后寅白 戌	戊 白午后 寅	壬 合戌合 午

辛 勾酉朱 戊	O 貴丑空 酉	壬 合戌合 午	甲 后寅白 戌

원수과, 육의, 여덕(낮), 천망(寅時)

庚 青申蛇	辛 勾酉朱	壬 合戌合	癸 朱亥勾
己 空未貴	제10국		O 蛇子青
戊 白午后			O 貴丑空
丁 常巳陰	丙 玄辰玄	乙 陰卯常	甲 后寅白

辛 勾酉朱 午	O 蛇子青 酉	乙 陰卯常 子O

庚 青申蛇 戊	癸 朱亥勾 申	辛 勾酉朱 午	O 蛇子青 酉

중심과, 삼교

己 空未貴	庚 白申后	辛 常酉陰	壬 玄戌玄
戊 青午蛇	제11국		癸 陰亥常
丁 勾巳朱			O 后子白
丙 合辰合	乙 朱卯勾	甲 蛇寅青	O 貴丑空

庚 白申后 午	壬 玄戌玄 申	O 后子白 戌

己 空未貴 戊	辛 常酉陰 未	庚 白申后 午	壬 玄戌玄 申

중심과, 간전

戊 青午蛇	己 空未貴	庚 白申后	辛 常酉陰
丁 勾巳朱	제12국		壬 玄戌玄
丙 合辰合			癸 陰亥常
乙 朱卯勾	甲 蛇寅青	O 貴丑空	O 后子白

甲 蛇寅青 丑	戊 青午蛇 巳	戊 青午蛇 巳

戊 青午蛇 戊	己 空未貴 午	己 空未貴 午	庚 白申后 未

별책과, 육의, 불비, 천망(寅時)

(56) 己未日 (空亡 : 子丑, 儀 : 寅, 奇 : 亥, 德 : 寅, 祿 : 午, 馬 : 巳, 日墓 : 戌)

丁 青巳合	戊 空午朱	己 白未蛇	庚 常申貴	己 白未蛇 未	O 蛇丑白 丑	壬 陰戌陰 戌	
丙 勾辰勾	제1국		辛 玄酉后	己 白未蛇 己	己 白未蛇 未	己 白未蛇 未	己 白未蛇 未
乙 合卯青			壬 陰戌陰				
甲 朱寅空	O 蛇丑白	O 貴子常	癸 后亥玄	복음과, 자신, 가색			

丙 勾辰勾	丁 青巳合	戊 空午朱	己 白未蛇	乙 合卯青 辰	戊 空午朱 未	戊 空午朱 未	
乙 合卯青	제2국		庚 常申貴	戊 空午朱 己	丁 青巳合 午	戊 空午朱 未	丁 青巳合 午
甲 朱寅空			辛 玄酉后				
O 蛇丑白	O 貴子常	癸 后亥玄	壬 陰戌陰	팔전과, 유박불수(낮), 삼교, 천망			

乙 合卯青	丙 勾辰勾	丁 青巳合	戊 空午朱	O 蛇丑白 卯	丁 青巳合 未	丁 青巳合 未	
甲 朱寅空	제3국		己 白未蛇	丁 青巳合 己	乙 合卯青 巳	丁 青巳合 未	乙 合卯青 巳
O 蛇丑白			庚 常申貴				
O 貴子常	癸 后亥玄	壬 陰戌陰	辛 玄酉后	팔전과, 유박불수(밤), 육음			

甲 朱寅空	乙 合卯白	丙 勾辰常	丁 青巳玄	癸 后亥合 寅	丙 勾辰常 未	丙 勾辰常 未	
O 蛇丑青	제4국		戊 空午陰	丙 勾辰常 己	O 蛇丑青 辰	丙 勾辰常 未	O 蛇丑青 辰
O 貴子勾			己 白未后				
癸 后亥合	壬 陰戌朱	辛 玄酉蛇	庚 常申貴	팔전과, 유박불수, 여덕(낮)			

O 蛇丑青	甲 朱寅空	乙 合卯白	丙 勾辰常	乙 合卯白 未	辛 后亥合 卯	己 白未后 亥	
O 貴子勾	제5국		丁 青巳玄	乙 合卯白 己	癸 后亥合 卯	乙 合卯白 未	癸 后亥合 卯
癸 后亥合			戊 空午陰				
壬 陰戌朱	辛 玄酉蛇	庚 常申貴	己 白未后	원수과, 교동, 육음, 천망(卯時)			

O 貴子勾	O 后丑青	甲 陰寅空	乙 玄卯白	辛 合酉蛇 寅	丙 常辰常 酉	癸 蛇亥合 辰	
癸 蛇亥合	제6국		丙 常辰常	甲 陰寅空 己	辛 合酉蛇 寅	甲 陰寅空 未	辛 合酉蛇 寅
壬 朱戌朱			丁 白巳玄				
辛 合酉蛇	庚 勾申貴	己 青未后	戊 空午陰	지일과, 사절, 무록			

癸 蛇亥合	O 貴子勾	O 后丑青	甲 陰寅空	丁 白巳玄 亥	O 后丑青 未	O 后丑青 未	
壬 朱戌朱	제7국		乙 玄卯白	O 后丑青 己	己 青未后 丑O	O 后丑青 未	己 青未后 丑O
辛 合酉蛇			丙 常辰常				
庚 勾申貴	己 青未后	戊 空午陰	丁 白巳玄	반음과, 무친, 육음			

壬 朱戌朱	癸 蛇亥合	O 貴子勾	O 后丑青	丁 白巳玄 子O	壬 朱戌朱 巳	乙 玄卯白 戌	
辛 合酉蛇	제8국		甲 陰寅空	O 貴子勾 己	丁 白巳玄 子O	O 貴子勾 未	丁 白巳玄 子O
庚 勾申貴			乙 玄卯白				
己 青未后	戊 空午陰	丁 白巳玄	丙 常辰常	지일과, 무록, 주인, 간지태신			

辛 合酉蛇	壬 朱戌朱	癸 蛇亥合	O 貴子勾	癸 蛇亥合 未	乙 玄卯白 亥	己 青未后 卯	
庚 勾申貴	제9국		O 后丑青	癸 蛇亥合 己	乙 玄卯白 亥	癸 蛇亥合 未	乙 玄卯白 亥
己 青未后			甲 陰寅空				
戊 空午陰	丁 白巳玄	丙 常辰常	乙 玄卯白	중심과, 삼기, 육음			

庚 勾申貴	辛 合酉后	壬 朱戌陰	癸 蛇亥玄	癸 蛇亥玄 申	壬 朱戌陰 未	壬 朱戌陰 未	
己 青未蛇	제10국		O 貴子常	壬 朱戌陰 己	O 后丑白 戌	壬 朱戌陰 未	O 后丑白 戌
戊 空午朱			O 后丑白				
丁 白巳合	丙 常辰勾	乙 玄卯青	甲 陰寅空	팔전과, 유박불수(밤), 여덕(낮)			

己 青未蛇	庚 勾申貴	辛 合酉后	壬 朱戌陰	辛 合酉后 未	辛 合酉后 未	辛 合酉后 未	
戊 空午朱	제11국		癸 蛇亥玄	辛 合酉后 己	癸 蛇亥玄 酉	辛 合酉后 未	癸 蛇亥玄 酉
丁 白巳合			O 貴子常				
丙 常辰勾	乙 玄卯青	甲 陰寅空	O 后丑白	팔전과, 육음, 독족, 유박불수			

戊 空午朱	己 白未蛇	庚 常申貴	辛 玄酉后	己 后亥玄 午	庚 貴子常 未	庚 蛇丑白 未	
丁 青巳合	제12국		壬 陰戌陰	庚 常申貴 己	辛 玄酉后 申	庚 常申貴 未	辛 玄酉后 申
丙 勾辰勾			癸 后亥玄				
乙 合卯青	甲 朱寅空	O 蛇丑白	O 貴子常	팔전과			

(57) 庚申日 (空亡：子丑, 儀：寅, 奇：亥, 德：申, 祿：申, 馬：寅, 日墓：丑)

제1국

丁 勾巳朱	戊 青午蛇	己 空未貴	庚 白申后
丙 合辰合			辛 常酉陰
乙 朱卯勾			壬 玄戌玄
甲 蛇寅青	○ 貴丑空	○ 后子白	癸 陰亥常

庚 白申后 申	甲 蛇寅青 寅	丁 勾巳朱 巳

庚 白申后 庚	庚 白申后 申	庚 白申后 申	庚 白申后 申

복음과, 자임, 현태

제2국

丙 合辰合	丁 勾巳朱	戊 青午蛇	己 空未貴
乙 朱卯勾			庚 白申后
甲 蛇寅青			辛 常酉陰
○ 貴丑空	○ 后子白	癸 陰亥常	壬 玄戌玄

辛 常酉陰 戌	己 空未貴 申	己 空未貴 申

己 空未貴 庚	戊 青午蛇 未	己 空未貴 申	戊 青午蛇 未

팔전과, 유박불수(밤)

제3국

乙 朱卯勾	丙 合辰合	丁 勾巳朱	戊 青午蛇
甲 蛇寅青			己 空未貴
○ 貴丑空			庚 白申后
○ 后子白	癸 陰亥常	壬 玄戌玄	辛 常酉陰

戊 青午蛇 申	丙 合辰合 午	甲 蛇寅青 辰

戊 青午蛇 庚	丙 合辰合 午	戊 青午蛇 申	丙 合辰合 午

원수과, 고조, 여덕(밤), 육양

제4국

甲 蛇寅青	乙 朱卯勾	丙 合辰合	丁 勾巳朱
○ 貴丑空			戊 青午蛇
○ 后子白			己 空未貴
癸 陰亥常	壬 玄戌玄	辛 常酉陰	庚 白申后

丁 勾巳朱 申	甲 蛇寅青 巳	癸 陰亥常 寅

丁 勾巳朱 庚	甲 蛇寅青 巳	丁 勾巳朱 申	甲 蛇寅青 巳

원수과, 현태, 천망(巳時)

제5국

○ 貴丑空	甲 后寅白	乙 陰卯常	丙 玄辰玄
○ 蛇子青			丁 常巳陰
癸 朱亥勾			戊 白午后
壬 合戌合	辛 勾酉朱	庚 青申蛇	己 空未貴

○ 蛇子青 辰	庚 青申蛇 子○	丙 玄辰玄 申

丙 玄辰玄 庚	○ 蛇子青 辰	丙 玄辰玄 申	○ 蛇子青 辰

중심과, 윤하, 육양

제6국

○ 蛇子青	○ 貴丑空	甲 后寅白	乙 陰卯常
癸 朱亥勾			丙 玄辰玄
壬 合戌合			丁 常巳陰
辛 勾酉朱	庚 青申蛇	己 空未貴	戊 白午后

壬 合戌合 卯	丁 常巳陰 戌	○ 蛇子青 巳

乙 陰卯常 庚	壬 合戌合 卯	乙 陰卯常 申	壬 合戌合 卯

지일과, 무록

제7국

癸 朱亥勾	○ 蛇子青	○ 貴丑空	甲 后寅白
壬 合戌合			乙 陰卯常
辛 勾酉朱			丙 玄辰玄
庚 青申蛇	己 空未貴	戊 白午后	丁 常巳陰

甲 后寅白 申	庚 青申蛇 寅	甲 后寅白 申

甲 后寅白 庚	庚 青申蛇 寅	甲 后寅白 申	庚 青申蛇 寅

반음과, 현태, 육의, 육양, 회환

제8국

壬 合戌合	癸 朱亥勾	○ 蛇子青	○ 貴丑空
辛 勾酉朱			甲 后寅白
庚 青申蛇			乙 陰卯常
己 空未貴	戊 白午后	丁 常巳陰	丙 玄辰玄

乙 陰卯常 戌	○ 貴丑空 申	○ 貴丑空 申

○ 貴丑空 庚	戊 白午后 丑○	○ 貴丑空 申	戊 白午后 丑○

팔전과, 유박불수(밤)

제9국

辛 勾酉朱	壬 合戌合	癸 朱亥勾	○ 蛇子青
庚 青申蛇			○ 貴丑空
己 空未貴			甲 后寅白
戊 白午后	丁 常巳陰	丙 玄辰玄	乙 陰卯常

丙 玄辰玄 子○	庚 青申蛇 辰	○ 蛇子青 申

○ 蛇子青 庚	丙 玄辰玄 子○	○ 蛇子青 申	丙 玄辰玄 子○

원수과, 윤하, 육양, 여덕(낮)

제10국

庚 青申蛇	辛 勾酉朱	壬 合戌合	癸 朱亥勾
己 空未貴			○ 蛇子青
戊 白午后			○ 貴丑空
丁 常巳陰	丙 玄辰玄	乙 陰卯常	甲 后寅白

○ 貴丑空 戌	癸 朱亥勾 申	癸 朱亥勾 申

癸 朱亥勾 庚	甲 后寅白 亥	癸 朱亥勾 申	甲 后寅白 亥

팔전과, 원소근단

제11국

己 空未貴	庚 白申后	辛 常酉陰	壬 玄戌玄
戊 青午蛇			癸 陰亥常
丁 勾巳朱			○ 后子白
丙 合辰合	乙 朱卯勾	甲 蛇寅青	○ 貴丑空

○ 后子白 戌	甲 蛇寅青 子○	丙 合辰合 寅

壬 玄戌玄 庚	○ 后子白 戌	壬 玄戌玄 申	○ 后子白 戌

중심과, 간전, 육양

제12국

戊 青午蛇	己 空未貴	庚 白申后	辛 常酉陰
丁 勾巳朱			壬 玄戌玄
丙 合辰合			癸 陰亥常
乙 朱卯勾	甲 蛇寅青	○ 貴丑空	○ 后子白

癸 陰亥常 戌	辛 常酉陰 申	辛 常酉陰 申

辛 常酉陰 庚	壬 玄戌玄 酉	辛 常酉陰 申	壬 玄戌玄 酉

팔전과, 유박불수, 삼기

(58) 辛酉日 (空亡：子丑, 儀：寅, 奇：亥, 德：巳, 祿：酉, 馬：亥, 日墓：丑)

丁 合巳蛇	戊 勾午貴	己 青未后	庚 空申陰
丙 朱辰朱	제1국		辛 白酉玄
乙 蛇卯合			壬 常戌常
甲 貴寅勾	O 后丑青	O 陰子空	癸 玄亥白

辛 白酉玄 酉	壬 常戌常 戌	己 青未后 未

壬 常戌常 辛	壬 常戌常 戌	辛 白酉玄 酉	辛 白酉玄 酉

복음과, 자신, 용전

丙 朱辰朱	丁 合巳蛇	戊 勾午貴	己 青未后
乙 蛇卯合	제2국		庚 空申陰
甲 貴寅勾			辛 白酉玄
O 后丑青	O 陰子空	癸 玄亥白	壬 常戌常

O 后丑青 寅	辛 白酉玄 戌	辛 白酉玄 戌

辛 白酉玄 辛	庚 空申陰 酉	庚 空申陰 酉	己 青未后 申

별책과, 여덕(낮), 불비, 왕록임신

乙 蛇卯合	丙 朱辰朱	丁 合巳蛇	戊 勾午貴
甲 貴寅勾	제3국		己 青未后
O 后丑青			庚 空申陰
O 陰子空	癸 玄亥白	壬 常戌常	辛 白酉玄

戊 勾午貴 申	丙 朱辰朱 午	甲 貴寅勾 辰

庚 空申陰 辛	戊 勾午貴 申	己 青未后 酉	丁 合巳蛇 未

원수과, 고조, 천망(午時)

甲 貴寅勾	乙 后卯合	丙 陰辰朱	丁 玄巳蛇
O 蛇丑青	제4국		戊 常午貴
O 朱子空			己 白未后
癸 合亥白	壬 勾戌常	辛 青酉玄	庚 空申陰

戊 常午貴 酉	乙 后卯合 午	O 朱子空 卯

己 白未后 辛	丙 陰辰朱 未	戊 常午貴 酉	乙 后卯合 午

원수과, 고개, 여덕(밤), 삼교

O 蛇丑青	甲 貴寅勾	乙 后卯合	丙 陰辰朱
O 朱子空	제5국		丁 玄巳蛇
癸 合亥白			戊 常午貴
壬 勾戌常	辛 青酉玄	庚 空申陰	己 白未后

丁 玄巳蛇 酉	O 蛇丑青 巳	辛 青酉玄 丑O

戊 常午貴 辛	甲 貴寅勾 午	丁 玄巳蛇 酉	O 蛇丑青 巳

지일과, 종혁, 화미

O 朱子空	O 蛇丑白	甲 貴寅常	乙 后卯玄
癸 合亥青	제6국		丙 陰辰陰
壬 勾戌勾			丁 玄巳后
辛 青酉合	庚 空申朱	己 白未蛇	戊 常午貴

癸 合亥青 辰	戊 常午貴 亥	O 蛇丑白 午

丁 玄巳后 辛	O 朱子空 巳	丙 陰辰陰 酉	癸 合亥青 辰

중심과, 삼기

癸 合亥青	O 朱子空	O 蛇丑白	甲 貴寅常
壬 勾戌勾	제7국		乙 后卯玄
辛 青酉合			丙 陰辰陰
庚 空申朱	己 白未蛇	戊 常午貴	丁 玄巳后

乙 玄巳后 酉	辛 合亥青 卯	乙 玄巳后 酉

丙 陰辰陰 辛	壬 勾戌勾 辰	乙 后卯玄 酉	辛 青酉合 卯

반음과, 무의, 용전, 회환

壬 勾戌勾	癸 合亥青	O 朱子空	O 蛇丑白
辛 青酉合	제8국		甲 貴寅常
庚 空申朱			乙 后卯玄
己 白未蛇	戊 常午貴	丁 玄巳后	丙 陰辰陰

己 白未蛇 寅	O 朱子空 未	丁 玄巳后 子O

乙 后卯玄 辛	庚 空申朱 卯	甲 貴寅常 酉	己 白未蛇 寅

섭해과, 장도액, 여덕(낮)

辛 青酉合	壬 勾戌勾	癸 合亥青	O 朱子空
庚 空申朱	제9국		O 蛇丑白
己 白未蛇			甲 貴寅常
戊 常午貴	丁 玄巳后	丙 陰辰陰	乙 后卯玄

甲 貴寅常 戌	戊 常午貴 寅	壬 勾戌勾 午

甲 貴寅常 辛	戊 常午貴 寅	O 蛇丑白 酉	丁 玄巳后 丑O

중심과, 염상, 육의

庚 空申朱	辛 白酉合	壬 常戌勾	癸 玄亥青
己 青未蛇	제10국		O 陰子空
戊 勾午貴			O 后丑白
丁 合巳后	丙 朱辰陰	乙 蛇卯玄	甲 貴寅常

乙 蛇卯玄 子O	戊 勾午貴 卯	辛 白酉合 午

O 后丑白 辛	丙 朱辰陰 丑O	O 陰子空 酉	乙 蛇卯玄 子O

요극과, 탄사, 여덕(밤)

己 青未蛇	庚 空申朱	辛 白酉合	壬 常戌勾
戊 勾午貴	제11국		癸 玄亥青
丁 合巳后			O 陰子空
丙 朱辰陰	乙 蛇卯玄	甲 貴寅常	O 后丑白

O 后丑白 亥	乙 蛇卯玄 丑O	丁 合巳后 卯

O 陰子空 辛	甲 貴寅常 子O	癸 玄亥青 酉	O 后丑白 亥

원수과, 간전

戊 勾午貴	己 青未后	庚 空申陰	辛 白酉玄
丁 合巳蛇	제12국		壬 常戌常
丙 朱辰朱			癸 玄亥白
乙 蛇卯合	甲 貴寅勾	O 后丑青	O 陰子空

癸 玄亥白 戌	O 陰子空 亥	O 后丑青 子O

癸 玄亥白 辛	O 陰子空 亥	壬 常戌常 酉	癸 玄亥白 戌

중심과, 삼기, 불비

(59) 壬戌日 (空亡：子丑, 儀：寅, 奇：亥, 德：亥, 祿：亥, 馬：申, 日墓：辰)

丁 朱巳貴	戊 合午后	己 勾未陰	庚 青申玄	癸 常亥空 亥	壬 白戌白 戌	己 勾未陰 未	
丙 蛇辰蛇	제1국		辛 空酉常	癸 常亥空 壬	癸 常亥空 亥	壬 白戌白 戌	壬 白戌白 戌
乙 貴卯朱			壬 白戌白				
甲 后寅合	○ 陰丑勾	○ 玄子青	癸 常亥空	복음과, 자임, 여덕(낮), 삼기			

丙 蛇辰蛇	丁 朱巳貴	戊 合午后	己 勾未陰	壬 白戌白 亥	辛 空酉常 戌	庚 青申玄 酉	
乙 貴卯朱	제2국		庚 青申玄	壬 白戌白 壬	辛 空酉常 戌	辛 空酉常 戌	庚 青申玄 酉
甲 后寅合			辛 空酉常				
○ 陰丑勾	○ 玄子青	癸 常亥空	壬 白戌白	원수과, 참관, 불비, 난수, 회환			

乙 貴卯朱	丙 后辰蛇	丁 陰巳貴	戊 玄午后	戊 玄午后 申	丙 后辰蛇 午	甲 蛇寅合 辰	
甲 蛇寅合	제3국		己 常未陰	辛 空酉常 壬	己 常未陰 酉	庚 白申玄 戌	戊 玄午后 申
○ 朱丑勾			庚 白申玄				
○ 合子青	癸 勾亥空	壬 青戌白	辛 空酉常	원수과, 역간전			

甲 蛇寅合	乙 貴卯朱	丙 后辰蛇	丁 陰巳貴	丁 陰巳貴 申	甲 蛇寅合 巳	癸 勾亥空 寅	
○ 朱丑勾	제4국		戊 玄午后	庚 白申玄 壬	丁 陰巳貴 申	己 常未陰 戌	丙 后辰蛇 未
○ 合子青			己 常未陰				
癸 勾亥空	壬 青戌白	辛 空酉常	庚 白申玄	원수과, 현태			

○ 朱丑勾	甲 蛇寅合	乙 貴卯朱	丙 后辰蛇	己 常未陰 亥	乙 貴卯朱 未	癸 勾亥空 卯	
○ 合子青	제5국		丁 陰巳貴	己 常未陰 壬	乙 貴卯朱 未	戊 玄午后 戌	甲 蛇寅合 午
癸 勾亥空			戊 玄午后				
壬 青戌白	辛 空酉常	庚 白申玄	己 常未陰	섭해과, 찰미, 여덕(밤), 천망			

○ 合子青	○ 朱丑勾	甲 蛇寅合	乙 貴卯朱	戊 玄午后 亥	○ 朱丑勾 午	庚 白申玄 丑	
癸 勾亥空	제6국		丙 后辰蛇	戊 玄午后 壬	○ 朱丑勾 午	丁 陰巳貴 戌	○ 合子青 巳
壬 青戌白			丁 陰巳貴				
辛 空酉常	庚 白申玄	己 常未陰	戊 玄午后	지일과			

癸 勾亥空	○ 合子白	○ 朱丑常	甲 蛇寅玄	丁 陰巳貴 亥	癸 勾亥空 巳	丁 陰巳貴 亥	
壬 青戌青	제7국		乙 貴卯陰	丁 陰巳貴 壬	癸 勾亥空 巳	丙 后辰后 戌	壬 青戌青 辰
辛 空酉勾			丙 后辰后				
庚 白申合	己 常未朱	戊 玄午蛇	丁 陰巳貴	반음과, 현태, 여덕(낮), 회환			

壬 青戌青	癸 勾亥空	○ 合子白	○ 朱丑常	丙 后辰后 亥	辛 空酉勾 辰	甲 蛇寅玄 酉	
辛 空酉勾	제8국		甲 蛇寅玄	丙 后辰后 壬	辛 空酉勾 辰	乙 貴卯陰 戌	庚 白申合 卯
庚 白申合			乙 貴卯陰				
己 常未朱	戊 玄午蛇	丁 陰巳貴	丙 后辰后	섭해과, 참관, 유도액			

辛 空酉勾	壬 白戌青	癸 常亥空	○ 玄子白	己 勾未朱 卯	癸 常亥空 未	乙 貴卯陰 亥	
庚 青申合	제9국		○ 陰丑常	乙 貴卯陰 壬	己 勾未朱 卯	甲 后寅玄 戌	戊 合午蛇 寅
己 勾未朱			甲 后寅玄				
戊 合午蛇	丁 朱巳貴	丙 蛇辰后	乙 貴卯陰	중심과, 곡직, 천망(未時)			

庚 青申合	辛 空酉勾	壬 白戌青	癸 常亥空	丙 蛇辰后 丑	己 勾未朱 辰	壬 白戌青 未	
己 勾未朱	제10국		○ 玄子白	甲 后寅玄 壬	丁 朱巳貴 寅	○ 陰丑常 戌	丙 蛇辰后 丑○
戊 合午蛇			○ 陰丑常				
丁 朱巳貴	丙 蛇辰后	乙 貴卯陰	甲 后寅玄	요극과, 호시, 가색			

己 勾未朱	庚 青申合	辛 空酉勾	壬 白戌青	○ 玄子白 戌	甲 后寅玄 子○	丙 蛇辰后 寅	
戊 合午蛇	제11국		癸 常亥空	○ 陰丑常 壬	乙 貴卯陰 丑○	○ 玄子白 戌	甲 后寅玄 子○
丁 朱巳貴			○ 玄子白				
丙 蛇辰后	乙 貴卯陰	甲 后寅玄	○ 陰丑常	중심과, 여덕(밤), 간전			

戊 合午蛇	己 勾未朱	庚 青申合	辛 空酉勾	癸 常亥空 戌	○ 玄子白 亥	○ 陰丑常 子○	
丁 朱巳貴	제12국		壬 白戌青	○ 玄子白 壬	○ 陰丑常 子○	癸 常亥空 戌	○ 玄子白 亥
丙 蛇辰后			癸 常亥空				
乙 貴卯陰	甲 后寅玄	○ 陰丑常	○ 玄子白	중심과, 난수, 불비, 회환, 삼기			

(60) 癸亥日 (空亡 : 子丑, 儀 : 寅, 奇 : 亥, 德 : 巳, 祿 : 子, 馬 : 巳, 日墓 : 辰)

丁 貴巳朱	戊 后午合	己 陰未勾	庚 玄申青	O 勾丑陰 丑O	壬 白戌白 戌	己 陰未勾 未	
丙 蛇辰蛇	제1국		辛 常酉空	O 勾丑陰 癸O	O 勾丑陰 丑O	癸 空亥常 亥	癸 空亥常 亥
乙 朱卯貴			壬 白戌白				
甲 合寅后	O 勾丑陰	O 青子玄	癸 空亥常	복음과, 자신, 가색, 여덕(밤)			

丙 蛇辰蛇	丁 貴巳朱	戊 后午合	己 陰未勾	壬 白戌白 亥	辛 常酉空 戌	庚 玄申青 酉	
乙 朱卯貴	제2국		庚 玄申青	O 青子玄 癸O	癸 空亥常 子O	壬 白戌白 亥	辛 常酉空 戌
甲 合寅后			辛 常酉空				
O 勾丑陰	O 青子玄	癸 空亥常	壬 白戌白	원수과, 참관, 왕록임신			

乙 朱卯貴	丙 蛇辰后	丁 貴巳陰	戊 后午玄	己 陰未常 酉	丁 貴巳陰 未	乙 朱卯貴 巳	
甲 合寅蛇	제3국		己 陰未常	癸 空亥勾 癸O	辛 常酉空 亥	辛 常酉空 亥	己 陰未常 酉
O 勾丑朱			庚 玄申白				
O 青子合	癸 空亥勾	壬 白戌青	辛 常酉空	요극과, 호시, 불비, 회환, 육음			

甲 合寅蛇	乙 朱卯貴	丙 蛇辰后	丁 貴巳陰	丁 貴巳陰 申	甲 合寅蛇 巳	癸 空亥勾 寅	
O 勾丑朱	제4국		戊 后午玄	壬 白戌青 癸O	己 陰未常 戌	庚 玄申白 亥	丁 貴巳陰 申
O 青子合			己 陰未常				
癸 空亥勾	壬 白戌青	辛 常酉空	庚 玄申白	지일과, 현태			

O 勾丑朱	甲 合寅蛇	乙 朱卯貴	丙 蛇辰后	己 陰未常 亥	乙 朱卯貴 未	癸 空亥勾 卯	
O 青子合	제5국		丁 貴巳陰	辛 常酉空 癸O	丁 貴巳陰 酉	己 陰未常 亥	乙 朱卯貴 未
癸 空亥勾			戊 后午玄				
壬 白戌青	辛 常酉空	庚 玄申白	己 陰未常	섭해과, 여덕(낮), 유도액, 육음			

O 青子合	O 勾丑朱	甲 合寅蛇	乙 朱卯貴	乙 朱卯貴 申	壬 白戌青 卯	丁 貴巳陰 戌	
癸 空亥勾	제6국		丙 蛇辰后	庚 玄申白 癸O	乙 朱卯貴 申	戊 后午玄 亥	O 勾丑朱 午
壬 白戌青			丁 貴巳陰				
辛 常酉空	庚 玄申白	己 陰未常	戊 后午玄	지일과, 착륜			

癸 空亥勾	O 白子合	O 常丑朱	甲 玄寅蛇	丁 貴巳陰 亥	癸 空亥勾 巳	丁 貴巳陰 亥	
壬 青戌青	제7국		乙 陰卯貴	己 朱未常 癸O	O 常丑朱 未	丁 貴巳陰 亥	癸 空亥勾 巳
辛 勾酉空			丙 后辰后				
庚 合申白	己 朱未常	戊 蛇午玄	丁 貴巳陰	반음과, 현태, 육음			

壬 青戌青	癸 空亥勾	O 白子合	O 常丑朱	戊 蛇午玄 丑	癸 空亥勾 午	丙 后辰后 亥	
辛 勾酉空	제8국		甲 玄寅蛇	戊 蛇午玄 癸O	癸 空亥勾 午	丙 后辰后 亥	辛 勾酉空 辰
庚 合申白			乙 陰卯貴				
己 朱未常	戊 蛇午玄	丁 貴巳陰	丙 后辰后	중심과, 회환, 간전지			

辛 勾酉空	壬 青戌白	癸 空亥常	O 白子玄	辛 勾酉空 巳	O 常丑陰 酉	丁 貴巳朱 丑O	
庚 合申青	제9국		O 常丑陰	丁 貴巳朱 癸O	辛 勾酉空 巳	乙 陰卯貴 亥	己 朱未勾 卯
己 朱未勾			甲 玄寅后				
戊 蛇午合	丁 貴巳朱	丙 后辰蛇	乙 陰卯貴	섭해과, 찬미, 장도액, ~~육음~~			

庚 合申青	辛 勾酉空	壬 青戌白	癸 空亥常	丙 后辰蛇 丑	己 朱未勾 辰	壬 青戌白 未	
己 朱未勾	제10국		O 白子玄	丙 后辰蛇 癸O	己 朱未勾 辰	甲 玄寅后 亥	丁 貴巳朱 寅
戊 蛇午合			O 常丑陰				
丁 貴巳朱	丙 后辰蛇	乙 陰卯貴	甲 玄寅后	원수과, 가색, 참관			

己 朱未勾	庚 合申青	辛 勾酉空	壬 青戌白	O 常丑陰 亥	乙 陰卯貴 丑O	丁 貴巳朱 卯	
戊 蛇午合	제11국		癸 空亥常	乙 陰卯貴 癸O	丁 貴巳朱 卯	O 常丑陰 亥	乙 陰卯貴 丑O
丁 貴巳朱			O 白子玄				
丙 后辰蛇	乙 陰卯貴	甲 玄寅后	O 常丑陰	섭해과, 췌서, 육음, 지전간			

戊 蛇午合	己 朱未勾	庚 合申青	辛 勾酉空	O 常丑陰 子	甲 玄寅后 丑O	乙 陰卯貴 寅	
丁 貴巳朱	제12국		壬 青戌白	甲 玄寅后 癸O	乙 陰卯貴 寅	O 白子玄 亥	O 常丑陰 子O
丙 后辰蛇			癸 空亥常				
乙 陰卯貴	甲 玄寅后	O 常丑陰	O 白子玄	원수과, 회환, 권섭부정, 진여			

• 참고도서목록

「曉史 육임강의록」 12卷 육임나라 2005.

「曉史 육임강론 上下卷」 육임나라 2006.

「曉史 육임 복변집」육임나라

「阿部泰山全集」 제22권.

「六壬神斷極秘典」 김태균 甲乙堂 2004.

「秘傳 六壬精義」 장태상, 明文堂 1976.

「風水總論」 장태상, 전통문화사. 2000.

「기문둔갑 예측학」장태상, 전통문화사 2001.

「周易통해」 신성수, 대학서림, 2006.

「子平眞詮評註」 박영창, 상원문화사, 2006.

「자기 혁신을 위한 NLP 파워」 설기문, 학지사, 2003.

「Only One, 내 삶을 움켜쥔 오직 한 가지」 설기문, 샘앤파커스, 2007

박재현, 「대육임진결필법부」, 도서출판 신지평, 1988

양철문, 「지구과학개론」,교학연구사, 1998,

「한국의 符作」 김민기, 도서출판, 보림사, 1987.

「儒教 · 中國思想辭典」김승동, 부산대학교 출판부 ,2003.

• 원전 및 고전

《高麗史》

《大六壬指南》明. 陳公獻 程起鸞 莊公遠

《大六壬靈覺經》

《六壬大全》 곽재래 (四庫全書本)

《御定大六壬直指》

《黃帝龍首經》

《大六壬探原》

「大六壬畢法賦」 秦瑞生 武陸出版有限公司.1996

「大六壬豫測學」 秦瑞生 武陸出版有限公司.

《六壬尋原》

《占卜講義》韋千里

《大六壬玉藻金英》

《大六壬心鏡》

《大六壬秘本》

《六壬指南》

《대六壬苗公鬼撮脚》
《六壬精解》
《大六壬課驗分析》
《大六壬說約》
《六壬粹言》
《大六壬淺析》
《壬歸》

• 논문류

張同淳, 「 陰陽五行의 科學的 照明」, 『한국정신과학 학술대회 논문집』忠南大學校 環境工學科, 1999.
전경찬『干支와 陰陽五行의 融合 및 適用에 관한 考察』. 동방대학원대학교 석사논문, 2007.
박정용『五行學說에 대한 研究』.
이선저『육임 初傳活用에 대한 연구』, 동방대학원대학교 석사논문 2006
강호병『六壬 應期判斷法의 實用性에 關한 考察』, 동방대학원대학교 석사논문 2006.
조태운『時報法에 의한 來意豫側에 관한研究』, 동방대학원대학교 석사논문 2007.

• 기타

http://cafe.naver.com/cashin17/945
http://blog.naver.com/kbh0378
http://blog.naver.com/f2theaven/40066159528

六壬註解 上

1판 1쇄 인쇄 2010년 3월 20일
1판 1쇄 발행 2010년 3월 25일

지은이 | 조태운
펴낸이 | 문해성
펴낸곳 | 상원문화사
디자인 | B_book
주소 | 서울시 은평구 신사1동 3-12호 3층(122-879)
전화 | 02)354-8646 **팩스** | 02)384-8644
이메일 | mjs1044@naver.com
출판등록 | 1996년 7월 2일 제8-190호

ISBN 978-89-87023-83-0 03150

● 책값은 뒤표지에 있습니다.
● 잘못 만들어진 책은 구입처 및 본사에서 교환해 드립니다.